Caroline Pigozzi

Pourquoi eux

Ils ont fait notre époque

PLON
www.plon.fr

Ouvrage édité en collaboration avec
Paris Match

Couverture et hors-texte : Michel Maiquez
Les photographies des hors-texte appartiennent à la collection particulière de l'auteure.

92, avenue de France
75013 Paris
Tél. : 01 44 16 09 00
Fax : 01 44 16 09 01
www.plon.fr
www.lisez.com

2, rue des Cévennes
75015 Paris
www.parismatch.com

Mise en pages : Graphic-Hainaut
Dépôt légal : novembre 2021
ISBN : 978-2-259-30596-9

À la mémoire de

Évelyne Prouvost
Olivier Royant

À mes filles, Marina et Cosima.

En souvenir de ma mère, Marilou,
et de mon père, Henri Théodore.

Sommaire

2.
ILS ONT SUIVI LE GÉNÉRAL, L'ONT SERVI

3.
LA VIE DERRIÈRE SOI

4.
FEU SACRÉ

5.
RÉGNER AUX XXe ET XXIe SIÈCLES : UNE TÂCHE COMPLEXE

6.
CETTE HAUTE ARISTOCRATIE AU CŒUR DE LA VIEILLE EUROPE

7.
J'AI DÎNÉ AVEC EUX À L'ÉLYSÉE

8.
DES FEMMES DE CARACTÈRE

9.
TROIS PAPES, DES HOMMES D'ÉGLISE CATHOLIQUE, D'AUTRES CHEFS DE RELIGIONS MONOTHÉISTES

13. EN DIRECT

14. SURPRISES

Avant-propos

«Ciel mes cahiers !» Comme ce titre aurait été approprié tant j'ai souvent craint le pire : faire face à la disparition d'un de ces biens si précieux, irremplaçables puisqu'ils contiennent toute ma vie de journaliste, c'est-à-dire mes rencontres. Ces cahiers à spirales sont numérotés, chaque année a sa couleur. Je peux donc facilement les identifier ; en pratique, l'angoisse d'en avoir égaré un me procure un stress encore plus grand que l'écriture. Car je l'avoue, je suis un artisan démodé qui se sert toujours d'un crayon et d'une gomme… Le bruissement du papier me rassure. Voilà quelque chose qui existe sous ma plume et ne sera pas à la merci d'une erreur de touche sur un clavier ou d'un accident technologique…

Ainsi après avoir mis la main sur tous ces documents j'ai commencé à rassembler mes souvenirs ; j'ai lu, relu, épluché, vérifié, enquêté et interviewé de nouveau nombre de mes interlocuteurs. Un travail et des échanges qui à force d'être passionnants auraient pu ne jamais s'achever. Mais au départ d'une aventure comme celle-ci, je n'oublie jamais les principes familiaux. Les conseils de ma mère restés à travers son absence mes plus solides soutiens : «L'avenir appartient à ceux qui se lèvent tôt ; l'existence se partage entre ceux qui disent bonjour, merci et les autres ; l'important n'est pas d'être invité, mais réinvité ; il ne faut pas s'attarder sur l'inutile, savoir prendre sur soi pour ne pas pleurer en public ; et on ne se couche que pour mourir. » Ne vous fiez pas à leur apparente banalité, ils dictent des règles fondamentales. Je les ai utilisés partout, en toutes circonstances, et notamment pour rejoindre *Paris Match*. Auparavant j'avais déjà, comme on dit dans la presse, « bourlingué » dans d'autres rédactions, celles de RTL et du *Point*, quelques mois avant d'entrer à l'école de journalisme de la New York University, puis à mon retour, au *Matin de Paris*, à la chaîne ABC News, et au *Figaro Magazine*.

Je gardais de mon enfance des images fortes, notamment grâce à mon père, capitaine d'industrie à la tête des automobiles Simca. Avec lui, il me semblait atteindre le cœur du pouvoir : il avait notamment construit l'une des deux voitures du général de Gaulle. C'est également en lisant, en regardant, en écoutant qu'est née cette vocation. J'entends encore la voix *off* qui annonce le magazine de grands reportages de l'unique chaîne de télévision égrenant : « Pierre Lazareff, Pierre Desgraupes, Pierre Dumayet et Igor Barrère vous proposent "Cinq colonnes à la une" », mais aussi les « À vous les studios Cognacq-Jay » du polyglotte Léon Zitrone qu'aucun incident, malgré le direct, ne pouvait troubler, ou la voix inimitable de Jacques Chancel lançant « Radioscopie » sur France-Inter. Je me souviens des brillants éditoriaux de Françoise Giroud, de son sens des formules. Par ailleurs, était pensionnaire à Saint-Dominique de Mortefontaine avec moi Juliette Ménager, fille d'un grand reporter photographe de *Paris Match*, Georges Ménager. Fière de lui elle nous racontait au réfectoire les tribulations de son père dans ce magazine mythique. Il « couvrait » à la fois les voyages du général de Gaulle et ceux de Paul VI. Ces sujets me fascinaient déjà, mais pour une jeune fille élevée chez les bonnes sœurs, entrer à *Paris Match* semblait être une ambition inatteignable. Et pourtant, le rêve s'est concrétisé en 1992.

À mon tour, j'allais pouvoir explorer le monde et découvrir quelques unes des personnalités qui faisaient, chacune à sa manière, l'histoire de notre temps. Depuis, presque trente années ont passé. J'ai exercé ce métier avec minutie, enthousiasme et passion ; ayant pu grâce à notre journal approcher, observer, écouter, interroger ceux que le destin éclaire. Obsédée par la culture du scoop et éblouie par tant de récits, je voulais toujours en savoir davantage. Il me fallait comprendre – qui, quoi, comment, pourquoi ? –, chercher inlassablement, trouver la source qui les animait, creuser autour des circonstances qui les avaient portés au sommet. Grands témoins ou acteurs essentiels, leurs paroles intemporelles continuent de résonner au-delà de leurs univers et de leur époque. Quand je pense à ces années passées se forme dans ma mémoire comme un kaléidoscope de visages. La reine Elizabeth II, le Pape François, Brigitte Macron, l'amiral de Gaulle, Brigitte Bardot, le roi Mohammed VI, Élisabeth Badinter, l'Aga Khan, David de Rothschild, Hubert Germain, le dernier Compagnon de la Libération… Qu'ont-ils en commun ? Dans les yeux de chacun d'eux j'ai vu des étincelles, de la passion contagieuse. À Karachi, j'avais aussi été impressionnée par la charismatique Benazir Bhutto, Première ministre du Pakistan, expliquant avec autant de grâce que d'autorité aux jeunes femmes médecins à qui elle était venue remettre leur diplôme qu'« il fallait toujours monter plus haut car au sommet il y a moins de monde ».

Tous m'ont fait courir. Combien de fois ai-je bouclé en hâte mon sac de voyage avec des vêtements fluides ne nécessitant pas de repassage, pour suivre, avant même le lever du jour, Jean-Paul II, Benoît XVI et François, le Président Mitterrand et ses successeurs ou tant d'autres personnages de notre temps. Jamais blasée, j'ai sillonné le monde de Rome à Moscou, d'Istanbul à Washington, d'Islamabad à Tokyo, de Hong Kong à Beyrouth, d'Entebbe à Sarajevo, de Delhi à Bakou, de Kampala à Manille, de Maputo au Sultanat de Solo, de Jérusalem à Tirana, de Kaboul à Santiago du Chili, de Cuba à Djedda, de Abou Dabi à Bratislava… Faisant généralement équipe avec un photographe, puisque chez nous la photo est un autre langage du journalisme, plus direct, et que chaque reportage reste un défi ; or, meilleure est la photo, moins grande sera la place qu'elle laisse au texte… La maquette demeure un savant équilibre qui ne respecte pas forcément l'acharnement qu'a mis le journaliste à obtenir des confessions. Résultat ? À l'heure du bouclage, au moment de la mise en pages, ont parfois été sacrifiés des passages que je jugeais importants. Inquiétude, frustrations, ne m'ont jamais fait perdre la conscience d'avoir vécu en privé, notamment dans l'avion du Souverain Pontife, réel privilège, des parenthèses rares, des rencontres exceptionnelles. J'imaginais bien que ces sujets allaient gagner en profondeur avec les années. Alors je me suis faite conservatrice, engrangeant ce qui avait été coupé, non publié. Je suis devenue une fourmi précautionneuse, occupée à constituer des réserves, non pour l'hiver mais pour l'avenir, espérant qu'un jour, plus tard, elles pourraient faire l'objet d'un livre très personnel. Ce jour-là est venu. J'ai choisi chaque thème y incluant même des chiens et des chevaux. Je n'ai jamais prétendu rédiger des Mémoires, cacher le monde derrière ma personne, mélanger les rôles ; je n'étais pas la vedette de ces rencontres et ne le suis toujours pas. J'ai écrit ces pages en écoutant des chants religieux : *Panis angelicus*, le « Psaume de la Création », mais aussi le célèbre air de *Casta Diva*, dans *Norma*, interprétée par la Callas… J'ai commencé à reconstituer le puzzle de mon existence professionnelle, tentant de balayer la mélancolie, préférant le second degré, la malice à la gravité. Des moments inoubliables qui suffisent à éclairer une matinée. Comme il y a encore quelques semaines, cette vive émotion quand les chants d'une messe clôturant le premier voyage à Budapest et en Slovaquie du Pape François depuis sa lourde intervention chirurgicale en juillet dernier, se sont élevés vers le ciel…

Grégory Berthier-Saudrais, mon éditeur, m'avait prévenue : « Pas plus que votre magazine, cet ouvrage ne pourra avoir la taille d'un épais dictionnaire. » Cela impliquait de pratiquer une sélection rigoureuse. Et à un moment quand même arrêter d'écrire, sans pour autant renoncer à un scoop de dernière minute ! Le Pape François m'ayant accordé une nouvelle interview l'avant-veille d'octobre…

Intriguée et attirée par ces univers de pouvoir et d'intelligence, comment n'aurais-je pas privilégié ces tête-à-tête avec « Eux » ? Plusieurs présidents de la République, trois Papes, des personnalités religieuses de toutes confessions, des rois, des reines, des gaullistes, des grands patrons, une élue, une philosophe, une chef d'entreprise, un professeur de médecine, un ténor du barreau, des universitaires, des artistes… Tous armés d'un sacré caractère ! Je les ai interrogés sans familiarité ni complaisance, n'oubliant jamais cependant qu'il existe une paroi de verre invisible entre l'intervieweur et l'interviewé. Ce qui impose une certaine distance, n'interdit pas un brin d'humour et d'être attentif aux titres et aux fonctions.

Au fil des chapitres, ce livre ne respecte aucun quota, aucune chronologie, ne suit aucune logique, et, à l'image de la richesse de *Paris Match*, juxtapose les natures les plus diverses. Quitte à provoquer des rencontres inattendues et des situations cocasses. Tel le jour où accompagnée de Gustavo, le père de mes filles, admirateur du cardinal Lustiger et portant un costume sombre pour la circonstance, je le présente à l'archevêque de Paris : « Éminence, je me suis permise de venir vous interviewer avec le père de mes filles. » Mais le digne prélat comprend que le mot «père» signifie «prêtre» et que «de mes filles», c'est son interprétation, est son nom de famille... Il lui demande alors : «Mon père, où exercez-vous votre ministère ?» À l'époque, l'archevêque de Paris a en effet ordonné nombre de prêtres issus de l'aristocratie tels Robert d'Anglejan, Antoine d'Augustin, Aldric de Bizemont, Dominique de Chanterac, Henri de Chauvigny pour ne citer que les trois premières lettres de l'alphabet... Une autre fois, c'est le cardinal béninois et francophile Bernardin Gantin qui s'exclame quand nous nous croisons au Vatican : «Je sais qu'à *Paris Match* vous êtes hautement informée, racontez-moi ce qui se passe en France ?» Autre épisode singulier, toujours à Rome, pour la béatification de Charles de Habsbourg, dernier empereur d'Autriche et roi de Hongrie, le photographe Jean-Claude Deutsch souhaite organiser une séquence photo avec de jolies religieuses autrichiennes qu'il a repérées. Ces dernières, aussi intimidées qu'inquiètes, hésitent à accepter, quand la providence vient à notre secours par l'intermédiaire de don Stanislao Dziwisz, le secrétaire particulier de Jean-Paul II qui passait par là. Il s'arrête : «Madame Pigozzi, vous me semblez bien agitée ? — Justement, monseigneur, nous aimerions immortaliser les jeunes sœurs si gracieuses dans leur seyant habit vert et brun. Cela serait idéal pour notre hebdomadaire. — Je vais vous aider, néanmoins votre réflexion me surprend, pourquoi après tout le Bon Dieu n'appellerait-il à lui que les laides ?» Un ange passe... Souvenir encore quand, déjeunant à la brasserie Lipp avec le père Benoist de Sinety, curé de Saint-Germain-des-Prés, nous partageons la banquette avec Jean-Paul Belmondo, venu en voisin lui aussi. L'air enjoué, notre star nationale se penche soudain vers le distingué prélat : «Mais je vous reconnais ! — Ah je ne crois pas, c'est plutôt moi qui vous connais. Je fais même partie de votre fan club...» Enfin, allant interviewer Jacques Chirac avant un sommet, alors qu'il m'expliquait de façon très technique qu'il coûtait fort cher d'installer pour cet événement international, des «gendarmes couchés», je demandais naïvement : «Mais pourquoi les coucher ; ne serait-il pas moins cher qu'ils se tiennent debout ?» Affligé par mon ignorance, le Président m'éclaira : «Ce sont des dos d'âne !»

Où qu'ils se trouvent, j'ai suivi ces hommes et ces femmes, presque toujours vêtue de gris souris, la couleur qui permet de se fondre dans le paysage, et d'observer sans se faire remarquer. Le diable se cache dans les détails, dit-on, la vérité d'une psychologie aussi. Je suis restée particulièrement attentive aux mains, aux chaussures – des détails à ne point négliger, en effet, ils permettent de cerner dès les premiers instants son interlocuteur, m'avait enseigné l'un de mes vieux profs new-yorkais. Ce métier a des règles, on n'obtient rien sans s'y plier. À ce propos je me souviens d'une remarque à la fois amicale et sévère que Robert Badinter me fit au début de mes études supérieures : «Ce qu'il y a de plus détestable, ce sont les amateurs.» Message reçu, me semble-t-il. Dans le journalisme comme en amour, j'ai appris qu'il faut savoir vite occuper le terrain. Au moins pour le journalisme… Ne pas se montrer arrogante, ni remettre au lendemain ce que l'on peut accomplir le jour même, et en même temps, être patience. Faire les choses sérieusement mais sans se prendre au sérieux, avoir l'oreille qui traîne, le regard furtif, et de plus, savoir lire à l'envers, c'est utile quand on se trouve face à un bureau ou devant un comptoir d'hôtel. Être à même de décoder le langage des services de sécurité rapprochée, lorsqu'ils lâchent par exemple un mystérieux : «Le chat est dan[…] boîte», qui signifie que le Pape est arrivé au «*Shephe[…]* – «premier berger» –, nom de code de l'avion […] tours de contrôle lorsqu'il est en vol.

Pour conclure, j'évoquerai l'une des […] plus émue ; elle vous fera mieux com[…]

mes yeux. Cela se passait en janvier 1995 à l'Élysée, François Mitterrand recevait une dernière fois la presse à l'occasion des vœux traditionnels au chef de l'État. Venant vers moi dans la salle des fêtes, il me dit de façon aimable : « Vous n'avez pas de question à me poser aujourd'hui ? — Si justement, monsieur le Président, mais je n'osais pas ; j'aimerais infiniment avoir des nouvelles de votre bouvier bernois. » Il se tourne alors vers un garde républicain pour lui demander de trouver Upsilon, le chien que lui avait offert le président de la Confédération helvétique. Le militaire ouvre une porte-fenêtre donnant sur le parc. François Mitterrand s'approche du perron. À l'appel de son maître, Upsilon, qui à ce moment-là guettait les cols-verts du bassin, arrive en courant. Avant même que j'ai le temps de caresser cet animal magnifique, Mitterrand me murmure : « Vous voyez, c'est encore le dernier qui m'obéit. » Nous en sommes restés là. Je me suis éloignée le cœur serré. Quatre mois plus tard, François Mitterrand quittait l'Élysée reconduit jusqu'à sa voiture par le Président Chirac. Un an après, il mourait. D'autres épilogueront sur les divers aspects de sa très longue carrière, sur ses convictions… Moi, il me suffisait de savoir qu'il aimait son chien et pouvait regarder sans frémir le pouvoir lui échapper. Il a sa place dans ma liturgie.

« Sous le phare de la Garoupe »,
cap d'Antibes, octobre 2021

1.

SALUT, LES ARTISTES

Brigitte Bardot

Les animaux ne lui diront jamais assez merci

Peu de temps avant notre interview, j'apprends *sotto voce* que Brigitte Bardot vient d'écrire au Pape pour l'alerter sur les maltraitances animales. Après tout, le Saint-Père a publié en 2015 une encyclique sur l'écologie mais, alors que ce genre de courrier suit d'habitude au Vatican un canal classique et discret, une certaine agitation règne dans les couloirs du gouvernement de l'Église quand arrive à Rome la missive. L'origine de l'auteur ayant fuité, nombre de hauts prélats du troisième étage de la secrétairerie d'État sont en ébullition. Chacun veut voir la fameuse lettre. Nous ne saurons jamais, secret oblige, ce qu'elle contient exactement, si ce n'est que le Pape a souri puis répondu, en réalité plutôt amusé… d'autant que le substitut lui avait fait une note précisant que notre star nationale avait rencontré Jean-Paul II en 1996. De plus, au risque de choquer le lecteur, comment ne pas souligner qu'ils ont néanmoins quelques points communs : au-delà d'être de la même génération – Bardot a 87 ans, Bergoglio 85 –, ils partagent cette façon si personnelle de refuser les conventions sociales, de n'être point attachés aux biens matériels et de mener avec passion des combats. L'un contre l'injustice, la pauvreté, la violence, le manque de respect envers l'être humain ; l'autre contre la maltraitance animale.

Notre star nationale va à sa façon, le jour de notre interview, se confesser avec naturel, raconter son sacerdoce et ses souvenirs. J'ai ainsi le cœur battant, m'apprêtant à rencontrer Brigitte Bardot, que le très sérieux *New York Times* qualifiait comme l'un des trois plus grands personnages français de notre temps avec le général de Gaulle et Johnny Hallyday. Si j'ai raté l'école pour voir « l'Homme du 18-Juin » visiter, en 1962, le stand Simca au Salon de l'auto du Grand Palais, passé une soirée avec Johnny à Quiberon puis revu à l'Élysée sous la présidence de Jacques Chirac, il me restait à approcher la mythique BB. Étudiante, j'avais eu le fugace privilège de la croiser un samedi dans le salon de coiffure Marquinot, à l'époque à la mode pour ses cent coups de brosse. Lorsque la star entrait, tout le monde s'arrêtait soudain de bavarder pour admirer son incroyable beauté, sa démarche altière, son port de tête majestueux. Elle était aussi éblouissante qu'en photo ! Un souvenir mémorable que j'ai osé lui raconter en pénétrant sur la pointe des pieds dans sa ferme, « La Garrigue », nichée à quelques battements d'ailes de mouette de Saint-Tropez. Elle s'est alors mise à rire, je l'ai sentie presque « apprivoisée ». C'est là, dans cet endroit magique où les animaux sont rois et où le temps semble figé, que cet entretien dont je rêvais depuis des années a eu lieu. Sous la surveillance de Gitane la jument grise, apparue sur le pas de la porte… Ce n'est pas tous les jours qu'on a la chance de passer un après-midi entier avec cette femme libre, souriante, sans fard, au regard émouvant. Tellement spontanée et charmante qu'elle ne paraît pas savoir combien elle reste séduisante. Un moment de grâce qui confirme qu'il faut rencontrer les gens dans leur univers pour mieux les cerner. Chez elle, les chiens oublient d'aboyer, les chats ne miaulent pas, les oies ne gloussent pas, l'âne ne brait pas, comme s'ils partageaient avec leur protectrice, qui travaille tous les jours non loin d'eux pour sa Fondation, un langage secret, complice. Brigitte Bardot m'a parlé celui de la franchise, livrant sans s'abriter derrière son mythe les contours de sa personnalité fougueuse. À la fin de notre rencontre, le cœur serré de la voir s'éloigner, sereine, entourée de son quarteron de setters dans une vieille 4L blanche aménagée pour eux, je me suis dit que cette grande dame, qui s'était « confessée » avec naturel, racontant son sacerdoce et ses souvenirs dans un si joli français, est aujourd'hui plus Brigitte que Bardot.

Brigitte Bardot : « Ma vocation était sans doute d'épouser un vétérinaire, mais c'est trop tard. »

– Année 2018 –

Vous êtes déjà entrée dans la légende !

Pas du tout du tout du tout ! Je vis très simplement avec mes animaux et pour ma fondation. Loin de ce qu'on avait baptisé « la bardolâtrie », quand les gens me poursuivaient pour des autographes. Je veux vaincre l'indifférence des gouvernements et des peuples vis-à-vis des animaux. C'est mon amour pour eux et ce combat qui, jour après jour, me donnent à mon âge cette force. Par ailleurs, je ne parle que si j'ai quelque chose à dire. On emploie trop de mots pour rien ou pour balancer des conneries. Avec les animaux, on se regarde, on communique avec les yeux. C'est le langage corporel.

Comment vivez-vous à Saint-Tropez ?

Je me réveille à « La Madrague » vers 9 heures, m'occupe de mes neuf chiens et six chats, puis de moi. J'appelle ensuite la Fondation pour un tour d'horizon. Bernard, mon compagnon et mari, me sert d'intermédiaire pour les fax et les e-mails, car je n'ai ni ordinateur ni tablette. Pas même de portable, cet instrument qui sert aussi à faire d'horribles selfies

– on ne peut aller nulle part sans que quelqu'un se colle à vous ! La journée commence donc avec le courrier. Je reçois quelque soixante à soixante-dix lettres par jour et réponds moi-même à celles qui sont importantes ou me touchent. À 1 heure, je vais à « La Garrigue », ma ferme, retrouver mes autres animaux, une cinquantaine, parmi lesquels Candy le poney et Bonhomme l'âne, vivant en liberté en compagnie de sept cochons, huit chèvres, autant de moutons, deux boucs, une tortue, des oies, des canards, des poules et dix-sept chiens et chats. Là, je me consacre à la Fondation. En trois décennies, elle a pris beaucoup d'importance. Vers 6 heures du soir, fatiguée, je regagne « La Madrague ». Il faut reconnaître que je n'ai jamais eu autant de travail que maintenant. Je dîne avec Bernard, passe quelques coups de fil et me couche. Je ne vais jamais à Saint-Tropez. Non seulement pour ne pas risquer de provoquer d'émeute ou me mettre en danger, mais parce que ça n'a plus rien du petit port de pêche que j'ai connu naguère. C'est devenu une vitrine du luxe, un lieu sans âme.

Où avez-vous rencontré votre mari ?

En allant prendre un verre chez Maître Bouguereau, l'avocat qui s'occupait de ma Fondation. Un jour, une amie plutôt comme il faut veut m'entraîner alors que, revenant de « La Garrigue », je porte un pantalon dégueulasse. Je lui réponds : « S'il faut se mettre chic, oublie. » Elle insiste : « C'est rigolo, ton avocat est charmant. Écoute, Brigitte, on y va. » Bon, nous y sommes allées. Bernard était là, mais je ne l'avais pas remarqué. Au moment de partir, il m'a rattrapée par la main et m'a lancé : « Et moi, on ne m'embrasse pas ? » Voilà comment tout a commencé… Cela fait un quart de siècle que ça dure ! Un homme joyeux, agréable de contact, sage et en même temps très comme tout le monde. Autre qualité, il accepte que trois ou quatre animaux dorment sur notre lit, certes très grand – de toute façon, s'il refusait, il ne serait pas mon compagnon. Protecteur, autoritaire, impatient… Quelquefois, il y a des pugilats. Ce n'est pas un romantique regardant le clair de lune à mes côtés mais, réel atout, quelqu'un de très intelligent qui passe la majeure partie de son temps le nez dans son ordinateur.

Que partagez-vous ?

L'amour des animaux, ses conseils avisés pour ma Fondation. Bernard, assez tacticien, a le sens de la communication, ce qui n'est guère mon cas. Il m'apporte beaucoup… Mais ne me demandez pas ce qu'il faisait auparavant ! Des affaires en Afrique, je crois. Des trucs avec des films, notamment…

Votre vocation était d'épouser un vétérinaire !

[Rires.] Sans doute, mais c'est trop tard !

Vous avez déclaré un jour : « Je n'aime pas ce qui est mou. »

En effet, je n'apprécie ni les ramollos ni les lâches [rires], mais les gens au caractère affirmé, qui n'ont pas peur de s'exprimer. On est dans une période où, dès que l'on dit ce que l'on pense, on se retrouve à la 17e chambre correctionnelle de Paris. Ce qui m'est quand même arrivé cinq fois, car je reste droite dans mes bottes, sans changer d'avis comme de pantalon.

Revenons aux hommes que vous avez aimés…

Ah non ! Quand c'est fini, c'est vraiment fini, comme le cinéma. Des souvenirs pénibles ; partout où je passais, j'étais traquée. J'ai encore du mal à comprendre ce qui m'est arrivé, une sorte d'enchaînement incontrôlable m'ayant rendue très méfiante à l'égard de la race humaine. Je n'ai quasiment pas gardé de relations dans ce milieu, d'autant qu'à mon âge il me reste peu d'amis de ces années-là. Mes rares et seules attaches : un peu Delon, Mylène Demongeot. On se téléphone une ou deux fois par an, un lien surtout dû aux animaux, sujet qui nous rapproche.

Que pensez-vous de ces actrices dénonçant le harcèlement sexuel ?

Les actrices, mais pas les femmes en général, c'est, dans la grande majorité des cas, hypocrite, ridicule, sans intérêt. Cela prend la place de thèmes importants qui pourraient être discutés. Moi, je n'ai jamais été victime d'un harcèlement sexuel et trouvais charmant qu'on me dise que j'étais belle ou que j'avais un joli petit cul. Ce genre de compliment est agréable. Or il y a beaucoup d'actrices qui font les allumeuses avec les producteurs afin de décrocher un rôle. Ensuite, pour qu'on parle d'elles, elles viennent raconter qu'elles ont été harcelées… En réalité, plutôt que de leur profiter, cela leur nuit.

Quel est votre souvenir le plus marquant sur un plateau ?

Celui en 1960 avec Clouzot, metteur en scène très exigeant, qui ne laissait rien passer. Dans *La Vérité*, j'interprétais à ma façon le personnage qu'il m'avait confié et, dans la scène du procès, pendant le long monologue où j'assurais ma propre défense, cela m'est apparu si vrai et authentique que, contrairement à ses habitudes, il n'a pas eu besoin de faire d'autre prise.

Malgré un passé mouvementé, vous semblez structurée.

J'ai bénéficié d'une chance insolente, devenant rapidement un phénomène sans avoir eu besoin de tirer les cordons de la sonnette. Issue d'une bonne famille, aisée, rompant ainsi avec l'image traditionnelle de l'artiste, j'ai été élevée très sévèrement, avec de grands principes bourgeois dont on ne se défait jamais. Heureusement, parce que mes parents ont représenté une base, un socle. Même si, après, j'ai tout envoyé bouler avec bonheur, j'ai gardé l'aisance que donne ce genre d'éducation. Ainsi, je suis capable de me tenir de façon impeccable à table et ailleurs, je peux m'adapter partout. Certes, mon père et ma mère, qui m'avaient inscrite à l'institut de La Tour, école catholique très stricte, juste à côté de chez nous, dans le 16e, ne rêvaient pas du tout que j'épouse Vadim ! Une vraie catastrophe à leurs yeux. Ils ont essayé de me guider vers la bourgeoisie rassurante, avant de comprendre que je n'étais pas faite pour le milieu de mon père, industriel fort distingué à la tête des usines Bardot d'Air Liquide. Papa, qui avait une belle allure, fréquentait les cercles élégants de son temps.

Était-il admiratif de sa fille ?

Cela lui faisait plaisir que l'on sache qu'il était le père d'une star.

Parlez-moi de votre fils.

J'avais 25 ans quand Nicolas est né. Mal dans ma peau, fatiguée par les films, usée par une presse me pourchassant et qui, en dehors de *Jours de France* et *Paris Match*, était avec moi impitoyable. Dès lors que je n'arrivais même pas à maîtriser mon propre équilibre, j'en prenais plein la gueule. Ce n'était sûrement pas le moment d'avoir un enfant ! Je me suicidais toutes les trois minutes, ne faisais que des conneries, mais on ne choisit pas ; le timing était mauvais et tout le monde en a souffert. Cette situation s'est apaisée il y a quelque temps. Nicolas, qui vit en Norvège, vient me voir tous les ans. J'ai aussi deux petites-filles et deux arrière-petits-enfants.

Et votre mère ?

Ma mère a été fière de moi lorsque j'ai commencé à m'occuper des animaux et que je suis allée sur la banquise combattre le massacre des phoques. Là, elle a trouvé cela extrêmement courageux.

Enfant, aviez-vous des animaux ?

Non, parce que pendant la guerre c'était impossible dans un appartement, où de toute façon on n'avait rien à bouffer. J'ai quand même sauvé mon premier animal à 8 ans, une souris grise que mon père voulait assommer à coups de balai dans la cave. Je l'ai récupérée, mise sous mon pull-over, gardée un moment sur moi. Et quand j'ai vu qu'elle allait mieux, je l'ai relâchée dans un jardin.

Si vous deviez raconter BB en trois phrases à des étudiants ?

[Léger silence, elle médite…] Je leur résumerais Bardot : ouverte à une grande compassion, courageuse, faisant passer la douleur des autres avant la sienne. Rien de plus, parce que au fond, BB, ils s'en tamponnent, j'essaierais de leur communiquer l'amour des animaux, de leur expliquer qu'il faut empêcher qu'ils souffrent, là est l'essentiel. Et je leur confierais que je m'occuperai de ma fondation jusqu'à mon dernier souffle.

Avez-vous peur de la mort ?

La maladie, la souffrance, la mort, c'est grave et pas trop rigolo, n'est-ce pas ? Comment prétendre le contraire ? Mais puisque c'est inéluctable, il faut essayer de l'apprivoiser. Quand j'ai eu un cancer du sein, ça a été très difficile. J'étais toute seule et j'avais décidé de faire uniquement de la radiothérapie, et pas cette épouvantable chimio, pour ne pas perdre mes cheveux. Elle détruit le mal mais aussi le bien et on en sort anéanti. Je vois des gens qui, après cette épreuve, sont des loques. Jamais je ne voudrais passer par là. Cette maladie m'a obligée à me retrouver face à moi-même. Et si, maintenant, j'aime bien parfois la solitude, je ne peux néanmoins vivre seule.

Surmonter ce cancer a été votre plus belle victoire ?

Je n'ai pas paniqué, pensant que je vaincrais, que je n'allais pas mourir. C'est resté secret jusqu'au jour où le mal a été derrière moi. Cela fait une bonne trentaine d'années, maintenant. Mais ma plus belle victoire est celle que je n'ai pas encore obtenue pour les animaux.

Vous ne voulez plus sortir dîner ?

Pour m'attabler et bouffer du caviar extrait du ventre de ces pauvres esturgeons à des prix phénoménaux ? Quelle honte ! Les grands restaurants m'écœurent ; ils ne font quasiment que des plats à base de viande, c'est-à-dire d'animaux qui ont souffert. Je ne vais jamais au restaurant et suis végétarienne. L'été, je mange des sardines à l'huile.

Au fond, vous êtes restée « Babette s'en va-t-en guerre » !

Concernant les animaux, bien sûr ! Pour les rituels, on devrait étourdir l'animal avant la saignée, abolir l'hippophagie, c'est-à-dire arrêter de manger ces bêtes magnifiques, qu'on continue à tuer dans des abattoirs avec une cruauté qui me fait vomir. Je ne sais pas pourquoi on ne m'accorde pas cette abolition, comme celle de la chasse à courre. C'est aussi scandaleux que les corridas. Il faut interdire également les zoos misérables, avec des cages de 3 mètres sur 3 où les animaux qui ne peuvent bouger dorment dans leurs excréments, et les fauves derrière des barreaux dans les cirques. Les grandes réserves, ça n'a rien à voir, c'est formidable. Thoiry, par exemple, où un jour j'ai fait des photos, Beauval, où est né Mini Yuan Zi, le panda, et d'autres… On doit par ailleurs arrêter de faire voyager des animaux dans les soutes, où ils sont plongés dans le noir avec juste une loupiote bleue. Une horreur, entre le bruit assourdissant des moteurs, les sensations de trous d'air et le reste… Je ne suis pas sûre que les courses de traîneaux avec des chiens, même s'ils aiment bien courir, soient bonnes pour leur cœur… Les pouvoirs publics devraient d'autre part inciter les maisons de retraite à accueillir les petits chiens et chats de ceux qui viennent y finir leurs jours, car c'est souvent leur dernier lien social, et en général ils n'ont pas un berger allemand…

Votre Fondation, c'est votre vie.

Nous avons fêté en 2016 nos 30 ans. J'ai commencé très modestement en 1986 à « La Madrague », avec un avocat tropézien et une amie. La chambre d'invités me servait de bureau. Pour obtenir le statut de Fondation, j'avais besoin d'un capital de 3 millions de francs, or j'étais incapable de réunir une telle somme. Peu attachée à l'argent, ayant dilapidé la majorité de mes gains de star, je n'avais plus aucun revenu. Je me suis installée pendant deux mois sur le marché de Saint-Tropez pour vendre mes souvenirs, des bracelets, des colliers rapportés du Brésil, du Mexique, des photos que je dédicaçais, mes jupons, mes chapeaux… Dans la foulée, j'ai mis aux enchères, à Paris, tout ce que je possédais de valeur : les bijoux précieux que m'avait offerts mon mari Gunter Sachs, ma robe du mariage avec Vadim, de l'argenterie, des meubles et même ma guitare. Au moment de cette vente, en voyant d'une certaine manière mes objets et une partie de mon âme me quitter, j'ai prononcé cette phrase restée célèbre : « J'ai donné ma jeunesse et ma beauté aux hommes, maintenant je donne ma sagesse et mon expérience aux animaux. » C'est comme cela qu'a pu naître ma Fondation. Je lui ai tout cédé : ma petite maison de campagne de Bazoches, « La Madrague », dont je n'ai gardé que l'usufruit et qui reste à ma charge personnelle. Enfin, les droits d'auteur de mon dernier livre seront tous reversés à ma Fondation.

Êtes-vous superstitieuse ?

Pour certaines choses : j'ai notamment peur du chiffre 13. Je devais récemment me rendre à Paris un 13, j'y ai renoncé. De toute façon, en dehors de la capitale, je ne veux plus voyager.

Croyez-vous à l'astrologie ?

La vraie, sûrement. On est en train de traverser une période extrêmement négative, me semble-t-il. Cela signifie que des planètes dégagent de mauvaises ondes. Balance ascendant Sagittaire, je pense que les gens du même signe ont des dénominateurs communs, mais avec des différences d'ascendants qui donnent des personnalités aux caractères contrastés. Comment imaginer, en effet, que tous ceux d'un même signe puissent se ressembler !

Vous avez eu huit Présidents de la République à vos pieds...

Ah, vous croyez ? Peut-être, mais je m'en foutais. Ce qui m'intéressait, c'est qu'ils m'aident dans mes combats. Sauf de Gaulle. Lui, c'était différent. De Gaulle, je l'adorais. À l'Élysée, je n'ai pas dit : « Bonsoir, Monsieur le président de la République » mais « Général ». Il m'a répondu en souriant avec gentillesse : « Madame, c'est le cas de le dire. » J'étais habillée en militaire avec une veste à brandebourgs... Ensuite j'ai rencontré Georges Pompidou, avec qui je dînais assez souvent chez Marie-Hélène et Guy de Rothschild. Il était chaleureux, affable, rigolo, pas du tout imbu de sa personne. Je sais que si j'avais eu quelque chose à lui demander, il m'aurait aidée. Après, il y a eu Valéry Giscard d'Estaing, absolument charmant lui aussi, et qui m'a soutenue deux fois. Il a fait stopper l'importation en France des peaux de blanchons, les bébés phoques blancs. Et également les expérimentations pour les ceintures de sécurité avec des singes sanglés dans des voitures propulsées contre un mur de béton. Un massacre ! Après, on s'est souvent téléphoné, car je lui en étais reconnaissante. Et, un jour, il est venu chez moi à Paris... Passons à Mitterrand, qui m'a invitée à déjeuner à l'Élysée. J'ai évoqué diverses questions animalières, dont trente urgentes ; d'un air hautain et prudent, il m'a assuré qu'il s'en occuperait... Rien n'a suivi ! Quant à Chirac, il m'appelait sa « petite biche », me faisait un peu la cour et me déclarait que j'étais toute mignonne. Je n'y prêtais guère attention ; moi, mon but était qu'il fasse, entre autres, fermer les animaleries des quais. Et là, il n'y avait plus personne. Quant à Nicolas Sarkozy, il a été décevant lui aussi. J'étais d'abord allée voir le recteur Boubakeur à la Grande Mosquée de Paris, pour m'assurer que le Coran admettait l'étourdissement de l'animal avant qu'il ne soit saigné. Je voulais obtenir cette mesure pour les abattoirs. Il m'a reçue, mais aucun résultat ! François Hollande, je me suis juste entretenue au téléphone avec lui pour l'alerter sur le braconnage des éléphants en Afrique. Il a tenu parole. Et quand je lui écrivais, il me répondait toujours. Je trouve cela d'autant plus correct qu'il savait que je n'étais pas de son bord. S'agissant d'Emmanuel Macron, j'ose encore être optimiste...

Quand vous n'arrivez pas à un résultat, vous priez ?

Absolument. Je ne crois pas aux messes, aux prêtres, à toute la hiérarchie de l'Église catholique, mais je m'adresse directement à la Sainte Vierge. Je l'appelle « ma petite Vierge ».

Et le Pape ?

Celui que j'aimais, c'était Jean-Paul II. Le jour de 1996 où j'étais venue à l'audience générale du mercredi, il a pris mes mains et, quand il m'a fixée droit dans les yeux avec ce regard bleu extraordinaire, j'ai ce matin-là ressenti une très forte émotion. Il émanait de lui une incroyable profondeur, une grande sérénité. Il ne se mettait pas sur un piédestal. Le seul problème est que de pieux Mexicains m'ont reconnue dans la salle des audiences, j'avais il y a bien longtemps tourné *Viva*

Maria ! dans leur pays. Alors, une clameur persistante de « *Viva Brigitte, Viva Brigitte !* » s'est emparée des lieux...

Si vous deviez vous réincarner en un animal ?

[Réponse immédiate.] Ce serait en mustang, ce grand cheval sauvage et libre de l'Ouest américain. Néanmoins, je ne suis pas mécontente de l'existence que j'ai menée. Un jour, quand on évoquera mon nom, j'aimerais que l'on dise : « C'était la fée des animaux. »

Humbert Balsan,

producteur français indépendant, ne fume pas le cigare

Humbert Balsan restera parmi les plus séduisants et audacieux producteurs français de la fin du XXe siècle et du début du XXIe. Élégant, excellent cavalier, sachant monter même en armure, cet atout avait fait de lui l'acteur jouant Gauvain dans *Lancelot du Lac* de Robert Bresson. Il est ensuite le second assistant réalisateur du cinéaste dans *Le Diable probablement.* Cela l'immerge tout jeune dans le monde du cinéma, où il joue de petits rôles et réalise aussi un portrait de la pianiste Nadia Boulanger, qu'il vend à la chaîne de télévision américaine ABC News. Il devient alors producteur indépendant, audacieux, et au tout début des portables fait même de sa voiture son deuxième bureau. On lui doit notamment *Quartet, Le Soleil en face, Adieu Bonaparte, Un médecin des lumières…* quelque soixante films. Son goût du risque et de l'esthétique, son panache, son regard mélancolique, sa rigueur charmaient les cinéastes français et étrangers tels Jacques Rivette, Maurice Pialat, James Ivory, Youssef Chahine… Personnalité généreuse, ce bel homme, descendant direct de la dynastie industrielle des Wendel, qui par ailleurs ne l'ont jamais vraiment soutenu dans cette aventure cinématographique, aimait par-dessus tout le septième art, le silence, les enfants et les œufs Bénédicte. Moteur.

Humbert Balsan : « Être un petit-fils Wendel m'a, en réalité, compliqué la tâche… »

– Année 2004 –

Comment avez-vous décidé de produire *Y aura-t-il de la neige à Noël?*, premier film d'une réalisatrice totalement inconnue ?

Parce que je m'intéresse avant tout à la qualité et au ton du metteur en scène. Or ce film avait été refusé par tout le monde en dehors de la commission d'avance sur recettes, qui m'a soutenu financièrement. La nature du projet excluait des stars mais réclamait de vrais comédiens.

Est-il difficile de nos jours d'être un producteur indépendant en France ?

On tente d'abord de convaincre et séduire ses interlocuteurs par la qualité du scénario, du metteur en scène et des acteurs, en essayant d'obtenir l'avance sur recettes, et l'on y réussit dans 40 % des cas. Enfin on va voir les chaînes de télévision, les maisons de distribution, les réseaux de ventes à l'étranger et, pour certains dont je ne fais pas partie, les Sofica, c'est-à-dire les sociétés qui défiscalisent l'argent investi dans le cinéma. Le métier est maintenant beaucoup moins risqué, car la multiplication des grands groupes, des chaînes et la demande d'images en général ont facilité les financements et diminué le risque personnel. Cela signifie de s'adapter selon le profil du film. Certains scénarios, tels ceux de Claude Zidi, correspondent mieux à TF1, France 2 investira plutôt dans un film de Bertrand Tavernier, et la Sept sur Jacques Rivette ou Jean-Luc Godard… S'agissant d'un film français à moyen budget, l'avance sur recettes atteint parfois un tiers du coût. Les chaînes arrivent à donner la moitié de la somme, le distributeur quant à lui peut consentir un à-valoir d'un minimum garanti d'environ 10 %.

À partir de quel pourcentage de financement démarrez-vous un film ?

Entre 50 et 60 %, le reste se présentant pendant le tournage, à la fin ou pas du tout ! Je suis d'ailleurs quelquefois obligé de finir des films en prenant des crédits sur trois ans et j'ai même déjà gagé à plusieurs reprises mes propres biens !

Vous dérangez-vous pour un petit financement ?

Bien sûr, quelle que soit la somme, ma démarche reste la même. Sans doute y serais-je moins attentif si je n'étais pas un producteur artisan.

Pierre Barillet

L'union fait la farce

Avec Pierre Barillet, c'était en quelque sorte toujours «Au théâtre ce soir» tant sa nature se confondait avec son œuvre. Pince-sans-rire, l'œil vif, la veste de tweed impeccable, les chemises bien coupées, il est, avec son allure et son humour *british*, aussi caustique qu'observateur. Fort de son art de cerner les failles de ses contemporains et de son milieu bourgeois, il s'exprimait avec talent dans ses pièces de boulevard écrites avec son frère de plume, Jean-Pierre Grédy. Résultat ? Plus d'un demi-siècle de célébrité pour le couple Barillet et Grédy avec *Fleur de cactus*, *Peau de vache*, *Folle Amanda*, *Quarante carats*, *Lily et Lily*, *Une rose au petit déjeuner*, *La reine blanche*, *Potiche*... nom aussi indissociable dans l'inconscient populaire que Roux-Combaluzier quand on prend l'ascenseur. Leurs triomphes font le tour du monde avec, entre autres, Lauren Bacall à Broadway et Ingrid Bergman au cinéma qui interprètent l'assistante aussi proche que dévouée d'un dentiste dans *Fleur de cactus*. La plus grande fierté du dramaturge était secrètement que cette pièce adaptée en Russie lui ait été volée par les Soviets ; une révolution culturelle témoignant de son succès planétaire. L'écriture occupa ses journées quasiment jusqu'aux derniers mois de son existence. D'ailleurs lui doit-on aussi, seul cette fois, deux très jolis livres, *À la ville comme à la scène soixante ans de vie parisienne* et *Quatre années sans relâche*, qui raconte la vie théâtrale sous l'Occupation… Le soir, l'écrivain voyait souvent des amis de toutes les générations qu'il accueillait chez lui rue de la Chaise, dans son élégant appartement au décor classique du 7e arrondissement qu'il partageait avec son mari, Roland Oberlin. Ensemble, ils veillaient sur leurs deux chats, Féline et Verdelaine, avec un amour particulier pour ce dernier. Pur gouttière entré un soir d'été par effraction dans leur vie, désertant la pharmacie de son maître, boulevard Raspail, entraînant Barillet à préciser au détour d'une phrase : « Il n'y a pas que les cactus qui griffent… » Si ce chaleureux Parisien aussi spirituel que ses comédies s'est éteint à 95 ans en janvier 2019, son théâtre reste intemporel et bien vivant. Les trois coups ont sonné. Le rideau se lève encore…

Pierre Barillet : « Il y a dix ans je tapais encore à la machine… et je me suis mis à l'ordinateur à 80 ans. »

– Année 2015 –

Vous publiez le recueil de vos pièces écrites avec Jean-Pierre Grédy. Laquelle préférez-vous ?

La reine blanche, devenue désormais politiquement incorrecte, puisque Josiane, fille de concierge – c'était le terme à l'époque –, épouse un Noir au grand désespoir de ses parents, dont le père est flic et la mère tient une loge dans l'île Saint-Louis. Du comique un peu grinçant avec treize personnages, dont Jean-Paul Belmondo dans l'un de ses premiers rôles.

Impensable, de nos jours ?

C'est en effet beaucoup trop cher de monter une telle pièce. Maintenant, la plupart des directeurs de théâtre louent surtout leur salle en accueillant une production déjà constituée avec la distribution, les fonds, la publicité. Posséder un théâtre signifie prudence, clairvoyance et goût du risque. Un one-man-show est beaucoup plus économique, car, avec un bon éclairage et un minimum de décor, le directeur des lieux et la vedette se partagent la recette. Cela devient du business ; je pense notamment à Muriel Robin, dont le comique est fortement inspiré par Jacqueline Maillan…

Quels sont les acteurs que vous aimez ?

Fabrice Luchini, Pierre Niney, Laurent Lafitte, Guillaume Gallienne, Pierre Cassignard, Catherine Hiegel et Valérie Lemercier, et j'en oublie certainement.

Y a-t-il un snobisme dans ce domaine ?

Sûrement, lorsqu'un metteur en scène serbo-croate, slovène ou gréco-arménien met en scène Racine ou Molière, quelle découverte ! Là, la puissance destructrice des metteurs en scène s'emparant de textes comme *Phèdre* à la Comédie-Française, où ils prennent la place de l'auteur pour prétendument dépoussiérer l'œuvre, c'est affligeant. Le talent de Patrice Chéreau mettant en scène la *Tétralogie* de Wagner ou *Elektra* de Strauss n'était pas donné à tout le monde…

Pourquoi rit-on moins au théâtre ?

On rit surtout gras ! Les critiques ont méprisé le théâtre de boulevard, mais il y avait le grand boulevard, qui est l'aristocratie, et le bas boulevard. Or on est désormais dans le caniveau… Il n'y a plus de vrais amoureux du théâtre mais un public de télévision plus populaire.

Parlez-moi du snobisme d'antan.

Les repères ne sont plus les mêmes. À l'époque, les gens qui faisaient Paris, milliardaires érudits, mécènes, hommes de lettres, femmes aussi extravagantes qu'élégantes, personnages brillants, aristocrates distingués… avaient presque tous un surnom. C'était Baba, Coco, Mimi… Par ailleurs, on prononçait surtout les prénoms : « Je suis invité à dîner chez Marie-Hélène (de Rothschild), chez Alexis (de Redé), chez Arturo (Lopez)… » Il y avait des fêtes, des soirées mondaines mais dans la gratuité, la générosité, la futilité, la subtilité, l'élitisme… Les gens modestes étaient souvent émerveillés par l'élégance des femmes de la *Cafe Society*. De nos jours, on leur jetterait volontiers des tomates à la figure. De plus, presque toutes les soirées sont sponsorisées par des marques, et la griffe est donc très importante.

Vous figurez dans le *Guinness des records*...

Avec *Fleur de cactus*, un classique qui se joue toujours... Nous l'avons créée en 1964, et la pièce a triomphé avec Sophie Desmarets et Jean Poiret, occupant trois années consécutives la scène des Bouffes-Parisiens. Jouée aussi dans quarante pays, au Japon, au Pérou, en Italie... Elle a connu le même succès à Broadway avec Lauren Bacall, puis à l'écran interprétée par Ingrid Bergman et Goldie Hawn.

Chaque jour, de par le monde, on continue de vous « célébrer » !

Au risque de paraître immodeste, je vous réponds que c'est vrai ! Notre première pièce, *Le Don d'Adèle*, donnée à Lyon avec Danièle Évenou, a tourné dans toute la France ; elle n'a pas cessé de se jouer depuis 1950 et je touche encore, aujourd'hui, des dividendes comme droits d'auteur ! *Folle Amanda*, créée par Jacqueline Maillan et jouée par Line Renaud, Colette Renard, Nicole Croisille, poursuit sa carrière comme nombre de nos pièces.

Quelle a été votre actrice fétiche ?

Sophie Desmarets ! Elle alliait le comique à la distinction, incarnait avec le même chic les soubrettes et les princesses. Dotée d'un humour ravageur, son style, sa légèreté, sa manière de parler faux, de se mouvoir avec cette grâce d'épagneul la rendaient irrésistible, et elle conservait toujours la sympathie du public.

Avez-vous toujours des ambitions ?

De continuer, bien sûr ! Sinon, je suis malheureux. J'écris tous les jours ; il y a dix ans, je tapais encore à la machine... et me suis mis à l'ordinateur à 80 ans !

Quel est le secret de votre vitalité ?

Pour ne pas scléroser mon cerveau, je suis entouré de gens de tous âges et, quand on me parle d'un projet, je préviens qu'il doit être immédiat !

Renaud Capuçon

Son violon a appartenu à l'illustre musicien américain Isaac Stern

Renaud Capuçon est un homme pressé, organisé. Et comme il ne souhaite jamais perdre de temps, il donne ses rendez-vous à côté de chez lui, au Trocadéro, dans un salon de thé pour le petit déjeuner. Ce montagnard aux yeux bleu glacier a commencé le violon au conservatoire de Chambéry dès l'âge de 4 ans. Surdoué, il quitte sa Savoie natale, sa famille et rejoint à Paris le Conservatoire national supérieur de musique. Dix années plus tard, il en ressort avec un Premier prix de musique de chambre et un Premier prix de violon. Devenu l'un des grands violonistes de notre époque, il se souvient cependant de ce que lui ont toujours répété ses professeurs exigeants : « Un interprète est un passeur. » À 45 ans, Capuçon a désormais sa statue de cire au musée Grévin aux côtés de la chanteuse d'opéra Cecilia Bartoli et du ténor Roberto Alagna. Une consécration pour celui qui n'oublie pas ses maîtres Yehudi Menuhin, Daniel Barenboim, Carlo Maria Giulini, Claudio Abbado… et son « parrain » Jacques Chancel, dont enfant il suivait à la télévision « Le Grand Échiquier ». En effet, le journaliste l'a connu au Festival des Arcs, où sous son égide se produisaient les virtuoses du métier. Le voici ainsi propulsé dans un univers très fermé et c'est Chancel qui ensuite lui remettra sa première Victoire de la musique. Le concertiste qui parle de son violon tel un homme d'une femme qui lui aurait tourné la tête joue avec un précieux Guarnerius au nom poétique de Guarneri del Gesù, dont il n'existe qu'une soixantaine de modèles sur terre. De plus, le sien datant de 1737 a appartenu au célèbre violoniste américain Isaac Stern. Marié à la journaliste Laurence Ferrari, le quadra au physique d'éternel adolescent parcourt le monde de Tokyo à Berlin, Jérusalem… où, le 11 septembre 2001, il a interprété Tchaïkovski. Ce soir-là pas d'applaudissements, mais une sortie de scène dans un silence poignant l'ayant à jamais marqué…

Renaud Capuçon :
«Je mène une existence quasi monacale.»

– Hors-série année 2020 –

Parlez-moi de votre métier ?

Je donne cent quarante concerts par an et dirige deux festivals : celui de Pâques d'Aix-en-Provence, que j'ai fondé avec Dominique Bluzet et le soutien du CIC en 2013, et les Sommets musicaux de Gstaad, que j'ai repris en 2016. J'assure également la direction artistique de l'académie Menuhin en Suisse et enseigne à Lausanne. Le violon nécessite un travail permanent, mais heureusement je peux m'exercer aussi la nuit ou en voyage dans les hôtels grâce à ma sourdine en plomb, qui réduit la sonorité du violon à l'équivalent d'un chuchotement !

C'est votre vie ?

Je mène une existence quotidienne quasi monacale, faisant néanmoins une pause totale de trois semaines par an l'été. C'est ma détox. Un geste bénéfique à la tête et au corps dans une vie à trois cents à l'heure. Pendant dix jours, j'éteins mon portable et me consacre à Laurence, ma femme, à mon fils, Elliott, et lis des biographies, dernièrement celle de Pierre Boulez écrite par Christian Merlin, de la poésie également… C'est essentiel d'arriver à prendre du recul, afin de se ressourcer et de pouvoir faire le point sur soi. Heureusement je garde, me semble-t-il, les pieds sur terre. En effet, il faut être conscient qu'à la moindre baisse de qualité on peut être fragilisé ; le violon, c'est un peu une ascèse, or le plus petit écart est fatal. Mais c'est cet amour de la musique qui me donne des ailes.

Cela signifie-t-il s'éloigner parfois de la musique ?

Bien sûr, ce qui dans mon cas veut dire dévaler les pentes. Savoyard, j'ai toujours été sur les skis, avant même de jouer du violon. C'est aujourd'hui risqué, je l'admets, mais on ne peut pas vivre en permanence dans une bulle !

Avez-vous le désir de transmettre ?

Évidemment à Elliott, 10 ans, qui adore la musique et me disait il y a encore peu de temps que j'étais « le meilleur violoniste au monde ». Je lui ai répondu : « Mais non, il n'y a pas de numéro un, on est une trentaine à bien jouer. » Il m'a alors immédiatement répliqué : « Oui, mais tu es le meilleur des trente ! » C'est sans doute normal, après tout, d'être fier de son papa. Le mien travaillait dans l'administration des douanes à Chambéry, et moi aussi j'étais fier de mon père.

Claude Chabrol

Un poulet au vinaigre, sinon rien !

Dans le milieu du cinéma, on évoque depuis toujours la bonne humeur qui règne sur les tournages des films de Chabrol. Pas seulement grand jouisseur, l'ex-chef de file de la Nouvelle Vague, naguère sévère critique des *Cahiers du cinéma*, était aussi bon camarade ; on le voyait rarement s'énerver, brusquer un acteur ou un technicien… même lorsqu'il recevait une journaliste qui n'est pas critique de cinéma, je puis en témoigner ! S'il cachait ses angoisses de créateur derrière l'image placide du fumeur tirant sur sa pipe, il n'en montrait rien. C'est ainsi que dans ses films transparaissait son sens de la dérision. Qu'il réalise une chronique de mœurs comme *Masques*, *Violette Nozière*, *La Cérémonie*, *L'Enfer*, qu'il signe un polar tel *Poulet au vinaigre*, *Inspecteur Lavardin*, *Rien ne va plus*, ou dirige Michel Serrault, François Cluzet et son égérie, Isabelle Huppert. Le metteur en scène charmant et charmeur aimait la vie autant que le cinéma et les femmes. Il le clamait sans détour, à une époque où l'air du temps était différent et où l'on osait parler des femmes avec émotion et admiration sans que ce genre de confidences risque d'être mal interprété, voire même détourné. Et il partageait ses états d'âme avec la même sincérité qu'il donnait ses recettes. Ses goûts l'entraînaient souvent à réserver aux femmes et à la cuisine une place non négligeable dans ses scénarios, voire même un rôle n'ayant rien de secondaire. Le rencontrant pour cette interview, je n'avais pas hésité à lui demander, entre autres, la recette du poulet au vinaigre, après avoir pris soin de lui préciser que je savais que son film était un policier et pas un documentaire sur la cuisine, à une période où ce thème était d'ailleurs beaucoup moins à la mode que maintenant. Il ria et voyant ma mine réjouie me donna ensuite d'autres recettes. Nous avons même parlé vinaigre, car je suis une amatrice et connaisseuse en vinaigre, notamment balsamique, et peux m'étendre sur ce sujet... Chabrol employait des mots techniques, précis sur un ton sympathique et ses propos avaient une saveur particulière. On devinait que la table était pour lui un moment d'échange important, de préférence joyeux. Nous avons également disserté sur les multiples façons d'accommoder les pâtes, car les sauces spaghettis sont, pour une Italienne, ce que le missel est à l'enfant de chœur ! Cela a vite instauré une complicité entre nous, ce jour-là nous avons déjeuné ensemble. Un vrai régal !

Claude Chabrol : « On ne fume jamais une pipe par nervosité ou machinalement comme une cigarette. »

– Année 1997 –

Après cinquante films, qu'est-ce qui vous pousse encore à tourner ?

Je crains d'avoir dépassé la moitié de mon existence… mais n'ai pas l'intention de m'arrêter avant qu'on ne m'y force. Mon modèle est John Huston, qui a fait son dernier film et l'un des plus beaux, *Gens de Dublin*, allongé sur une civière avec des tuyaux dans le pif. Grandiose, non ?

Au cinéma, on peut donc travailler jusqu'à la fin ?

Oui, à moins de devenir gâteux, et lorsqu'on s'en rend compte, la prudence commande soit de s'arrêter, soit de travailler pour la télé, où les exigences sont moindres. Pour faire un téléfilm d'une heure et demie, par exemple, on vous accorde une vingtaine de jours de tournage, ce qui est moins fatigant que cinquante pour un long-métrage.

Tous les réalisateurs de téléfilms ne sont pas pourtant gâteux !

Certes, mais il y a à la télé un gaspillage de talents qui me bouleverse. On offre des sommes astronomiques aux animateurs;

en revanche, pour un téléfilm, on est bridé au jour de tournage près.

***Le Beau Serge*, votre premier film, vous a-t-il laissé un souvenir précis ?**

Très précis, je puis vous l'affirmer dans la mesure où j'ai été obligé d'y foutre la totalité de mon pognon, plus l'héritage de la grand-mère de ma femme ! Aujourd'hui, je n'oserais peut-être pas, mais en réalité je n'ai pas eu tort car, très vite, j'ai fait ce que je voulais et compris comment l'obtenir !

Que raconte votre film *Rien ne va plus* ?

L'histoire d'un couple, enfin, si l'on peut dire, car les deux protagonistes, interprétés par Michel Serrault et Isabelle Huppert, pourraient être père et fille ou bien un vieux cochon et une collégienne vicieuse. C'est peut-être mon premier film autobiographique, non pas parce qu'il raconte les aventures de petits escrocs, mais parce que j'ai l'impression d'avoir projeté une partie de moi-même dans chacun des personnages.

Où vivez-vous quand vous ne tournez pas ?

J'habite en Anjou une maison de schizophrène, coincée entre une école religieuse, un asile de vieillards et un musée genre gallo-romain. Côté rue, elle a l'aspect d'une demeure de notaire ; côté jardin, c'est le plongeon dans la nature. À Paris, nous avons un pied-à-terre confortable. Le confort pour moi, c'est une salle de bains à côté de la chambre ! En fait, je suis à la campagne le printemps et l'été, passe l'hiver à Paris, et le reste de l'année en tournage.

Fréquentez-vous les gens du cru ?

Quelques-uns, notamment un type qui s'est intitulé « antiquaire en vins ». Comme j'adore ça, nous avons de bonnes relations. Mais l'abus pouvant rendre malade, j'ai aussi un ami médecin !

Quels sont vos vins préférés ?

Comme tous les amateurs, j'ai un gros faible pour les grands bordeaux et les bourgognes. Avec mon copain antiquaire en vins, on fait les caves de veuves à travers la France. C'est-à-dire des femmes dont les maris, fervents « vinophiles », ont constitué des caves aux dépens de leurs rentes. Elles sont ensuite obligées de vendre. Un jour, nous avons découvert des nuits-saint-georges 1947 ! Su-bli-mes !

Comment occupez-vous vos journées à la campagne ?

Je regarde beaucoup la télévision, car je vais peu au cinéma. Je me débrouille pour voir des films en cassette chez moi. J'écoute aussi de la musique, plutôt classique, mais j'aime bien les auteurs-compositeurs-interprètes français : mon registre va de Trenet à Julien Clerc, ou alors Patricia Kaas et Liane Foly. Je bricole aussi un peu. Ma femme, elle, s'occupe du jardin et ne veut pas que j'y mette le pied.

Avez-vous des objets fétiches ?

Ce n'est pas dans mon tempérament, je suis toujours étonné de voir des gens conserver leurs scénarios ou des correspondances. Moi, je ne garde rien, ça a d'ailleurs failli me jouer un sale tour le jour où j'ai eu un contrôle fiscal…

Même pas quelques photos ?

Ah non ! Sûrement pas. Dire : « Mon Dieu que j'étais beau dans ma jeunesse » ou « Quelle gueule j'avais ! » … Je déteste me retourner sur mon passé.

Avez-vous de bons souvenirs de votre enfance ?

Pas trop mauvais en tout cas, même si à 7 ans, victime d'une décalcification du col du fémur, j'ai pendant quatre mois « marché » sur les fesses tel un cul-de-jatte, d'ailleurs ça m'arrive encore ! À l'époque, j'étais fou de joie parce que je m'apercevais que je survivais assez bien et, comme mes parents m'avaient couvert de cadeaux, je garde finalement un souvenir formidable de cette période.

Que sauveriez-vous si votre maison brûlait ?

En dehors de ma femme et du chat, le peu de pognon qu'il peut y avoir ! Sans oublier le contrat d'assurance pour être sûr d'être remboursé et pouvoir redémarrer. Rien n'est irremplaçable... Enfin... j'emporterais quand même un magnifique original de Saint-Simon et peut-être une ou deux pipes. J'en ai une centaine... que j'ai toutes fumées.

Les fumeurs de pipe sont des gens un peu à part ?

Non... simplement, on ne fume jamais une pipe par nervosité ou machinalement comme une cigarette. On imagine mal un type la pipe au bec piquer une rage folle...

Vous aimez également bien manger et bien boire.

Énormément, en effet. J'aime aussi le café, le chocolat noir et tant d'autres choses ! À Saumur, j'ai deux maîtresses : la fromagère et la torréfactrice, qui sont l'une en face de l'autre sur le marché. Le samedi, l'une me donne ses meilleurs fromages ; l'autre, le café qu'elle vient de torréfier. Elle m'a aussi révélé un chocolat à tomber par terre : le Weiss. Cela dit, j'ai tendance à l'arythmie, c'est pourquoi le chocolat ne m'est pas vraiment recommandé.

Vous faites la cuisine ?

Je la faisais... J'étais plus rôtisseur que cuisinier. Mais autant je suis adroit quand je bricole, autant je suis maladroit aux fourneaux : je m'affole, laisse tout tomber...

Quel est votre plat préféré ?

La sole que me prépare ma femme ! Une recette terriblement difficile à réussir. La cuisson se fait à sec, à la seconde près. Ensuite, on débite le poisson en filets, on met de l'huile d'olive première pression et une pincée de sel de Guérande, et on termine par un filet de citron. J'aime aussi le gibier, surtout le chevreau.

Écrivez-vous vos scénarios à l'ordinateur ?

Ah non, j'écris à la main et, dès que je fais une rature, je recommence la page. Du coup, je retravaille davantage. Quand je suis à la recherche d'inspiration, ma femme vous dira que j'ai l'air d'un abruti, restant comme un âne dans le salon car je n'ai pas de bureau, à humer l'air du temps, écouter de la musique, griffonner des idées... Et puis, subitement, j'éprouve un réel besoin de libérer un peu de ce que j'ai accumulé. Il m'arrive alors de travailler cinq heures d'affilée. Je ne peux pas écrire sans un bruit de fond ; soit j'écoute de la musique, ou j'allume la télé, que je ne regarde que par intermittence.

Est-il confortable d'avoir comme scripte sa femme ?

C'est mieux que de l'avoir pour comédienne. J'ai connu ça avec ma précédente épouse, Stéphane Audran : non seulement elle était en face de moi à la maison, mais, quand je regardais dans la caméra, elle était encore là ! Au moins, avec une femme scripte, elle est à côté. Ma fille me sert d'assistante, un de mes fils compose souvent la musique de mes films, l'autre fait parfois l'acteur ou réalise les affiches. Le quatrième est architecte. Le cinéma est une grande famille !

Sophie Desmarets

La marquise rentre après minuit

Sa frange de cheveux roux et ses pommettes hautes lui donnaient un air espiègle. D'autant qu'il n'y avait guère de décalage entre la Sophie Desmarets sur les planches et la grande bourgeoise chic et décontractée aussi peu star que possible, pour qui sa famille, ses deux filles et petits-enfants, ses amis, ses chats Cosette et d'Artagnan étaient une priorité absolue. La comédienne les recevait ainsi que ses amis le week-end dans son joli appartement sous les toits, où trônaient des barbotines et des grenouilles de Lalique 1930. « Ça porte bonheur », clamait-elle. Avec Jean de Baroncelli, longtemps le très respecté critique de cinéma du *Monde*, puis membre de la sélection du Festival de Cannes, ils formaient un couple brillant et chaleureux. Bien que nous ne soyons de la même génération, j'avais la chance de faire partie de leurs proches et de déjeuner régulièrement chez eux le samedi. Sophie soupirait souvent et me lançait l'une de ses expressions favorites : « Ce n'est pas grave, néanmoins vous posez trop de questions ! » Son mari, qui d'un ton inimitable l'appelait « Bouboune », venait alors à mon secours : « Normal, c'est son métier. » Nous parlions cinéma, théâtre mais surtout brocante, car celle qui avait aussi tourné avec Bourvil, Poiret, Serrault, Jugnot… tenait par ailleurs une boutique d'antiquités passage Choiseul et avait de nombreuses jolies maisons qu'elle décorait, les remplissant de ses trouvailles. « Je suis ma meilleure cliente ! avouait-elle. J'aime chiner, acheter mais pas me séparer des objets. Lorsque quelqu'un entre chez Cactus Bazar, je le décourage immédiatement ! Et quand il sort, je me dis : "Doux Jésus, je l'ai convaincu !" » Les Baroncelli habitaient un immeuble de famille près de l'Arc de triomphe. Vieille aristocratie provençale, c'est Folco, son oncle, écrivain et manadier, qui a donné ses lettres de noblesse à la Camargue, et son père, Jacques, était un metteur en scène des débuts du cinéma parlant. Quant à lui, quand il ne voyait pas de film, il travaillait à côté de leurs chats qui supportaient mal la solitude. Alors qu'un soir sa pétulante épouse, l'une des dernières vraies interprètes de pièces de boulevard, jouait *Fleur de cactus*, Cosette fit cinq petits dans le bureau. En attendant l'arrivée de sa femme, par manque d'inspiration, Baroncelli les baptisa Foch, Mac-Mahon, Iéna, Wagram, Hoche, du nom des avenues voisines. Ce fut une jolie surprise au retour de Madame la marquise, qui s'exclama de sa voix perchée : « Vive l'Empereur ! » Chez les Baroncelli, on avait de l'esprit !

Sophie Desmarets : « Lorsqu'on m'approche, je suis beaucoup moins sympathique que l'on imagine ! »

– Année 2002 –

On prétend que vous ne seriez pas aussi séduisante dans la vie que sur les planches ?

Lorsqu'on m'approche, je suis beaucoup moins sympathique que l'on imagine ! D'ailleurs Jeannot – Jean de Baroncelli –, mon mari, me disait souvent : « Il y a deux personnes qui te connaissent, Pierre Barillet et Jean-Pierre Grédy, et ce n'est pas un hasard si parmi les pièces de boulevard qu'ils t'ont écrites figurent *Peau de vache* et *Fleur de cactus*... » Comme les clowns et les humoristes, qui sont parfois des gens tristes, et les auteurs de pièces de boulevard des personnes angoissées, les acteurs peuvent aussi avoir du vague à l'âme ! Et pour ma part, je me débats régulièrement contre la déprime. J'avoue qu'en réalité je n'ai jamais été vraiment sûre de moi. Or, à la faveur de la comédie, de la dualité qui existe en chacun de nous, j'ai exprimé mon meilleur profil. Laissant à l'entourage mon côté le plus difficile, même si aux yeux d'un homme je possède encore quelques qualités importantes car, de fait, je ne suis ni collante, ni jalouse, ni menteuse !

Pourquoi êtes-vous si populaire ?

Je le dois, semble-t-il, à mon physique. On me trouvait du chic et un visage jovial. Mon petit nez retroussé et mon regard malicieux font que même lorsque j'incarnais des rôles de garce, comme dans *Peau de vache*, je conservais l'adhésion du public.

Quelle pièce avez-vous préféré jouer ?

Justement *Fleur de cactus*, car c'était le personnage qui me collait le mieux à la peau et j'avais, en plus, l'avantage d'y interpréter un rôle court me permettant d'être moins angoissée que d'habitude à l'idée d'avoir d'éventuels trous de mémoire.

Malgré votre notoriété, vous avez encore le trac ?

On a une pièce au fond de la tête et, heureusement, comme les prières qu'on n'oublie jamais vraiment, ça revient très vite. Et ça m'exaspère de lire des critiques formidables sur des actrices de théâtre qui ont un rôle muet ; elles ne connaissent pas l'angoisse du blanc. Moi, ça m'est arrivé un soir de réveillon avec *Peau de vache*. Tout à coup le vide, malgré l'aide de mon partenaire… Il a fallu baisser le rideau. Plutôt que de prétexter un malaise, je suis revenue sur scène en larmes expliquer au public que je jouais cette pièce depuis trois ans. Je n'ai jamais été aussi applaudie…

Y a-t-il un remède contre le trac ?

Sûrement pas un médicament, mais un bon coup de champ'avant de jouer et le trac s'envole…

Que d'aventures, quand dans une autre pièce vous succombez au charme de Jean Poiret…

Nous étions tous les deux mariés, ainsi avons-nous continué à jouer dans la vie le rôle que nous incarnions au théâtre. Pourquoi, après tout, ne pas se laisser parfois entraîner par les personnages qu'on incarne ? Dans *Fleur de cactus*, j'étais infirmière, Jean Poiret dentiste, vous devinez la suite…

Mais qu'aimez-vous le plus dans l'existence ?

Tant que j'étais actrice, j'adorais faire « Cocotte jolie », non pas pour monter sur les planches, mais pour vendre en théorie les objets anciens de ma boutique d'antiquités, Cactus Bazar, passage Choiseul. Le métier de comédienne me permettait d'être indépendante en gagnant très bien ma vie, car j'étais bien trop orgueilleuse pour me faire entretenir par un mari ayant infiniment plus de moyens que moi. Aujourd'hui, j'aime mes deux filles, Catherine et Caroline, mes cinq petits-enfants, Mousseline, ma merveilleuse chatte de gouttière tricolore, jardiner, dormir… Et boire du champagne, ce qui, doux Jésus, m'amène à confondre mon numéro de code d'immeuble avec celui de ma carte de crédit !

Des regrets, peut-être ?

Le seul vraiment important est de n'être jamais entrée à la Comédie-Française. Malheureusement, en sortant du Conservatoire en 1944, il n'y avait plus d'administrateur au Français, et après, lorsqu'on m'a sollicitée, j'étais déjà devenue une actrice de théâtre de boulevard et de cinéma connue.

Qu'aimeriez-vous qu'on dise un jour de vous ?

Que Sophie Desmarets jouait en y mettant tout son cœur et qu'elle distrayait les gens en les éloignant de leurs problèmes, les faisant rire et les rendant heureux le temps d'une pièce de théâtre. D'ailleurs, lorsqu'on m'aborde dans la rue, c'est souvent ce que l'on me confie.

Interviewer Philippe Noiret, ça se mérite !

Un soir d'hiver dans le hall d'un grand hôtel romain, j'aperçois Philippe Noiret. Le concierge m'indique qu'il tourne pour la télévision italienne. Je l'aborde, enthousiaste. « Monsieur Noiret, je suis une groupie, une de vos grandes admiratrices et j'ai vu presque tous vos films... » L'acteur plutôt élégant avec son pantalon de velours côtelé vert olive et sa veste de laine à carreaux me regarde puis de sa belle voix, bourru, me répond : « Madame, ce que vous me racontez ne m'intéresse absolument pas. » Un flop absolu ! Je suis vraiment vexée. Pas découragée néanmoins, quelque temps après, un heureux hasard fait que je le croise à Paris place du Palais-Bourbon chez le fleuriste Moulié, à proximité de la rue de Bourgogne, où il habite. Sans hésiter, je l'aborde à nouveau et insiste cette fois sur ses qualités de cavalier. Il émet un bougonnement plus proche du hennissement que d'une vraie phrase, puis soupire et tourne la tête. Celui qui a été chez les Pères oratoriens du collège de Juilly n'est vraiment pas sur le registre du charme à une inconnue. De fait, quelques mots chaleureux de celui qui a reçu deux César, ça se mérite ! Nous en restons là, et j'en conclus que l'acteur, qui a eu entre autres pour partenaires Annie Girardot, Catherine Deneuve, Romy Schneider, ne fait pas partie des personnages auxquels on peut spontanément s'adresser. Il est clair qu'on n'interpelle pas l'interprète fétiche de Bertrand Blier en entrant de plain-pied dans son univers ; c'est sans doute un réflexe, un travers de journaliste. J'attendrai donc qu'une occasion professionnelle se présente avec celui qui a joué dans *L'Étau* de Hitchcock, *Zazie dans le métro* de Louis Malle, *La Grande Bouffe* de Ferreri, *La Vie de château* de Rappeneau, *Cinema Paradiso* de Tornatore, *Le Vieux Fusil* de Robert Enrico, *Les Côtelettes* de Bertrand Blier… Une carrière aussi riche que variée de quelque cent vingt-cinq films en cinquante ans. Or, malgré cette notoriété, l'acteur, qui est marié depuis plus de quatre décennies avec Monique Chaumette, comédienne rencontrée au TNP (Théâtre national populaire), tient à sa vie privée. Plutôt effacé au quotidien bien qu'ayant un physique imposant, il serait même avec son faux air flegmatique et blasé un brin anarchiste et provocateur ! La vérité est qu'il se métamorphose dès qu'on lui parle de son métier ; j'eus enfin cette occasion en 2002 alors qu'il récitait des extraits des *Contemplations* de Victor Hugo à la Comédie des Champs-Élysées. L'interviewant, j'ai ce jour-là découvert un personnage humble, subtil, plein de charme, parlant de théâtre et de cinéma avec passion et en réalité assez peu de lui-même. Son visage s'illuminait en évoquant la diversité de l'œuvre de Victor Hugo. J'ai compris ce jour-là qu'avec certains monuments il ne faut point s'éloigner de leur vocation !

Philippe Noiret : « Je regrette de n'avoir jamais joué un Pape de la Renaissance. »

– Année 2002 –

Pour un provocateur, n'est-il pas trop classique de réciter du Victor Hugo ?

C'est même le comble du conventionnel mais, bicentenaire de sa naissance en 1802 aidant, il y a eu un concours de circonstances favorables. Je n'allais tout de même pas attendre un autre moment à cause des multiples manifestations autour de Victor Hugo. Cela n'aurait pas eu de sens. La décision prise, j'ai été écrasé par l'énormité de cette œuvre dont je voulais donner des aspects moins connus, même si, en une heure, il est impossible de restituer l'ampleur d'un tel génie. Heureusement, en relisant la préface des *Contemplations*, j'ai saisi que là était le cœur de son univers, avec des poèmes écrits entre sa trentième et soixantième année, où il passe de l'insouciance à la gaieté, des amours enfantines au goût de la nature, du drame de Léopoldine, sa fille morte noyée en 1843, à l'amour, jusqu'au dernier poème des *Contemplations*, sorte d'évocation visionnaire de l'Univers. Je ne déclame pas Victor Hugo, je le lis et tente de m'effacer le plus possible et de dire, en soixante minutes, sobrement, mon texte. Cela n'a rien d'un spectacle ; il ne faut pas déguiser ce travail très particulier.

Après trente-cinq ans d'absence, êtes-vous revenu au théâtre parce que vous tournez moins pour le cinéma ?

J'avais décidé de jouer *Les Côtelettes*, de Bertrand Blier, bien avant d'être moins sollicité par le cinéma. De toute façon, même en plein boom cinématographique, je ne l'aurais pas laissé passer. J'ai ensuite enchaîné sur la pièce de Yasmina Reza. Mais, si j'avais su que cela me procurerait autant de plaisir, je serais remonté sur les planches plus tôt. Faire du théâtre, c'est facile ; en revanche, je ne peux pas tourner tout seul !

Il n'est jamais trop tard pour commencer ; accepteriez-vous de jouer dans une pub ?

C'est une question de principe et de pognon. Je céderais sans doute si on me donnait énormément d'argent !

Avouez que vous continuez de travailler votre voix de basse inimitable…

Ah non ! Je n'ai jamais travaillé ma voix, ce n'est pas maintenant que je vais commencer. J'ai travaillé mon souffle lorsque j'étais jeune acteur, car je respirais mal, et à Chaillot ou dans la cour du palais des Papes à Avignon, la diction était très importante. Depuis, c'est un réflexe naturel, un instinct…

Par ailleurs grand cavalier, réussissez-vous à vous déconnecter du métier d'acteur ?

Absolument, j'adore monter mes chevaux quotidiennement dès que je quitte la capitale. Je ne suis pas mondain. À Paris, je vais souvent au cinéma, et lorsque je suis chez moi, à Carcassonne, je regarde les DVD des films dont j'ai loupé la sortie. Quant au théâtre, j'aime juste aller voir le travail d'amis.

Si vous étiez ministre de la Culture, quelle serait votre priorité ?

Encourager d'abord les beaux-arts et décourager l'usage qu'on fait de la culture. La notion de l'art et des artistes a un sens, mais la culture en tant que ministère surtout pas ! Des directions culturelles seraient largement suffisantes, même pour distribuer des décorations que j'ai quant à moi toujours refusées. Ce n'est pas à un gouvernement ou à un ministre de dire si j'ai du talent ou non. Cette réponse, je l'attends du public. De toute manière, nous autres, saltimbanques, ne devrions pas porter de décorations !

Après avoir tourné dans cent trente films, y a-t-il encore un rôle qui vous tente ?

Je regrette de n'avoir jamais joué un Pape de la Renaissance, le costume est si beau et il n'y a aucune limite d'âge ; j'ai donc un rôle tout trouvé jusqu'à la fin de mes jours. Voilà enfin un bon emploi, et pour cela je suis prêt à tout, même à me raser. Il y a un autre personnage que je rêve d'interpréter, celui de président de la République !

Charles Schulz, le père de Snoopy

«Quand j'étais gosse, j'avais un beagle ;
ce chien extraordinaire est devenu Snoopy qui dort
au-dessus de sa niche au toit rouge.»

Le jour de la mort du dessinateur, Bill Clinton déclara : «Comme des millions de lecteurs des *Peanuts*, les personnages de Charles Schulz étaient pour moi plus que de simples icônes de papier. Pendant plus d'un demi-siècle, Schulz nous a montré comment une bande dessinée pouvait transcender un si petit espace à l'intérieur d'un journal. Les *Peanuts* nous ont appris ce qui faisait de nous des humains.» Un sentiment partagé par des milliers de lecteurs de la planète. En effet, tout est dit ce 12 février 2000 sur la magie de cette bande dessinée *made in USA* publiée chaque jour dans 2600 journaux dans le monde, 75 pays et 20 langues, lorsque le Président des États-Unis évoque ce personnage aussi discret que secret. Et fait intéressant, le dessinateur au diminutif de Sparky, dont la philosophie accompagne des milliers de lecteurs depuis les années 1950, est moins connu que ses petits personnages et son œuvre où il dépeint avec poésie et bonté une certaine Amérique. Celle patriote avec la religion, la nature, l'éducation, le hockey, le base-ball, le psy... Or, l'ère *Peanuts* – traduisez «Cacahuètes» – a fait des petits, émissions de télévision, films, albums, milliers de produits dérivés et même une comédie musicale. Flash-back, à l'école de journalisme de New York University, j'étais aussi fascinée par la photographie de Schulz qu'intriguée par cet Américain talentueux, dont on identifiait mal le visage, et je décide que ce sera mon sujet de mémoire de fin d'études. John Tebbel, notre professeur principal, est d'accord mais doute de mes capacités à y arriver. Ayant toujours aimé les défis, je réussis grâce à mon amie Claire de Gramont, travaillant au service culturel de l'ambassade de France, à trouver le téléphone de Charles Schulz. Miracle, il répond lui-même, car c'est sa ligne directe. De peur qu'il ne raccroche, j'entre tout de suite dans le vif du sujet et lui explique la raison pour laquelle j'aimerais tant l'interviewer. Après une légère hésitation, il me donne rendez-vous la semaine suivante au One Snoopy Place dans ses studios de Santa Rosa, jolie petite ville au nord de San Francisco. « J'aime les gens entreprenants, me lance-t-il avant de me dire : *Good bye*, à la semaine prochaine ! » Incroyable, l'homme dont les héros ont été choisis comme mascottes d'Apollo 10, dessinateur le mieux payé au monde, ayant même donné des cours de « snoopisme » à Cambridge, accepte de recevoir une petite étudiante. Et la chance me sourit une deuxième fois. Me voici le surlendemain à New York, dans le cabinet du Dr Lax pour la visite médicale obligatoire des étudiants étrangers. Il reçoit beaucoup de Français. Dans la salle d'attente, je crois reconnaître Jean Prouvost, mythique propriétaire en ces années-là de *Paris Match*, qui avait fait sienne la devise du *Daily Express*, *Where is the story ?* (« Où est l'histoire ? »). Je m'approche de cet impressionnant patron de presse et, enthousiaste, me présente sans même le laisser parler pour lui raconter mon histoire. Il me pose quelques questions précises sur l'université de New York et les études de journalisme puis ajoute avec un sourire : « Allez voir mon bureau de New York, je les fais prévenir, ils vous financeront le reportage. » Boostée par cette rencontre improbable, presque sûre de moi, je suis partie pour la Californie. Là,

Charles Schulz m'a reçue une journée entière avec patience et gentillesse, invitée à déjeuner dans son palais de glace privé ; cette *ice arena* est son luxe afin que les enfants et les habitants de Santa Rosa fassent du patin à glace presque gratuitement et que lui joue au hockey sur glace. Après le repas, nous sommes retournés dans ses studios, je notais tout sur mon petit cahier, bien sûr, et lui ai demandé entre autres comment était né Snoopy. «*Peanuts*, c'était une histoire de famille ; Charlie Brown, c'était moi, bien sûr. Quand j'étais gosse, j'avais un beagle, Spike, qui mangeait des épingles et des punaises. Ce chien extraordinaire est devenu Snoopy qui dort au-dessus de sa niche au toit rouge. Lucy, en raison de son mauvais caractère, c'est ma fille aînée, et Linus le fruit de mon imagination. De fait, mes enfants ne m'ont pas inspiré plus de cinq fois je dirai, depuis que je dessine. La suite est connue, elle appartient à la légende.»

Pour ma part, je dois avouer que ce premier reportage décroché avec fierté n'a jamais été publié, mais j'avais mis, à ma façon, un doigt de pied à *Paris Match*. Et cette inoubliable journée a scellé une jolie et solide amitié avec Charles Schulz, sa femme, Jeannie, et moi, qui sont ensuite venus en France à mon mariage au cap d'Antibes, où il a ce jour-là dessiné de petits Snoopy pour tous les enfants d'honneur. Je l'ai revu régulièrement aux États-Unis et maintenant, quand Jeannie – c'est son surnom – se rend à Paris, nous déjeunons ensemble. Notre pays occupait en réalité une place à part dans le cœur de Charles Schulz, car il avait fait partie des troupes américaines mobilisées pendant la guerre à Croisy-sur-Andelle, en Normandie, dont il avait même tiré un film où Snoopy découvre la France. Nostalgie, quand tu nous tiens !

Charles Schulz : «Je suis prêt à envoyer mon jet privé à Isabelle Adjani si elle veut me donner rendez-vous.»

– Année 1993 –

Snoopy est un chien désormais célèbre dont la philosophie figure dans 2 250 journaux à travers le monde.

Certes, mais il ne faut pas croire que les dessinateurs soient pour autant aussi connus que les autres artistes. La plupart du temps les gens ne savent même pas qui est l'auteur de la bande dessinée qu'ils lisent chaque soir. Alors mes confrères imaginant être reconnus dans la rue risquent d'être déçus.

Comment travaillez-vous ?

Mon emploi du temps est depuis toujours immuable. Je vais au bureau de 9 heures du matin à 5 heures de l'après-midi, cinq jours par semaine, m'arrêtant une heure seulement pour avaler un hamburger et un café. En fin d'après-midi, je joue au golf ou au hockey sur glace, mais je ne prends pratiquement jamais de vacances, cela m'obligerait à faire beaucoup trop de dessins à l'avance. D'ailleurs je ne suis vraiment heureux qu'au «studio», c'est-à-dire dans mon atelier, où je commence par ouvrir le courrier, avant de m'installer devant ma table à dessin afin de concrétiser ce qui la veille me paraissait amusant, drôle. L'imagination reste un challenge quotidien, une réelle performance; comme celle de l'acteur de théâtre qui, au moment du lever de rideau, doit jouer. Or, moi aussi, chaque matin je dois me lancer. Une histoire se traduit par trois dessins et l'édition dominicale représente une pleine page; et il y a un mois de décalage entre la création de mes dessins et leur publication. Ainsi, après des années, l'enjeu est d'être toujours meilleur. À mon âge, je n'ai pas le droit de manquer d'idées, mais tout cela n'enlève rien au fait que depuis 1952, date de mes premières bandes dessinées publiées dans la presse, je reste un artisan. N'ayant jamais eu, comme Walt Disney, une équipe entière à ma disposition pour dessiner, j'insiste là-dessus.

Vous êtes donc un artiste solitaire ?

La situation est différente de celle de Walt Disney, puisque c'était en réalité le Disney Studio qui dessinait et non lui, ayant juste créé, j'oserais dire «enfanté», Mickey. Inventer chaque jour est une aventure très personnelle et chacun a son style.

Êtes-vous conscient d'être une célébrité jamais égalée dans l'univers de la bande dessinée ?

Je suis surtout heureux d'avoir beaucoup fait pour l'image mondiale des créateurs de bandes dessinées et pense ne pas avoir gâché mon talent, même si je ne suis pas un grand artiste. J'avoue aussi que l'une de mes plus grandes joies, une vraie fierté, est d'avoir été exposé au Louvre il y a quelques années, et reçu les insignes de commandeur des Arts et des Lettres des mains du ministre de la Culture.

Le magazine économique américain *Forbes* estime vos revenus à 25 millions de dollars par an. Snoopy est un chien qui rapporte gros !

Je déteste parler argent; ce qui est vrai est que je n'ai pas besoin de me soucier du prix des livres quand j'en achète. Pour le reste, je serai un homme totalement comblé lorsque j'aurai rencontré Isabelle Adjani. Depuis que je l'ai vue au cinéma dans *Camille Claudel*, j'en rêve, je fantasme et suis prêt à lui envoyer mon jet privé si elle veut bien faire ma connaissance, mais je dois avouer que j'ai rarement de la chance avec mes rendez-vous. À Rome, notamment, au moment de l'inauguration d'une de mes expositions, je devais aussi avoir une audience avec le Pape Jean-Paul II, mais le timing n'était pas bon alors nous nous sommes juste croisés ! Heureusement, j'ai eu plus de succès avec Fellini : nous avons pris le thé ensemble, échangé des dessins et j'en garde un souvenir ému, car j'ai une grande admiration pour lui.

Pouvez-vous me parler de vos licences ?

Elles représentent 80 % de mes revenus. J'ai été, je crois, l'un des premiers en 1958 à avoir des objets dérivés des personnages de la bande dessinée, mais le vrai boom a eu lieu dans les années 1980 : peluches, tee-shirts, montres, petits bijoux, cartes postales et autres objets… J'ai alors instauré un système très rigoureux afin de contrôler la qualité des objets sous licence. À quoi cela servirait-il de se donner tant de mal pour dessiner des personnages si les gens ne peuvent discerner un vrai d'un faux ? Heureusement, les fans les reconnaissent immédiatement. Cela occupe le temps qui me reste après la bande dessinée. Je regrette néanmoins de n'avoir jamais assez d'heures dans la journée pour écrire de nouveaux livres, réaliser des dessins animés et des shows télévisés que je conçois moi-même.

L'argent, est-ce important ?

L'argent pour l'argent, sûrement pas, j'en connais trop la valeur. Mon père, modeste coiffeur du Minnesota, a travaillé dur toute sa vie, mais comme il était trop pauvre pour m'offrir des études, j'ai suivi des cours de dessin par correspondance. Ainsi, même si j'ai maintenant gagné beaucoup d'argent, je ne vis pas d'une manière ostentatoire. J'ai en réalité deux vrais luxes : mon jet, car détestant voyager j'ai imaginé qu'avec un avion privé je me déplacerais plus facilement à l'intérieur des États-Unis ; et mon palais de glace en Californie, soit une patinoire olympique, ce qui n'est guère évident car son entretien me revient à 1 million de dollars par an.

Quel est pour vous le comble de la volupté ?

Rester chez moi en famille en tenue de sport – je ne porte jamais de costume – entouré de ma femme, de nos sept enfants et de nos douze petits-enfants. Ils vivent aux quatre coins des États-Unis, exercent toutes sortes de métiers : éleveur de mules, pilote d'avion, patineuse artistique... Quand nous nous retrouvons, c'est formidable, il n'y a rien de plus exquis, nous rions beaucoup ensemble, car eux aussi ont beaucoup d'humour. Mais pour que le bonheur soit total, il me faut aussi tout contre moi Andy, mon griffon. Je lui parle tout doucement et le gâte en lui offrant des biscuits ; il est si vif et intelligent que je suis sûr qu'il comprend tout ce que je lui dis.

Les *Peanuts* s'arrêteront-ils un jour ?

Je continuerai tant que je serai en forme, l'idée de la retraite ne m'a jamais effleuré. Cependant, mes enfants ne souhaitent pas que les *Peanuts* me survivent. Une bande dessinée, c'est avant tout son créateur. Si quelqu'un est capable d'imaginer une suite, cela signifie qu'il peut concevoir sa propre bande dessinée. Or ma philosophie s'exprime à travers mes dessins et non le contraire. Ainsi la décision de mes enfants m'a rempli de joie. De toute façon, une histoire ne peut être éternelle !

Tournez manège

Aucun risque sous le chapiteau du cirque de la compagnie Alexis Gruss de se faire croquer par un lion. Ici, les stars sont les chevaux. Dix-neuf magnifiques pur-sang lancés sur une piste de 13 mètres de diamètre, car depuis cinq générations les Gruss sont de virtuoses écuyers qui nous font rêver. Et Alexis Gruss, qui a commencé dans le métier à 7 ans à peine avec un premier numéro de voltige, parle toujours avec la même passion communicative des circassiens. Racontant au passage comment il fait également travailler un bardot, cet équidé né d'un cheval et d'une ânesse qui, précise-t-il en riant, hennit et ne brait pas tel le mulet... Là est la différence ! On écouterait pendant des heures le doyen des Gruss, dont le cœur continue de battre au quotidien pour la piste.

Alexis Gruss fait l'admiration des écuyers du Cadre noir de Saumur, où il est allé présenter plusieurs numéros

– Année 2014 –

Dehors, il pleut. Mes chaussures sont devenues les meilleures amies de la boue sous le ciel noir de ce petit matin de mars où, de loin, tout semble endormi. Pourtant, depuis quelques jours installée en plein cœur du bois de Boulogne dans cet univers circassien habité par quatre-vingts personnes qui vivent en autarcie, derrière les écuries, les lourds camions et les caravanes blanches, la famille Gruss est déjà en action. Alexis, le Patriarche, figure tutélaire du clan, entraîne ses chevaux dès 8 heures du matin. Pantalon de velours impeccable, veste matelassée, casquette *british*, sous le chapiteau aux lumières rouges et bleues, qu'il fait toujours éclairer pour voir si tout fonctionne, l'écuyer reprend ses numéros. Il y a dix représentations par semaine. Ce qui signifie répéter quotidiennement, sauf le lundi. « Les muscles, c'est comme les neurones, il faut les faire travailler », insiste-t-il de sa voix ferme, qui porte au-delà des 13 mètres de diamètre de la piste de sciure, avant de faire claquer sa chambrière. « Avance, Vasco… Plus vite ! Bravo, c'est bon… presque ! » Le maître s'arrête. « Il va trop à gauche ou trop à droite… On se croirait en politique ! », soupire-t-il. L'artiste a en permanence des morceaux de sucre dans la poche, pour gâter les magnifiques étalons qu'il connaît tous par leur petit nom. Une cavalerie de portugais, d'hispano-arabes, de turkmènes, d'argentins, de camarguais, complices de tous ses exploits.

Ce sont eux qui ont fait la réputation du cirque national Alexis-Gruss et ils sont, année après année, au cœur du spectacle. Avec, cette année-là, sept numéros équestres dont l'impressionnante « Poste » aux dix-sept chevaux à la croupe généreuse et la crinière soignée, dirigés par sa fille Maud. Fierté du *pater familias*, la jeune femme, responsable des équidés, mène ses numéros avec grâce et autorité depuis qu'Alexis lui a lâché les rênes, sans jamais oublier leur devise : *Des chevaux pour tout le monde, des trapézistes pour que batte le cœur des femmes, de jolies filles pour éblouir les hommes et des clowns pour faire briller les yeux des enfants.* Alors, pendant plus de deux heures, les vingt-trois numéros se succèdent à une cadence soutenue dans une atmosphère festive, teintée de modernité, qui fait naître une réelle complicité avec le public. Les costumes sont seyants, plus proches du théâtre que des plumes d'autruche et des strass du music-hall. La mise en scène, sobre, conjugue souvenirs, émotions et poésie. Ici, on aime d'abord les chevaux qui dansent et l'esprit de famille. De fait, rien que d'énumérer les artistes, cela vous fait tourner la tête. Alexis, Gipsy, Stephan, Nathalie, Firmin, Maud, Alexandre, Charles, Louis, Joseph, tous des Gruss. Sans oublier les futures étoiles, Gloria, Célestine et Jeanne, qui viennent déjà saluer à la fin des représentations. C'est la dernière vraie dynastie française du cirque, où trois générations travaillent ensemble et à laquelle on est attaché parce qu'en quatre décennies on a vu grandir les enfants et les petits-enfants. Allure à la John Wayne, manières exquises, Alexis, qui vouvoie son personnel et lui parle avec un mélange de fermeté et de chaleur sans élever le ton, insiste : «Le cirque est le nom d'un lieu et non d'un spectacle.» Que de tribulations depuis l'automne 1974 et sa rencontre avec la comédienne et directrice de théâtre Silvia Monfort, quand ils ont créé à Paris la première école de cirque de l'Hexagone et fait renaître le cirque à l'ancienne. Le métier l'a conduit aux quatre coins de la capitale : de la superbe cour de l'hôtel Salé aux abords du Centre Pompidou, au Jardin d'Acclimatation, à la Villette et à la porte de Passy. Ce qui, chaque fois, veut dire refidéliser une clientèle, sans compter les impondérables. «Du jour au lendemain, par exemple, Syndha, l'éléphante de 38 ans, qui lorsqu'elle n'est pas en piste se balance d'un pied sur l'autre dans son espace, à proximité de la niche de Matisse et Gauguin, les dalmatiens, a refusé de se produire avec le falabella, cheval miniature argentin… Là encore, il a fallu improviser», raconte le patron, plus seigneur que saltimbanque. Alexis vous regarde, l'œil rieur, s'énerve rarement. «Je baigne dans cet univers depuis ma naissance, puisque j'ai vu le jour dans la caravane de mes grands-parents. Notre métier est difficile. Mais, plus qu'une vocation, c'est une passion absolue.»

Et le jour de relâche, il va voir d'autres spectacles afin de rester dans l'air du temps. «Mon ancêtre, André-Charles Gruss, était tailleur de pierre en Alsace. Amoureux, il abandonna sa profession pour suivre l'écuyère d'un cirque italien.» Une alchimie avec le public qu'on se transmet depuis plus de cent soixante ans. Prince d'une tribu d'artistes où chacun a plusieurs casquettes, Alexis sait tout faire. Il prend même le volant du dernier camion lorsque le cirque, formant un convoi de quarante-six remorques et roulottes, rejoint Piolenc, dans le Vaucluse, où les Gruss ont monté un parc à thème sur les arts de la piste. Quant à sa femme, la jolie Gipsy, fille de Firmin Bouglione, elle pourrait à elle seule assurer tout un spectacle. Fildeferiste, équilibriste, jongleuse, trapéziste et écuyère, personne n'imaginerait qu'elle est la grand-mère des jumeaux Alexandre et Charles, 20 ans. Bacheliers depuis trois ans, ils ont comme leurs parents étudié par correspondance. Ce sont d'abord d'impressionnants acrobates à cheval, des jongleurs et musiciens – car la règle est que chacun, pour être un artiste complet, sache jouer d'un instrument de musique.

Longtemps, en France, le cirque a été une affaire de famille. Or, maintenant, au lieu de préserver un esprit patrimonial, un nom se négocie telle une enseigne. La force des Gruss est d'être encore des enfants de la balle au sein d'une structure, artisanale, obligés de s'adapter en permanence pour survivre davantage que pour gagner de l'argent. « Avoir autant de chevaux reste un luxe. Chaque animal coûte quelque 10 000 euros. La mise en scène, les costumes, l'orchestre, les décors, les éclairages, la publicité, tout cela a un prix », souligne Firmin, qui gère l'ensemble depuis deux années. « Cela implique d'être solidaire, de travailler pour soi et pour les autres, de se respecter car on vit "en communauté", même si chacun prend ses repas dans sa caravane. Ainsi devons-nous toujours nous remettre en question », ajoute Gipsy. Comme il y a quelques semaines, quand Firmin, s'abîmant le pied lors d'un numéro de voltige, a dû provisoirement arrêter son numéro d'équilibriste avec l'éléphante, ou lorsque Maud et Tony sont tombés du haut de la pyramide composée de dix personnes. Stephan, le directeur artistique, a dû recomposer autrement. Un pari possible, car tous ont quasiment depuis le berceau une relation fusionnelle avec le cirque. « Pendant qu'on produit un spectacle, on s'entraîne déjà pour celui de l'année suivante. Il faut créer, stimuler, presque tout partager, et avoir désormais une stratégie entrepreneuriale », explique Alexis, qui confesse que, chez lui, on se signe toujours avant d'entrer en piste.

Il a d'ailleurs installé une crèche miniature sur son bureau dans la caravane proche des guichets et ne se sépare jamais d'une fiole d'eau de Lourdes qu'il porte sur lui. Il avoue aussi aimer les applaudissements. Comment s'en passer quand on a débuté dès l'âge de 7 ans sur la piste ? Son propos n'est pas de monter le meilleur spectacle du monde mais d'engendrer de l'émotion, de perpétuer et de transmettre une tradition d'art équestre, de dressage, d'acrobatie. Une passion dont il est l'humble héros, auquel aucun trophée n'a fait tourner la tête. L'homme sait combien la vie est fragile : il a perdu son deuxième fils, Armand, à 20 ans, et en décembre 1999, une nuit de Noël, la tempête a détruit toutes ses installations. Mais il croit en Dieu, qui l'a toujours protégé : « La foi, dit-il, n'est pas une chose compliquée. Comme l'existence, elle se construit au fil des épreuves. »

Son secret ? Celui qui fait l'admiration des écuyers du Cadre noir de Saumur, où il est allé présenter plusieurs numéros, sourit à ses chevaux et leur parle comme on parle aux femmes. Le cirque n'est pas seulement l'histoire de sa vie, l'histoire des siens. C'est d'abord une histoire d'amour dans un monde magique.

2.

ILS ONT SUIVI LE GÉNÉRAL, L'ONT SERVI

Philippe de Gaulle

L'art de la décision

« Tout le monde a été, est ou sera gaulliste », avait dit un jour le Général. Ce n'était pas juste une belle déclaration de « l'Homme du 18-Juin », qui savait bien sûr parler aux Français, mais le fruit d'une réflexion profonde, basée sur son expérience personnelle et son passé. Cela signifiait passion de la France, conception d'un pouvoir incarné et sacralisé par celui qui dirige la nation, pragmatisme, optimisme et d'abord adhésion à l'État à travers le Général lui-même. Pour l'illustrer, il était donc essentiel d'interviewer des gaullistes : Compagnons de la Libération appartenant pour toujours à la famille, les siens, soit d'abord son fils l'amiral Philippe de Gaulle, des neveux, le père François de Gaulle et Geneviève de Gaulle-Anthonioz, enfin ses ministres, afin que se dessine un autre portrait, plus intime que l'image officielle du grand personnage. D'autant que le gaullisme a sa liturgie, son rituel, son cérémonial, son bréviaire, ses codes… Soit une alchimie particulière qui me fascine depuis toujours. En effet, j'habitais avenue Ingres, où nous voisinions avec Philippe de Gaulle. Aussi, le mercredi, jour du Conseil des ministres, j'apercevais souvent la silhouette de « Tante Yvonne » vêtue de sombre, portant un chapeau, descendre d'une DS noire, entrer dans l'immeuble parisien pour aller déjeuner avec ses petits-enfants.

Il se trouve qu'il y avait par ailleurs dans ma classe, à Sainte-Marie, Emmanuelle Peyrefitte, fille de son ministre de l'Information Alain Peyrefitte, qui chaque semaine expliquait à la télévision l'action du gouvernement, et Madeleine Burin des Roziers, dont le père occupait la fonction de secrétaire général de l'Élysée. Celle-ci était fort discrète, néanmoins je ne résistais pas à lui demander de me raconter le goûter de l'arbre de Noël au palais présidentiel. Elle en parlait alors avec spontanéité... Enfin mon père, Henri Théodore Pigozzi, fondateur et grand patron de la firme automobile Simca, avait mis à la disposition du Général à titre strictement privé une Simca pendant toute sa traversée du désert. Il eut ensuite l'honneur de fabriquer l'une de ses deux voitures officielles, baptisée «Présidence». Une réelle fierté pour un Italien et pour nous. Cela, déjà, me faisait approcher d'une certaine façon cet univers. Et depuis lors, mon cœur bat pour le gaullisme, je le confesse et me permets d'écrire maintenant sur ces années et l'action du Général.

Amiral de Gaulle : « Ce sont de lointains souvenirs que la maison de mon père. »

– Année 2021 –

Amiral, pouvez-vous me parler de la maison où est né le général de Gaulle ?

Le 9, rue princesse à Lille fait partie de l'itinéraire de la légende de « l'Homme du 18-Juin ». Cette maison bourgeoise datant du XIXe siècle, qu'on appellerait maintenant un « hôtel particulier », est la maison de famille où Charles de Gaulle est né, le 22 novembre 1890. Mais il n'y a en réalité passé que trois mois comme nourrisson, car ma grand-mère était juste revenue dans le Nord le temps d'accoucher chez sa mère. C'est plutôt un endroit où mon père passait ses vacances avec ses petits cousins.

Une demeure désormais historique ?

Achetée en 1872 par mes grands-parents maternels, Jules-Émile Maillot et sa femme, Julia, la maison a changé de propriétaires au fil des ans avant de devenir en 1983 un musée détenu par la Fondation Charles-de-Gaulle mais géré par le département du Nord.

De ces belles demeures de la bonne bourgeoisie ?

Certes mais pas ostentatoire, ce n'était guère l'esprit de ma famille, issue côté paternel de la bonne bourgeoisie industrieuse du Nord, tout comme celle de ma mère de notables de province. La demeure est située dans le quartier résidentiel du vieux Lille. Dès que l'on pénètre dans la cour intérieure, on y remarque une niche avec une statue de la Vierge à l'enfant dans l'aile gauche où vivaient les Maillot. Chez eux – ma grand-mère est née Maillot –, on se consacre au travail, à la famille et à Dieu ; il est donc normal dans ce milieu d'une grande piété qu'il y ait une figure dédiée à Marie pour protéger les siens. D'ailleurs, l'église paroissiale Saint-André édifiée à la fin du XVIIIe se trouvait tout près de là. La partie droite était habitée par les Corbie, oncle et tante de mon père, ainsi que leur nombreuse famille. Gustave de Corbie était aussi son parrain.

Un lieu mythique ?

C'est la même année qu'est né un petit cousin germain malheureusement tué ensuite à la guerre de 14. Dans la chambre dite natale, le berceau de mon père est resté sur place, car les Allemands ne l'ont pas pris. Quant au fameux lit où a accouché ma grand-mère, il a été déplacé. En effet, s'il est désormais dans une alcôve alors qu'il se trouvait naguère perpendiculaire à celle-ci, avec une table de nuit de chaque côté, je pense que cet arrangement permet aux visiteurs de mieux circuler dans la pièce.

Comment était la maison ?

Cette bâtisse bourgeoise lilloise, repère d'ancrage familial où les Maillot sont restés jusqu'en 1939, comprenait de notre côté un vestibule, un beau jardin d'hiver, un grand et un petit salons, des chambres, salles de bains, une salle de jeux, une vaste cuisine, un office… Le tout décoré d'un mobilier ancien de bon goût, de jolis tissus et papiers peints, avec des parquets et d'élégants carreaux de céramique au sol...

Y avez-vous des souvenirs personnels ?

Pas vraiment, j'y suis allé pour la visiter en 1950 et j'ai à ce moment-là apporté le sabre de saint-cyrien appartenant à mon père, où sont inscrits son nom et sa promotion : 1909-1912. Je les ai laissés en dépôt, ils y sont restés jusqu'à sa mort.

Vous parlez du sabre du Général, pourquoi n'évoquez-vous pas ses décorations ?

[L'amiral soupire.] Mon père n'aimait pas trop les décorations, mais quand le Général recevait un hôte étranger, il portait l'ordre de la personnalité qu'il accueillait et confiait alors à ma mère le soin de mettre ses décorations sur ses tenues. Elle les montait sur un ruban ou les épinglait sur son habit afin qu'il les porte pendantes. Cela le rendait fort nerveux, j'oserais même dire de mauvaise humeur, or il le faisait par respect et devoir envers ceux qu'il recevait. N'oublions pas qu'avec quatre-vingt-treize décorations, il a été l'un des personnages les plus décorés de son époque, le Français le plus honoré à l'étranger. Et par ailleurs le seul chef d'État français à avoir créé trois distinctions : l'ordre de la Libération, la Médaille de la Résistance et l'ordre national du Mérite.

Où se trouvent ces émouvants souvenirs ?

Parmi toutes les décorations qu'il possédait, certaines ont été perdues, volées et nous avons donné après son décès à l'ordre de la Libération celles qui restaient. Elles figurent maintenant en bonne place dans la salle du musée consacrée à cet ordre dont mon père a été l'unique grand maître.

Kaléidoscope d'une époque

Amiral de Gaulle : «Pour le Général, le sport, c'était très important car cela marquait la vitalité de la France.»

– Année 2020 –

À votre grand âge, est-ce difficile d'être le fils du général de Gaulle ?

Maintenant, cela n'a aucune importance. Il faut savoir que Vincent Auriol, premier Président de la IVe République après la guerre, avait pris son fils comme directeur de cabinet. Un népotisme invraisemblable aux yeux de De Gaulle. Je n'ai rien contre Paul Auriol, qui a fait son métier, mais pour nous il n'était pas question de cela, l'Élysée n'était pas une entreprise privée. La famille la fermait, c'est tout. Ma mère n'a jamais fait aucun commentaire sur rien pendant ces années-là. Elle était la femme du Président, c'est déjà pas mal, pensait-elle. Ce qui lui dictait de ne point s'exprimer de façon inappropriée. Lorsqu'on était à Colombey, mon père évoquait quelquefois d'importantes questions telles que : «Est-ce que je me représente ?» On en discutait avec lui sans jamais répéter un mot. Or cette attitude n'engendrait aucune frustration. La discrétion était une évidence, ce qui n'empêchait pas des sentiments profonds et de l'admiration.

Le gaullisme… Que d'héritiers, cinquante ans après la mort du Général !

Chacun s'est approprié sa part, même les communistes. Tous ceux qui font référence à la politique du général de Gaulle respectent sa Constitution, celle de la Ve République… Mais, au fil des élections, l'empreinte de mon père s'est estompée. Pompidou, ce n'était plus tout à fait ses idées. Giscard d'Estaing, encore moins… Mitterrand, lui, dans le fond, avait des idées du général de Gaulle, mais il ne pouvait pas le dire…

Vous appelez-vous Philippe parce que vous seriez, comme on l'a prétendu, le filleul de Philippe Pétain ?

Pure affabulation ! C'est une légende inventée par les Allemands. J'avais pour parrain mon oncle Xavier ; cela ne pouvait être autrement car, dans la famille, on choisissait le frère aîné ou l'un des autres frères. Et on m'a appelé Philippe, parce que j'ai eu un ancêtre qui s'appelait Philippe.

Quels sont vos souvenirs les plus émouvants de l'Élysée ?

Voir mon père dans son bureau, ça en imposait ! C'est lui qui choisit de s'installer au premier étage. Il trouvait que trop de monde circulait au rez-de-chaussée, où étaient ses prédécesseurs. Je venais et repartais avec ma voiture. Il eût été impensable, bien sûr, que je me fasse conduire par un chauffeur de l'Élysée. Nos vies étaient très séparées.

Qui incarne de Gaulle, maintenant ?

Personne. Le général de Gaulle n'avait pas de prédécesseur et n'a pas de successeur. Je suis néanmoins touché qu'on ne l'oublie pas. Être gaulliste, c'est le respect de la Constitution de la Ve République.

Votre père aurait dû faire de vous un Compagnon de la Libération…

Il a hésité et m'a dit : « Après tout, tu as été mon premier Compagnon. » Je lui ai répondu : « Non, pas le premier, le deuxième après votre aide de camp, Geoffroy de Courcel. — Oui, mais je ne peux pas te nommer Compagnon, parce que alors il faudrait que j'en nomme trois fois plus et je ne peux pas le faire. Tout le monde saura que tu as été l'un de mes premiers Compagnons. » [L'amiral, la voix chargée d'émotion, n'en dira pas plus sur ce sujet.] Mon père a clôturé l'ordre, en 1946, décernant 1061 croix [1038 personnes, 5 communes et 18 unités combattantes], et réservé une médaille à Churchill.

De Gaulle correspondait-il à l'archétype des saint-cyriens ?

Mon père, solidaire de sa promotion, n'avait rien d'un scrogneugneu militaire, il était au-dessus de ça.

Pourquoi a-t-il fait Saint-Cyr et non Polytechnique ?

Il était fort en histoire, en littérature… Et, à ses yeux, les polytechniciens, c'étaient des techniciens ! [Rires.] Il fallait que le commandement soit dans les idées générales. Avoir vu les polytechniciens Foch et Joffre commander en 14-18 ne lui avait pas plu. Selon lui, les polytechniciens ne correspondaient pas à ce qu'il y avait de mieux pour commander les armées de la République. Mon père avait une idée républicaine du commandement des armées : à ses yeux, il revenait au comité de salut public, c'est-à-dire à lui, de commander une armée, et non aux généraux.

N'aviez-vous pas été, comme le Général, tenté de présenter Saint-Cyr ?

Mon père voulait que je fasse le concours des Affaires étrangères, mais moi, depuis tout petit, je disais que je serais officier de marine. J'ai passé la deuxième partie du concours de l'École navale en Grande-Bretagne, à bord du cuirassé *Courbet*, et ensuite étudié à Portsmouth, la promotion de 1941 en France occupée. J'appartiens à celle de 1940, la seule qui est partie en Grande-Bretagne et a été amalgamée aux Forces navales françaises libres. Puis je suis resté le moins de temps possible à l'état-major. Être à terre me semblait une corvée, j'ai ainsi navigué la moitié de ma vie sur presque tous les océans, souvent à bord de porte-avions. Les premières années de mon mariage, nous avons déménagé neuf fois. Brest, le Maroc, Toulon, l'Algérie... puis j'ai installé ma famille à Paris. Je pensais que ce serait mieux pour les études de mes enfants. Ces vingt années loin de chez moi signifient aussi que, lorsque j'ai vu le petit dernier, Pierre, pour la première fois, il avait déjà 3 mois.

Rares sont ceux qui savent que vous étiez aussi pilote...

Il ne fallait pas parler de moi dans la marine, pour des raisons de sécurité et de jalousie ! Les journalistes voulaient me voir bouffer de la tarte au carré des officiers, mais que je sois pilote d'aviation embarquée ne les intéressait guère. On ne peut pas être commandant de flottille en aviation embarquée sur porte-avions pendant dix ans. On ne peut être commandant de flottille si l'on n'est pas pilote. J'ai été parmi les premiers pilotes qui ont fait des appontages de nuit en France, et fini inspecteur général de la marine. Puis Jacques Chirac m'a demandé de me faire élire député mais, après quarante-deux ans et demi dans la marine, j'ai préféré me présenter au Sénat, à Paris. Élu en 1986, puis réélu en 1995, j'ai quitté le palais du Luxembourg en 2004.

Parlez-moi de vos enfants.

J'ai quatre fils : Charles, l'aîné, n'est pas en très bonne santé ; Yves, le deuxième, énarque, est conseiller d'État ; Jean, le troisième, conseiller maître à la Cour des comptes ; Pierre, le dernier, s'occupe de gestion de patrimoine à Genève. Né en 1963, il est celui qui a le moins bien connu son grand-père, même s'il garde des souvenirs de leurs promenades… ou du Tour de France à ses côtés devant la télévision. Mon père le suivait et, lorsqu'une fois le peloton passa à Colombey, il décida de descendre voir les coureurs. Les gars ont vite été prévenus, les suiveurs comme Anquetil ont mis pied à terre pour lui dire bonjour.

Avez-vous été un père très strict ?

Moins exigeant que la génération précédente. J'ai enseigné à mes enfants la base, c'est-à-dire la famille, la patrie en leur expliquant qu'il ne fallait pas s'attarder sur l'inutile.

Comment se passaient les repas à « La Boisserie » ?

Mon père faisait parler ses invités, lançait parfois une petite remarque au passage. On riait aussi, car il avait de l'esprit, mais ce n'était pas la grosse rigolade, il avait plutôt l'humour insidieux. Ma mère, quant à elle, s'exprimait, certes, mais écoutait surtout.

Que mangeait-on à la table du Général ?

Une bonne cuisine bourgeoise : soupe au chou, pot-au-feu, côtelettes d'agneau, haricots de Soissons blancs, rôti de veau… Du fromage, généralement de Hollande, ou de l'emmental avec des gros trous. Et comme desserts, crème renversée, riz au lait, gâteaux de semoule, tartes aux quetsches ou aux mirabelles, clafoutis aux cerises… Mon père préférait les desserts aux fruits cuits, car les fruits crus, il fallait les éplucher.

Le Général parlait-il politique ?

Parfois, en nous promenant à Colombey. Il privilégiait les apartés et s'exprimait rarement à la cantonade, disant ce qui convenait à chacun. Il aimait bien aussi les plaisanteries. Par exemple, alors qu'il visitait l'usine Citroën, quand on lui annonce qu'on va offrir une DS à chacun de ses ministres, il n'hésite pas à répondre : « Donnez-leur plutôt des idées ! » L'ID était une version simplifiée de la DS. Il se déplaçait en Citroën et en Simca Présidence, véhicule qui avait été alourdi spécialement avec un moteur pouvant rouler longtemps à 15 ou 20 kilomètres par heure afin de descendre les Champs-Élysées ou de traverser des villes à petite vitesse.

Le Général tutoyait-il facilement ?

Il disait « vous » aux femmes, « tu » était plutôt réservé aux camarades de régiment. Mais il ne tutoyait jamais les hommes, par sens de l'honneur. Même pas les Compagnons de la Libération ! Comment aurait-il pu dire « tu » à un soldat ? Des gens qui se battent, risquent leur vie, méritent une certaine dignité. Même s'ils ne sont pas dignes, par ailleurs… « La guerre anoblit les plus vils », expliquait-il. Les Du Guesclin et autres étaient au départ d'affreux bonshommes… [Il rit.] Mais quand ils se battaient pour leur roi ou leur pays, ils devenaient nobles. Mon père vouvoyait mes deux sœurs, tutoyait mes fils, mais pas sa petite-fille. Ma sœur Élisabeth et moi vouvoyions notre mère, qui, elle, nous tutoyait tous. Quant à mon père, tantôt il vouvoyait, tantôt il tutoyait son épouse, mais en public c'était généralement « vous ». Moi, il me tutoyait et je le vouvoyais.

Avez-vous vu un jour de Gaulle sans cravate ?

Il m'est arrivé de voir mon père en veston, par-dessus une veste de pyjama, qui prenait un café avant de se raser… Mais il ne circulait pas comme ça ! Il sortait toujours de sa chambre avec une cravate. À ce moment-là, tout le monde en portait. À l'École navale, quand je volais dans les monomoteurs, sur Spitfire, j'avais toujours une cravate.

Le cinéma était-il l'une des « distractions » du Général ?

Il aimait voir des films, les comiques d'avant-guerre et de grands acteurs tels Charles Boyer, Fernandel, Louis de Funès... Il appréciait aussi Michèle Morgan, qu'il trouvait fort jolie, avec beaucoup d'allure, jouant bien. À l'Élysée, ayant peu de temps, il regardait surtout les actualités. Cela avait entraîné de fausses légendes, comme celle d'une speakerine dont on affirmait qu'elle avait été mise à la porte parce que ma mère aurait trouvé peu convenable qu'elle montrât ses genoux. Complètement ridicule ! Ma mère ne se mêlait pas de cela, d'autant que ceux qui étaient dans l'audiovisuel étaient plutôt pour de Gaulle, alors que la presse écrite était souvent contre.

Votre père s'intéressait-il au sport ?

C'était très important pour lui, car cela marquait la vitalité de la France. À ses yeux, un pays qui n'avait pas de sportifs était un pays à moitié mort.

Lisait-il la presse ?

Il regardait tous les soirs le journal télévisé, ça l'intéressait de voir ce que les Français voyaient. Et, bien sûr, il lisait *Paris Match* chaque semaine. Je ne dis pas cela pour vous flatter, votre journal est le seul qui ait fait un reportage sur « La Boisserie » de son vivant. Il lisait également les quotidiens, même *L'Humanité*, mais pas toujours *Le Monde*, qu'il appela un certain temps « L'immonde ». Savez-vous que c'est de Gaulle qui l'avait fondé ? On ne le dit pas, c'est pourtant la vérité ! Juste après la guerre, dans son bureau de la rue Saint-Dominique, il demanda à Pierre-Henri Teitgen, ministre d'État chargé de l'Information, de trouver un journaliste au passé de résistant et à la compétence reconnue. Le nom d'Hubert Beuve-Méry est avancé. Mon père le convoque : « Vous allez faire un journal comme *Le Temps* avant-guerre, qui soit neutre politiquement et avec des chroniqueurs. Je vais vous donner l'argent et le papier. » Le premier numéro n'a pas parlé du Général, dans le deuxième on a commencé à écrire contre lui. En réalité, Beuve-Méry n'a jamais cessé de diriger un quotidien en faveur de la IVe République, critiquant de Gaulle. Il le rencontrait une fois par mois et racontait à sa manière ce qu'il avait dit ou ce que bon lui semblait. C'était faux, puisque mon père ne faisait aucun commentaire. Dans un autre style, plus tard, mon père a découvert *Tintin* et *Astérix* grâce à mes enfants, plongés dans ces lectures lors de leurs vacances à Colombey.

Quel est le plus joli souvenir que vous gardez de votre mère ?
Quand elle tenait dans ses bras ma sœur Élisabeth. J'avais à peine 5 ans. Or, cela m'a marqué.

Était-elle affectueuse ?
Sûrement plus avec ses petits-enfants qu'avec Élisabeth et moi. Elle vérifiait ce qu'ils mangeaient, comment on les couvrait, ce qu'ils faisaient… Quand nous étions petits, Anne, lourdement handicapée, accaparait presque toute son attention et ses pensées. À la fin de la guerre, alors que je n'avais pas vu ma mère depuis quatre ans, je suis allé passer quelques heures avec elle. Ce jour-là, elle m'a parlé de tout sauf de moi, ne me demandant ni comment j'allais ni de lui raconter ce que j'avais fait pendant toutes ces années de guerre. Elle semblait croire que, si elle évoquait cela, je risquais de me prendre pour un héros… J'avoue que cela m'a peiné. Certes, à cette époque, les hommes ne racontaient rien quand ils rentraient. Ils ne parlaient surtout pas de la guerre aux femmes. Mais quand même !

Pouvez-vous évoquer la mémoire de votre sœur Anne ?
Elle prononçait quelques syllabes, on comprenait qu'elle désignait son père, son frère… mais son langage restait

incompréhensible pour qui n'en avait pas l'habitude. Moins évoluée qu'une enfant de 4 ans, il fallait la lever, l'habiller, la nourrir, la coucher… Mon père, très proche d'elle, allait la voir matin et soir, lui parlant tendrement. Mais à l'extérieur, il ne s'étendait pas là-dessus. Les choses étaient ainsi.

Pourquoi appelait-on familièrement votre mère « Tante Yvonne » ?

C'était un surnom, comme on aurait dit « Bécassine ». La vérité est qu'au départ les gens la trouvaient godiche. Elle portait alors un chignon, ne se mêlait jamais de rien, allait voir des bonnes sœurs pour ses œuvres, mais à condition qu'aucun reporter ne se pointe. Sinon elle faisait demi-tour. Vous n'avez jamais entendu ma mère parler de ses œuvres, bien qu'elle s'y soit consacrée toute sa vie ! Parfois, je l'accompagnais. Un jour, avec elle chez des religieuses qui s'occupaient de garçons malentendants de 4-5 ans. Les sœurs leur jouaient du piano et ils mettaient leur petite tête tout près du clavier. Ma mère avait l'art de se pencher sur des causes peu connues. Elle a fini son existence dans la maison de retraite des sœurs de l'Immaculée-Conception, à Paris, où elle s'est retirée, après la mort de mon père, le 9 novembre 1970. Là, elle était certaine que les religieuses ne parleraient pas et ne recevraient aucun journaliste.

« Tante Yvonne » était-elle une bonne maîtresse de maison ?

Très bonne, y compris à l'Élysée, où elle a remis de l'ordre. Quand mes parents sont arrivés, le palais était en quasi-fermage. Les membres du personnel étaient maîtres des lieux en quelque sorte faisaient ce qu'ils voulaient, se cooptaient… c'étaient eux qui faisaient marcher la « boutique ». Un jour, il y en a un qui est venu demander au Général : « Quand partez-vous en “congé” afin que j'organise nos vacances ? — Vous vous trompez, ça ne marche pas comme ça ! », a rétorqué mon père, indigné. Le sommelier, par exemple, il était déjà là avant la guerre, pendant les Allemands et sous Auriol. François Flohic, l'aide de camp du Général, et par ailleurs mon camarade de promotion à l'École navale, lui a demandé de fournir un inventaire de la cave à un commissaire de la marine. Cela représentait beaucoup d'argent, avec les grands crus pour les dîners officiels. Du coup, le sommelier est parti... François Flohic et moi avons, à ce moment-là, suggéré à mon père : « Prenez le personnel de la marine. Ils vous feront les maîtres d'hôtel et les cuisiniers qu'il faudra. » Depuis, ce palais est tenu par les militaires.

Vos parents faisaient-ils en privé l'objet d'une haute protection ?

Pas assez. On avait pourtant averti mon père : « Il ne faut pas faire la route Colombey-Paris tous les quinze jours, on va finir par vous assassiner. » Il a enfin décidé de prendre l'hélicoptère et trouvé que c'était plus agréable, car on pouvait admirer le paysage. Cela plaisait beaucoup à mes parents, car à l'arrière de la DS, on était tellement enfoncé qu'on ne voyait rien ; ce n'était pas une Porsche ni une Mercedes, pas même une Simca !

Un Général fataliste !

Ni ignare ni inconscient. Renseigné, il savait qu'on lui en voulait et qu'on voulait le tuer. Les mêmes qu'autrefois à Vichy ! [Rires.] Mon père n'avait pas de voiture blindée, parce que, trop lourde, elle n'avance plus. On peut prendre une voiture blindée pour défiler sur les Champs-Élysées, mais pour faire de la route, il utilisait une voiture avec des pneus spéciaux increvables.

Et le quotidien sous le regard de Dieu...

Ma grand-mère paternelle, dont deux des sœurs étaient religieuses en Belgique, priait continuellement. Elle allait presque tous les jours à la messe de 7 heures. Alors, quand le rôti n'était pas cuit, mon grand-père Henri maugréait : « Ce n'est pas en allant à la messe qu'on peut avoir un rôti convenable ! » Il reprochait à son épouse de faire trop de dévotion et de ne pas s'occuper assez de la maison. En effet, il n'y a pas de maison sans femme…

Soit une foi héritée de son éducation ?

Pour lui, la vie n'existait pas sans Créateur. Il ne pouvait imaginer un univers sorti du hasard et trouvait que la religion catholique était la religion la plus humaine, la plus équilibrée, celle qui accompagnait le mieux jusqu'à la fin. Malgré ses imperfections, elle avait suscité beaucoup de sacrifices et de dévouement. Pour ce qui est des Papes, si certains d'entre eux dans le passé ne lui plaisaient pas, il ne les désignait pas nommément. Le Général, ayant approuvé le choix de Jean XXIII, à travers les cardinaux français, avait pesé à sa manière dans l'élection de Paul VI. Mais ensuite, le Pape milanais ne l'avait pas, selon la tradition, consulté sur la nomination du futur archevêque de Paris. Étant donné le rôle qu'il avait joué, cela le rendait un peu triste. Lorsqu'il était à Paris, mon cousin François de Gaulle[1], père blanc missionnaire en Afrique de l'Ouest, qui a quatre mois de moins que moi et vit dans sa congrégation à Bry-sur-Marne, venait dès qu'il était à Paris le dimanche dire une messe privée à l'Élysée.

Comment voyez-vous François Pape jésuite ?

Je suis plutôt désorienté, interloqué. C'est le premier sur lequel je m'interroge. Un Pape règne, alors que lui va « en savates » au milieu du peuple. J'espère qu'il gouverne quand même les cardinaux, parce qu'il doit se placer au-dessus de la

1. Le père François de Gaulle s'est éteint à l'âge de 98 ans dans la maison des Pères blancs de Bry-sur-Marne, le 2 avril 2020.

mêlée. L'Église, c'est un peu l'Empire romain, comment l'oublier ? Je souhaite qu'il n'y ait pas de schisme ! Les fidèles se posent des questions de doctrines ou de mœurs, les Papes ne devraient pas laisser le clergé en discutailler. La PMA pour tous… Les abbés qui écrivent des articles, commentent dans les médias, est-ce vraiment leur rôle ? Ce Pape argentin et jésuite est trop simple. Et quand il va voir des chefs d'État, si ce n'est pas pour les obliger à quelque chose, ça ne sert à rien ! Il n'est pas un apôtre, mais le représentant de Jésus-Christ sur terre. Les cardinaux et les évêques ne sont que des bras pour l'aider. Auparavant, si le Pape entrait dans Saint-Pierre sur la *sedia gestatoria* coiffé d'une tiare, c'était pour montrer la distance considérable qui le séparait du haut clergé. Ce trône symbolisait le pouvoir suprême ; il doit y avoir davantage de distance. Le Pape François parle à l'Amérique latine, non à l'Europe et moins encore aux Italiens. Le Vieux Continent se sent donc abandonné.

Les jésuites forment à de grands destins. Pas moins de deux Présidents sous la Ve : de Gaulle et Macron !

Il est clair que les jésuites enseignent le sens de l'État et comment se présenter. Emmanuel Macron, ancien élève de La Providence à Amiens, institution jésuite, a en effet ce talent. Certes, il devrait parler un peu plus court, mais il se présente bien et il est jeune. Pour moi, il n'a pas épuisé tout son potentiel… Et s'il s'en va, il y aura qui ? Qu'on me le dise ! Je ne vois personne d'autre, pour le moment. Mais revenons aux jésuites, chez lesquels mon père a aussi étudié. Moi, petit, j'étais à Saint-Joseph de Beyrouth, mais c'étaient les bonnes sœurs qui s'occupaient de nous. Charles de Gaulle, lui, a été au collège de l'Immaculée-Conception, rue de Vaugirard, à Paris, aujourd'hui fermé. Son père y enseignait et en fut même le directeur laïc après l'expulsion des jésuites en 1901. Quelle formation ! Il faut savoir que, lorsqu'un séminariste entre chez les jésuites, il recommence ses études pendant neuf années. Les jésuites ont le goût de l'État et le sens du pouvoir. Ils éduquent les gens pour l'administration, les sciences, les explorations, l'astronomie… Il est donc important d'abord, je le souligne, de savoir se présenter. Ainsi, le théâtre, riche d'enseignements, aide-t-il à cela.

La piété du Général était-elle l'un de leurs héritages ?

Le Général a été d'une profonde ferveur tout au long de son existence. Avec un grand enracinement chrétien, marqué entre autres par les lectures de Jacques Maritain et de Charles Péguy, et aussi par les jésuites. Cela correspondait à une dévotion intime, à une intériorisation de sa foi, celle d'un être actif dans le monde qui ne mettait pas son acte de baptême dans sa poche. La France n'a-t-elle pas des siècles de chrétienté derrière elle ? Toutefois, dans la cour de l'Élysée, laïcité oblige, il n'y avait pas de valse des soutanes. En revanche, c'était pittoresque, en 1946, de voir par exemple le chanoine Kir et l'abbé Pierre siéger sur les bancs de l'Assemblée nationale. Les hommes de Dieu doivent néanmoins s'occuper du spirituel et, d'une certaine manière, du social.

Le général de Gaulle était-il sensible au charme féminin ?

C'était un homme ; il regardait les femmes, bien sûr, mais ça ne veut pas dire qu'il les désirait… Le Général n'était pas un homme à femmes, il n'avait pas le temps. Les oisifs s'occupent des femmes ; quand on amène une femme dans sa chambre, le lendemain on s'aperçoit qu'on est dans la sienne. Dans ce domaine, rien ne change d'ailleurs. La Rochefoucauld écrivait jadis : « Sans les femmes, les deux extrémités de la vie seraient sans secours, et le milieu sans agrément. » C'est si vrai que, quand ma femme est décédée, je me suis aperçu qu'il n'y avait plus de maison !

Le mariage de vos parents avait-il été arrangé ?

Pas vraiment. Dans la noblesse et la bourgeoisie, on accompagnait la jeune fille, dans tous les sens du terme. Ça a été le cas pour ma mère, qui est venue au bal de Saint-Cyr chaperonnée par son frère, après une première rencontre avec mon père lors d'une exposition de peinture à Paris, au Grand Palais. On voulait réunir toutes les chances pour qu'un mariage soit réussi.

Éduquée pour être Première dame ?

C'était une personne discrète, qui pensait : « Je suis dans mon pays ce que la reine Élisabeth II est dans le sien. » Je veux dire par là que cela ne l'impressionnait pas de rencontrer une souveraine, car elle n'avait aucun sentiment d'infériorité. Elle était le socle et son mari comptait beaucoup sur elle.

Et les femmes en politique ?

Comme militaire, permettez-moi d'évoquer Michèle Alliot-Marie, qui a quand même été, sous Chirac, la première femme « ministre de la Guerre ». Elle a compris qu'il fallait aller voir les unités, ce qui ne s'était produit auparavant qu'avec Charles Hernu, sous Mitterrand. Il y a bien eu l'impératrice Marie-Thérèse d'Autriche, qui se présentait devant l'armée avec ses enfants, mais c'était deux siècles plus tôt…

Amiral, pouvez-vous évoquer votre deuxième vie professionnelle…

De septembre 1986 à septembre 2004, j'ai été sénateur RPR puis élu UMP de Paris. Chirac était venu me chercher pour les élections municipales. Nous avons fait campagne partout dans la capitale et, le 6 mars 1983, il a enlevé dix-huit arrondissements sur vingt ! Ainsi, jusqu'à 84 ans – l'âge auquel était mort mon grand-père maternel, ce qui à l'époque me paraissait très vieux –, j'ai été sénateur de Paris. Même si le cliché du sénateur qui somnole après les repas est désuet, ce n'était plus la marine, quand je courais partout. Un amiral est un bonhomme qui se déplace de bateau en bateau, jour et nuit.

De quelle manière avez-vous vécu le confinement ?

Je ne suis pas sorti du tout mais, à très bientôt 100 ans, cela n'a guère d'importance ! C'était parfois gênant pour me rendre à la banque ou faire une course, je suis maintenant veuf, tout seul. Je ne peux plus marcher. À faire cinq pas dans un sens et cinq dans l'autre, les genoux rouillent. Beaucoup de vieux sont morts, masqués, « emblousinés ». Mes enfants m'apportaient des fruits, il fallait les mettre dans un sac, tout cela était très compartimenté.

Comment passez-vous vos journées ?

Je lis beaucoup de livres d'histoire. Autrefois, j'aimais aussi des Simenon ; mais les romans, c'est fini. Et je réponds à une grande partie du courrier que m'envoient surtout des descendants des Français libres, bien que j'aie du mal à écrire. Je regarde à la télévision les grands matchs de tennis, de rugby et de football, les films sur les animaux sauvages, la nature avec ses paysages lointains, les déserts, le Grand Nord… Il y a des endroits magnifiques, des pays où je ne suis pas allé et où je n'irai jamais : la Mongolie, l'Himalaya… Je n'ai fait de l'alpinisme que sur écran. [Il rit.] Je regarde aussi TF1, France 2 et la Chaîne parlementaire [LCP], sans oublier parfois des *James Bond*, des films avec Louis de Funès, dont récemment *Le Petit Baigneur*, des Melville ou des westerns comme *Le train sifflera trois fois*… J'écoute de la musique classique et joue assez souvent aux cartes avec un petit groupe de bridgeuses. Il faut continuer à vivre pour rester vivant ! Je reçois aussi des visites de ma famille, mes quatre fils, mes six petits-enfants. J'ai aussi deux arrière-petits-enfants.

Allez-vous parfois à « La Boisserie » ?

« La Boisserie » m'appartient en totalité. J'y paie mes impôts, la Fondation Charles-de-Gaulle rémunère la gardienne qui fait visiter. Mais je n'y suis pas retourné depuis la mort de mon épouse, en 2014. La prochaine fois, j'irai les pieds devant pour y être enterré.

Quel est le secret de votre bonne santé ?

Sans doute de manger normalement ! En vieillissant, il y en a qui grossissent et d'autres qui n'ont plus que la peau et les os. Je ne m'autorise pas de gâteaux, juste des cakes. Peut-être ne devrais-je pas, car je suis diabétique !

Vous avez une sacrée mémoire !

Il y a des noms que je ne retrouve plus. Ma mémoire a été endommagée pendant la guerre, et j'en perds encore un peu plus tous les jours. Elle était formidable, avant… Ce qui est triste, à mon âge, c'est de ne plus pouvoir voyager. Alors l'existence n'a plus beaucoup de saveur, surtout depuis que je suis veuf.

Votre dernier défi ?

Je serai centenaire avant la fin de l'année. J'insiste, c'est ma dernière interview. Je suis désormais trop vieux pour cela et ne dites pas à mes fils que je vous ai accordé encore un entretien, je vais être obligé de leur avouer que c'est vous qui m'avez surpris, « attrapé » ! Et je vous remercie pour le cake. Je ne devrais plus manger de gâteau, à mon âge le sucre, ce n'est pas très bon !

L’ordre des Compagnons : la plus belle et prestigieuse des décorations françaises

– Année 2020 –

Après une tournée de ralliement dans les possessions africaines, le général de Gaulle fonde le 16 novembre 1940 l’ordre de la Libération. Le Grand Homme tient à honorer d’une distinction particulière militaires, civils et collectivités ayant mené à ses côtés une croisade pour libérer la France. Ils sont 1 038 personnes, dont 6 femmes, et dont le dernier d’entre eux, mort à 101 ans le 12 octobre 2021, après les cérémonies aux Invalides puis à l’Arc de triomphe et au Mont-Valérien présidée par Emmanuel Macron aura, comme en avait décidé Charles de Gaulle, l’honneur d’être inhumé dans la crypte du Mont-Valérien ; 18 unités combattantes ; 5 communes – Paris, Nantes, Grenoble, Vassieux-en-Vercors et l’île de Sein –, qui recevront le prestigieux insigne conçu par la maison Cartier : un glaive sur fond d’écu de bronze surchargé d’une croix de Lorraine, ruban de moire verte barré de deux bandes noires symbolisant le deuil et l’espérance de la patrie. En 2013, les cinq villes Compagnons se sont donné pour mission de pérenniser l’ordre quand tous les Compagnons auront disparu, c’est-à-dire à la fin de l’année 2021.

Jusqu'en janvier 1946, un conseil de cinq membres proposa de nouveaux noms. « De Gaulle ne se livrait guère, reconnaît le Compagnon Michel Maurice-Bokanowski. Il ne révéla jamais à quiconque pourquoi il nous nommait. Nous savions néanmoins que l'antériorité avait joué un grand rôle, car il ne se méprenait jamais sur les ralliements de la onzième heure... »

Devinrent ainsi membres de l'ordre ces combattants de l'aube : diplomates, ecclésiastiques, écrivains, hommes de science, médecins, militaires, personnalités étrangères, politiques... Dans son testament, le grand maître le général de Gaulle invita tous les Compagnons à se rendre à ses obsèques à Colombey et, conformément à ses dernières volontés, on déposa le 12 novembre 1970 dans sa tombe la liste du millier de dignitaires de l'ordre. Des êtres humains qui avaient en commun de rarement évoquer en public leur guerre glorieuse. Sauver la France avait été pour bon nombre d'entre eux l'aventure de leur vie, et cette décoration, la plus noble distinction, en faisait des personnages à part aux yeux du Général.

Daniel Cordier, l'art et l'histoire

– Année 2018 –

À 98 ans, Daniel Cordier, ancien secrétaire de Jean Moulin et résistant, puis galeriste, restait un précurseur. «À une époque où les pièces venues d'Océanie et d'Afrique n'étaient pas encore baptisées "Art premier" et où Dubuffet, Hantaï, Michaux, de Staël, Christo, Matta, Arman étaient quasiment inconnus, je les exposais déjà dans mes galeries de Paris et New York», m'expliquait encore au téléphone Daniel Cordier lors d'une interview. Il se trouvait dans le Midi et ne voulait plus à son grand âge, recevoir de journalistes m'avait-il précisé. Le marchand, plus amoureux de l'art que de son commerce, s'éloigna des affaires, devint membre de la première commission de Beaubourg et historien. «J'ai écrit trois volumes pour défendre la mémoire de Jean Moulin, accusé par Henri Frenay de cryptocommunisme», poursuit-il. Il fait ensuite deux très généreuses donations d'œuvres au Centre Pompidou. Homme libre, il évoquait avec flamme et humour sa jeunesse, son homosexualité, sa boulimie artistique et gardait toujours beaucoup de retenue dès qu'il s'agissait de la guerre. Sauf quand il racontait : «Jean Moulin, peintre sur ses faux papiers mais vrai amateur d'art, m'avait initié à la peinture.» Emmanuel Macron l'éleva au grade de grand-croix de la Légion d'honneur le 18 juin 2018. Les deux hommes assistèrent ensemble au Mont-Valérien aux commémorations de l'Appel. Il représentait à ce moment-là l'un des cinq Compagnons de la Libération survivants parmi les 1 038 ayant reçu cet insigne prestigieux des mains du général de Gaulle. Ce héros qui n'aimait guère compter préférait croire à son destin !

Le père René de Naurois, aumônier de la France libre :

«Dans mon sac à dos, j'avais un calice et des objets de culte pour dire la messe.»

– Année 1995 –

Le père René de Naurois est toujours impeccable. Blazer bleu marine, cravate vert et noir des Compagnons de la Libération, l'ordre prestigieux auquel il appartient, il a accepté de se confesser à l'aube de ses 99 ans.

Comment est-on un moine-soldat ?

Je vivais auprès des hommes engagés dans le combat. Ils avaient besoin d'un prêtre. Ainsi, j'ai épousé leur cause et puis, très vite, leur état et leur uniforme, en portant avec fierté le béret vert ; adoptant leur langage rude et précis, sans toutefois oublier que je n'étais pas tout à fait un homme d'armes. D'ailleurs, lorsqu'en 1940 j'ai souhaité m'engager, en tant que prêtre, mon évêque n'a pas voulu me laisser partir et ne m'a libéré qu'en 1942. Officier d'artillerie de réserve, j'ai finalement pu servir comme aumônier dans la marine. Je ne portais donc pas d'arme, mais dans mon sac à dos un calice et des objets du culte pour dire la messe. J'éprouvais souvent une grande tension intérieure non seulement lors du débarquement en Normandie, dont j'ai été le témoin direct, mais aussi dans d'autres lieux, y laissant une part de moi-même !

Une autre façon de faire la guerre ?

Heureusement, j'ai réussi à la faire sans jamais haïr les hommes, certes, en haïssant violemment leur idéologie, et le nazisme a trouvé en moi un opposant du premier au dernier jour. Ces années et ces événements-là m'ont appris à juger la vie autrement. De ces périodes marquantes, ai-je sans doute gardé la conscience et l'esprit du compagnonnage.

Vous avez ensuite retrouvé votre âme d'ornithologue ?

Après la guerre, mes diplômes en sciences mathématiques, lettres et théologie m'ont permis d'enseigner à Toulouse dans les facultés libres, tout en me consacrant, lors des longues vacances universitaires, à la biologie animale. Entré au CNRS et nommé par ailleurs correspondant du Muséum national d'histoire naturelle, j'ai au fil des ans accumulé d'incroyables souvenirs qui m'ont servi dans mes travaux d'ornithologie. J'avais observé les oiseaux et collectionné des œufs de couleurs magnifiques, car leurs coquilles, toutes différentes, sont plus belles que des dessins d'artiste. De l'île de São Tomé au Spitzberg, de la Nouvelle-Calédonie à la Mauritanie, j'allais contempler des oiseaux dont le plumage avait enchanté mon enfance à travers les livres. Je courais admirer les roitelets et autres merveilles jusqu'à ce que j'offre, il y a quelques années, mes précieuses boîtes d'œufs aux muséums de Genève et de Paris. Désormais, je n'ai plus la force de voyager ni d'aller à l'église pour célébrer debout, même si je concélèbre assis, tous les ans, la messe du 18-Juin sur la plage de Ouistreham, mais je la dis encore quotidiennement chez moi, à Brunoy.

Un homme serein, en somme !

Vous me voyez heureux, car je commence un nouveau livre. Je crois vous avoir presque tout révélé sur les temps forts de mon existence, alors ne me demandez pas si j'ai souvent rencontré François Mitterrand, très proche de notre ami commun le Compagnon de la Libération Pierre de Bénouville, et parlé avec lui à la fin de sa vie : je ne peux vous dire que oui, mais rien de plus... N'oubliez jamais que je suis prêtre avant tout ! et il n'y pas que le secret de la confession.

Hubert Germain a été le dernier survivant des Compagnons de la Libération

Depuis Hubert Germain, dernier parmi les Compagnons de la Libération décédé le 12 octobre de cette année 2021, s'est éteint à jamais cet ordre prestigieux de chevalerie créé le 16 novembre 1940 à Brazzaville, puisqu'il est resté le dernier témoin d'une aventure commencée pour lui quatre-vingt-deux ans auparavant. Ainsi en aura décidé le destin, car cet ancien ministre de Georges Pompidou vit disparaître tous ses camarades de combat. « Une vive émotion, répétait-il, que d'être le dernier », destin qu'il n'imaginait guère. L'avant-dernier, Daniel Cordier, secrétaire de Jean Moulin, décéda le 20 novembre 2020. Au délégué national de l'ordre de la Libération, venu alors lui en faire part, il déclara : « Le poids des Compagnons repose désormais sur mes épaules. » Un sort réservé au seul survivant de l'ordre auquel fut décernée cette noble décoration, dont 270 furent élevés à cette dignité à titre posthume. Hubert Germain savait qu'un jour il rejoindrait la crypte du Mont-Valérien, et entrerait en même temps dans l'histoire de France.

Hubert Germain : « Un jour, de Gaulle s'exclama :
"Vous m'emmerdez avec Germain",
puis il vient me voir. »

– Année 2020 –

Croix de guerre 1939-1945 avec deux palmes, médaille de la Résistance, élevé en 2018 à la dignité de grand-croix de la Légion d'honneur par le Président Macron dans la cour d'honneur des Invalides, avez-vous conscience d'être déjà entré dans l'Histoire ?

Juste un Compagnon parmi les Compagnons ! J'ai eu la chance, comme les autres, d'avoir un lien exceptionnel avec le général de Gaulle, qui a créé l'ordre de la Libération le 16 novembre 1940. Il n'attribuait en réalité pas de Légions d'honneur puisque le conseil de l'ordre était à Paris. Les personnages qui composent l'ordre ont prouvé leur courage par des actes héroïques au combat, mais aussi autrement. L'ordre a été fondé en « triant les lentilles », en se disant qu'il y avait parmi les Compagnons des êtres humains correspondant à telle qualité particulière. Par exemple, le juriste René Cassin, qui n'était pas un combattant mais a apporté sa pensée pour installer sur le plan juridique les Forces françaises libres, aidé à rebâtir la France et préparé l'État de droit. On pourrait citer François Jacob, futur prix Nobel de médecine, ou des hommes d'Église à l'image du premier chancelier de l'ordre, l'amiral Georges Thierry d'Argenlieu – père Louis de la Trinité – qui, en 1947, retourne au carmel d'Avon, de Mgr Saliège, évêque de Toulouse et futur cardinal, du père de Naurois, prêtre et ornithologue, d'une fratrie, François, Henri et Emmanuel d'Astier de La Vigerie, d'un lapidaire, Jean Rosenthal… soit des personnages exerçant toutes sortes de fonctions. Sans oublier des militaires, des étrangers, l'ancien Premier ministre britannique sir Winston Churchill, les rois George VI d'Angleterre et Mohammed V du Maroc, Dwight D. Eisenhower, et six femmes, dont Berty Albrecht[1]…

Quand avez-vous rencontré le général de Gaulle ?

La première fois, au début de juillet 1940 ; je l'ai revu une dizaine de fois pendant la guerre. J'habitais Bordeaux et devais passer le concours d'entrée à l'École navale, que j'avais préparé au lycée Montaigne. En pleine épreuve, je me suis levé et j'ai remis une copie blanche. Les études, ça ne rimait plus à rien, car je me disais que tout était déjà perdu. J'ai donc rejoint Saint-Jean-de-Luz pour m'embarquer, le cœur serré, sur l'un des deux bateaux encore dans la rade, qui emmenait des troupes polonaises en Grande-Bretagne, direction Liverpool et Londres. Quand de Gaulle a rassemblé les siens à l'Olympia Hall de Londres en juillet 1940, j'étais là pour m'engager comme trois mille autres : étudiants, jeunes ouvriers, petits agriculteurs, membres du Parti communiste français. Et Dieu sait si, à ce moment-là, le Parti communiste connaissait bien l'Allemagne… Nous étions déterminés avant même d'avoir entendu l'appel du 18-Juin. Le Général, circulant parmi nous, a lancé : « Faites-moi confiance. » Il a vu les uns et les autres, a compté ses brebis et, à un moment, se dirigeant spontanément

1. L'une des deux femmes inhumées dans la crypte du mémorial de la France combattante au Mont-Valérien.

vers moi, m'a interrogé : « D'où venez-vous ? Quel est votre niveau de préparation militaire ? Je vais vous envoyer dès que je le pourrai dans une école d'officiers. Cela doit être fait rapidement, parce que j'aurai besoin de vous. » Mon père étant général, nous avions déjà partagé en famille toutes les secousses de la vie militaire ; cela a facilité le contact et créé des affinités. De toute façon, ce jour-là, il n'y en a pas eu beaucoup qui refusèrent de suivre de Gaulle dans cette aventure… Quand on file ça aux oreilles d'un gamin de cet âge, vous imaginez ce qui se passe immédiatement dans sa tête ! À 18 ans, c'est le début des rêves, des flirts, des échanges sympathiques et fragiles parfois ; tout cela, je n'ai pas connu… Dès qu'il m'a ouvert la porte, j'ai retrouvé un père et tout de suite embrayé sur la guerre. Ça m'est tombé dessus de façon évidente.

Vous le considériez déjà comme un héros ?

Comment pouvez-vous imaginer cela ? Il était alors un général de brigade à titre temporaire, arrivant à Londres avec rien du tout comme bagage. Il a commencé à bosser, à se dépenser…

Vous avez préparé navale avec Philippe de Gaulle.

Nous étions sur le *Courbet*, où il y avait une école d'officiers. Le soir, on ne résistait pas à le chahuter, à lui demander : « Et alors, qu'en pense ton père ? Qu'est-ce qu'il dit ? » Il n'en savait rien. De plus, notre attitude le consternait, car on ne le lâchait pas avec nos questions. Néanmoins, restait-il toujours digne et courtois.

Quelle image aviez-vous de Charles de Gaulle ?

Il n'avait pas, à l'époque, la figure d'un géant politique comme il l'a maintenant, mais celle d'un homme avec son tempérament, ses vastes connaissances, sa stratégie à long terme. Il parlait vrai, avec beaucoup de naturel, dégageait un charisme impressionnant et saisissait les opportunités, se disant :

«J'ai une mission délicate à mener, je vais me servir de celui-ci ou de celui-là.» Toujours apte à dénouer les situations. À la fois très militaire, mais replaçant l'armée dans le contexte général de la nation et la France dans celui de l'Europe et du monde. À long terme, il prévoyait déjà : «Il faut que je mette de côté des hommes dont j'ai pu déceler dans le combat le caractère, qu'ils soient de gauche, de droite, du Nord, du Sud, communistes ou pas.» Son ambition était de reconstruire une France nouvelle. La Libération signifiait aussi être libérés de la IIIe République et préparer le renouvellement de nos armées.

Vous aviez un sacré tempérament !

La notion de la terre, le sens du devoir, l'attachement à la République ont été fondamentaux chez moi. J'ai fait de la politique comme député, ministre des Postes, puis des Relations avec le Parlement, non pas du Général [c'est un autre Compagnon, Michel Maurice-Bokanowski, qui l'a été] mais de Georges Pompidou. Là encore, j'allais vers l'efficacité. Il ne fallait pas me raconter de salades ! J'avais une dizaine de collaborateurs seulement, à l'époque c'était comme ça, et nous avons fait du bon travail avenue de Ségur ; l'art du commandement y trouvait parfaitement sa place. L'expérience acquise pendant la guerre, je l'ai appliquée. Mon père, fils d'un bourrelier de la Drôme, soit issu d'un milieu modeste, labourait dès l'âge de 10 ans le champ derrière la maison, mais, à 20 ans, il est entré à Polytechnique. Il a ensuite fait une belle carrière dans l'armée, dont j'ai profité à travers ses récits de voyages, ses enseignements, et d'abord par son attachement à la terre, à la patrie, à la République qu'il a servie du début à la fin. Cela m'a beaucoup influencé.

Quel est votre souvenir le plus singulier du Général ?

De Gaulle était Président. Un jour, lors d'une réception à l'Élysée où j'étais convié, et souhaitais en profiter pour lui rendre compte de la mission que je venais d'effectuer en Algérie, l'aide de camp s'approche du Général à deux reprises pour lui signaler ma présence. À ce moment-là, de Gaulle s'exclame : « Vous m'emmerdez avec Germain ! » Puis il vient me voir…

Pensionnaire à l'Institution nationale des Invalides, comment vivez-vous désormais ?

Je me réveille à 5 heures du matin, rêvasse, prépare ma vie spirituelle car, au fond, j'ai déjà quitté le monde auquel vous appartenez. Les êtres humains ont souvent peur de la mort. Or, moi, en raison de mes orientations spirituelles, je ne la crains guère. Parfois, je regarde la télévision, Arte, la chaîne Histoire, des films… Il n'y a pas longtemps, j'ai vu *Le Souper*, admirable, interprété par Claude Rich, Claude Brasseur, de très bons comédiens. J'aime bien aussi les vieux films avec des actrices talentueuses, Arletty, Jeanne Moreau, Michèle Morgan, que je connaissais car Gérard Oury était un de mes camarades de classe au lycée Janson ; lui a continué, moi j'ai été viré…

Avez-vous raconté la guerre à vos descendants ?

Je ne les ai pas impliqués directement mais, au fur et à mesure que les événements se présentaient, je leur ai expliqué ceci ou cela. J'ai un garçon et deux filles, et, vous le devinez, je suis arrière-grand-père. C'est surtout auprès de mes deux filles que j'ai trouvé le plus d'écho.

L'actualité, avec des questions telles que la suppression de l'ENA, vous fait-elle réagir ?

Cela me fait réfléchir en effet. Certes le concours de l'ENA s'adresse à des gens de qualité, mais qui deviennent ensuite des dieux. Dès ce moment-là, je crois que la parole du bon peuple arrive difficilement à passer. Il fallait, je crois, non pas supprimer l'École nationale d'administration mais la transformer. Ces brillants énarques devraient mettre un peu les pieds dans le mazout, au lieu de pratiquer l'entre-soi. Le concours de Polytechnique est plus démocratique. L'esprit y est meilleur.

Les Compagnons se sont-ils côtoyés après la guerre ?

On se soutenait… Je me suis présenté aux élections dans le 13e arrondissement de Paris, ce qui était assez difficile car il y avait dans la circonscription un Parti communiste puissant et, dans le PCF, un Compagnon de la Libération. Or, au moment des élections, la section coco du 13e voulait le mettre en avant pour s'opposer à moi. Il est alors venu me trouver et m'a avoué : « On ne pourra jamais utiliser mon nom contre toi. » Ce qui démontre ce lien si particulier entre nous…

Le général de Gaulle déjeunait-il parfois avec ses Compagnons ?

En quittant le pouvoir en 1946, il ne voulait pas être soupçonné de manigancer quelque chose en sous-main. De plus, les Compagnons avaient, entre eux, décidé de ne jamais faire de politique en groupe. J'insiste sur le « en groupe ». On pouvait fonder un mouvement, se réunir, coco, pas coco, extrême droite, tout ce que vous voulez, mais en aucun cas constituer un groupe politique. Puis il est revenu au pouvoir… Vous connaissez la suite !

Vous êtes centenaire depuis le 6 août 2020 et couvert de gloire !

J'ai surtout d'abord eu la chance de côtoyer le Général ! Si je n'avais pas été couvert de gloire, je serais néanmoins fier de ce que j'ai fait. S'il l'avait fallu, j'aurais recommencé sans hésiter !

Confessions de la nièce préférée du Général et grande résistante Geneviève de Gaulle-Anthonioz

Si je reprends la plume sans logique précise, c'est parce que parmi ces interviews celle de Geneviève de Gaulle-Anthonioz est sans doute l'une de celles m'ayant le plus impressionnée dans mon existence de journaliste. Son regard vif, sa voix volontaire mais la modestie avec laquelle elle abordait son glorieux passé sans se mettre en avant restent pour moi inoubliables. En effet se dégageait de ce personnage son infinie bonté. Son sourire, sa gentillesse, mais aussi la jolie façon de s'exprimer dans un très bon français avec une certaine douceur traduisaient sa force de caractère et faisaient de Geneviève de Gaulle-Anthonioz une femme charismatique et d'un grand panache.

Geneviève de Gaulle-Anthonioz :
« Ma tante désirait avant tout aider son mari. C'était sa façon de servir la France. »

– Année 1999 –

Vous étiez, dit-on, la nièce préférée du Général ?

Comment vous répondre, le Général avait de son côté au moins vingt-six neveux et nièces, or j'étais la fille aînée de son grand frère. Évidemment, je n'étais pas la seule résistante car dans la famille tous ceux qui avaient l'âge de le faire se sont engagés ou sont entrés dans les Forces françaises libres, mais il se trouve que j'ai été arrêtée. Peut-être cela avait-il touché mon oncle. Quand je suis rentrée des camps, j'ai habité quelques mois chez mon oncle et ma tante. Le Général, qui avait certes très peu de temps à consacrer à sa famille, réussissait quand même toujours à nous réunir. Soit pour les mariages ou en organisant des grands dîners rassemblant une vingtaine de cousins. Des moments très drôles où – le croirez-vous ? – on s'amusait beaucoup.

Parlez-moi aussi de Tante Yvonne.

Ma tante n'était pas seulement un membre proche de la famille, mais avant tout l'épouse de « l'Homme du 18-Juin ». Ce que j'aimais surtout en elle était sa modestie et sa discrétion, c'est pourquoi les Français d'ailleurs, qui ne s'y trompaient pas, lui ont spontanément donné ce surnom familier. Je ne peux, pour ma part, oublier le «périple» de juin 1940 vers l'Angleterre tel que me le racontait Tante Yvonne. Le Général lui avait dit : «Si Reynaud démissionne, vous passerez en Grande-Bretagne.» Ainsi était-elle partie avec Anne, leur fille handicapée qu'elle ne quittait jamais, Mlle Potel la gouvernante, ses deux autres enfants, Philippe et Élisabeth, encore écolière chez les dames de Sion. Munis d'un passeport que l'oncle Charles leur avait fait parvenir avec difficulté, ils rejoignirent Brest en voiture arrivant juste avant que le bateau ne quitte le port. Ils embarquèrent alors sur un petit navire polonais. Le voyage fut affreusement éprouvant pour ma pauvre cousine Anne. Ce n'est que lorsqu'ils atteignirent enfin les côtes, le 19 juin, qu'ils apprirent par la presse britannique l'existence de l'appel du 18-Juin. Tante Yvonne ne savait où trouver son mari. Il y eut trois jours terriblement angoissants auprès d'Anne, qui poussait des hurlements chaque fois qu'une bombe explosait. Lorsque ma tante réussit enfin à joindre le quartier général et qu'elle eut son époux au téléphone, elle lui dit juste avec cette retenue qui la caractérisait : «Ici, c'est Yvonne de Gaulle.» Si en public, la Première dame de France donnait l'impression d'être une personne austère et réservée, elle était en privé d'un naturel souriant, détendu, très affectueux. En réalité, le Général n'aurait jamais pu supporter une femme souhaitant jouer elle-même un rôle.

Avec des réflexes de femme de militaire.

Partageant cette approche de l'existence, ma tante désirait avant tout aider son mari. C'était sa façon de servir la France. Elle avait, par ailleurs, instinctivement des rapports privilégiés avec les anciens de «la France libre»; sortant à ce moment-là spontanément de sa réserve, des liens particuliers se nouaient bien vite entre eux. Yvonne de Gaulle éprouvait notamment beaucoup de respect pour Malraux. C'est, en revanche, avec une certaine réticence, faut-il le souligner, qu'elle accepta l'idée de la réconciliation franco-allemande. Ainsi lorsque le Général décida de recevoir le chancelier allemand Konrad Adenauer en privé à « La Boisserie » le 14 septembre 1958, ma tante commença par protester, puis finit par s'incliner, déclarant néanmoins : « Si c'est ici, c'est Philomène qui servira et tout sera fait sur place, jusqu'aux bouquets composés de fleurs du jardin. » Cet accueil familial à Colombey-les-Deux-Églises émut profondément le chancelier. Dans sa grande sagesse et à sa manière discrète, l'épouse du Général avait largement participé à la réussite d'un moment clé de notre Histoire.

Mme de Gaulle était en quelque sorte le ciment de la famille.

Mon oncle, d'une extrême courtoisie avec son épouse, lui demandait presque toujours son avis. De plus, contrairement à une image un peu réductrice, elle n'avait rien de la « brave femme » sortie de son village. Même s'il est exact qu'elle n'appréciait guère la vie publique, elle remplissait ce rôle avec beaucoup de tact et de conviction. De tempérament peu mondain, elle privilégiait sa vie de famille, qu'elle voulait riche et remplie. Tante Yvonne s'intéressait avant tout à ses petits-enfants, ses deux frères, sa sœur, ses très nombreux neveux... D'ailleurs, lorsque nous nous rendions à « La Boisserie », elle aimait acheter des livres pour les enfants, qu'elle déposait dans chacune des chambres qui leur étaient attribuées. Un jour, l'un de mes fils avait dessiné une petite maison que le Général, toujours attentif, s'était donné la peine de dater. Mon cousin Philippe me l'a remise bien des années plus tard. Tante Yvonne n'oubliait jamais un baptême, ni un anniversaire ou une communion. Elle me rapportait souvent des fruits de son verger, des légumes de son potager de «La Boisserie», qu'elle considérait comme sa seule vraie maison. Elle y était d'autant plus ancrée qu'elle avait souffert de cette existence d'épouse d'officier supérieur sans véritable point d'attache. L'Élysée était à ses yeux un lieu de passage. Elle qui ne souhaitait pas une place pour elle-même veillait aux fleurs, à la cuisine, répondait à l'abondant courrier qu'elle recevait, s'occupait de ses nombreux filleuls, intervenant uniquement, et de façon très pondérée, dans ce qu'elle considérait être son domaine propre.

Une femme d'esprit également.

Dans le privé, il lui arrivait de donner ses impressions, de nous raconter avec humour une soirée officielle, car elle voyait toujours le côté cocasse des situations, sans jamais perdre pour autant sa bienveillance. S'il fallait donner une autre preuve de son sens de l'humour, sa réaction le jour de l'attentat du Petit-Clamart suffirait. Elle avait ce week-end-là prévu de se rendre aux côtés du Général à Colombey, où Georges Pompidou devait venir déjeuner. Les magasins de Bar-sur-Aube étant fermés, Mme de Gaulle, refusant de faire préparer et d'emporter de l'Élysée un repas froid, avait commandé en ville des poulets qu'on lui livra dans un carton juste avant de quitter le palais présidentiel. Paquet qu'elle déposa délicatement sur la plage arrière de la voiture. Arrivant à l'aéroport militaire de Villacoublay, immédiatement après l'attentat, ma tante, qui venait de risquer sa vie auprès du président de la République, déclara très calmement : «J'espère que les poulets n'ont rien ! » Les policiers de la voiture suiveuse s'approchèrent alors pour la rassurer sur leur sort. Sans saisir que, en maîtresse de maison accomplie, Mme de Gaulle évoquait en réalité ses volailles. Elle ne se serait jamais exprimée de façon aussi cavalière s'agissant des hommes chargés de la sécurité de son mari. Le Général, appréciant la manière et le courageux détachement dont elle avait fait preuve en la circonstance, lui murmura : « Vous avez été brave. » C'était bref mais éloquent… !

Philosophe par ailleurs, quand le Général soupirait !

En effet, par exemple, lors d'une visite officielle en Afrique, survolant une région de brousse, Mme de Gaulle s'exclame : « Charles ! Charles ! Regardez ! Un troupeau d'éléphants ! » Et lui, absorbé, répondit juste : « Laissez, Yvonne. Laissez donc. »

Partageant cette intimité et mariée à Bernard Anthonioz, plus proche collaborateur d'André Malraux, parliez-vous d'art moderne avec votre oncle ?

Il s'intéressait beaucoup à l'architecture, pour laquelle il avait un vrai goût, aimait également le jazz et le théâtre. Ce sont les arts plastiques qu'il avait le plus de peine à comprendre, mais c'était un élève très appliqué et Malraux le guidait lorsqu'il allait voir des expositions en solo les jours de fermeture.

Comment résumer votre chère tante ?

Je peux en parler avec autant d'affection que d'émotion. Comment oublier, enfin, lorsque Tante Yvonne se rendit compte de la gravité de son état, qu'elle quitta Colombey pour ne point déranger ses enfants et décida de finir sa vie à Paris dans une maison de retraite tenue par des religieuses de l'Immaculée-Conception dans le 7e arrondissement, en compagnie de la mère, son gendre Alain de Boissieu. Elle s'installa dans une chambre quasi monastique meublée d'un lit surmonté d'une croix de Lorraine, d'une chaise et d'une table, son dernier lieu de passage.

Fils de son frère aîné le père François de Gaulle est un prêtre membre de la Société des pères blancs missionnaires d'Afrique

«Lorsque je venais célébrer sa messe, le Général me rappelait : "C'est un office privé et je ne suis pas le Président des catholiques, mais de tous les Français. Or, il ne faut pas confondre le président de la République et le cardinal archevêque de Paris".»

– Année 2011 –

Comment oublier, alors que la laïcité reste un éternel sujet d'actualité, que le général de Gaulle avait, dès son arrivée au palais présidentiel, en janvier 1959, fait installer à l'Élysée une chapelle donnant sur la cour d'honneur ? Une pièce sobre de 15 mètres carrés, à gauche de l'entrée située dans la rue du Faubourg-Saint-Honoré. Éclairée d'un seul côté par une fenêtre à petits carreaux, aménagée sans majesté et à ses frais, avec un autel contre le mur, cinq chaises, cinq prie-Dieu. Un lieu décoré simplement d'un tableau représentant une tête du Christ, d'une allégorie de Marie et d'une plaque de bronze avec la Vierge noire de Częstochowa, offerte par les évêques polonais lors de la visite de De Gaulle dans leur pays. Une armoire, où étaient rangés les ornements, complétait l'ameublement. Cela étant sa propriété personnelle, le Général en fit cadeau au lendemain du référendum de 1969 à son neveu le père François de Gaulle, fils aîné de son frère Jacques. Ce père blanc missionnaire d'Afrique venait le dimanche, à 11 h 30, dire la messe à l'Élysée lorsque son illustre oncle n'était pas en visite officielle ou à «La Boisserie». «J'ai célébré une petite centaine de messes entre 1960 et 1969, comme l'explique, avec une certaine fierté, celui qui a un véritable air de famille avec le Grand Homme. Je suis désormais à la retraite depuis de longues années dans le Val-d'Oise, après une guerre en Italie, en Allemagne et en France – avec, notamment, le débarquement à Toulon – et plus d'un demi-siècle passé au Burkina Faso – l'ex-Haute-Volta –, où j'évangélisais l'un des pays les plus chauds et plus pauvres d'Afrique noire. Le vendredi, l'officier d'ordonnance téléphonait à la Maison des Pères blancs, rue Roger-Verlomme, dont j'étais à cette époque-là l'économe provincial, pour savoir si je pourrais venir le dimanche dire la messe basse. L'habitude avait été prise d'appeler chez nous et, lorsque je n'étais pas là, un autre membre de notre communauté me remplaçait. J'y allais en moyenne une ou deux fois par mois. Je venais en avance, sortais les ornements liturgiques et attendais le Général. Il arrivait à 11 h 30 précises, en tenue civile ou militaire selon les obligations qui allaient suivre, accompagné de la Générale. Se tenaient toujours à ses côtés l'officier d'ordonnance et parfois d'autres membres de la famille. La cérémonie durait quarante-cinq minutes. Je prononçais parfois un rapide sermon. Mon oncle et ma tante, tous deux habités par une foi profonde, communiaient chaque dimanche. Ils m'invitaient ensuite à déjeuner. Un repas simple auquel se joignaient d'éventuels visiteurs ayant ce jour-là assisté à l'office. L'atmosphère était sympathique, la conversation, très facile, tournait autour des nouvelles des uns et des autres et des événements du moment.

Mon père, quel était le ton de la conversation ?

«L'Homme du 18-Juin», qui avait choisi pour emblème de la France libre la croix de Lorraine, parlait volontiers de religion.

Sa vaste culture l'amenait à fort bien connaître et infiniment respecter les autres religions, même si la sienne passait d'abord par sa piété et son enracinement chrétiens. Et comment pourrions-nous oublier que, malgré des tirs à proximité, mon oncle avait tenu le 26 août 1944, au lendemain de la Libération de Paris, à faire chanter le *Te Deum* dans Notre-Dame, et que, le 8 juillet 1962 à Reims, au terme d'une visite officielle du chancelier Konrad Adenauer, qui consacra la réconciliation franco-allemande, il l'invita à la messe dans la cathédrale afin de prier pour la paix. Or, bien que ce geste apportât une touche de sacré à l'événement et que mon oncle ait placé son existence intime sous le regard de Dieu, ce dont il ne faisait pas mystère, cette fois-là il ne communia pas parce qu'il considérait que le chef d'un État laïc ne pouvait se permettre en public un acte de dévotion.

Ce fut différent, me semble-t-il, en Russie ?

Il s'agissait d'une visite en Union soviétique en juin 1966 et, à l'occasion d'une messe dans la chapelle française de Leningrad, le Général avait communié, appliquant ce jour-là à l'étranger un principe de liberté de culte afin de faire officiellement un geste dans une URSS privée de liberté.

Comment se terminait cette parenthèse familiale dominicale ?

Après ce chaleureux repas et généralement une promenade dans le parc, la voiture des gendarmes qui était venue me chercher le matin me raccompagnait chez les Pères, dans le 3e arrondissement, mais avant de partir mon oncle me rappelait souvent avec affection : « Tu n'es pas l'aumônier de l'Élysée, c'est une messe privée que tu célèbres, car je ne suis pas le Président des catholiques mais de tous les Français. Il ne faut pas confondre le président de la République et le cardinal archevêque de Paris. » J'ai également dit la messe dans l'église de Colombey et chez le Général à « La Boisserie », entre autres pour Noël, et aussi concélébré bien sûr lors de l'enterrement de mon vénéré oncle, le 12 novembre 1970.

Quel est votre souvenir le plus émouvant à ses côtés ?

Le jour où, apprenant mon ordination, il se mit à genoux pour me demander ma bénédiction, un moment inoubliable, bien sûr.

Il était une fois une chapelle à l'Élysée

Un peu d'histoire : la flamboyante chapelle ayant naguère davantage le style d'une salle de bal que d'un lieu de culte, où avait jadis prié le Maréchal de Mac-Mahon, fut à la demande de Vincent Auriol supprimée sous la IVe République. Celle, modeste, installée par Charles de Gaulle, aux dorures sans éclats, a été en quelque sorte oubliée après son départ. Georges Pompidou, qui passait ses week-ends dans sa maison de campagne d'Orvilliers, où il se rendait à la messe, y allait d'autant moins qu'il n'habitait pas le palais présidentiel. Valéry Giscard d'Estaing, à qui j'avais posé la question, m'expliqua : « Je la fis entretenir sans que l'on y célébrât jamais d'office. » François Mitterrand, pour sa part, comme me le confirma sa femme, Danielle, respectueux du passé de l'Élysée, n'y toucha pas. Quant à son successeur, Jacques Chirac, il confia cette tâche à son épouse, ainsi que le raconte Bernadette, qui compte plusieurs hommes et femmes d'Église dans sa famille et pensait volontiers : « Au diable, la laïcité. » « Je l'ai fait rafraîchir et remettre en état. Je souhaitais qu'elle soit accessible à qui voulait s'y recueillir. Fermée à clé, il suffisait alors de demander son ouverture à l'un des gardes républicains. Ayant beaucoup espéré que le Pape Jean-Paul II viendrait y prier lors de sa visite à l'Élysée en août 1997, j'avais insisté auprès du père Tucci, l'organisateur du voyage papal, pour que le souverain pontife s'arrête au moins dans la petite chapelle. Malheureusement, il n'eut pas le temps et resta dans le salon Murat. » Après les Chirac, ce religieux témoignage du passé a d'abord servi à entreposer les cadeaux de Noël... C'est devenu ensuite une « chapelle d'attente », comme l'annonçait pompeusement l'huissier aux visiteurs qui descendaient ses cinq marches.

Depuis l'élection d'Emmanuel Macron, la Première dame, ancienne professeure chez les jésuites, en a fait le bureau de l'un de ses proches collaborateurs.

Michel Maurice-Bokanowski

«Général, s'écria ma femme affolée,
vous commencez à brûler...»
Confession officielle

Né dans le sérail politique, Michel Maurice-Bokanowski, fils d'un ancien ministre de la IIIe République rallie le RPF, le Rassemblement du peuple français, dès sa fondation en 1947. Député puis maire d'Asnières, Compagnon de la Libération, ministre de la première «fournée» de la Ve République dans le gouvernement Debré. Ministre des PTT puis de l'Industrie dans un gouvernement Pompidou, il faisait partie de ceux avec lesquels le Général avait, héritage de la guerre, une relation particulière.

– Année 1999 –

Monsieur le ministre, l'un de vos dîners à l'Élysée a été un moment mémorable, semble-t-il ?

J'ai, en effet, un souvenir particulièrement pittoresque, je dirais même, avec le recul, plutôt cocasse, que jusqu'à présent j'ai toujours hésité à révéler... L'histoire eut pour cadre un dîner officiel offert par le Général et Mme de Gaulle en l'honneur de Nikita Khrouchtchev, une de ces soirées mémorables organisées une ou deux fois par an, réunissant tous les ministres en smoking et leurs épouses en robe longue. Selon un protocole immuable, nous devions entrer et sortir du grand salon pour nous rendre dans la salle à manger au bras de notre cavalière, notre épouse bien sûr ! Une fois assis à table, il était de bon ton de ne point aborder les questions politiques. La conversation devait être fluide, facile. Les de Gaulle avaient pour leurs hôtes toutes les attentions et leur manifestaient une attention extraordinaire. Après cette parenthèse fastueuse nous nous répartissions dans les divers salons d'apparat et le Général circulait parmi ses invités.

Leur parlait-il ?

De Gaulle interrogeait les dames avec beaucoup de courtoisie, leur demandant par exemple : « Comment trouvez-vous l'Élysée ? Votre mari est-il content de son ministère ? » Or à un moment, s'approchant de ma femme, Hélène, qui bavardait avec Jacqueline Couve de Murville une cigarette à la main, il lui offrit du feu. Sa galanterie fut bien mal récompensée : Hélène, un peu nerveuse, ponctuait ses propos de la main droite sans remarquer que le bout incandescent de sa cigarette frôlait la veste de notre hôte. Apercevant soudain une petite fumée s'échapper du gilet du Président, elle s'écria : « Général, vous commencez à brûler ! », et elle se mit à tapoter fébrilement le vêtement. Imperturbable, de Gaulle passa la main sur sa veste. Quelques instants plus tard, un aide de camp remplaçait le vêtement sinistré.

Jacques Chaban-Delmas

« L'abbé Président du Congo voulait entendre de Gaulle en confession. »

Il est le plus séduisant des ministres de Charles de Gaulle. Général de brigade à 29 ans après une guerre admirable, Compagnon de la Libération, maire de Bordeaux, Président de l'Assemblée nationale à plusieurs reprises, Premier ministre, cet homme chaleureux a incarné le courage puis plus tard l'ouverture à travers la « nouvelle société ». Son projet politique fut préconisé lors de son discours de politique générale tenu à l'Assemblée nationale le 16 septembre 1969 comme Premier ministre de Georges Pompidou. Le choc des idées, le charme personnifié !

– Année 1999 –

Monsieur le Premier ministre, pouvez-vous me raconter un moment singulier à l'Élysée ?

Mon souvenir le plus insolite reste sûrement celui de la rencontre du général de Gaulle et de l'abbé Fulbert Youlou lors de sa visite officielle en France en novembre 1967. Le Président du Congo-Brazzaville, composante de l'ancienne Afrique-Équatoriale-Française, était un petit homme très dynamique.

Prêtre et bon orateur entré en politique, élu au sommet de l'État, toujours vêtu d'une soutane blanche comme le Pape, cela avait pour principale caractéristique d'agacer prodigieusement les catholiques traditionalistes. À l'issue d'un grand dîner offert en son honneur dans la salle des fêtes de l'Élysée, fidèles à un protocole immuable, le Général et Mme de Gaulle avaient réuni une vingtaine de personnes dans un salon donnant sur la terrasse afin de s'entretenir un peu plus longuement avec chacune d'elles. Le Président français et l'abbé Fulbert Youlou passèrent un long moment debout face à face, immobiles, silencieux, jusqu'à ce que le Général me fasse un signe discret, m'invitant à venir rompre le religieux silence entre lui et le prêtre Président.

Et là ?

Je m'approchai, incapable alors de dire un mot devant ce « couple » insolite. Soudain, n'y tenant plus, le petit abbé, levant les yeux au ciel et observant le visage impassible de De Gaulle, lui lança : « Mon Général, je vous avise que je ne vous ai pas encore entendu en confession ! » La repartie de « l'Homme du 18-Juin » fut alors fulgurante : « Moi non plus ! » Un ange passa.

Maurice Couve de Murville

« Le général de Gaulle avait un réel attachement sentimental pour le Québec. »

Ce distingué personnage membre de la HSP, la Haute Société protestante, a été l'inamovible ministre des Affaires étrangères du général de Gaulle de juin 1958 à mai 1968 avant de devenir son troisième et dernier Premier ministre. Celui dont le « patron » écrivait dans ses Mémoires : « Couve de Murville a le don au milieu des problèmes qui se mêlent et des arguments qui s'enchevêtrent de distinguer aussitôt l'essentiel de l'accessoire. » Un bel hommage venant de Charles de Gaulle qui semblait plutôt avare de compliments. Il faut dire que cet homme à l'humour froid a conduit avec talent la politique étrangère de la France et a été l'un des principaux artisans de la construction européenne au cours des années 1960. Ce qui signifiait la mise en œuvre du Marché commun et du rapprochement franco-allemand. Il devient ensuite ministre de l'Économie et des Finances dans le dernier gouvernement Pompidou mais est battu à l'élection législative partielle d'octobre 1969 par un autre protestant de la HSP, le jeune Michel Rocard.

– Année 1999 –

Monsieur le Premier ministre, comment se passaient vos entretiens hebdomadaires avec le Général ?

Comme ministre des Affaires étrangères, puis de l'Économie et des Finances et enfin en qualité de Premier ministre, j'ai toujours beaucoup apprécié mes tête-à-tête du vendredi matin dans le bureau du Général. Nos rapports étaient empreints de confiance, très ouverts même, sans toutefois que le chef de l'État ne se laisse aller à prononcer des bons mots ou à faire des plaisanteries. Je lui soumettais des nominations d'ambassadeurs et de hauts fonctionnaires du Quai, qu'il entérinait presque toujours. Puis nous faisions un tour d'horizon des problèmes de politique étrangère en vue du Conseil des ministres. Ces séances de travail n'entraînaient guère de commentaires personnels de sa part sur le caractère des personnalités concernées. De toute façon, la demi-heure qu'il me consacrait nous permettait à peine d'aborder les grands sujets.

Lesquels étaient-ils ?

L'essentiel de nos entretiens tournait généralement autour des rapports avec l'Union soviétique et les États-Unis. Seul le Québec, pour lequel il éprouvait un réel attachement sentimental, l'entraînait à se laisser aller parfois à quelques considérations d'une autre nature. Parmi les hommes d'État, le Général réservait une place particulière au chancelier Konrad Adenauer. Les deux hommes éprouvaient l'un pour l'autre une réelle estime, j'oserais même dire une profonde amitié.

Roger Frey

«Le Général était très sensible au charme de Jackie Kennedy et de Michèle Morgan.»

Ce Français à la chevelure argentée est né en Nouvelle-Calédonie. Discret voire secret, le regard aussi bleu qu'il est silencieux, affable, plusieurs fois membre du gouvernement, il s'est illustré comme ministre de l'Intérieur du Général de 1962 à 1967. Pas simple pour ce baron du gaullisme de s'occuper notamment de la protection rapprochée de l'Homme du 18-Juin et de lutter contre les activités de l'OAS à la fin de la guerre d'Algérie. Roger Frey mènera ensuite une existence plus sereine comme président du Conseil constitutionnel entre 1974 et 1983, à l'exception des deux dernières années où il dut examiner la constitutionalité des nationalisations décidées par la gauche de François Mitterrand.

– Année 1999 –

Le Général assistait-il aux chasses présidentielles ?

De Gaulle venait aux battues de Rambouillet mais ne tirait pas. Un jour que je participais à une chasse présidentielle à Rambouillet, le Général s'approcha furtivement de moi et me murmura : « Mon cher Frey, je passe derrière vous, tâchez de bien tirer ! » Ayant atteint ma première cible avec brio, je fus surpris par un second faisan rasant les blés et surgissant devant moi. J'entendis alors la voix sépulcrale du Général me dire : « Encore raté ! »

Vous avez par ailleurs fait visiter Paris au couple Kennedy, on prétendait le Général sous le charme de la Première dame américaine.

Je peux le confirmer car à une autre occasion, en ma qualité de ministre de l'Intérieur, j'accompagnais les Kennedy dans un tour de la capitale, où la Première dame des États-Unis avait remporté un véritable triomphe. Le soir, le Général m'interrogea : « Comment cela s'est-il passé ? — Très bien, mon Général, lui répondis-je. — Vous voyez, mon cher, me fit-il remarquer, la popularité est une chose avec laquelle il faut compter. » Puis il ajouta : « C'est une fort belle personne. » Je crois que le physique de Jackie Kennedy impressionnait vivement le Président car, dans la bouche d'un homme aussi peu expansif, notamment sur ce genre de sujet, un tel commentaire trahissait largement sa pensée. De Gaulle était également séduit par Michèle Morgan. « C'est une ravissante femme qui a beaucoup de charme… », s'était-il un jour laissé aller à me confier.

Quel trait de caractère de De Gaulle vous frappait-il ?

Le Général avait un trait de caractère fascinant pour ses proches et tout à fait inconnu du grand public : il ignorait la peur. Ce qui évidemment ne me facilitait guère la tâche quand il s'agissait d'assurer la surveillance de ses tournées régulières en France durant toute la période de l'OAS [Organisation de l'armée secrète]. Lors de ses déplacements, ses aides de camp et moi-même étions littéralement collés à lui. Et de son inimitable grosse voix, sur un ton mi-grognon, mi-râleur, il s'exclamait immanquablement : « Ah ! vous m'embêtez, vous êtes trop près ! » Indifférent à ce qui pouvait lui arriver personnellement, il n'était pas toujours facile de le convaincre de la nécessité absolue de ce dispositif. Lors de l'attentat du Petit-Clamart, son entourage avait été impressionné par l'inimaginable calme dont le Général avait fait preuve. Conscient que la chance avait ce jour-là été de notre côté, je le priai instamment pour l'avenir de me confier la totalité des mesures de sécurité destinées à le protéger. Sans soupirer, il me répondit alors simplement : « Mon vieux Frey, vous avez raison. » Pour ma part, je ne pouvais vraiment pousser un « ouf » de soulagement que lorsque le Général franchissait les grilles de l'Élysée.

Alain Peyrefitte

« Ce qui me frappait avec de Gaulle était sa distance face aux événements. »

Normalien ayant ensuite intégré la première promotion de l'ENA, Alain Peyrefitte est élu député gaulliste à 33 ans. Titulaire de plusieurs grands ministères, porte-parole du général de Gaulle quatre années durant, cet Aveyronnais subtil et aussi méthodique que travailleur a eu au titre de ses multiples fonctions des centaines de tête-à-tête avec le Général, sans compter les Conseils des ministres, les rencontres avec les chefs d'État et de gouvernement. Réflexe de Normalien sachant écrire, il a tout noté, respectant la teneur, le titre et le ton des dialogues dont il a ensuite fait trois volumes qui sont devenus un formidable témoignage pour l'Histoire, lui valant notamment d'entrer à l'Académie française.

– Année 1999 –

Qu'est-ce qui vous a le plus frappé pendant les années où vous avez été ministre du Général ?

Toujours sa distance par rapport aux événements, aux hommes, à l'interlocuteur qui se trouvait en face de lui et par rapport à lui-même.

Quand l'avez-vous rencontré ?

La première fois où le regard de De Gaulle a croisé le mien, le 21 février 1959, rue d'Ulm, précédait, de quelques minutes, une agression troublante. Le nouveau président de la République avait accepté de présider le bal de l'École normale supérieure, cérémonie bonhomme et joyeuse. Or, au moment où le cortège descendait l'escalier vers le parterre, des élèves en smoking formaient devant de Gaulle une sorte de haie qui le séparait de l'assistance, il est allé vers eux, la main tendue. Et là, un élève refusa ostensiblement de lui donner la sienne, lâchant avec agressivité : «Je ne serre pas la main de votre politique.» Le Général recommença plusieurs fois cette tentative avec les garçons à côté. Aucune main ne prit alors la sienne et les élèves continuèrent de croiser les bras derrière le dos. Consternés et très embarrassés, nous avons dû nous rendre à l'évidence qu'il s'agissait d'un coup monté. De Gaulle quant à lui impassible, je dirai même imperturbable, se retira comme s'il ne s'était rien passé. Cette provocatrice rebuffade donnait un signe clair et prémonitoire que de Gaulle ne cesserait, jusqu'à son retrait de la vie publique, de rencontrer l'hostilité de tout ce qui comptait dans ce milieu intellectuel, mais aussi parfois dans le monde politique ou économique, que ce monde fût de gauche, de droite ou du centre. Ce que l'on a depuis oublié, bien sûr !

Ensuite ?

Quelques jours plus tard donc, le 5 mars 1959, le Général, ayant voulu voir «un député gaulliste de la nouvelle génération qui n'ait pas appartenu au RPF [Rassemblement du peuple français]», me reçut et ne me cacha pas ce qu'il pensait de l'Algérie et de son avenir. «On en est arrivé là parce qu'il n'y avait pas d'État, analysa-t-il; que l'État n'a pas fait à temps l'effort qui s'imposait pour faire évoluer l'Algérie et parce que la féodalité des colons l'a dominée. La plupart de vos collègues se sont crus autorisés à militer pour l'Algérie française et l'intégration ; et ils voudraient maintenant m'imposer de tenir les engagements qu'ils ont eu la légèreté de prendre. De toute façon, l'Algérie française, c'est une fichaise et ceux qui préconisent cette intégration sont des jean-foutre... On ne peut sortir de cette boîte à scorpions qu'en faisant évoluer l'Algérie du tout au tout. Cela demande d'essayer de lutter contre la clochardisation des Algériens... Il ne faut pas se payer de mots ! C'est très bien qu'il y ait des Français jaunes, des Français noirs, des Français bruns. Ils montrent que la France est ouverte à toutes les races et qu'elle a une vocation. »

Michel Bailly

«J'ai eu la fierté d'être le notaire du général de Gaulle.»

– Année 2014 –

Comment se passe un acte notarié avec le général de Gaulle ?

Par ces mots : «Par-devant Me Michel Antoine Bailly, notaire à Paris soussigné, ont comparu M. le général Charles André Joseph Marie de Gaulle, président de la République française, et Mme Yvonne Charlotte Anne-Marie Vendroux, sans profession, son épouse, demeurant ensemble à Paris, palais de l'Élysée… »

Ce n'est pas rien ?

En effet, ces mots que je prononce le 10 avril 1969 resteront gravés dans ma mémoire. Quel honneur pour un jeune notaire de rédiger un acte notarié destiné au premier des Français !

Mais pourquoi vous ?

Pendant la guerre, le général de Gaulle avait dû connaître mon prédécesseur, Me Bucaille, engagé dans ses rangs et commandant l'escadrille des Maraudeurs. Raison ayant sans doute conduit Jacques Foccart, l'un de ses proches collaborateurs à l'Élysée, à me choisir pour recevoir l'acte de famille du Général. J'ai donc rendez-vous une première fois avec le chef de l'État dans son bureau de l'Élysée. Il m'impressionne par sa stature imposante, son affabilité, sa ponctualité militaire. Avec précision et rigueur, il met au point son projet avant de fixer une date afin d'organiser le partage familial.

Et le grand jour ?

La journée à mes yeux historique arrive. Le général de Gaulle me reçoit dans le salon de ses appartements privés, car il tient à bien séparer les fonctions. Il a réuni Mme de Gaulle, son épouse, et leurs deux enfants, Mme Alain de Boissieu et l'amiral Philippe de Gaulle. Après avoir écouté la lecture des actes, il leur demande s'ils approuvent ce texte. L'entretien dure une petite heure. De fait, le Général a d'autres préoccupations : le soir même, il doit intervenir à la télévision en vue du référendum sur les régions et le Sénat. Dix-sept jours plus tard, il démissionnera. Je ne le reverrai jamais, car c'est à un notaire de Champagne qu'il confiera son testament. J'ai prévenu Jacques Foccart que, bien sûr, je ne prendrais pas d'honoraires mais, détail important, il me répond que le Général tient à régler lui-même cet acte sans traitement de faveur. Ce moment reste pour moi, comme vous pouvez l'imaginer, une parenthèse inoubliable dans mon existence.

3.

LA VIE DERRIÈRE SOI

Destins

En quittant l'Élysée, les Présidents de la Ve République se retrouvent dans une situation singulière, un peu à la manière des souverains en exil, dotés d'un statut particulier. S'ils n'exercent plus le pouvoir, ces membres de droit à vie du Conseil constitutionnel ne redeviennent pas pour autant des citoyens comme les autres ! Leurs déclarations sont écoutées, leurs faits et gestes observés continuent d'intéresser les Français, qui décèlent bien souvent en eux le secret espoir d'occuper à nouveau la scène publique, peut-être autrement ? D'ailleurs, la République est plutôt généreuse. Ils bénéficient d'un appartement de fonction, de deux personnes assurant leur service de maison, sept collaborateurs, une protection rapprochée, une voiture avec chauffeur et la gratuité de leurs déplacements… En 2021, notre pays compte encore deux anciens Présidents, Nicolas Sarkozy et François Hollande. Le seul à être décédé pendant son mandat fut Georges Pompidou. Entré à l'Élysée le 20 juin 1969, il s'est éteint dans sa soixante-troisième année à son domicile parisien quai de Béthune, victime de la maladie de Waldenström, le 2 avril 1974. Jacques Chirac est mort à 86 ans, le 26 septembre 2019, dans la capitale ; quant à Valéry Giscard d'Estaing, devenu Président à 48 ans, il a été emporté des suites du coronavirus à 94 ans chez lui, à Authon, le 2 décembre 2020. Dans une France républicaine au régime présidentiel, nos anciens Présidents élus au suffrage universel restent des personnalités à part. Influentes et respectées, dont les paroles résonneront encore longtemps.

Jacques Chirac

parle à chacun les yeux dans les yeux

« Sur une île déserte je prendrais de l'eau, un casse-croûte, une photo de ma famille, de la poésie et les Mémoires du général de Gaulle. »

– Année 2008 –

Monsieur le Président, comment allez-vous ?

Je suis toujours très étonné quand on m'interroge sur ma santé... Comme vous le voyez, je suis en pleine forme !

Comment vous êtes-vous réveillé le 16 mai 2007 ?

Pas différemment des autres jours ! J'ai pris mon petit déjeuner... Ce n'est pas mon genre d'avoir des états d'âme. Il est vrai que les Français pouvaient s'interroger : « Mais que va faire Chirac maintenant ? » Vous le savez bien, jusqu'au dernier jour de ma présidence, je me suis engagé avec détermination afin que le gouvernement et l'État continuent à travailler. Toutefois, pensant depuis longtemps à l'après, j'avais le désir de servir autrement. De m'impliquer dans les combats qui sont les miens ; le respect et le dialogue des cultures et le développement durable. J'ai donc pensé que la meilleure façon d'y parvenir serait de créer une fondation porteuse de ces idées et en cela d'ailleurs inspirée par la Fondation Clinton et par celle de Nelson Mandela, avec lequel j'ai longuement évoqué ce sujet.

Travaillez-vous à vos mémoires ?

J'ai en effet commencé un livre pour expliquer mon engagement. Ce ne seront pas seulement des Mémoires, mais aussi une réflexion sur les défis d'aujourd'hui, soit tous ces combats qu'il faut mener pour la solidarité, la justice, la protection de la planète et, dans ce but, je relis des notes, j'en prends… et je réfléchis.

Que faites-vous par ailleurs ?

J'assume d'abord mes fonctions d'ancien président de la République, attachant beaucoup d'importance à siéger au Conseil constitutionnel. Je reçois notamment de nombreuses personnes engagées au sein du monde associatif, tel le secteur du handicap ou de la santé, ainsi que des experts dans de multiples domaines. Il ne vous a pas échappé non plus que nos bureaux rue de Lille se trouvent à 50 mètres de l'Assemblée nationale, il est donc facile pour les parlementaires souhaitant s'entretenir avec moi de traverser la rue… de nous rencontrer dans un cadre amical. Je reçois aussi la visite de personnalités étrangères de passage à Paris : Shimon Peres, Hosni Moubarak, Vladimir Poutine… Et je voyage ; après m'être rendu en Mauritanie, au Sénégal, au Mali, j'irai à l'automne en Chine, au Japon, puis de nouveau au Sénégal et au Mali… Tout cela m'aide à nourrir ma réflexion, notamment pour la Fondation.

Vous siégez au Conseil constitutionnel aux côtés de Valéry Giscard d'Estaing…

Je l'y ai retrouvé le 15 novembre 2007, juste après une émission de télévision dans laquelle Anne-Aymone était intervenue. J'ai donc confié au Président Giscard d'Estaing que j'avais trouvé la prestation de son épouse excellente et je lui ai demandé de lui présenter mes félicitations en même temps que mes hommages. Je crois qu'il y a été sensible.

Que vous manque-t-il le plus : l'action ou le pouvoir ?

Je n'ai jamais été attiré par les attributs du pouvoir, ce qui a toujours compté pour moi est l'engagement, l'action, le contact avec les gens. Or, cela continue et, en un sens, d'une manière beaucoup plus libre. Dans cet esprit, j'ai récemment appelé à une mobilisation sur ce problème majeur et révoltant de la faim dans le monde. J'ai presque l'impression que mon agenda est aussi chargé qu'il l'était à l'Élysée...

Quel est le but de votre Fondation ?

Elle est à la fois au service du respect entre les hommes et au service de la paix. C'est pour cela que je lui ai donné deux objectifs majeurs : le dialogue des cultures et le développement durable. Cette Fondation doit contribuer aux grands débats, servir à mobiliser les consciences, les engagements. Je veux aussi et surtout qu'elle s'inscrive dans le réel et conduise des actions concrètes sur le terrain. C'est le sens des quatre premiers programmes que nous avons engagés. D'abord celui de l'eau, en commençant par le Sénégal et le Mali. Sans une eau accessible, en quantité et qualité suffisantes, il n'y a ni vie, ni santé, ni agriculture, ni nourriture ! C'est donc un défi majeur. Le deuxième programme concerne la santé et la question des médicaments. D'une part, il y a énormément de gens qui n'y ont toujours pas accès. D'autre part, certains de ces médicaments – le plus souvent de contrefaçon – sont inactifs, voire sous-dosés ou dangereux. D'où ce programme qui débute au Bénin pour distribuer aux populations des médicaments de qualité. Le troisième objectif concerne la déforestation massive de la planète, soit l'une des principales causes du réchauffement climatique, entraînant aussi inévitablement le départ des habitants de ces forêts. Enfin, le quatrième enjeu s'adresse aux populations comme les Indiens d'Amazonie, les Pygmées du Congo, les Bantous d'Afrique australe, isolées pendant des siècles. Civilisations porteuses de cultures traditionnelles ancestrales. Lesquelles en seront fatalement dépossédées le jour où elles s'installeront dans les villes. Nous créons une bibliothèque numérique sur le Net, afin de soutenir ces idiomes et ces cultures en péril. Sur les quelque six mille langues encore parlées dans le monde, 90 % risquent de disparaître au cours de ce XXIe siècle !

Tout cela soutenu par des conférences ?

Bien sûr, car cela permet à des experts reconnus d'apporter une vision complémentaire sur toutes ces questions primordiales. De nous faire partager leur expérience et leurs réflexions.

Quel bilan faites-vous de la « taxe Chirac », perçue depuis le 1er juillet 2006 ?

Quand j'ai lancé cette idée, elle a d'abord été fort mal reçue par les compagnies aériennes, même si, compte tenu de mon statut à l'époque de président de la République, j'ai pu l'imposer et je ne le regrette pas puisque maintenant plus personne ne discute cette taxe qui, dès cette année, va financer des programmes essentiels pour l'accès aux médicaments contre le sida, la tuberculose et le paludisme.

Quelles sont à vos yeux les urgences de ce XXIe siècle ?

La première menace est, je le maintiens, celle de la faim dans le monde, ce qui suppose de faire un effort particulier pour développer l'agriculture et produire des denrées alimentaires. Il y a déjà fort longtemps, quand j'affirmais qu'il fallait soutenir les petits agriculteurs, j'étais vivement critiqué et on prétendait que c'était par simple souci politique que je tenais ce langage, et dans l'unique but de « satisfaire les électeurs »... Quel ridicule procès d'intention ! Maintenant, tout le monde admet que c'est l'une des seules solutions pour résoudre ce grave et angoissant problème. L'autre urgence est celle de l'Afrique, qui doit absolument bénéficier d'une solidarité beaucoup plus grande. L'Afrique reçoit une aide conséquente de la France. Or le reste de l'Europe et les États-Unis vont eux aussi devoir pleinement mesurer les risques encourus par un continent dont la population va passer, dans les cinquante années à venir, de 900 millions à 1,9 milliard de personnes. Problèmes dramatiques qui touchent également l'Asie, l'Amérique latine, les Caraïbes...

Quels sont, selon vous, les effets de la mondialisation ?

La mondialisation est une réalité, c'est-à-dire à la fois le meilleur et le pire ! Elle offre certes des opportunités de progrès absolument considérables, mais doit être humanisée, maîtrisée, contrôlée. C'est tout l'enjeu des politiques mondiales pour l'aide au développement, à la santé et à l'environnement. Il paraît aujourd'hui également indispensable d'encourager partout le dialogue des cultures plutôt que de laisser prospérer cette idée absurde et dangereuse du choc des civilisations.

Comment se passent vos journées et vos week-ends ?

Il n'est pas dans ma nature de répondre à ce genre de questions, mais puisque vous me le demandez, je puis vous dire que j'arrive le matin à mon bureau à 9 heures et je le quitte vers 8 heures du soir pour rentrer chez moi. À 1 heure, je m'absente généralement pour un déjeuner de travail. Le samedi, je reviens à mon bureau, ne serait-ce que pour examiner tranquillement des dossiers que je n'ai pu traiter dans la semaine. Il m'arrive parfois d'entrer dans un magasin ou d'aller visiter des galeries d'art... Le dimanche, selon les circonstances, je sors, rencontre des amis. J'emmène régulièrement mon petit-fils, Martin, à des expositions, comme il y a quelques semaines celle sur l'histoire de Babylone au Louvre.

Aimez-vous à présent faire la sieste ?

Je l'avoue, c'est agréable mais à condition qu'elle soit courte ! C'est d'ailleurs ce que prétendait Winston Churchill !

Imagineriez-vous retourner un jour à l'Élysée ?

Je ne vois vraiment pas ce qui s'y opposerait par principe pour une cérémonie officielle…

Réussissez-vous enfin à « donner du temps au temps » ?

M'ennuyer n'est pas dans ma nature et je serais bien incapable de me souvenir de la dernière fois que cela m'est arrivé ! La seule différence maintenant est que j'ai plus de temps pour lire, m'informer… J'écoute la radio, regarde la télévision, parcours la presse, mais sans excès… De temps à autre, je vois un film ou un DVD, un western par exemple…

Pensez-vous qu'un président de la République en exercice soit loin du monde ?

Je ne le crois pas, mais c'est surtout une question de caractère. Il y a des personnages qui, par nature, se coupent du monde, mais si je prends les différents Présidents que nous avons eus depuis les débuts de la Ve République, je n'ai pas du tout le sentiment que ce soit le cas. Tous ont été, me semble-t-il, soucieux de rester en contact avec les gens, de les écouter, d'essayer de savoir ce qu'ils pensaient… Cela fait partie de la fonction. L'aspect « forteresse, tour d'ivoire » de l'Élysée relève surtout du mythe et de la caricature facile.

La déférence est réelle !

Il y a le respect de la fonction, c'est certain. Mais il n'y a guère de déférence ! Nous sommes en République. Et c'est très bien ainsi.

Vous paraissez fataliste…

Je ne suis absolument pas fataliste. Néanmoins, vieillir ne me fait pas peur. Je crois en l'action, et à l'importance de la transmission. Si j'ai créé une fondation, c'est en partie pour léguer aux générations futures un certain nombre de valeurs qui sont les miennes, défendre des idées et des projets qui me sont chers.

Jacques Chirac peut-il être un père et un grand-père ordinaire ?

Sans doute… Maintenant est-ce que moi je suis un bon père ou un bon grand-père, comment vous répondre ? C'est d'abord à mes filles, Laurence et Claude, et à mon petit-fils, Martin, de le dire. Je ne suis absolument pas certain d'être un bon grand-père dans la mesure où je n'ai pas pu consacrer à Martin autant de temps que je l'aurais souhaité. Mais je vais me rattraper !

Comment contez-vous l'Histoire à Martin ?

C'est un enfant particulièrement vif, qui a déjà des opinions très personnelles et tranchées. Mais ce que j'essaie de lui transmettre à travers nos conversations et les lectures que je lui conseille, c'est une valeur absolument fondamentale : le respect des autres.

Avez-vous des regrets ?

J'ai surtout des projets !

La promotion de Pâques de la Légion d'honneur a distingué votre épouse, Bernadette… Est-ce une surprise ?

Ma femme siège depuis vingt-neuf années comme conseillère générale de la Corrèze et conseillère municipale de Sarran. Elle s'est par ailleurs beaucoup investie dans sa Fondation, Hôpitaux de Paris-Hôpitaux de France, et dans l'association Le Pont-Neuf, qu'elle préside depuis 1990. Si elle ne s'était pas appelée Bernadette Chirac, il y a bien longtemps qu'au titre de ses activités elle aurait déjà eu la Légion d'honneur.

Comme beaucoup de Français, vous avez un chien…

Oui, Sumo, et je l'aime beaucoup. En réalité, ce bichon maltais a été offert à Bernadette par Martin, pour l'un de ses anniversaires, et il m'a finalement très vite adopté…

Qu'emporteriez-vous sur une île déserte ? Une photo, un livre ?

Avant de penser aux nourritures spirituelles, je prendrais de l'eau et un casse-croûte avec de la charcuterie ! Plus sérieusement, une photo de ma famille ainsi que de la poésie et les *Mémoires* du général de Gaulle.

Et l'avenir ?

Il est aujourd'hui entièrement centré sur la Fondation. En effet, les responsabilités d'un homme d'État ne s'achèvent pas avec ses mandats publics. C'est pourquoi je voudrais que cette Fondation soit efficace et qu'elle contribue à apporter des réponses sur les grandes questions que se pose toujours le monde.

Le mot *vacances* vous donne-t-il le vertige ?

Non, je suis très content d'être en vacances, sans en avoir jamais abusé. J'aime les voyages, mais je suis heureux en Corrèze, même si je m'y rends trop peu souvent. J'y vois des amis fidèles. Je vais y retourner plus régulièrement, car c'est là que je retrouve mes racines…

Quel message adressez-vous aux Français ?

Ce que je leur ai dit à mon départ : qu'ils sont un grand peuple, qu'ils peuvent accomplir de grandes choses dans le monde d'aujourd'hui. Et que je les aime. Profondément.

Valéry Giscard d'Estaing

Son dernier dîner en ville

– Année 2020 –

« Quand on vient dîner chez Caroline, il faut beaucoup s'aimer », s'exclame avec humour Valéry Giscard d'Estaing, invité chez moi, juste avant le premier confinement de mars 2020. À douze autour de la table de ma cuisine, on est de fait un peu serrés, mais, pour l'ancien Président et l'élégante Anne-Aymone, se retrouver là sans cérémonial ni maître d'hôtel en veste blanche créait une atmosphère différente et plutôt joyeuse. À 94 ans, ce séducteur toujours aussi curieux qu'enthousiaste aimait murmurer à l'oreille de ses voisines. Aussi m'appelait-il généralement la veille pour s'enquérir de celles qui seraient ses convives d'un soir et se renseigner sur elles. Cette fois-ci, la belle Inès de La Fressange, à laquelle il lançait des regards furtifs, et Anne d'Ornano, une amie proche et ancienne maire de Deauville qui a longtemps présidé le conseil général du Calvados. Il se considérait donc gâté et content de partager ce repas arrosé d'un bon cru de Mouton-Rothschild à côté d'elles, mais aussi en compagnie de Bernard Cazeneuve, ancien Premier ministre, Robert de Nicolay, conseiller maître à la Cour des comptes, Nathalie, son épouse écrivain, Denis

Olivennes, patron de presse, Marc Taieb, à la tête de Wifirst et Bolloré Télécom, la journaliste Anita Hausser, sans oublier Mgr Patrick Chauvet, recteur de Notre-Dame de Paris. Il rappela d'ailleurs à l'ecclésiastique que c'était lui qui avait suggéré à Jean-Paul II, lors de sa visite en France en 1980, de penser à Jean-Marie Lustiger comme futur archevêque de Paris, évêque qu'il connaissait bien car le prélat exerçait alors son ministère à Orléans, non loin d'Authon, où se trouve sa propriété. Pendant que je m'activais aux fourneaux en préparant des tagliatelles à la crème, au citron vert et à la vodka, j'entendais les explications convaincantes de l'homme d'État racontant notamment pourquoi il était en faveur de la suppression de l'ENA. « École formatant trop ses élèves alors que Polytechnique formait d'inventifs ingénieurs à la personnalité affirmée. » Les plus téméraires le questionnaient… Taieb, l'autre polytechnicien, souriait avec humilité, et les énarques Olivennes et Nicolay, fronçant les sourcils, suivaient attentivement les arguments d'un Giscard à la fois polytechnicien et énarque à la mémoire prodigieuse. Nous étions médusés par son art oratoire et cette façon sympathique de n'être point doctrinaire. La singularité de ce grand personnage ? Il se sentait plus fier de représenter le dernier ministre vivant du général de Gaulle et de sortir de l'X que d'être un ancien élève de l'ENA, et montrait en privé un réel talent de conteur qui le mettait à la portée de son auditoire. VGE savait en effet parler de choses sérieuses avec légèreté tout en maniant la provocation. Mais au fond, il n'aimait rien tant que de rencontrer des gens nouveaux, convaincre avec aisance, naturel et charmer. Une douce et inimitable alchimie.

Valéry Giscard d'Estaing : « Désormais, la plupart des dirigeants ne regardent que les problèmes nationaux et leur positionnement par rapport à l'Europe. »

– Année 2014 –

Élu président de la République le 19 mai 1974, vous vouliez desserrer un pays verrouillé qui subissait, selon vous, « un retard culturel ». Qu'en dites-vous quarante années après ?

La France ne voit pas exactement ce qu'est le monde d'aujourd'hui. Elle imagine qu'elle peut continuer à mener la même vie qu'au début du XXe siècle, sans tenir compte des changements gigantesques qui sont à l'œuvre : la compétition, l'innovation, la nouveauté.

Pourquoi un tel blocage ?

Sans doute par nature ; la France est un pays rural à mutation lente. À l'inverse des pays marchands, elle n'est pas spontanément évolutive. Elle a été une grande nation en situation dominante à la fin du XIXe siècle avec la réalisation de grands travaux dans l'ensemble du monde ; bénéficiant d'un éclat culturel exceptionnel dans la peinture, la littérature, la musique ; et aussi, bien qu'il ne faille plus en parler, comprenant un espace colonial dû à notre République qui couvrait un tiers de l'Afrique. La France n'occupe plus de nos jours la même position. Or, ne voulant pas se l'avouer, elle reste figée. Nous sommes par ailleurs entrés dans une société de consommation où les dominantes psychologiques sont les besoins individuels qui prennent le pas sur la créativité. Personne n'accepte de sacrifier ce qu'il a obtenu dans des temps plus favorables, et chacun voudrait même avoir davantage ! De tels facteurs ne peuvent pas générer une société vivante.

Vous paraissez sévère avec la génération des baby-boomeurs ?

Vous exagérez quelque peu mon jugement : la jeunesse française est heureusement porteuse d'autres valeurs, et la nouvelle génération me paraît avoir des attitudes, des intérêts, des capacités innovants. Elle est ouverte sur le monde, alors que le Français plus âgé a encore tendance à l'ignorer. Il n'a pas vraiment idée de ce qui se passe à Shanghai ou dans la Silicon Valley, car il a encore les yeux rivés sur son propre système et ne comprend pas pourquoi on veut lui retirer une partie de ses acquis... En revanche, la génération des 20-30 ans est curieuse du monde extérieur, a le goût des voyages même lointains, sans avoir parfois beaucoup de moyens. Ces jeunes qui partent en Chine avec quelques centaines d'euros cherchent un travail, se débrouillent, et souvent y réussissent.

En quête de nouveaux repères, la France a-t-elle tendance à oublier son histoire ?

Les Français ne se souviennent pas toujours que la France est un pays ancien. On l'oublie complètement dans les discours actuels. On la traite comme si elle avait 50 ans d'âge, qu'il s'agissait d'un milieu fragile, alors qu'elle a à peu près deux mille ans derrière elle et a sécrété une civilisation exceptionnelle : un vrai art de vivre, d'écrire, d'éduquer ses enfants. La civilisation chinoise remonte à la même date que la création de Rome – huit cents ans avant notre ère. D'ailleurs, les dirigeants chinois actuels s'y réfèrent toujours en affirmant :

« Nous avons une longue histoire derrière nous ! » Mais je n'entends pas les hauts responsables français se prévaloir de notre histoire !

Votre acquisition du château d'Estaing est-elle un retour aux sources ?

Un peu, mais surtout sans cette décision il serait sans doute tombé en ruine. Ce domaine dans l'Aveyron est resté dans la famille jusqu'à la Révolution, où il a été vendu comme bien national. Les meubles ont été pillés, les cheminées saccagées, sauf la plus belle. On a compté là jusqu'à vingt-sept appartements de squatteurs. Au XIXe siècle, une congrégation de religieuses s'y est installée pour en faire une école ménagère, mais, les vocations diminuant, le château a fini par se vider de ses occupants. Les sœurs l'ont alors vendu à la commune d'Estaing, qui n'avait guère les moyens nécessaires de l'entretenir et le restaurer. Je souhaitais faire du mécénat à partir des droits d'auteur de mes livres. Alors quand j'ai su que le château était en vente, avec mon frère Olivier et un cousin, nous l'avons acquis et commencé des travaux financés par nous-mêmes et les aides légales de l'État. On a refait en priorité les toitures, les fenêtres, de façon que l'édifice ne se dégrade davantage. En même temps, je me suis dit que nous allions lancer une fondation mémorielle sur le modèle des Présidents américains. C'est ainsi que, dans une partie du château, nous présentons la période de l'histoire politique, économique et sociale de mon septennat.

Y résidez-vous ?

Nous y habitons de temps à autre. Quand j'y suis, je rencontre les visiteurs qui se promènent. Je leur donne des explications ; cela les intéresse. Dans une salle, on a exposé l'ensemble des décorations que j'ai reçues. Cela représente une collection assez extraordinaire car, à cette époque, on échangeait, lors des visites de chefs d'État, les plus prestigieuses décorations des ordres nationaux.

Pourquoi ne portez-vous pas vos décorations ?

Je ne souhaite pas en porter dans la vie courante. Celles qui sont présentées dans le musée à Estaing sont destinées aux manifestations officielles. Je porte néanmoins la croix de guerre lors des cérémonies militaires.

Vous souvenez-vous de votre premier jour à l'Élysée quand vous vous êtes installé dans le fauteuil du général de Gaulle ?

Je ne me suis jamais assis dans le fauteuil du Général, cela ne me semblait pas conforme au respect que je lui devais ! Je me suis installé dans une pièce voisine. Ayant vu régulièrement le général de Gaulle dans son bureau puisque comme ministre des Finances je l'y rencontrais chaque semaine, je ne voulais pas m'asseoir à sa place. Son bureau est donc resté vide pendant tout mon septennat.

Êtes-vous retourné à l'Élysée depuis ?

À deux reprises, notamment sous Mitterrand. Mon successeur avait annoncé vouloir m'entretenir des grands enjeux internationaux, j'avais donc pensé : « Après tout, s'il veut me consulter… » et je me suis fait un devoir de me rendre à l'Élysée. Je suis arrivé dans son bureau, François Mitterrand m'a invité à m'asseoir et pris la parole. Il a parlé pendant cinquante minutes, un aide de camp est alors entré dans la pièce et a prononcé : « Monsieur le Président », puis lui a chuchoté quelque chose à l'oreille. « Excusez-moi, c'est la fin de notre entretien », m'a-t-il dit, alors que je n'avais pas prononcé un mot. Il s'est levé et est parti. Il ne me semble pas que cette rencontre ait été très utile ! !

Avez-vous des souvenirs plus amusants de l'Élysée ?

Certes, il arrivait notamment lors de réceptions officielles que de jolies petites cuillères en vermeil gravées du « RF » de

«République française» des services de l'Élysée disparaissent; il était facile de les mettre dans sa poche, mais pas uniquement elles... Un soir, lors d'un dîner en l'honneur des ambassadeurs, j'avais demandé qu'on utilise un service de Sèvres particulier, celui des départements français, réalisé pendant la Révolution. On sert le dîner et, à la fin du repas officiel, l'intendant de l'Élysée vient me voir et chuchote à voix basse :

«Monsieur le Président, un ambassadeur a pris une assiette.

— Il faut la récupérer, lui dis-je.

— Oui, mais déjà dans l'antichambre il est en train de partir.

— Allez-y vite, et rattrapez-le ! »

Dix minutes après, l'intendant revient, souriant et soulagé, me glissant à l'oreille :

«Monsieur le Président, l'assiette est récupérée.

— Comment avez-vous fait ?

— Eh bien, je me suis approché de lui avec ces mots : "Excellence, le service a fait une faute impardonnable, il a laissé tomber une assiette dans votre gilet"... ! Et j'ai avancé la main pour la reprendre ! »

Avec la fougue qui vous caractérise, dans quelles directions aimeriez-vous aujourd'hui entraîner la France ?

Si j'étais Président, j'agirais, je crois, de façon assez simple. D'abord en recréant des espaces de liberté dans l'économie; vous seriez en effet surpris de l'élan que cela produirait... Il y a des sujets sur lesquels les personnes doivent décider d'elles-mêmes, par exemple de travailler ou non le dimanche ! Il faut leur laisser cette liberté. Ces modalités seraient fixées par des négociations au sein des entreprises en prenant des précautions afin qu'il n'y ait pas d'abus. Il faudrait ensuite revoir complètement le système éducatif, qui a cessé d'être performant. Un pays tel que la France devrait occuper le 3e ou 4e rang et non le 35e ! Ce qui exige de rebâtir des structures adaptées à notre culture, à nos besoins. Cela demanderait, bien sûr, plusieurs années, beaucoup d'énergie. Quant à la gestion financière, on doit revenir à l'équilibre sans brutalité excessive, mais avec détermination ; c'est toujours en étant proche de l'équilibre que l'économie française a connu une forte croissance.

Vous avez laissé beaucoup de liberté à vos enfants...

C'était selon Anne-Aymone et moi un principe d'éducation. Chacun a son don particulier, sa vocation, et nous avons toujours respecté cela. Nos enfants ont surtout été élevés par leur mère et je revenais dîner avec eux trois fois par semaine. Encore lycéens ou étudiants, ils habitaient à la maison et ne sont allés que rarement à l'Élysée, parce qu'ils ne le souhaitaient pas, estimant que ce n'était pas leur place. Je me souviens qu'une fois ils ont dû y dormir, car nous partions en voyage très tôt le matin.

Le mot réforme, prononcé trop souvent depuis des décennies, a-t-il encore un sens ?

J'ai fort peu utilisé ce terme, je lui préférais celui d'*adaptation*. La réforme, c'est la guerre de position ! Dès que vous avancez ce mot, les gens imaginent immédiatement qu'il s'agit de leur reprendre ce à quoi ils tiennent, et tout est bloqué. Mon idée était de nous « ADAPTER » au changement. Aujourd'hui, vous avez tous des Smartphones, vous prenez des photos, des selfies, quel bouleversement ! Alors comment faire ? Cela signifie en réalité prendre un système et le faire vivre autrement. Accompagner le changement des forces, des données, des besoins et sous mon septennat nous avons énormément adapté.

Avec quelles réformes de société ?

La loi sur l'abaissement de l'âge de la majorité à 18 ans et, dans le domaine économique, il existait à l'époque un système de contrôle des prix fixés par l'administration, tels ceux du croissant et de la baguette de pain. Avec le Premier ministre Raymond Barre, nous avons réussi à y mettre fin, et lorsque nous avons quitté les affaires, à quelques exceptions près, tels le gaz et l'électricité, il n'y avait plus dans le pays un seul prix fixé par l'administration, même pour le « petit noir » au comptoir. On n'est jamais revenus en arrière et sur aucune de nos décisions. Cela démontre que, lorsque vous proposez une adaptation justifiée, raisonnable, elle subsiste.

Êtes-vous optimiste pour les années à venir ?

Il ne peut pas se passer grand-chose dans l'immédiat. Ma culture est celle de la Vᵉ République, c'est-à-dire du général de Gaulle : la contrepartie des pouvoirs importants que notre Constitution donne au Président est qu'il ne peut les exercer que s'il a avec lui la majorité de l'opinion.

Qu'est-ce qui empêche la droite et la gauche de dire la vérité aux Français ?

Dans notre système, pour être élu, il faut plaire, or, pour plaire, on ne peut révéler sa pensée et, si vous dites la vérité aux Français et leur proposez le remède, vous êtes sûr d'être battu.

Encouragez-vous les jeunes à entrer en politique ?

Pas à entrer en politique, mais à s'y intéresser. À faire du militantisme actif, en souhaitant qu'il y ait dans ce domaine de jeunes gens talentueux…

Trop de lois, dites-vous ?

On légifère trop, les lois telles qu'elles paraissent actuellement sont dans un désordre excessif ; la longueur des textes, leur non-applicabilité, tout cela est le produit du travail d'une classe politique affaiblie, beaucoup trop nombreuse. Nous avons deux fois plus de parlementaires et trois fois plus de ministres qu'aux États-Unis... alors qu'ils sont cinq fois plus peuplés que nous.

Que pensez-vous du projet de création de nouvelles régions, telle chez vous Rhône-Alpes-Auvergne ?

Le problème se pose, en effet, car nos vingt-deux régions sont trop petites face à la nouvelle dimension européenne. Une région moderne devrait avoir entre 3 et 5 millions d'habitants. Ainsi, lorsque j'étais Président du conseil régional d'Auvergne, j'avais suggéré de fusionner notre région avec le Limousin, notre voisin, pour créer une région du Massif central. Hurlements de l'opposition, protestant et criant au scandale... On le propose maintenant mais trop vite sans y avoir suffisamment réfléchi. On va effacer l'Auvergne, et faire ce que Jules César avait raté en 52 avant notre ère ! Le nom *Auvergne*, ne l'oublions pas, est antérieur à la conquête romaine. Il ne faut donc pas se contenter de consulter les élus, très concernés j'en conviens par leur place dans le nouveau système, mais également la population locale pour identifier et comprendre quels sont les repères historiques et sociologiques auxquels elle est attachée. Dans la logique d'une vaste région Rhône-Alpes-Auvergne, il conviendrait que le Cantal, pays de langue d'oc, soit rattaché à Midi-Pyrénées et à Toulouse ; et l'Allier, qui est aussi le Bourbonnais, relié à Bourges, Orléans et à la capitale !

Une Europe à vingt-huit trop compliquée ?

L'Europe a la maladie de vouloir s'élargir. Cependant, à trop s'élargir elle se détruit peu à peu et crée des antagonismes qui font que plus personne ne se reconnaît dans ce système compliqué. Elle aimerait accueillir l'Ukraine et la Turquie, bien que nous n'ayons pas été capables d'absorber les pays des Balkans et que l'entrée de la Roumanie et de la Bulgarie n'ait pas été suffisamment préparée. Le système actuel organisé par le lobby des institutions de Bruxelles représente cette Europe à vingt-huit, dont l'avenir sous cette forme paraît sombre. L'Europe devrait impérieusement se réformer. Ce n'est pas impossible mais impliquerait de moins s'ingérer, notamment dans les détails de la vie économique, sociale et locale des territoires. Pensez qu'en France, même le régime des travaux sur des petites rivières est codifié par des textes européens, alors qu'aux États-Unis, dans le Colorado par exemple, personne n'interroge Washington pour connaître la réglementation des cours d'eau… Cette Union européenne à vingt-huit fait trop de choses à cause du nombre de commissaires, qu'il conviendrait de réduire de moitié comme il l'avait été proposé dans le projet de Constitution. Le nombre multiplie les interventions : chaque commissaire est accompagné d'un directeur de cabinet, de responsables de la communication, et de trois ou quatre experts… Cette Europe devrait redevenir une zone de libre-échange comptant moins d'intervenants et être gérée par un personnel réduit et compétent.

Vous avez revu récemment la reine Élisabeth… Que de souvenirs !

Je l'ai effectivement rencontrée à plusieurs reprises et toujours avec beaucoup de plaisir. Je l'ai revue à l'occasion de la commémoration du Débarquement. Nous sommes contemporains, nés la même année. C'est une personne très aimable, nous entretenons des relations courtoises et agréables ; j'ai beaucoup d'affection et d'admiration pour elle.

Vous avez aussi connu tous les Papes depuis Paul VI. Comment jugez-vous François ?

Le Pape François est un homme direct, intelligent et sage. Il analyse parfaitement ce que j'avais essayé moi-même de comprendre, c'est-à-dire que le progrès des sociétés ne consiste pas à les détruire mais à les conserver en les améliorant. Il mesure la crise européenne, sa déchristianisation, phénomène fort, récent, qui n'a guère d'équivalent sur les autres continents. Cette conversation a été l'une des plus intéressantes que j'aie eues depuis vingt ans.

Vous avez une mémoire étonnante et n'oubliez ni le bien ni le mal qu'on vous a fait.

Non, ce n'est pas vrai. En réalité, je ne m'y intéresse pas beaucoup. Le bien qu'on dit de moi, il n'y en a pas tellement ! C'est pourquoi je n'ai pas eu à faire d'effort particulier de mémoire...

Votre septennat fut une période d'ouverture et de progrès. Et pourtant...

Ce qui me frappe est que ce que j'ai cherché à faire n'a par la suite jamais été remis en question. Les grandes lois, les avancées majeures de cette période et les importants travaux qu'on a lancés, tels que le téléphone, les TGV, les fusées Ariane, les Airbus, l'électricité nucléaire, sont restés intacts. Il y avait à l'époque un équilibre du budget, pas de dette à faire payer par les générations suivantes, mais aussi une réelle idée du bonheur ! Ces résultats économiques favorables laissent évidemment quelques bons souvenirs. On a cherché à répandre au sein de l'opinion l'idée que j'étais loin des Français même si, dans les sondages, je ne suis jamais passé, pendant près de sept ans, sous la barre des 50 % de popularité. Et encore maintenant, lorsque, avec mon épouse, nous prenons le train pour nous rendre en Touraine, personne ne nous fait la moindre réflexion déplaisante. Au contraire, les gens sont aimables, sympathiques et chaleureux, comme s'ils se souvenaient d'une période meilleure pour la France et pour eux-mêmes.

Alain Pompidou

« La forme de leucémie rare de mon père a tué quatre chefs d'État de la même génération, lui, puis Golda Meir, Houari Boumédiène et le shah d'Iran. »

– Années 2012 et 2017 –

Quel est votre plus joli souvenir aux côtés de Georges Pompidou, votre père ?

Petit, à peine couché, Papa venait chaque soir s'asseoir à côté de moi et me racontait l'*Odyssée*, d'Homère. L'histoire d'Ulysse, qui s'accrochait au mât pour ne pas tomber sous le charme des sirènes, reste un souvenir impérissable. Agrégé de lettres classiques, il voulait me faire partager cet enthousiasme ; c'est ainsi que, dès l'âge de 4 ans, j'ai été imprégné de culture classique. Mes parents m'entraînaient à Salzbourg, Vienne, Rome, en Grèce, à travers toute l'Europe.

Avec votre nom et sa popularité, avez-vous envisagé une carrière politique ?

Pas du tout car, dès l'âge de 5 ans, j'accompagnais pendant les vacances mon grand-père maternel, médecin de campagne, dans ses tournées et j'ai très vite rêvé de l'imiter. Mon père était si content que je veuille emprunter une autre voie que la sienne qu'il est allé avant moi à Jussieu voir les résultats d'examens de l'année préparatoire en médecine, sans même passer un coup de fil au ministre de la Santé. Agrégé en biologie à 32 ans, j'ai ensuite mené une carrière hospitalo-universitaire.

Être médecin a-t-il été un réconfort familial lors de la maladie du Président Pompidou ?

Cela m'a aidé à comprendre son mal, rare et compliqué. Quand les stigmates sont apparus en 1972, les médecins ont découvert sa maladie de Waldenström, dont les premières manifestations dataient de 1968. Les spécialistes m'ont alors expliqué qu'ils n'informeraient pas le Président de son état, puisqu'on ne pouvait pas le traiter de façon spécifique. Ils m'ont demandé de ne pas le lui dire et de le soutenir moralement. J'ai été terriblement frappé que cette forme de leucémie tue quatre chefs d'État de la même génération, d'autant qu'elle atteint 1 personne sur 250 000. D'abord mon père, puis Golda Meir, Houari Boumediene et le Shah d'Iran.

Claude et Georges Pompidou partageaient une passion pour la culture sous toutes ses formes. Une façon d'adoucir la violence de la vie politique ?

L'art permet à coup sûr de s'évader du monde politique et de ses pesantes contraintes quotidiennes, de se distraire… Georges Pompidou expliquait volontiers que « les artistes contemporains ne cultivent pas le pouvoir, ils s'en rapprochent lorsqu'ils se sentent aimés, apprivoisés ».

Comment Pompidou a-t-il fait entrer l'art contemporain à l'hôtel Matignon, puis à l'Élysée ?

Mes parents étaient fort peu conventionnels. Premier ministre, mon père avait déjà fait remplacer dans son bureau de la rue de Varenne un sévère portrait de Colbert par une peinture de Soulages. Puis, à l'Élysée, ils trouvaient leurs appartements privés austères, avec un petit côté atmosphère de garnison. Alors comme tout y était à refaire, il y eut une négociation, si je puis m'exprimer ainsi, avec l'État et Jean Coural, directeur du Mobilier national. Là, ils s'accordèrent pour habiller, notamment, les murs de façon plus conviviale et chaleureuse, avec un décor amovible, afin de ne pas intervenir directement sur la structure d'une résidence de la République. Ils firent aussi aménager avec une certaine audace le salon et le fumoir par Yaacov Agam et Pierre Paulin. Quand ce dernier arriva Faubourg-Saint-Honoré avec sa maquette pour présenter son projet, tenant immédiatement à clarifier la situation, il s'exclama : « De toute manière, étant de gauche, il me semble difficile de réaliser ceci avec vous. » Le regard malicieux derrière ses épais sourcils, Georges Pompidou lui rétorqua : « Mais c'est encore mieux, parce que avec vous je serai moins embêté qu'avec ma majorité ! » La salle à manger signée Paulin, baignée d'une douce lumière rose grâce à ces nouveaux éclairages, et le salon cinétique à six faces d'Agam marquent d'ailleurs toute une époque…

Une réelle étape ?

En effet car, par la suite, François Mitterrand lui aussi s'était attaché à ces pièces qui représentent une page d'histoire de l'Élysée entre 1969 et 1974. C'est là que furent reçus à l'occasion de dîners privés la reine d'Angleterre, le Shah d'Iran, le chancelier Konrad Adenauer, les Présidents Leonid Brejnev et Richard Nixon. Et dernièrement Brigitte Macron a pris soin de faire restaurer cet ensemble architectural de Pierre Paulin, empreint d'un passé récent.

Quelle était son ambition ?

Que ses concitoyens, les Parisiens et les touristes, partagent cet enthousiasme et aillent dans les galeries. En revanche, le Général était resté plus conventionnel sur ce plan ; André Malraux, son ministre de la Culture, et Georges Pompidou se voyaient souvent… Et le ministre a irrigué la France avec ses

Maisons de la culture. Comme mon père rêvait d'un centre pluridisciplinaire d'art, un décret fut signé en 1969, qui comprendrait un ensemble architectural avec un vaste musée de peintures et de sculptures, une bibliothèque et un institut de musique contemporaine – l'IRCAM [Institut de recherche et coordination acoustique/musique]. Après d'innombrables péripéties fut enfin bâti le Centre national d'art et de culture Georges-Pompidou, dans un quartier repéré naguère par lui. En effet, lorsqu'il était directeur de la banque Rothschild, mon père passait quotidiennement le long du plateau Beaubourg pour rejoindre notre appartement en bordure du Marais.

Les Pompidou ont été des précurseurs dans l'art contemporain en France !

Ils ont surtout créé un rapport fusionnel avec les artistes, personnages ayant une sensibilité, un regard différent sur l'existence. Les artistes ouvrent d'autres fenêtres et sont souvent dotés d'une vraie capacité d'anticipation. Dès 1946, mes parents parcouraient les galeries de la capitale par plaisir, et aussi, peut-être, pour pallier leur vague à l'âme : ma mère parce qu'elle était très triste d'avoir perdu sa belle-mère, et mon père pour se consoler de la démission du général de Gaulle, désormais en pleine traversée du désert. Tous deux avaient la chance de « communier » à travers l'art moderne et contemporain avec un appétit insatiable. Deux années après, ils firent leur première acquisition, un tableau de Youla Chapoval. Cette œuvre fut l'un de mes premiers contacts avec l'art ; mon père avait tout jeune acheté des gravures de Max Ernst, dont *La Femme 100 têtes*. Issu d'une culture classique, normalien, agrégé de lettres, il était cependant porté sur l'art moderne et d'avant-garde, et par le surréalisme. Plus tard séduit par Arman, Mathieu, Hundertwasser, Brô, Sonia Delaunay, Vasarely, Soto… et, dans le domaine musical en

France, par Pierre Boulez, alors responsable de l'Orchestre philharmonique de New York. Poussé par ce goût profond pour la création contemporaine, Georges Pompidou voulait mettre cet art à la portée de tous.

Le goût de l'un influençait-il celui de l'autre ?

Il s'agissait d'une joie partagée ! Le dimanche soir, à la maison, lorsqu'il était encore banquier, mon père accrochait, décrochait, déplaçait ses tableaux préférés : le fameux Nicolas de Staël, le grand Martial Raysse et tant d'autres... En revanche, l'imposante et lourde sculpture de bronze des nénuphars de Lalanne dans l'entrée, elle, restait là. Mon père continua à Matignon, quai de Béthune, enfin à l'Élysée... Cet exercice sympathique exprimait sans doute son rapport quasi sensuel à l'art contemporain. Une autre de ses passions était la poésie, qui l'entraîna à publier une *Anthologie de la poésie française*.

Aux yeux de Claude Pompidou, l'art passait-il également par l'élégance vestimentaire ?

En effet, selon elle, la haute couture n'avait rien de futile mais correspondait d'abord à une mise en valeur naturelle de la femme et, en tant qu'épouse du chef de l'État, elle considérait qu'elle devait être la première ambassadrice de la mode française. C'est comme cela qu'elle partit en visite officielle aux États-Unis avec vingt-cinq robes de grandes maisons parisiennes. Elle symbolisait le chic français et confiait avec humour : « Si j'aime l'élégance, je ne suis guère coquette. Je ne passe pas mon temps à me regarder dans la glace. »

Revenons à vous, quel a été votre premier contact avec l'art moderne ?

Un buste représentant mon père, exécuté par Étienne Hajdu en 1953, dans un style rappelant les majestueux empereurs romains. Il trônait dans le salon de la rue Charlemagne, où nous habitions alors. J'avais 11 ans et cela me captivait de le voir poser pour ce sculpteur dans son atelier de Bagneux et d'assister à la naissance d'une œuvre. D'abord en glaise, puis au plâtre, avant de devenir un bronze. C'est aussi là que j'ai admiré pour la première fois un petit tableau de Nicolas de Staël. Il faut dire que mon œil s'est exercé vraiment tôt ; encore dans la poussette, mes parents me traînaient déjà dans les musées et galeries. Je passais des splendeurs de Venise, Florence ou Amsterdam aux œuvres cubistes et peintures abstraites des galeries modernes rive gauche. Voilà comment naît une seconde vocation, lorsque l'on est médecin biologiste.

Élevé dans cet univers, avez-vous conservé les œuvres acquises par vos parents ?

J'en ai malheureusement vendu quelques-unes : un Hartung, un Tal Coat, un Hundertwasser. Ma mère avait commencé les dix dernières années de sa vie à se séparer de plusieurs objets et tableaux, dont un magnifique Fontana, un Yves Klein bleu et un Vlaminck. C'est dommage, mais il ne faut guère être nostalgique, attaché aux souvenirs, car la vraie richesse est d'abord d'avoir côtoyé tous ces artistes.

Cela fait quel effet d'avoir un musée qui porte votre nom ?

Je ne me suis jamais vraiment posé cette question, mais, après réflexion, dire que je n'en suis pas fier serait faire preuve de fausse modestie. Tout comme pour la voie Georges-Pompidou, qui traverse une partie de la capitale, et du musée de Cajarc, la Maison des arts Georges et Claude Pompidou, lieu d'exposition et d'événements artistiques dans le Lot, à 140 kilomètres au nord de Toulouse.

Que ressent-on quand on s'appelle Pompidou ?

De la fierté d'abord d'avoir eu des parents merveilleux, aimants, viscéralement attachés à la famille, auxquels je connaissais peu de défauts. Mon père était juste peut-être un peu trop autoritaire.

Évoquons une facette plus personnelle, Georges Pompidou accordait-il une grande place à l'amitié ?

C'était très important et lui permettait de se ressourcer. Après la guerre, mes parents avaient un petit appartement dans le 7e arrondissement, derrière l'Unesco. Papa était prof, désargenté ; maman faisait la cuisine et toutes les semaines ils recevaient leurs amis, Léopold Senghor, Robert Pujol, Julien Gracq… Des dîners amusants, chaleureux, brillants. Même de Gaulle est venu dîner à la maison, mais quai de Béthune.

Votre père était, prétend-on, un grand séducteur ?

Jusqu'à ce qu'il rencontre ma mère, en 1933, dans une salle de cinéma du Quartier latin, il aimait la compagnie des jeunes filles et surtout des femmes mariées, c'était plus confortable, pensait-il. Mais, dès lors, elle est devenue la femme de sa vie.

Pouvez-vous parler de votre adoption…

Ma mère ne réussissait pas à avoir d'enfant, j'ai donc été adopté à quelques mois. À l'époque, c'était un sujet tabou, mais je m'en doutais à cause d'un chauffeur de taxi qui, après m'avoir déposé quai de Béthune, m'avait dit : « C'est ici que Mme Pompidou habite avec son fils adoptif. » C'est parce que cette information circulait qu'un jour je me suis décidé à aller voir ma tante, la sœur de maman, pour connaître la vérité. Elle m'a avoué que j'avais été adopté, mais mes parents ne m'en ont jamais parlé. Ce n'était pas l'usage, et j'ai respecté leur volonté.

Claude Pompidou

« L'Élysée, c'est un peu le couvent de la République ! »

– Année 1997 –

L'Élysée prédestine-t-il son locataire à l'isolement ?

Un certain enfermement est fatal. L'Élysée, c'est un peu le couvent de la République, mais l'on n'est pas obligé pour autant de se couper de sa famille, de ses amis et de ses anciens collègues. Mon mari avait su garder ses relations. Pour sa part, Jacques Chirac côtoie des gens, paraît intéressé lorsqu'on vient lui parler, se montre toujours attentionné, même s'il est en réalité très secret. Il a son quant-à-soi et s'y tient fermement. Je le connais évidemment très bien, mais pas plus à moi qu'aux autres il ne montre ce qui se passe dans sa tête.

Revenons à la politique. Selon vous, comment le Président Chirac supporte-t-il la cohabitation ?

Je l'ai vu récemment et il m'a paru détendu. Je crois Jacques Chirac plus apte que d'autres à s'accommoder de ce genre de situation, car il n'est pas du style à se résigner et dispose d'une étonnante capacité de rebondir. C'est un cas pathologique de bonne santé !

Première dame réserve parfois des surprises cocasses, semble-t-il.

Je l'avoue et j'ose maintenant le raconter, car les faits remontent à fort longtemps puisque cela se passait il y a trente ans. George Brown, à l'époque ministre des Affaires étrangères britannique, avait une réputation bien établie. Néanmoins, quelle n'a pas été ma stupéfaction lorsqu'à un dîner officiel à Buckingham Palace il a soudain posé sa main sur mon genou en me demandant mon numéro de téléphone personnel à Paris. Puis il m'a invitée à l'appeler « George », ajoutant : « Cela ne vous sera pas difficile, me semble-t-il, vous êtes habituée à ce prénom ! » Je suis restée imperturbable… La vie politique vous apprend à vous adapter à tout, ou presque !

4.

FEU SACRÉ

Pr René Frydman

Une histoire de naissance

C'est le Pr René Frydman à qui l'on doit la première fécondation *in vitro* en France. Il est, en effet, le père scientifique d'Amandine, dont la naissance grâce à la procréation médicalement assistée eut lieu le 24 février 1982 à l'hôpital Antoine-Béclère de Clamart. Entouré de ses collaborateurs, ce médecin au visage rayonnant et au physique d'acteur américain a révolutionné en quarante ans la gynécologie obstétrique dans notre pays. Créant un immense espoir dans ce domaine, conjuguant ses formidables avancées sur le plan médical et le respect de ses valeurs éthiques. Des succès l'ayant par ailleurs amené à débattre officiellement de ces questions vitales avec les autorités religieuses du Vatican, de Jérusalem, de l'Église réformée, du monde musulman… et du milieu politique. Aujourd'hui, à 78 ans, ce mélomane aussi humain que modeste, toujours passionné par son métier et empreint d'une certaine mystique qui, depuis ses débuts, fait naître les bébés en écoutant de la musique classique, confie-t-il volontiers avec le sourire : « Accoucher avec Vivaldi ou Haydn ne fera pas forcément de votre enfant un grand musicien ! »

Pr René Frydman : « Il y a un âge pour être mère, un autre pour être grand-mère. »

– Année 2021 –

Parlez-moi maintenant de cette grossesse il y a plus d'un quart de siècle d'une Romaine de 63 ans, Rosanna Della Corte, alors qu'aujourd'hui les grossesses sont toujours plus tardives ?

Un sujet, j'oserais dire, presque « tendance » maintenant. Il y a toujours des situations particulières mais, d'une façon générale, je pense qu'il y a un temps pour être mère et un temps pour être grand-mère. J'insiste là-dessus. L'histoire de cette femme date de 1994. Aujourd'hui le garçon a 27 ans, et sa mère 89. C'est pourquoi je parle de situation particulière. Des records, il y en a constamment. En Inde, imaginez qu'une femme de 72 ans a accouché. Cela signifie une demande d'enfant de plus en plus tardive qui dépasse la ménopause et ne peut se faire qu'avec un don d'ovocyte. Ce qui pose deux questions, l'une médicale, l'autre idéologique. Ces grossesses ultratardives au-delà de 45 ans entraînent des complications de prématurité, d'hypertension. Qu'est-ce qu'un désir d'enfant à l'âge d'être grand-mère plutôt que mère. L'enfant est-il projeté pour lui-même ou est-il un accompagnement de la vieillesse ?

Alors doit-on accéder à ces demandes hors norme ?

L'enfant risque bien sûr de connaître sa mère moins longtemps, mais est-ce une raison suffisante pour refuser à une femme une procréation médicalement assistée ? À une époque où les choix de vie sont plus libres, quel doit être le rôle du médecin ? Qu'il accède à toutes les démarches ? A-t-il le droit de prendre le temps de réfléchir et de refuser de participer à une procédure qui serait contraire à sa morale ? Il y a en tout cas l'obligation d'informer. Ces risques de complications telle l'hypertension sont plus nombreux, de même que les accouchements prématurés, quelques publications sur ce sujet soulignant un taux élevé de complications maternelles ou fœtales après 50 ans. C'est pourquoi ce n'est pas autorisé en France et de nombreux pays. Certains médecins se sont malgré tout spécialisés dans les grossesses très tardives, avec une course à l'exploit, tels le Pr Antinori à Rome ou des médecins indiens qui ont fait accoucher une femme de 72 ans après don d'ovocyte. Au-delà des cas extrêmes, force est de constater que le désir d'enfant se fait toujours plus tard dans la société. La moyenne d'âge des femmes à la naissance de leur premier enfant est désormais autour de 30 ans et même au-delà dans les grandes villes. Les mutations sociales, les évolutions du travail et des rencontres amoureuses, les familles recomposées font que 5 à 7 % des grossesses ont lieu après 40 ans. C'est deux fois plus qu'il y a vingt ans.

La grossesse après 40 ans est-elle vraiment dangereuse ?

L'hypertension artérielle, le diabète ou les fibromes utérins, plus fréquents avec l'âge, sont souvent à l'origine d'accouchements prématurés. Heureusement, la plupart de ces complications sont détectables et on les recherche d'autant plus activement qu'elles ont de chances de survenir, car elles sont surtout traitables au cours de la grossesse. Les césariennes sont également plus nombreuses – 15 % environ. Les femmes de 40 à 45 ans sont tout à fait conscientes de la nécessité d'un suivi médical étroit, l'acceptent facilement. Aux échographies habituelles des 12e, 22e et 32e semaines s'ajoute alors souvent une échographie à la 28e semaine, compte tenu du risque de retard de croissance lié à la qualité de la vascularisation placentaire. La surveillance de la tension artérielle et le dépistage du diabète se pratiquent pour toutes les grossesses. Ces grossesses tardives sont donc plus simples qu'on veut bien le dire.

Un débat sur ce point d'abord idéologique ?

Bien sûr, entre ceux qui acceptent cette nouvelle réalité et ceux qui cherchent à prouver, chiffres à l'appui, le bien-fondé de leur opposition. Avec un suivi accru et plus de repos après l'accouchement, les grossesses tardives ne sont pas dangereuses, au contraire des grossesses ultratardives après 45 ans. Il reste cependant plus difficile de tomber enceinte après 40 ans, naturellement ou par PMA. Raison pour laquelle il est important d'informer sur la baisse de la fertilité avec l'âge.

Prônez-vous là-dessus une mesure de santé publique ?

Ce serait important si je pense au nombre de fois où j'ai entendu des femmes me dire : « Ah, mais docteur, on ne me l'avait pas dit ! » Voyant des célébrités devenir mères après 50 ans, certaines imaginent que cela est normal et ne se doutent même pas qu'il faille recourir à un don d'ovocyte ou d'embryon.

Et les mères monoparentales.

Cela augmente également. Pressées par l'horloge biologique et sans compagnon stable, elles ont recours au don de sperme et d'ovocyte. C'est là que leur environnement est déterminant : quand la mère célibataire est entourée par de la famille ou des amis, elle est davantage équilibrée dans sa relation à l'enfant. Au contraire, le repli sur soi ou sur son bébé peut être délétère pour les deux. C'est pourquoi il est absolument nécessaire d'aborder ce sujet auparavant.

Charlie Chaplin avait 73 ans quand est né son dernier enfant, à l'époque un exploit paternel !

L'âge du père a également fait beaucoup parler. Y a-t-il une limite à fixer ? La société n'a pas pris de position tranchée sur ce point. La Sécurité sociale ne rembourse plus la PMA des femmes à partir de 43 ans. Pour les hommes, il n'y a pas de règle établie puisque le problème se pose différemment. Certains voudraient interdire un remboursement à partir de 45 ans ou de 60 ans, par exemple. Mais suivant quels critères y a-t-il un risque particulier pour l'enfant ? Les études scientifiques ont mis en évidence un certain nombre d'anomalies fœtales pouvant être imputées à l'âge du père, comme le nanisme, les maladies du tissu conjonctif ou la trisomie 21 – les liens avec l'autisme n'ont jamais été prouvés. Les CECOS [centres d'étude et de conservation des œufs et du sperme humains] recommandent donc de ne pas dépasser 45 ans pour les candidats donneurs. Que faire ? Interdire le recours à la PMA alors que la conception naturelle reste possible n'est pas très pertinent. De même que l'on informe les mères de plus de 40 ans du risque accru de trisomie 21, il faut informer les pères de pathologies les plus fréquentes et de moyens de dépistage dont on dispose. Si le père est âgé – j'ai déjà reçu des demandes d'hommes de plus de 70 ans –, il accompagnera moins longtemps l'enfant dans sa vie. La femme connaît l'espérance de vie limitée de son compagnon mais souhaite un enfant ou plusieurs de cet homme, pas d'un autre.

Doit-on alors intervenir dans son choix de vie ?

Mettre au monde et élever, même seule, l'enfant d'une passion ne me semble pas répréhensible. La loi n'a pas à s'en mêler. Si cette femme veut un enfant avec cet homme, quelles qu'en soient les raisons, je ne vois pas pourquoi je m'y opposerais – à condition que le couple dispose d'informations suffisantes. Ma position est cependant minoritaire, car beaucoup voudraient décider de ce qui est bien ou mal à la place des intéressés et fixer des règles valables pour tous.

Que souhaitez-vous ?

Que soient informées, par exemple, toutes les personnes de 35 ans de la baisse de la fertilité liée à l'âge. Sans leur forcer la main, les mères et les pères doivent savoir qu'ils ne pourront pas reporter éternellement la décision d'avoir un enfant. La ligne rouge ne change pas : la pratique est-elle dangereuse pour l'homme ? Pour la femme ? Pour l'enfant ? Il n'y a pas de parentalité idéale. L'enfant peut garder les marques d'un manque, mais il peut aussi se construire normalement en faisant de l'absence une force.

Le désir d'enfant est-il passionnel, voire souvent irrationnel, pour une femme seule ?

Le désir d'enfant tardif, juste avant la ménopause ou même à l'âge d'être grands-parents, est un pied de nez au cours des choses. C'est la jeunesse prolongée, l'infertilité vaincue, l'immortalité symbolique. Beaucoup de femmes « en manque d'enfant » passent parfois du rêve aux actes. Je me souviens d'une mère qui venait d'accoucher de son neuvième enfant. Lors de la visite, je ne pus me retenir de lui poser la question : « Pourquoi celui-là ? — Parce que celui-là, je le voulais », me répondit-elle calmement.

Et, aujourd'hui, en vous retournant vers le passé ?

Depuis les années 2000, plusieurs premières ont été réalisées par l'équipe de Clamart que je dirigeais puis par celle de Foch. En 2003, la première naissance en France d'un enfant né après maturation *in vitro* sans stimulation ovarienne aucune et en réalisant un développement *in vitro* des ovocytes durant vingt-quatre à quarante-huit heures avant leur fécondation, technique qui a permis ultérieurement à des femmes atteintes d'un cancer, donc devant éviter toute prise d'hormones, de tomber enceintes. Pour cela, il fallait maîtriser l'étape de cryopréservation ovocytaire. La cryopréservation étant une congélation, ou vitrification, c'est-à-dire une conservation par le froid moins 196 degrés pratiquée pour conserver les spermatozoïdes, les embryons mais pas encore les ovocytes. La première naissance après congélation en France a eu lieu en 2010 avec la naissance, à Clamart, des jumeaux Keren et Jérémie. Une partie de l'équipe est restée à Clamart, l'autre m'a accompagné à l'hôpital Foch de Suresnes, où nous avons réussi en mars 2019 avec le Pr Jean-Marc Ayoubi et son équipe la première greffe de l'utérus en France chez une patiente âgée de 36 ans, née sans utérus ; suivie en février 2020 de la première naissance après que des embryons de ce couple ont été cryopréservés puis transférés dans l'utérus greffé. Je cherche toujours à répondre aux situations d'infertilité.

Vous refusez cependant de participer à certaines pratiques actuelles ?

Sûrement lorsqu'elles sont contraires à mon éthique. C'est ainsi que l'âge des femmes ne peut, selon moi, être infini. Soit celui proche de la ménopause, 48 ans, qui ne doit pas être dépassé. De même, je ne conseillerais pas la gestation pour autrui – GPA – du fait de l'exploitation commerciale du corps de la femme que cette technique sous-tend. Et j'insiste : il y a un âge pour être mère, un autre pour être grand-mère.

Pr René Frydman :
«J'ai supervisé 80 000 naissances en quarante ans.»

– Année 2000 –

La naissance de Valentin à l'hôpital Antoine-Béclère, de Clamart, premier bébé français de la génétique, représente une révolution médicale pour votre équipe et celle des Prs Munnich et Vekemans de l'hôpital Necker-Enfants malades, à Paris !

C'est d'abord le fruit d'une très longue lutte d'idées. Il a fallu rassurer nos concitoyens qui émettaient des craintes excessives de dérive d'utilisation de cette méthode. Convaincre et convaincre encore avant d'arriver à prendre en charge les couples ayant un risque élevé de transmettre à leur descendance une maladie génétique très grave. Après quinze années d'effort, nous avons enfin pu commencer ce programme début 2000, en particulier grâce au soutien de l'Association française contre la myopathie et de l'Assistance publique-Hôpitaux de Paris. Résultat ? pour ces vingt et un premiers couples, huit grossesses, dont cinq ont dépassé le troisième mois de gestation. Toutefois, à cause des réticences idéologiques, nous avons, je tiens à le souligner, pris huit à dix ans de retard sur nos amis anglais, belges, espagnols.

Une belle avancée enfin que la recherche sur l'embryon humain ?

L'amélioration de la procréation médicalement assistée et l'ouverture d'une possible médecine régénératrice de l'organe déficient – maladie de Parkinson, diabète... – incitent à progresser fortement dans les connaissances, à partir des cellules souches que contient l'embryon. Lesquelles peuvent être appelées « cellules de l'espoir » lorsque cet embryon cryopréservé ne s'inscrit plus dans aucun projet parental. Décision attendue depuis longtemps, il faut toutefois rester prudent, car, si les espoirs à partir des cellules souches embryonnaires sont grands, la route reste longue. Et si le ministre de la Recherche a souhaité impulser un travail scientifique à partir des cellules souches, qui existent également chez l'adulte, le gouvernement a assorti cette ouverture de moyens d'évaluation et d'un suivi particulier par la mise en place d'un haut conseil qui suivra ces recherches sensibles.

C'est votre façon de procéder pour faire naître des enfants génétiquement contrôlés ?

Je n'emploierais pas ce terme, mais plutôt « indemnes de maladie génétique familiale identifiée ». Nous allons développer le diagnostic de très nombreuses maladies d'une particulière gravité, une première étape donc.

Combien de personnes ont contribué à ce succès ?

Une trentaine, entre biologistes, généticiens, gynécologues, sans parler des techniciennes, sages-femmes, infirmières, secrétaires qui travaillent sur le programme « Diagnostic génétique préimplantatoire ». Ainsi, Valentin et les prochaines naissances auront de nombreux parrains et marraines !

Comment cela s'est-il passé ?

Les Prs Munnich, Vekemans, Mmes Achour-Frydman, Flies-Treves et moi-même avons reçu près de cent vingt couples en consultation à Antoine-Béclère. Après avoir informé et retenu ceux qui avaient un risque élevé de transmettre une maladie génétique grave, nous leur avons proposé d'entrer dans ce programme DPI [de diagnostic préimplantatoire]. Les parents de Valentin étaient dans le peloton de tête, mais faute de moyens nous ne pouvons pas prendre en charge toutes les maladies, car, pour chaque futur parent, il faut parfois six à huit mois de travail préparatoire et de grands moyens que nous n'avons pas. Devoir refuser ou faire attendre un couple qui souffre, c'est terrible. Notre société doit réagir pour prendre en charge les maladies génétiques, même rares.

Alors comment y êtes-vous arrivé ?

En réalisant une fécondation *in vitro*, l'étape obligée où l'équipe clinique – le Pr Olivennes, les Drs Fanchin, Righini et Ledee – procède à la stimulation ovarienne, à sa surveillance jusqu'au recueil d'ovules le jour de l'ovulation, lesquels seront confiés au laboratoire de fécondation *in vitro*, dont le responsable est le Pr Samir Hamamah ; celui-ci, avec son équipe de techniciennes, réalise la fécondation assistée par micro-injection de spermatozoïdes. Trois jours plus tard, lorsque des embryons de 6 ou 8 cellules sont observés, il réalise le prélèvement d'une cellule. Participe également à ce geste délicat Nelly Achour-Frydman, où, en cas de besoin, il faut assurer avec le Dr Gerard Tachdjan la fixation des cellules prélevées et certains diagnostics. Les embryons restent au laboratoire, alors que l'analyse de chaque cellule prélevée est effectuée à l'hôpital Necker par les Drs Ray et S. Romana et leur soutien technique, selon les affections en cause. La réalisation du diagnostic sur une seule cellule est sans doute la partie la plus difficile du programme DPI ayant nécessité une longue préparation, car l'erreur n'est pas admise. La réponse est donnée en quelques heures et, le soir même ou le lendemain matin au plus tard, les embryons indemnes de la maladie sont transférés *in utero* par l'équipe clinique.

Avez-vous partagé cette angoisse ?

L'ensemble de notre équipe a été en étroite relation avec ce couple ayant déjà vécu trois grossesses : perdu un premier enfant masculin né à terme mais décédé au bout de vingt-quatre heures ; un deuxième enfant dont la grossesse a été interrompue dans le doute du fait du sexe masculin ; et une petite fille qui, alors qu'à l'époque on pensait que les filles ne développeraient pas cette maladie, née à terme mais atteinte de cette maladie gravissime, est décédée au bout d'une semaine. Angoisse du couple, bien sûr, mais doté d'une approche formidablement positive face à ces difficultés et d'une impressionnante force intérieure. Ce qui nous a permis de traverser ces différentes étapes avec philosophie.

Merveilleuse victoire pour vous tous !

C'est avant tout la grande joie de voir le malheur passer son chemin et d'avoir aidé un couple dans le désarroi. Nous avons essayé, une fois la grossesse entamée, d'être présents sans excès, c'est-à-dire par une surveillance et un contact réguliers tout au long de la grossesse. Le relationnel entre eux et l'ensemble de l'équipe était évidemment très fort !

Vous avez fait naître là une formidable espérance !

Un espoir qui conforte les médecins très engagés dans cette thématique, mais aussi ceux qui étaient réticents et vont, espérons-le, changer de mentalité pour écouter ces couples désarmés et les prendre en charge comme il faut. Sans doute y aura-t-il une phase transitoire un peu difficile à gérer à cause des innombrables demandes, mais il y a déjà un centre au CHU de Strasbourg et, en 2001, va s'ouvrir celui de Montpellier. Les trois centres, travaillant ensemble, ont décidé de communiquer régulièrement sur cette technique et le

14 mars prochain à Paris, en totale transparence, nous ferons le bilan scientifique de l'année passée.

Y aura-t-il une limite d'âge pour ces demandeurs ?

Autour de 40 ans, soit la même que pour la fécondation *in vitro*, car plus on avance en âge, moins on a de chances, avec ces techniques difficiles et sophistiquées, d'arriver à un résultat positif, puisque à partir de la quarantaine la fertilité baisse inévitablement.

Vous êtes un centre phare et pilote ?

J'ai commencé avec les Prs Jacques Testart et Émile Papiernik en 1978, et la fécondation *in vitro* est désormais de l'histoire ancienne. Depuis Amandine, premier bébé-éprouvette français, née en 1982, il y a eu, à Antoine-Béclère, plus de 2500 naissances, et aujourd'hui près de cent équipes qui pratiquent la FIV dans le pays.

Combien y a-t-il, dans l'Hexagone, de couples demandeurs du diagnostic préimplantatoire ?

Quelque 400 à 500 couples pourraient bénéficier de cette technique tout en restant dans le cadre de la loi de bioéthique. Ainsi allons-nous progressivement nous adapter à la demande, en fonction de nos capacités et de nos possibilités.

Antoine-Béclère ne suivra donc plus que les patients à haut risque ?

J'essaie de trouver un juste milieu parce que pour nous, obstétriciens, médecins et sages-femmes, toutes les grossesses sont importantes. Mais il est vrai qu'en raison de l'excellence du service de néonatalogie du Pr Michel Dehan, notre mission est parmi les 2500 femmes qui viennent accoucher ici chaque année, d'accorder la priorité aux grossesses à risque, même si nous accueillons volontiers des couples sans histoire médicale, voulant bénéficier de notre infrastructure de pointe.

Quel est votre prochain défi ?

De progresser sur le diagnostic génétique de l'embryon par simple prélèvement sanguin de la mère. En tout début de grossesse, entre la 6e et la 8e semaine il y a des cellules fœtales qui peuvent circuler dans le sang maternel et être analysées sans prendre le risque d'une amniocentèse. C'est là une vraie avancée en cours et, dans ce domaine, nous travaillons en partie avec des chercheurs, biologistes et d'autres équipes. Ce sera important dans l'avenir, tout comme la compréhension des mécanismes des malformations. Demain sans doute, les cellules souches embryonnaires, dont on a beaucoup parlé, devraient permettre de faire naître une nouvelle médecine régénérative qui rendra possible le remplacement des cellules malades ; vaste champ d'investigation qui sera extrêmement important dans le futur.

Vous êtes en fait un animateur d'équipe.

Tout d'abord un médecin qui aime convaincre les gens d'essayer de faire évoluer les idées et les mentalités. J'essaie d'intervenir entre autres, à travers des livres et des entretiens pour tenter encore d'expliquer qu'il ne faut pas faire d'amalgame entre le clonage, les manipulations génétiques, les différentes histoires qui ont défrayé la chronique ici ou là. Cela m'a demandé beaucoup d'énergie auprès des juristes, parlementaires, médecins, scientifiques parce qu'il y en a qui n'ont pas compris ou qui se sont vigoureusement opposés à cette médecine de progrès.

Vous avez un insatiable goût du défi !

Médical mais aussi sociologique, car ces avancées ont remis en question bien des concepts parce que, jusque-là, l'embryon n'était pas visible, ni manipulable, ou touchable et que, maintenant, on commence à le toucher, à le prélever et, éventuellement demain, on le traitera.

Est-il plus facile de travailler aux États-Unis ?

Non, c'est un autre système, avec des moyens globalement plus importants, mais il y a en France un accent qui vient d'être mis sur les sciences du vivant, dont il faut se féliciter et par ailleurs, à l'inverse des États-Unis, les fécondations *in vitro* sont remboursées. Nous sommes socialement plus avancés et, sur le plan de la recherche, il faut se battre, bien sûr, car rien n'est facile, bien qu'on ait des possibilités. Même si, sur le plan scientifique, on a pris un peu de retard, on est prêt à le rattraper.

Depuis la naissance d'Amandine, de quoi êtes-vous le plus fier aujourd'hui ?

Sans doute que soient aussi nés à Clamart, en 1986, les premiers enfants après congélation d'embryons, que nous ayons pratiqué les premiers dons d'ovocyte avant d'être encore parmi les premiers en ce qui concerne la stérilité masculine et, maintenant, grâce à la collaboration intensive avec les équipes des Prs Munnich et Vekemans de Necker, d'avoir réussi ce diagnostic préimplantatoire.

Rosanna Della Corte

Mère à 63 ans, un bonheur discuté qui a divisé le monde médical

D'aucuns pourraient être choqués qu'en tant que journaliste suivant les questions religieuses je sois allée interviewer Rosanna Della Corte, cette Italienne qui a accouché à 63 ans, grâce à un don d'ovocyte. Un sujet à l'époque presque tabou. De fait, drapés dans leur jugement, nombre de journalistes avaient en cet été-là émis de sévères réserves sur « l'enfant du miracle ». Moi je voulais comprendre, aller plus loin. Et quand je suis entrée le 19 août 1994, lendemain de l'accouchement, dans la chambre de la clinique des Parioli, où Rosanna Della Corte tenait dans ses bras avec fierté son bébé, j'ai été bouleversée par cette vision et son récit. La voix douce, elle m'a alors confié le drame d'avoir perdu son fils unique de 17 ans dans un accident de la route. L'amour avec lequel elle et son mari regardaient le nouveau-né, leur rayonnement quasi fusionnel m'ont démontré qu'on n'a pas le droit de juger. Après tout, c'était leur histoire. J'avais les larmes aux yeux en sortant de la pièce et j'ai continué à écrire sous une chaleur torride dans le couloir de la maternité. Récemment, j'ai demandé des nouvelles du petit Riccardo, il a maintenant 26 ans et tout va bien pour la famille Della Corte. Cette incroyable naissance a tenu en vie des parents aussi âgés qu'heureux.

Rosanna Della Corte :
« Je n'ai demandé l'avis de personne. Je savais que tout le monde serait contre moi. »

– Année 1994 –

Pourquoi cet acharnement à 63 ans pour être enceinte ?

Si j'ai voulu procréer de nouveau, c'est parce que je n'ai pas pu adopter d'enfant. Après la mort de Riccardo, mon fils unique de 17 ans tué en juin 1991 dans un accident de moto, mon existence n'avait plus de sens. Je passais toutes mes journées entre le cimetière, où j'allais quatre fois par jour, et ma maison, et ne voulais plus voir personne. J'avais perdu dix-sept kilos et n'arrivais même plus à parler à mon mari tant ce drame avait brisé notre couple. Alors, un soir au bord du désespoir, j'ai finalement sonné chez le prêtre du village pour lui faire part de mon irrépressible désir de me consacrer à un enfant, sachant que c'était la seule chose qui pourrait me redonner goût à la vie. Devant mon désarroi, il m'a épaulée dans mes innombrables démarches d'adoption. Malgré cela, comme Mauro et moi avions dépassé la soixantaine, tous nos efforts se sont révélés vains, même si j'étais prête à accueillir un enfant d'une dizaine d'années. C'est à ce moment-là que j'ai lu une interview providentielle en quelque sorte du Dr Antinori, expliquant qu'il venait d'accoucher une femme de 54 ans. Je me suis alors précipitée pour obtenir un rendez-vous, lequel fut fixé trois mois plus tard mais, trop impatients, mon mari et moi nous sommes rendus à la clinique dès le lendemain, suppliant le médecin de nous recevoir. Mon histoire a bouleversé le Dr Antinori. Après s'être assuré de nos antécédents génétiques respectifs – nos parents des deux côtés ont vécu jusqu'à l'âge de 90 ans – et m'avoir fait rencontrer un psychologue, il m'a prescrit une liste interminable d'examens et a vérifié ma tension artérielle ainsi que l'état de ma colonne vertébrale. Dix jours plus tard, Antinori m'a annoncé que j'étais assez solide pour tenter une fécondation *in vitro* avec don de gamètes.

Avez-vous entre-temps évoqué cela avec un prêtre ?

Je n'ai bien sûr demandé l'avis de personne, connaissant d'avance la réponse. J'ai juste réuni au cimetière les proches de mon fils pour leur faire part de ma décision. Ils ont été d'accord et, là, j'ai su que Dieu me soutenait. Cela m'a aidée à foncer car ma détermination était totale, même si je n'osais pour autant en parler à ma famille.

Là, le Dr Antinori vous a prise en main ?

Il m'a d'abord fait suivre un lourd traitement hormonal : injections, comprimés, examens sanguins, échographies et, en février 1992, il a pratiqué ma première insémination artificielle par voie naturelle sans anesthésie, avec transfert d'embryon d'une donneuse, mais avec le sperme de Mauro. J'étais immédiatement enceinte, et si radieuse que je ne me suis pas assez ménagée, continuant à m'occuper de ma maison, allant prier sur la tombe de Riccardo plusieurs fois par jour. Résultat ? À mon désespoir, cela a provoqué le quarante-cinquième jour une fausse couche. Il a fallu faire ensuite six tentatives supplémentaires. Après cette ultime réimplantation, Mauro et moi avons été dormir dans un hôtel proche de la clinique.

Reprendre la route juste après aurait été imprudent. Plutôt lasse, étendue sur mon lit, j'ai eu soudain une irrésistible envie de sorbet. Le jour suivant, nous sommes rentrés à la maison. Je me reposais beaucoup, me prélassais, me levant à peine pour préparer le petit déjeuner. Après une dizaine de jours, j'ai commencé à avoir de terribles nausées. Mon médecin de famille, auquel je n'avais rien osé avouer, m'a demandé si, par hasard, je n'avais pas été intoxiquée. Je lui ai simplement souri. Ensuite, Antinori a insisté au téléphone pour que je retourne chez lui faire le fameux test de grossesse du dix-huitième jour. Mon angoisse était telle que je n'ai pu me rendre à Rome que le lendemain. Dès qu'il a vu mon masque cireux, il s'est immédiatement écrié : « Cette fois, vous êtes enceinte ! » Je l'ai donc suivi pour une échographie. Sur l'écran apparaissait un tout petit point démontrant que l'embryon se développait. Les analyses vinrent confirmer ma grossesse. Mon mari, qui ne m'avait pas quittée de la matinée, pleurait de joie. Quant à moi, je n'ai pas résisté à téléphoner à toute la famille sur-le-champ.

Comment s'est déroulée la suite de votre grossesse ?

Merveilleusement bien. J'étais si sereine... Passant le plus clair de mon temps allongée, j'ai subi bien sûr une bonne vingtaine d'échographies et d'innombrables contrôles. Tous sauf l'amniocentèse, car je suis résolument contre l'avortement et j'ai toujours dit : « Cet enfant est un don du ciel et s'il devait naître anormal, de toute façon, je le garderais. » Je me souviens de la deuxième échographie, lorsque Mauro a aperçu battre son minuscule cœur, il s'est quasi évanoui. Il posait aussi régulièrement avec délicatesse sa main sur mon ventre, pour bien s'assurer que l'enfant bougeait mais, à peine l'avait-il mise, qu'impressionné il la retirait et puis un brin nerveux se mettait à rire. À l'examen suivant, en découvrant son sexe, il serra les lèvres pour dissimuler ses larmes. J'ai eu la chance qu'il passe énormément de temps avec moi car, architecte à la retraite, il ne s'occupe maintenant que de ses terres.

Avez-vous suivi un régime particulier ?

Pas vraiment, je m'efforçais simplement de ne pas ajouter de sodium ni de consommer des plats trop salés. Privilégiant la viande à la charcuterie afin de ne pas m'anémier, les légumes verts et les fruits de notre potager. Je n'ai jamais bu d'alcool, ni fumé et toujours mangé légèrement, avec un faible pour la *pasta al forno* que Mauro cuisinait, car il voulait me gâter. Je n'ai donc pris que dix kilos, et je peux déjà remettre mes robes d'avant. J'ai prié et beaucoup lu pendant ces semaines, surtout des hebdomadaires, mais en aucun cas les lettres d'injures qu'on m'envoyait. Au premier mot insultant, je les déchirais. Je pense avoir largement eu mon lot de souffrances après la disparition de Riccardo. Celui qui n'a pas vécu de telles douleurs n'a aucune idée de ce que cela signifie !

Pendant neuf mois, avez-vous eu le sentiment d'un exploit ?

Je n'ai jamais pensé que je serais la doyenne des mères, pas plus que je n'ai eu l'impression de vivre une aventure extraordinaire, réalisant que mon cas n'était guère banal que quand les journalistes se sont intéressés à moi. Je menais cette grossesse pleinement épanouie, partageant un acte d'amour et non d'égoïsme. Bien sûr, si mon Riccardo avait vécu, je n'aurais pas risqué cela. Je crois n'avoir jamais pensé vraiment à moi pendant ces neuf mois ; la seule chose qui comptait était la santé de l'enfant que je portais et je ne me suis réellement angoissée que huit jours avant l'accouchement. L'instinct maternel ayant à ce moment-là pris le dessus jour après jour, mes peurs se sont faites plus vives.

Avez-vous accouché à terme ?

À une dizaine de jours près, l'accouchement a été provoqué car le gynécologue avait prévu de pratiquer une césarienne par péridurale. C'est ainsi que j'ai eu l'immense bonheur d'être toujours consciente et de participer à cette inoubliable demi-heure. Mauro lui, très impressionné par le sang, a préféré rester à l'écart. J'étais sous perfusion et une bonne dizaine de personnes s'agitaient autour de moi dans la salle de travail. Antinori, deux pédiatres, les sages-femmes, les infirmières, le cardiologue… dont un simple drap-écran me séparait d'eux, et lorsqu'on a sorti le bébé et que j'ai entendu ses premiers cris, je ne cessais de demander : « Rien d'anormal ? Rien d'anormal ? » Ils ont alors tous applaudi et m'ont annoncé : « *E sano, e sano* » – « il va très bien » –, puis on me l'a enfin posé sur l'épaule. Au contact de ma peau, il s'est instantanément arrêté de brailler pendant que, moi, je lui murmurais : « *Sei bellissimo* » (« Tu es très beau »). Si cela n'avait pas été le cas, j'aurais de toute façon dit la même chose. Puis Antinori avec le bébé dans les bras est allé chercher mon mari, lui annonçant avec fierté : « Riccardo pèse 3,270 kilos et mesure 51 centimètres. » À cet instant, Mauro s'est approché de moi avec tendresse et m'a glissé à l'oreille : « Il n'est pas mignon, il est magnifique. » On m'a ensuite recousue pendant que le père, me tenant la main, ne pouvait s'empêcher de répéter, toujours plus ému : « On a fait quelque chose de très spécial, c'est le roi de Rome. »

Après cet exploit, c'est fini ?

C'eût été merveilleux d'essayer de lui donner une petite sœur, mais il ne faut pas tenter le diable. Je ne dois en aucune façon en faire un orphelin.

Vous pariez sur la vie, en somme ?

Évidemment ! Et si je l'ai appelé « Riccardo », comme mon premier fils, c'est parce que, grâce à lui, la vie continue.

D'ailleurs, hier, rêvant qu'on me le prenait, je me suis immédiatement relevée pour vérifier qu'il était toujours dans son berceau. Certes, je suis consciente d'avoir provoqué une terrible polémique en voulant délibérément cet enfant. Toutefois, est-ce vraiment à l'Église de Rome de me juger ? C'est vrai, nous sommes de très vieux parents, je le reconnais, mais combien d'enfants sont sur cette terre confiés à leurs grands-parents ou à des tiers ? Nous sommes aussi heureusement des propriétaires terriens nantis, ce qui va nous permettre d'organiser matériellement l'avenir de Riccardo et d'abord de lui donner une immense affection. Si par malheur il nous arrivait la moindre chose, notre famille est assez unie pour que cet « enfant du miracle » soit immédiatement pris en charge par nos neveux. Bien que j'aie aujourd'hui l'illusion d'avoir vingt ans de moins, j'étais déjà habituée à être une mère âgée, ayant 42 ans quand Riccardo est né. Ce qui à l'époque paraissait beaucoup, d'autant qu'à la sortie de l'école je côtoyais de jeunes parents. C'est pourquoi mon premier réflexe était de toujours faire attention à mon aspect physique. Et j'en étais toujours récompensée, car mon fils me lançait, sortant de classe avec fierté : « Pour moi, tu es la plus belle des mamans ! » J'ai aujourd'hui la preuve que Dieu ne m'a jamais lâchée. Il ne me reste plus maintenant qu'à le remercier.

Maître Jean-Yves Le Borgne

Une histoire de défense

Jouant de sa voix grave et de sa stature, l'art oratoire et les effets de manche de Jean-Yves Le Borgne font vibrer la salle, interpellent les magistrats et déroutent souvent la partie adverse. Il fait partie de ces juristes qui défendent avec le même engagement le petit voyou, le grand patron, le ministre égaré, le terroriste comme l'auteur d'un crime passionnel. Un artisan dont le cabinet boulevard Saint-Germain avec ses piles de dossiers à même le sol de son bureau, la veste de costume accrochée à la poignée d'une porte, un tableau de marine breton par temps orageux soulignant ses origines, un ventilateur dans un coin et quelques objets asiatiques dégagent une atmosphère aussi désuète que rassurante. Sans oublier la balance de la justice posée sur la cheminée de marbre qui se reflète dans le miroir de la pièce. Tout un symbole ! Rappelant au passage que l'austère Me Le Borgne, ayant réussi à éviter la prison à bien des clients, rêve de changer la justice de notre pays. Vaste programme pour ce pénaliste réputé, aux accents romantiques, qui après plus de quarante ans d'exercice garde toujours une relation passionnelle avec le droit.

Maître Jean-Yves Le Borgne : «J'y crois toujours et, quand mon client est condamné, j'en suis malade et mets une semaine à redescendre sur terre.»

– Année 2021 –

Maître, d'où venez-vous ?

De nulle part. De la petite bourgeoisie française. Mon père était à la tête d'une agence de la Société générale à Saint-Ouen. J'ai été élevé à Paris dans la partie populaire du 15ᵉ arrondissement rue de Vaugirard. Ne pas être un héritier est une chance, on n'a de comptes à rendre à personne, on ne porte pas la peur de déchoir. Je viens un peu de mes rêves du beau, du bien, du juste. On est sans doute toujours très loin de ce que l'on aurait voulu être. Mais j'aime cette vie soutenue et dirigée par un idéal lointain.

Avocat à la voix de tragédien, avez-vous jamais été tenté par le théâtre ?

Bien sûr, parce que la vie n'est pas très éloignée du théâtre ! Plaider, c'est mettre en scène une pensée, une argumentation. Rendre accessible, voire plaisant, pour l'autre l'analyse qu'on fait de ce qui s'est passé. Cela ne signifie pas pour autant s'installer dans le mensonge ou la falsification mais agrémenter son raisonnement, le rendre séduisant au point que l'auditoire accepte de l'adopter.

Une vocation contrariée ?

Au contraire, épanouie. Ce souci de la « vraie vie » m'est venu lorsque je suivais des études de philosophie. Ce penchant me conduisant à la métaphysique, c'est-à-dire au plus abstrait, à des notions presque insaisissables dont on ne peut parler que par allusion. Ayant eu peur de me perdre dans ces zones éthérées où domine la solitude, j'ai ainsi choisi le judiciaire.

Une enfance sans histoires ?

Celle-ci a été partagée entre Paris et la Bretagne, où je passais les trois mois d'été à Saint-Quay-Portrieux, avec mes parents et ma grand-mère. Les vacances scolaires étaient longues, à l'époque ; j'allais à l'école de voile, me promenais dans les criques et j'allais lire les classiques dans un petit îlot auquel on accédait à pied à marée basse. Enfant unique, je rêvais d'entrer dans la marine, d'être officier. J'ai d'ailleurs fait mon service militaire dans cette arme, mais les rêves d'enfance ne sont pas forcément conformes aux dons qu'on peut avoir. J'aurais été un marin médiocre. Mais il reste souvent, enfoui au fond de soi, quelque chose des désirs que portait l'enfance. J'ai dans mon bureau deux objets qui symbolisent le fantasme et la vraie vie : mon sabre d'officier de marine et mon bâton de bâtonnier, autre rêve qui est devenu réalité.

Êtes-vous au fond un intellectuel ?

Je suis entré en philosophie un peu comme on entre en religion ; puis je me suis éloigné de cette matière, du moins à titre universitaire, cette distance m'a longtemps donné le désagréable sentiment d'avoir trahi. J'ai eu la chance d'être au lycée Buffon l'élève de Maurice Clavel. Un maître. Nous l'écoutions religieusement. Et malgré les décennies qui se sont écoulées, je suis sûr que nous sommes encore nombreux à garder de lui un souvenir auréolé d'une pieuse reconnaissance. Des noms de condisciples : Moulié, Bringuier et Jean-Paul Enthoven… me reviennent à l'esprit qui, sans doute, partagent mon affectueuse gratitude à l'égard de notre maître commun.

Votre famille vous a-t-elle influencé ?

Il serait absurde de répondre non. La philosophie était pour mon père une option intellectuellement admirable, mais socialement peu responsable. S'il a sans doute été rassuré de me voir opter pour le droit, il avait le souci d'être discret, de ne pas peser à l'excès sur mon avenir. Or certains silences sont plus impérieux que des discours autoritaires…

Auriez-vous aimé que votre fils devienne avocat ?

Surtout pas, être le fils d'un avocat connu n'est pas un sort enviable si l'on est soi-même dans le métier. On n'en finit pas de « tuer le père ».

Jouez-vous un rôle face aux juges ?

Devant les magistrats, on ne fait pas d'effets de manches, mais on joue un rôle, ce qui n'est à mes yeux ni une faute ni une conduite dérisoire. On donne à son discours toute la puissance qu'on peut trouver en soi-même. Il ne s'agit en plaidant que de valoriser une thèse. Dans l'existence, n'essaie-t-on pas de se valoriser soi-même, de se montrer sous son meilleur jour, de dissimuler ses faiblesses ? Ce qu'on appelle « l'authenticité », à bien y réfléchir, pourrait se rapprocher d'un laisser-aller complet, d'un abandon peu esthétique, d'un renoncement à l'effort, d'une indifférence à l'approche asymptotique du bien.

Êtes-vous un urgentiste ?

Pas au sens où le sont les médecins, bien sûr. Toutefois, l'urgence existe dans la profession. Diverses procédures y sont consacrées. Au civil, c'est le référé ; au pénal, l'arrestation inopinée, la garde à vue, la présentation à un juge, l'audience des comparutions immédiates sont autant de cas où il faut se rendre disponible sur l'heure.

Vice-bâtonnier du barreau de Paris, auriez-vous aimé être garde des Sceaux ?

J'aurais adoré. J'adorerais encore... Inscrire dans le réel un peu de sa pensée, c'est une manière de dominer le temps, d'échapper à l'éphémère. Garde des Sceaux ne serait pas une gloriole pour moi, mais un moyen de passer de la puissance à l'acte. J'ai écrit *Changer la Justice* et, là, j'aurais le moyen de le faire vraiment.

Fallait-il nommer ministre de la Justice un avocat ?

Le fait que le ministre de la Justice soit avocat ne me paraît poser aucun problème. D'abord c'est un homme ou une femme du sérail dont les méandres lui sont connus. Rappelons que Robert Badinter, avocat, a été un grand garde des Sceaux. La question importante n'est pas l'origine socioprofessionnelle du ministre mais ce qu'il est vraiment. S'est-il penché sur les réformes ? En a-t-il suggéré ? Est-il prêt à en initier certaines ? Est-il intéressé par la mission qu'on lui confie ? Le ministre ne peut par ailleurs être imposé au corps judiciaire. Il est impossible de traiter les magistrats comme de simples fonctionnaires. Ils exercent un pouvoir de la République, même si ce pouvoir n'est pas tout à fait l'équivalent de l'exécutif et du législatif. Il me paraîtrait légitime qu'ils soient amenés à approuver le choix de leur ministre, selon une formule à déterminer ; un peu comme le Premier ministre fait l'objet d'un vote de confiance par le Parlement à la suite de son discours de politique générale.

La charge est-elle trop lourde pour une seule personne ?

J'ai sur le sujet une marotte : jadis, il y avait un garde des Sceaux et un chancelier, ce dernier était le ministre de la

Justice. Il serait bon de restaurer cette dualité. Ne désigne-t-on pas d'ailleurs le ministère de la Justice par le nom de «chancellerie»? Le chancelier serait le ministre de l'Institution judiciaire; quant au garde des Sceaux, ministre de la Loi, il porterait les réformes législatives de toute nature, sauf celles concernant le fonctionnement de la justice. Les lois de procédure, par exemple, reviendraient au chancelier.

Comment expliquez-vous que vos confrères ne disent pas de mal de vous ?

Peut-être par manque de jugement... Plus sérieusement, parce que je les aime et qu'ils le savent. On n'est pas bâtonnier si l'on n'a pas cette fibre. Je me suis souvent mis à leur service. J'essaie de les comprendre et de chercher avec eux les réponses aux questions qui les préoccupent. Ils ont le sens de l'équité, et une malveillance de leur part serait injuste. Mon plus gros défaut? Je suis capable de colère, j'explose, mais j'oublie vite et je n'ai pas de rancune.

Est-ce pour cela que vous est venue l'idée du vice-bâtonnier ?

C'est une longue histoire. Je me suis aperçu que le barreau, notamment à Paris, était composé de juristes qui voulaient un bâtonnier gestionnaire et de plaideurs, devenus minoritaires, lesquels rêvaient d'un bâtonnier incarnant l'oratoire et la défense. Le même homme, ou la même femme, ne pouvait que difficilement répondre à ces deux attentes. En outre, le barreau de Paris comptait déjà en 2008 près de vingt mille avocats et il n'était pas déraisonnable d'imaginer que deux bâtonniers le conduisent et le servent. Il fallait une personnalité forte pour m'accepter en numéro deux; mon colistier, Jean Castelain, me faisant amicalement remarquer que j'étais un peu envahissant... On s'est très bien entendus, on a fait le job et, depuis, le vice-bâtonnier s'est inscrit dans les mœurs.

La réussite d'une institution, c'est quand les jeunes croient qu'elle a toujours existé.

Aimez-vous le nouveau Palais de Justice ?

Pendant près de cinquante ans, je n'ai connu que le vieux Palais de Justice de l'île de la Cité. Alors, la porte de Clichy n'est pas mon univers. Je m'y ferai peut-être à la longue, si le temps m'en est donné. Au demeurant, l'environnement compte peu ; on est vite seul avec son dossier et les arguments adverses. Le souci de donner le meilleur de soi-même fait tout oublier, y compris le décor qu'on ne voit plus.

Êtes-vous partisan de filmer en direct les débats judiciaires ?

J'ai toujours été favorable à l'enregistrement audiovisuel des procès, du moins certains d'entre eux. Les pays démocratiques ont une justice publique, accessible aux citoyens, dont le regard constitue la garantie que des procédés inavouables n'existeront pas. De nos jours, la publicité, c'est la télévision, la radio, les réseaux sociaux ; quelques places libres dans la salle d'audience ne suffisent pas à l'assurer. Certes, nombre de journalistes sont opposés à la diffusion des procès. Peut-être est-ce parce qu'il n'y aurait alors plus beaucoup de sens à rendre compte des audiences. Il faut en tout cas éviter le systématisme de la Court Channel à l'américaine et la diffusion des procès en direct ; soit respecter la dignité de ceux que les débats concernent. La vraie difficulté est dans le choix du moment de diffusion de ces procès enregistrés : en temps réel ou presque, c'est-à-dire avec un léger différé ? Avec l'accord des participants ? Ou après qu'ils auront quitté cette terre ?

Combien y a-t-il de détenus en France ?

Quelque 65 000, et c'est trop ! De plus, ils sont souvent incarcérés dans des conditions qui valent à la France d'être régulièrement condamnée par la Cour européenne des droits de l'homme. Depuis la Révolution française, la prison reste le seul châtiment ou presque. La peine de mort a disparu – que François Mitterrand et Robert Badinter en soient remerciés ! –, le bannissement n'existe plus et les châtiments corporels divers ont heureusement été effacés de la loi par le législateur révolutionnaire. Mais doit-on pour autant se satisfaire que la seule réponse pénale soit l'incarcération ? Il faudrait entrer dans des nuances et des détails. Afin d'être simple et synthétique, je dirai qu'il y a les petits délinquants, souvent très jeunes, qu'il est indispensable d'encadrer, de rééduquer, peut-être d'éduquer tout court, et les grands criminels, lesquels demeurent un danger pour la société. Les premiers pourraient être pris en charge par l'armée, qui sait ce que la discipline, la morale et le devoir signifient. Ce n'est pas de la faiblesse que de vouloir éviter la prison aux plus jeunes. Derrière les barreaux, ils acquièrent les galons du caïd et se font des relations qui les conduisent sur le chemin du pire. Les grands criminels pourraient quant à eux être envoyés au loin, mais dans des conditions convenables, il ne s'agit pas de restaurer le bagne. On les rapatrierait dans l'Hexagone selon les gages de normalisation du comportement qu'ils auraient donnés. Et pour certains, l'éloignement serait sans retour.

Parlez-nous des « crimes passionnels » ?

Le crime passionnel relève d'un phénomène intime, c'est un drame individuel sans grand rapport avec le sentiment général de la population sur la sécurité. Pourtant, c'est aussi un fait de société. Il y a trente ou quarante ans, on considérait, sans l'admettre ouvertement bien sûr, que l'exaspération de l'époux trompé était légitime. J'ai obtenu cinq ans avec sursis – c'était il y a fort longtemps, à la cour d'assises de Paris – pour un mari ayant tué sa femme qui avait pour amants la moitié des hommes du quartier. Une pareille mansuétude serait inconcevable à notre époque. Il faut se rappeler que l'adultère était jadis un délit. Aujourd'hui, c'est juste le choix d'une femme qui a la liberté de faire ce qu'elle veut de son corps. S'il y a des féminicides, c'est que certains hommes, loin de partager cette idée que leur compagne est un sujet libre, la perçoivent tel un objet dont ils seraient propriétaires. La société n'est heureusement plus du tout indulgente pour le meurtre de la femme infidèle, car l'idée de la liberté de la femme a fait son chemin. Quand cette notion se sera totalement installée dans les esprits, le crime passionnel deviendra une curiosité du passé ; d'ailleurs, deux souvenirs me reviennent : je défendais une femme que son mari accusait d'être l'auteur du coup de feu qui l'avait conduit à l'hôpital et au bord de la mort. Elle rejetait l'accusation avec vigueur, prétendant qu'il s'agissait d'un geste suicidaire. Jusqu'au bout, le mari a maintenu sa position. Au milieu de la nuit, la cour d'assises de Paris a acquitté ma cliente. Partant, j'ai croisé le mari dans les couloirs et, à ma grande surprise, il m'a félicité : « Bravo, Maître. C'est du bon boulot ! » Il n'y avait aucune ironie dans son propos, il fallait le prendre au premier degré. Était-il soulagé que son mensonge n'ait pas été pris en compte ? Ou apaisé que la mère de ses enfants ne soit pas envoyée en prison ? Une tout autre affaire m'est restée en mémoire : une jeune femme, ni très jolie ni très intelligente, avait épousé un homme plutôt fruste, mais beau garçon. Une alliance quasi inespérée. Le bellâtre avait en réalité été séduit par la position sociale éminente du père de la jeune femme. Devenant bien vite autoritaire et surtout brutal, il avait réduit sa femme en esclavage et la frappait régulièrement. Elle vivait dans la terreur. Un jour, elle le tua avec un fusil de chasse pendant qu'il dormait. À l'audience, le Président lui demanda : « Pourquoi avoir tiré une seconde cartouche, alors que la première, à bout portant dans la tête, l'avait à coup sûr tué ? — J'avais peur qu'il se réveille et qu'il me batte encore», répondit-elle. C'était irrationnel, mais on comprenait à quel point elle avait vécu dans la peur. Elle bénéficia d'une grande clémence de la cour d'assises mais, quelque temps plus tard, se suicida. Le crime touche aussi des honnêtes gens qui ne se pardonnent pas de l'avoir commis.

Avocat de renom, vous avez eu parmi vos clients Cheyenne Brando, Éric Woerth, Carlos Ghosn, Françoise Nyssen... Comment se crée cette relation singulière ?

La défense d'une personne est une sorte de brutale incursion dans son intimité. On ne pénètre pas dans une tragédie individuelle sans que des liens se tissent avec celle ou celui qu'on défend. Et puis viennent la confiance, le partage des craintes et des peines. Il y a aussi les personnalités d'exception, celles qu'on ne peut croiser sans qu'elles vous marquent. D'ailleurs parfois se crée une amitié avec ses clients mais plutôt après le procès, quand on a découvert que d'une certaine manière on se ressemblait... Cette proximité n'est pas sans contrepartie. J'ai souvent eu l'impression que ce qui était arrivé à mon client me concernait personnellement. C'est un cauchemar récurrent : je crois être lui, c'est moi qu'on poursuit ; je m'interroge dans l'angoisse : comment ai-je pu faire cela ?

De quelle façon se fait-on une clientèle ?

Par hasard. Le bouche-à-oreille en est la source la plus sûre. De temps en temps, quelqu'un devient pour vous un relais privilégié, un héraut, un porte-drapeau, un thuriféraire. Pour peu qu'on l'écoute, qu'il ait une certaine autorité, vous voilà lancé. Si votre question est de savoir comment on devient l'avocat de Carlos Ghosn, Président de l'alliance Renault-Nissan-Mitsubishi, là encore, par hasard. Nous nous connaissions avant qu'il ne soit arrêté à Tokyo. Il y a eu, je pense, tout de suite entre nous une estime réciproque. Il arrive que dans la vie on se reconnaisse.

Passer souvent à la télévision apporte-t-il des clients ?

Je ne me rappelle plus quel catalogue apposait sur les photos de certains objets de consommation la mention : «Vu à la télé», comme si cela signait l'excellence du produit. Il en va un peu de même des hommes et des femmes qu'on voit régulièrement sur les écrans. Je ne crois pas que cette «visibilité» apporte des clients, mais elle vous donne une sorte de notoriété.

La publicité, est-ce important ?

Quand on n'est pas un passage obligé, quand il faut être choisi, distingué, l'existence sociale, la sortie de l'anonymat comptent évidemment beaucoup. Votre question me rappelle Alceste dans *Le Misanthrope* clamant : «Je veux qu'on me distingue...»

Et les repas d'affaires ?

Les déjeuners sont des moments où l'on échange de façon plus décontractée que dans un palais de justice. Je n'invite jamais à déjeuner pour conquérir un client ou circonvenir un magistrat. Le plus souvent d'ailleurs je déjeune à mon bureau d'un plat que j'achète tout près de mon cabinet, rue de Buci, en regardant une chaîne d'info continue. Je vais à pied de chez moi, à proximité du Luxembourg, à mon cabinet d'avocats, boulevard Saint-Germain.

Internet a-t-il modifié votre profession ?

Pas fondamentalement. Le pénaliste que je suis donne encore le maximum de lui-même à l'audience. Il n'y a guère que la bibliothèque à l'ancienne avec ses lourds volumes de droit reliés qui ait été frappée d'obsolescence, et se trouve être désormais un simple objet de décoration.

Comment s'établit la relation de l'avocat et du juge ?

Les magistrats sont comme les autres gens, sensibles à ce qui paraît vrai. Ils regardent avec intérêt un aspect de la question qui leur semble plausible, rationnellement envisageable. Ce qui implique de leur parler vrai, de ne pas tenter de les égarer par des constructions ahurissantes et mensongères. Ça, ils ne le pardonnent pas et on les comprend. Défendre, c'est avant tout être écouté, sans quoi toute chance de convaincre est perdue. Il faut sans arrêt se redire qu'on doit être crédible pour espérer être cru. Le propos rocambolesque discrédite celui qui le tient.

Nombre de magistrats et d'avocats épinglent leurs décorations sur leurs robes, un atout ?

Le port des décorations sur la robe a été interdit jusqu'à la Première Guerre mondiale. La paix revenue, en 1918, on a autorisé les anciens combattants à porter sur leurs robes le témoignage de leurs sacrifices pour la patrie. Désormais, presque tous les juges et les avocats épinglent leurs décorations sur leurs robes ; mais on parle de faire revivre l'interdiction de jadis pour affirmer l'égalité entre tous.

Est-il essentiel de connaître la vérité pour plaider ?

La justice est un jeu – un jeu grave et même parfois tragique. On parle beaucoup de vérité dans les prétoires, mais on n'est jamais sûr de l'atteindre. On ne sait ce qui s'est passé que par ouï-dire. Les témoignages sont souvent contradictoires. La vérité d'un jugement, c'est la vérité judiciaire. Or quand on accole un adjectif au mot de *vérité*, c'est qu'on évoque une version parmi d'autres. Pourquoi demanderais-je sa (la ?) vérité à celui que je défends ? Mon rôle n'est pas celui d'un confesseur. Je plaide pour un individu, mais avec un dossier dont je dois tirer le meilleur. Un avocat, comme un juge, est un rouage d'une institution sociale. S'il exige la vérité absolue, s'il se prend pour Dieu, il est temps qu'il fasse autre chose.

Avez-vous défendu des personnes que vous méprisiez ?

Le mépris me semble peu compatible avec la défense. C'est un sentiment agressif qui ressemble au désir de la destruction de l'autre, aux antipodes de la défense, qui est bienveillante et espère la sauvegarde – le salut ? – de celui qu'elle assiste. Mais il est vrai qu'on peut parfois défendre avec une pointe de condescendance, quelque chose qui s'approche de la pitié. La faute, même criminelle, apparaît alors telle une malédiction, une maladie qui se serait abattue sans raison sur un être.

Croyez-vous aux rapports de force ?

Dans la mission que j'exerce, il n'y a guère de place pour le rapport de force, si ce n'est peut-être pour la force de l'analyse. La force renvoie à la contrainte. Défendre, ce n'est jamais contraindre. L'avocat est un solliciteur, il suggère, il propose. Il n'est pas un être de pouvoir ; il ne décide rien. Un grand ancien disait naguère que nous étions des « mendiants de liberté ».

Avec 70 000 avocats en France, majoritairement en dessous de 40 ans, que conseillez-vous aux jeunes qui rêvent de ce beau métier ?

Pour faire fortune, il faut exercer une autre profession. Pour être adulé des foules, aussi. Pour être dans l'insatisfaction, dans le souci du toujours mieux, dans la crainte permanente de l'insuffisance et trop souvent dans la déception judiciaire, c'est le bon choix ! Mais quelle intensité à chaque instant !

Nombre de pays peuvent-ils nous envier notre justice ?

Notre système judiciaire a été mis à l'épreuve du temps. Nous ne connaissons ni la corruption ni l'ingérence du pouvoir exécutif. Ce n'est déjà pas si mal ! La perfection, c'est autre chose, mais on peut y travailler.

Quel est votre meilleur souvenir professionnel ?

C'est quand on peut être à peu près sûr d'avoir accompli son devoir. Les félicitations diverses flattent moins l'ego qu'elles n'apaisent la crainte de ne pas avoir donné le meilleur de soi-même. Un jour, une magistrate m'a écrit une lettre, quelque temps après une longue et difficile affaire d'assassinat que j'avais plaidée devant elle à la cour d'assises. Elle me précisait d'emblée qu'elle n'avait ni l'âge ni le goût du coup de foudre et que son propos ne devait surtout pas être tenu pour ambigu. Elle me disait que, de toute sa carrière, elle n'avait jamais été aussi bouleversée par une plaidoirie. J'aurais pu, bien sûr, avoir la modestie de relativiser son point de vue. Mais un tel témoignage m'était précieux. C'est un métier de solitaire. On ne sait jamais si l'on a fait ce qu'il fallait. Alors, quand tombe un pareil jugement, on le reçoit comme une réponse apaisante, peut-être pour être rassuré et trouver la force de continuer.

Quel est votre souvenir le plus cocasse ?

Je m'étais épuisé pendant plusieurs jours d'un procès d'assises à démontrer que mon client n'était pas l'auteur des faits reprochés. On aurait pu le croire ; aucune preuve ne le désignait formellement. Après ma plaidoirie, le Président s'adressa à lui. C'est la loi ; l'accusé a la parole en dernier. À la question : « Avez-vous quelque chose à ajouter pour votre défense ? », il répondit : « Oui, Monsieur le Président. Je ne recommencerai plus ! » La formule était peu compatible avec l'innocence et la cour me regarda avec un sourire où la compassion avait sa part…

Ce métier demeure néanmoins toujours stressant !

C'est vrai. Il m'arrive de me réveiller à une heure avancée, dans ce mélange confus et tragique de la nuit ; je suis mon client, je crains d'être coupable. Alors souvent le week-end pour évacuer le stress, je vais jouer au golf non loin de Paris, à Marivaux, un petit club situé à la limite de l'Essonne et des Yvelines. Je joue plutôt mal, d'ailleurs. Mais la rigueur que demande ce sport exige qu'on se concentre sur son geste, même si l'amélioration me semble en ce qui me concerne plutôt désespérée ! J'aime aussi la lecture. Je suis un familier des grands classiques tels Racine ou Balzac. Depuis peu, je découvre avec joie Joseph Conrad. J'aime également les livres d'histoire, la période révolutionnaire. On a un peu oublié des plumes magnifiques, comme celle de Louis Blanc. J'ai lu dernièrement avec plaisir le *Napoléon* du juge Courroye, que je connais de longue date. Je regarde des films sur Netflix. Mon autre façon de m'évader – décidément, vous voulez tout savoir – est de faire de la voile. J'ai un petit bateau sur l'Atlantique. Je fais parfois la traversée de l'île d'Yeu aux Sables-d'Olonne. On est loin du Vendée Globe ! La mer apporte une sérénité, un silence qui m'aident à presque tout oublier. Je suis heureux sur l'eau, mais, quand le vent se lève, je ne prends pas de risques inutiles, je rentre sans hésiter.

Maître, avez-vous encore le feu sacré ?

J'y crois toujours et suis viscéralement malheureux lorsque ayant plaidé l'acquittement mon client est condamné, alors que je soutenais son innocence. J'en suis malade ; je mets parfois une semaine à redescendre sur terre et je pense, bien sûr, que le juge n'a rien compris. J'ai encore la foi.

5.

RÉGNER AUX XXe ET XXIe SIÈCLES : UNE TÂCHE COMPLEXE

À l'école des monarques

Dans un royaume ou au sein d'une monarchie constitutionnelle, personne n'est vraiment l'ami d'un roi, d'une grande-duchesse, épouse du souverain régnant, pas plus que d'une impératrice en exil. Au mieux existe-t-il une respectueuse proximité avec de tels personnages, comme Mohammed VI du Maroc, Maria Teresa de Luxembourg ou Farah Pahlavi. Comment pourrait-il, en effet, ne pas y avoir de distance entre eux et les citoyens ? D'autant que les intrusifs réseaux sociaux s'invitent désormais quasi en permanence dans leur quotidien, les obligeant à se protéger toujours davantage. Seuls échappent parfois à cette règle les vieux amis d'école, eux datant d'un temps de relative insouciance quand les parents, pour leur part généralement naguère élevés avec des professeurs privés et des précepteurs, avaient tenté de les scolariser presque comme les autres élèves. Ce qui laisse souvent d'heureux souvenirs et se traduit par une certaine complicité. Autre exception, les proches avec lesquels on chasse arpentant ses terres, tirant le faisan, le sanglier et le chevreuil, on monte à cheval, skie, joue au tennis… car le sport fait souvent tomber les barrières, ces disciplines obéissant à des règles et à une logique différentes. Ainsi dans les royautés, en dehors de ce genre de relations, les seuls intimes demeurent surtout la famille. Les membres du cercle proche ont reçu la même éducation, partagent les mêmes cicatrices invisibles et pesantes, les mêmes règles d'existence, se réfèrent aux mêmes codes… D'ailleurs, pour s'en convaincre, faut-il avoir eu l'occasion de suivre loin des flamboyants décors de ses palais le roi Mohammed VI comme cela m'est arrivé ou de le croiser incognito là encore plus d'une fois, entre autres à Hong Kong assez récemment, pour comprendre que dans son cas c'est de son clan que ce souverain maintenant âgé de 58 ans tire sa force intérieure. Avec ses trois sœurs et son frère, leurs tendres regards et leurs rires traduisent une réelle affection comme avec ses tantes protectrices, neveux et nièces. Si, pour les étrangers, ce type de repères restent plutôt hermétiques, ils frappent néanmoins ceux qui les approchent. Autre style avec Henri de Luxembourg et Maria Teresa, son épouse, couple que je connais aussi. S'il est le seul grand-duc régnant, d'autres fonctions reviennent à sa femme. Cela signifie, pour cette souriante Latino-Américaine née à Cuba, concilier obligations officielles, vie de famille d'une mère de cinq enfants avec une nombreuse descendance. Tout cela ne l'empêche pas d'avoir son domaine réservé, ses propres engagements au grand-duché et ses activités sociales et humanitaires au sein de l'Unesco et de l'Unicef. L'un de ses bonheurs secrets ? Aller le week-end avec son mari à Paris, où ils ont un appartement, dîner incognito dans les petits bistrots du 7e, en ayant l'impression de respirer un air de vacances, de liberté… Il est en revanche plus difficile d'être dans la capitale une impératrice en exil à sa façon anonyme. Cela veut dire continuer de tenir son rang avec courage et discrétion, comme le fait depuis plus de quarante ans la veuve du Shah d'Iran. L'empereur Reza Pahlavi, renversé par la révolution islamique en 1979, est décédé l'année suivante. Ainsi, la digne souveraine a-t-elle vécu plus longtemps à l'extérieur de son pays que chez elle.

Une triste réalité qui lui dicte de ne rien laisser paraître de la nostalgie, de son flot de douloureux souvenirs, de la tristesse d'avoir quitté sa patrie. Après tant d'années hors de la Perse, cette grande dame, qui habite entre la France et les États-Unis, a depuis eu l'immense douleur de perdre deux enfants, sa fille Leila en 2001, son fils Ali-Reza dix années après. Elle fait l'admiration de ceux qui l'approchent – dont moi –, car, malgré ces tragédies, l'impératrice à l'allure inimitable et à la position diplomatique compliquée arrive encore à remonter le moral des exilés iraniens. De la diaspora, répondant à la main et par e-mails à un épais courrier et lançant des gestes encourageants *via* les réseaux sociaux aux opposants restés là-bas. Régner de nos jours demeure une fonction complexe, un exercice subtil qui demanderait parfois de faire relâche à sa façon… de réussir à mettre de temps à autre sa prestigieuse charge entre parenthèses, de s'évader… Tout un art, en somme, que d'y arriver en n'oubliant jamais qu'un souverain doit toujours penser à l'empreinte qu'il laissera derrière lui.

Son Altesse Royale la grande-duchesse Maria Teresa de Luxembourg

Un parfum de fantaisie latine en Europe

« Nos enfants ont été libres d'épouser qui ils voulaient. N'étant pas moi-même de l'aristocratie j'aurais été mal placée pour les conditionner. »

D'origine cubaine, la grande-duchesse de Luxembourg est aussi expansive que le grand-duc, son noble mari, est réservé. Ils vivent dans le château de Berg, où ils ont élevé leurs cinq enfants. À ces apparences de conte de fées se mêlent les obligations d'un chef d'État du XXI*e* *siècle et d'une Première dame, de plus maintenant grand-mère de nombreux petits-enfants. Au grand-duc d'incarner la continuité et d'attirer les investisseurs dans ce petit pays très prospère, à la joyeuse Maria Teresa de se consacrer entre autres aux causes humanitaires. Née dans la haute bourgeoisie cubaine elle a adopté l'adage : « Noblesse oblige. »*

– Année 2018 –

Madame, dans cette majestueuse demeure de Berg, la vie de château est-elle encore un conte de fées ?

C'est une chance d'habiter un endroit aussi beau, d'être entourée d'objets d'art transmis de génération en génération, ce dont je me rends compte chaque jour. Quant au titre de grande-duchesse, il est unique et de nos jours loin de l'image surannée des contes de fées.

Vous êtes, en fait, une Première dame !

En tant qu'épouse du chef de l'État, je ressens surtout cela tel un privilège d'être à la place où je me trouve, et c'est une vraie responsabilité de servir mon pays. Cela suppose une vie exigeante, car je suis aussi mère de cinq enfants… grand-mère quatre fois, et par ailleurs impliquée dans le domaine humanitaire et social. Tout cela veut dire définir ses priorités. Notre pays est une sorte de grande famille ; lorsque nous croisons nos compatriotes, ils nous font juste un petit signe, un sourire pour nous saluer, et chacun continue son chemin. J'apprécie cette forme de liberté qui me permet d'aller au cinéma, faire des courses au marché ou dans les boutiques notamment pour gâter mes petits-enfants…

Comment s'articule votre existence ?

En dehors de ma famille et des engagements officiels, je me consacre à ce qui depuis mes études en sciences politiques me motive : la défense des personnes en situation de fragilité extrême. En effet, que ce soit au Luxembourg ou à l'étranger, il est pour moi important de mettre ma notoriété au service de nobles causes. Raison pour laquelle j'ai accepté deux mandats : un d'ambassadrice de bonne volonté de l'Unesco et l'autre d'*Eminent Advocate for Children* auprès de l'Unicef, sans oublier bien sûr notre fondation du grand-duc et de la grande-duchesse, qui vient dans notre pays en aide aux personnes en situation de détresse sociale. J'ai toujours voulu défendre les plus démunis, être une voix pour les oubliés, c'est ce qui m'a amenée à me battre pour des causes difficiles, telle la situation dramatique de jeunes filles et garçons incarcérés pour des délits de droit commun au Burundi, que nous avons réussi à tous faire sortir de prison en 2010. Ces sujets douloureux m'ont poussée à encourager la microfinance afin d'aider les femmes à quitter ce terrible cercle vicieux de la misère. J'ai découvert la microfinance au Bangladesh dès 1998, idée assez novatrice à une époque où presque personne n'en avait entendu parler. Ayant eu alors la chance de rencontrer le Pr Muhammad Yunus, surnommé «le banquier des pauvres», bien avant qu'il ne reçoive en 2006 le prix Nobel de la paix. Être sur le terrain m'a toujours semblé capital. Avec l'équipe de la Croix-Rouge luxembourgeoise, dont je suis la Présidente, j'ai accompagné les maraudes de nuit à Luxembourg-Ville. Nous avons distribué des couvertures, des repas chauds et du café aux sans-abri. Ils m'ont parlé de leur existence misérable et des problèmes qui les ont amenés à dormir dans la rue. Un moment particulièrement émouvant.

Vous soutenez aussi la cause des femmes…

Les femmes, moteur de la croissance, produisent en Afrique 80 % des ressources alimentaires. Elles sont ainsi devenues les principales bénéficiaires de microcrédits parce qu'elles sont connues pour être plus fiables lorsqu'il faut en arriver au remboursement. Dans les pays en voie de développement, «actrices» essentielles du progrès social et de la paix, ce sont elles, comme on oublie trop souvent de le souligner, qui investissent dans un toit et pour l'éducation de leurs enfants ! J'organise également un forum international sur «le viol comme arme de guerre».

Née à Cuba, même en ayant quitté votre pays toute jeune, restez-vous viscéralement cubaine ?

Certes, j'ai un tempérament latin et j'en suis fière. Le fait de vivre au grand-duché depuis mon mariage, en 1981, a fait de moi une Luxembourgeoise. Ce pays est désormais le mien, mais je n'oublie pas pour autant que je suis née sur cette île des Caraïbes dans une famille de la haute bourgeoisie, avec des parents m'ayant donné une merveilleuse éducation.

Cela signifie-t-il que vous n'avez rien oublié ?

Mon père et ma mère m'ont transmis le sens des responsabilités envers les autres, surtout à l'égard des plus démunis, ce dont je leur serai toujours reconnaissante. Ce qui m'a permis de m'adapter sans aucune difficulté à ma nouvelle existence. J'avais une affection particulière, profonde pour mon grand-père Agustin Batista y Gonzalez de Mendoza – qui contrairement à ce que l'on a prétendu n'avait rien à voir avec l'ancien dictateur Fulgencio Batista. Distingué philanthrope dans les domaines de l'éducation, de la culture et du secteur médico-social, c'est lui qui avait soutenu des années durant l'Orchestre philharmonique de La Havane, où il invitait des chefs d'orchestre réputés à le diriger. Mon grand-oncle Eutimio Falla Bonet fut également un généreux bienfaiteur, qui restaura entre autres la plus belle église baroque du pays, située dans la ville coloniale de Remedios, au centre de l'île. Après Cuba, qu'avec mes parents, mes deux frères et ma sœur, nous avons quitté en 1960, nous sommes allés quelques années à New York, où j'ai commencé ma scolarité. Et quatre ans plus tard, nous voici installés à Genève. J'y ai suivi mes études dans un lycée français, passé mon bac, puis j'ai fait Sciences Po. C'est là que vit encore ma famille et que j'ai rencontré mon mari. Nos enfants sont proches de leurs cousins des deux côtés. Nous nous retrouvons chaque été dans la propriété familiale de Bormes-les-Mimosas, qui jouxte le fort de Brégançon, domaine acquis par la grande-duchesse Charlotte, grand-mère de mon époux. Malgré cela, même dans ce lieu de vacances chaleureux, je continue de ressentir l'absence de mes parents et de mon frère aîné décédés.

Quelles valeurs avez-vous transmises à vos enfants ?

Nous leur avons d'abord enseigné à être eux-mêmes. Spontanés et respectueux à l'égard de tous, en insistant aussi sur l'importance des valeurs morales. Ils ont été libres d'épouser qui ils voulaient. N'étant pas moi-même issue de l'aristocratie, j'aurais été mal placée pour les « conditionner ». Il y a encore trente-sept ans, après les reines de Norvège et de Suède, j'ai été la troisième jeune femme n'appartenant pas à une famille royale européenne à entrer dans cet univers si conventionnel. J'ai donc fait comprendre à Guillaume, notre fils aîné et prince héritier, que cette voie toute tracée demandait un sens aigu du devoir et beaucoup de renoncement. Qu'il fallait vouloir vraiment exercer cette charge et que, s'il ne le souhaitait pas, il devait se sentir libre. Mais Guillaume a accepté avec beaucoup de respect son destin et il lui arrive souvent de demander des conseils à son père. Quant à la princesse Alexandra et aux princes Guillaume, Félix, Louis et Sébastien, ils se soutiennent mutuellement, et sont à notre grande joie très liés. Mes enfants représentent ma fierté, ma force intérieure, mais sans l'amour inconditionnel de mon mari, nous n'aurions pas pu construire une famille aussi solide et heureuse.

Êtes-vous fière de votre pays d'adoption ?

Bien sûr, et je suis toujours contente de faire découvrir à nos invités la vieille ville de Luxembourg, avec sa forteresse classée au patrimoine mondial de l'Unesco, la Philharmonie Luxembourg, salle de concert dont le magnifique bâtiment a été conçu par l'architecte français Christian de Portzamparc, ou encore le musée d'Art contemporain, dessiné par Ieoh Ming Pei, l'architecte américain d'origine chinoise de la pyramide du Louvre, qui porte le nom du grand-duc Jean, mon beau-père. Toutefois, ce que je préfère, ce sont nos châteaux forts dominant le pays, et nos extraordinaires forêts de chênes et de hêtres qui restent à mes yeux un enchantement ! Croyez-moi, le grand-duché de Luxembourg vaut vraiment le détour !

Racontez-moi vos escapades parisiennes.

Mon mari et moi aimons beaucoup nos séjours dans votre capitale. Les brasseries, les magasins de la rive gauche, les musées, le Quartier latin… quel bonheur de flâner dans la Ville Lumière ! De plus, deux de nos enfants y vivent et y travaillent actuellement, ce qui rend ces déplacements d'autant plus sympathiques.

Vous êtes aussi venus en visite d'État en France.

Cela a été une joie de voir le président de la République et Mme Macron à l'occasion d'un événement aussi significatif que cette visite officielle en France, d'autant qu'il n'y avait pas eu de visite d'État des souverains luxembourgeois depuis quarante ans, à l'invitation du Président Giscard d'Estaing. J'ai eu le plaisir de rencontrer Mme Macron à plusieurs reprises depuis sa visite au Luxembourg, en août dernier. Nous nous sommes tout de suite bien entendues et partageons de nombreux centres d'intérêt.

Votre mode de vie laisse-t-il place à l'humour ?

L'humour est une qualité essentielle. Il y a d'ailleurs des moments où il reste le meilleur remède contre le stress. Cette forme d'existence exceptionnelle nous entraîne souvent dans des situations inattendues, que nous partageons dans une belle complicité.

L'impératrice Farah Pahlavi

Panache et dignité, un retour sur un si long exil

« La vie est d'abord une lutte quotidienne, j'ai tenu pour mes enfants, mes petites-filles, mes compatriotes et pour tous ceux dont les familles ont été assassinées par le régime de la République islamiste. »

La famille est sa force, et jour après jour l'impératrice Farah Pahlavi qui a quitté l'Iran en 1979 quand la Révolution islamique de l'Ayatollah Khomeiny a renversé le régime du Shah vit cet exil douloureux dans la dignité. L'impératrice soutenue par la puissante diaspora iranienne garde la Perse dans son cœur. Une grande dame qui a le sens de l'amitié et cultive l'art d'être grand-mère en passant du temps auprès des siens.

– Année 2021 –

Majesté, comment continuez-vous encore aujourd'hui de soutenir la diaspora des Iraniens de par le monde ?

Pendant ces quarante-deux années, j'ai vécu avec l'Iran. Dès mon réveil, l'Iran est dans mes pensées. Je me tiens au courant de ce qui se passe par l'intermédiaire des médias, mais aussi grâce aux nombreux messages que je reçois, aussi bien de l'intérieur du pays que de l'extérieur, sans oublier les rencontres et les échanges que j'ai régulièrement avec mes compatriotes. Les informations qui me parviennent sont analysées et quelquefois je prends contact par téléphone avec certains pour leur donner du courage, de l'espoir. L'affection et la sympathie que me témoignent en retour les Iraniens me nourrissent et me soutiennent. Il y a quelque temps, une de mes relations qui était partie visiter l'Iran m'a remis à son retour une lettre qui lui avait été donnée par un chauffeur de taxi à mon attention, elle était très touchante et gentille. L'expéditeur avait laissé ses coordonnées. Je l'ai appelé et j'ai parlé avec toute la famille. Ils étaient particulièrement émus. Des exemples comme celui-ci, j'en ai beaucoup.

Qu'est-ce qui a vraiment changé politiquement, socialement en Iran depuis cette interview de 2008, et pour les femmes ?

La situation s'est détériorée. La dictature religieuse continue, les institutions, comme le Parlement, sont inopérantes dans la mesure où les élus n'ont aucun pouvoir. De nombreuses personnes sont injustement emprisonnées avec des semblants de procès. Et les libertés continuent à être bafouées. Le régime n'hésite pas à mettre derrière les barreaux les défenseurs des droits de l'homme. Sur le plan économique et social, la situation est très préoccupante. Le chômage ne cesse d'augmenter. Le niveau de pauvreté s'aggrave pendant que la corruption atteint toute l'équipe dirigeante.

Et les inégalités ?

Elles se creusent entre les couches modestes de la population et la classe moyenne, qui subissent de plein fouet les conséquences des sanctions, et l'élite dirigeante, qui ne cesse de s'enrichir. À ceci s'ajoutent les dégâts environnementaux, notamment en raison de la gestion catastrophique des ressources naturelles, à commencer par l'eau, sans oublier notamment les forêts détruites… Ce système ne peut perdurer, j'en suis persuadée. Enfin, pour ce qui est de la condition des femmes, l'évolution est dramatique. Elles sont encore victimes du mauvais traitement ethnique et religieux, n'ont toujours pas les mêmes droits que les hommes. La loi religieuse fixe à 13 ans l'âge légal de mariage pour les jeunes filles, même si elles peuvent se marier à partir de 9 ans sous réserve de la permission du père ! La polygamie est légale. Les crimes d'honneur sont tolérés. Or, malgré tout cela, les femmes ne baissent pas la garde, se battent avec courage et détermination. À l'avenir, elles vont je l'espère réussir à jouer un rôle important dans les évolutions.

Quels sont les rapports du prince héritier Reza avec ses compatriotes ?

Cela fait quarante-deux ans que le prince héritier œuvre au quotidien pour unifier la résistance intérieure et extérieure à ce régime. Son principal souci est que l'intégrité territoriale du pays soit préservée. Il l'a dit et souvent répété, son objectif est de rétablir la liberté pour le peuple iranien dans le cadre d'un système démocratique et laïc avec le respect absolu des droits de l'homme. Le prince héritier, en contact permanent avec nos compatriotes à l'intérieur du pays ainsi que les groupes de résistance à l'extérieur, considère que c'est au peuple iranien de décider de son avenir et du régime qu'il souhaite.

Comment réussissez-vous à tenir avec une telle dignité en ayant perdu deux enfants. Pouvez-vous évoquer la mémoire du prince Ali-Reza et de la princesse Leila ?

La princesse Leila et le prince Ali-Reza avaient passé une enfance heureuse en Iran et y étaient très attachés. En 1979, Leila avait tout juste 9 ans, et Ali-Reza 13. Des âges délicats où on perçoit les choses sans pouvoir les rationaliser. Ils ont alors quitté l'Iran dans un avion militaire pour les États-Unis, où ils ont rejoint leur frère avant de nous retrouver au Maroc, pour ensuite nous accompagner d'abord aux Bahamas, puis au Mexique, au Panamá et enfin en Égypte. L'exil a été très difficile et mal vécu aussi, entre l'angoisse quant à la sécurité, la santé de leur père qu'ils adoraient et l'instabilité géographique de leur installation, ils se sont finalement établis aux États-Unis. Mais ont beaucoup souffert de la manière dont les médias rapportaient les événements et des choses négatives qu'ils entendaient. Cela les a profondément affectés. C'étaient des adolescents fins, sensibles intelligents. Leila est allée à l'université, d'une nature très généreuse, malheureusement, sous l'influence de mauvais amis, elle a eu des problèmes avec les antidépresseurs. Elle est morte à Londres et est enterrée à Paris. Ali-Reza était très intelligent, avec un sens inégalable de l'humour. Il avait une réelle passion pour l'histoire préislamique de l'Iran. Il l'a d'ailleurs étudiée à Princeton et à Harvard, où il avait commencé une thèse sur le sujet. Son érudition était impressionnante. Là encore, sa sensibilité et son sens des autres lui ont joué des mauvais tours. Il est tombé sur de faux amis qui l'ont profondément déçu. Il s'est donné la mort à Boston et avait demandé à ce que ses cendres soient dispersées dans la mer Caspienne. J'ai créé en sa mémoire une fondation à son nom pour financer les études sur l'histoire de l'Iran préislamique. Leur disparition a été une épreuve insoutenable pour moi.

Votre force intérieure sert d'exemple non seulement pour les Iraniennes, mais pour toutes les femmes.

La vie est d'abord une lutte quotidienne et encore plus quand on est reine. J'ai tenu pour mes enfants, Reza, Farahnaz, mes petites-filles, pour mes compatriotes qui ont tellement souffert, qui continuent à souffrir et pour tous ceux dont les familles ont été assassinées par le régime de la République islamique. En réalité, j'ai tenu pour l'Iran. Je vois tant de misère, de drames autour de moi que malgré ce que j'ai vécu je remercie le Ciel pour tout ce qui est positif dans ma vie. L'affection, la gentillesse, les preuves d'amitié, les passants qui me saluent en souriant. Tout cela m'apaise.

L'impératrice Farah Pahlavi : « Les jeunes sont comme des plantes qui peuvent s'épanouir même quand elles ne sont pas plantées sur leur sol ; pour les vieux arbres, c'est plus difficile ! »

– Années 1996 et 2008 –

Madame, pouvez-vous brosser brièvement le portrait de la jeune fille que vous étiez avant de rencontrer Sa Majesté Impériale Mohammad Reza Pahlavi ?

J'ai eu une enfance et une adolescence heureuses et sereines. Mes parents avaient le respect de l'histoire de l'Iran et de sa culture, tout en voulant pour moi une éducation moderne, ouverte sur le monde extérieur. Ce qui m'a conduite à fréquenter une école dirigée par des religieuses où l'on apprenait le français et le persan. Les activités culturelles, scientifiques, artistiques et sportives étaient nombreuses. Également cheftaine de louveteaux, j'ai terminé mes études secondaires dans un lycée laïc et mixte franco-persan. Ma jeunesse s'est déroulée au sein de la famille avec de nombreux cousins et cousines. Nous nous promenions souvent en montagne et, plutôt garçon manqué, j'adorais monter aux arbres ! Les vacances aussi étaient familiales, nous allions dans la province d'Azerbaïdjan entourée de vergers et aussi dans celle de Guilan avec ses rizières et ses plantations de thé. Nous faisions des pèlerinages, assistions à des cérémonies religieuses.

J'aimais déjà beaucoup la musique classique. Mon but était de terminer mes études et d'exercer un métier.

À quel milieu appartenez-vous ?

Mon père, que j'ai perdu à l'âge de 9 ans, ancien élève de Saint-Cyr ayant aussi fait son droit en France, descendait d'une vieille famille d'Azerbaïdjan. Laquelle comptait des propriétaires terriens, des écrivains, ambassadeurs, gouverneurs ou des conseillers à la cour des Qadjar puis à celle des Pahlavi. Mon grand-père paternel avait été ambassadeur en Russie avant la révolution, ma mère quant à elle appartenait à une grande famille de la province de Guilan, près de la Caspienne, venue s'installer à Téhéran à la fin de la Seconde Guerre mondiale.

Vos parents ont-ils confié votre éducation à des domestiques ?

Chez nous, parents et enfants étaient proches et prenaient leurs repas ensemble. Cependant, ma mère, très stricte, exigeait quand j'allais à une soirée de savoir où, chez qui et il fallait que je sois de retour à l'heure dite, de surcroît raccompagnée par les parents d'une amie. S'il m'arrivait d'être en retard, elle m'attendait dans la rue. Nous avons toujours été très soudées. Ma mère a quitté l'Iran en 1979 juste avant moi avec mes enfants, et a représenté un véritable soutien.

Souhaitiez-vous réellement exercer un métier ?

J'en rêvais et voulais venir à Paris poursuivre mes études, car, parlant le français, j'étais plus attirée par ce pays que par un autre. Je dois beaucoup à ma mère, qui, dans un milieu encore préservé, a fait preuve d'ouverture d'esprit, ayant assez confiance en moi pour me laisser faire du sport et, surtout, vivre seule à Paris. Lorsque j'ai intégré l'École spéciale d'architecture, nous étions, dans mon atelier, cinq filles pour cinquante garçons.

Quand avez-vous vu le Shah pour la première fois ?

À 8 ans déjà, je l'avais acclamé dans la rue alors qu'il rentrait d'Azerbaïdjan libéré. Mais c'est en mars 1959 que je l'ai rencontré officiellement. Notre ambassadeur à Paris voulait lui présenter des étudiants iraniens, or je faisais partie de ce groupe. Puis, après avoir passé deux années en France, rentrant chez moi pour les vacances, un oncle paternel chambellan du roi a tenu à me faire connaître le mari de la princesse Shahnaz, fille unique de Sa Majesté Mohammad Reza Pahlavi et de sa première épouse, qui s'occupait des étudiants iraniens à l'étranger. La princesse habitait une jolie villa au nord de Téhéran et, alors que nous échangions quelques propos, un branle-bas se produisit soudain dans la maison, car le roi faisait une entrée impromptue. Émue et honorée, je ne fus pas réellement intimidée. Nous avons parlé durant quelques heures de la vie des étudiants, de ma propre existence, de ma famille. Je suis retournée une autre fois chez la princesse. Le roi nous a rejointes et nous avons fait une partie de palets ; ce jeu consistant à jeter des rondelles en caoutchouc sur des numéros inscrits sur une planche. Au fil des mois, il m'a emmenée dans ses voitures de sport et à bord de son avion. Je n'oublierai jamais le Morane-Saulnier à deux places qu'il pilotait lui-même et dont le vent provoquait de terribles turbulences. Ainsi au cours d'un vol, au moment d'atterrir, le roi m'a demandé de pousser une manette, que j'actionnai telle une pompe, ignorant dans quel but. Sur l'aéroport de Téhéran attendaient ambulances et voitures de pompiers. J'appris plus tard que le train d'atterrissage ne sortait pas automatiquement et que la fameuse manette servait à débloquer les roues ! Cette fois-là, par chance, le dispositif avait fonctionné.

L'idée que le roi demanderait votre main vous avait-elle effleurée ?

J'avoue que j'y avais pensé sans en être sûre ; nos rendez-vous étaient aussi peu protocolaires qu'émouvants. J'avais 20 ans et je ne me suis jamais vraiment dit : « Pourquoi moi plus qu'une autre ? » Nos relations restaient secrètes, et je ne me confiais qu'à ma mère. Puis, un jour, il m'a présentée à la reine mère. Ce n'est que bien plus tard après notre mariage que j'ai demandé à mon mari pourquoi il m'avait choisie. « Pour ta simplicité, m'a-t-il répondu. — Quelle simplicité ? — Quand nous jouions aux palets, m'expliqua-t-il, les rondelles s'éparpillaient un peu partout et toi, sans histoires, tu te baissais pour les ramasser. Cela m'a plu. » Je crois aussi, bien que ce soit gênant pour moi d'en parler, que mon physique l'avait attiré. La vie est étrange, tout de même. Quand, en France, les journaux faisaient état d'un projet de mariage du Shah en publiant des photos de jeunes filles, mes camarades d'atelier plaisantaient et m'interrogeaient : « Pourquoi pas toi ? Tu es mignonne ! » Je leur rétorquais alors avec une certaine malice : « Écrivez au roi ! »

Comment Sa Majesté s'est-elle déclarée ?

La princesse Shahnaz m'a une nouvelle fois demandé de venir chez elle, et je me suis retrouvée en tête à tête avec le roi assis sur un canapé. M'ayant confié que ses précédents mariages n'avaient pas été heureux, il me demanda si j'accepterais de devenir sa femme. Je l'admirais et l'aimais beaucoup. J'étais très fière, et j'ai dit oui immédiatement. Il m'expliqua qu'être reine impliquait de lourdes responsabilités envers le pays et le peuple, puis me pria de garder le secret au sein même de ma famille aussi longtemps que l'annonce de notre mariage ne serait pas officielle. De retour à la maison, je n'ai pu m'empêcher de téléphoner à l'une de mes amies intimes pour lui annoncer : « Je me marie ! » Elle s'est mise à énumérer les noms de cousins, d'amis... et, chaque fois, je disais non. Enfin, elle s'est écriée : « Il ne reste que le roi. » J'ai murmuré : « Chut... » Le combiné lui est tombé des mains !

Quand se sont déroulées les fiançailles ?

Bien plus tard parce que, après avoir fêté mes 21 ans à Téhéran avec la famille, je suis allée à Paris préparer mon trousseau et choisir ma robe de mariage. Quand je suis revenue en Iran, nous nous sommes fiancés en présence des membres proches de nos deux familles, très simplement, un après-midi dans le palais où vivait le roi. De ce moment, et jusqu'au mariage, j'ai vécu chez la reine mère, qui m'a laissé sa maison.

Comment l'étudiante moderne que vous étiez s'est-elle préparée à devenir l'épouse du roi ?

Un peu comme toute jeune fille qui tourne la page de sa vie d'étudiante et se marie. À la différence que j'étais plongée dans un conte de fées ! J'épousais l'homme que j'aimais et j'admirais, dont je sentais l'amour et le soutien, et tout semblait facile. Ma mère, elle, était inquiète car, contrairement à moi, elle réalisait l'ampleur de la tâche qui m'incomberait.

Être reine, est-ce un métier ?

Un vrai métier, auquel mon éducation ne m'avait pas préparée. Je me suis progressivement adaptée. J'aurais sûrement pu me cantonner à certains domaines de la vie privée et ne pas m'investir autant que je l'ai fait, mais je me sentais très concernée par le destin de mon pays. Les deux premières années, mon bureau était ouvert à tous et je visitais les régions. J'ai rencontré à ces occasions des hommes et des femmes remarquables : artistes, professeurs d'université, paysans, ouvriers qui m'exposaient leurs problèmes. Avec le temps, j'ai mesuré l'ampleur de ma tâche et acquis une certaine expérience me permettant d'influer sur les décisions. Cela impliquait de me battre contre l'incompréhension, les réticences, la bureaucratie, discuter, convaincre...

Étiez-vous féministe ?

Oui, mais avec réalisme dans un pays musulman et de traditions. Certes, il y avait des choses à changer en Iran et bon nombre l'ont été. Je me suis efforcée, notamment, d'améliorer la condition féminine. Quand j'étais étudiante en France, un jour un camarade m'a demandé : « Combien de chameaux vaux-tu ? » C'est ainsi qu'il se représentait encore notre société ! Pour moi, le droit de vote des femmes, celui d'être élue, de divorcer, le droit de garde des enfants, la disparition de la polygamie étaient synonymes d'émancipation et constituaient une réelle avancée pour l'époque. Le régime en place à Téhéran n'a d'ailleurs toujours pas depuis réussi à revenir sur certains de ces acquis.

Le Shah vous encourageait-il à aller sur le terrain ?

Il a été mon mari, mon confident, mon ami, mon soutien, mon maître à penser, mon inspirateur, et grâce à son appui j'ai pu servir l'Iran. Présidente de plus de trente organisations sociales, médicales, culturelles et éducatives qui s'adressaient à tous mes concitoyens, ce n'était pas un titre symbolique.

Prise par toutes nos obligations, avez-vous été une mère presque comme les autres ?

Mon mari et moi nous efforcions de consacrer le maximum de temps à nos enfants, essayant de leur donner une vie et une éducation aussi normales que possible. Toutefois, pour des raisons de sécurité, nous avons fondé dans l'enceinte du palais une école bilingue, français et persan, regroupant une soixantaine d'élèves choisis dans notre entourage proche. Au début, je désirais que cette école soit composée de jeunes élèves issus de tous les milieux, mais j'ai rapidement compris que cette formule risquait d'être embarrassante pour les enfants les plus démunis. Nous souhaitions ardemment l'épanouissement de nos enfants, or comment empêcher les gens de se comporter différemment avec la fille ou le fils du roi, *a fortiori* avec le prince héritier, et demander aux serviteurs, chambellans, jardiniers ou à un professeur d'avoir quotidiennement une attitude normale à leur égard ? Pour préserver Reza de cela, nous l'avons inscrit dans une équipe de football composée de garçons du quartier.

Avez-vous été d'abord l'épouse du Shah ou l'impératrice de tout un peuple ?

Songeant au passé, je m'aperçois que j'ai davantage été l'impératrice du peuple iranien que l'épouse du Shah. Lorsque nous étions en exil au Panamá, mon mari m'a dit un jour : « Tu n'as jamais autant été mon épouse... » Cela m'a infiniment touchée mais également peinée. Je réalisais soudain que tous deux, si accaparés par les affaires du pays, n'avions pas accordé assez de temps l'un à l'autre. Car en dehors des vacances où nous nous retrouvions en famille, nous étions essentiellement absorbés par notre devoir. Même pendant les déjeuners et les dîners, je soumettais à mon mari des problèmes ou lui posais des questions... Aussi incroyable que cela puisse paraître, il m'est même arrivé dans le lit d'évoquer avec lui le dossier de construction d'une route !...

Vous perpétuiez les fastes de la Perse, tout en menant une action vigoureuse pour la modernisation de l'Iran.

L'aspect flamboyant ne faisait pas partie de ma nature profonde mais découlait de mon titre de reine. Si au début, je me pliais au protocole, vers la fin je ne souhaitais plus porter de diadème ou circuler en carrosse, car tout cela reflétait de moi une image fausse.

En éprouvez-vous de la nostalgie ?

Pas du tout, je peux enfin flâner dans les rues, prendre l'avion, faire à peu près ce que bon me semble, bien que je sois encore l'objet d'une discrète protection rapprochée. C'est une liberté à laquelle tout le monde aspire et dont je bénéficie à mon tour. Mais de toute façon, on ne peut pas tout avoir ! J'essaie toujours de tirer des enseignements positifs de chaque expérience pour moi-même et mes enfants, de porter un regard détaché sur ma vie, comme s'il s'agissait de l'histoire d'une autre personne. Je ne prétends guère que ce soit facile ni que j'y réussisse toujours, mais une certaine force intérieure, la volonté de survivre malgré tout, la foi dans ce que j'ai été et fait m'y aident. J'ai traversé des moments terribles et, quand il m'arrive d'y repenser, j'éprouve encore une immense douleur.

Qu'est-ce qui a été le plus dur ?

L'exil, la maladie de mon mari, la souffrance de nos enfants contraints de vivre loin de nous, le comportement de certains. Toutes les portes nous étaient fermées, nous errions d'un pays à l'autre… Face à tant d'injustices, de mensonges, d'hypocrisies, de bassesses, de lâchetés, mon mari a toujours gardé son calme et jamais émis la moindre plainte. Grâce à Dieu, le Président Sadate et le peuple égyptien nous ont reçus à bras ouverts, et tant de gens simples apporté leur soutien, leur affection ! Dans les moments les plus pénibles, cela a été pour nous tous, qui avons tant souffert et souffrons encore, un immense réconfort.

Existe-t-il une diaspora iranienne ?

Il y a plus de 3 millions d'exilés iraniens dans le monde. J'en rencontre beaucoup aux États-Unis et en France, où je me suis installée. J'ai tendance à croire que les jeunes sont comme des graines qui peuvent s'épanouir, même quand elles ne sont pas plantées sur leur sol. Pour les vieux arbres, c'est plus difficile. Les séquelles sont douloureuses, surtout quand on sait ce qui se passe dans le pays. Vous êtes loin de votre univers, de tout ce que vous pouviez ressentir, connaître, entendre, toucher. C'est l'absence d'une terre à laquelle vous avez appartenu et qui vous appartient elle aussi. Mes racines me manquent, c'est si difficile à exprimer, et le plus terrible est de voir mon pays dans l'état où il se trouve, de savoir que le peuple souffre, que les Iraniens sont tellement maltraités.

La fonction de reine est-elle de nos jours anachronique ?

La monarchie ne peut être plus anachronique que le régime en place en Iran ! On a généralement tendance à opposer la monarchie à la démocratie, mais *république* n'est pas forcément synonyme de *démocratie* ! Parmi les vraies démocraties, bon nombre sont des monarchies, tels l'Espagne, le Royaume-Uni, le Danemark, les Pays-Bas, le Japon…

Quels ont été les événements marquants avec le Shah ?

Notre mariage, bien sûr, puis la naissance, le 31 octobre 1960, dans l'allégresse générale du prince héritier, notre fils Reza. J'avais tenu à accoucher à la maternité d'un hôpital très populaire de Téhéran, dont j'étais Présidente. Le roi avait souhaité se recueillir sur la tombe de son père : la foule ce jour-là était si dense que sa voiture avait été soulevée. On dansait dans les rues, les magasins ; les marchands offraient aux passants des boissons, des gâteaux, des sucreries, des fruits… En France, un magazine avait même titré en persan : « C'est un garçon ». Le 12 mars 1963, Farahnaz venait au monde, à ma grande joie, car je désirais une fille. Le 28 avril 1966, Ali-Reza voyait le jour ; et, le 27 mars 1970, Leila. Parmi les autres faits marquants, il y a eu « la révolution blanche » de 1963 et, en 1973, le contrôle absolu de l'Iran sur toute l'industrie du pétrole, dont la nationalisation avait commencé en 1951, par la signature du traité d'Alger qui réglait enfin le problème du Chatt al-Arab – Arvand Roud –, c'est-à-dire le fleuve qui marque la frontière entre l'Irak et l'Iran. Ensuite se sont malheureusement produits les événements que l'on sait... Nous avons quitté l'Iran le 16 janvier 1979, et mon mari est décédé au Caire le 27 juillet 1980. Mon seul réconfort est qu'après tous ces malheurs il soit mort dans un pays frère et entouré d'amis.

Saviez-vous le roi malade ?

Il était malade depuis 1974, mais je l'ignorais. Ce n'est qu'en 1977 que j'ai été mise au courant du mal dont il souffrait. Cette année-là, alors que j'étais à Paris, ses médecins ont souhaité me voir en dehors de l'ambassade. Je leur ai indiqué la maison de ma tante, où je me suis rendue cachée dans une voiture afin d'échapper aux journalistes. Ils m'ont alors annoncé que mon mari souffrait d'une maladie du sang, dite de Waldenström, soignable, ont-ils précisé. Ce fut une période très dure, car mon mari me parlait de sa santé sans me dire exactement ce qu'il en était et je n'osais aborder directement le sujet avec lui. Vers la fin de 1977, ses médecins, un Iranien et trois Français, m'ont informée que le Shah avait un cancer du système lymphatique, tout en me précisant qu'ils n'avaient jamais prononcé le mot *cancer* devant lui. Je leur ai répondu : « On ne peut pas cacher une telle chose à un homme, à plus forte raison au roi ! » Nous avons alors décidé qu'ils lui expliqueraient la situation en employant le terme *lymphome* et non *cancer*, mais je suis persuadée qu'il connaissait parfaitement la nature de son mal. Comment un être d'une telle intelligence et avec ce caractère aurait-il pu l'ignorer ? Physiquement, il paraissait toujours bien. Les premiers symptômes apparents de la maladie se sont dévoilés au Mexique.

Vos enfants se doutaient-ils de cela ?

Leur père ne voulait pas qu'ils sachent. Quand il est parti en 1979 se faire opérer à New York, je savais que la vérité allait éclater car, aux États-Unis, rien n'est gardé secret. Et moi, j'avais un quart d'heure pour l'expliquer aux enfants avant que la télévision n'en parle.

Vous avez toujours été l'élément fort de votre famille !

Il y a eu des moments horribles, où j'aurais voulu mourir, mais je n'en avais pas le droit pour ma propre dignité, pour le soutien de mon mari, pour les enfants... Il fallait survivre par tous les moyens. Parfois, je me demande comment je m'en suis tirée... Sans doute parce que je suis croyante. Je garde ma foi, car je sais que la Lumière vaincra les ténèbres et que l'Iran renaîtra de ses cendres.

Qui, parmi les personnalités que vos hautes fonctions officielles vous ont amenée à rencontrer, vous a marquée ?

Anouar el-Sadate, visionnaire, homme de courage, de paix, bonté et compassion. Ma famille et moi-même lui garderons une gratitude éternelle ainsi qu'au peuple égyptien. J'ai aussi été impressionnée par Zhou Enlai et toujours eu beaucoup d'admiration pour le général de Gaulle. Quand il est venu à Persépolis, on lui a fait visiter les ruines sous une chaleur torride. Un personnage important avait préparé un texte sur l'histoire de l'Iran, dont la lecture s'éternisait. Quand il est arrivé au passage relatant comment Alexandre avait conquis et brûlé Persépolis, le Général l'interrompit soudain en disant : « Eh bien, mon ami, allons voir ce qu'il en reste ! » [Rire.] Mon mari avait énormément d'admiration pour « l'Homme du 18-Juin », et ce sentiment était, je crois, réciproque. Il était avec Konrad Adenauer le seul chef d'État à avoir été accueilli à « La Boisserie ». Le roi des Belges a également été pour moi un ami incomparable après les événements.

Baudouin, d'une grande intelligence, d'une extrême bonté, avait une philosophie remarquable de l'existence. Après la révolution, il était venu nous voir lors des funérailles du Président Sadate, ayant tenu à me rencontrer et à dîner avec les enfants. Et il m'a ensuite énormément soutenue.

Répondez-vous à tous ceux qui vous écrivent ?

Oui, même si ce n'est pas toujours une réponse positive. Je m'efforce de leur apporter une aide, dans la limite de mon pouvoir et de mon organisation, qui n'a rien à voir avec celle dont je disposais autrefois.

Êtes-vous mondaine ?

J'aime rencontrer des amis, mais je choisis les manifestations auxquelles je participe et je refuse d'être emportée par le tourbillon d'une vie mondaine.

Avez-vous des regrets ?

Pas vraiment... J'ai fait le maximum avec les possibilités qui étaient les miennes. Grâce aux encouragements à l'époque de mon mari, je me suis investie dans le social, la santé, les handicapés en particulier, la culture, l'environnement, l'éducation, le sport.

Cela vous a-t-il paru très long ?

La première fois que la reine Anne-Marie et le roi Constantin de Grèce étaient venus nous voir en Égypte, ne sachant pas encore si nous retournerions un jour en Iran, demandant alors à la reine combien de temps cela lui avait pris pour s'habituer à l'exil, elle m'avait répondu : « Six années. Cela me sembla une éternité ! » Or, trente ans, c'est plus d'une génération et, pourtant, à mes yeux, c'est comme si cela s'était passé hier. Une curieuse et triste impression, partagée par beaucoup d'Iraniens. Au début, c'était d'ailleurs très dur et humiliant. Nous avons quitté l'Iran le 11 février 1979 pour l'Égypte, puis le Maroc, où nous avons appris que le gouvernement de Chapour Bakhtiar n'avait pas résisté aux révolutionnaires. Cherchant où aller, nous sommes partis rapidement pour les Bahamas, de là, nous avons rejoint le Mexique, puis New York pour l'opération de mon mari. Après la prise d'otages américains de novembre 1979, nous souhaitions retourner au Mexique, mais ils n'ont pas voulu de nous. En attendant, nous sommes allés à San Antonio, au Texas, puis au Panamá et, de là, en Égypte, où mon mari est décédé le 27 juillet 1980. Il y eut ensuite l'assassinat du Président Anouar el-Sadate… En Égypte, nous nous trouvions bien, nous sentant plus chez nous qu'ailleurs, les enfants s'y plaisaient beaucoup, et nous étions très proches de la famille du Président. J'aurais aimé y rester, mais la mort de Sadate a tout bouleversé, et on nous a conseillé de partir… C'est à ce moment-là que j'ai été prévenue par le Président Reagan que nous pouvions venir aux États-Unis… J'ai pensé que ce serait bien pour la sécurité des enfants. C'est ainsi que Farahnaz, Reza et Ali-Reza y ont suivi leurs études universitaires et qu'ils y sont restés. Mes trois petites-filles vivent ici, tout près de Washington, mais nous gardons nos traditions, notre langue. Il est plus facile de cultiver l'art d'être grand-mère que d'être impératrice et mère. Avec mes enfants, j'étais plutôt sévère.

Vous sentez-vous menacée ?

J'essaie de ne pas y penser, mais je prends mes précautions partout où je vais. Tout Iranien qui peut s'exprimer est d'une manière ou d'une autre menacé.

Quel est, de nos jours, l'avenir des femmes en Iran ?

Avant de répondre à cette question, j'aimerais rappeler brièvement l'histoire de notre pays et de son évolution sous les Pahlavi. En 1928, les jeunes filles ont eu pour la première fois le droit d'aller étudier à l'étranger. En 1935, le Shah rend facultatif le voile traditionnel, celles qui désirent le porter sont libres de le faire. En 1938, les femmes sont admises à l'université. En 1944, l'éducation devient obligatoire pour les garçons et les filles, et 1963 marque une vraie révolution en Iran : la femme iranienne a désormais le droit de voter et d'être élue. En 1964, elle entre au Parlement, l'année suivante devient ministre et ambassadeur. Or, ce sont elles qui souffrent le plus. En 1963, comme je l'ai souligné, après le référendum de « la révolution blanche », elles ont acquis des droits grâce à leur combat et au soutien du roi. De nombreuses lois ont été votées au Parlement sur leur émancipation : l'interdiction de la polygamie, la permission de demander le divorce et de garder les enfants jusqu'à un certain âge. Elles avaient aussi accès à toutes les études. Les salaires étaient identiques à ceux des hommes, elles pouvaient travailler où elles voulaient, étaient libres de porter le voile ou pas, de pratiquer leur religion comme elles le souhaitaient. Avaient surtout le droit d'être élues et de voter… Et maintenant, le prix du sang d'une femme vaut la moitié de celui d'un homme ! Une femme ne peut plus devenir juge, parce qu'on pense qu'elle n'est pas assez juste ; le témoignage de deux femmes équivaut à celui d'un seul homme. La polygamie est autorisée et, pire que le voile qu'on les oblige à porter, il y a la lapidation…

Peut-on au XXIe siècle être une souveraine moderne ?

Les souverains régnants sont aimés de leurs contemporains, que ce soit du Danemark, de Suède, de Hollande, de Belgique, d'Angleterre. Au Japon, en Thaïlande, c'est un système beaucoup plus traditionnel. Savez-vous qu'aux Nations unies la majorité des États démocratiques sont des pays monarchiques, contrairement à ce que pensent certains, pour qui *monarchie* signifie *système autoritaire* ? Bon nombre de futures reines sont, de nos jours, issues d'un autre milieu. Mais pourquoi pas, le monde a changé.

Vos petites-filles ont-elles conscience de la place qu'ont occupée leurs grands-parents dans le monde ?

Elles voient des photos de leur grand-père en uniforme et moi portant une couronne, mais je suppose que, pour elles, cela s'apparente en quelque sorte à l'histoire de Cendrillon…

Sa Majesté Mohammed VI du Maroc

Héritier d'un royaume ancien dans un monde moderne

« À 11 ans lors de ma première visite officielle à l'étranger, seul j'ai pris conscience de la mission qui serait la mienne. »

– Année 2004 –

Majesté, dans le cadre d'une monarchie ouverte à la modernité, le protocole royal est-il un obstacle à votre action ?

Le protocole est et reste le protocole. La rumeur a rapporté que j'avais fait en sorte de chambouler quelque peu ce qui existait. C'est faux. Le style est différent, mais le protocole marocain a sa spécificité, je tiens à ce que sa rigueur et chacune de ses règles soient préservées. C'est un précieux héritage du passé. Cependant, il doit s'adapter à mon style. Vous savez, je suis né et j'ai grandi avec ces usages protocolaires. Ils font partie intégrante de mon existence et surtout de ma vie professionnelle.

Cette existence au palais a-t-elle marqué votre enfance ? Prenez-vous encore le volant de votre voiture en costume.

On peut conduire en djellaba, ce n'est pas incompatible ! C'est pour moi l'affirmation d'une double culture. Je ne fais pas de différence entre aller travailler en djellaba, en tenue marocaine, ou en costume-cravate ; cela ne change absolument rien, c'est une façon de nous habiller comme une autre. Savez-vous que, même au palais, on ne passe pas son temps en cafetan et en djellaba !

Conduire sa voiture, ce n'est pas banal pour un souverain en exercice ! En connaissez-vous d'autres ?

Le roi de Jordanie, par exemple, que j'ai l'occasion de côtoyer souvent. En ce qui me concerne, ce n'est pas du tout exceptionnel. De toute façon, je le dis à nouveau : j'ai décidé de ne rien modifier, absolument rien, à ma vie d'avant. J'ai plus de travail, davantage de responsabilités, mais si je ne me préservais pas, si je changeais tout sans faire la part des choses entre la vie privée et mes fonctions officielles, ce serait étouffant…

Vous fêterez le 30 juillet prochain le cinquième anniversaire de votre intronisation avec, j'imagine, toujours davantage d'obligations ?

Oui, mais ce n'est pas forcément en raison de cet anniversaire : j'ai toujours un calendrier bien rempli et les prochaines semaines seront particulièrement denses, avec notamment le lancement de grands chantiers socio-économiques. Ce sont des projets structurants qui concernent en réalité tout le nord du pays : infrastructures portuaires, routières et ferroviaires, zones industrielles, électrification et eau potable. Il y a également l'aménagement et la mise en valeur des rives du fleuve Bouregreg, dans la région de Rabat. Enfin, à Casablanca, un important pôle d'investissements industriels va être consolidé ces jours-ci à proximité de l'aéroport. Il y a aussi de nombreux déplacements à l'étranger. Mon emploi du temps est en général très chargé et c'est tant mieux. Vous savez, lorsque vous passez plusieurs semaines, voire des mois, à plonger dans des dossiers jusqu'à leur concrétisation sur le terrain, vous en tirez d'immenses satisfactions.

Quel premier bilan faites-vous aujourd'hui ?

Je n'aime guère le mot *bilan*, parce qu'il souligne la fin d'une étape, et que je suis encore au début de ce que je veux réaliser pour le Maroc. Bien sûr, cinq années de règne marquent un anniversaire assez important, ce n'est pas rien et je m'en rends compte maintenant. Je me refuse toutefois à utiliser le terme *bilan*, parce qu'il reste beaucoup de choses à entreprendre pour mon pays, comme le plan d'action pour le développement de la région du Rif, qui a malheureusement connu un terrible tremblement de terre il y a quelques mois.

Quelles sont vos priorités ?

Les mêmes qu'il y a cinq ans ! J'ai toujours dit que je n'avais pas d'ambitions personnelles mais d'immenses pour le Maroc. On ne ferme pas un dossier comme on tourne une page. Parmi les grandes avancées dont je suis assez fier, il y a la nouvelle Moudawana, c'est-à-dire le nouveau Code de la famille. L'important n'est pas de l'avoir créée mais que les dispositions suivent concrètement sur le terrain. Nous avons déjà des tribunaux de la famille, d'autres sont en train d'être mis en place ; tout cela relayé par des campagnes de sensibilisation et d'information. Il reste néanmoins plusieurs outils à mettre en œuvre. Ce dossier sera clos lorsque toutes les conditions pour l'application de la Moudawana seront remplies. Je souhaite mettre l'accent sur un point capital : il ne s'agit pas seulement du Code de la femme mais du Code de la famille, dont la femme fait partie intégrante. Si nous avions créé uniquement un Code de la femme, nous aurions exclu la gent masculine. Certes, il apporte à l'épouse beaucoup de liberté, de sécurité et c'est un premier pas en avant, mais il concerne aussi le mari et les enfants. Ce Code est fait pour consolider les valeurs familiales, auxquelles je suis très attaché.

Grâce à lui, peut-on désormais oser prononcer au Maroc le terme d'égalité entre l'homme et la femme ?

J'imagine que oui, on peut oser. En France et dans d'autres pays occidentaux, vous avez aussi un débat sur la parité. Il y a des domaines dans lesquels la femme est plus présente que l'homme et d'autres où c'est l'inverse… Je ne pense pas que l'égalité absolue puisse exister un jour. D'ailleurs, que veut véritablement dire *égalité* ? Il s'agit en fait de préserver les identités féminine et masculine en donnant à la femme et à l'homme leur dignité respective.

Cela implique-t-il pour la femme de devoir encore parcourir un chemin sans fin ?

Le plus dur est fait. La marche a été longue, c'est vrai, pour atteindre ce résultat, mais aujourd'hui je crois que les femmes marocaines se tournent vers l'avenir avec beaucoup plus d'optimisme.

Votre Majesté semble maintenant si loin du mémorable portrait de ce jeune prince héritier de 11 ans venu le 6 avril 1974 à Notre-Dame de Paris représenter son père, le roi Hassan II, lors du service religieux pour le Président Pompidou…

J'étais assez impressionné, je dirais même ému, et je n'ai jamais oublié. Cet événement a marqué mon enfance. C'était en effet ma première visite officielle à l'étranger seul et je prenais conscience de la mission qui était la mienne : celle de représenter mon pays. Par la suite, bien sûr, j'ai eu maintes occasions de représenter mon père à l'étranger. Je me souviens qu'à l'époque la presse française avait titré « Le Petit Poucet à Notre-Dame » ! C'est au cours de ce voyage que j'ai réalisé que j'avais un destin différent des autres.

Le prince héritier sera-t-il élevé comme vous l'avez été ?

Franchement, c'est mon souhait. Je voudrais qu'il reçoive une éducation qui ressemble à la nôtre. Mes sœurs, mon frère et moi avons été élevés plutôt sévèrement, avec un cursus scolaire assez chargé. Nous devions aussi avoir une bonne éducation religieuse à l'école coranique du Palais. Je tiens à ce que mon fils reçoive les mêmes bases. Cela lui permettra par la suite de respecter les valeurs que nous nous efforcerons de lui inculquer, de sorte qu'il puisse bien appréhender la société dans laquelle nous vivons. Le plus important à mes yeux pour un enfant est une solide éducation et un bon parcours scolaire. Je ne souhaiterais pas qu'il soit façonné à mon image, mais qu'il se forge sa propre personnalité. Mon père aimait à dire en parlant de moi : « Lui, c'est lui ; moi, c'est moi. Le style, c'est l'homme. »

Vous êtes issu d'une famille de cinq enfants.

Une famille nombreuse, marocaine, méditerranéenne, oui… C'est une profonde source d'équilibre. Mes trois sœurs, mon frère et moi habitions dans une grande maison très animée et chaleureuse où il y avait toujours beaucoup de monde, nos dadas [les nounous], les amis venaient pour déjeuner et dîner ; on jouait tous ensemble. On organisait des projections de films, des balades à bicyclette. Il y avait plein d'animaux autour de nous, des chiens, des chevaux…

La sérénité absolue existe-t-elle chez les rois ?

Je pense que l'insouciance, qu'on soit roi ou pas, disparaît à partir d'un certain âge. Elle laisse la place à la sérénité, celle qui vous rend plus solide face aux événements. Elle vous donne aussi l'occasion de vous occuper de choses qui peuvent sembler un peu futiles comme la préparation de l'anniversaire du prince héritier. Cela fait partie des plaisirs simples de l'existence et j'avoue que cela me change. En même temps, cette sérénité fait que vous n'oubliez jamais vos responsabilités professionnelles, vous y pensez tout le temps. Je n'ai ni horaires ni jour de repos fixes, encore moins de vacances planifiées longtemps à l'avance, c'est là d'ailleurs le propre du métier de roi.

Trouver un équilibre entre tradition et modernité, se souvenir du roi Hassan II, qui vous disait : « Tu auras à prendre des décisions qui ne feront plaisir ni à toi ni à tes sujets mais qui seront bonnes pour le pays… »

Comme le disait Sa Majesté, mon père, je suis au service des Marocains sans être l'esclave de personne. C'est quelque chose qui m'a fait beaucoup réfléchir. Je ne m'appartiens pas. Je suis là pour remplir une mission. J'espère pouvoir dire un jour que j'ai rempli « mon contrat », celui de la Beia, qui me lie à mon peuple, ou que j'ai fait mon possible. C'est ce qui me motive chaque jour.

Reste-t-il encore une forme de liberté quand on est roi et Commandeur des croyants ?

C'est une liberté relative. Chacun d'entre nous a sa propre liberté et trace ses lignes rouges. À nous de les interpréter.

Récits souverains à la une

Un choix raisonné

D'aucuns pourraient s'étonner que dans les circonstances actuelles j'aie décidé de publier ce reportage sur le roi Juan Carlos et la reine Sofía datant de 1999 même si, après trente-neuf années de règne, l'ex-monarque a quitté l'Espagne depuis août 2020. C'est un choix délibéré, réfléchi, car l'Histoire n'est pas figée, mais parfois contrastée. En ces années-là, les démocraties telle la nôtre étaient admiratives de cette monarchie espagnole incarnée par des souverains modernes alors célébrés par leur peuple en réalité plus juancarliste que royaliste. Dynamiques, sportifs, ayant fière allure, ils sont en phase avec leur siècle. Or on a oublié désormais le rôle qu'a tenu à l'époque le charismatique Juan Carlos, monté sur le trône le 22 novembre 1975, quand eut lieu le 23 février 1981 la tentative de coup d'État perpétrée par les militaires à l'assaut des Cortes, guidés par le lieutenant-colonel Tejero. Ce soir-là, les assaillants tirent en l'air des rafales d'armes automatiques, obligeant les députés et les membres du gouvernement à se jeter au sol. Comme chef de l'armée, le roi réussit néanmoins à contraindre les deux cents officiers félons qui retenaient leurs otages dans le Parlement à déposer les armes. Après avoir notamment appelé chacun des généraux commandant les régions militaires du pays pour les convaincre de lui rester fidèles. Ce qu'ils acceptent tous, sauf celui du district de Valence ; le souverain a maîtrisé le coup d'État des putschistes, dont l'ambition était le retour au régime militaire, et s'exprimera de façon solennelle en direct à la télévision à 1 h 15 du matin, vêtu du grand uniforme de Capitaine général des armées, prononçant une allocution marquante pour défendre la Constitution. L'armée resta solidaire au roi. Quelle victoire ! Une proportion importante d'Espagnols, républicains de cœur ou idéologiquement pragmatiques, affichent alors leur attachement à la personne du roi et leur reconnaissance pour son rôle crucial à ce moment-là. Les gouvernants européens sont à l'époque impressionnés par l'habileté de Juan Carlos, fin politique ayant permis le rétablissement et la consolidation de la démocratie au lendemain du franquisme, en passant des accords secrets avec tous les partis, y compris les communistes. L'homme d'État incarne aussi l'entrée en 1986 de l'Espagne dans l'Union européenne.

Avec Benoît Gysembergh[1], l'un de nos grands photographes, qui lors de ce reportage a toujours travaillé au Leica en lumière naturelle – ce qu'appréciait Sa Majesté –, nous avons eu la chance de pouvoir rester un mois durant auprès des souverains espagnols. Nous rendant chaque jour au palais de la Zarzuela, leur résidence officielle au nord-ouest de la capitale. Traversant l'immense domaine qui est aussi le royaume des cervidés en liberté, spectacle magnifique, c'est là qu'était fixé notre rendez-vous avec les souverains pour les suivre ensuite dans leurs activités. Cela reste des moments uniques, un souvenir incroyable. Aujourd'hui dernier témoignage triste, insolite, reste sur les pièces de un euro, l'effigie de Juan Carlos...

1. Journaliste et photographe décédé le 3 mai 2013.

Visite privée à la cour d'Espagne

Un mois à l'ombre du roi

– Année 1999 –

« Majesté, je vous prie de m'excuser. » Juan Carlos se baisse pour ramasser le lourd sac et le manteau que je viens de laisser tomber à ses pieds. Ainsi a commencé le reportage sur le roi d'Espagne qui aurait pu rapidement tourner court. Juste après une remise de prix de dessin au ministère de l'Industrie, Sa Majesté abandonne soudain la voie royale sous le regard réprobateur du chef du protocole, pour venir me saluer. Je suis si surprise que j'en lâche tout ce que j'ai dans les mains. Ça y est, j'ai raté mon entrée ! La sévère responsable de la communication du palais de la Zarzuela, m'avait pourtant avertie : « Même si vous êtes près du roi, ne vous adressez jamais directement à Sa Majesté Juan Carlos. Attendez qu'éventuellement il vous parle. » En cet instant, me voyant paralysée par l'éclat de rire de son époux, la reine Sofía vient à mon secours et lui explique avec une pointe d'ironie que les femmes actives sont toujours encombrées de sacs et autres accessoires. Le roi engage alors chaleureusement la conversation avec le photographe, Benoît Gysembergh, et moi-même.

« Vous n'utilisez ni flash ni téléobjectif, s'étonne-t-il. — Rarement, Majesté, lui répond Benoît, je travaille surtout en ambiance au Leica. — Avec quelle pellicule ? », demande Juan Carlos. La reine confie que la photo est l'un de leurs hobbys et se fait préciser le nombre d'Asa par Benoît. Le souverain a un goût si prononcé pour les gadgets électroniques qu'il y a deux ans, lors d'un voyage officiel en Corée, son épouse, se trouvant à la sortie d'un temple devant un vendeur de souvenirs, lui offrit sur-le-champ un bouddha en plastique téléphonant d'un portable ! Réputé pour son humour et un incontestable talent d'imitation, le roi a cependant un don pour se plier naturellement au protocole d'une cour qu'il a voulue sans chambellan, laquais, ni gentilhomme. Sa suite, « véritable colonne vertébrale du pays », comme il aime à le souligner, est composée d'aides de camp et de collaborateurs discrets issus de tous les milieux. Ce que déplore avec nostalgie la bonne société madrilène, qui regrette le manque de pompe et d'ors de cette cour dépouillée. Le descendant du roi-Soleil a su se détacher du poids du passé tout en restant très Bourbon. Naguère solitaire petit prince d'Espagne, il a appris tout jeune à juger les hommes. Enfant, il a vu à Estoril, où son père, le comte de Barcelone, était en exil, tant de nobles venir furtivement présenter leurs respects et ensuite partir en rasant les murs, de peur que leurs noms ne fussent relevés par des sympathisants franquistes… C'est sans doute pour cela qu'il n'éprouve qu'une sympathie modérée pour cette aristocratie guindée et qu'il la tient à l'écart de sa vie mondaine et privée. À le voir accueillir, en grande tenue militaire, à peine souriant, accompagné de la reine, sous les lustres de cristal de Bohême, dans l'imposant décorum du palais d'Orient, le prestigieux Conseil permanent des grands d'Espagne, on perçoit combien il s'agit là avant tout des devoirs qu'impose la charge royale ! D'ailleurs, depuis sa nomination comme héritier de la

Couronne, le 23 juillet 1969, en vingt-trois années de règne, le roi n'a concédé que vingt-huit titres de ducs, Marquis et comtes. Dont seulement quelques-uns assortis de la grandesse d'Espagne, l'échelon le plus haut de la noblesse espagnole. Des titres transmissibles, à l'exception de ceux que le roi distribue à sa famille comme il leur donnerait des surnoms, les *títulos vitalicios* – «titres à vie» –, à ses yeux les seuls qui comptent vraiment ! Dans l'entourage de la reine, on murmure qu'un jour la souveraine aurait avoué plus s'intéresser au pedigree de ses chiens qu'aux généalogies et histoires de titres ! Fille et sœur de roi, descendante de deux empereurs germaniques, huit monarques danois, cinq souverains suédois, sept tsars de Russie, un roi et une reine de Norvège, une souveraine britannique et cinq rois de Grèce, aucun sang bleu ne peut en effet l'impressionner ! Leurs ascendances glorieuses n'ont pour autant jamais contraint Juan Carlos et Sofía d'Espagne à rester confinés entre dignes cousins, haute aristocratie et dignes ecclésiastiques. Ainsi, le roi semble-t-il beaucoup plus détendu et affable lorsqu'il reçoit en costume d'alpaga gris, chemise bleue, assortie à ses yeux, et cravate Hermès, quelques membres de l'Athletic Club de Bilbao et son Président – amis avec lesquels il oublie de regarder sa Breitling, toujours au poignet droit, et se montre fort chaleureux –, plutôt que lorsqu'il est en présence de quelques nobles plutôt raides. Lors de la séance solennelle de l'Académie des beaux-arts de San Fernando, la paupière mi-close, il écoutait sans réel enthousiasme les interminables discours. Ainsi va ce roi qui, d'un côté, préside avec flegme et prestance certaines fastidieuses obligations et, de l'autre, laisse souvent libre cours à sa nature espiègle, notamment dans l'univers du sport, où les barrières tombent spontanément. Sportif de haut niveau, tennisman tout autant qu'excellent cavalier, skieur émérite, joueur de squash, très bon barreur, le roi évolue avec un naturel déconcertant dans cet univers. Autre cercle dans lequel Juan Carlos se sent visiblement très à l'aise : l'armée. Elle lui a toujours été fidèle depuis la nuit du coup d'État du 23 février 1981, où il mit dans la balance du destin toute son influence de chef suprême des forces armées pour faire triompher le droit, alors qu'aux Cortes députés et gouvernement au complet étaient pris en otages. Bon nombre d'officiers supérieurs lui sont restés proches, depuis son passage dans les trois académies militaires. Ensemble, ils ont suivi le rude entraînement des cadets et, pour eux, il est resté « SAR », diminutif de « Son Altesse Royale », avec qui ils égrènent encore des souvenirs de chambrée ; d'où cette aisance et ce plaisir évident à se trouver parmi eux. Sans doute se sent-il plus en phase avec les concitoyens auprès desquels il a fait autrefois son apprentissage de roi, quand il s'efforçait de se prendre pour un Espagnol presque comme les autres et d'oublier qu'il n'était pas seulement l'héritier des Habsbourg, de Charles Quint et d'Isabelle la Catholique.

Un exemple que suit le prince des Asturies. Grand admirateur de son père, le futur Felipe VI lui a offert en 1986 une photo qui trône en bonne place dans le salon du roi. Cette brève dédicace traduit parfaitement leur profonde complicité : « Pour Papa. En souvenir de ma prise d'armes et pour que tu te souviennes de moi également comme cadet. Je t'embrasse. Felipe. » Loin de l'image frivole qu'on lui prête parfois, le séduisant héritier du trône, porte-drapeau de l'équipe espagnole aux Jeux olympiques de Barcelone en 1992 et médaillé d'or en voile, a incontestablement hérité du charme de son père, mais pas encore tout à fait de son assise. Dans son sillage, il apprend donc à lui succéder en le remplaçant de plus en plus souvent lors des cérémonies officielles. Pour l'instant, avec juste ce qu'il faut d'hésitation, il s'acquitte de cette tâche sans faux pas. S'il a été éduqué comme lui dans les deux armées et la marine, il n'a, lui, jamais manqué de la chaleur et de l'affection de sa famille. Un atout qui lui insuffle force intérieure et authenticité. Ayant eu le privilège de suivre les souverains et leurs héritiers un mois durant, je n'ai décelé dans leur façon de vivre aucune mise en scène, air emprunté de circonstance ou fausse simplicité. Le plus impressionnant est la manière dont chaque membre de la famille royale regarde son interlocuteur droit dans les yeux. Il suffit d'observer, lors d'un cocktail informel au Parlement, le roi plaisanter avec la porte-parole du groupe communiste de la Chambre des députés, pour comprendre qu'il s'agit là d'une aisance innée. « L'homme, qui symbolise les élections libres, la légalisation du divorce, des syndicats et du Parti communiste, puise ce ressort et son équilibre parmi les siens et dans le sport », me confie l'infante doña Margarita, duchesse de Soria, l'une de ses sœurs. La reine Sofía, quant à elle, n'a rien d'une « reine consort ». Avec un naturel inimitable, elle a, dans chacune des langues qu'elle parle à la perfection, espagnol, grec, anglais, allemand, français, cette manière à la fois retenue et profondément aristocratique d'aborder les autres. Aucun détail ne lui échappe, même si elle a la courtoisie de n'en rien montrer. D'ailleurs, dans le cadre de sa Fondation Reina-Sofía, qui se consacre à l'enfance, à l'aide au tiers-monde et aux immigrés, à l'écologie, aux problèmes de drogue… la souveraine est une Présidente déterminée qui, selon les membres du comité exécutif, ne se comporte guère en « dame d'œuvre ». Femme d'ordre, elle prend note de tout avec précision et agit en conséquence. Les quelque neuf cents audiences annuelles qu'elle préside ne souffrent pas non plus le moindre amateurisme. La souveraine est évidemment le meilleur soutien de son époux. Souvent pince-sans-rire, ils échangent discrètement des commentaires lors d'interminables manifestations officielles.

Ensemble, ils ont cultivé dès le début de leur mariage l'authenticité. D'abord en choisissant d'abriter leur vie privée à la Zarzuela, pavillon de chasse XVIIIe de brique rouge aux proportions de taille humaine à 5 kilomètres au nord de Madrid, auquel ont été au fil des ans ajoutés deux harmonieux bâtiments. L'un pour recevoir les hôtes de marque, l'autre pour abriter l'administration royale. Une cinquantaine de personnes travaillent là, directement rétribuées par le roi, qui, faisant office de liste civile, reçoit chaque année sur le budget de l'État quelque 40 millions de francs, à répartir à sa guise entre les siens et son personnel. Le premier des Espagnols s'acquitte ensuite, lui aussi, de l'impôt sur le revenu. C'est à la Zarzuela que Juan Carlos a réussi à concilier vie de famille et charge royale. C'est au milieu de centaines d'hectares plantés de chênes-lièges et d'oliviers, avec des cerfs, chevreuils et sangliers en liberté, la réserve naturelle del Monte del Pardo – domaine du patrimoine national mis à la disposition de Juan Carlos et Sofía –, que vivent les souverains loin des rumeurs de la capitale. Cette élégante demeure se compose de vastes et accueillantes pièces aux boiseries d'acajou, d'un superbe mobilier XVIIIe, de tapisseries de la fabrique royale de Santa Bárbara, de confortables fauteuils dans des tons pastel. Sur les murs sont accrochés des tableaux de batailles qui voisinent avec des photos de famille, de lourdes maquettes de caravelles en argent massif et de voiliers plus récents faits dans de vieux bois, ainsi que des pierres dures brutes naturelles. Dehors, à quelques mètres de la pelouse, un escalier surplombe le court de tennis. Non loin, un bébé pleure. Une très stylée gouvernante promène dans un Silver Cross, la Rolls des landaus, le premier petit-fils du roi, Felipe Juan Froilan, fils de l'infante Elena. La reine, quant à elle, ne peut passer incognito, car la voici immédiatement trahie par sa meute : de lhassa apso. Les cinq autres chiens de la maison, dont le golden retriever du souverain, son labrador et son schnauzer sont aussi dans les environs.

Ici, les journées commencent tôt. Le couple royal est matinal. Après avoir écouté la Radio Nacional de España et lu *ABC*, *El País*, *La Vanguardia*, le *Herald Tribune*, le roi gagne son bureau vers 8 h 30, où il commence par consulter ses e-mails. Des ordinateurs les plus sophistiqués aux derniers modèles de portables, il les possède tous… Une heure après, la reine se rend elle aussi à son bureau, non sans avoir entendu les informations, parcouru les journaux et jeté un coup d'œil sur la presse féminine et sur son horoscope. Audiences au palais, inaugurations en ville et activités au sein de sa Fondation pour Madame. Programme plus politique pour son époux, car paradoxalement pour un homme sans réel pouvoir, son assise, son influence reposent sur un socle très politique. Ainsi, chaque semaine, les visiteurs de marque se succèdent ; d'abord ses principaux collaborateurs, le chef de la diplomatie, puis les responsables des Finances et de l'Économie, mais aussi le Président du gouvernement, le Président du Parlement, le chef d'état-major des armées, le roi tient à être informé de tout ! En bons Espagnols, les souverains déjeunent tard, parfois avec le prince Felipe, l'infante Elena, si elle est venue monter ses chevaux, ou l'infante Cristina lorsqu'elle se trouve à Madrid. Le menu est frugal, car la gastronomie n'est pas une préoccupation du couple, chacun faisant attention à sa ligne. Une longue parenthèse après le déjeuner – jusqu'à 16 ou 17 heures – permet à Juan Carlos de se détendre sur fond de télévision, généralement branchée sur l'actualité et le sport, en fumant de gros Cohiba – cigares cubains chers à Fidel Castro. La reine, quant à elle mélomane, écoute de la musique, lit un document ou un roman… pendant que son époux parcourt un dossier, une biographie, un livre politique, ou va jouer au tennis, parfois au squash. Les activités publiques reprennent à 17 heures. La reine aimerait bien de temps à autre, histoire de se sentir presque comme tout le monde, faire des courses en se mélangeant à la foule ou aller chez le coiffeur plutôt qu'il se déplace à la Zarzuela. Si elle y renonce, c'est parce qu'elle veut éviter que les uns et les autres ne se prévalent ensuite du très chic sésame de fournisseur de la Maison royale. Aussi, Sofía se livre-t-elle uniquement aux joies du shopping à Palma de Majorque pendant les vacances ou lorsqu'elle voyage à l'étranger.

La Couronne est, d'après un sondage de mars 1998, l'institution la plus appréciée des Espagnols, et cela en raison de la personnalité attachante et de la simplicité de Juan Carlos et de son épouse. Chez les Bourbons, on prend visiblement encore le temps de se parler, de s'écouter et de rire. Les souverains espagnols ont toujours privilégié les vrais rapports tendres et familiaux. La reine s'adresse souvent en anglais à ses enfants, le roi en espagnol. Polyglotte, il parle naturellement anglais, allemand, italien, portugais, français et s'exprime assez bien en grec. Le couple le plus célèbre du pays dîne rarement en ville, sauf incognito au restaurant, chez des amis ou à l'occasion de soirées de gala, comme lorsque la reine va écouter ses divas préférées, Teresa Berganza ou Montserrat Caballé. Rien ne plaît plus aux souverains espagnols, tous deux cinéphiles éclairés, que de regarder en compagnie de quelques proches plusieurs fois par semaine des films dans la salle de projection du palais. Cependant, ils aiment aussi se rendre au cinéma dans la capitale.

Un soir, à la fin du reportage, se rappelant que je ne reviendrai pas la semaine suivante, ils m'ont même spontanément invitée. Sans escorte mais avec une discrète protection rapprochée, Juan Carlos et Sofía ont rejoint Le Tivoli, salle de cinéma dans l'une des grandes artères de Madrid, pour aller voir *El abuelo* – « le grand-père » –, film néoréaliste sur l'aristocratie espagnole au début du siècle. Expérience unique dans une carrière de journaliste, que de se trouver assise juste derrière le roi dans un cinéma de quartier ! Durant ces trois heures, je n'ai noté ni exaspération ni impatience de sa part. À peine s'efforçait-il régulièrement de déplacer ses longues jambes. Dès que la salle s'éclaira, il fut salué par des applaudissements et des « *Viva el rey* ». Émue et respectueuse, l'assistance rendait alors hommage au souverain que son peuple surnommait encore, à l'époque, « l'homme de la Providence ».

Près des vieux murs

Comment aurais-je pu résister à raconter cette brève rencontre avec le roi Albert et la reine Paola des Belges ! Il est rare, après tout, de croiser un souverain et une souveraine en exercice, marchant incognito tels de distingués touristes dans les ruelles du vieil Antibes.

Le roi Albert et la reine Paola des Belges

Match de Belgique

– Année 2000 –

Le métier de journaliste réserve bien des surprises. Alors, tel le chien de chasse qui ne dort que d'une oreille, faut-il toujours être en alerte, croire également à la Providence et pas seulement au Vatican ! C'est ainsi que ce jour-là après être allée au marché provençal, remontant au volant de ma voiture à faible allure « la route les remparts » du vieil Antibes érigés par Vauban, j'aperçois de dos, marchant à petits pas, la silhouette d'un couple fort distingué. La démarche de la femme aux cheveux balayés par le vent me frappe, je les dépasse et regarde dans mon rétroviseur. Elle ressemble beaucoup, même en s'abritant derrière des lunettes bleutées, à la reine Paola de Belgique. Quant à l'homme au pantalon beige et pull bordeaux, s'appuyant sur l'épaule de son épouse, il a l'allure du roi des Belges. Je peux à peine le croire tant cela me paraît improbable. Pourtant je suis presque sûre que ce sont eux, car je viens de lire dans *Nice-Matin* que les souverains belges sont dans le Midi, où Sa Majesté Albert II est en convalescence. J'en lâche alors le volant, plante ma voiture au milieu de la rue et me précipite pour rattraper ce couple qui m'intrigue.

Me voici face à eux, marchant à reculons, je plonge littéralement pour faire une révérence à la reine. Par chance, ayant suivi l'année dernière pendant un mois pour notre journal les souverains espagnols, je suis désormais aguerrie à cet exercice un brin démodé dans la vie quotidienne. Or mon naturel m'a sauvée puisque derrière eux, à une dizaine de mètres à peine, les deux discrets gardes du corps, portant une sacoche noire qui ressemble à un étui à jumelles, ne sont pas intervenus pour m'éloigner des deux nobles «touristes». J'ose donc aborder le roi et me présenter. «Comment allez-vous, Sire ? — Ne vous inquiétez pas, je vais bien. Et vous laisse le soin de conforter vos lecteurs», me répond d'une voix calme celui que son épouse, Paola, regarde d'un air protecteur, aussi étonnée de ma spontanéité que souriante. Puis afin de les rassurer, j'en profite pour opportunément évoquer quelques chaleureux moments où nous nous trouvions ensemble au cap d'Antibes chez des amis communs italiens, il y a une vingtaine d'années, quand le couple n'était pas encore monté sur le trône. Je ne saurai jamais s'ils s'en souvenaient vraiment mais, avec leurs manières exquises, ils ont à ce moment-là fait comme si…

Les souverains sont tellement surpris de ma respectueuse «réactivité» qu'ils acceptent de me donner rendez-vous le lendemain matin pour *Paris Match* au cœur de l'arrière-pays niçois, dans les environs de Grasse. Nous nous trouvons donc, ce mémorable 2 mai, en compagnie du souverain convalescent et de son épouse sous la douce lumière de printemps, à proximité de Châteauneuf-Grasse, dans leur domaine provençal aux oliviers centenaires, dont les parfums de lavande et de romarin se mêlent aux autres senteurs sauvages. Le roi Albert se tient droit : son quadruple pontage coronarien, pratiqué en urgence dans la nuit du 12 au 13 avril dernier à l'hôpital Notre-Dame d'Alost, près de Bruxelles, semble, à le voir, n'être plus qu'un lointain souvenir pour cet homme aujourd'hui âgé de 65 ans. Lequel a subi une intervention de deux heures qui, tel que l'a indiqué dans un communiqué officiel son médecin, le Dr Hugo Vanermen, «s'est déroulée sans la moindre complication». Observer aujourd'hui le roi Albert II en face de moi, certes les traits encore tirés mais apparemment en bonne forme, reste de loin la plus éloquente des déclarations médicales. Force de la nature que ce sportif? Miracle de la médecine moderne? Comme l'explique le Pr Yves Grosgogeat, cardiologue parisien réputé : «Cette absence de complications n'est plus exceptionnelle chez un patient de son âge : il est assez fréquent aujourd'hui d'opérer du cœur des malades de 80, voire 90 ans. Il n'y a, par ailleurs, guère de différence ni de dangers opératoires supplémentaires entre un et quatre pontages; chacun rajoute juste un petit quart d'heure à l'intervention.» Nous voici rassurés pour cette discrète personnalité qui s'octroie ici un repos bien mérité, et pratique le meilleur exercice de rééducation : la marche dans le Midi de son enfance. Là où, enfant, il se rendait déjà aux côtés de son père, le roi Léopold. Naguère, le souverain, qui était avec le duc de Windsor l'un des plus prestigieux fidèles clients du célèbre hôtel du Cap à Antibes, où il venait en voisin et ami du propriétaire, André Sella, possédait aussi à Beaulieu une demeure grandiose, «La Leopolda». Après être passée entre plusieurs mains, notamment celles de l'*avvocato* Gianni Agnelli, sa propriété fut achetée il y a une quinzaine d'années par le banquier Edmond Safra, disparu en décembre dernier dans l'incendie de son appartement monégasque.

Sans doute le roi garde-t-il en raison de ses souvenirs de jeunesse sur la Côte d'Azur un lien affectif et une certaine nostalgie pour cette belle région. La veille, ils ont rejoint le port de plaisance d'Antibes, qu'ils connaissent bien car depuis de nombreuses années, l'été, leur yacht l'*Alpa*, baptisé ainsi pour **Al**bert et **Pa**ola, y est amarré. Aucun Antibois ne pourra jamais imaginer que le week-end dernier, face à la maison qu'habitait autrefois le peintre Nicolas de Staël, deux distingués souverains se promenaient incognito. Rien en effet ne laissait deviner leur prestigieuse identité si ce n'est leur aristocratique nonchalance et le port de tête de la belle reine italienne.

6.

CETTE HAUTE ARISTOCRATIE AU CŒUR DE LA VIEILLE EUROPE

Du haut de leur arbre généalogique, des siècles nous contemplent

« Ils furent très heureux et eurent beaucoup d'enfants. » C'est avec cette formule livresque consacrée que l'on résumait jadis l'histoire familiale dans nombre de milieux, et d'abord au sein de la haute aristocratie, où alliances, beaux mariages arrangés, descendance, fortune, droit d'aînesse, religion... étaient bien souvent au centre des préoccupations quotidiennes. Un univers sévère, façonné par les ancêtres, souvent replié sur lui-même, ressassant volontiers le passé, quand le devoir dictait des alliances flatteuses et que l'on écoutait plutôt la voix de la raison que celle de son cœur. Et que l'on vous avait entre autres appris à déglutir pour ne pas pleurer. Résultat ? Nombre de princes de sang plus pragmatiques que romantiques ont survécu aux coups de boutoir de l'Histoire, et au fil des décennies d'aucuns ont même pu s'adapter à notre siècle. Comprenant que c'était le maître mot pour continuer d'exister que d'arriver à faire le grand écart entre traditions et modernité. Étant fiers du passé glorieux certes, mais en pensant surtout au futur, soit appliquer d'autres principes et critères pour perpétuer la lignée sans dire pour autant « au diable les coutumes et l'étiquette ! » en tentant d'oublier les récits des dignes cousines qui faisaient tapisserie. Pas si simple lorsqu'on a été nourri petit des épopées chevaleresques d'ancêtres ou de fringants héros plus récents pris dans les tourmentes de deux guerres mondiales. Quel compromis difficile à trouver… Or, si j'ai choisi la princesse Minnie de Beauvau-Craon, l'Archiduc Otto de Habsbourg, la comtesse de Paris, le comte de Paris, le duc de Rohan, la princesse Gloria von Thurn und Taxis, le comte Alexandre de Vogüé, tous élevés dans des demeures grandioses, c'est parce que, en 2021, avec une Europe à vingt-huit, ces familles royales, princières, ducales et comtales aux blasons prestigieux ayant dessiné les contours de notre Vieux Continent ont su s'adapter à leur manière et tenir un autre discours afin que les générations à venir soient, elles aussi, un jour fières du passé et de transmettre leurs valeurs autrement… Défi qui leur a demandé réalisme, humilité, savoir-faire au lieu de verser dans la nostalgie en réveillant les souvenirs… C'est à ce prix seulement que l'on reste dans l'Histoire avec splendeur et majesté.

Princesse Minnie de Beauvau-Craon

Son château a vu défiler
des maréchaux d'Empire, Mohammed V
et la reine mère d'Angleterre

« Être châtelain de nos jours, c'est avant tout arriver à déborder d'imagination et d'énergie. »

Si sa généalogie remontant au Xᵉ siècle occupe quatre volumes dans la bibliothèque d'Haroué, le Chambord de la Lorraine à trente kilomètres de Nancy, l'imposant château de la princesse signifie aujourd'hui de marier le passé et le présent. Ainsi a-t-elle récemment eu l'idée de signer un accord avec le Centre des monuments nationaux – pour la première fois en France, une institution publique gérera une demeure privée de cette importance. Expérience qui va, semble-t-il, être une solution d'avenir pour nombre de châtelains à la tête de lourdes propriétés comme celle-là.

– Année 2021 –

Vous voici aujourd'hui une châtelaine du futur ayant, une première en France, signé il y a quelques mois une convention de partenariat avec le Centre des monuments nationaux.

Disons plutôt que j'ai su m'adapter. Particulièrement soutenue par mes deux enfants, Victoria 35 ans et Sébastien-Marc 34 ans, bien sûr très attachés à cette demeure familiale et qui ont le goût du défi. Nous avons la chance d'avoir récemment établi un partenariat grâce au soutien de la ministre de la Culture, Roselyne Bachelot, et du Président du Centre des monuments nationaux, Philippe Bélaval. Cela signifie que ce sont eux qui vont prendre en charge sur le terrain l'organisation des visites, expositions, déplacements pédagogiques avec les écoles... Haroué entre ainsi dans une structure professionnelle rassurante, ce qui représente un réel soulagement ! Cette belle aventure marque une première en France : nous allons cohabiter avec l'État ; à eux les deux tiers du château, à nous l'aile privée, chargée de tant de souvenirs, où nous avons toujours habité. *Cohabiter* est d'ailleurs devenu un terme très à la mode !

Et une expérience dans ce domaine innovante pour l'État ?

Un joli mariage de raison signé pour six ans, et renouvelable. Vous savez bien qu'autrefois les mariages de raison étaient généralement plus solides que les mariages de passion ! Alors je m'y suis résolue, même si j'ai longtemps été idéaliste et romantique, comment ne pas l'avouer.

Avec quels défis ?

Celui de réussir à abattre préjugés et barrières entre le secteur public et les propriétaires privés. Quand on réalise qu'un studio à Paris se vend bien souvent plus cher qu'un château sur le territoire national, cela donne à méditer... Nous devons donc mener un combat énergique appuyé par des professionnels du tourisme et des élus. J'oserai même dire que ce serait salutaire de s'inspirer du National Trust britannique pour l'adapter en France. Cette structure est l'une des promotions du patrimoine historique et également un acteur foncier qui entretient plusieurs centaines de bâtiments et jardins du Royaume-Uni. Afin d'y arriver, les propriétaires privés doivent accepter de se plier à cette idée et avoir une vision d'avenir pour leurs monuments. Or, chez nous, cela reste pour l'heure encore trop affectif ; il est donc essentiel que le sentiment de propriété privée évolue. Ce qui fait vivre un château, c'est notamment l'enthousiasme du public venant visiter ces lieux enchanteurs, la part de rêve souvent secrète enfouie en chacun de nous et l'attachement à ce patrimoine historique. Nous avons dans notre pays un art de vivre envié et copié dans le monde entier, il paraît donc important de le préserver. De toute façon, quand on n'a pas d'argent, il faut avoir des idées. Une réclame disait naguère : « Mettez un tigre dans votre moteur », là il faut le mettre dans son cerveau, sinon le tigre va dévorer le châtelain !

Minnie de Beauvau-Craon : « Lorsque je remplis des papiers officiels à la rubrique “profession” j’inscris sans fausse modestie châtelaine. »

– Année 1993 –

Fille aînée du dernier des Beauvau-Craon, seul prince français du Saint Empire romain germanique, votre château d’Haroué est un joyau du XVIIIe !

Le privilège est sans doute qu’il ait appartenu à mes ancêtres dès sa construction, en 1720, par Germain Boffrand, mais je suis consciente de n’être que l’un des maillons d’une longue chaîne familiale. Haroué exige des efforts constants pour maintenir son caractère historique, et je n’ai malheureusement pas hérité de terres dont le revenu m’aiderait à faire vivre la demeure. Entretenir plus de 1 hectare de toitures sur le château même, 600 mètres carrés sur les communs, 1 hectare de plan d’eau et quelque 2000 mètres carrés de surface habitable reste un casse-tête quotidien. J’ai donc décidé de vivre en Lorraine la moitié de l’année pour pouvoir gérer le domaine.

Est-ce encore « la vie de château » telle qu’on l’imagine dans les films ?

Certes, si l’on ne veut voir que le côté conte de fées : les douves, les cygnes, le parc, la liberté, la chance aussi de pouvoir habiter dans une demeure magnifique. J'avoue qu'aujourd'hui encore je suis émerveillée par sa beauté. Voilà pour le décor, je n'en suis pas moins confrontée à la réalité quotidienne ; en effet, être châtelain de nos jours est un vrai métier. Et moi, ce métier, je l'ai appris sur le tas. D'ailleurs, lorsque je dois remplir des papiers officiels, à la rubrique « profession » j'inscris sans fausse modestie, châtelaine. Haroué est mon lieu de travail, le centre de mes activités et de mes préoccupations. J'y suis tantôt conservateur, tantôt architecte, financier, jardinier, paysagiste ou plus simplement maîtresse de maison tentant d'astiquer avec efficacité des chandeliers ou supprimant des toiles d'araignée ; c'est un éternel recommencement ! Il faut reconstituer, restaurer, conserver, organiser l'accueil afin d'élargir le circuit des visites, car le château est ouvert aux touristes de mars à novembre. Bref, cela signifie avant tout arriver à déborder d'imagination et d'énergie.

N'est-ce pas un peu anachronique ?

N'ayant pas eu le choix, je ne me suis jamais posé la question. Ce qui semblerait anachronique serait de vivre replié sur soi-même. Je m'efforce de faire de ce château une des gloires de la Lorraine ; c'est d'ailleurs le plus visité de l'est de la France. À Haroué, les villageois sont fiers et me sont reconnaissants, je crois, de faire exister cette demeure et son parc. Je dialogue beaucoup avec les visiteurs, qui sont ici chez eux. Haroué a été classé monument historique en 1924. Cinquante années plus tard, s'inspirant des châtelains anglais, mon père, précurseur en ce domaine, l'a ouvert au public. Mon objectif est depuis dix ans de l'intégrer à la vie locale. C'est ainsi que je loue les salons avec leurs tableaux et tapisseries pour des réceptions d'affaires, des conférences, des mariages. C'est ici que Renault a lancé la Safrane dans la région Alsace-Lorraine. Toutes ces manifestations exigent une organisation rigoureuse, et représentent de vraies responsabilités pour une femme seule. Je dois sans cesse créer l'événement et vais prochainement fêter les dix ans du Salon du livre lorrain, couronné par un prix littéraire portant le nom de mon père : le prix Marc-de-Beauvau. Je parraine également l'Orchestre des solistes de Lorraine, qui joue régulièrement au château.

L'État vous aide-t-il ?

Il prend à sa charge une moitié des travaux de restauration des châteaux classés, le propriétaire travaillant en harmonie avec l'architecte en chef des monuments historiques et leurs inspecteurs généraux. C'est une aide précieuse, à laquelle s'ajoute une subvention du conseil général et régional. La France a la meilleure structure européenne pour la conservation du patrimoine. Par ailleurs, peu à peu, fort heureusement, le mécénat, même s'il n'est pas encore entré dans les mœurs comme aux États-Unis, commence à se développer. C'est notamment grâce aux Friends of French Art que j'ai pu restaurer le salon chinois peint par Pillement et unique dans son genre en France.

Les villageois vous appellent-ils « princesse » ?

Quelques personnes âgées me donnent encore ce titre, mais sûrement pas les jeunes avec lesquels j'ai joué durant toute mon enfance. À Haroué, le nombre d'habitants est immuable – 480 – et je connais chacun depuis toujours. À la poste, chez l'électricien ou ailleurs, on m'appelle « Minnie ». Mon père croyait, et il avait raison, que la vraie liberté consiste à partager la vie du village. Mes deux enfants, Victoria et Sébastien-Marc, sont complètement intégrés au pays. Ils jouent au foot, vont à la pêche et vont à vélo avec les enfants d'ici.

Le fameux « la princesse est servie » est-il toujours de mise au château ?

Jamais ! Sauf lorsque mon fils et ma fille veulent se moquer de moi !

Votre titre est-il inscrit sur votre passeport ?

Sûrement pas ! Je sais que certains aristocrates demandent au service du Sceau du ministère de la Justice de le faire figurer. Je considère pour ma part qu'il faut vivre avec son temps et respecter les règles républicaines.

Otto de Habsbourg-Lorraine
archiduc d'Autriche
prince royal de Hongrie et de Bohême

1912 - 2011

« Mes cinq enfants connaissent cinq langues, car chaque jour de la semaine je leur parlais une langue différente, et le week-end ils faisaient relâche. »

Otto de Habsbourg est chef de la Maison impériale d'Autriche-Hongrie. S'il ne règne plus désormais que sur la mémoire et la nostalgie, celui qui enfant jouait sur les genoux de son père l'empereur François-Joseph et de sa mère l'impératrice Zita avant de devenir en 1916 en pleine guerre mondiale le dernier prince d'Autriche, de Hongrie, de Bohème, de Croatie, de Bosnie-Herzégovine, de Jérusalem et tant d'autres lieux, n'a jamais cherché les honneurs. Ayant vécu tôt dans cet univers, il en avait mesuré la vanité au cours des premières années d'un exil douloureux. C'est donc sa foi, son sens de l'histoire et son attachement profond à l'Europe qui guidaient les pas de cet homme à l'allure inimitable. Le souverain d'une certaine mémoire.

– Année 2002 –

Monseigneur, toute votre vie, vous avez été un ardent défenseur de la construction européenne.

J'ai été pendant un demi-siècle militant actif de la construction de l'Europe, c'est l'engagement de toute une vie, et j'en suis heureux. Ce pour quoi j'ai tant œuvré lorsque je siégeais à Strasbourg et déjà auparavant, comme l'ont souligné pendant leurs discours le chancelier autrichien Wolfgang Schüssel et Valéry Giscard d'Estaing, Président de la Convention européenne.

Il y a donc eu une messe célébrée par l'archevêque de Vienne, le cardinal Schönborn, pour vous rendre hommage.

J'ai souhaité que cette manifestation soit précédée d'une messe, parce que je crois à l'Europe chrétienne et à ses valeurs ; la bénédiction divine est essentielle dans toutes les phases de la vie. Il y a eu aussi des festivités à Munich où, comme parlementaire allemand de 1979 à 1999, j'ai représenté le Land de Bavière, à Budapest bien entendu, en Slovaquie et en Croatie. Mais celle-ci était la plus importante, à laquelle assistaient également le couple royal de Suède, le Premier ministre bulgare Siméon de Saxe-Cobourg-Gotha, ancien roi de Bulgarie, le Président d'Estonie, la duchesse de Kent, la princesse de Liechtenstein ainsi que 1300 autres participants.

Vers quelle culture et quelle langue s'oriente-t-on ?

La culture chrétienne, car il existe une culture européenne chrétienne ; quant à la langue, je crois à une division du travail, convaincu que le système actuel, dont le traité dit que tous les textes sont également valables, ne subsistera pas. De fait, lorsqu'il n'y aura pas de traduction, ce sera toujours la volonté du plus fort qui s'imposera. Même si j'avais tendance à opter pour le français, qui est le plus proche du latin, la véritable langue juridique, l'anglais, est aujourd'hui à son apogée. N'oublions pas, cependant, que dans vingt ans, selon les prévisions, il y aura aux États-Unis cinq États où l'on parlera en majorité espagnol. C'est pourquoi en Europe cela peut encore changer. Au XIXe siècle, le français était la langue dominante et diplomatique, et nous allons y revenir !

Vous-même parlez six langues vivantes et même le latin.

C'est exact, mais je ne tiendrais pas une conversation en latin ! Lors de la première législature du Parlement européen, j'avais un collègue italien, Mario Campana, professeur d'université, éminemment cultivé et intelligent, qui me demandait de lui parler en latin pour montrer qu'il n'était pas le seul à avoir le privilège de connaître cette langue morte ! Mais soyons sérieux, c'est surtout en allemand, français, hongrois, anglais, espagnol et italien que je m'exprime ! Lorsqu'on a atteint mon âge et que l'on a été secoué par les tempêtes de l'Europe dans les différentes régions linguistiques, on emporte d'un peu partout quelque chose dans ses bagages ! Évoquons mes sept enfants, si chacun d'eux connaît cinq langues, c'est parce que, lorsqu'ils étaient petits, nous leur parlions chaque jour de la semaine une langue différente. Le week-end, ils faisaient relâche. Aucun d'eux ne le regrette aujourd'hui, surtout pour le hongrois, l'une des langues les plus difficiles qui soient. Dans ce domaine, ce que l'on a acquis jeune, on le garde pour toujours !

Qu'en est-il des relations franco-allemandes ?

Hélas, elles ne sont plus ce qu'elles étaient. Naguère, la France et l'Allemagne, surtout celle de De Gaulle et d'Adenauer jusqu'à François Mitterrand et Helmut Kohl, jouaient un rôle moteur. Gerhard Schröder s'intéresse peu aux affaires internationales, il est plutôt le chancelier des médias !

Charles Schulz, qui a enfanté Snoopy dont les bandes dessinées baptisées *Peanuts* sont publiées dans 60 pays et plus de 225 journaux, personnage aussi célèbre que Walt Disney, me met dans les bras le Snoopy en peluche accueillant les visiteurs dans ses studios de Santa Rosa en Californie.

1

2

1. Avec le roi Juan Carlos et la reine Sofía lors d'une réception privée à Madrid

2. Au cœur du royaume le plus fermé du monde, auprès de la fille du roi Fayçal, la princesse Lolowah bint Fayçal Al Saud, à l'université féminine Effat

3. Avec le Grand rabbin de France Haïm Korsia

4. Au côté du roi du Maroc Mohammed VI dans sa demeure de Dar Essalam à Rabat

5. En Irlande, avec l'Aga Khan au cœur de son élevage de chevaux de course

3

4

5

6. Chez la comtesse de Paris, rue de Miromesnil, dans le 8e arrondissement de la capitale

7. Au côté de l'archiduc Otto de Habsbourg dans sa maison de Pöcking en Bavière. Derrière lui un portrait de l'impératrice Élisabeth d'Autriche, reine de Hongrie dont il descend en ligne directe

8. Avec l'impératrice Farah Pahlavi chez elle à Paris devant la représentation de son couronnement et de celui du shah Reza Pahlavi le 26 octobre 1967

9. À l'Élysée, je fais la révérence à la reine Elizabeth II après m'être exercée devant mon miroir

10. Quant au «tsar» Vladimir Poutine, il s'apprête à me faire un baisemain

9

10

11

11 bis

12

11. Avenue Ingres à Paris dans le 16e chez l'amiral de Gaulle

11 bis En juillet 2021, pendant l'interview de l'amiral de Gaulle dans un petit salon là où il vit

12. Été 2020, au côté d'Hubert Germain, 100 ans, alors seul survivant parmi les 1 038 Compagnons de la Libération, lors de sa dernière interview à l'Institut national des Invalides où il résidait

13. Chez le Premier ministre Jacques Chaban-Delmas à Paris, rue de Lille, rive gauche

14. Avec le Président Mitterrand lors d'un dîner privé

15. Avec le Président Chirac à l'Élysée

16. Avec le Président Hollande chez moi

17. Avec le Président Macron à Rome au palais Farnèse

13

14

15

16

17

18

18. Avec Philippine de Rothschild et son mari l'universitaire Jean-Pierre de Beaumarchais

19. Pierre Barillet, célèbre auteur de comédies de boulevard dont *Fleur de Cactus*, *Quarante carats*, *Potiche*…

20. David Rockefeller, « patriarche » de la puissante dynastie américaine, dans son appartement de Manhattan à New York

19

21

20

22

21. Avec mon coauteur italien, le chaleureux universitaire et journaliste Giovanni Maria Vian

22. Interview de Jean Todt à la tête de la Fédération internationale de l'automobile

23. Autre interview, celle de Bernard Arnault, président du groupe de luxe LVMH dans ses bureaux parisiens

23

24

25

26

29

24. Pierre Morel, ambassadeur de France près le Saint-Siège, entouré d'Isabelle et Michel Barnier, des cardinaux français. De g. à dr.: Jean-Louis Tauran, Paul Poupard, Roger Etchegaray, Jean-Marie Lustiger, Jean-Pierre Ricard, Philippe Barbarin

25. Avec le père blanc missionnaire d'Afrique et neveu du Général, François de Gaulle

26. Casquée au côté de l'archevêque de Vienne, le cardinal Schönborn

27. Le cardinal Poupard, l'un de mes professeurs chez les Dominicaines, me remet les insignes de chevalier de la Légion d'honneur en octobre 2006

28. Avec monseigneur Aupetit, archevêque de Paris

29. Le cardinal Lustiger chez moi

27

28

30

31

30. Aux quatre coins du monde pour interviewer les hauts responsables des Églises et grandes figures religieuses. Des personnages ayant influence, prestige et autorité : le Patriarche de Moscou, l'orthodoxe estonien Alexis II

31. Le Patriarche œcuménique de Constantinople, le Grec orthodoxe Bartholomée Ier

32. Le Patriarche des Maronites d'Antioche, chrétien catholique oriental, le Libanais Bechara Boutros Rai

33. Et le cardinal salésien catholique chinois, Zen Ze-Kiun

34

34. Sœur Emmanuelle sur les bords du Nil où, dans la capitale égyptienne, elle se consacrait aux chiffonniers du Caire du bidonville de Mokattam

35. Sœur Jacques-Marie, modèle, confidente, inspiratrice du peintre Matisse jusqu'au jour où elle prend le voile, devient religieuse dominicaine puis supérieure du couvent de Bidart dans le Sud-Ouest

36. Sœur Emmanuelle à Callian dans le Var où elle a pris sa retraite chez les sœurs de Sion, son ordre. Ici lors de sa dernière interview à 99 ans, ne voulant plus recevoir de photographe, c'est ma fille Marina qui l'a immortalisée ce jour-là

35

36

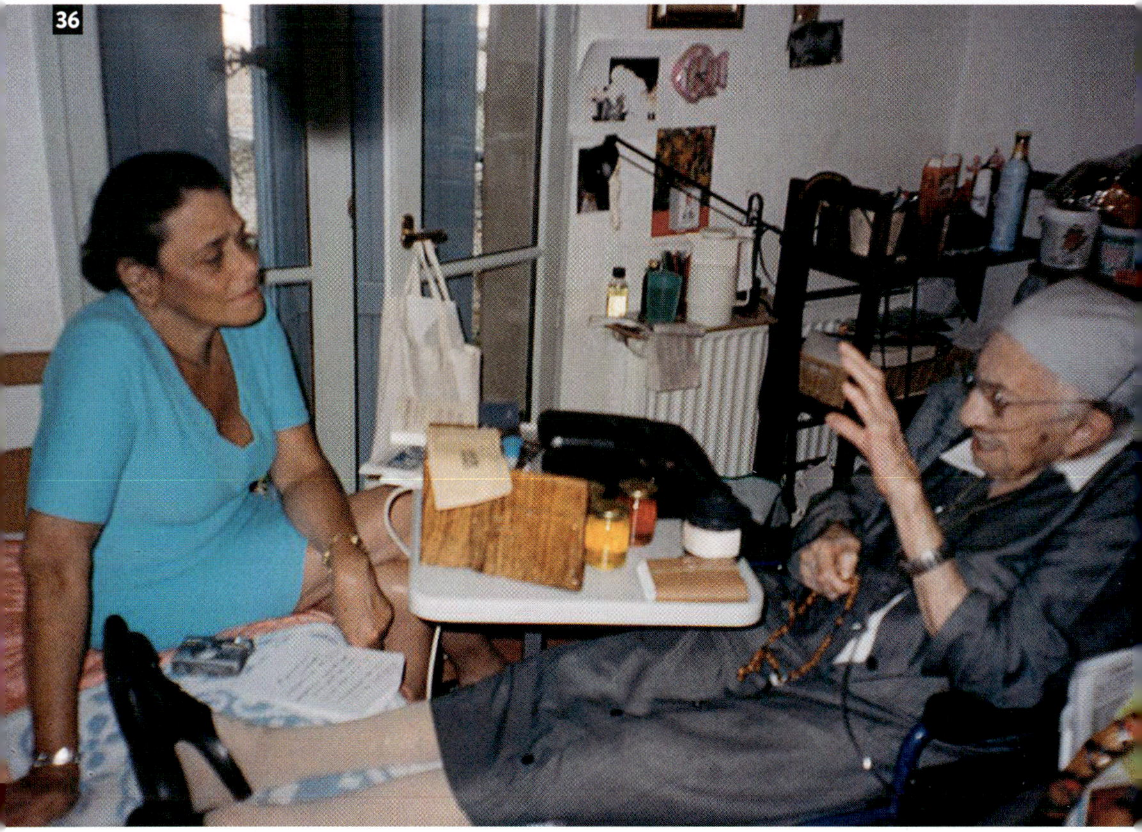

37. Brigitte Bardot dans sa propriété de Saint-Tropez « La Garrigue » où elle gère sa fondation entourée de ses animaux si heureux dans cette véritable arche de Noé

38. Au côté d'Alexis Gruss, roi de la piste, maître écuyer, qui peut exercer tous les arts du cirque et règne sur la troupe familiale

39. Au bonheur des papilles avec Guy Savoy, nommé « meilleur restaurant du monde » depuis 2017 jusqu'à maintenant, soit cinq années consécutives, selon « La Liste », un vrai chef !

L'Europe de demain pourra-t-elle être pacifiste ?

Je le crois. Le secret d'un pays fort et pacifique est de toujours avoir des relations au-delà de ses frontières. Prenez le cas d'un petit pays comme la Suisse ; elle a l'avantage décisif sur beaucoup d'autres d'être composée d'Allemands, de Français et d'Italiens. Les voisins directs de la Suisse sont les Allemands, les Français et les Italiens ; la Suisse ne peut par conséquent les menacer. Si elle s'engageait, par exemple, contre les Allemands, elle les aurait tous contre elle. Bientôt, l'Europe sera constituée de trois ethnies différentes, les Latins, les Germains et les Slaves, et, avec ces derniers, nous serons en quelque sorte dans la position de la Suisse. Cela donnera une superpuissance de la paix et aussi une superpuissance tout court.

Comment racontez-vous l'Europe à vos très nombreux descendants ?

Je leur en parle comme j'évoquerais le sujet avec des personnes très concernées, car ils sont tous profondément européens. Mes enfants sont mariés un peu partout. L'une en Allemagne, l'autre en Espagne, une troisième en Suède. Mon fils aîné, Karl, vit en Autriche, et le deuxième, Georg, est ambassadeur de Hongrie auprès de l'Union européenne. Je leur ai toujours enseigné la tolérance, les préjugés sont si dangereux ! Je mets aussi l'accent avec eux sur les questions de défense, car aujourd'hui la paix est pour eux un acquis qu'ils n'ont pas à défendre puisqu'ils ignorent ce qu'est la guerre ! Lorsque j'étais député de la CSU – l'Union chrétienne-sociale en Bavière – et que je faisais une bonne centaine de réunions par an, dont un tiers dans les villages, j'invitais les gens à poser des questions ; jusqu'en 1995, celles-ci concernaient souvent la guerre. C'est à cette époque qu'il y a eu comme une rupture dans ce type de discussion, car le modèle démocratique a soudain fait l'objet d'une vive réticence chez les jeunes, percevant parfois la démocratie comme un système pourri. Ne serait-il pas temps, me suggéraient-ils, qu'une personnalité à poigne remette ici de l'ordre ? Je leur expliquais alors que ceux qui avaient vécu la guerre ne voulaient surtout pas voir revenir des hommes forts ; ils en avaient trop soupé !

À cet égard, que pensez-vous de Vladimir Poutine ?

Il symbolise le parfait dictateur. Comment voulez-vous qu'il en soit autrement de quelqu'un entré à 23 ans au KGB – et Dieu sait ce que la police secrète soviétique représentait alors – et qui, jusqu'à aujourd'hui, continue d'avoir cette allégeance ? Il est de ce fait inimaginable que Poutine puisse incarner l'homme idéal pour établir un régime libéral et démocratique. Je comprends parfaitement que des gouvernements, tels que celui américain, aient opportunément avec lui des relations diplomatiques. Je ne les critique pas, cela ne m'empêche pas néanmoins d'émettre les plus grands doutes ! De plus, au-delà de son évidente fraternité avec le KGB, la glorification de sa personne à travers la presse écrite, la radio et la télévision, le fait que son village natal soit aujourd'hui comme un deuxième Lourdes à la russe me conduisent à encore plus de méfiance…

Descendre de Charles Quint, dont le soleil ne se couchait jamais sur l'Empire, fait-il de vous un monarchiste ?

Non, je suis légitimiste, c'est différent. Le légitimiste est celui qui reconnaît qu'il y a dans chaque pays des formes de pouvoir légitimes et acceptables par la population. De même que vous ne pouvez constituer de Parti monarchique en Suisse, vous seriez fou de créer un mouvement républicain en Espagne. Prenez mon propre cas : en 1989, trois partis voulaient absolument que je sois candidat à l'élection présidentielle en Hongrie – un mandat de cinq ans –, car j'étais le seul député d'Europe centrale à Strasbourg et l'unique à connaître à fond le problème de la Hongrie. J'ai réfléchi plusieurs jours, c'était très tentant et extrêmement intéressant, ne serait-ce que sur le plan historique. Après quelques hésitations, je suis arrivé à la conclusion que je pouvais faire bien plus en restant au Parlement européen.

Vous passez pour un homme ascétique !

Je suis un drogué du travail qui s'arrête rarement. J'aime être encore actif. Je voyage la moitié du temps, parcourant l'Europe pour parler de l'Union paneuropéenne internationale, ce mouvement que je préside depuis 1973 – fondé en 1922 par un Tchèque, Richard Coudenhove-Kalergi –, dont les membres ont, depuis ses débuts, vaillamment milité pour l'unification de l'Europe. Mais je ne me consacre pas qu'à cela ; je me rends régulièrement au Maroc pour assister aux séances de l'Académie royale, dont je suis un membre assidu, car l'islam et ses enseignements sont de nos jours incontournables. Pour le reste, j'ai toujours évité le sport et les mondanités. Je ne regarde pas non plus la télévision et préfère largement me plonger dans des ouvrages historiques et politiques plutôt que d'aller au cinéma. Je vois aussi mes enfants le plus souvent possible. Ce qu'il y a de formidable lorsqu'on a presque un siècle derrière soi, c'est que l'on continue à apprendre et à vivre de nouvelles expériences sans jamais oublier celles du passé. Les trois mois où naguère j'ai résidé à Berlin au moment de la République de Weimar m'ont apporté énormément. En exil, j'ai vécu en Suisse, à Madère (où mon père est décédé en 1922), en Espagne, en Belgique, en France et aux États-Unis pendant une partie de la Seconde Guerre mondiale. C'est d'ailleurs là, en Amérique, où j'ai contribué à plaider la cause de l'Autriche en intervenant auprès des autorités pour éviter à certaines villes autrichiennes le traumatisme des bombardements – sans que la population le sache –, que je suis devenu officiellement européen. Je me souviens très exactement quand : c'était au cours de l'hiver 1940-1941. Je devais aller à Yuma, dans l'État d'Arizona, pour donner une conférence. À l'aéroport, un journaliste m'a demandé : « De quelle nationalité êtes-vous ? » Je lui ai répondu : « Autrichienne. — Vous voulez donc dire européenne », a-t-il insisté. C'est la première fois que j'ai réalisé que j'étais européen. Or, depuis ce jour-là, je suis quelqu'un de différent ! Je voyage généralement avec mon passeport allemand, mais j'en ai également un hongrois !

Suivez-vous la politique austro-hongroise ?

Bien sûr, mais n'oublie pas pour autant les États baltes et la Tchétchénie qui, bien qu'ils n'aient jamais été dans notre région politique, sont menacés sur le plan des libertés. Profondément attentif à eux je les comprends mieux que quiconque, parce que j'ai traversé des moments assez durs. Quand l'Autriche a disparu, ce n'était pas une tâche facile que d'essayer de la remettre sur la carte. Nos ennemis n'étaient pas seulement l'occupant, mais aussi ses collaborationnistes, qui souvent se trouvaient en Occident. Des personnalités telles que Anthony Eden, naguère ministre des Affaires étrangères britannique, nous accablaient… Churchill, lui, nous soutenait. Et quand, avec la fin de la guerre, l'Autriche est réapparue, je me suis juré intérieurement que, dès que je me trouverais en situation d'aider ceux qui seraient dans le même cas, je n'hésiterais jamais.

Petits-enfants du dernier empereur d'Autriche, Charles Ier, et de l'impératrice Zita, vos enfants se sentent-ils très Habsbourg ?

Je pense que oui. Toutefois, nous évoquons peu ce genre de sujet. Ils vivent en marge du gotha et sont, d'autre part, tous assez grands pour avoir leurs propres idées, même si nous sommes habituellement sur la même longueur d'onde. Certains ont la fibre politique, un réflexe héréditaire normal pour une lignée qui y a été impliquée six siècles durant. D'ailleurs, dès l'âge de 5 ans, ma fille Walburga m'a déclaré qu'elle ferait de la politique. Depuis, n'ayant jamais dévié, elle est maintenant en Suède à la tête du Parti modéré de sa province et s'occupe comme élue locale de questions sociales.

Quelle est votre devise familiale ?

J'ai toujours répété à mes enfants cette phrase de chasseur germano-autrichien : « Ne pas tirer, c'est aussi manquer. » Il est indispensable d'être un homme d'action et l'on ne doit jamais souffrir. Et si l'on est battu, il faut essayer de se redresser au plus vite !

Lors des éliminatoires de la Coupe du monde de football en 1986 opposant en zone européenne l'Autriche à la Hongrie, vous avez eu une phrase qui a fait date !

Des propos mémorables, dit-on, car quand sortant de l'Hémicycle un collègue s'est enquis de savoir si je suivrais ce soir-là le match Autriche-Hongrie, je lui ai alors demandé, avec une pointe d'humour : « Contre qui jouent-ils ? » Il est vrai que, depuis, l'anecdote a fait grand bruit !

Quel est le secret de cette popularité jamais démentie ?

Je la dois moins à mon nom qu'au fait d'avoir aidé, au Parlement européen, chaque parti et d'avoir toujours parlé clairement, et n'ai jamais accepté d'être dans le « camp de concentration » d'un parti. Le talent et l'efficacité étant partagés, j'allais parler avec tous les collègues ! C'est ainsi que dès 1979, lors d'une des premières réunions, après qu'un député italien eut fait un magnifique discours dans votre langue, j'ai immédiatement quitté mon groupe pour aller le féliciter. Tout le monde était stupéfait de ma spontanéité envers Marco Pannella, un excellent, très brillant et contesté député du Parti radical, qui nous a rendu de grands services tout en faisant souffrir chacun des Présidents du Parlement, maîtrisant mieux que quiconque le règlement. L'indépendance d'esprit, c'est aussi d'être à tout moment en mesure d'exprimer son opinion ! Pour rester efficace, constructif, influent, faut-il non seulement siéger en permanence, mais ne négliger personne et insister sur le travail parlementaire. Les électeurs ne nous choisissent pas pour qu'on se balade, mais pour travailler pour eux. Hélas, bon nombre d'élus ne viennent jamais !

Chrétien militant, pensez-vous que Jean-Paul II ait eu une influence décisive dans la chute du communisme ?

Incontestablement. Trois hommes ont joué un rôle décisif. De notre côté, l'élection de Karol Wojtyla, premier Pape slave sur le trône de Saint-Pierre, polonais de surcroît, a eu un impact et une influence considérables sur la pensée du monde slave, qui l'a écouté et suivi. Cela lui a donné l'appui de presque tous les communistes. Ronald Reagan a eu aussi un poids déterminant, car il pensait que la Russie était politiquement morte puisque les communistes ne voulaient plus que leur économie continue à vivre. Encore fallait-il les forcer à se l'avouer ! Ainsi le programme d'armement américain, décidé contre vents et marées par Reagan, a été un coup de génie. Il a imposé aux Russes, exsangues, cet insurmontable effort qui les a amenés à l'effondrement du régime soviétique. Pour la première fois dans l'Histoire, une course aux armements a conduit non pas à la guerre, mais à la paix. Enfin, il y a eu le chancelier Kohl, qui n'a suivi que son instinct et sa profonde conviction au lieu d'écouter les conseils que lui ont prodigués tous les grands de son époque. J'ai d'ailleurs quelques notes révélatrices que je garde pour le jour où il m'arriverait d'être déprimé, avec, d'un côté, les conseils que Helmut Kohl avait reçus de bon nombre de chefs d'État et, de l'autre, ses idées personnelles. S'il s'était laissé entraîner par un seul de ces personnages ne lui soufflant que des idées aussi imbéciles que saugrenues, nous aurions encore des barbelés en Allemagne !

Cela vous manque-t-il de ne plus siéger à Strasbourg ?

Pas vraiment, car il ne faut pas avoir de regrets ni être le vieux qui s'accroche ! C'est une forme de suicide, un manque de panache et de dignité, il y a une fin à tout. Le jour où j'ai choisi de quitter Strasbourg, j'ai décidé que je ne viendrais plus au Parlement européen. J'espère toutefois qu'il me reste encore quelques kilomètres devant moi pour me consacrer différemment à l'Europe car, à 90 ans, je me sens toujours aussi vaillant et passionné par l'existence.

La comtesse de Paris

« À mes héritiers je vais léguer avant tout ma gaieté et la santé de fer que le bon Dieu m'a données. »

La comtesse de Paris était mariée à Henri de France, l'homme qui rêvait d'être roi ! Le destin en décida autrement dans une France républicaine et fière de l'être. Il reste néanmoins des archives qui font fantasmer les amoureux d'histoire, soit des documents déposés aux Archives nationales, mais pour l'heure il suffit d'écouter les confessions de la comtesse de Paris, cette femme chaleureuse dotée de beaucoup d'esprit.

– Année 2000 –

Madame, la famille de France s'est enfin mise d'accord sur l'héritage de votre époux, feu le comte de Paris.

Après d'importantes tensions et discussions, nous y sommes arrivés. Lorsqu'on a onze enfants, dont neuf en vie, tout le monde dit rarement oui en même temps. C'est comme lorsqu'on a une diligence avec une voiture tirée par onze chevaux et qu'il y a une rêne pour chacun. Il faut être en mesure de les tenir toutes ; parfois un animal ne veut pas obéir, un autre veut aller brouter ou une rêne claque. C'est la même chose lorsqu'on a autant d'héritiers. Arriver à s'entendre demande beaucoup d'amour, de philosophie et de ténacité, sans cela tout craque. Quelles sont les familles qui ne discutent pas au moment d'une succession ? D'autant qu'aucun de nous n'a de formation de juriste, que nous sommes symboliquement beaucoup plus attachés aux objets qu'à l'argent. Certains de mes enfants vivent à l'étranger et confondent les lois de leur pays et celles françaises…

Madame, vos enfants seraient donc des chevaux à bride abattue ?

Certains sont paisibles, d'autres se cabrent ou ruent dans les brancards. Enfin, maintenant, ils sont tous dans la prairie !

Pourquoi avoir décidé de vous séparer des souvenirs historiques de la Maison de France ?

Pour payer les droits de succession de mon mari, Henri d'Orléans, et tourner à jamais une page. Je suis heureusement capable d'oublier les mauvais souvenirs. L'essentiel de notre héritage est moral et en premier lieu constitué de nos traditions défendues par l'aîné de mes fils, l'actuel comte de Paris, par moi et par mes autres enfants, dont les étrangers qui vivent leurs traditions locales sans néanmoins quitter celles de leur naissance. Je suis pour ma part l'historienne du clan, la mémoire vivante des Orléans, grâce à la prodigieuse mémoire de mes ancêtres directs. Mon grand-père le comte d'Eu était le petit-fils de Louis-Philippe. Je me souviens de tous leurs récits. En fait, un chemin très court et en ligne directe qui me paraît être hier !

Madame, ces règlements de comptes ne ternissent-ils pas l'image de la famille de France ?

Cela a été un déchirement pour moi et un choc désagréable pour tout le monde, mais c'est maintenant une affaire classée.

Heureusement, les mauvais souvenirs, je les oublie tout de suite. D'ailleurs, sans faire de sermon, j'ai beaucoup parlé avec mes enfants et dit à chacun d'eux ce que j'en pensais. Mieux vaudrait sans doute, comme en Allemagne, que l'aîné hérite de la totalité des biens, à charge pour lui de verser des pensions aux autres.

De quoi êtes-vous le plus triste de vous séparer ?

C'est toujours un crève-cœur de vendre. J'ai aussi beaucoup de mal à abandonner des paquets de photos de famille, des daguerréotypes... même si ces clichés étaient dans des caisses et qu'on les regardait une fois tous les dix ans, on savait qu'ils étaient là... ! Cela fera sûrement le bonheur d'un collectionneur, alors qu'ici ils risquaient de moisir ou de se coller. Jadis, il y avait dans les châteaux des pièces aérées. Aujourd'hui, on range sa mémoire dans des cartons à la cave ou au grenier. Ce n'est guère fameux. Une page s'est définitivement tournée ; mes enfants attendront leur tour...

Madame, pourquoi vos livres vont-ils être traduits en romani ?

Parce que l'histoire plaît aux Tsiganes. Ils sont quelque 16 millions. Les Roms viennent des Indes et non de Bohême, qu'ils ont envahie au XVe siècle, où le roi, afin de s'en débarrasser, leur a fait un laissez-passer pour la France. Ils sont donc jadis arrivés sur notre sol avec une lettre de recommandation au roi de France et, depuis lors, on les appelle « les Bohémiens », ce qui est une erreur historique.

Madame, avez-vous arrangé les mariages de vos enfants ?

C'est ce qu'on racontait. Ils ont cependant tous épousé qui ils voulaient. Je n'appelle donc pas cela des « mariages arrangés », mais nous avons quand même fait notre possible pour qu'ils rencontrent des personnes épousables, de leur milieu et avons au moins évité les protestants !

Et à la troisième génération ?

Eux aussi se sont tous bien mariés. Si, naguère, je disais à mes filles que, sans trop d'études, elles n'auraient qu'à se débrouiller avec leurs maris, à la génération de mes petits-enfants, tout le monde a poursuivi des études supérieures et travaille, cela va de soi ! Comment imaginer se conduire comme il y a cinquante ans. C'était alors bien différent ; on vivait sur ses terres et de ses terres, mais le morcellement des châteaux et des propriétés a fait que de nos jours il ne reste pratiquement rien. Tout au plus un seul héritier peut-il demeurer sur le domaine.

Mais qu'allez-vous léguer à vos héritiers directs ?

Avant tout ma gaieté et la santé de fer que le bon Dieu m'a donnée. Encore cet été, je suis montée à cheval en Camargue. J'ai beaucoup galopé et fait de merveilleuses balades. Je ne résiste pas, malgré mon grand âge, à vivre comme il y a vingt ans.

Quel est le secret de votre étonnante vitalité ?

Je crois énormément à la discipline chrétienne, qui me permet de me dire que tout ce qui nous arrive est pour notre bien. Que ce soit triste ou gai, j'accepte les deux.

À 90 ans moins dix mois, à quoi rêvez-vous ?

À me retrouver pour mes 90 ans, le 13 août 2001, avec tous mes descendants directs – une bonne centaine avec les pièces rapportées –, dont mes 9 enfants, 40 petits-enfants et 45 arrière-petits-enfants, pour une messe à la collégiale d'Eu suivie d'un grand déjeuner. Tout ce petit monde grouille comme des lapins !

Le comte de Paris
Henri d'Orléans

1908-1999

« Quand on a onze enfants il y en a toujours quelques-uns qui ne sont pas d'accord. »

À 88 ans le chef de la Maison de France assis pendant l'interview sous le portrait de son aïeul Louis-Philippe n'a rien perdu de son agilité intellectuelle et de sa prestance. Les yeux bleus toujours vifs, il essaie de convaincre… on est volontiers séduit par l'élégance de la langue et la courtoisie royale un brin désuète mais surtout inhabituelle d'un grand personnage qui ne se réfugie cependant pas dans la pompe et le décorum. Le prétendant au trône de France aime défendre ses idées et rappeler au détour d'une phrase : « S'il y avait encore un roi en France, ce serait moi. Il s'appellerait Henri VI »… Comment oublier que Henri comte de Paris est l'héritier de Saint Louis, d'Henri IV et du roi-Soleil. Ce n'est pas rien…

– Année 1996 –

Monseigneur, pourquoi la comtesse de Paris et vous-même mettez aux enchères vos souvenirs historiques et royaux ?

Avant tout, pour laisser quelque chose aux enfants, pourvoir à mon quotidien et rééditer mon « Bulletin mensuel », une lettre politique avant l'heure, que j'ai créée en 1948 et qui a paru pendant vingt ans. Le côté matériel et pécuniaire de l'existence m'a toujours importé, car j'ai, de tout temps, mené un certain train de vie que j'ai mis au service de la France. Et j'ai encore envie de me battre. Pour mon pays.

Néanmoins, cinq de vos enfants vous ont fait un procès.

En effet, et j'en éprouve un profond sentiment de chagrin ; cinq de mes enfants, Henri, comte de Clermont – qui a entretemps renoncé –, Jacques, duc d'Orléans, Michel, comte d'Évreux, Isabelle, comtesse Frédéric Carl de Schoenborn-Buchheim, et Hélène, comtesse Evrard de Limbourg-Stirum, auraient pu prendre un autre chemin et venir m'entretenir directement de leur désaccord. Or je leur avais fait des propositions fort avantageuses qu'ils n'ont jamais écoutées. Leur avocat ne les leur aurait-il pas transmises ? Je l'ignore… Le fait est qu'ils ne m'ont jamais répondu, et c'est ce qui m'a le plus troublé. De plus, cela fait désordre et choque. D'autant que, jusqu'à présent, les apparences étaient plutôt favorables à la Maison de France, alors qu'en Grande-Bretagne la vision royale est vraiment triste et affligeante.

Ne craignez-vous pas avoir indigné les royalistes ?

Cela a certainement déçu les monarchistes, qui ont toujours le secret espoir que les choses s'arrangent. Moi aussi, d'ailleurs. Et puis, il y a le grand public, ignorant à peu près tout des traditions monarchistes et ce qu'elles représentent. Il les juge objectivement, mais avec la modernité d'aujourd'hui, c'est-à-dire sans bien réaliser que nous portons en nous tant de traditions et d'usages. C'est ce poids que j'ai tenté d'adapter et d'inclure dans la vie nationale, mais il est très difficile de se faire comprendre. Voilà une des raisons pour lesquelles j'ai décidé de reprendre mon «Bulletin mensuel», qui aura, comme naguère et entre autres, le mérite d'être court, ce qui contraint à réfléchir et à concentrer les problèmes.

Pour les Français, l'héritier du trône de France devrait être exemplaire.

Sûrement, mais que voulez-vous, quand on a onze enfants, il y en a toujours quelques-uns qui ne sont pas d'accord ! Si vous êtes maintenant au pouvoir, vous arrivez non pas à dissimuler, mais à enrober les choses afin d'en atténuer la portée. Malheureusement, ma position est telle que je suis en plein courant d'air, et, lorsque j'éternue, tout le monde le sait beaucoup plus rapidement que si j'étais au pouvoir.

Votre regard bleu s'illumine quand vous parlez politique !

Absolument. Je considère qu'il manque un centre de réflexion dans ce pays, où l'on agit trop souvent «à la va comme je te pousse». On décide le plus souvent en prenant essentiellement en considération des intérêts particuliers ou de partis, et rarement ceux de la France. On met tout dans la lessiveuse, et on fait tourner la machine !

Alors, comment faire partager votre réflexion ?

Par la diffusion de mon bulletin, dont je choisirai les lecteurs. Je l'enverrai naturellement au président de la République, au Premier ministre, aux parlementaires et aux hauts fonctionnaires, ainsi qu'à bon nombre de personnalités influentes, soit environ 20 000 à 25 000 lettres pratiquement gratuites. La précédente était imprimée à 75 000 exemplaires.

Peut-être vous paraît-il un peu utopique, à mon âge, de me remettre à travailler de la sorte... mais j'estime que c'est mon devoir, car personne, de nos jours, ne défend dans la presse et ailleurs l'intérêt général de la France. Or c'est tout de même fondamental.

Avez-vous déjà demandé audience à Jacques Chirac pour évoquer ces vastes sujets avec lui ?

Oui, sans réel succès. On me répond qu'il voyage sans cesse...

Si vous le rencontriez enfin, que lui diriez-vous ?

Beaucoup de choses, mais gentiment parce que ainsi on peut tout dire; il suffit d'avoir l'art et la manière... J'étais très libre avec M. Mitterrand. Il m'inspirait une grande estime, car je l'avais connu monarchiste. Lorsqu'il est venu me rendre visite à Bruxelles, en 1937 ou 1938, nous avons passé un long moment ensemble. Deux jeunes gens dont je tairai le nom, et ayant fait depuis une grande carrière politique et économique, assistaient à notre entretien. Nous nous voyions souvent. Quand je suis rentré d'exil, je l'ai retrouvé ministre de l'Intérieur et nous nous sommes rencontrés fréquemment. Il était « Algérie française » à l'époque. Il a fait tout le parcours... !

Une réelle complicité existait entre vous.

Certes, et j'admirais son intelligence.

Mais pourquoi vous associe-t-on si facilement à Le Pen ?

Parce que les lepénistes sont pour la plupart des monarchistes déçus qui ne cessent de répéter : « Il n'y a qu'à... » Ils n'ont que cette expression à la bouche, c'est le mot magique. Moi, ce que je veux, c'est trouver des solutions dans l'ordre et dans le respect des lois, dans la tradition et les usages démocratiques de la France.

Mais vous voyez Le Pen ?

Non, je ne l'ai jamais rencontré, pourquoi voulez-vous que je le voie ?

Que souhaitez-vous donc pour ce pays, qu'en d'autres temps vous auriez peut-être gouverné ?

Qu'il retrouve le calme. Les Français sont profondément inquiets et déçus. Les appareils politiques ne leur donnent guère satisfaction ; ils sont conscients que tout cela est artificiel et fondé sur des enjeux personnels, d'argent ou de vanité.

Vous estimez en somme que les hommes politiques, de droite et de gauche, ont des aspirations semblables ?

Ils se valent. Les Français l'ont compris et votent d'un côté ou de l'autre, mais par tradition ou réflexe davantage que par raisonnement. Les jeunes générations ne croient plus du tout à la vie et à l'action politiques. C'est tellement vrai qu'ils ne croient même plus à la France.

Loin de la politique, vos différends familiaux vous ont-ils éloigné de nos descendants ?

Non, je continue à les voir tous, y compris ceux qui m'ont intenté un procès. J'essaie toujours de trouver des terrains d'entente à travers mes petits-enfants. C'est important pour moi, même s'ils ne viennent pas souvent. Mais lorsque je le souhaite, ils acceptent de temps à autre de me rendre visite.

Combien de descendants avez-vous ?

Ne m'en demandez pas le compte exact, je ne le connais pas, parce qu'ils sont un peu dispersés dans tous les azimuts ! L'une de mes arrière-petites-filles est même née en Argentine. À 88 ans, c'est compliqué pour moi d'aller jusque là-bas. J'avoue, de plus, qu'au fond il n'y a que les garçons qui m'intéressent.

Alors les filles ?

Elles ne comptent que sur le plan affectif, mais c'est une autre affaire ! Je vous rappelle que la tradition monarchiste est fondée sur la succession de mâle en mâle. Dans une Europe mérovingienne ou carolingienne déchirée à chaque succession, les Capétiens ont eu un coup de génie en décrétant que celle-ci serait dorénavant assurée par le fils aîné.

Vous êtes évidemment favorable au droit d'aînesse ?

Certes mais seulement dans le cadre de la succession, car il est indispensable de maintenir ce principe.

Qu'est-ce qui vous a soutenu ces dernières années ?

D'abord ma seule volonté, ma détermination. Et bien sûr Claude La Cagnina, Diane, duchesse de Wurtemberg, Anne, princesse Carlos de Bourbon-Siciles, et Chantal, baronne François-Xavier de Sambucy de Sorgue. En fait, mes filles m'ont entouré affectueusement.

À quoi restez-vous fondamentalement attaché, désormais ?

L'essentiel reste ma foi religieuse. La mission que je me suis assignée est fondée sur cette foi et l'amour de mon pays. L'un va avec l'autre ou l'une avec l'autre.

La foi et le temps que l'on accorde à la prière donnent-ils de la force ?

Énormément, mais toute action est une prière. Mon travail même est une prière. Cela a toujours été très important et surtout dans l'exil, terriblement frustrant et douloureux, et plus encore pour des enfants. C'était une inacceptable injustice que seul l'aîné soit exilé et que ses frères et sœurs vivent en France. C'est cruel, car si les enfants ne sont évidemment responsables de rien, les hommes d'État, eux, le sont !

Duc de Rohan

« Avec Alain, mon fils, nous en sommes maintenant à la quinzième génération en ligne directe. »

Pour Josselin Charles Louis de Rohan Chabot, quatorzième duc du nom, rien n'a vraiment changé en théorie, si ce n'est les apparences. Certes, il n'a pas conquis à l'ENA son titre de pair de France, dévolu à ses ancêtres et conservé depuis lors par un singulier privilège de la République. En réalité, on est presque toujours au sommet de l'État secrètement impressionné par les titres, même si autant à gauche qu'à droite – avec Giscard qui les avait supprimés – on n'ose guère l'avouer. Ainsi l'ancien sénateur du Morbihan a fêté le millénaire de ce nom prestigieux. On n'a pas tous les jours mille ans !

– Année 2021 –

Vous venez de donner en 2021 votre château à votre fils unique. Des siècles vous contemplent ?

Je suis en effet très heureux de pouvoir transmettre cette année notre demeure familiale à mon fils, Alain, et c'est la quinzième génération de la famille. Une charge lourde qu'un tel héritage. Je salue son courage, car le défi est important pour lui et tous nos proches.

Trouver une demeure historique dans la corbeille de mariage implique d'avoir beaucoup d'énergie ?

En ce qui me concerne, je n'avais pas le choix. J'ai toujours su que je devais assurer la préservation et la charge de Josselin. Ce fut en revanche différent pour mon épouse, Antoinette. C'était pour elle un sujet tout à fait nouveau. Domaine dans lequel elle s'est totalement engagée. Comme moi, elle en a retiré à la fois beaucoup de joies et de satisfactions. Partageant à mes côtés les inquiétudes, les moments difficiles qu'entraîne la gestion d'un monument de cette importance.

Une jeunesse marquée par les traditions.

C'était déjà un lien très fort dès mon enfance. J'avais conscience de vivre dans un lieu marqué par une histoire et une tradition puissantes. Mon engagement politique, comme maire pendant trente-cinq ans, conseiller général pendant seize ans, et Président du conseil régional de Bretagne durant six années m'a amené à vivre beaucoup à Josselin, ce qui a renforcé ce lien.

Et encore aujourd'hui ?

En effet, puisque nous avons inauguré l'été dernier, au premier étage du château, la chambre enfin restaurée de la duchesse Herminie de Rohan, mon arrière-grand-mère. Personnalité emblématique de la Belle Époque, qui tenait notamment un salon littéraire fréquenté par les écrivains, les artistes et les hommes politiques, tels Pierre Loti, Guy de Maupassant, Paul Morand, Émile Deschanel… mais aussi l'aristocratie, son monde, c'est-à-dire la princesse Mathilde, le duc d'Aumale, le prince de Galles…

Puisque nous parlons de coutumes, doit-on se marier « dans sa rue », comme on disait naguère ?

J'ai toujours souhaité épouser une femme que j'aimais, sans autre considération. C'est la même chose pour mes enfants. Le temps des mariages « arrangés » est révolu et a, me semble-t-il, quelque chose de désuet.

Changeons de registre, vous êtes aussi un ami de Lionel Jospin.

Nous nous sommes connus en hypokhâgne à Janson-de-Sailly. Il cultivait quelques préjugés à mon endroit, car j'appartenais à une planète qui lui était totalement étrangère. D'où ses idées préconçues et forcément défavorables, puisque je symbolisais sans doute à ses yeux l'archétype d'un monde révolu. J'avoue avoir eu moi aussi naguère ce genre de réflexes envers Lionel Jospin. De fait, ni l'un ni l'autre n'étions à cet âge-là particulièrement tolérants ! Après nous être croisés à Sciences Po, nous avons fait notre service militaire ensemble puis passé trois ans à l'ENA dans le même groupe de travail. Tant d'années nous ont appris à bien nous connaître, à nous estimer et à développer une réelle amitié l'un pour l'autre. J'apprécie sa rigueur morale, sa compétence et son intelligence.

Vous êtes un grand-père pédagogue ?

J'essaie d'intéresser nos petits-enfants à l'histoire de leur famille et à celle de Josselin, où ils adorent venir. Ils me posent beaucoup de questions. C'est, je le reconnais, un lieu qui fascine les enfants.

Grand Seigneur et généreux !

J'ai cédé le château de Pontivy à la ville pour 1 euro symbolique. Elle en assumait déjà totalement les charges d'entretien… J'ai ainsi répondu à sa demande de pouvoir jouir pleinement de la possession de ce monument, dont la municipalité pour l'heure ne me paraît pas avoir de projet bien défini. Ce qui me semble dommage, car elle a réalisé en 2011 avec le concours des Monuments historiques de gros travaux à la suite de l'effondrement d'un rempart.

Quand vous vous retournez vers le passé, que vous dites-vous ?

Que je suis heureux d'avoir pu convaincre mon épouse, Antoinette, d'avoir partagé ma destinée, c'est une belle aventure que nous avons vécue ensemble.

Duc de Rohan : « Fêtant notre millénaire, j'ai invité les quatre cents membres de la famille pour l'événement. »

– Année 2008 –

Josselin de Rohan, comment vous appelle-t-on ?

Quelques anciens fidèles de la tradition disent « Monsieur le duc », d'autres « Monsieur le Sénateur » ou, tout simplement, « Monsieur de Rohan ». Pour ma part, je n'ai pas de préférence.

Qu'est-ce qu'un duc et pair de France ?

La pairie était un avantage accordé par le roi. Il nous faisait siéger au Parlement, juridiction suprême de la monarchie, sorte de Cour de cassation. Certains ducs étaient pairs, d'autres pas. Encore aujourd'hui, en vertu d'une vieille tradition mais aussi d'un droit, les ducs et pairs de France peuvent se faire enregistrer par l'état civil avec leur titre. Ce qui veut dire qu'ils sont reconnus par la chancellerie et, donc, par la République. Après s'être acquittés une seule fois du droit de sceau, au prix d'un acte légal et gratuit depuis la loi de finances rectificative du gouvernement Jospin de 2001, ces titres transcrits sont enregistrés par le ministère de la Justice. C'est un ancien et l'unique privilège ducal ayant résisté à la Révolution française. Lorsque le Président Giscard d'Estaing avait en 1974 déclaré supprimer les titres, cela signifiait juste en réalité qu'ils n'étaient plus marqués sur le carton d'invitation d'un duc convié à l'Élysée.

Votre lignée est très ancienne…

Notre lignée fête ses 1 000 ans, car nous remontons à la fin des années carolingiennes, soit avant le Xe siècle avec une filiation prouvée. Il n'y a en effet qu'une dizaine de familles en France – dont les Mortemart, les Prunelé, les Montesquiou, les d'Harcourt… – ayant des ancêtres aussi lointains. Nous sommes connus depuis les comtes de Rennes, aux VIIIe et IXe siècles. Viennent ensuite les Vicomtes de Porhoët, du Xe au XIIe siècle, puis les Vicomtes de Rohan. Et, enfin, les ducs de Rohan, qui ajoutèrent le patronyme *de Chabot* lorsque Marguerite de Rohan épousa, en 1645, Henri de Chabot. Le premier titre de duc a été créé par Henri IV pour Henri de Rohan, son cousin issu de germain, qu'il voulait marier à la fille du roi de Suède. Or celui-ci avait fait savoir au souverain français que le Vicomte de Rohan ne portait pas un titre assez important pour lui. Le duc, protestant, n'eut qu'une fille, qui épousa un catholique, Henri de Chabot. C'est donc pour lui que fut érigé, en 1648, le duché de Rohan, dont descendent aujourd'hui les Rohan-Chabot. Quant à Josselin, si les fondations datent de 1008, le château est des XIVe et XVe siècles.

Pourquoi les titres font-ils toujours rêver ?

C'est plutôt curieux pour un pays si égalitaire ! Un vieux fonds hérité de la Révolution dépeint l'aristocratie, à travers des livres du style *Jacquou le Croquant*, comme la classe des privilèges, de l'injustice, du cynisme, de la dureté, de l'immense richesse… Clichés qui cohabitent toutefois avec le rêve et la légende du prince charmant… Les châteaux sont aussi liés au merveilleux, au fantastique. En réalité, les Français éprouvent envers nous autant de fascination que de méfiance !

Y a-t-il toujours des mariages arrangés ?

Il ne faut plus y croire. Peut-être existaient-ils encore à l'époque de mes parents… Après tout, bon nombre de mariages de raison étaient beaucoup plus solides que des mariages de passion. Ils conduisaient à des vies sans accroc. Mais si de nos jours je suggérais à l'un de mes trois enfants d'épouser quelqu'un de mon choix, je serais foudroyé sur place !

Avez-vous été élevé différemment de vos frères et sœurs ?

Aîné de cinq enfants, je savais que c'était à moi que reviendrait la propriété de Josselin. J'en ai hérité il y a quarante-deux ans, mais, ma grand-mère étant à l'époque usufruitière, je n'ai commencé à le gérer qu'à partir de 1976. Posséder ce château implique des devoirs locaux, à l'image de mon arrière-grand-père, député du Morbihan trente-six années durant, de mon grand-père, lui aussi député avant d'être tué en 1916, et de mon père, naguère conseiller municipal de Josselin.

Quel est le poids des Rohan dans notre Histoire ?

Les rois les ont toujours considérés comme des vassaux extrêmement importants, ayant, notamment par leurs prestigieux mariages, acquis une grande influence. Leurs terres allaient du nord au sud et de l'ouest à l'est de la Bretagne. Ainsi, où qu'on se rende en Bretagne, il fallait obligatoirement les traverser. Hommes de pouvoir habitant dans des forteresses, ils jouaient un rôle stratégique sur le plan militaire.

Quels ont été, d'après vous, les trois Rohan les plus importants ?

D'abord Jean II de Rohan, l'un des principaux rebelles face à son beau-frère, le duc de Bretagne (1452-1516). Puis Henri de Rohan, premier duc de Rohan et chef des calvinistes à la fin du XVIe et au début du XVIIe siècle, qui meurt en 1638. Enfin le cardinal de Rohan, mêlé à l'affaire du collier de la reine sous Louis XVI.

N'y a-t-il pas eu aussi un conflit politique entre un père et un fils ?

Bien sûr, à la fin du XVe siècle, lorsque François de Rohan combattait dans les troupes ducales avec son oncle François II de Bretagne, pendant que son propre père était à la tête d'une armée du roi de France. Malgré ces conflits, les Rohan ont survécu et traversé les siècles en assumant leur destin.

La haute aristocratie s'est-elle adaptée au XXIe siècle ?

J'espère l'avoir prouvé, même si deux ducs seulement, Hélie de Noailles et moi-même, ont fait l'ENA. Il y a notamment au Sénat d'autres collègues aristocrates ayant mené de belles carrières. Henri de Raincourt, Roland du Luart, Henri de Richemont, Ladislas Poniatowski sont eux aussi actifs. Dans le monde des affaires, Henri de Castries a présidé avec beaucoup de succès AXA, l'une des premières entreprises du CAC 40.

La tradition est-elle un handicap ?

Elle est une contrainte si on la conçoit avec une approche solennelle et figée. Ne vivant pas ainsi mais en respectant simplement certaines valeurs, je ne me sens paralysé au quotidien ni dans ce que je suis ni dans ce que j'ai envie de faire. À mes trois enfants, j'ai surtout enseigné l'honnêteté intellectuelle et morale, un point essentiel sur lequel on ne peut guère transiger. Je n'ai jamais expliqué à mon fils Alain quel genre de femme j'aimerais qu'il épouse, même s'il sait implicitement, avec le bel exemple de sa mère, que, dans son cas, celle qu'il choisira n'épousera pas seulement l'homme mais également la propriété avec ses contraintes. Antoinette, qui était une brillante journaliste, a vite renoncé à son métier pour s'occuper de Josselin et de sa famille. Le célèbre « coup de Jarnac » vient des Rohan-Chabot. C'est un héritage familial ; ce fameux coup consiste à couper les jarrets de l'adversaire d'un seul coup d'épée. Il avait été enseigné par un maître d'armes à Guy Chabot, baron de

Jarnac. En 1547, pour retrouver son honneur, celui-ci s'était battu en duel, devant Henri II, contre François de Vivonne qui l'accusait d'avoir obtenu les faveurs de sa belle-mère... Or, dans le langage populaire, l'expression a été détournée puisqu'elle désigne maintenant un coup tordu ! Un des meilleurs défenseurs de Guy Chabot, François Mitterrand, fin connaisseur du sujet, ne manquait jamais de préciser qu'il s'agissait d'un acte légitime et régulier. Il est certain que ce grand amateur de femmes et féru d'Histoire savait de quoi il parlait...

Êtes-vous fier d'être à la tête de Josselin ?

Une telle demeure est anxiogène, parce qu'il y a toujours des travaux, des préoccupations, des tracas quotidiens de gestion. Ma femme, très active, s'y consacre trois jours par semaine et malgré cela, devant un monument historique de cette importance forcément déficitaire, on ne peut que s'inquiéter chaque jour davantage. L'État et les collectivités locales nous aident de leur mieux, mais les frais de fonctionnement élevés, dus notamment au prix de l'énergie et des charges en tout genre, nous rendent pessimistes pour l'avenir. Avec quarante pièces, 1,5 hectare de toits et de multiples employés, car une telle demeure ne tourne pas toute seule, cela devient toujours plus lourd !

Mais un Rohan rebondit toujours !

Soit, mais notre devise datant du XVIIe siècle reste aujourd'hui lourde à porter : *roi ne puis, prince ne daigne, Rohan suis.*

La princesse Gloria von Thurn und Taxis,

la flamboyante princesse aux sept châteaux

« Nous sommes installés dans quatre châteaux.
Le cinquième est inabitable
et les deux derniers totalement vides. »

La princesse Gloria von Thurn und Taxis puise après la mort de son mari dans l'immense trésor de la famille afin de disperser quelques milliers d'objets pour sauvegarder les terres et les entreprises de ce patrimoine ancestral. Or, en y regardant de près, seuls les habitués pourront remarquer les vides laissés dans les 400 pièces du palais de Saint-Emmeram et les salons de ses six autres châteaux, c'est-à-dire les 3 500 lots du XVIIe *au* XXe *siècle à vendre estimés à l'époque à 47 millions de francs. Depuis la disparition du prince Johannes von Thurn und Taxis, héritier des fondateurs de la Poste dans l'empire des Habsbourg, celle que la chronique de ces folles années avait surnommée la « princesse Pop » est devenue la régente d'un empire dont le prochain souverain va être son fils Albert. Rigueur et noblesse obligent, elle a changé ses originales tenues flamboyantes contre de stricts tailleurs sombres de femme d'affaires, égayés cependant par de somptueux bijoux.*

– Année 1993 –

Après la mort de votre mari, décédé il y a trois ans, vous allez vendre 3 500 objets de son trésor familial. Tristesse ?

Oui et non, mais mon devoir me commande de très bien faire les comptes, pas pour moi mais pour mon fils. Aucun de mes administrateurs n'aurait jamais osé me suggérer cette vente, ni même seulement l'envisager. C'est une décision que j'ai dû prendre seule. Vient un moment où trop, c'est trop. Malheureusement, car l'on finit par s'attacher aux choses, mais ainsi va la vie ! C'est le cas d'un très beau bureau XIXe se trouvant dans l'aile sud du château. Bien que je ne le voie pas plus de trois fois par an, cela ne m'empêchera pas de le regretter. Il y a, entre autres, mes Harley-Davidson. Pour donner une âme à ce genre d'événement, on doit vendre aussi ce à quoi on tient vraiment. C'est la vie étrange des objets, qui ont aussi un destin.

Avant d'être veuve, saviez-vous tout ce que vous possédiez ?

Non, je l'ai découvert au moment des inventaires dressés après la disparition de mon mari, en décembre 1990. J'ai réalisé depuis qu'il y avait beaucoup trop de choses et je sais que même après ces ventes il en restera largement assez pour mes trois enfants.

Ce qui signifie également mettre le vin à l'encan ?

En effet, parce que la cave regorge de quelque 75 000 bouteilles, beaucoup plus que dans un grand hôtel ! Or même un véritable ivrogne n'en viendrait jamais à bout ! Johannes adorait acheter du vin, le commandait sur catalogues et s'imaginait qu'en achetant par très grandes quantités aux négociants il profiterait d'un meilleur prix, ne se rendant absolument pas compte du nombre de bouteilles qu'il entassait dans la cave.

Il n'y était d'ailleurs jamais descendu. Quand, pour la première fois, j'y ai mis les pieds, j'ai décidé de ne garder que 2 000 très bonnes bouteilles. Celles consommables immédiatement, dans cinq, dix et vingt ans. C'est suffisant pour mes deux grandes réceptions annuelles, mes petits dîners et plus tard pour les enfants. Je ne bois du vin que lorsque je fais un très bon repas, car ma boisson préférée est… l'eau minérale française parfumée au citron.

Vivre dans un château aux quatre cents pièces est-il un conte de fées ?

Quand Johannes était à mes côtés, je vivais un conte de fées permanent. Ma seule responsabilité, assistée d'une gouvernante, bien sûr, consistait à m'occuper des enfants. En dehors de cela, tout n'était que luxe et volupté. Mon mari exauçait immédiatement chacun de mes vœux. Rien ne lui paraissait trop beau pour moi. Il m'offrait des voyages extraordinaires, les plus belles robes, les bijoux les plus somptueux, pendant dix ans, j'ai été incroyablement gâtée. Quand il est mort, je me suis brusquement réveillée. Du jour au lendemain, passant du rêve à la réalité. Celle d'une femme face à de lourdes responsabilités quotidiennes. Habituée à une existence d'une totale inconscience, j'ai été obligée de me mettre à compter, à apprendre que la réfection de la toiture du château coûte 3,5 millions de francs et que le chauffage revient à presque 2 millions de francs par an. J'ai dû aussi me faire admettre et respecter par les administrateurs des biens de mon mari. Cela n'a pas été facile, parce que je suis jeune et depuis une femme. C'est très difficile de rester une fée lorsqu'on est confrontée à des considérations bassement matérielles, comme celle de payer son personnel.

Combien de personnes sont-elles à votre service pour entretenir de telles demeures ?

Quarante-cinq domestiques. Évidemment, cela nécessite une très lourde infrastructure. Alors pour amortir un peu les frais, je loue, très cher, une dizaine de salons pour des dîners et des séminaires. Mais je ne veux pas que l'on saccage mes parquets ! Mon mari n'aurait jamais supporté d'ouvrir le château à des étrangers. Mes enfants eux, déjà très pragmatiques, m'approuvent totalement.

Vous semblez, malgré cela, toujours aimer la vie de château.

J'adore cette existence, même si le palais compte quatre cents pièces et que je n'en occupe que quelques-unes. Pour moi, vivre dans un tel lieu a une certaine mystique. C'est un peu comme si je ressentais la présence des ancêtres. Les enfants sont très attachés à Regensburg. L'aile où nous habitons n'a rien d'austère et, contrairement à ce que l'on pourrait imaginer, nous y avons de joyeux souvenirs et les vibrations sont bonnes. La meilleure preuve en est que, lorsqu'il m'arrive de sortir le soir, je ne crains pas de les laisser seuls, car ils n'ont absolument pas peur.

Lorsqu'on a autant de châteaux que de jours dans une semaine, comment profite-t-on de tous ?

Nous sommes installés dans quatre châteaux. Le cinquième est inhabitable et les deux derniers sont totalement vides. C'est compliqué, certes, mais les enfants aiment cette vie, alors je m'organise. Pendant les vacances, nous allons à Taxis, dans le Wurtemberg. J'invite leurs amis. Cet été, vingt-cinq enfants montaient chaque jour à cheval, jouaient au tennis, nageaient, faisaient des parties de cache-cache nocturnes. Une vraie colonie de vacances. Nous séjournons aussi à Gartshausen, un autre petit château, sur les bords du lac de Stanberg, et nous passons les week-ends dans une troisième propriété, située à quelques kilomètres de Regensburg. C'est d'ailleurs plus un pavillon de chasse qu'un château, avec des chevaux et les animaux de la ferme. Albert, Elisabeth et Maria Theresia sont fous de bonheur de vivre en pleine nature, car, ici, ils habitent en centre-ville. Mon endroit préféré reste Schlosshaus, à une trentaine de kilomètres de Regensburg, dont les proportions sont pour moi idéales. J'aimerais, plus tard, m'y installer.

Pourriez-vous vivre autrement ?

Avant mon mariage, je n'avais aucune idée de ces fastes. Enfant, j'ai été élevée en Somalie, puis au Togo, où mon père, journaliste, représentait une radio allemande. C'est d'ailleurs là que j'ai appris le français. Nous sommes ensuite rentrés à Bonn, où nous partagions un appartement et menions une existence sans histoires jusqu'à ce que mes parents, des aristocrates désargentés qui ont tout perdu à l'Est, construisent une maison banale près de la capitale. Ce genre d'endroit manque d'atmosphère, et il ne faut pas croire pour autant que la vie de château soit simple. De fait, le gouvernement est très heureux que les aristocrates vivent chez eux, tels d'élégants concierges. Faute de quoi, l'État devrait prendre le relais et entretenir ces immenses demeures en y engloutissant des fortunes. Or, de nos jours, les jeunes refusent catégoriquement d'assumer ce genre de responsabilités.

Êtes-vous une mère sévère ?

Mes enfants disent que je suis très stricte. Je les oblige à se coucher tôt le soir et à perfectionner l'anglais et le français qu'ils parlent déjà couramment. Ils prétendent notamment que je suis particulièrement à cheval sur les bonnes manières, mais comment faire autrement ? Ils sont déjà si gâtés. Pour Noël dernier, mes deux filles ont eu un poney, et mon fils une petite moto. Au lycée, malgré eux, mes enfants jouent déjà un rôle. On les observe plus que les autres élèves. Dans une ville comme Regensburg, il faut toujours donner l'exemple. Heureusement, on ne fait aucune exception pour eux.

Votre éducation dans un univers désargenté vous a-t-elle préparée à vous adapter à tout ?

Une autre forme d'existence a commencé au lendemain de la mort de mon mari.

Tout le monde ici vous appelle « princesse ». Est-ce important d'être l'« Altesse régnante » locale ?

Ce n'est pas d'être princesse qui est essentiel, mais être une princesse riche fait la différence. Comment nier que cela procure d'immenses privilèges ? Si un jour je devais vivre différemment, j'espère seulement que j'aurais la force de l'accepter.

Alexandre de Vogüé règne avec ses deux frères sur le plus beau château privé de France, Vaux-le-Vicomte

– Année 2020 –

Quand ils étaient petits, on les appelait «les Trois Mousquetaires». Alexandre et Jean-Charles, les faux jumeaux, et Ascanio, le benjamin, vivaient avec leurs parents, Patrice et Cristina de Vogüé, dans le plus beau château privé de France. Et lorsqu'ils allaient se coucher, leur mère, de sa voix chantante aux intonations d'Italienne, leur racontait l'histoire de Fouquet. «Il était une fois le surintendant général des Finances de Louis XIV, qui avait décidé de bâtir la plus grandiose des demeures avec un parc à perte de vue, Vaux-le-Vicomte. Pour cela, il fait appel aux meilleurs artistes français du XVIIe siècle – l'architecte Le Vau, le peintre Le Brun et Le Nôtre, qui dessina les jardins avec d'harmonieux bassins –, mais Fouquet ne comprend pas que tant de faste puisse éveiller la méfiance de Louis XIV et faire de l'ombre au roi-Soleil. Son ennemi, Colbert, qui caressait comme lui l'ambition de succéder au Premier ministre Mazarin, fit en sorte de convaincre le roi de punir l'insolent ambitieux. Fouquet, qui ne se doutait de rien, invita Louis XIV et sa cour à la fameuse fête inaugurale l'été 1661. Ignorant bien sûr que son arrestation était proche.

Arrêté quelques semaines après par d'Artagnan, il ne retrouva jamais la liberté. » Ah ! Si les murs pouvaient parler ! Cette histoire n'a rien d'un conte pour enfants, pourtant, la comtesse napolitaine a eu raison de la révéler à ses fils dès l'âge de l'insouciance, leur transmettant ainsi l'amour de ce lieu enchanteur. C'est en 1967, au moment de son mariage avec le comte de Vogüé, que le château entre dans la vie de Cristina Colonna Di Paliano, jeune fille bien née de l'aristocratie italienne. Elle unit alors son destin à Patrice de Vogüé, personnage au caractère affirmé, qui a reçu ce château acquis par son arrière-grand-père, Alfred Sommier, puissant industriel ayant fait fortune dans le sucre. Il hérite aussi d'un paquet significatif d'actions de la Générale sucrière qui vont lui être bien utiles… Deux hectares et demi de toitures, 500 hectares de terres, dont 33 de jardins à la française, le tout clos de murs ! Pas moins de 1 million d'euros par an de frais fixes. La passion des lambris a un prix… mais rien ne décourage ce seigneur à l'ancienne parfois ombrageux. Surtout que les jeunes mariés se sont promis de rendre à la vaste propriété son lustre d'antan.

Bien plus qu'un métier, c'est une vocation. Jusqu'à sa disparition, en 2020, Patrice de Vogüé, épaulé par son enthousiaste épouse, va donc faire prospérer ce chef-d'œuvre du Grand Siècle. Sans verser dans la fastidieuse généalogie du gratin ou la raideur des déjeuners au Jockey Club, le couple enseigne aux trois garçons le respect de leur lignée, le sens du devoir et de l'Histoire, le goût de l'aventure. Ils en auront besoin, car, si les domaines publics bénéficient de généreuses subventions, les demeures historiques privées n'ont droit qu'à une modeste aide de l'État, correspondant à 6 % seulement de leurs recettes. Antoinette de Rohan, qui, quarante-cinq ans durant, a géré avec son époux, l'ancien sénateur UMP Josselin de Rohan, le château de Josselin à la splendide façade Renaissance, en témoigne. Certes, ce lieu reçoit quelque cinquante mille visiteurs par an. « Néanmoins, s'exclame-t-elle en soupirant, c'est vraiment injuste de faire payer l'impôt sur la fortune immobilière aux châtelains ! Aucun d'eux ne s'est jamais enrichi en France. L'État ferait mieux de nous obliger à investir cet argent dans nos travaux. D'autant qu'on doit déjà s'acquitter chaque année d'importants impôts locaux calculés, dans notre cas, sur la base de nos 2000 mètres carrés, faits de remparts, toitures, salles et pièces dont nous n'occupons qu'un dixième avec notre famille de trois enfants et cinq petits-enfants. Comment aurions-nous les moyens de chauffer une telle surface ? C'est pourquoi un garage dans le 18e arrondissement de Paris vaut parfois plus cher qu'une noble demeure en province… » Comme Alexandre de Vogüé l'explique : « Si le château des Rohan est situé au cœur de la Bretagne, à 400 kilomètres de Paris, le nôtre a l'avantage de n'être qu'à 50 kilomètres de la capitale, près de Melun. Notre père imagina, ce qui est audacieux à l'époque, de le louer pour des tournages. Gérard Oury y pose sa caméra lors de *La Folie des grandeurs*, Bertrand Tavernier pour *Que la fête commence…* C'est également là que, plus tard, Sofia Coppola va filmer sa biographie très rock'n'roll de Marie-Antoinette. Gérard Depardieu, Roger Moore et des *James Bond girls* réveillent les fantômes, et Dany Boon fait tout exploser – en images virtuelles – dans *Raid dingue*. Grâce à cela, le flamboyant château va servir de cadre à près de quatre-vingts longs-métrages, sans compter les téléfilms et les publicités. Notamment la plupart des productions censées se dérouler à la cour du roi-Soleil, j'ose le révéler, à commencer par la série "Versailles" diffusée sur Canal+. Nos parents ont gagné leur pari. En 2012, ils peuvent passer la main à la cinquième génération. Dans une première vie, j'ai été guide de haute montagne, Jean-Charles faisait carrière chez Nike et Ascanio s'occupait d'événementiel. » De superbes gaillards qui n'ont jamais coupé le lien avec l'univers de leur enfance, d'abord quitté pour « des bahuts de gosses de riches », comme le reconnaît l'un d'eux. « Une vraie responsabilité, insiste Alexandre, que d'hériter de la plus grande propriété privée classée à l'Inventaire des monuments historiques – le château le plus visité de France après Versailles ! Notre premier défi a été de réussir à diriger "ensemble" le domaine et ses soixante-quinze employés. C'est-à-dire surtout de ne pas tomber dans la guerre inévitable des deux contre un. On a suivi les conseils d'un coach qui nous a appris à bien communiquer. Nous avons commencé par inscrire dans les statuts de la charte familiale : "Tout doit se décider à l'unanimité." Et on y est arrivés, sans doute parce que nous sommes très différents mais aussi complémentaires. Mon frère Jean-Charles est maintenant notre directeur commercial, et Ascanio responsable de la gestion et des finances ; moi, je m'occupe du mécénat et des relations extérieures. Ce qui signifie être toujours à la recherche d'idées nouvelles. Il faut tâtonner, s'adapter, trouver des mécènes et le bon dosage entre tradition et innovation… »

Et vos épouses ? « Elles ne sont concernées qu'à travers nous. Nous ne tenons pas à les impliquer. De toute manière, avec quatre enfants du côté de Jean-Charles et le même nombre pour Ascanio, âgés de 3 à 20 ans, elles sont plutôt occupées… 2018 sera notre année "bénie" avec 317 000 visiteurs, dont 1 800 Asiatiques le même jour ! Un record absolu depuis l'ouverture au public, en mars 1968, ayant fait l'objet d'une photo souvenir qui trône dans notre bureau. Bien que je n'aie pas encore fait les comptes, j'estime déjà que, des 8 millions d'euros les bonnes années, on va plonger cette année dans le rouge : peu de billetterie, de rares privatisations et locations d'espace, pas d'opéra en plein air ni de mariage fastueux, même si, cet été, feux d'artifice et soirées aux chandelles ont pu partiellement être maintenus. Comme le reste du pays, les châtelains ont découvert le confinement. Adieu visites, reconstitutions historiques, chocolat chaud offert dans les files d'attente, événements, restaurant, cafétéria, boutique… D'ailleurs, Jean-Charles et son fils Raphaël ont conduit eux-mêmes le tracteur pour tondre les 13 hectares de pelouse. Pour désherber, ils ont appelé des amis à la rescousse. Vaux-le-Vicomte, certes, en a vu d'autres ! Lors de la Première Guerre mondiale, Germaine Casimir-Perier – infirmière, fille de président de la République et épouse d'Edmé Sommier, engagé sur le front – reprend son uniforme de soignante et décide de transformer une partie du château et les dépendances en hôpital militaire, le centre n° 23, fonctionnel dès octobre 1914. Quelque mille deux cents soldats y seront hébergés et soignés. Fin 1918, Clemenceau, Foch, Weygand viendront saluer les efforts de celle qui, pour ses descendants, reste "Tante Germaine". Un siècle après, c'est également à elle que s'adressait secrètement, en pleine pandémie, ce lumineux "grand merci" que nous avons posté sur Instagram, à l'adresse des soignants. Il faut savoir évoluer dans le sens de l'Histoire. »

Cela, Alexandre et ses deux frères ne l'ont pas appris dans les manuels mais sur le terrain. Dès la fin du confinement, les trois frères ont pu réveiller leur Belle au bois dormant, rouvrir les imposantes grilles de fer forgé qui s'étaient refermées dans une atmosphère d'anxiété. Les jardins plongent le visiteur dans un univers magique. Rêver à Vaux-le-Vicomte veut aussi dire s'arrêter au passage dans la boutique où l'on trouve, entre autres, le miel des cinquante ruches du parc. La plus enchantée des parenthèses qui permet de vérifier ce vieux dicton italien : « Le temps est galant homme. » Ce auquel ses dignes héritiers franco-italiens adhèrent jour après jour.

7.

J'AI DÎNÉ AVEC EUX À L'ÉLYSÉE

À la table de nos « monarques » républicains

La première fois que j'ai dîné avec un président de la République en exercice, c'était François Mitterrand. Faisant partie de cette drôle de caravane de journalistes qui accompagnaient sous les septennats les Présidents de la République en visite officielle et où il y avait d'ailleurs peu de femmes à l'époque, j'avais été tirée au sort lors de sa visite officielle en Inde pour un repas privé avec lui. Le dîner eut lieu dans une salle à manger particulière décorée de bouquets de roses du grandiose palais de Rashtrapati Bhavan à Delhi. Demeure coloniale au cœur de jardins moghols abritée par de hautes murailles, jadis résidence du vice-roi des Indes dont le dernier fut lord Mountbatten, oncle de la reine d'Angleterre. Ce 29 novembre 1982, Paul Guilbert du *Quotidien de Paris*, Pierre Favier de l'AFP, Bernard Pradinaud d'Antenne 2, Gérard Carreyrou d'Europe 1 et moi avons dignement traversé d'interminables couloirs, passé les contrôles sous le sévère regard d'élégants *bodyguards* pour nous retrouver aux côtés de François Mitterrand, accompagné de Michel Vauzelle, son porte-parole. Étant la seule femme ce soir-là travaillant en ces années-là au *Figaro Magazine*, le chef de l'État m'avait placée à sa droite. Et comme on lui faisait toujours des fiches sur ses invités, il me murmura que c'était difficile ce soir-là de fêter mon anniversaire. On avait dû le lui signaler, et plusieurs confrères agacés de n'avoir pas été retenus avaient considéré que le tirage au sort était sans doute biaisé. Or la vérité était un peu différente, je m'en aperçus pendant le repas. De toute façon, la plus belle des surprises restait ce dîner servi par un stylé personnel enturbanné où, faisant des apartés, François Mitterrand se penchait régulièrement vers moi. Commençant par m'avouer que, quand il avait vu mon nom sur la liste des journalistes, bien que j'écrive dans un journal d'opposition, il avait souhaité que je sois invitée au dîner. Puis il poursuivit : «Je connaissais Henri Pigozzi, un homme visionnaire dont j'admirais le dynamisme industriel et la politique sociale participative. J'étais à l'époque député de la Nièvre, il m'avait reçu à Poissy. Après la visite des usines et un repas italien dans sa salle à manger privée, nous avons passé un bon moment dans son bureau où était venu nous rejoindre André Rousselet, l'un de mes proches. Ancien sous-préfet à la Martinique, entré chez Simca, où il s'occupait des Taxis G7 appartenant à votre père qui ensuite les lui a vendus. Ce déjeuner avait eu lieu au premier étage et votre père m'avait confié en riant : “Le personnel a ‘baptisé’cette partie de l'usine ‘le boulevard des Italiens’, car j'ai fait venir quelques collaborateurs piémontais.” J'ai ensuite signé le livre d'or.» Le Président se souvenait des moindres détails, allant jusqu'à me décrire le mobilier Jansen d'après-guerre du bureau. J'étais si émue que j'en ai oublié le menu, impressionnée par sa conversation et le ton chaleureux avec lequel il avait raconté cela, imaginant bien sûr combien cela pouvait me toucher. Après ce long aparté et avoir balayé d'un trait les enjeux économiques de la visite sur le sous-continent, François Mitterrand nous avait raconté pendant trois heures, cambré sur sa chaise, clignant des yeux, son enfance pieuse à Jarnac dans un milieu provincial catholique et conservateur, son amitié au collège Saint-Paul à Angoulême avec Pierre de Bénouville, ses escapades à vélo pour rapporter chez lui *La Petite Gironde*, journal républicain du Sud-Ouest… Une soirée étonnante où la mémoire, le talent de conteur de cet homme aux multiples vies et facettes, d'habitude si pudique et secret, nous avaient éblouis avec ses fulgurances, ses envolées lyriques, son analyse du quotidien faisant au passage référence à l'Histoire. J'avoue que, de plus, j'étais flattée par son extrême courtoisie, j'oserai même dire sa gentillesse, lui qui paraissait si souvent sévère. C'est ainsi que dès que nous l'avons quitté j'ai tout noté de cette mémorable soirée. Respectant bien sûr, comme il en avait été convenu, que rien ne filtrerait. J'ai ensuite revu François Mitterrand à un dîner au Conseil constitutionnel, alors présidé par Robert Badinter, et une autre fois lors du cocktail de mariage de sa petite nièce Marie Mitterrand, où j'avais emmené ma fille Marina. Mitterrand s'est alors approché et m'a dit : « Présentez-moi votre fille, comme ça je connaîtrai les trois générations. »

Tout cela se trouve dans des fiches précieuses conservées dans mon premier cahier numéroté de dîners de chefs d'État. Une parenthèse que j'évoque ici pour la première fois. C'est depuis devenu un réflexe, à peine sortie de ces brillantes manifestations, j'ai pris l'habitude de tout inscrire jusqu'au moindre détail afin d'être sûre de ne pas ensuite enjoliver les récits, car je suis journaliste et non romancière. Ce zèle m'a néanmoins conduite un soir à commettre aux yeux de Jacques Chirac un impair quasi impardonnable. Alors que j'étais à l'Élysée dans le salon Murat, invitée à la soirée de gala pour la reine d'Angleterre, et que le chef de l'État eut raccompagné la souveraine sur le perron, me voyant discrètement sortir mon tout petit cahier, considérant cela « peu convenable » – c'étaient ses termes –, il voulut l'attraper. Je résistais, cramponnée à mon carnet de box noir sous l'œil médusé des proches, jusqu'à ce que Bernadette vienne à mon secours. Une scène surréaliste. C'est néanmoins grâce à ces précieux cahiers de divers formats, selon les circonstances, que je puis aujourd'hui décrire ces soirées qui demeurent pour une privilégiée d'émouvants souvenirs. Car bien que le décorum et le rituel de l'Élysée quasi monarchiques soient immuables – il faut néanmoins rappeler que le président de la République, vieil héritage de la monarchie, est aussi Coprince d'Andorre, premier chanoine honoraire de la basilique du Latran, protecteur de l'Institut de France et du domaine national de Chambord –, l'atmosphère et la scénographie sont selon la personnalité reçue chaque fois différentes. C'est pourquoi reprendre mes vieux cahiers m'a semblé essentiel afin de partager ces réceptions avec les lecteurs.

Lors du dîner de gala à l'Élysée, la reine Élisabeth méritait plus que jamais le titre de Gracieuse Majesté

– Année 2004 –

« La reine Élisabeth est une marcheuse, elle allait avec mon mari au pas cadencé devant nous, et je suivais en courant derrière, aux côtés du duc d'Édimbourg. Quelle énergie a cette grande dame de 77 ans. C'est incroyable ! », s'exclamait Bernadette Chirac, de retour de sa promenade royale pour se rendre à l'ambassade de Grande-Bretagne a quelques jets de pierre de l'Élysée, rue du Faubourg-Saint-Honoré.

Il était 5 heures de l'après-midi et, sous le regard des badauds dont beaucoup de touristes japonais qui applaudissaient et mitraillaient Sa Majesté, la République et la Couronne d'Angleterre tentaient de marcher du même pas. C'est à bord d'un Eurostar spécial blindé que le célèbre couple avait traversé la Manche et fait son entrée en gare du Nord, à 14 h 48 précises. La souveraine effectue cette quatrième visite d'État en France, à l'occasion du centenaire de la signature de « L'Entente cordiale ». Traité ayant mis fin en son temps à des siècles d'antagonisme entre la Grande-Bretagne et la France.

Une apparition majestueuse avec cinq minutes d'avance sur l'horaire prévu obligera le cortège officiel à parcourir Paris à une allure si lente que les motards de l'escorte auront du mal à tenir le ralenti, une reine ne devant jamais attendre ! Ce voyage avait donné lieu à un large déploiement de mesures de sécurité en raison des menaces terroristes. En effet, au-delà des habituelles forces de l'ordre auxquelles sont normalement soumis les chefs d'État, un train-balai précédait les trois wagons affectés à la suite royale. Un *spare*, c'est-à-dire un second train, les suivait au cas où l'officiel serait tombé en panne. Le wagon de la reine était aussi marqué d'un signe distinctif afin qu'il puisse être repéré en permanence par l'hélicoptère de surveillance. De plus, à l'arrivée en gare du Nord, deux autres trains étaient venus en protection rapprochée encadrer les wagons royaux. Tout cela n'empêcha pas, pourtant, une alerte à la bombe causée par un sac-poubelle suspect qui traînait sur les voies, incident que la SNCF se garda bien d'ébruiter. Assise dans une voiture de suite de la sécurité rapprochée grâce à une amicale complicité, vêtue de bleu marine façon femme policière, je faisais discrètement partie de l'escorte officielle, histoire de semer mes confrères et de prendre en note chaque détail de cette visite. À *Paris Match*, il faut toujours être au plus près de l'événement, martelait notre admiré patron Roger Thérond.

Après ce déploiement de moyens, nous voici confrontés à la tradition immuable. Sur le quai attendait la Bentley de la reine, couleur aubergine, toit noir, frappée de la Couronne fermée sur les portières à vitres claires pour que la souveraine puisse être vue de tous. Seul véhicule du Royaume-Uni à être dispensé d'immatriculation et dont, au dernier instant, un officier du cortège avait dévissé le « B » de Bentley en haut de la calandre pour le remplacer par l'emblème de la reine. Une mascotte en or et argent représentant saint George sur son cheval cabré. La limousine était arrivée avec le chauffeur quelques jours auparavant par la voie ferrée – il faut savoir que seuls la reine Élisabeth, le Président des États-Unis, le Président russe et le Pape circulent toujours à bord de leur propre véhicule. Sa Majesté est officiellement accueillie sur les Champs-Élysées par Jacques Chirac et son épouse. Après avoir reçu les honneurs militaires, le couple royal, escorté jusqu'à l'Arc de triomphe par cent cinquante chevaux de la Garde républicaine, va déposer une gerbe sur la tombe du Soldat inconnu.

Depuis trois mois, les services du Quai d'Orsay et de protection des hautes personnalités étaient mobilisés pour cette visite d'État de trois jours à Paris et Toulouse ; même si ce protocole est bien rodé, puisque Élisabeth II était déjà venue dans notre pays en 1957, 1972 et 1992, un record donc, mais cela reste toujours un événement de recevoir la plus ancienne souveraine régnante au monde, sur le trône depuis juin 1953. À l'hôtel de Marigny, où le couple royal résidait, d'immenses bouquets d'orchidées vertes et de tulipes roses décoraient l'entrée de cette demeure-hôtel grandiose, tandis que les appartements privés mis à sa disposition pour se changer dans la journée, alors qu'elle dormirait à l'ambassade de Grande-Bretagne, étaient décorés de compositions pastel. Sur des guéridons, des corbeilles en argent débordaient de chocolats et de fruits confits, et les couloirs étaient fléchés d'indications pratiques. M. Albert, l'intendant de l'Élysée, responsable sous les directives de Bernadette Chirac de cette installation raffinée, avait aussi la charge du dîner d'État. Ainsi, après avoir marché sur l'épais tapis rouge de la cour d'honneur, si possible d'un pas aérien au milieu d'une haie de cavaliers à pied de la Garde républicaine en culotte blanche et sabre au clair qui rendent les honneurs sur les marches du perron, les invités, traversaient la suite des salons du palais présidentiel. Là où des portraits des principaux membres de la famille Windsor avaient été disposés dans des cadres de cuir. Ils pénétraient ensuite dans le salon Murat décoré d'une éblouissante composition de roses multicolores créée par Julien Moulié et représentant le drapeau de l'Union Jack. C'est dans cette pièce que chaque personne était présentée à la reine et au duc d'Édimbourg. Puis ce beau monde rejoignait la salle des fêtes. Heureux d'être parmi les « happy few », ils se saluaient en attendant, un brin fébriles, l'entrée de la reine, de sa suite et des Chirac.

À 9 heures, 80 maîtres d'hôtel en queue-de-pie noire attendent que les 232 hôtes qui avaient reçu l'élégant bristol pour cette soirée offerte le 5 avril 2004, comme cela est inscrit sur la très chic invitation « en l'honneur de Sa Majesté Élisabeth II et de Son Altesse Royale le prince Philip duc d'Édimbourg », soient assis autour de l'immense table en U de 45 mètres de long, où Jacques Chirac et la reine Élisabeth II sont placés au centre, côte à côte, sans vis-à-vis dans la plus pure tradition gaullienne. Le repas débute par l'allocution dénommée « toast du Président français » suivi de celui de la souveraine – qui repère immédiatement le micro, car à Windsor, lors des dîners royaux et bilatéraux, raffinement suprême, le micro est en revanche discrètement dissimulé dans un bouquet de fleurs. Chacun rappelle ce que signifie ce centenaire, la durée, la profondeur et la diversité des liens qu'entretiennent les deux pays à travers leur amitié, leur complicité séculaire mais également leurs combats et divergences. Une fois les privilégiés installés, et après avoir écouté les deux protagonistes s'exprimer en français, le stylé personnel commence à servir dans une cadence martiale où néanmoins chaque maître d'hôtel présente le plat au convive qui se sert. « Un retour aux débuts de la Ve République », remarquera, amusé, l'amiral de Gaulle, sans toutefois prononcer le nom de son père… La liste des invités est le résultat d'un subtil dosage des milieux économiques, artistiques, culturels, scientifiques, sportifs et d'abord politiques, où l'on reconnaissait, comptant encore peu de femmes en dehors de la ministre Michèle Alliot-Marie, d'incontournables membres du gouvernement et des corps constitués et quelques amis personnels. Pas de Windsor sans Rothschild. Cette famille d'illustres banquiers, établie notamment en Angleterre depuis 1802, symbolise mieux que tout «L'Entente cordiale». D'ailleurs, c'est dans une ancienne propriété Rothschild que réside à Paris la reine Élisabeth II, puisque l'hôtel de Marigny, acheté en 1972 par l'État au baron Alain de Rothschild, sert depuis lors de demeure officielle pour les hôtes étrangers de la Présidence de la République. Ainsi son fils Éric, accompagné de sa femme, Béatrice, la seule à porter des gants beurre-frais, comme cela se fait à la cour d'Angleterre, était l'un des sept membres de la famille Rothschild présents au dîner : le baron Guy, le baron David et son épouse, la jolie Olimpia, le baron Édouard, et Philippine la châtelaine de Mouton, dont on buvait le vin ce soir-là. Côté haute aristocratie : Son Altesse l'Aga Khan, qui venait d'être décoré grand officier de l'ordre de l'Empire britannique l'après-midi même, la princesse Laure de Beauvau-Craon, le sénateur duc et la duchesse de Rohan… Côté gotha républicain et artistique : les frères Jean-Gabriel et Frédéric Mitterrand, Jean-Claude Brialy, Jane Birkin, Charlotte Rampling, Kristin Scott Thomas… Avant de passer à table dans la salle des fêtes, la maîtresse de maison, vêtue d'une seyante robe rouge de Jean-Louis Scherrer, avait montré à ses hôtes royaux un tableau posé sur un chevalet, représentant un dîner à l'Élysée avec le roi George V, reçu le 29 novembre 1918 par le Président Poincaré.

Une soirée inoubliable dont j'aurais voulu qu'elle dure toute la nuit, où j'étais pour ma part heureuse, je l'avoue, de faire partie de ces privilégiés et m'étais entraînée dans ma salle de bains à faire la révérence. Éblouie par le panache de la souveraine britannique et fascinée en quelque sorte de la voir marcher avec autant de naturel, sa lourde couronne de diamant sur la tête et autour du cou un éblouissant collier et des boucles d'oreilles assorties. Tout le monde était fier d'avoir l'honneur d'être assis à la table de celle qui méritait, ô combien, son titre de Gracieuse Majesté. Dans sa robe blanc cassé à paillettes ton sur ton, sac et chaussures argentés, la digne souveraine en imposait par son port altier autant qu'elle séduisait par son sourire. Sa voix à la fois volontaire et suave charmait un Chirac qu'on n'a pas toujours connu particulièrement affable avec les reines. Comment oublier, en effet, le grand déjeuner qui avait suivi l'enterrement de François Mitterrand, en janvier 1996, où le chef de l'État, plongé dans son assiette de Sèvres malgré les regards appuyés de Bernadette, n'avait quasiment pas adressé la parole à ses deux voisines, la reine Beatrix des Pays-Bas et la reine Margrethe de Danemark, qu'il trouvait, paraît-il, trop grandes et pas assez féminines ! Cette fois-ci, avec Élisabeth II, notre Président se montrait très chaleureux. D'ailleurs, au moment de rejoindre la salle des fêtes pour le dîner d'État, on le vit dans un mouvement spontané presque tenté de lui prendre le bras ; or on ne doit jamais toucher la reine d'Angleterre, pas même la frôler. Ainsi le prévoit l'étiquette.

La table était recouverte d'une immense nappe de mousseline blanche brodée de fil d'or, décorée d'un dégradé de pois de senteur allant du blanc au rouge. Raffinement qui avait occupé cinq fleuristes pendant trois jours. Devant les Chirac et le couple royal, il y avait une imposante jardinière d'argent massif, deux flamboyants chandeliers et six Grâces de Majorelle en biscuit de Sèvres, et derrière eux de splendides arbres d'hortensias bleus, de roses blanches et rouges composant l'un le drapeau français, l'autre le drapeau britannique. Et, détail important, afin que la nappe reste immaculée, la cire des centaines de bougies des chandeliers était contenue par de petites coupelles de verre transparent dont Mme Chirac, toujours observatrice, avait retenu l'idée de Buckingham Palace. La République avait sorti, le 14 mai 1996, ses plus beaux services de fine porcelaine de Sèvres, sa lourde argenterie, soit dix couverts par convive et quatre verres de Baccarat chacun gravé « RF » pour « République française » disposés en losange avec juste au milieu devant l'assiette le verre à eau, à droite celui à vin blanc, à gauche celui à vin rouge et devant la flûte à champagne. Un festin, soit : crème de brocolis, foie gras d'oie maison à la gelée de sauternes et sa brioche mousseline, caille farcie aux morilles fraîches et braisée au champagne, pommes sarladaises, fromages et Chambord, un entremet léger à base de noisettes. Dîner arrosé de Château-Mouton-Rothschild 1988, château-yquem 1990 et champagne Dom Pérignon 1995. Plusieurs femmes se croyaient tenues, noblesse oblige, d'afficher des airs guindés. Or malgré leur attitude empruntée, il ne put échapper à la dame d'honneur de la reine, l'aristocratique et joyeuse comtesse d'Airlie, vêtue de rose pâle, que bon nombre des invitées ayant commis un impair portaient du noir, couleur du deuil, que la sévère étiquette d'outre-Manche proscrit en présence de la souveraine. De même, quelques hommes un brin vaniteux avaient épinglé au revers de leur smoking leur Légion d'honneur, que seul le premier des Français peut en pareille circonstance porter sur son habit, exception faite, comme l'explique Philippe de Gaulle en spencer d'amiral, imbattable sur l'étiquette, que j'interrogeais ce jour-là, qui me précisa que seuls les hôtes qui sont grand-croix de la Légion d'honneur ou du Mérite peuvent porter leur décoration.

À la fin du dîner, une trentaine d'invités dont moi eurent la chance de suivre Sa Majesté dans le salon des ambassadeurs. Ce qui fit dire avec un humour bougon à un hôte qui n'avait pas été retenu : « Eh bien, j'irai au Queen ! » Les maîtres d'hôtel virevoltaient avec café, tisanes et friandises. Mais, dans le salon des « élus », peu se risquaient à s'encombrer d'une tasse ou d'un petit chocolat, de peur d'avoir, sain réflexe, la bouche pleine si Sa Majesté venait par bonheur s'adresser à eux. C'était le cas des Pinault, des Panhard, oncle et tante de Bernadette, de Claudie Haigneré, d'Hélène Carrère d'Encausse, David Douillet... également médusés d'approcher une telle personnalité. Ce fut aussi l'occasion pour Jacques Chirac et l'amiral de Gaulle d'échanger avec la souveraine britannique des souvenirs du Général à Londres... D'évoquer de façon enjouée avec Philippine de Rothschild des histoires de vignobles du temps où l'ancien député de la Corrèze était ministre de l'Agriculture. Et de souligner, admiratif, à l'attention de la reine, la prestance à 95 ans de Guy de Rothschild : « Vous vous rendez compte, commenta le Président qui, pour sa part, a toujours banni le sport, le baron est extraordinaire, à son âge il fait de la gymnastique tous les jours ! » Mais pour la souveraine, Guy de Rothschild est d'abord associé à leur passion commune pour les chevaux. La reine s'est, dans le passé, rendue à deux reprises à titre privé en Normandie dans le haras Rothschild à Mautry, près de Deauville, où elle envoyait parfois des poulinières pour être saillies. Le baron Guy tout comme l'Aga Khan – quatre fois vainqueur du derby anglais, irlandais et du Jockey Club, qui la côtoie également – restaient ce soir-là impressionnés par la mémoire et la précision de la souveraine en matière de chevaux. « Un de ses grands plaisirs personnels, rappela le banquier, c'est de parler élevage. Et quand la reine est devant un pur-sang, ce n'est pas une conversation mondaine avec son entourage qui l'intéresse mais d'étudier la lignée des chevaux et de les photographier avec son vieux Leica. »

On comprend mieux dès lors que la reine ait été si heureuse que soit inscrite à son programme du lendemain matin la présentation des chevaux de selles français à la croupe pommelée du Cadre noir de Saumur dans le manège de la Garde républicaine à la caserne des Célestins, qui abrite le régiment de cavalerie. Quartier qu'elle connaissait déjà, puisqu'il se trouve à quelques jets de pierres de l'Hôtel de Ville, où Jacques Chirac, à l'époque maire de Paris, l'avait reçue douze années auparavant.

En fait, si «L'Entente cordiale» de ce séjour a été le fruit du savoir-faire et du perfectionnisme de Bernadette Chirac et de son époux, c'est avant tout une démonstration d'affinités entre une souveraine qui murmure à l'oreille des chevaux et un Président qui ne se lasse pas des bruits et des saveurs simples du terroir, se rappelant ce que disait Napoléon : «Il y a deux façons de voir le monde, l'anglaise et la française!» Et si l'Empereur visionnaire avait eu raison?

Pour honorer la France, le sultan portait le traditionnel *Baju Melayu* fermé par des boutons en diamant

La France reçoit de façon royale Hassanal Bolkiah, l'homme le plus riche du monde. Plus majestueux encore que les salons de l'Élysée, c'est au quai d'Orsay que Jacques et Bernadette Chirac ont fait les honneurs au sultan de Brunei. Le souverain, qui réside avec sa famille et ses deux sultanes dans le sultanat de Brunei, tout petit État enclavé dans l'île de Bornéo, a en plusieurs décennies de règne et grâce à l'or noir pu offrir à ses 300 000 sujets une existence très aisée. Rêve qu'il concrétise d'abord pour lui-même notamment dans son palais de 1 870 pièces où il possède entre autres une extraordinaire collection de voitures de course. Une demeure royale où l'or, le cristal et le marbre reflètent la magnificence des lieux et où le sultan mène une vie à la fois somptueuse, pieuse et mondaine.

– Année 1996 –

Pour recevoir l'homme le plus riche de la planète, Sa Majesté Haji Hassanal Bolkiah, sultan de Brunei et monarque absolu de ce tout petit État au cœur de l'île malaisienne de

Bornéo, la République s'est faite royale, déployant au Quai d'Orsay les fastes d'antan, avec l'orchestre à cordes de la Garde républicaine, dirigé par le colonel Boutry, premier Grand Prix de Rome, qui interpréta Lully, Mozart et Purcell. Ce soir-là, le ministère des Affaires étrangères a été choisi parce que la salle des fêtes de l'Élysée est occupée par l'arbre de Noël pour les enfants du personnel. C'est d'ailleurs, depuis la présidence du général de Gaulle, un chef du protocole, détaché du Quai d'Orsay, qui à l'Élysée orchestre les réceptions des personnalités étrangères. Ainsi le dîner d'État donné en l'honneur du flamboyant sultan a-t-il lieu cette fois dans les somptueux salons Napoléon III. Il s'agit là d'un puissant enjeu économique. Le sultan, dont la fortune provient de l'or noir, devrait, perspective séduisante, ouvrir prochainement en France un bureau d'investissements. Et le pétrole fait toujours rêver plus d'un chef de gouvernement européen, car le souverain a récemment indiqué qu'une partie des 45 milliards de francs qu'il réservait à ses investissements à l'étranger serait destinée à l'Europe. Sans préciser toutefois à quels pays. Un pari ambitieux donc que de l'attirer chez soi !

Après avoir traversé une haie serrée de gardes républicains en grande tenue d'apparat, chaque invité annoncé par l'aboyeur à chaîne d'argent était présenté au roi par le président de la République en smoking. Auprès de lui, son épouse, Bernadette, en fourreau noir. Il fallait traverser un long salon d'un pas leste et assuré ; je faisais attention pour ma part, tout en observant attentivement ce personnage aussi mystérieux que mythique, de ne pas me tordre un pied ou trébucher avec ma robe longue. Le chef de l'État prenait soin de préciser en anglais au sultan quelle était la fonction de chacun de nous. Outre quelques hauts fonctionnaires et diplomates, un ancien Premier ministre, Pierre Messmer, et quatre ministres, Jacques Toubon, Philippe Douste-Blazy, Bernard Pons et

Michel Barnier, les cent soixante hôtes représentaient surtout le gratin de l'industrie et des affaires : Bernard Arnault, le banquier Nicholas Clive Worms, Gérard Pélisson, Coprésident du groupe Accor, Anne-Claire Taittinger, à la tête de Baccarat, le joaillier Patrick Mauboussin, le député Olivier Dassault, Claude de Kémoularia, ambassadeur de François Mitterrand, et d'autres parmi lesquels *Paris Match* était aux premières loges... Les « grands fournisseurs », comme on les appelle avec un certain snobisme à la cour d'Angleterre, dont les épouses, pratiquement toutes en robes de velours ou jersey noires plutôt raides, un brin intimidées, avaient sorti leurs trois rangs de perles ou de modestes brillants. Pas de quoi rivaliser avec le *Baju Melayu*, la tenue traditionnelle que portait le sultan, dont le haut était orné de scintillants boutons en diamants de la taille d'une pièce de monnaie. Mais contraste, notre hôte prestigieux arborait une ordinaire montre en acier. Après un verre servi dans le salon, le parterre des invités s'avança vers les dix-neuf tables rondes disposées en T autour de celle d'honneur. Réservée au couple présidentiel, au sultan, à son frère ministre des Finances, au conseiller privé de Sa Majesté, au ministre de l'Industrie et des Ressources primaires, à sa délégation officielle et aux membres du gouvernement. Chaque table avait été baptisée d'un nom de fleur : lupin, jasmin, dahlia, zinnia, rose, lis, lavande, pivoine... Le placement permit rapidement aux invités de jauger le rang qu'ils occupent dans la République en fonction de la distance qui les séparait du souverain. Quant à moi, ayant bénéficié d'un désistement de dernière minute d'une haute personnalité, je me trouvais tout près du « soleil », car ce n'est pas trop compliqué de placer une femme seule. Si j'en connaissais la raison, je m'amusais néanmoins devant la mine déconcertée de hautes personnalités, comprenant mal cette soudaine proximité avec le sultan. Le dîner commença à 21 heures précises par l'allocution dénommée « toast du Président Chirac », à la fois chaleureuse et déférente, prononcée en français, à laquelle le sultan répondit par quelques mots d'abord en arabe, puis en anglais.

Bernadette Chirac et l'intendant de l'Élysée avaient d'abord choisi le cadeau de bienvenue, une selle en buffle et vachette de chez Hermès, puis opté de décorer ce lieu magnifique de fleurs jaunes et blanches aux couleurs du sultanat. Le Président ayant lui veillé au menu élaboré par son maître queux Joël Normand, assisté sur place de huit personnes. L'ambassadeur de Brunei avait fait savoir au chef de l'État, qui s'était enquis des goûts de son hôte, que ce dernier préférait le poisson. Ainsi le menu était : consommé aux profiteroles, croustade de la mer aux beignets de langoustines, pavé de bar en écailles de pommes de terre, flan d'épinard, fromages, délice aux marrons avec, pour le sultan musulman et sa suite d'honneur d'une vingtaine de personnes, du jus d'orange. Les autres buvaient du corton-charlemagne 1989, du Château-Ducru-Beaucaillou 1982 et du champagne Dom Pérignon. Festin présenté dans de la porcelaine de la manufacture de Sèvres. Trois services : Capraire noir et or, Bouquet de fleurs dans des tons pastel et, pour le dessert Oiseaux, avec des verres en cristal de Baccarat et des couverts en vermeil, posés sur des nappes brodées couleur crème. Comme au temps du général de Gaulle, les très stylés majordomes en queue-de-pie présentaient simultanément les plats au président de la République et au sultan, assis à sa droite. Ce qu'en langage protocolaire, à l'époque de De Gaulle, on qualifiait service du double zéro. Les deux convives –, très à l'aise, plaisantaient toujours en anglais et riant. Il semblait évident que les deux hommes s'entendaient, ayant en effet déjà noué des liens sympathiques depuis les rencontres euro-asiatiques qui s'étaient tenues auparavant à Bangkok. Seuls chefs d'État présents, ils s'étaient quotidiennement retrouvés voisins à chacune des manifestations et avaient eu alors le loisir de s'apprécier. Au cours du repas d'une heure et demie, les deux protagonistes abordèrent bon nombre de sujets, dont le déplacement le lendemain à Toulouse chez Airbus Industrie où, passionné d'aviation, le sultan devait utiliser un simulateur de vol.

Cette visite d'État était d'une grande importance, car la France souhaitait ardemment tenir un rôle politique et économique dans le dialogue euro-asiatique. Jacques Chirac l'avait clairement exprimé lors du toast. Rappelant également que cette enclave au nord de Bornéo, déjà connue aux VIe et VIIe siècles, était l'un des plus anciens pays de l'Asie. Le sultan souhaitait, quant à lui, que les avions de Royal Brunei Airlines, et non de Sultan's Flights – sa flotte personnelle de deux Boeing, un Airbus 310 et six appareils plus petits, dont deux hélicoptères –, puissent assurer la liaison régulière Paris-Dubai-Katmandou-Bandar Seri Begawan, la capitale de Brunei. Autre motif de satisfaction, c'était la société Aéroports de Paris qui avait été choisie pour la construction de la deuxième piste de l'aéroport royal de Bandar Seri Begawan.

Ces journées avaient été minutieusement préparées. La diplomatie est un art où chaque détail a son importance. En effet, les responsables français du protocole avaient par chance réalisé, quinze jours à peine avant l'arrivée du sultan, qu'ils ne possédaient aucun drapeau de Brunei. Ainsi avaient-ils dû, en toute hâte, faire tisser trois cent soixante bannières par Belloir & Jallot, fournisseur attitré de l'État depuis un siècle, afin de pavoiser les Champs-Élysées et les bâtiments officiels de la capitale. Un drapeau jaune et blanc, dont le sigle royal frappé au centre signifie « havre de paix ». Tout un symbole !

Dîner royal de François Hollande pour les souverains hollandais

– Année 2016 –

Les moment le plus chaleureux de la visite d'État des souverains des Pays-Bas en France afin de lancer et développer des partenariats économiques et culturels entre les deux pays a été le dîner officiel à l'Élysée avec deux cent vingt invités, le jeudi 10 mars. Chaque table portait le nom d'un peintre hollandais : Rembrandt, Van Gogh, Bruegel, Bosch... Une soirée à laquelle assistaient le ministre des Affaires étrangères Jean-Marc Ayrault, Emmanuel Macron, la secrétaire générale adjointe de l'Élysée, Audrey Azoulay, au port de tête altier, mais aussi l'acteur François Cluzet le seul sans cravate, Stéphane Bern, les Néerlandais Rosalie Van Breemen, ex-Mme Delon, Alexander Eggermont, directeur général de l'hôpital Gustave-Roussy, et d'autres personnalités liées à la coopération bilatérale. Au menu : foie gras de canard, fondant de sole, moelleux de pommes de terre et champignons, fromages, gâteau au chocolat, arrosé de sauternes Château-Filhot 1996, de saint-julien Château-Léoville-Barton 1998 et de champagne Charles Heidsieck « Blanc des millénaires » 1995. Avec dans l'un des quatre verres en cristal de Baccarat un clin d'œil à la Corrèze, l'eau minérale de Treignac source corrézienne, chère aux deux Corréziens d'adoption, François Hollande et Jacques Chirac. À l'Élysée, l'intendant doit en effet veiller au moindre détail. Hommage historique cette fois à l'élégant et chaleureux couple royal, l'orchestre à cordes de la Garde républicaine a joué une marche de la reine Hortense, car Hortense de Beauharnais, l'épouse de Louis Bonaparte, roi de Hollande, régna de 1806 à 1810. L'actuel Président a été séduit par la resplendissante, « pulpeuse » dira un invité, moderne et très populaire Maxima, aussi grande que son mari et atout majeur du roi Willem-Alexander. Un succès personnel au sein d'une monarchie parlementaire qui ne peut qu'intéresser le très politique François Hollande !

Pendant la soirée à l'Élysée, notre Président ne manquait pas de lancer à la reine de Jordanie des regards furtifs et langoureux

– Année 1999 –

Aussi éblouissante encore et plus somptueuse au naturel que sur papier glacé, la reine Rania a presque réussi, l'espace d'un soir à l'Élysée, à éclipser les souvenirs émouvants de Jacqueline Kennedy, Grace de Monaco, Silvia de Suède et Noor de Jordanie. Ces reines, princesse et Premières dames avaient pourtant fait rêver plusieurs générations de Français, et pourquoi pas de chefs d'État ? Dans la cour d'honneur, un tapis rouge bordé de deux rangs serrés de gardes républicains en tenue d'apparat avec leur formation musicale ravit les souverains Hachémites, autant que les immenses bouquets de roses pastel à perte de vue, et la table en U de 40 mètres de long avec 70 mètres de nappes brodées de fil d'or, et le traditionnel ballet de quatre-vingt-dix majordomes en queue-de-pie sur fond de divertissement musical. Tel était le féerique décor républicain planté par Jacques et Bernadette Chirac dans la salle des fêtes du palais de l'Élysée pour recevoir à dîner la plus scintillante des étoiles du Moyen-Orient, ainsi que deux cent quatorze convives. Hommes politiques, diplomates, acteurs de la vie économique franco-jordanienne… Nous sommes accueillis par l'huissier à lourde chaîne d'argent puis présentés aux souverains dans le salon Murat.

Rania est si belle et longiligne dans son fourreau fluide de velours lie-de-vin, avec son teint de porcelaine et ses yeux de braise, qu'on ne peut s'empêcher de penser, sans pour autant être féministe, que même avec sa force tranquille et son sourire enjôleur le roi Abdallah semble son chevalier servant. Avec sa démarche féline, son regard volontaire, son port de tête altier et son apparente simplicité, la souveraine a mis Paris à ses pieds. D'ailleurs, notre Président ne manquait-il pas de lui lancer des regards furtifs et langoureux, espérant secrètement en retour les yeux de biche. En un soir, elle a aussi séduit des ministres austères et de sévères grands patrons. Le couple royal est là avant tout venu pour renforcer les liens commerciaux avec la Jordanie. Des maris, nerveusement surveillés par leurs épouses, avaient l'œil pédonculé, admirant à la dérobée cette Lady Di *made in* Orient. Il y eut d'abord les toasts de Jacques Chirac et du roi, échangés dans un excellent français. Puis vint le dîner, arrosé de deux grands vins prestigieux, de champagne Dom Ruinart 1990 et de jus de fruits – religion musulmane oblige – avec, au menu, barigoule de homard aux artichauts, baron d'agneau braisé et nougat glacé… Toutes les femmes se posaient la même question : qui donc habille cette reine des *Mille et Une Nuits* ? L'entourage pourtant hautement médiatique est resté de marbre lorsque j'ai cherché à le savoir. On préférait laisser planer sur la nouvelle déesse un voile de mystère. À la fin de la soirée, un proche m'apprendra pourtant, d'où ce silence, qu'elle porte en réalité des robes du soir du couturier italien Gianfranco Ferré, mais que l'honneur est sauf puisque, à deux reprises, pour s'inspirer du style français, elle a fait venir Amman Olivier Echaudemaison, le maquilleur des stars et des reines et directeur artistique de la ligne de maquillage

Givenchy – qui avait notamment maquillé la princesse Anne d'Angleterre lors de son premier mariage.

Mme Chirac quant à elle, dans une robe Chanel brune, a réussi le difficile pari de conférer à ce très protocolaire dîner d'État, avec ces spectaculaires centres de table en argent massif, ces verreries délicates et sa traditionnelle porcelaine de Sèvres sur fond blanc et or, un style à la fois solennel et chaleureux. Elle a donné ce soir-là à ses hôtes l'illusion qu'ils approchaient les souverains et appartenaient au même monde. Avec la Première dame, l'Élysée est ainsi devenu plus familier. En presque cinq années, celle qui veille autant aux menus de Joël Normand, encore plus talentueux pour le salé que pour le sucré, qu'à l'éclairage jadis très ingrat et enfin flatteur pour les femmes, a fait de cette salle des fêtes, inaugurée à l'occasion de l'Exposition universelle de 1889, un lieu moins pompeux et plus accueillant. Bernadette Chirac a réussi une subtile révolution : introduire dans ces dîners le raffinement et le luxe, sans y ajouter l'ostentation. Elle a par ailleurs rétabli le protocole, naguère cher au général de Gaulle, d'une seule et immense table – François Mitterrand préférait recevoir par petites tables, mais fidèle à certains usages, comme Georges Pompidou et Valéry Giscard d'Estaing, il aimait mêler le monde de la littérature de l'art et du cinéma à celui de la politique et de l'industrie, des milieux financiers.

Sous les lambris et la moquette moelleuse rougeoyante, même s'ils ne se voyaient que pour la troisième fois, le Président et le roi Abdallah donnaient l'impression de se connaître depuis longtemps. Sourires enjôleurs aussi du Premier ministre Lionel Jospin à sa voisine de droite, ébloui par la beauté de la Première dame de Jordanie. Après le dîner, Jacques Chirac, particulièrement de bonne humeur, éclatait de rire avec Gregory Peck, qu'il connaissait de longue date tout comme sa femme, Véronique... L'atmosphère des plus sympathiques avait fini par venir à bout de la raideur des industriels et des mines agacées de leurs épouses. Ces dames semblaient prendre l'Élysée pour un monument de la République plutôt que pour un lieu de travail, oubliant que l'art de recevoir à la française contribue à la diplomatie multinationale et bien souvent, comme c'était le cas ce soir-là, à favoriser parfois les rapprochements. Les invités ignoraient sans doute qu'au-delà des riches heures politiques de la Ve République, le général de Gaulle appelait la femme du Président américain «la très gracieuse Mme Kennedy» et qu'il avait murmuré dans l'oreille de la princesse Grace : «En quoi est votre robe, madame ?» Une exquise manière, un brin démodée, de lui exprimer ses hommages. Un style qui tranche en effet avec celui du Président Chirac, plus direct dans ses propos, plus chevaleresque dans ses manières... Ce qui, une fois encore, le rapproche sans doute du roi Abdallah, chef des armées jordaniennes.

Faste républicain pour le jeune roi Mohammed VI, roi du Maroc

– Année 2000 –

Le drapeau vert et pourpre du royaume chérifien hissé aux hampes de l'avenue de Marigny claque au vent jusqu'à la présidence de la République. Arrivés dans la cour d'honneur de l'Élysée, un épais tapis rouge bordé de plusieurs rangs serrés de gardes républicains en tenue de grand apparat nous accueille avant d'être présentés par Jacques et Bernadette Chirac au souverain Mohammed VI et à sa sœur, la souriante et jolie princesse Lalla Hasna. La salle des fêtes de l'Élysée est flamboyante, avec ses immenses lustres étincelants de milliers de cristaux, comme si quatre fois deux cent quatre verres disposés en losange se reflétaient à l'infini sur l'immense table en U. Une atmosphère solennelle et chaleureuse se dégage de ce décor grandiose. Jacques Chirac, en général peu détendu lors des dîners de gala, ressent là une joie évidente à faire fouler officiellement le sol français au jeune roi, qu'il a connu enfant et qui a six mois de plus que sa fille Claude. Lui, l'un des seuls chefs d'État à avoir été reçu par la mère des enfants royaux à l'issue des obsèques de Hassan II, est aussi celui que Mohammed VI a choisi pour sa première visite d'État. Certes, parce que le souverain alaouite a comme partenaire économique privilégié la France mais avant tout parce qu'il entretient avec notre Président une relation de confiance depuis longtemps. Cela s'est donc traduit par cette soirée aussi solennelle qu'amicale. Chirac, qui n'est guère un mondain et se plie d'abord par sens de l'État à ces manifestations officielles, est visiblement heureux. Il plaisante de bon cœur et égrène avec quelques hôtes le nom et l'âge des nombreux neveux et nièces de Mohammed VI. Ce soir, le spectacle est aussi dans la salle, car les femmes sont élégantes. Sylviane Jospin a du chic dans sa jupe longue et sa veste claire, Élisabeth Guigou aussi dans sa robe beige et or de Saint Laurent, tout comme Marie-Laure de Villepin portant un fourreau noir à plumes de cygne de Hanae Mori; Madeleine Druon, quant à elle, a assorti sa robe d'un vert aussi éclatant que celui du drapeau marocain. Toutes ces personnalités sont rayonnantes; les fastes républicains mettent de bonne humeur et chacun est plutôt fier d'être là. «Cette table unique est plus spectaculaire et conviviale que les rondes lors des dîners que donnait François Mitterrand», souligne Élisabeth Guigou, la ministre de la Justice. Cette fois-ci, la liste est plus éclectique que d'habitude, avec le prince Jean Poniatowski, le baron David de Rothschild, Martin Bouygues, les professeurs de médecine Adolphe Steg, Yves Pouliguen et Claude Griscelli, Yves Saint Laurent, Alberto Pinto, Jean-Michel Wilmotte, le doyen Georges Vedel, et naturellement les principaux membres du gouvernement. Lionel Jospin, obligé de prendre une communication téléphonique avant le dîner. Jean-Pierre Chevènement, aux prises avec un problème de nœud papillon, et quelques autres… Au début du repas, le chef de l'État et le roi ont échangé les toasts traditionnels, dans un français admirable pour le jeune souverain, qui parle la langue précise et châtiée qu'enseignaient naguère les précepteurs. Mohammed VI levant son verre rempli d'eau a ensuite poursuivi au jus d'orange. Ce festin composé d'un velouté andalou, d'un écrin de foie gras maison avec truffes, d'un carré d'agneau accompagné de pommes de terre Crécy, de fromages et d'un fondant au chocolat décoré de façon originale de sucre candi au caramel, était arrosé de Château-Sigalas-Rabaud 1992, Château-Cos-d'Estournel 1986 et de Taittinger comtes de champagne 1990. Ainsi les maîtres d'hôtel en queue-de-pie noire, qui jonglaient selon la tradition avec les successifs services de Sèvres et les couverts en argent et vermeil, virevoltaient avec maestria autour de cette somptueuse nappe blanche de 70 mètres de long, brodée de feuilles d'érable surpiquée de fil d'or, et décorée d'imposants et magnifiques bouquets de roses jaunes et blanches. Nous nous sommes ensuite dirigés vers l'enfilade de salons aux lambris où, à 23 heures, en compagnie des Chirac, se tenaient le roi et sa cour, une vingtaine de personnes affables qui, par un sophistiqué protocole, nous permettaient de les observer. Celle du Commandeur des croyants, qui, s'il n'a pas encore le charisme de son père, le roi Hassan II, sous une aristocratique et feinte nonchalance soulignée par la douceur de sa voix, laisse toutefois deviner une personnalité déterminée.

À l'Élysée, dîner de tsar pour Poutine

– Année 2003 –

Ce soir-là comme à l'accoutumée le faste républicain brillait de tous ses feux pour le nouveau tsar de toutes les Russies qui, quarante-trois ans après Nikita Khrouchtchev, venait en visite officielle en France. Jacques Chirac en costume sombre donnait le ton, à l'image de Bernadette, qui portait un collier de perles torsadé et un joli lorgnon en or et diamants. Les femmes dans d'austères robes du soir étaient éclipsées par les magnifiques rubis du flamboyant médaillon pectoral qu'arborait son Éminence Mgr Innokenty, archevêque russe du Patriarcat de Moscou. Impossible donc de rivaliser ! Même pour Marie-Laure de Villepin en robe longue blanche style Anna Karénine, Marie-Caroline Ferry en fourreau de chez Torrente à fleurs assorties aux spectaculaires bouquets pastel des salons. Délicat et opportun prélude à la visite du lendemain de la timide Ludmila Poutine chez Chanel, Bernadette Chirac avait choisi de porter une jupe à volants style gitane vieux rose du couturier Karl Lagerfeld. Et motif de surprise sans doute pour la Première dame russe : les petites caresses furtives par lesquelles notre Président flattait la fourrure de son étole en Orylag, une variété de lapin du Poitou, et au passage qui sait un clin d'œil à l'ancien Premier ministre Jean-Pierre Raffarin, Président du conseil régional de Poitou-Charentes. De Bernard Arnault, qui allait recevoir le surlendemain Vladimir Poutine dans son domaine viticole de Cheval-Blanc, dans le Bordelais, à François Pinault, de Louis Schweitzer à Jean-Luc Lagardère et Philippe Camus... les patrons gâtés du CAC 40 observaient avec le plus vif intérêt le «nouveau tsar de toutes les Russies». Dans ce déploiement de faste et de solennité, le Président de la Fédération de Russie était arrivé en majesté. En effet, deux Zil noires blindées, imposantes limousines rappelant l'ère Brejnev et maintenant la toute-puissance de l'actuel Président, avaient été convoyées de Moscou par appareil Iliouchine cargo pour assurer ses déplacements sur notre sol. Les invités étaient frappés par son débit de paroles ultrarapide qui contrastait avec un visage de marbre où seuls ses petits yeux bleu glacier très vifs lançaient des regards foudroyants. Au fil des plats et des grands crus : velouté Fédora, croustade de caille farcie aux rognons et crêtes de coq..., Corton-Charlemagne 1995, Dom Pérignon 1995... Le courant est passé entre les deux protagonistes; le Président français n'oublie guère qu'une relation bilatérale s'établit également à travers la gastronomie. «Le meilleur auxiliaire d'une diplomatie est son cuisinier», martelait sir Winston Churchill. Par ailleurs, le Président a opportunément, une fois n'est pas coutume, mis en avant son épouse, en soulignant qu'à travers l'association Le Pont-Neuf, fondée par Bernadette Chirac en 1990, elle a favorisé depuis lors, grâce à des bourses, les échanges universitaires franco-russes. Des gestes qui comptent au moment où jamais la Russie et la France ne se sont autant exprimées d'une même voix. Malgré cela, le «monarque absolu» continue d'être une énigme pour le monde politique français. D'ailleurs, l'ancien patron du

KGB, dont les fiches sont toujours à jour, sait bien le rôle qu'ont joué pendant la Seconde Guerre mondiale les héroïques pilotes français de l'escadrille Normandie-Niémen. Et que plus récemment, à l'époque où il était maire de Paris, Jacques Chirac sauva en 1985 le conservatoire Rachmaninoff installé avenue de New-York sur les quais de Seine puis la cathédrale orthodoxe Alexandre-Nevsky de la rue Daru. Des faits qui parlent sans doute autant que nombre de discours et puisent leur force dans la fidélité du chef de l'État, qui garde un intérêt profond pour la culture russe et sa littérature, de Léon Tolstoï à Boris Pasternak. Pour preuve, Premier ministre, il était même allé en mai 1987 se recueillir sur la tombe de Boris Pasternak à Peredelkino et avait notamment rencontré lors de cette visite le physicien Andreï Sakharov.

8.

DES FEMMES DE CARACTÈRE

Les femmes mènent la barque

Quels sont les points communs entre ces huit personnalités ? La Première dame et enseignante Brigitte Macron, la philosophe Élisabeth Badinter, les chefs d'entreprise Philippine de Rothschild et Angela Missoni, la diplomate Caroline Kennedy, Yasmin Aga Khan, à l'origine d'une importante Fondation médicale américaine, et deux élues, Bernadette Chirac et Michèle Alliot-Marie ? Rien ne les rapproche vraiment, si ce n'est la détermination et la force intérieure de ces femmes courageuses au regard à la fois charmeur et impitoyable. Lesquelles représentent chacune dans son domaine des parcours exemplaires ; elles y croient. Là est leur force, car ces championnes du terrain au quotidien, battantes, indépendantes d'esprit sont bien sûr dans leur tête l'égal du sexe opposé. C'est pourquoi ceux qui se hasarderaient imprudemment à les comparer aux hommes ou évoqueraient leur rôle distinct auraient un train de retard ! De fait, ces dames ne passent plus leur temps à militer pour la cause féminine puisque à leurs yeux celle-ci est en quelque sorte acquise. D'ailleurs, pour être accepté par elles, il ne faut jamais parler de « seconder » un homme, car elles sont au même niveau. C'est donc en premier lieu la flamme, la passion, le goût du défi qui les font avancer plutôt que l'ambition en tant que telle. Occuper une place dans la société correspond surtout à un idéal des plus naturels. Au fil des ans, de leur expérience et de leur réussite, bien qu'elles soient secrètement plutôt fières de leur rôle, plus subtiles et fins stratèges que les hommes, elles se gardent bien de le montrer. N'est-ce pas là l'une des clés de leur succès ? Enfin, comment par ailleurs ne pas observer que là où aujourd'hui on ne compte en Europe que deux souveraines, Élisabeth II et Margrethe de Danemark, hasard de l'Histoire, un jour viendra où vont régner quatre femmes. Leonor d'Espagne, Élisabeth de Belgique, Catharina-Amalia des Pays-Bas et Victoire de Suède monteront vers la même époque sur le trône.

Yasmin Aga Khan

Les Rita Hayworth Gala
nous ont aidés dans notre combat

La maladie de sa mère Rita Hayworth a bouleversé la vie de Yasmin Aga Khan. D'une jeunesse insouciante à l'enfer de la démence maternelle cela a été pour elle un choc brutal. En 1981, la princesse découvre que celle qui a été l'actrice mythique de son temps incarnant Gilda dans le célèbre film de Charles Vidor, est à 62 ans atteinte de la maladie d'Alzheimer. C'est ainsi que cette déesse, mariée dans les années 1950 avec l'irrésistible prince Ali Khan, se perd dans un douloureux crépuscule. En choisissant de l'accompagner dans cette épreuve, sa fille Yasmin fait irruption dans un univers dont elle ignore tout. Mais c'est elle qui, va faire que peu de gens savent, fait connaître la maladie d'Alzheimer de par le monde, au printemps 1983 – quatre ans avant la mort de la star à New York – la jolie princesse Yasmin monte à la tribune du Congrès américain pour témoigner. Sa mère est l'une des innombrables victimes de cette terrible maladie. Les membres du Congrès sont impressionnés par la beauté, le calme et la détermination de la jeune femme. Sur sa lancée elle se rend dans le Bureau Ovale pour demander son appui à Ronald Reagan, un ami de Rita Hayworth quand ils étaient tous deux acteurs à Hollywood. Résultat ? Le Président des États-Unis fait de la maladie d'Alzheimer – dont triste ironie du sort il sera lui-même atteint plus tard – une cause nationale. Yasmin Aga Khan a de son côté transformé son combat en un défi universel et créé aux États-Unis « l'Azheimer Association Rita Hayworth Gala ». Des années après, elle est légitimement fière des millions de dollars qu'elle peut mettre chaque année au service des chercheurs. La jolie princesse s'est fait un prénom.

– Année 2021 –

Yasmin Aga Khan : « Faire des choses pour les autres est le moyen d'accepter, de tolérer la souffrance. »

Est-ce un éternel commancement ?

Aujourd'hui vice-Présidente honoraire de l'association d'Alzheimer fondée par Jerome Stone en 1979, un puissant financier dont l'épouse était atteinte de ce mal, je me rend compte que nous avons déjà fait un long chemin. Stone, personnage exceptionnel, qui s'est éteint en 2015, a vécu jusqu'à 101 ans. C'est grâce à lui que j'ai rejoint cette association ayant acquis une dimension internationale en 1984, où il m'a alors donné des responsabilités au sein de « Alzheimer's Disease International ». Structure mère qui abrite maintenant cent pays membres et se démène depuis lors avec une très grande énergie pour aider les victimes à se soigner. Quant à moi, je continue jour après jour à travailler pour eux et cette année j'ai dû notamment imaginer notre trente-huitième gala. Nous recevons toujours de formidables soutiens et avons même réussi à passer maintenant le relais à la génération suivante, qui s'implique avec la même détermination.

Comment avez-vous géré les problèmes face au Covid-19 ?

L'année dernière a été particulièrement difficile, car il n'y a eu aucune manifestation pour soutenir notre action, mais nous avons quand même été inventifs en lançant « le challenge des tables séparées », baptisé de la sorte en s'inspirant d'un film de ma mère. Idée nous ayant rapporté beaucoup d'argent ! Concernant le dernier Rita Hayworth Gala, à Chicago, il s'est agi là d'une mondanité virtuelle enregistrée. Résultat ? Cela a été parmi nos soirées les plus rentables, car de très nombreux participants, séduits par cette formule insolite, ont joué le jeu… Et nous allons organiser à New York, grâce à l'héritage de ma mère, un nouvel événement mettant en vedette un dîner dans un cabaret. Soirée s'adressant à des personnalités mais aussi à des gens atteints du Covid-19 ayant dû s'arrêter de travailler. Je tiens au passage, après vous avoir parlé de nos actions sur le plan mondain social, à remercier chaleureusement la société d'horlogerie suisse Rolex pour sa fidélité absolue année après année à un indéfectible soutien financier à travers les multiples événements baptisés « Rita Hayworth », car sans eux nous n'aurions pu continuer.

Les chiffres parlent d'eux-mêmes ?

Comment, en effet, ne pas les annoncer avec fierté, j'ose le dire, avec enthousiasme, puisque nous avons récolté 80 millions de dollars depuis 1985 grâce aux Rita Hayworth Gala, à des déjeuners, des dîners… Tout ceci est encourageant, nous n'allons pas nous arrêter là mais poursuivre tant que nous n'aurons pas trouvé la cause et le vrai moyen de soigner ces malades.

En marge de cette mission que vous incarnez depuis plusieurs décennies, comment avez-vous pu surmonter le décès, en décembre 2011, de votre fils unique, Andrew ?

Ma force au quotidien vient de ce que Andrew, mort à seulement 25 ans, vit dans mon cœur à chaque instant. J'ai appris à dominer cette souffrance, car il est très présent en moi. Toujours, tout le temps. Je pense aux autres parents qui eux aussi ont perdu un enfant. Bien sûr, on ne s'habitue jamais à un tel drame, mais il faut réussir petit à petit, jour après jour, remonter la pente non pour tenter de vivre, mais d'abord de survivre. Tous mortels, nous devons essayer de contrôler nos émotions. C'est la seule façon d'arriver au fil du temps à accepter ce destin tragique. Chacun de nous doit tenter de gérer ses peines, cohabiter avec ses douleurs. C'est très dur, certes, de ne pas avoir Andrew près de moi, mais je n'ai pas le choix. Or la souffrance est complexe, faire des choses pour les autres est le moyen de tenir, et d'une certaine manière de tolérer cette souffrance, d'accepter…

À 33 ans, la princesse Yasmin Aga Khan
fait voter au Congrès américain un mois national
de la prévention d'Alzheimer

Yasmin Aga Khan : « Le nom de Rita Hayworth
associé au mien a été porteur et
attire l'attention du public. »

– Année 2005 –

Fille du prince Ali Khan et de la célébrissime Rita Hayworth, comment vit-on une telle ascendance ?

À ma naissance, les fées et les photographes du monde entier se sont penchés sur mon berceau. J'étais la première femme de la famille depuis cent cinquante ans descendant en ligne directe du prophète Mahomet. Ce qui signifie, je l'avoue, une ascendance prestigieuse. Je ne vais quand même pas me plaindre d'avoir été le centre de tant d'attentions, même si, plus tard, j'ai dû me frayer mon chemin… Mes parents ont divorcé très vite après ma naissance, cependant mon père, Ali Khan, s'occupait beaucoup de moi pendant les vacances. Nous montions à cheval des heures durant sur la plage de Deauville. J'ai eu de la chance et garde de cette époque des souvenirs émus, bien que j'aie perdu mon père alors que je n'avais que 10 ans. Ma mère, elle, de son côté aussi une célébrité, se consacrait à sa carrière. Très organisée, elle travaillait énormément. Et moi, je restais avec ma grande sœur Rebecca et une nurse. Mais alors pourquoi devrais-je jouer à la pauvre petite fille riche ! J'adorais ma nurse, qui a maintenant 86 ans et vit toujours à la maison. C'est désormais à mon tour de m'occuper d'elle. Mes parents étaient tous deux connus, c'est vrai, or j'y pense rarement, car je suis ancrée dans le quotidien. Je voyais ma mère présente par à-coups, en fonction de son métier, mais dans ces moments-là elle était tellement affectueuse et chaleureuse !

Quel genre d'éducation avez-vous reçue ?

J'ai été élevée de façon saine en ayant le privilège d'être envoyée dans d'excellentes institutions. Cela a contribué à me donner un équilibre, mais je crois qu'il était de toute façon inscrit dans mes gènes. Ma mère choisissait scrupuleusement mes écoles. À la mort de mon père, je suis allée dans un pensionnat formidable doté d'une ferme. Nous produisions nous-mêmes notre énergie hydroélectrique, mangions des produits naturels, apprenions à traire une vache, à plumer un poulet. Les élèves venaient d'horizons différents, certaines avaient même une bourse. Tout cela m'a aidée à avoir les pieds sur terre.

Et après le pensionnat ?

J'ai ensuite étudié la musique à l'université de Bennington, dans le Vermont, beaucoup travaillé ma voix, commençant même à composer. Après cela, diplôme en poche, j'ai acheté en 1973 un appartement à New York et me suis mise à chanter. Je faisais partie d'un des chœurs de l'Opéra de New York, ce qui m'a même conduite à chanter une fois en solo au Carnegie Hall, salle de concert new-yorkaise très réputée. Mais en 1981, du jour au lendemain, j'ai tout arrêté. C'était une priorité absolue que de protéger ma mère, qui souffrait d'une terrible dépression. Alcoolique notoire, elle avait, au fond, toujours été mal dans sa peau, sans doute parce que son père, Eduardo Cancino, danseur d'origine espagnole, la produisait petite fille dans des spectacles pour qu'elle gagne l'argent de la famille. Cela laisse des traces… C'est ainsi que, petit à petit, son comportement devint étrange.

Pourquoi ?

Son cerveau était atteint, et le diagnostic sans appel ; elle souffrait de la maladie d'Alzheimer, qui s'était manifestée à l'approche de la cinquantaine par des pertes de mémoire. On ne savait pas comment la soigner, ni quelle serait l'évolution de la maladie. Je venais d'auditionner en Allemagne et j'avais alors deux possibilités : soit je restais là-bas, commençais à travailler avec un chef d'orchestre et devenais cantatrice, sinon je rentrais aux États-Unis et prenais la situation en main. Je n'avais plus le cœur à chanter ; car ma mère passait avant tout. C'est ainsi que pour ne pas la perturber, tant qu'elle a eu sa tête, je l'ai laissée habiter en Californie, car elle aimait la côte ouest. Et chance inespérée, à la même période, l'appartement mitoyen du mien à New York sur Central Park West s'est libéré. Je l'ai acheté afin de l'installer près de moi. Cela me permettait de passer des heures à lui tenir la main, lui raconter mes journées pour la distraire sans vraiment savoir au fond si elle comprenait ce qu'elle faisait. En fait, ne pouvant plus se nourrir seule, elle était totalement dépendante de moi et des infirmières. Je l'ai aussi prise en charge, car elle s'était ruinée en distribuant son argent à tous les malheureux qui l'entouraient. J'ai donc veillé sur tout jusqu'au dernier jour où elle a été enfin délivrée de son mal, en mai 1987, à seulement 69 ans.

Êtes-vous fière de ce que vous avez accompli pour votre mère ?

Fière semble un grand mot. J'ai néanmoins le sentiment d'avoir réalisé quelque chose d'utile dans ma vie. M'appuyant tristement sur son cas, j'ai réussi dans ce domaine à aider la médecine. Alertant le monde entier sur une maladie qui, dix années auparavant, occupait deux lignes à peine dans les journaux. Mon défi était de trouver toujours davantage d'argent pour arriver un jour à vaincre ce véritable fléau. Ayant eu la chance de recevoir énormément d'amour dans l'existence, j'ai alors éprouvé le besoin de partager et de vivre pour les autres.

Votre fortune n'est-elle pas un handicap ?

Pas du tout. L'essentiel n'est pas l'argent, ce qui importe est de réussir à s'adapter à tous les milieux, à toutes les situations. Voilà la vraie richesse !

Grâce à cet argent, vous auriez pu être une enfant gâtée ?

Je me suis impliquée dans ce combat contre la maladie d'Alzheimer dès 1981, quand les médecins ont posé le diagnostic que ma pauvre mère, Rita Hayworth, en était atteinte. À l'époque, il y avait juste une modeste association, regroupant une cinquantaine de personnes, qui s'efforçait de faire connaître ce fléau. Ils m'ont incitée à les rejoindre afin de mener à leurs côtés une vaste campagne. Estimant que le nom de Rita Hayworth associé au mien serait porteur, attirant inévitablement l'attention du public. On connaissait peu de choses sur la maladie d'Alzheimer. J'ai immédiatement accepté de relever le défi, comprenant que, si j'avais eu les moyens d'assister ma mère dans sa lente dégradation, nombre de gens ne pouvaient faire de même avec leurs proches, qu'il fallait donc les soutenir.

Quel était le comportement de votre mère ?

Maman, naguère actrice si brillante et talentueuse, dotée d'une incroyable mémoire, n'arrivait plus à retenir ses textes, perdait le sens de l'orientation, confondait tout, avait des hallucinations, jusqu'à voir des intrus dans sa maison, l'entraînant à prévenir la police. En réalité, elle devenait toujours plus étrange, et moi j'imaginais que c'était dû à l'alcool !

Comment était-elle ?

Maman a mené une existence fabuleuse, palpitante et douloureuse à la fois. Comme actrice et sur le plan personnel, elle est presque arrivée au firmament. Épousant le prince Ali Khan, mon père – que les femmes considéraient comme l'un des hommes les plus séduisants de son époque –, elle a eu un mariage fastueux de conte de fées... et, même s'ils ont vite divorcé, ils sont toujours restés proches, car Papa était chaleureux, élégant, très aimant, bref un être merveilleux. Avant lui, Maman avait épousé Orson Welles, dont elle avait eu une fille, Rebecca, ma demi-sœur, décédée en 2004. J'entretenais, quant à moi, des relations sympathiques avec Orson Welles. Maman, qui, jusqu'à sa maladie, a eu beaucoup de chance, était une grande dame, ayant connu le meilleur comme le pire.

Rita Hayworth vous parlait-elle de Hollywood ?

Bien sûr, elle me racontait combien elle avait aimé jouer avec Glenn Ford et Fred Astaire. Elle adorait cette carrière d'actrice à laquelle elle s'est entièrement consacrée et travaillait énormément, entre autres la danse, mais elle a beaucoup souffert quand, dans les années 1950-1960, est arrivée une nouvelle génération d'actrices, dont Kim Novak. Et là, elle a réalisé qu'il lui fallait s'effacer devant des stars qui n'hésitaient pas à se dévêtir, alors qu'elle s'y était toujours fermement refusée. Rita Hayworth, actrice mythique, sex-symbol et éblouissante, notamment lorsqu'elle incarna le rôle principal dans *Gilda*, film de Charles Vidor sorti en 1946, était en réalité prude. Elle a aussi souffert de l'apparition des séries télévisées, qui ont commencé à détrôner le cinéma, même si, par la suite, elle a souvent participé aux célèbres shows de Carol Burnett. La transition a sans doute été fort pénible, mais elle avait gardé sur la côte ouest des amis comme John Wayne, Burt Lancaster, Frank Sinatra, Ronald Reagan...

Regardez-vous ses films ?

Avec bonheur. D'ailleurs, Channel Turner, chaîne de cinéma, a récemment consacré un mois entier à Rita Hayworth. Quelle émotion de la revoir à la télévision, une joie pour moi et les cinéphiles, que de pouvoir encore l'admirer. Elle qui s'était tant consacrée à son métier et jouait en prenant ses rôles très au sérieux. Heureusement, ses films me permettent de garder de ma mère le meilleur des souvenirs.

Son image et son destin basculent tôt ?

Rappelez-vous ces terribles photos qui ont fait le tour du monde, lorsqu'en 1976, à l'aéroport de Londres, Maman a descendu échevelée la passerelle d'un avion. Ce jour-là, ayant compris que cela devenait vraiment sérieux, je l'ai emmenée à New York au Columbia Presbyterian Medical Center où, après de simples tests de mémoire lui demandant le nom du Président américain, quel jour on était et où elle habitait... ses réponses vagues ont amené à ce qu'on lui fasse un scanner du cerveau. Là, les neurologues ont déclaré que c'était « la maladie d'Alzheimer ».

Quel choc ?

Terrible, d'autant plus que je n'avais encore jamais entendu ce mot compliqué à prononcer comme à orthographier, hérité du nom du médecin allemand Aloïs Alzheimer, qui, le premier, avait en 1906 à Munich décrit les symptômes de cette maladie particulière du cortex cérébral. Celui dont le nom est devenu depuis tristement célèbre venait d'autopsier une femme de 52 ans au comportement étrange, sur laquelle il avait découvert des plaques et des dégénérescences de neurones dans le cerveau. Après cet épisode pénible, je décidai de tout arrêter pour m'occuper de Maman. Devenue sa tutrice légale, je l'ai prise entièrement en charge, ce qui signifiait d'abord mettre un terme au chant. Comment aurais-je pu me lancer dans une profession aussi prenante avec une mère si malade ! Je décidai à ce moment-là de transformer ce douloureux handicap en une action positive. Profitant de la célébrité et de la gloire de celle qui avait été l'actrice la plus populaire, adulée et admirée de son temps, associant son nom célèbre à la maladie, je me suis mise à alerter sans relâche l'opinion publique mondiale sur la maladie d'Alzheimer.

Par quel moyen ?

D'abord en rejoignant cette année-là une modeste association créée en 1979 par un homme d'affaires, Jerome Stone. Nous étions à peine plus d'une vingtaine, tous aussi motivés, car chacun d'entre nous avait un proche frappé par la maladie d'Alzheimer. L'un de mes grands atouts à l'époque fut de connaître le Président Ronald Reagan, qui avait côtoyé Rita Hayworth à Hollywood… Dès que je me manifestais auprès de lui, il invitait avec beaucoup de spontanéité les membres de l'association et du conseil dans son Bureau Ovale de la Maison Blanche. Et ce, fidèlement chaque année jusqu'à la fin de son second mandat. Grâce à lui, je pus donc, avec notre équipe, l'alerter sur les ravages de la maladie, et lui expliquer combien le lobbying, notamment au niveau fédéral, était pour nous essentiel. Il nous aida énormément en déclarant novembre « mois national de la prévention de la maladie ». Décision officiellement proclamée en novembre 1983, votée par le Congrès, approuvée et signée par le Président Reagan en personne. Ce qui me bouleverse est maintenant de penser qu'il a lui aussi été victime de cette terrible maladie.

Vous avez réhabilité l'image de Rita Hayworth ?

En alertant le monde sur les ravages de ce fléau, j'ai rétabli sa dignité. Rita Hayworth a symbolisé la plus grande star de son époque, mais a ensuite beaucoup souffert de voir son image se dégrader à cause d'une presse impitoyable qui s'acharnait contre elle. Aux yeux de l'opinion publique, elle était une femme provoquant des scandales dans les restaurants et les avions… Or elle buvait, de plus, les neurotransmetteurs de son cerveau déjà atteints par cette maladie encore inconnue lui faisaient perdre ses jolies manières. Depuis, le public a compris ce qu'elle avait réellement subi et les médias ont fait amende honorable.

Parlez-moi de vous, maintenant.

J'habite dans les montagnes de l'Utah, j'ai besoin de calme, de grands espaces… et, chaque jour, je me rends compte de la chance que j'ai de vivre à Park City, où je partage, depuis maintenant de longues années, mon existence avec Blaize, un homme merveilleux. Nous avons une grande complicité et, bien que travaillant dans la finance, il me soutient jour après jour, partageant mes doutes, mes joies dans ce domaine et dans d'autres. Il réfléchit à mes côtés, me donne des idées… Si mes responsabilités me permettent de ne pas être constamment derrière un bureau, je suis en permanence joignable, car les ravages de cette maladie m'habitent à chaque instant. Au cœur de cette région montagnarde, j'ai toutefois l'impression que le temps passe moins vite qu'à New York et, afin de profiter pleinement de l'existence, je suis debout dès 7 heures. Ainsi je peux aller skier, jouer au golf… J'aime aussi passer du temps à New York dans mon appartement très lumineux sur Central Park.

Vous n'avez jamais joué à la princesse des *Mille et Une Nuits* ?

Quelle idée démodée ! Je vis comme n'importe quelle Américaine aisée. Mon plus grand luxe est d'avoir un chauffeur. J'ai par ailleurs une organisation souple de gens de maison et deux secrétaires qui travaillent principalement pour l'association Alzheimer, où j'ai déjà recueilli plusieurs millions de dollars grâce à notre dernier gala ! Et je suis rassurée, heureuse qu'au fil des ans toujours plus de pays se mobilisent et prennent conscience de ce qu'est cette maladie dégénérative dont, je le souligne, les premiers signes peuvent se manifester dès l'âge de 30 ans. Enfin, lorsque l'on est une princesse qui a toujours eu les moyens de mener une existence très privilégiée, l'on doit rendre à la société sous une forme ou une autre ce qu'elle vous a apporté. Mon quotidien me semblerait bien vide et triste si je passais mes nuits dans les soirées et mes journées à tricoter, car je me sens comme portée par une mission. C'est sans doute cette seconde nature qui m'a entraînée à tenter de trouver par tous les moyens la cause de ce terrible mal afin de réussir à soulager ceux qui en souffrent mais aussi leur entourage.

Craignez-vous d'être un jour victime de cette maladie ?

Je ne suis ni obsédée ni rassurée mais j'y pense parfois, car je crois à la génétique donc à l'hérédité. Ma mère ayant été la première victime dans notre famille, qui sait ce qui pourrait m'arriver ! Si la maladie d'Alzheimer est parfois héréditaire, elle touche rarement chaque membre d'une même famille...

Votre demi-frère, l'actuel Aga Khan, est-il fier de votre œuvre ?

J'ai tendance à penser que oui... Je suppose qu'il reconnaît que j'accomplis ma tâche sérieusement, mais de là à le formuler publiquement, c'est une autre histoire !

Quel est le secret de votre force ?

Elle me vient d'abord de l'amour de ma famille, même si, malheureusement, je ne la vois que deux ou trois fois par an, de l'affection de mes amis fidèles et de mon tempérament positif et volontaire. Viscéralement et moralement prise par mon action, j'aimerais plus que tout, avant de mourir, qu'on ait trouvé comment stopper la maladie d'Alzheimer. Enfin, je remercie quotidiennement le Ciel de m'avoir d'abord donné la santé, qui me permet d'apprécier chaque instant de l'existence, car la vie est courte, et il faut essayer de ne pas perdre trop de temps.

Michèle Alliot-Marie

La carrière politique de Michèle Alliot-Marie a débuté quand Jacques Chirac lui demande en 1986 de se présenter aux législatives. Elle choisit la côte Basque de son enfance mais ne siègera pas à l'Assemblée nationale car, à peine élue, la pétillante blonde est nommée secrétaire d'État à l'Enseignement. Elle devient ensuite ministre de la Jeunesse et des Sports, Présidente du RPR, ministre de la Défense, de l'Intérieur, Garde des Sceaux, ministre des Affaires étrangères. Enfin député européen puis se lancer dans un projet international de francophonie économique. Sans jamais se déparer de sa féminité, de son humour au second degré, cette femme souriante a occupé successivement sous la Ve République les plus prestigieux postes ministériels avec beaucoup de sérieux sans néanmoins se prendre au sérieux.

Michèle Alliot-Marie : « Madame, vous ne pouvez pas entrer en pantalon dans l'hémicycle m'annonce un huissier. – Pas de problème, je l'enlève tout de suite. »

– Année 2021 –

Après avoir occupé les grands ministères régaliens devenant conseillère générale, maire, députée, eurodéputée, avez-vous aujourd'hui quitté la politique ?

L'action politique n'a de sens à mes yeux que si elle met en œuvre une réflexion politique portant sur les grands enjeux. J'ai l'exemple de mon père, qui agissait avec ma mère dans la Résistance en même temps qu'il travaillait à la Banque de France, tout en finissant ses études de droit. Devenu chef de service, il enseignait à la Sorbonne et en fin de semaine arbitrait des matchs de rugby – il a été le premier Français admis à arbitrer le Tournoi des Cinq Nations. Élu député et maire de Biarritz durant de longues années, il a ensuite et jusqu'à ses derniers jours œuvré dans le monde associatif pour les causes auxquelles il croyait. C'est pourquoi l'action politique est dans mes gènes de façon quasi instinctive. Il n'y a rien de tel que l'exemple. J'essaie maintenant de monter une sorte de Commonwealth francophone afin de soutenir les savoir-faire et les développements à l'international d'entreprises françaises francophones et francophiles.

Votre nom avait aussi été cité parmi les Premiers ministrables de Jacques Chirac.

J'avais l'expérience nécessaire pour ce poste, ce qui signifiait le soutien indispensable des parlementaires et l'autorité que l'on me reconnaissait, sans compter des idées précises sur les initiatives à prendre pour relever le défi de la modernisation de la France et du renforcement de l'unité des Français. Mais cela ne s'est pas fait ! Une dizaine de jours avant le remaniement annoncé pour le lendemain du référendum sur la Constitution européenne, Jean-Pierre Raffarin m'a téléphoné et annoncé que Jacques Chirac avait décidé de me nommer à Matignon. Le vendredi soir, il m'a rappelée pour me dire : « C'est sûr. Je te conseille de penser à ton équipe et de préparer ton discours d'investiture. » Nous avons encore eu des contacts en ce sens le dimanche matin. Le dimanche soir, le résultat du non au référendum nous a tous un peu assommés ! Jacques Chirac m'a demandé de passer le voir à l'Élysée le lundi en fin de matinée : il m'a expliqué qu'entre les candidats possibles pour Matignon j'avais sa préférence. Toutefois, il fallait que je choisisse entre être Premier ministre et candidate à la prochaine élection présidentielle, estimant que je pouvais prétendre aux deux. Il m'a demandé de réfléchir et de lui préciser mon choix en fin de journée. Ce que j'ai fait vers 20 heures. Or le lendemain j'ai appris par la radio que ce serait Dominique de Villepin avec Nicolas Sarkozy à l'Intérieur ! À vrai dire, j'avais eu des échos du forcing que Dominique avait fait jusqu'en fin de soirée auprès du Président pour promouvoir sa candidature, soulignant les risques de mouvements dans la rue après ce non au référendum et l'avantage du tandem avec Nicolas. Certains dans mon entourage me conseillaient moi aussi d'intervenir. Je n'ai pas voulu, n'ayant jamais demandé de poste ; on me les a toujours proposés ou donnés à choisir. Et une fois ministre, j'ai fait en sorte de les valoriser au maximum. Là, Jacques Chirac, qui m'a reçue vers 10 heures le mardi matin, visiblement embarrassé de sa volte-face sous la pression de ceux qui lui prédisaient des tensions dans la rue, m'a demandé de choisir le poste que je voudrais dans le nouveau gouvernement : être à l'Économie, aux Affaires étrangères ; là je lui ai répondu que d'une part c'était son choix, que je respectais bien sûr, et que d'autre part je souhaitais rester à la Défense. J'y étais très heureuse et j'avais des projets importants en cours que j'aurais regretté de devoir abandonner : les premières opérations concrétisant la défense européenne, notamment les groupements tactiques, la gendarmerie européenne et le Fonds pour l'armement.

Pourquoi, nombre de femmes en dehors de vous, ont-elles longtemps été cantonnées aux portefeuilles sociaux ?

Je ne sais si on peut généraliser une méthode qui serait commune à toutes les femmes et une autre à tous les hommes. La personnalité de chacune et chacun joue. Ce que j'ai constaté chez la plupart des femmes n'est pas tant l'ambition de carrière que d'être efficace dans le secteur qui leur est confié – même si je pourrais citer des exemples inverses... Je crois qu'il y a aussi moins d'identification au poste occupé. Je pense à un exemple concret qui remonte justement au changement de gouvernement de 2005 dont nous venons de parler. Comme toujours en cas de remaniement, je passais un petit coup de téléphone d'amitié et de soutien aux ministres sortants, car je supposais que pour beaucoup d'entre eux c'était un moment difficile. Toutes les femmes m'ont parlé de leurs collaborateurs, me demandant de les aider à les recaser, de leur fierté d'avoir participé au gouvernement de la France, me priant surtout, puisque moi je restais, de veiller à ce que leurs réformes ne soient pas enterrées. Elles étaient sereines, un peu tristes, certes, mais reconnaissantes de cette formidable expérience. Les hommes écartés du gouvernement, eux, éructaient contre cette injustice qui leur était faite, l'absence de reconnaissance de leur mérite, de leur poids politique national ou européen, je les cite. Trois sur quatre m'avaient d'ailleurs annoncé qu'ils allaient le faire payer au Président en rejoignant les équipes de son principal rival. Je ne parlerai pas de la façon dont ils qualifiaient le nouveau Premier ministre... !

Est-on plus exigeant envers une femme ?

Tout dépend de qui vous parlez et dans quelles circonstances. En politique, plus les femmes sont nombreuses à avoir occupé un même poste, moins il y a de différence. Ce qui est d'abord regardé, est l'efficacité du travail accompli. Il en va différemment en revanche lorsqu'on est la première. La curiosité à l'égard de cette nouveauté est loin d'être toujours bienveillante, y compris de la part des femmes, et les angles d'attaque sont parfois déconcertants. Comment oublier, lorsque j'étais Présidente du RPR – première femme, donc, élue à la tête d'un grand parti politique –, les critiques récurrentes d'une journaliste du *Nouvel Obs* sur… les cols de mes chemisiers, qu'elle trouvait « province ». Rien en revanche sur les actions de fonds ou le programme ! ! À la Défense, je sentais, au moins au début, chaque fois que je passais les troupes en revue, les regards perçants pour savoir si je n'allais pas omettre de saluer un drapeau, éventuellement me tordre la cheville sur les pavés de la cour des Invalides ou être à contretemps de la marche jouée par la musique militaire. Et quand j'ai participé à un exercice d'entraînement de la Patrouille de France, j'ai eu la forte impression que d'aucuns attendaient au sol avec une curiosité amusée de savoir si, moi aussi, comme plusieurs de mes prédécesseurs hommes, j'allais descendre verdâtre ou pire… de l'Alphajet. Les pilotes avaient d'ailleurs été sympas en m'arrêtant loin sur la piste. Surprise, j'étais en pleine forme, juste un peu décoiffée par le casque.

Il y a quand même me semble-t-il dans toutes ces fonctions parfois des moments cocasses ?

À condition d'avoir un peu d'humour. On sait que je trouve la féminisation des termes assez ridicule, car la fonction est selon moi neutre et son titulaire se qualifie assez par Mme ou M. le ministre, le Député, le Maire. J'avais donc souhaité qu'on m'appelle «Madame le ministre» au déplaisir de Jacques Chirac, féru de féminisation des titres. J'ai même dû lui demander le féminin de «second maître» dans la marine, notre discussion s'arrêta là! C'est resté ainsi dans tous les ministères que j'ai occupés. Comment oublier cette arrivée nocturne dans une préfecture où je devais dormir. J'étais ministre de l'Intérieur et le planton de service à qui on avait dû rappeler les consignes sur mon titre, assoupi ou ému, ne savait plus très bien quoi dire. J'ai eu un : «Euh, Monsieur le ministre, euh, Madame la ministre, euh», et finalement : «Monsieur la ministre»!! Cela m'a rappelé deux ans avant, à la Défense, le jeune militaire qui, déboulant d'une allée sans m'avoir vue, ne sachant en me reconnaissant comment s'excuser de m'avoir presque bousculée, s'emmêlant lui aussi dans le «Madame» et «Monsieur», finit par m'appeler «Mon Général». En réalité, lorsqu'une femme «inaugure» une fonction, le vrai poids et la lourde responsabilité viennent du risque que l'on fait courir aux autres femmes si on se «plante». Je sais que l'échec d'Édith Cresson a été avancé par certains comme un argument contre ma nomination à Matignon... Nombre d'hommes considèrent toujours les femmes telles des menaces pour leur propre carrière. Une vérité dans le milieu politique autant qu'ailleurs. D'autres, c'est heureusement une minorité, s'estiment seuls à même d'occuper des responsabilités publiques. La première fois où j'ai été élue maire de Saint-Jean-de-Luz, mon adversaire, un chirurgien, avait fait une grande partie de sa campagne sur le thème «Une femme ne peut être maire de notre ville» ... Cela ne lui a pas porté chance, car il a perdu. Mais il y a des femmes qui ne sont en la matière pas plus tendres que les hommes à l'égard des autres femmes. Pourquoi les rivalités de carrière ne seraient-elles que masculines !

Cette parité vous paraît-elle avoir été utile en politique ?

J'ai refusé – alors que je présidais le parti du président de la République – de voter l'inscription de la parité, obligation dans la Constitution. Cette béquille textuelle est insultante pour les femmes et porteuse du risque de les voir soupçonnées d'être nommées à des postes importants, du seul fait de leur sexe et non de leur talent. Je suis toujours scandalisée de voir un homme nommé à la place d'une femme plus compétente que lui, tout autant que le contraire simplement parce qu'il s'agit d'une femme. Il faut aussi observer la lâcheté de beaucoup d'hommes politiques qui, malgré leurs beaux discours où ils prônent la promotion des femmes, vont en réalité au plus simple pour eux en désignant des hommes à tous les postes les plus facilement éligibles et les femmes dans les villes ou circonscriptions ingagnables. Une pratique qui a renforcé l'utilité des textes sur la parité. Cela continue à être vrai, y compris malheureusement dans mon propre parti. De nombreux partis sont de ce point de vue encore incroyablement ringards, voire même démodés, avec dix hommes alignés sur la tribune où il n'y a là qu'une ou deux malheureuses femmes. Difficile de prétendre représenter les électeurs avec des images aussi ridicules ! Mais les femmes doivent également savoir se battre pour les autres. Lorsque j'ai présidé le RPR, sans qu'aucun texte m'y oblige et contre l'avis d'un certain nombre de caciques du parti, j'ai nommé une équipe de direction qui, *de facto*, était paritaire et d'une qualité égale. Nous avons doublé en dix-huit mois le nombre des adhérents et gagné toutes les élections qui ont suivi : les municipales, départementales, législatives, sénatoriales et dans la foulée un référendum. Nous restons la seule équipe à avoir réalisé un pareil grand chelem au RPR, ensuite à l'UMP et à LR.

Un véritable et long parcours !

En effet, ainsi ma première aventure de sexisme dans le monde politique fut vestimentaire. Chef de cabinet et chargée des relations avec le Parlement d'Alice Saunier-Seïté, à l'époque ministre des Universités, j'assistais aux séances de l'Assemblée nationale depuis une tribune située à gauche de l'hémicycle. Ce jour-là, je portais un tailleur-pantalon à la mode quand l'huissier m'arrête à l'entrée et me lance d'un ton autoritaire : « Madame, vous ne pouvez entrer en pantalon. C'est interdit aux femmes dans l'hémicycle. » Stupeur de ma part, le voyant déterminé à me barrer la route, exaspérée, je lui rétorque, néanmoins souriante : « Pas de problème, je l'enlève tout de suite. » Il est resté bouche bée et m'a laissée entrer !

La poésie s'invite parfois dans le débat.

Il y a parfois des situations cocasses. Je me souviens encore de cet après-midi de printemps où je rencontrais les syndicats des personnels civils de la Défense. Pour donner un caractère moins solennel, j'avais choisi de les recevoir dans mon bureau situé au rez-de-chaussée de l'historique hôtel de Brienne – siège du gouvernement provisoire du général de Gaulle de 1944 à 1946 – lequel donne par un grand perron sur le vaste jardin au bout duquel un bassin accueille depuis des années un couple de canards dont les premiers avaient été accueillis par Charles Hernu en 1982. Ce jour-là, nous étions réunis autour de l'imposante table face aux baies vitrées. La discussion avec les membres de la CGT était plutôt orageuse et là, levant soudain les yeux, qu'est-ce que je vois ? Maman Canne suivie de six poussins qui gravit la première marche du perron et commence à le parcourir tout du long avec ses petits bien alignés quasi aussi disciplinés que lors d'une parade militaire. J'ai senti monter un fou rire irrépressible. Ce moment ne s'y prêtait pas vraiment, mais cela a en quelque sorte détendu l'atmosphère.

Élisabeth Badinter

« Mon mari, Robert, m'appelle Mme Maigrette. »

Deuxième femme à avoir enseigné à l'École polytechnique, celle qui expliquait lors de ses séminaires l'histoire de l'amour maternel du XVIIIe *au* XXe *siècle souligne que la plupart des femmes arrivées au sommet ont été des filles adorées par leur père, qui leur a donné force et sécurité. Elle en cite quelques exemples au passage, avouant avec pudeur que, pour sa part, son père Marcel Bleustein-Blanchet, pionner de la publicité n'ayant que son certificat d'études, lui a transmis le goût d'aller au maximum de ses possibilités. Un message qu'a entendu Élisabeth Badinter qui aime le silence, la solitude, les vieux papiers et continue d'écrire ses best-sellers avec une pointe Bic.*

– Année 2021 –

Quelles sont maintenant vos ambitions ?

Essayer de comprendre pourquoi on piétine aujourd'hui les principes et les valeurs qui ont triomphé.

Avez-vous fait tout le tour du XVIIIe, qui vous passionne ?
Oh, que non !

Des regrets ?
Non plus.

N'y a-t-il pas chez un écrivain le livre qu'il n'a pas écrit ?
Je ne me suis jamais retenue d'écrire un livre.

Souvent sollicitée pour entrer à l'Académie française, vous avez toujours refusé !
En effet, pour deux raisons. Je suis trop indépendante et solitaire et n'ai aucun « esprit de corps ». Par ailleurs, les discours sur la vertu ou le travail sur la modernisation du dictionnaire ne me passionnent pas

Quand Voltaire passe en Suisse

– Année 2008 –

Êtes-vous philosophe, historienne ou chartiste ?

Je suis un flic ou un psy à la recherche des âmes et des cœurs.

Combien d'années de votre vie avez-vous consacré à ce XVIIIe siècle qui vous est si cher ?

Plus de trente ans, où j'ai tenté de pénétrer l'intimité, le non-dit, de ces intellectuels que j'aime tous. D'ailleurs, vivre avec eux est extrêmement stimulant. Outre le divertissement de les observer à la loupe en me penchant par-dessus leur épaule quand ils écrivent leurs correspondances, j'ai beaucoup appris sur les vices et les vertus de ces hommes et de ces femmes auxquels nous ressemblons tant. Peut-être ai-je aussi découvert deux ou trois choses sur moi-même…

D'où est né cet amour ?

Si j'ai consacré tant d'années de ma vie à ce siècle, c'est parce que j'y trouve les origines des problèmes qui me préoccupent au quotidien. Un intérêt né de ma lecture de Rousseau quand je préparais l'agrégation de philo. Ma leçon portait sur le *Contrat social*, j'ai compris ce jour-là, que ce serait dans ce siècle que je m'épanouirais.

Quel a été votre plus grand bonheur au fil de ces 1200 pages ?

Le plus excitant, le réel moment de plaisir en écrivant est la recherche de documents, d'archives, la trouvaille du détail humain… Le cauchemar, c'est l'écriture, j'ose l'avouer je déteste ça. D'ailleurs, il m'arrive de rester une matinée entière sans avoir écrit une ligne, là c'est le désespoir total. Ces trois volumes, *Désirs de gloire*, *Exigence de dignité*, *Volonté de pouvoir*, représentent quinze années de recherches dans les bibliothèques à Paris, en province, à l'étranger ; d'une certaine manière une sorte de chasse au trésor. Il y a sûrement un flic qui sommeille en moi, au point que Robert, mon mari, m'appelle affectueusement « Mme Maigrette ».

Voltaire a toutes vos faveurs !

L'existence de Voltaire est un cheminement vers l'indépendance. Jeune, il s'est constitué une petite fortune et n'a cessé de la faire prospérer. Grâce à cela, il peut échapper aux griffes de Frédéric II de Prusse et refuser de plier genou devant Louis XV. L'argent et l'expérience de l'humiliation lui ont fait préférer un exil doré près de Genève en terre calviniste durant un quart de siècle plutôt que d'amputer sa liberté d'un pouce. Cette liberté chèrement acquise lui donne des ailes pour dire ce qu'il pense et mener les combats importants. Ajoutez à cela un style, un humour et un génie inégalables.

Auriez-vous aimé être la maîtresse de Voltaire ?

Certes, mais pas seulement de Voltaire, j'aurais aussi aimé vivre avec Diderot, un homme sensuel et chaleureux, avec Condorcet, mon héros vertueux… Mais revenons à Voltaire, partager son existence devait être un enchantement. Il était fort respectueux de l'indépendance des femmes, à en croire sa liaison avec Mme du Châtelet, qui lui menait un train d'enfer… De plus, très gai, d'une drôlerie, d'un humour inclassables, il savait se moquer de lui-même. Il faut quand même avoir en tête qu'en dehors de Diderot ces grands hommes du XVIIIe siècle avaient, semble-t-il, une sexualité assez pauvre, voire inexistante. Cela tient du mystère, puisque le libertinage était facile ; d'Alembert passait pour impuissant, Rousseau n'était pas sans problèmes et Voltaire avait une sensualité modeste, un réel handicap, j'imagine, avec Mme du Châtelet, dotée de beaucoup de tempérament… Quant à Condorcet, il aurait été dépucelé le soir de son mariage, à plus de 35 ans. Enfin, Malesherbes avait une épouse discrète et on ne lui connaît aucune maîtresse. Pour en revenir aux questions sexuelles, les philosophes n'étaient pas particulièrement vertueux mais si investis dans la pensée qu'il ne leur restait sans doute que peu d'énergie pour le reste… Mais ne me demandez pas si c'est la même chose aujourd'hui pour les intellectuels, je n'en sais rien et je n'ai aucun moyen de répondre !

Sous le charme de qui seriez-vous tombée en premier sur le plan des idées ?

Par sa langue et sa pensée, Diderot est notre contemporain, et sûrement celui dont la prose a le mieux survécu, car il avait saisi les ressorts de l'âme humaine qui perdure à travers les âges. Sa correspondance très moderne est d'une actualité et d'un humour sublimes. S'il ne fallait lire qu'un seul de ses ouvrages, ce serait *Jacques le Fataliste*.

Quel philosophe vous semblait le plus antipathique ?

Rousseau était fou, génial, bourré de complexes sociaux, atteint d'un délire de persécution le rendant insupportable. Ni chaleureux ni sympathique, très agressif, il ne faisait pas partie du « clan » des intellectuels ; personnage à part, il a tenu la dragée haute à tout le monde.

Les grands écrivains étaient-ils des hommes libres ou pétris de principes ?

Il faut distinguer entre la tête et le cœur. Tous ces philosophes de la liberté, si exigeants au niveau des principes et des idées, se révèlent aussi prisonniers de leurs passions que vous et moi… Les rivalités sont extrêmes, et les batailles homériques. Même les amitiés de jeunesse, telles celles qui ont uni Diderot, Rousseau et d'Alembert, ne résistent point aux jalousies et mesquineries. Les débats d'idées cachent en fait davantage qu'on ne le croit des rivalités personnelles, peut-être même inconscientes. On pourrait sûrement en dire autant de nos jours…

Vous prenez la défense des rares femmes de lettres de l'époque. Laquelle auriez-vous aimé incarner ?

Je n'ai point à les défendre mais à les mettre en valeur, ce qui n'est pas facile. La plupart du temps, les intellectuelles que j'évoque sont restées dans l'ombre des grands hommes. Le principe étant qu'une femme honorable ne devait pas faire parler d'elle. Vous pouvez imaginer combien c'est maintenant difficile de leur rendre vie. Pour ma part, j'aime tendrement la Marquise du Châtelet, compagne de Voltaire, savante qui me fait penser à Simone de Beauvoir. Autrement dit, une femme libre !

Vous aurait-il été possible jadis d'être la philosophe libre, provocatrice qui n'hésite pas à s'exprimer, entre autres, sur la condition des prostituées ?

Évidemment pas. La question des prostituées ne me serait jamais venue à l'idée et les journaux de l'époque, au moins aussi nombreux qu'aujourd'hui, auraient trouvé ce sujet indigne de leurs colonnes.

À quels personnages actuels Rousseau, Diderot, d'Alembert, Voltaire vous font-ils penser ?

Franchement, à aucun. L'intelligentsia du siècle des Lumières est à mille coudées au-dessus de la nôtre. Ils ont du génie, et beaucoup de gaieté... Quand on s'immerge dans leur époque, on a toujours l'impression d'y trouver un rayon de soleil. Ce n'est pas pour rien qu'on parle du siècle des Lumières !

Les encyclopédistes cherchaient-ils des « sponsors » ?

Pas du tout. Ils prennent au contraire leurs distances assez brutalement avec tous les pouvoirs : Versailles, l'Église et l'argent. Cette volonté d'indépendance est admirable, car il est alors si difficile de vivre de sa plume. Refuser les pensions, les mécènes et les complaisances relève d'un défi qui ne manque pas de panache... Qui donc aujourd'hui serait capable d'une démarche analogue ?

Étaient-ils sensibles aux honneurs ?

C'est à cette époque que naît ce qu'on appelle « l'opinion publique » et avec elle le désir de lui plaire, de s'en faire connaître et admirer. Les intellectuels découvrent les délices de la célébrité, des applaudissements et tous savent qu'un bon compte rendu dans les journaux et les revues, lesquels commencent à se multiplier, est un gage de nouveaux lecteurs. D'ailleurs, il n'est pas rare qu'un auteur invite son critique à déjeuner ou lui envoie de belles poulardes afin de stimuler son zèle... Avec les encyclopédistes, ces comportements ne sont plus de mise. Du moins, en apparence.

Connaissez-vous un tel phénomène de cour au XXIe siècle ?

Un monarque qui brillerait comme à la cour de Versailles paraît à notre époque peu imaginable. Ce n'est pas juste le luxe, mais à cause de la structure sociale telle qu'elle se présentait en ce temps-là. Flamboyant et riche ne signifie ni sophistiqué ni raffiné. Je n'aurais pas du tout aimé vivre dans cet univers terriblement contraignant. En revanche, être reçu dans les salons à Paris, comme celui de Julie de Lespinasse, qui possédait un talent sans pareil pour faire parler et écouter ses invités, devait être exaltant. Ces très bonnes « hôtesses » savaient mettre chacun en valeur au comble de son talent, tout en créant un lien entre les uns et les autres. Le grand art n'est-il pas d'abord de savoir écouter les autres au lieu de se cantonner comme maintenant dans le « moi je » ?

Évoquez-vous en famille ce travail de fourmi ?

Non, c'est assommant de parler d'un travail sur « l'établi », sauf quand j'écris un essai polémique, où là je tiens à susciter les réactions de Robert. Il reste mon premier lecteur, un observateur juste et si sévère que, lorsqu'il me fait des compliments, je crois généralement que c'est pour me faire plaisir…

Parmi le personnel politique actuel, y a-t-il des similitudes avec les grands personnages du XVIIIe siècle ?

Oh, que non ! La distance intellectuelle entre « mes » philosophes et le personnel politique, même de première catégorie, est immense. On est de nos jours effaré du manque de consistance du discours politique. Voltaire, Diderot et Rousseau étaient d'une telle profondeur qu'on ne saurait les comparer aux hommes politiques ni aux philosophes actuels. En revanche, ils ressemblent par certains côtés aux intellectuels de notre époque, car eux aussi recherchaient la gloire et la reconnaissance du public. Mais pas celle des politiques.

Quels principes de politesse prévalent chez ceux qui nous gouvernent ?

Il faut être très affable et attentif aux autres. Valéry Giscard d'Estaing et François Mitterrand l'étaient. Jacques Chirac a toujours été d'une extrême courtoisie avec tout le monde, y compris à l'égard d'un homme qui l'avait un jour insulté. Je pense que le Président Sarkozy a eu tort de se laisser aller à répondre à un provocateur. On ne se met pas au même niveau que ceux qui vous agressent verbalement sans risquer d'y perdre sa dignité.

Bernadette Chirac devient première dame

«Mes mandats électoraux locaux sont aussi pour moi les moyens d'être en prise directe avec les problèmes des citoyens.»

– Année 1995 –

Après trois mois à l'Élysée, avez-vous le sentiment d'être devenue la première maîtresse de maison de France ?

Le terme de *maîtresse de maison* n'est pas le plus approprié. Il s'agit plutôt d'une responsabilité, à la fois prestigieuse et émouvante. Je compte bien être présente, avec toute la réserve qui s'impose. Je serai particulièrement attentive à la bonne marche de la maison Élysée et à l'animation des différentes équipes qui y travaillent. La tâche est lourde et diverse. Il faut tout à la fois veiller à l'accueil des chefs d'État et de leurs épouses, et répondre à un très abondant courrier. Dans le domaine social et culturel, je poursuivrai l'action personnelle que je mène depuis longtemps.

Tout ceci semble un peu austère !

Pas seulement ! Dans un autre registre, et afin d'égayer le parc, j'ai prévu d'y faire planter des fleurs, blanches essentiellement, et des massifs de rosiers dans les tons pastel. Il y a actuellement dans notre pays un fort regain d'intérêt pour les jardins. Nos jardiniers s'inscrivent dans un savoir-faire français aussi prestigieux que celui de la gastronomie, du parfum, ou de la mode. L'Élysée sera aussi le reflet de cet art de vivre.

Comment s'est faite la « passation des pouvoirs » avec Danielle Mitterrand ? Vous a-t-elle donné des conseils ?

Non. Ce n'était d'ailleurs pas vraiment nécessaire. Chacune mène la maison et organise son existence à l'Élysée comme elle l'entend, et en fonction de ses propres objectifs, de sa conception personnelle de l'existence et de la place qu'elle souhaite occuper.

Avez-vous déjà donné des dîners officiels ou privés à l'Élysée ?

Aucun dîner, mais déjà plusieurs déjeuners. Lors des visites du Président Moubarak et du roi Hussein de Jordanie, j'ai reçu à déjeuner Mme Moubarak et la reine Noor de Jordanie. Ce sont toujours les déjeuners restreints qui favorisent le dialogue.

Selon quels critères dressez-vous la liste de vos invités ?

J'arrête mon choix en fonction des propositions faites par le Quai d'Orsay. Justement, en l'honneur de la reine Noor de Jordanie, que je connais et qui souhaite, dans le cadre de sa fonction, organiser une grande exposition d'art jordanien à Paris, j'avais convié deux personnes susceptibles de lui faire quelques suggestions, ainsi que la femme de l'ambassadeur de Jordanie et Isabelle Juppé.

Intervenez-vous dans l'étiquette, l'organisation des réceptions et le choix des menus ?

Pour les déjeuners que je viens d'évoquer, j'ai demandé conseil au chef, Joël Normand. À l'avenir, je me propose de m'impliquer directement et davantage.

Avez-vous influencé le Président dans sa décision de simplifier le protocole ?

Pour ma part, je suis pour une simplification, mais raisonnable, car je comprends que les règles du protocole correspondent à des nécessités imposées par le respect de la fonction. Mon mari, quant à lui, est partisan d'une plus grande simplicité.

Pas vous…

Si, je suis favorable au style d'un Président proche des Français. Les rencontrer en toute simplicité, dans la vie quotidienne, est nécessaire si l'on ne veut pas se couper des réalités. J'approuve, par exemple, la suppression des cortèges officiels.

Quitte à mettre plus de temps pour aller à Villacoublay ou roissy ?

Absolument. Croyez-moi, les Français comprennent fort bien que le chef de l'État ne puisse plus agir exactement comme tout le monde. Il faut cependant trouver un juste équilibre entre la solennité que la fonction impose et la proximité que le Président souhaite préserver à l'égard de ses concitoyens.

Simplicité, certes, mais pas jusqu'à aller faire ses photocopies lui-même ?

Pour faire de grandes choses, il faut également savoir faire les petites choses de la vie quotidienne.

Vous étiez-vous préparée aux 2055 jours que vous passerez au 55, rue du Faubourg-Saint-Honoré ?

Ma longue expérience de femme de maire de Paris et de femme de Premier ministre m'a préparée aux exigences de la vie publique, c'est certain.

Par superstition, vous auriez refusé de croire à la victoire jusqu'à la proclamation des résultats ?

On ne peut aborder un tel parcours d'obstacles qu'avec modestie et humilité. Ce n'est qu'à 20 heures que nous avons su que le succès était au rendez-vous. Cela ne m'a pas empêchée d'y réfléchir à l'avance. Qui aurait en effet, le courage de se lancer dans une bataille aussi rude sans croire à la victoire !

Est-ce aussi par superstition que vous avez enlevé un tableau représentant des paons dans votre salle à manger de l'Hôtel de Ville ?

Beaucoup de mes amis m'ayant affirmé que ces oiseaux portaient malheur, il y a six mois, j'ai fini par me décider à décrocher ce tableau, au demeurant magnifique. Pour le cas où cela marcherait… Et il semble que cela ait marché !!

Il n'existe aucun titre officiel pour la Première dame de France.

De fait, la femme du Président n'a pas de place officielle dans le protocole de la République. Cela ne signifie pas pour autant qu'elle n'ait pas de rôle à remplir. J'ajouterai à cela mes mandats locaux, car je suis deux fois élue – conseiller général de la Corrèze et maire adjoint à la mairie de Sarran.

Vous êtes la première épouse de chef d'État français élue !

J'en ai conscience, et j'y tiens d'ailleurs beaucoup. D'abord, parce que c'est une tâche à laquelle je me suis consacrée intensément depuis des années ; ensuite, parce qu'ils confèrent à la femme du président de la République une certaine identité. C'est aussi, pour moi, un moyen d'être en prise directe avec les problèmes des citoyens.

Cela vous paraîtrait-il inconcevable qu'un Président soit célibataire ?

Pas du tout, mais cela l'aide bien d'avoir une épouse qui le soutient et contribue à l'accueil des hôtes de la France, ou se trouve à ses côtés lors des déplacements à l'étranger. Depuis que nous sommes ici, j'ai ressenti, dans le courrier que je reçois, le désir de nombreuses femmes de se reconnaître dans l'épouse du chef de l'État. Elle doit dans sa manière de vivre être en phase avec son époque.

Néanmoins, on ne vous a pas vue aux côtés du Président pendant la retransmission télévisée du défilé du 14-Juillet.

L'épouse du chef de l'État n'est jamais dans la tribune du Président. Je me trouvais dans une tribune voisine entourée de Mme Monory et de Mme Toubon. Les aléas de la retransmission en direct m'ont fait passer un peu inaperçue. Mais la cérémonie était superbe, et ce défilé a fait honneur à nos armées.

Vous a-t-on soumis des photos ou des listes de mobilier pour aménager vos appartements privés ?

Non, car j'ai tenu à m'entourer de mes meubles et objets personnels. Ne souhaitant pas m'engager dans des grands travaux de rénovation, j'ai fait aménager au-dessus du bureau de mon mari trois pièces, totalement indépendantes et jusqu'alors inhabitées, où j'ai recréé un cadre familier et auxquelles j'ai fait ajouter une salle à manger intime.

L'épouse du Président peut-elle rester spontanée; faire quelques courses en ville ?

Je ne peux sûrement plus me comporter tout à fait comme avant. Ma nouvelle situation ne m'empêchera pas cependant d'agir avec naturel, comme je l'ai toujours fait. Mais il me faudra être attentive, car tout propos, geste ou parole peuvent prêter à interprétation ou commentaire, du simple fait qu'ils proviennent de la femme du président de la République.

Pourriez-vous attendre chez le dentiste ?

Bien sûr !

Allez-vous promouvoir la mode française à l'étranger ?

Bien entendu ; les couturiers me prêtent des robes. J'espère ainsi mettre à l'honneur la haute couture, l'un des fleurons de notre pays et également un secteur important de notre économie. Un enjeu international, et nos couturiers sont parmi les meilleurs ambassadeurs de la France à travers le monde.

Y a-t-il des domaines où vous vous sentiez apte à jouer un rôle décisif ?

Décisif me paraît un mot excessif. Mon but a toujours été d'essayer de me rendre utile, or il est certain que, là où je suis aujourd'hui, je peux avoir une action sociale importante. Le courrier abondant qui m'est adressé traduit une véritable fracture sociale. Il n'émane pas seulement de demandeurs d'emploi, mais de gens en fin de droits, n'ayant plus aucun moyen d'existence, avec généralement des familles à charge, malades ou atteintes de handicaps lourds. Je souhaite donc pouvoir répondre à cette détresse, et tenter de contribuer à la soulager. Et dans un autre domaine qui me tient à cœur, j'ai l'intention d'amplifier le rôle et la mission de la Fondation des Hôpitaux de Paris, que je préside et dont le but est d'humaniser l'accueil et le séjour des malades, en particulier des enfants et des personnes âgées.

Partagez-vous avec le Président vos impressions ?

La liberté de parole entre nous a toujours été la règle, et ce, depuis que nous sommes étudiants. Une habitude forte que rien n'est jamais venu troubler.

Jacques Chirac réussit-il à être totalement décontracté ?

Bien sûr, mais surtout, après une journée très chargée, mon mari aime me savoir disponible pour parler de notre quotidien, des sujets qui nous intéressent tous les deux.

Comment envisagez-vous de préserver votre intimité ?

Nous sommes comme n'importe quelle famille française. J'ai toujours veillé, même dans mes occupations les plus prenantes, à accorder une attention constante à mon entourage.

Pourquoi avez-vous la garde de Maskou, le labrador de votre fille Claude ?

Parce que son travail ne lui permet plus vraiment de s'en occuper. C'est pourquoi je le prends souvent avec moi et veille à ce qu'il n'aille pas voir de trop près, dans le parc, les colverts que nous a laissés en héritage François Mitterrand !

Peut-on continuer à cultiver son jardin secret à l'ombre du pouvoir ?

J'adore la musique et, lorsque mon emploi du temps me le permet, je vais au concert. Malheureusement, je ne pourrai plus en organiser comme je l'ai fait pendant dix-huit ans à la Mairie de Paris. Également amateur de ballets lorsqu'une compagnie se produit à Paris, je réserve d'autorité un jour sur mon agenda.

Vous est-il encore possible, un samedi, de mettre des lunettes noires et d'aller flâner ?

Je vais surtout au cinéma. Mais maintenant, même avec des lunettes sombres, on me reconnaît. Quand je suis au volant, les automobilistes baissent leur vitre pour me dire bonjour et, souvent, des piétons me font un signe amical. Les gens sont directs, sympathiques et je n'ai eu jusqu'à présent aucune mauvaise surprise. Ils comprennent que, comme tout un chacun, j'ai besoin d'avoir une vie à moi.

À quelle heure vous levez-vous le matin ?

Cela varie, mais je dois reconnaître que je suis plutôt du soir, même si certains matins je suis prête de très bonne heure pour effectuer un déplacement en province ou assister à une manifestation. En revanche, il m'arrive souvent de me coucher très tard. J'écris de nombreuses lettres, je réfléchis à certains sujets, aux réunions du conseil d'administration de la Fondation des Hôpitaux de Paris, ou d'autres institutions, aux actions que je mène dans mon canton…

Le Président vous téléphone-t-il toujours autant qu'auparavant ?

Oui ! Rien n'a changé entre nous. Mon mari me demande mon avis sur certains sujets. Nous sommes un couple qui se rend des services et se répartit les tâches qu'impose une vie publique.

Quelle est, selon vous, la Présidente qui a laissé une véritable empreinte, un style, au palais de l'Élysée ?

Je suis sentimentale, et je me souviens du Général et de Mme de Gaulle à l'Élysée. C'est quand même extraordinaire, pour moi, de revenir dans cette maison où j'allais faire une visite le 1er janvier, où nous allions dîner. Mme de Gaulle correspondait à une époque historique. Cette femme était un modèle de respectabilité, de gentillesse et de simplicité. Quant aux Pompidou, ils ont marqué leur passage par un style et une manière de vivre à la française, à la fois digne et d'une grande simplicité, toujours soucieux de l'image qu'ils donnaient de la France.

Pourquoi vivez-vous à l'Élysée ?

Dès l'élection, mon mari et moi avons décidé d'habiter ici. Quand on est président de la République, il est difficile de diriger des équipes et de leur demander un travail de qualité si l'on ne réside pas sur place. L'Élysée a besoin d'une maîtresse de maison. Peut-être nous évaderons-nous de temps à autre, le samedi ou le dimanche, mais jusqu'à présent, en tout cas, il nous a été impossible de prendre un seul week-end.

Quelles ont été les grandes personnalités qui vous ont impressionnée tout au long de ces années ?

En Europe, j'ai une réelle admiration pour le roi Juan Carlos et la reine Sofía, même si je ne les connais pas personnellement. De grands chefs d'État comme Frederik De Klerk et Nelson Mandela forcent mon admiration. Ils sont le symbole de la volonté politique qu'un homme peut avoir pour un peuple et un pays, d'œuvrer pour son bien et son avenir, quelles que soient les difficultés. Le roi du Maroc, m'a toujours beaucoup impressionnée. Je me souviens que ce dernier a prononcé, sans la moindre note, un des discours les plus érudits que j'aie entendus dans la salle des fêtes de l'Hôtel de Ville. En dehors de la politique, je pense à une femme comme Mère Teresa, dont la foi transfigure la douleur du monde, ou à notre ami Mstislav Rostropovitch, musicien de génie, mais aussi vrai humaniste.

Est-il possible d'entretenir des relations personnelles avec ce genre de personnages ?

Quand on les côtoie dans le cadre d'un dîner officiel, les relations restent forcément conventionnelles. Mais lorsqu'on a des contacts réguliers, tant en France qu'à l'étranger, il se tisse forcément un lien de complicité.

Êtes-vous déjà en mesure de tirer des enseignements de ces cent jours auprès du président de la République ?

Je suis heureuse que le message de mon mari ait été compris et soit passé de façon aussi forte auprès des jeunes. Ce 14-Juillet a été exemplaire. J'ai beaucoup dialogué avec les vingt-deux garçons et filles qui ont déjeuné avec nous, et également avec les autres. Tous sympathiques, issus de milieux différents, originaires de chaque région de France. Ils étaient particulièrement contents de se trouver à l'Élysée et l'exprimaient de manière franche, mais réservée, car ils étaient quand même impressionnés par le lieu. Je souhaite ardemment que mon mari réponde à l'immense espoir qu'ils mettent en lui, surtout en ce qui concerne leur avenir professionnel, l'emploi étant leur préoccupation première.

Lisez-vous tout ce qu'on écrit sur le Président et sur vous-même ?

Oui, je lis beaucoup de choses… Le Président lit moins que moi, il a peu de temps.

Je suppose que vous lui rapportez les éloges, davantage que les critiques ?

Il m'arrive souvent de lui signaler un bon article ou un commentaire judicieux de la télévision sur l'une de ses actions. Pour le reste, ses collaborateurs lui préparent des revues de presse complètes.

Aime-t-il la télévision ?

Nous la regardons, le soir, quand nous dînons tous les deux et qu'il est là pour le journal de 20 heures.

Quelle impression cela fait-il d'être entrée au « Bébête Show » et d'être croquée par Jacques Faizant dans *Le Figaro* ?

En 1988, Jacques Faizant m'avait déjà fait une belle affiche avec cette légende : « Bernadette Chirac n'a plus longtemps à attendre » … « Le Bébête Show » m'amuse assez. J'ai regardé la séquence très drôle où j'apparais armée d'un plumeau, d'un balai, d'un aspirateur, de gants en caoutchouc et où l'on me fait dire, tout essoufflée, à mon mari : « On pourrait quand même prendre une femme de ménage », et qu'il me réplique : « Il n'en est pas question, c'est la rigueur. »

Qu'aimeriez-vous qu'on dise de vous à la fin de ce septennat ?

Que j'ai mené des actions positives, et que j'ai été sensible aux problèmes de nos concitoyens.

Quelle empreinte souhaitez-vous laisser ?

Celle d'une femme de cœur, fidèle à ses convictions et aux Français.

Bernadette Chirac : « Les hommes politiques aiment séduire, cela fait partie de leur "métier", ce qui signifie à leurs yeux séduire d'abord le public féminin. »

– Année 2016 –

À 83 ans, il y a toujours deux Bernadette, celle des villes et celle des champs.

Que voulez-vous, j'aime le contraste, la variété entre mon quotidien à Paris et cette vie à la campagne, où les gens sont très spontanés. On plaît ou on ne plaît pas, mais quand ils vous adoptent, c'est formidable. Au sein du monde rural, on n'a pas les mêmes réactions face aux événements. De toute manière, pour l'épouse d'un homme politique, l'essentiel reste sa faculté d'adaptation. Arriver à remplir ses obligations demande du cœur, de la volonté. Elle doit savoir écouter les autres et leur parler, il faut avoir le goût pour cela.

C'est-à-dire s'impliquer véritablement ?

D'abord entretenir avec les habitants une relation personnelle car, en province, contrairement aux grandes villes, anonymes, on se connaît. C'est pourquoi il est important d'être sur le terrain. Cela signifie mener des activités variées. Ce que j'ai fait il y a quinze jours, en me rendant, par exemple, au musée du Président-Jacques-Chirac, à Sarran, où sont exposées d'innombrables photos rassemblées dans le livre *Chirac. Instantané(s).* Elles sont l'œuvre de Christian Vioujard, qui a suivi mon mari depuis 1967, date de sa première élection législative en Corrèze. J'ai dédicacé l'ouvrage à une centaine de Corréziens, que je connaissais presque tous, puis le lendemain, au château de Sédières, inauguré l'exposition « Les couleurs du verre ». Quatre-vingts œuvres de la période 1900-2016 sélectionnées dans les collections de maîtres verriers du musée des Arts décoratifs, à Paris, par son conservateur en chef. J'ai aussi assisté à la conférence de mon gendre, Frédéric Salat-Baroux, à Tulle, pour la signature de son livre *La France est la solution*. Avant d'aller dimanche à Concèze, aux 20 ans de la fête de la Framboise. Cerise sur le gâteau : la tarte géante composée de vingt-sept mille framboises ! La même que celle entrée en 1997 dans le *Livre Guinness des records*, en profitant pour visiter à cette occasion l'abbatiale qui rassemblait des oiseaux rares du club d'ornithologie de Brive. J'ai admiré un perroquet de Madagascar qui me plaisait beaucoup et me faisait penser à Jacquot, celui de mes filles, un perroquet gris du Gabon. Si j'avais pu, je serais bien repartie avec…

Que de souvenirs !

En effet, tout cela explique mon attachement à cette région que je sillonne depuis plus d'un demi-siècle. D'ailleurs, au début, lorsque le conseil général restaurait le château de Sédières, je venais parfois de Paris la nuit au volant de ma Peugeot, avec mon balai et ma pelle, pour faire le ménage durant le montage de l'exposition que je préparais. Arrivée en 1967, j'ai connu trois générations au plateau de Millevaches et je n'ai jamais manqué le fameux déjeuner de la Sainte-Barbe, la fête des Pompiers, qui durait souvent plus de quatre heures. Malheureusement, de nos jours, les anciens disparaissent, or leurs enfants ne souhaitent généralement pas reprendre la suite. Les jeunes hésitent à tenir un commerce dans le Limousin. Nombre d'éleveurs continuent à travailler sur des exploitations de moins en moins rentables, on assiste impuissants à l'inquiétant spectacle de la désertification des campagnes. Autour de Bity, par exemple, toutes les maisons du village ont fermé. En trente-six années de mandat en tant que conseillère générale du canton de Corrèze et conseillère municipale de Sarran, élue de Brive, et aussi comme épouse d'un homme qui s'est tellement dévoué à cette terre, je ne peux que m'inquiéter pour l'avenir du monde rural.

Racontez-moi quand même un souvenir cocasse.

Quand, en arrivant porte d'Orléans à 4 heures du matin, je me suis précipitée dans un petit hôtel pour réserver sans donner plus de détails, une chambre pour la personne m'ayant gentiment ramenée à Paris... La voiture, conduite par mon officier de sécurité, avait percuté un chevreuil. Ni le chauffeur ni moi n'avons été blessés mais, malheureusement, l'animal a été tué sur le coup et le véhicule s'est trouvé fortement endommagé. Par chance, j'avais pu bénéficier d'une autre voiture pour rejoindre la capitale. Le personnel de l'hôtel n'a fait aucun commentaire, mais était évidemment médusé, car il m'avait reconnue !

En Corrèze, vous êtes chez vous !

La Corrèze est ma deuxième maison. J'ai été contente d'y recevoir il y a quinze jours ma fille Claude et mon gendre Frédéric, accompagnés d'Aïka, le magnifique chien-loup noir qu'ils viennent de recueillir à la SPA d'Hermeray. Frédéric était déjà venu plusieurs fois dans notre région. Claude lui a raconté ses joyeuses vacances à Bity, à l'époque où il y avait tellement d'amis et de cousins qu'on devait installer des matelas jusque dans la salle de billard. J'ai gardé, parmi d'autres souvenirs, l'image de Vincent Lindon qui, prenant un recueil de textes classiques dans la bibliothèque, déclamait dans le salon. Avec Jacques, nous étions déjà impressionnés par son talent…

Quel est aujourd'hui le secret de votre force intérieure ?

De ne jamais baisser les bras, d'ailleurs, je n'ai pas le choix ! Tant qu'on est là, il faut vivre au jour le jour et lutter. J'ai toujours craint que mon mari n'ait un accident cardio-vasculaire, comme son père, mais je n'aurais jamais pensé qu'il fasse un AVC, que voulez-vous, c'est le destin.

Vous venez de recevoir d'indéfectibles preuves d'amitié.

Nous avons reçu au moment de la mort de Laurence, en avril, quelque huit cents lettres de condoléances. Les gens voulaient aussi, par fidélité à Jacques Chirac, nous témoigner leur affection, leur sympathie, partager notre désarroi.

Avez-vous aussi été soutenue par des personnalités officielles ?

La princesse Lalla Salma, épouse du roi du Maroc, m'a proposé de venir passer quelques jours pour me remonter le moral. Le roi du Maroc m'a téléphoné trois fois, et chacune de ses sœurs – les trois princesses – m'a également appelée. Nombre de chefs d'État ou de gouvernement nous ont écrit, tout comme Valéry Giscard d'Estaing, Alain Juppé, Jean-Marc Ayrault et bien d'autres. François Hollande m'a téléphoné. Quant à Nicolas Sarkozy, une heure avant de partir pour les États-Unis, il a tenu à venir se recueillir à mes côtés. Essayant par des paroles sensibles d'apaiser ma douleur. C'est vraiment un homme de grand cœur.

Dans un registre moins douloureux, vous prétendez que les hommes politiques sont tous des séducteurs…

Bien sûr, ils aiment séduire, cela fait partie de leur « métier », ce qui signifie à leurs yeux séduire d'abord le public féminin, et séduire avant de convaincre ! Par ailleurs, comme tous les personnages de pouvoir, ils sont en général formidablement courtisés et, lorsqu'ils ont gravi tous les échelons, les femmes tournent indéfiniment autour d'eux. C'est une réalité ; quand on partage le quotidien d'un homme politique, mieux vaut s'habituer ou, sinon, renoncer à cette forme d'existence.

Vous avez emmené Jacques Chirac visiter l'exposition « Jacques Chirac ou le dialogue des cultures », dans le musée du Quai-Branly, qui porte désormais son nom.

Nous y sommes allés en compagnie de M. Abdou Diouf, l'ancien Président du Sénégal, et de Stéphane Martin, qui dirige le musée, guidés par Jean-Jacques Aillagon, le commissaire de cette éblouissante exposition. Nous sommes restés là plus d'une heure ; mon mari en a été fort heureux et très ému. Ce sont encore de vrais moments de joie à ses côtés.

Caroline Kennedy

«Mes parents, John et Jacky Kennedy,
m'ont donné une force immense.
C'est un exemple pour mes enfants.»

Caroline Kennedy, seule héritière de John et Jacqueline Kennedy depuis la mort de son frère John-John décédé à 39 ans en 1999, a grandi à la Maison Blanche d'abord puis, après l'assassinat du Président Kennedy, en marge des demeures officielles et des feux de l'actualité. Avocate, mariée à un designer américain, Edwin Schlossberg, cette mère de deux filles et un garçon, ambassadrice des États-Unis au Japon de 2013 à 2017, a été la première Américaine à exercer cette prestigieuse fonction au Japon. Rentrée depuis dans son pays on murmure outre-Atlantique qu'elle pourrait devenir bientôt ambassadrice en Australie.

– Année 2002 –

Après le décès de votre frère, John, le 16 juillet 1999, vous voici désormais la dernière à pouvoir témoigner de ce couple de légende !

C'est une triste et douloureuse réalité et ma famille reste à chaque instant profondément présente dans mon cœur. Je crois aux mêmes valeurs que mes parents et suis bien consciente qu'il y a encore beaucoup à faire… Mon frère John me manque terriblement, comment pourrait-il en être autrement ? C'est pourquoi il me semble essentiel de travailler afin d'améliorer tout ce qui peut l'être autour de moi.

En dépit de toutes ces épreuves, d'où vous vient ce ressort extraordinaire ?

En m'aimant et en me gâtant, mes merveilleux parents m'ont donné une immense force. Leur exemple demeure au quotidien une richesse sans cesse renouvelée, dans tous les domaines, car ils « investissaient » sur le long terme. C'est ce que j'explique à mes trois enfants, Rose, Tatiana et Jack, en essayant à mon tour de leur montrer l'exemple, et naturellement je suis si fière de mon père et de ma mère que je parle beaucoup d'eux, évoquant souvent leur mémoire.

Que de souvenirs !

En effet, j'en ai beaucoup, surtout lorsque j'étais petite, des moments inoubliables et que je passais avec mon père pendant les vacances d'été quand nous partions en bateau et qu'il me racontait des histoires.

Réussissez-vous à vivre presque normalement ?

J'y arrive, je peux même dire qu'à New York je mène une existence des plus banales. D'ailleurs, quand je fais du shopping ou du jogging, si les gens me reconnaissent, ils sont le plus souvent chaleureux, ce qui est agréable. Je crois que je leur rappelle mes parents, ainsi sont-ils affectueux et charmants, justement parce qu'à leurs yeux j'incarne la fille de ce couple qui défendait le peuple américain.

Quelle existence menez-vous, désormais ?

Avocate de formation, docteure en droit de l'université de Columbia, j'ai commencé par publier deux ouvrages de droit, puis en 2001 j'ai écrit deux livres, l'un sur les poèmes que ma mère aimait, l'autre sur le courage. Ce fut une expérience intéressante, et le public a très bien réagi. Je ressens maintenant viscéralement le besoin de m'impliquer dans la vie des Américains, mais je me consacre aussi à d'autres domaines : les arts, l'histoire et la promotion de la citoyenneté. Sans oublier bien sûr la Kennedy Library, dont je m'occupe activement.

Parlez-moi justement de votre mythique maman ?

Ma mère avait une passion pour l'histoire, qui débuta à Paris lorsqu'elle était étudiante à Sciences Po et à la Sorbonne, où elle suivait des cours de littérature et de poésie. Thèmes l'ayant ensuite, à la Maison Blanche, guidée et motivée. Elle aimait également l'art et la haute couture française. Plus tard, devenue Première dame des États-Unis, s'efforçant d'être digne de ce grand honneur, marquée par son expérience française, Jacqueline Kennedy était bien décidée à faire adopter aux Américains cette attitude de respect envers leur passé qui l'avait marquée en France.

Aimait-elle ce rôle de Première dame ?

Elle était fière, bien sûr, d'être la femme du Président John Fitzgerald Kennedy et notamment d'avoir réussi à faire de la Maison Blanche un haut lieu international de l'art. Elle attachait aussi une grande importance à son rôle d'« ambassadrice », car non seulement elle représentait les États-Unis de par le monde, mais de plus savait tirer des leçons de cette belle expérience. Rapporter ensuite en Amérique ces connaissances acquises, entre autres, dans votre pays, terre que ses ancêtres les Bouvier avaient quittée deux siècles auparavant.

Quel était le secret de la fascination qu'elle exerçait ?

Je crois que son approche très subtile de sa fonction, son élégance naturelle alliées à la vision de mon père d'une Amérique plus juste lui permirent d'incarner avec talent ces valeurs. Et de représenter le Président Kennedy et les États-Unis grâce à un style qui fascinait à l'époque et continue de fasciner dans d'innombrables pays. D'ailleurs, lors du voyage officiel de mes parents en France, en mai 1961, alors qu'ils étaient reçus par le général de Gaulle, un merveilleux souvenir pour tous les deux, cette phrase prononcée par mon père est restée célèbre : «Je suis l'homme qui accompagne Jacqueline Kennedy.» Cela prouve combien il était honoré et heureux de l'accueil chaleureux, et de l'enthousiasme dont ma mère faisait toujours l'objet.

Y a-t-il un style Caroline Kennedy ?

Il me semble que oui, plutôt sobre et classique, qui d'après ce que l'on dit n'est pas sans rappeler celui de ma mère, mais avec un côté plus sportif et davantage «famille».

Brigitte Macron

« Cela ne me dérange pas
d'être la femme de. »

– Année 2016 –

Jeudi 7 avril. Nous voici installées à l'heure du thé sur la terrasse parisienne du Zeyer, au carrefour Alésia, dans le 14e. Brigitte Macron, qui connaît bien le quartier pour avoir habité cité Falguière, dans l'arrondissement voisin, a décidé de faire relâche après les émotions de la veille, quand, à Amiens, l'homme de sa vie a lancé son mouvement. Ligne impeccable dans son jean et sa longue veste beige, Brigitte me montre des photos du week-end pascal avec la traditionnelle chasse aux œufs dans le jardin de la maison de famille du Touquet organisée pour ses sept petits-enfants escortés de Figaro, le dogue argentin. Elle taquine joyeusement l'existence tout en jetant des regards furtifs au kiosque qui nous fait face, à la recherche des gros titres annonçant le lancement d'En Marche et aussi à son portable ; on ne sait jamais, Emmanuel Macron pourrait l'appeler… Quand, soudain, ce n'est pas sa voix qu'elle entend, mais son nom. Des clients, attablés à côté, commentent l'action de son ministre de mari. Brigitte, sa première groupie, semble imperturbable, mais elle enregistre… « Si je prends la vie avec légèreté, j'ai néanmoins l'oreille qui traîne. »

Un message et un ange passent. «Comme chaque soir, on débriefe ensemble et on se répète ce qu'on a entendu l'un sur l'autre, je dois être attentive à tout, faire le maximum pour le protéger.» Or si c'était cela le secret des Macron ? Un couple complice, atypique que le Tout-État et le Paris médiatique ont vraiment découvert en juin 2015, à l'occasion du dîner officiel donné à l'Élysée en l'honneur des souverains espagnols. Lors de cette soirée, sous le regard imperturbable de la Garde républicaine mais surtout celui de certaines conjointes de hauts fonctionnaires, souvent crispées dans leurs tenues sombres, Brigitte a monté avec grâce le perron de l'Élysée, vêtue d'une robe de dentelle noire très près du corps. «Il faut reconnaître que le monde du pouvoir est impitoyable, soupire la femme du ministre. Être mariée avec un homme politique, ce n'est pas facile à gérer. On doit rester debout et se taire. J'ai beaucoup de respect pour leurs épouses, car cela signifie d'abord "encaisser". Quant à moi cela ne me dérange pas d'être "la femme de"...»

Pourtant, l'existence de Brigitte Trogneux n'a pas été un long fleuve tranquille. Elle a grandi au sein d'une famille de six enfants, dans la bourgeoisie nantie de chocolatiers d'Amiens. Petite dernière de parents aimants, et ayant vingt ans de moins que l'aîné de la fratrie. La pétillante jeune fille fait tourner la tête à bon nombre de garçons timides de son âge. Quand elle sort du Sacré-Cœur, pour aller danser dans les surprises-parties de l'époque avec les garçons de bonne famille de la Providence, lycée d'excellence jésuite, elle porte des minijupes moulantes et, entre deux whisky-Coca et rocks endiablés, ose flirter derrière les rideaux. Comme ses amies, en quittant les bonnes sœurs, elle se marie dans la foulée avec un jeune homme de son milieu, André-Louis Auzière, futur banquier qui deviendra le père de ses trois enfants. Joies paisibles de la maternité, ils s'installent à Paris, puis à Strasbourg, et enfin dans le Nord. Sébastien, Laurence et Typhaine, aujourd'hui respectivement ingénieur, cardiologue et avocate, étudient chez les jésuites, et Brigitte, CAPES de lettres en poche, va enseigner le français et le latin, là où sont scolarisés ses petits. Mais un jour, en secret dans son cœur, tout bascule. Elle assiste à la pièce *Jacques et son maître*, de Milan Kundera, dont l'un des élèves de troisième, Emmanuel Macron, est le héros. Il a déjà un regard d'aigle. « Mes collègues ne parlaient que de lui. Un petit génie qui crève les planches… » La suite s'enchaîne très vite. En seconde, le surdoué joue *La Comédie du langage*, de Tardieu, une pièce difficile puis, en première, il demande sans la moindre hésitation à son enseignante de théâtre à la chevelure blonde façon Bardot de réécrire avec lui *L'Art de la comédie*, d'Eduardo De Filippo, pour l'étoffer de quinze nouveaux rôles. « L'écriture qui nous réunissait chaque vendredi a déclenché une incroyable proximité. Il a pris un grand ascendant sur moi… J'ai senti que je glissais, lui aussi… Je lui ai alors demandé d'aller à Paris, au lycée Henri-IV, pour sa terminale S. Il m'a assuré qu'il reviendrait. Ça a été un déchirement ; on n'a pas rompu le fil. Au contraire, c'est devenu passionnel et, à 17 ans, Emmanuel m'a déclaré : "Quoi que vous fassiez, je vous épouserai !" L'amour a tout emporté sur son passage et m'a conduite au divorce : impossible de lui résister. Mes parents âgés ne voulaient pas trop savoir… Quant à moi, les différences d'âge, j'y étais habituée depuis l'enfance. L'essentiel était de préserver les miens, qui ont accepté ces bouleversements. Le reste, c'est de l'écume. »

Quant au brillant élève Macron, issu de l'austère univers médical d'un milieu provincial sans indulgence avec un père professeur de neurologie au CHU d'Amiens, une mère également médecin, un frère cardiologue, une sœur néphrologue, il lui paraissait urgent de quitter cette Picardie pétrie de principes. Lui, l'amant fougueux d'une femme mariée et mère de trois enfants, de surcroît son aînée de plus de vingt ans, et qui avait été sa professeure. Le couple romanesque s'installe dans la capitale, plus anonyme. L'étudiant y fait un DEA de philo, Sciences Po, puis l'ENA, d'où il sort inspecteur des finances. En 2007 enfin, il épouse Brigitte Trogneux, qui a rejoint Saint-Louis-de-Gonzague, le lycée d'excellence des jésuites de Paris, qui au fond l'ont protégée et où, contrairement au Nord, elle ne tutoie pas ses élèves. Elle se souvient : « Loin de cette atmosphère stricte, quand je les emmenais en voyage de classe à Amsterdam, ils préféraient les cafés branchés, les quartiers chauds aux grands musées… » Professeure principale avec des classes de trente-huit élèves, toujours chic dans ses tailleurs-pantalons, elle enseigne le français et le latin aux secondes et premières L. Dix-huit heures de cours par semaine, dont beaucoup au tableau noir, mais cinquante heures de travail effectif avec la préparation et la correction des copies. Sans oublier les messes lors des événements majeurs dans leur célèbre chapelle de la rue Franklin. « C'est son univers à elle, une vraie vocation, un monde où sa féminité, sa subtilité et son sens des nuances l'emportent sur les rapports de force », confie son amie professeure d'anglais France Aimée Balsan dans le même établissement catholique, avec laquelle elle fait chaque vendredi de la gymnastique. Chez les pères, il s'agit d'un challenge d'exigence permanente sans faux-semblant pour celle qui est persuadée que « l'avenir de la France passe par l'éducation et l'apprentissage ». Une discipline qui permet, selon la pédagogie et la devise jésuites, d'« armer pour la vie » les élèves, et par ailleurs de garder les pieds sur terre. Le jour où Macron devient un homme public, elle les prévient sans détour et s'adapte : « Vous allez entendre des remarques vraies et fausses. Je ne vous en parlerai jamais. » C'est résumé en deux phrases avec panache et simplicité.

En juin 2015, « BAM » – Brigitte Auzière-Macron –, comme l'appellent ses proches, a décidé d'arrêter d'enseigner pour se consacrer à son mari. Elle n'est ni directive ni ambitieuse mais amoureuse, et sait qu'il est important de lui consacrer du temps ; la réunion hebdomadaire d'agenda avec les membres du cabinet à laquelle elle assiste l'en a convaincue. C'est aussi le seul moyen pour passer des moments privilégiés à ses côtés, lui apporter la sérénité, et également arriver à s'occuper de ses petits-enfants. « Malgré son air insouciant, Emmanuel est solide et rassurant », souligne-t-elle. Les principaux et irréductibles adversaires de l'épouse sont les portables du ministre. Les journées commencent dès 6 h 30 pour se terminer à 2 heures du matin. Raison pour laquelle ils ont décidé de s'installer à Bercy, où le ministre de l'Économie et des Finances peut par vedette fluviale rejoindre l'Élysée en un quart d'heure. « Sans cela, je ne le verrais jamais, soupire-t-elle. Mon mari, addict au travail, est un chevalier, un personnage d'une autre planète qui mêle une intelligence rare à une humanité exceptionnelle. Tout est à la bonne place dans sa tête. C'est un philosophe, un acteur devenu banquier et homme politique, un écrivain qui n'a encore rien publié. Alors, je garde ses manuscrits », confie fièrement Brigitte Macron, le regard pétillant.

A-t-il besoin de son épouse ? Ils marchent ensemble le week-end sur les quais, déjeunent au restaurant et vont une fois par mois se ressourcer dans leur maison du Touquet. Lieu stratégique pour Emmanuel, qui joue au tennis, du piano, se détend et retrouve ses racines… Cette femme déterminée a dû, toutefois, surmonter bien des préjugés pour vivre cette union hors norme sans jamais se laisser influencer, pas plus qu'Emmanuel qui, associé gérant à la banque Rothschild & Cie, se déplaçant encore à scooter, n'a guère dévié de sa route… Brigitte explique avec poésie qu'on peut avoir trois vies. « J'ai eu une enfance gâtée et connu les bonheurs de la maternité, et j'ai maintenant la chance de partager le quotidien d'Emmanuel, même si, pour la politique, on ne m'a pas donné le choix. » C'est pourquoi elle tient à préserver le chaleureux cocon familial qu'elle lui a bâti. Une base solide. Malgré cela elle mesure combien tout est fragile et peut basculer en un instant, ayant eu la douleur d'enterrer une dizaine de ses élèves au fil des ans. « Je suis une angoissée joyeuse, qui sait qu'une journée sans rire est une journée perdue ! » Elle fleurit la vie de son mari, organise ses dîners de travail, parfois d'amis, dans la très moderne salle à manger du ministère, et lui aménage des parenthèses culturelles en lui faisant rencontrer les artistes qu'il admire. Elle sélectionne les pièces de théâtre – *Fleur de cactus*, *Les Coquettes*, *L'Être ou pas…* – qu'ils iront voir. Invite Line Renaud, Michel Bouquet, Fabrice Luchini, Guillaume Gallienne et d'autres, et fait en sorte que le temps précieux qu'ils partagent soit harmonieux, sans néanmoins jouer à « la servante du Seigneur ». D'un battement de cils, la malicieuse aux yeux bleus comprend ce que souhaite l'impatient premier de la classe. Bref, elle est son ministre de la Sérénité, qui emballe chaque journée d'un ruban bleu blanc rouge, et a fait basculer son existence il y a déjà longtemps lorsqu'il était encore chez les Pères jésuites à Amiens. Un couple d'intellectuels qui mesure mieux que quiconque le poids des mots et, aussi, celui du destin. Ça ne s'invente pas : ils se sont rencontrés dans une institution baptisée « La Providence » !

Angela Missoni

Trois générations de maille élégante et chatoyante

«Nous avons habillé Madonna, Jennifer Lopez, Charlotte Casiraghi, Cate Blanchett, Robert De Niro et Al Pacino.»

Le clan Missoni est accroché à son made in family. *Normal pour des femmes italiennes, issues donc d'un pays où l'on a encore l'image des hommes aux commandes. Ce sont pourtant elles les gardiennes de l'empire qui mènent et font vivre les chatoyantes couleurs Missoni. Cette marque incarne toujours l'entreprise familiale de luxe à l'italienne, et continue de résister à la pression des grands groupes. Créée il y a soixante-huit ans par Ottavio Missoni et Rosita sa femme, ils ont commencé par habiller de mailles aux motifs ethniques et géométriques la jeunesse dorée des années «eighties» devenue à travers ces vêtements souples la référence d'un chic quasi indémodable et une griffe internationale. Depuis trois générations ces provinciaux restent sur leurs terres lombardes dont Rosita la doyenne, Angela sa fille, Margherita et Teresa ses petites-filles sont fières.*

– Année 2015 –

Vous régnez en quelque sorte sur la maison Missoni, pouvez-vous m'expliquer comment ?

Ce « M » de Missoni, dont le logo est presque aussi connu, en Italie d'abord, que l'est aux États-Unis celui de Coca-Cola, représente la signature d'une maille en zigzag, colorée, tissée dans des matières fluides, confortables, et j'oserais dire sensuelles. S'il a certes évolué depuis soixante-deux ans, il reste cependant dans le même esprit, et les motifs géométriques sont toujours notre spécificité, notre marque de fabrique.

Qui porte ce fameux « M » ?

Nous avons habillé, entre autres, Madonna, Jennifer Lopez, Cate Blanchett, Charlotte Casiraghi, Robert De Niro et Al Pacino…

Comment est née votre marque ?

Ottavio Missoni, fils d'un officier de la marine marchande italienne, ancien finaliste olympique du 400 mètres haies et marié à une aristocrate dalmate désargentée, commence par monter en 1948 une petite affaire de vêtements de sport. Il rencontre alors Rosita, ma mère, dont les parents, des brodeurs lombards, possèdent une usine de textile depuis trois générations. C'est ainsi qu'en 1953, s'inspirant des métiers à tisser, ils fondent ensemble dans leur garage à Gallarate, près de Varèse, un modeste atelier de maille ; créant une sorte d'alchimie entre la souplesse des vêtements de sport et l'esprit plus sophistiqué de l'entreprise de mes grands-parents maternels. Avec un employé, puis deux, puis trois… Vous connaissez la suite…

Quel est votre secret de fabrication ?

D'abord d'être des artisans et non des financiers, dotés d'une structure relativement légère, avec le sens du détail, du travail bien fait. Nous continuons d'élaborer, de modifier, d'évoluer, d'assembler toutes sortes de motifs chamarrés. Pour chaque collection, nous utilisons une trentaine de fils différents, en quarante couleurs. Notre talent, si j'ose m'exprimer ainsi, est d'avoir imaginé un style qui est comme un langage, avec un vocabulaire où apparaissent des mots nouveaux. Toutes nos collections, sauf celle dite « boutique », sont produites en Italie dans nos ateliers ou dans des unités extérieures dont nous contrôlons minutieusement la qualité. Notre label : réussir à adapter la confection locale de pièces bien coupées à un style international. Nous ne nous sommes pas trop diversifiés, afin de garder notre empreinte personnelle. Je crois que la première idée géniale de mes parents a été de créer, dès le début, en 1953, des vêtements pour femmes et pour hommes. C'était à l'époque particulièrement novateur. Les produits dérivés de vêtements pour enfants, sacs à main, chaussures, lunettes, gants, linge de maison, tissus, objets de décoration, sont toujours confectionnés dans la Péninsule par une trentaine de sous-traitants, dont des cousins.

Cela implique donc un savoir-faire à long terme.

Avec une stratégie commerciale agressive, sans quoi nous nous retournerons inévitablement vers l'artisanat, au sens large du terme. Évoluer signifie avoir du souffle, faire régulièrement notre *aggiornamento*, en nous penchant sur la recherche de matières, de tons différents, de fibres révolutionnaires, de nouveaux cotons, mais également moderniser certaines de nos boutiques. Nous avons rue Saint-Honoré à Paris un espace de 300 mètres carrés sur deux niveaux : la neuvième en nom propre et quarante et unième franchisé. Depuis les années

1970, votre capitale nous a porté chance puisque, avant Milan, c'est rue de Rennes rive gauche que nous nous sommes installés, puis dans la foulée aux États-Unis, au Japon et, plus tard, au Moyen-Orient et en Asie.

En 2013, une actualité tragique vous oblige à vous réorganiser.

Ce terrible 4 janvier 2013, Vittorio, mon frère aîné, patron de l'entreprise, a disparu dans un archipel du Venezuela à bord d'un petit avion de tourisme, avec sa femme et un couple d'amis. Mais cette horrible période pendant laquelle je me suis d'abord consacrée à la recherche du corps de mon frère jamais retrouvé m'a donné beaucoup de force. Succéder à Vittorio tout en soutenant mes neveux et mes parents était compliqué, d'autant que mon père, Ottavio, 92 ans, ravagé par la douleur, est mort quelques mois après. Ma mère, elle, est plus solide... Tout cela m'a rapprochée de Luca, mon autre frère, devenu depuis le responsable technique et codirigeant de la société. Avant ce drame, il y avait, je l'avoue, parfois des tensions entre nous, des disputes remontant loin, car j'étais la seule fille. Celle qui, enfant, avait la plus grosse part de gâteau au chocolat quand venait le moment du dessert ! Vous savez bien, dans les familles, c'est toujours la même histoire ; par chance, maintenant que nous nous répartissons les responsabilités, tous ces tiraillements se sont dissipés.

Vous êtes donc devenue chef de famille ?

En réalité, la « rassembleuse », c'est ma mère. Mais comme j'ai cette grande maison près de Sumirago, où se trouve l'outil de production, je tiens presque chaque dimanche table ouverte et réunis notre clan, sous le regard et les aboiements de Johnny, mon bouledogue français. Ce cocon rassurant m'aide à aller de l'avant. Réussir à tout mener en étant capable de se concentrer sur l'essentiel demande douceur, indulgence, générosité… des qualités qui procurent de l'harmonie.

Quel est votre atout majeur ?

La flamme familiale. Papa et Maman nous ont inculqué que l'union fait la force et qu'il faut rester soudés, surtout dans les épreuves. Nous sommes une petite structure de deux cent cinquante personnes qui réalisons un chiffre d'affaires de 180 millions d'euros par an. La première des vertus dues à nos parents, qui ont donné à leurs trois enfants les parts de l'entreprise dès leur vingt-cinquième anniversaire, doit être le respect et bien sûr de continuer à développer ce magnifique outil de travail. D'ordinaire, la première génération s'assied dessus avec autorité jusqu'au dernier souffle. Notre mère, la grande styliste de la maison, désormais fière du succès de mes collections avec plus de couleurs et de fantaisie que les siennes, m'a dit un jour : « Voilà ce que Missoni doit être aujourd'hui. C'est pour toi le moment de prendre ma place. » Et, une fois la transmission effective, mon père et elle ont su se mettre en retrait.

Des parents ouverts !

Certainement et d'abord dans leur approche de l'existence, puisqu'ils nous laissaient très libres et tâchaient de ne pas influencer nos choix, ni de nous juger. Papa, Patriarche idéaliste à l'âme d'artiste, responsable de la technique et des chiffres, mais qui ne voulait rien posséder, répétait que tout appartenait à Maman. Il était, en réalité, moins impliqué que ma mère dans les affaires. D'ailleurs, il parlait de « ses » maisons à elle en évoquant Paris, Crans-sur-Sierre, la Sardaigne… La *mater familias* subissait son caractère et, lors de discussions frontales, parfois il explosait. Or moi, provocatrice, j'osais en revanche le contrer ; c'est d'ailleurs pour cela qu'il trouvait que j'étais courageuse. Chez nous, on n'abordait ni la politique ni la religion, mais on dissertait sur le sport, le travail, et on respirait l'air du temps en regardant le mont Rose. Un bonheur absolu que de contempler cette sublime montagne, visible de chaque bureau et atelier tout comme de ma maison. Cette montagne change de couleur au fil de la journée, et aujourd'hui encore je ne me lasse pas de la photographier avec mon portable.

Avez-vous été élevés dans le luxe ?

Pas vraiment. Nous avons grandi tels des fils de bourgeois à l'abri du besoin, au rythme de Missoni, dans un monde où la mode n'était pas aussi importante qu'aujourd'hui. Certes, mes parents ne ressemblaient pas à ceux de mes camarades de classe. Ils étaient plus originaux, créatifs et entreprenants, mais ne voyageaient pas en avion privé, et il n'y avait pas pléthore de chauffeurs et de domestiques à la maison. On évoluait dans un univers de sportifs, d'écrivains, comme Indro Montanelli, de journalistes, telle Anna Piaggi… Je me sentais néanmoins privilégiée, car j'allais à l'école internationale de Varèse. C'est dans cet institut de la Communauté européenne que j'ai appris les langues, bien que je n'aie, je l'avoue, jamais passé mon bac. Mes études, je les ai faites sur le terrain, après les cours, dans les ateliers… D'où ma mémoire de chaque événement concernant l'entreprise. Je connais toutes les collections, ce qui me permet de ne pratiquement pas avoir besoin de consulter les archives maison.

Comment vivez-vous ?

Ma chance est d'abord de travailler là où j'ai passé mon enfance et de ne pas devoir m'en éloigner plus de 20 % de mon temps. Les week-ends, je vais sur le lac de Côme dans la maison que je partage avec Bruno, mon tendre compagnon de dix ans mon aîné. En semaine, je me réveille vers 7 h 30 et supervise tout de mon lit avec ma tablette et mon ordinateur jusqu'au milieu de la matinée, avant de filer à Sumirago pour ne rentrer qu'à l'heure du dîner. Le samedi et le dimanche, quand il n'y a pas de déplacement professionnel, je prends volontiers un avion pour Paris et cours les brocantes, notamment les puces de la porte de Vanves et celles de Clignancourt. Là, collectionnant tellement de choses, je chine tableaux, meubles des années 1950, chaises d'enfant… Mes maisons sont très habitées. J'aime aussi faire la cuisine : pot-au-feu avec les légumes de mon jardin, polenta, risotto, osso-buco, charlotte, mont-blanc ; beaucoup de desserts. Il y a longtemps, je m'offrais des vêtements de stylistes, comme Galliano, Tom Ford, Gaultier… Maintenant, j'achète surtout pour mes filles.

Êtes-vous une femme sereine ?

Je suis heureuse de cette forme d'existence car, adolescente, j'étais obsédée par l'idée d'avoir plein d'enfants. En outre, comme mon caractère était très affirmé, il fallait que je m'affranchisse des miens. J'ai divorcé il y a vingt-cinq ans, mais mon instinct de *mamma* italienne m'a conduite à entretenir de chaleureuses relations avec mon ex-mari et ma belle-mère, qui continuent de venir chez moi pour les fêtes.

Comment voyez-vous l'avenir ?

Nous voici désormais cinq actionnaires familiaux et neuf à travailler dans l'entreprise à divers niveaux. Survivre implique de nos jours d'être parfaitement conscients que nous sommes guettés par des loups qui rêvent de nous racheter, puisque aux yeux des multinationales du luxe nous représentons un diamant brut. Un symbole du chic à l'italienne. Ce genre de griffe indépendante, avec un nom, une identité propre, une signature, reste une perle rare, je dirais même une perle fine. Notre grande force est d'être soudés. Toutefois, pour nous affirmer toujours davantage, nous allons devoir réussir à conquérir dans un avenir proche de nouveaux marchés, telle la Chine.

Quel est votre prochain défi ?

Transmettre un jour notre griffe et nos actions à la troisième génération. Bien que nous soyons convoités de toutes parts, Missoni est comme une pelote de laine très compacte dont il est presque impossible de tirer les fils… !

Philippine de Rothschild

Dessine-moi un Mouton

« Dieu merci, la qualité du vin ne dépend pas du sexe de celui qui le produit. »

Charismatique et noble ambassadrice du bordelais, Philippine de Rothschild a fait connaître son médoc dans le monde entier, perpétuant notamment une idée fort originale de son père – Philippe de Rothschild faisait dessiner chaque étiquette de son premier grand cru classé château Mouton Rothschild par un artiste. Cela signifie marier la qualité du vin à la beauté des étiquettes. Volupté suprême permettant de faire rimer vin avec culture, soit de dîner de manière subliminale avec Picasso, Niki de Saint Phalle, Andy Warhol, Jeff Koons et, pour les plus snobs, même avec le prince Charles, puisque le futur roi d'Angleterre a lui aussi dessiné une étiquette. Ainsi la baronne enthousiaste a-t-elle toujours expliqué de sa voix chaleureuse : « Le vin est avant tout lié à la terre, au vent, au soleil et à la pluie. »

– Année 2003 –

Pourquoi donnez-vous une grande fête sur vos terres ?

Pour fêter le 150e anniversaire de l'acquisition, par mon aïeul anglais Nathaniel, de Mouton-Rothschild à Pauillac. Fait rare et peu commun dans le Bordelais, cet héritage n'a appartenu qu'à une personne à la fois par génération. Après Nathaniel, James, Henri, Philippe puis moi, nous en sommes aujourd'hui à la cinquième génération.

Êtes-vous sensible aux traditions ?

Comment savoir exactement aujourd'hui ce que signifient réellement les « traditions ». Dans mon cas, c'est une question difficile, car tout ce que j'ai entrepris est en quelque sorte contraire à cela. Enfant, je n'ai pas baigné dans cet environnement rothschildien, puisque j'ai passé une bonne partie de la guerre chez les Chambure, la famille de ma mère, catholique et très différente de celle de mon milieu paternel. D'ailleurs, en dépit des usages familiaux, je ne suis pas restée à la maison juste pour élever mes trois enfants, sans rien faire ou pas grand-chose. Cela ne correspondait guère à mon tempérament. En réalité, j'ai eu deux carrières ; après avoir été lauréate du Conservatoire national d'art dramatique puis pensionnaire à la Comédie-Française, j'ai joué au théâtre jusqu'en 1980. Dans une seconde vie, je me suis consacrée à Mouton pour succéder à mon père, en 1988, année de sa mort. Un passé qui explique que je ne sois pas viscéralement attachée au poids des traditions. Néanmoins, mon nom implique clairement des devoirs ; tout privilège a ses contreparties et je dois avouer que « si avoir de l'argent ne fait pas forcément le bonheur, ça l'aide énormément… ». En cela, je suis conventionnelle ; pour le reste, j'ai plutôt agi à ma manière, avec mon style.

S'appeler Philippine de Rothschild et vendre du Mouton-Rothschild, quel atout !

Ce n'est guère suffisant, car la séduction en la matière, c'est d'abord la qualité de ce qu'il y a dans la bouteille. Je n'ai jamais voulu dériver vers le « marketing », même si, depuis 1945, les étiquettes sont dessinées chaque année par des peintres contemporains ; une idée à l'époque extrêmement originale de mon père pour célébrer la Libération. L'étiquette est un élément certes important, mais moins que le vin ! Il est vrai cependant que ce nom mythique de Rothschild rassure ; bien que ma branche n'ait pratiquement pas de rapport avec la finance, depuis le XIXe siècle ce patronyme reste et perpétue un gage d'honnêteté et de confiance.

Comment une femme devient-elle la première exportatrice de bordeaux d'appellation d'origine contrôlée ?

Dieu merci, la qualité d'un vin ne dépend pas du sexe de celui qui le produit ! On ne peut toutefois évoquer la quantité sans parler de marché, et celui-ci a fait un boom énorme dans les années 1980, notamment avec les vins du Nouveau Monde, soit ceux de Californie, d'Australie, du Chili et d'Afrique du Sud. Phénomène ayant stimulé tout le monde, car il nous oblige à nous surpasser. Ainsi faut-il distinguer les vins de château des vins de marque ; à l'image de la haute couture et du prêt-à-porter. Pour les vins de château, la sélection est toujours plus rigoureuse, et on ne produit pas une bouteille de plus qu'auparavant. Le vrai problème à Bordeaux, qui ne nous concerne pas, est celui des vins de moins bonne qualité. Ce n'est pas le bordeaux en général qui a flambé, mais les grands crus. Là est la nuance, et l'engouement récent des Asiatiques a aussi largement contribué à cette expansion. J'avais été frappée en 1980 de constater dans un très bon restaurant de Tokyo que, sur 20 clients, 16 buvaient du saké et 4 du vin. Depuis, le rapport s'est complètement inversé. Nombre de puissants hommes d'affaires locaux sont rapidement devenus de fins connaisseurs qui achètent en primeur et possèdent souvent des caves extraordinaires...

Votre père était-il un provocateur ou un précurseur ?

C'était carrément de l'insolence et de l'audace que de se lancer dès 1979 vers le Nouveau Monde. Mais mon père, qui avait naguère rejoint le général de Gaulle à Londres, avant de débarquer en Normandie comme officier de liaison avec les Forces françaises libres, n'avait pas froid aux yeux. D'ailleurs, lorsqu'il a commencé avec ses crus «émergents», les gens disaient de lui : «Philippe de Rothschild est un traître, car il a livré ses secrets de fabrication aux Américains.» Une idée d'autant plus absurde que notre associé américain, Robert Mondavi, suivait depuis toujours l'évolution du bordeaux. Nous ne lui avons donc rien donné du tout, il a été assez subtil pour tout trouver seul ! Mon père, visionnaire, doté d'une grande ouverture d'esprit et d'une insatiable curiosité, eut aussi, dès 1934, l'idée d'installer sa société de négoce à Pauillac, en Gironde, ville de quatre mille habitants, plutôt qu'à Bordeaux quai des Chartrons. Un univers plutôt étouffant à ses yeux. Il avait également déclaré qu'il ne s'offrirait jamais de «réclame» et ferait la promotion de son vin en invitant les gens à venir jusqu'à Mouton, en un temps où les routes locales étaient quasi impraticables et l'électricité faisait défaut.

Êtes-vous fière d'avoir maintenant de tels résultats ?

Bien sûr, car 170 millions d'euros par an de chiffre d'affaires, ce n'est pas rien ! Je suis heureuse, je l'avoue, d'avoir en vingt ans su prendre opportunément le virage de la mondialisation et de faire de très bons vins. En ce qui concerne les Châteaux, c'est assez évident, car tout y est aussi codifié que précis. Quant aux vins de négoce, c'est différent, puisque ce sont des vins qu'on achète, qu'on assemble et qu'on distribue, sauf pour les vins de cépage. J'exerce deux métiers au travers de notre affaire familiale, d'une part, je possède cinq vins de Châteaux, Petit Mouton, Château-d'Armailhac, Château-Clerc-Milon, Aile d'Argent et, bien sûr, le célèbre Mouton-Rothschild. Tous vieillissent dans nos chais et sont mis en bouteilles sur place, soit environ sept cent mille bouteilles par an. Par ailleurs, en tant que négociant, je commercialise d'autres vins produits en France et à l'étranger, dont Opus One, dans la Napa Valley, et Almaviva, au Chili. Deux crus dont je suis propriétaire pour moitié, sans oublier Mouton Cadet, numéro un des bordeaux AOC dans le monde.

Peut-on produire de bons vins loin de Bordeaux ?

De bons vins, sans problème, de très, très grands vins, peut-être, car c'est une question de terroir, même si Opus One et Almaviva sont parmi les tout meilleurs sur place et qu'ils tirent les autres vers le haut. Il faut sans cesse innover et avoir des idées c'est-à-dire, par exemple, celle d'appeler un vin «*Escudo Rojo*», «Rothschild» en espagnol. Ces vins du Nouveau Monde requièrent justement un autre talent et un savoir-faire différent.

Que pensez-vous de Robert Parker, critique américain redouté, qui semble à sa manière régner sur le bordeaux ?

Ancien avocat, Parker est, dans sa façon de travailler, tout à la fois honnête et estimable. Pour preuve, il a mis des années à déjeuner avec moi, c'est dire s'il est rigoureux et méfiant, car ce déjeuner ne l'engageait à rien… Ce sont en réalité les médias qui l'ont transformé en star, il est soudainement devenu célèbre alors qu'il n'avait rien demandé, cependant je le trouve parfois excessif et ne suis pas du tout «parkerisée». Il ne me viendrait en effet pas à l'idée de faire un vin pour le séduire et lui plaire. J'agis selon mon inspiration, même si Parker nous incite vivement à nous surpasser. De toute manière, il faut bien l'admettre, ses critiques ont eu dans l'ensemble un effet bénéfique, les Bordelais ayant parfois tendance à s'endormir sur leurs lauriers.

Pensez-vous sans cesse à votre métier ?

Lorsque je me lève le matin, loin de Mouton, j'y pense beaucoup, car mon cœur est à Pauillac, même s'il est également à Paris, où je m'implique dans des tas d'autres choses. De plus, j'ai transmis, depuis qu'ils sont tout petits, à mes enfants, Camille, Philippe et Julien, l'amour de Mouton. Pour moi, cela a toujours été vital, ce sont mes racines. Même lorsque je jouais la comédie, je venais beaucoup ici, j'y ai tant de souvenirs de jeunesse… comme la maisonnette en bois que j'avais construite dans le parc avec les petites filles du village, que je dirigeais à ma façon dans des mises en scène et des pièces que j'écrivais.

Quel est le prochain défi ?

Étant plutôt de nature insatisfaite, comme je crois que l'on peut toujours faire mieux, je vais me pencher sur la réalisation de la prochaine étiquette, dessinée par un peintre pour Mouton-Rothschild. J'ai toujours deux ans de retard, en raison de la mise en bouteilles. Ensuite, ce sera le moment de m'impliquer dans la sortie du livre *Mouton Rothschild, le musée du Vin dans l'art*, écrit par mon fils Julien avec une de ses amies… Ensuite nous verrons…

Qu'est-ce qui fait encore courir Philippine de Rothschild ?

L'inconnu, la nouveauté, l'embellie perpétuelle de Mouton, mes enfants et mes petits-enfants… Sans oublier le théâtre, bien sûr, qui a tout de même représenté trente années de ma vie, jusqu'au moment de la disparition de mon père, où j'ai compris qu'il était difficile de réussir à faire deux choses à la fois, alors, ce jour-là, j'ai choisi Mouton.

9.

TROIS PAPES, DES HOMMES D'ÉGLISE CATHOLIQUE, D'AUTRES CHEFS DE RELIGIONS MONOTHÉISTES

Dans les pas de Jean-Paul II, Benoît XVI, et François

Murmurer à l'oreille des Souverains Pontifes reste, pour une femme surtout, même vaticaniste, d'abord un défi permanent et un exercice difficile auquel je me suis livrée avec détermination, humilité et enthousiasme depuis déjà un quart de siècle. Me lançant un pari secret, faire mentir ce vieil adage latin que l'on répète *sotto voce* depuis des lustres au Vatican : *Eadem sunt omnia semper*, « Tout est toujours pareil ». C'était presque vrai, mais avec l'élection d'un Pape polonais puis allemand, enfin argentin, tout a changé à l'ombre de Saint-Pierre. Entraînant de surcroît une éminente personnalité italienne du Saint-Siège à souligner, perplexe : « La réalité est qu'on nous a volé notre Pape ! » Et s'il avait raison ?

Jean-Paul II a visité cent trente pays soit l'équivalent de vingt-neuf fois le tour de la Terre

Mes dix jours inoubliables auprès de Jean-Paul II

– Année 1996 –

À 10 h 45, Jean-Claude Deutsch, l'un des grands photographes de *Paris Match*, et moi-même sommes prévenus par l'une des religieuses polonaises à ses côtés parlant un italien parfait que le Pape nous recevra à midi. Cela fait dix jours que nous le suivons pas à pas partout et c'est notre récompense finale. L'apothéose. Le moment tant attendu. Nous voilà donc, une heure plus tard, devant l'imposante porte de bronze qui, à côté de la basilique Saint-Pierre, donne accès aux bâtiments pontificaux. Un garde suisse majestueux dans sa tenue de cérémonie dessinée au XVIe siècle, dit la légende, par Michel-Ange nous guide dans un dédale de somptueux salons baroques, jusqu'à l'ascenseur des chefs d'État menant aux appartements privés de Jean-Paul II. Il passe le relais à un digne huissier en habit aubergine, col dur et gants blancs, rehaussé d'une lourde chaîne d'argent et d'un écusson aux armes du Vatican, qui nous introduit dans le bureau particulier du Pape. Le Souverain Pontife nous attend. Il contemple la Ville éternelle, dont il est aussi l'évêque. Nous nous prosternons devant lui. Je baise l'anneau pontifical. Don Stanislao Dziwisz, son discret et efficace secrétaire particulier polonais, à ses côtés depuis Cracovie, signale au Saint-Père que c'est moi l'ancienne élève du cardinal Poupard, qui était de plus une amie de classe des sœurs Habicht, deux jeunes filles polonaises élèves à Saint-Dominique de Rome, dont la mère, Charlotte, mariée à Mieczyslaw Casimir de Habicht, à l'époque membre du Conseil pontifical pour les laïcs, fête toujours la Saint-Charles, le 4 novembre, avec le Pape polonais Karol dans leurs appartements privés. C'est bon, j'étais située par le Pape. Il avait ses repères. C'est à l'époque un détail très important, car le Saint-Siège est encore vraiment un univers d'hommes où les seules ombres féminines sont les respectueuses bonnes sœurs. Un double sésame s'ouvrait devant moi. Mgr Dziwisz aide alors le Saint-Père à ouvrir la fenêtre du bureau de son appartement et fait comprendre à Jean-Claude qu'il peut commencer à travailler. Nous nous tenons à deux mètres du Patriarche de l'Occident. Je note tout sur mon cahier et pose entre deux photos des questions au Pape polonais, pas trop sûre de moi, car aucune règle précise n'a été fixée, bien que nous soyons après tout chez lui et non dans un cadre officiel. C'est alors mon instinct qui me guidera. Vivement impressionnée par le rayonnement qui émane de toute sa personne et par la sérénité de son énergique regard bleu, j'ai les larmes aux yeux tellement je suis émue, car son visage aux traits volontaires irradie une infinie bonté. Une alchimie et un magnétisme difficiles à traduire, qui deviennent encore plus sensibles lorsqu'il emprisonne mes mains dans les siennes. Après quelques mots chaleureux où il alterne l'italien et le français dans une langue parfaite, le Saint-Père me demande « si c'est pour nous la bonne lumière », car je viens timidement de lui suggérer de s'approcher de la fenêtre. « Y a-t-il un problème d'éclairage ? Souhaitez-vous que je sois plus près, que je regarde la place Saint-Pierre ou au contraire l'objectif ? Sinon que je recule ? » Le Pape se rendait bien compte que sa chasuble et son camail blancs se détachaient mal à contre-jour. Cette spontanéité et cette simplicité venant de l'homme le plus célèbre de la planète qui paraissait avoir tout ce temps pour nous étaient surprenantes. Après cette séance de photos, j'oserais l'écrire, très professionnelle de sa part – n'oublions pas qu'il avait fait du théâtre dans sa jeunesse – il nous bénit et s'éloigne d'un pas lent vers l'autre partie de ses appartements privés. Jean-Claude réalise alors qu'il ne l'a pas photographié Sa Sainteté à sa table de travail. Bien que, depuis plusieurs jours déjà, le Saint-Père s'accommode de notre présence, une vraie proximité, il nous sourit dès qu'il aperçoit l'appareil du photographe. Ainsi il m'apparaît inconcevable d'envisager de rattraper Jean-Paul II dans les couloirs ! Le protocole interdit évidemment d'interpeller le Souverain Pontife. Or, par une sorte de miracle, don Stanislao, qui a sans doute perçu la fébrilité qui s'est emparée de nous, se retourne. Je lui fais timidement part de notre souhait. À mon immense surprise, il rejoint le Pape au détour d'un corridor. Après un échange en polonais, Jean-Paul II revient vers nous, de manière très affable, et se prête une fois de plus avec calme et patience à l'objectif de *Paris Match*. Puis il nous bénit à nouveau et reprend une fois de plus le chemin de ses appartements privés. Ainsi quittons-nous, après une semaine, ce lieu intemporel, régi par un séculaire et rigoureux protocole dont les règles et la pompe apparaissent parfois anachroniques. Cette parenthèse charismatique refermée, force m'est à présent de redescendre sur terre pour conter la vie ordinaire d'un homme extraordinaire que nous avons observé sur le terrain. Lundi 5 h 30, sur la place Saint-Pierre encore déserte, seul Giovanni, l'éboueur motorisé détaché par la municipalité de Rome à l'État du Vatican, s'active dans son engin de nettoyage sous les fenêtres déjà éclairées des appartements privés du Saint-Père, au troisième étage du palais pontifical. Comme chaque matin, depuis dix-sept ans à la même heure, Karol Wojtyla a avancé sa longue main frêle, désormais tremblante, parée de l'anneau pontifical, entre le cadre d'argent où il a placé la photo de ses parents et sa croix pastorale, pour atteindre l'interrupteur de la lampe de chevet grise de sa table de nuit. Il passe sa robe de chambre et traverse les cinq mètres séparant son lit du bureau de son austère chambre à coucher de trente mètres carrés. Un meuble en bois clair gainé de peau bordeaux, éclairé par une banale lampe de laiton à pince. Là, au milieu de ses objets familiers, dont les plus chers à son cœur sont le portrait de sa mère dans un cadre ovale et la reproduction de la célèbre Vierge de Częstochowa, il médite dans le silence de la nuit avant d'aller prendre une douche et de se raser. Sa salle de bains a été équipée d'antidérapants, depuis ce 29 avril 1994 où il s'y est cassé le col du fémur. Puis il endosse la soutane et le camail immaculés disposés la veille par l'une des religieuses de son service rapproché et chausse des mocassins en cuir brun. Son intendance personnelle est assurée par cinq sœurs polonaises, vêtues de noir et issues de la communauté des serviteurs du Sacré-Cœur de Cracovie, et par Angelo Gugel, ancien gendarme fort distingué âgé d'une soixantaine d'années qui semble sorti des films du néoréalisme italien. En dehors de lui, le 264ᵉ Successeur de saint Pierre a tenu à s'entourer essentiellement de compatriotes pour gérer son quotidien. Il peut ainsi, après de harassantes journées, s'exprimer sans effort dans sa langue maternelle. Mais l'autre raison de ce choix est plus profonde. Parce que la vie de ce fils d'officier de carrière rigide a été endeuillée, entre l'âge de 9 et 20 ans, par la disparition de tous les membres de sa famille décimée par la maladie, « Lolek » – comme osent encore le surnommer affectueusement ses proches – a instinctivement voulu reconstituer autour de lui une forme de cellule familiale, menée sans cérémonial par la supérieure, sœur Tobiana, aussi discrète que distinguée, dont peu de gens au Vatican connaissent en réalité le visage, sauf moi qui lors de son voyage apostolique à Cuba en janvier 1998 m'étais enfermée dans les toilettes de l'avion sur l'aéroport José-Marti de la Havane pour mieux la voir sachant qu'elle descendait par discrétion après tout le monde. Prétextant un léger mal au ventre, c'est ainsi que nous avons fait connaissance et avons été emmenées ensemble par un véhicule de l'aéroport dans le bâtiment officiel ou j'ai ensuite rejoint mes collègues.

Les autres religieuses sont chargées de la garde-robe papale, de la correspondance – incombant plus particulièrement à sœur Eufrosina, qui parle cinq langues et s'est équipée d'un ordinateur portable –, de la pharmacie, du ménage de la vingtaine de pièces des appartements pontificaux privés, et bien évidemment de la préparation des repas, une très bonne cuisine bourgeoise italo-polonaise. La montre en or à bracelet de cuir bordeaux de Sa Sainteté indique 6 h 30. L'heure de se retirer dans sa chapelle de marbre blanc, à l'autel surmonté d'un simple crucifix de bronze, jadis aménagée par Paul VI. C'est, pour le Pape, le moment le plus important de la journée. Il s'agenouille une première fois sur le sol, puis sur son prie-Dieu et se recueille longuement, seul dans un silence total. Les sœurs allument les cierges. Après la prière, ses secrétaires, don Stanislao Dziwisz et Mgr Vincent Trân Ngoc Thu, son autre secrétaire particulier, un Vietnamien, l'aident à revêtir ses habits sacerdotaux et sa calotte. À 7 heures précises, une quinzaine d'invités d'origines et de conditions très diverses, choisis en fonction d'insondables critères et généralement prévenus par téléphone la veille au soir par don Stanislao lui-même, prennent place dans la chapelle. Le Saint-Père dit la messe à la fois en italien, en polonais, en latin, et quelques mots dans la langue des personnes présentes. C'est comme cela qu'invitée à la messe privée j'ai eu la surprise qu'il s'exprime en français mais je me suis aussi laissé entraîner à l'«autoconfession» au moment de la communion suggérée par ma voisine, une sœur mexicaine de la Guadalupe. Une heure plus tard, il se rend dans son salon d'honneur gris perle à la bibliothèque en noyer massif. Là, il accorde à ses hôtes une audience de quelques minutes, immortalisée, pour leur plus grande fierté, par son photographe officiel, Arturo Mari, la cinquantaine élégante – blazer noir et pantalon gris de rigueur –, qui officie au Vatican depuis plusieurs décennies. Après les avoir salués, le Pape offre à chacun chapelets et porte-clés avec sa photo et retient régulièrement quelques-uns de ses visiteurs pour le petit déjeuner : café ou thé, lait, œufs brouillés, copeaux de jambon, fromage, beurre, confiture, pain déjà tranché, servis par ses religieuses dans une porcelaine ivoire à filet or de la maison Richard Ginori, célèbre porcelainier italien. Honneur suprême quand on pense qu'il n'y a encore pas si longtemps l'usage voulait que les Papes prennent leurs repas seuls.

Parmi ces privilégiés figurent des personnalités aussi différentes que les souverains belges, Raymond Barre, Jean Guitton, Mario Picchi, l'apôtre des drogués, Maradona… moi, plus modestement, tout autant que des inconnus du grand public. Vers 9 heures, le Vicaire du Christ rejoint ses appartements privés, sélectionnant au passage sur la console de marbre sombre plusieurs quotidiens : *La Stampa*, *La Repubblica*, *Corriere della Sera*, *International Herald Tribune*, *Die Welt*, *Le Figaro*… On lui apportera plus tard, dans une chemise en cuir blanc frappée des armes papales et, selon l'usage, des initiales «F R» pour *Felicemente regnante* – «Régnant avec félicité» –, *L'Osservatore Romano*, le quotidien officiel du Vatican – journal suivi par toutes les chancelleries sur terre afin d'analyser l'état d'esprit du Vatican au fil des jours. Le journal du Pape en est un indice précis. Parlant couramment sept langues, le Saint-Père parcourt les grands titres et lit rapidement, selon une technique bien à lui, les articles qui l'intéressent. Il consulte également la revue de presse rédigée par la secrétairerie d'État – l'équivalent de notre hôtel Matignon – et se plonge avec bonheur dans *Tygodnik Powszechny*, l'hebdomadaire catholique de Cracovie. Jusqu'à 11 heures, il s'isole dans son bureau aux murs recouverts d'une tapisserie beige, orné de tableaux religieux et meublé d'un bureau en acajou doté d'une rallonge permettant à un collaborateur proche, telle la sœur Eufrosina, qui l'aide à répondre à son innombrable courrier, ou l'un de ses deux secrétaires particuliers, de travailler éventuellement à ses côtés.

À portée de main, l'annuaire pontifical pourpre et or – le *Who's Who* des notables de l'Église – côtoie le répertoire téléphonique du Vatican relié de cuir blanc. À proximité, sur un autre petit meuble, trois téléphones : le blanc, utilisé pour composer la dizaine de numéros des appartements privés et du secrétariat ; le gris, qui permet de communiquer avec tous les services du Saint-Siège, l'interministériel en quelque sorte ; et le noir, dont la ligne extérieure est bien sûr sécurisée. À quelques mètres de là, sous une haute fenêtre, se trouvent les deux gradins antidérapants sur lesquels, à Noël et à Pâques, le Saint-Père se hisse pour bénir les milliers de fidèles massés sur la place Saint-Pierre. C'est dans cette pièce, baignée d'une lumière douce, que Jean-Paul II a rédigé ses encycliques ainsi que *L'Évangile de la vie*, best-seller 1995, diffusé dans cinquante-deux pays et vendu à plus de 4 millions d'exemplaires.

L'heure des audiences privées a sonné. Au deuxième étage des appartements officiels se pressent, dans la bibliothèque pontificale, chefs d'État, à l'exemple de Jacques Chirac, rois, ambassadeurs, cardinaux, hauts fonctionnaires internationaux, tel Boutros Boutros-Ghali le secrétaire général des Nations unies, et autres sommités. Des entretiens courts et sans témoin durant lesquels le Pape polonais – qui parle couramment l'italien, l'anglais, l'espagnol, le français, l'allemand, le latin et a des notions de portugais ainsi que de certaines langues slaves au-delà de la sienne – dialogue sans interprète avec ses interlocuteurs, fascinés par son charisme et son extraordinaire capacité à saisir les problèmes de cette fin de siècle. Attentif, il leur répond le plus souvent par des phrases percutantes et concises. « Sa prodigieuse mémoire, sa vaste culture et son sens inné de la formule lui permettent de s'exprimer avec beaucoup d'aisance », confie le cardinal Poupard. Lorsque le Pape accueille un haut responsable politique, après le rituel tête-à-tête, souvent ses collaborateurs et l'épouse de ce dernier sont appelés à le rejoindre. Et là, souvent, la suite officielle désarmée par son naturel et sa simplicité se croit obligée de raconter, par exemple, qu'elle a été élevée dans des écoles catholiques. Et là, si la conversation l'ennuie, avec une technique bien rodée, le Pape lance de sa voix chaleureuse « *Buon soggiorno a Rome* » (« Bon séjour à Rome »), code entre lui et ses collaborateurs indiquant que l'invité, aussi prestigieux soit-il, peut quitter dignement la pièce. Mais avant cela, il est procédé au rituel échange de cadeaux dont la distribution de médailles d'or, d'argent ou de bronze selon le rang, présentées sur un grand plateau d'argent par un huissier aux gants couleur beurre frais, tandis qu'Arturo Mari fixe là encore l'événement pour la postérité. L'agitation des grands de ce monde ne parvient pas à troubler le recueillement de Karol Wojtyla, comme s'il était en permanence éclairé par la grâce divine. Il paraît d'ailleurs aussi heureux de rencontrer, à l'audience générale du mercredi, salle Nervi, d'humbles pèlerins, des troupes de cirque, des groupes d'étudiants catholiques, des jeunes mariés, des religieuses, de simples visiteurs de tous pays, que les acteurs de l'Histoire dans les salons d'apparat. À 14 heures, enfin, le Pape déjeune, conviant parfois à sa table les dernières personnes qu'il a reçues dans la matinée, souvent des prélats des églises romaines qu'il visitera le dimanche suivant – depuis le 16 octobre 1978, date de son élection, Jean-Paul II s'est déjà rendu dans 241 des 330 lieux de culte que compte la capitale italienne. Au menu : pâtes, tourte de légumes au fromage, viande, pirojki, galantine de poisson le vendredi, salade de fruits, pâtisseries et friandises polonaises fréquemment offertes par des compatriotes. Le tout arrosé de vin blanc des vignes du Saint-Siège, qu'il boit coupé d'eau. En été, il lui arrive de prendre de la bière, jamais de café. Après une matinée harassante, dès le premier plat il commence par poser des questions à ses convives, afin de récupérer quelques forces en écoutant leurs réponses et d'être d'attaque pour la suite du déjeuner, confie son ami polonais le cardinal Deskur. Le repas terminé, le Saint-Père s'accorde une sieste d'une heure environ, prescrite par ses médecins, dans l'un des deux fauteuils de damas rouge de sa chambre. Puis, après s'être couvert les épaules de sa vieille pèlerine noire, il se consacre à la lecture du bréviaire tout en marchant sur sa terrasse dominant Rome et la cour Saint-Damase, son exercice physique quotidien, où nous avons eu, là encore, le grand privilège d'être autorisés à le photographier en passant par un discret escalier dérobé.

Vers 18 h 30, après avoir un moment travaillé seul, il consulte ses collaborateurs directs : en alternance, son Premier ministre, le cardinal Angelo Sodano, son substitut – le secrétaire général –, Mgr Giovanni Battista Re, ainsi que son ministre des Affaires étrangères, le Français Mgr Jean-Louis Tauran. Et, bien sûr, les dévoués ecclésiastiques polonais qui l'assistent en permanence : l'évêque Stanislas Rylko, Mgr Henryk Nowack et le père Stanislav Szlowieniec, ses messagers et intermédiaires avec le monde extérieur. À 20 heures, Jean-Paul II jette un rapide coup d'œil au journal télévisé de Rai 1, car vivant après tout à Rome, fin politique, il veut voir ce que regardent les Italiens. Il regarde rarement des films, un seul cette année, le remake de *Marcelino pan y vino.* Avant de retrouver autour d'un frugal dîner, uniquement des amis cette fois, souvent les samedis et dimanches parmi lesquels le cardinal Deskur, son meilleur ami et condisciple au séminaire, Jerzy Kluger, son camarade d'école juif devenu un puissant homme d'affaires, le professeur et philosophe polonais Tadeusz Styezen, des scientifiques ou des intellectuels, sans oublier le fidèle Stanislao Dziwisz. Si le déjeuner reste encore essentiellement consacré au travail, le dîner est pour Jean-Paul II l'occasion de se détendre et de se laisser parfois même aller – signe de décontraction majeure – à agiter l'imposante croix qui repose sur sa poitrine, ou à lancer, au détour d'une discussion, lorsqu'il ne désire plus s'exprimer sur un sujet : « *Today I am a silent Pope !* » (« Aujourd'hui, je suis un Pape silencieux »), histoire, dit-il, de déconcerter son auditoire… La liste de ces invités privés, clercs ou laïcs, n'est jamais publiée. Les soirs où il ne reçoit personne, Karol Wojtyla partage son repas avec les cinq nonnes à son service. Après le dîner, il parcourt encore les documents transmis par son secrétaire d'État, qu'il annote d'une écriture serrée et bien alignée, soit à son bureau soit dans la chapelle, à son prie-Dieu équipé d'une large tablette formant pupitre. Respectueux du travail d'autrui, il corrige les textes dactylographiés à l'aide d'un crayon à mine très pointue, dont les traces sont à peine visibles, et utilise un code particulier connu de ses seuls proches collaborateurs : un point d'interrogation à l'envers signifiant, par exemple, que telle ou telle référence est à vérifier. Ce marathon quotidien s'achève vers 23 heures par la prière et, lorsqu'il en a encore la force, par la lecture de quelques pages d'un livre.

À Jean-Claude Deutsch et à moi-même, qui avons eu l'exceptionnel privilège de vivre dans l'ombre de cet hôte illustre une semaine durant, le Saint-Père est vraiment apparu comme le Pasteur universel de l'Église catholique. Témoin de l'inépuisable énergie déployée par cet homme que l'on dit malade, lorsque j'ai interrogé Padre Tucci, l'un des éminents jésuites de Radio Vatican, sur ce qu'il fallait penser de son état de santé, levant les yeux, il m'a laconiquement rétorqué, rigoureusement fidèle à la tradition de son ordre : « Le ciel peut attendre. »

De fait, dans cette enclave de Dieu, pourtant connectée depuis Noël à Internet, le plus performant réseau informatique du monde, l'éternité paraît régenter les êtres. Une démonstration éclatante m'en a été donnée par Mgr Dziwisz, qui, lorsque je sollicitai une audience auprès de Jean-Paul II pour un reportage, me répondit, en toute quiétude : « Ici, le temps n'a pas pour nous la même signification. Il y a deux mille ans que nous fonctionnons ainsi. » Puis il a craqué et m'a permis de suivre des années durant le Saint-Père, m'octroyant souvent d'extraordinaires privilèges professionnels, dont je ne le remercierai jamais assez, pour mon plus grand bonheur et, j'espère aussi, celui partagé depuis avec les lecteurs.

Jean-Paul II

Paris à ses pieds

– Année 1997 –

Dimanche. Orly, 18 h 15. Deux médecins de l'aéroport de Paris en blouse blanche veillent. L'un sur la piste, l'autre dans le salon d'honneur, prêts à intervenir, car Jean-Paul II, heureux mais littéralement épuisé par ces quatre jours de ferveur, articule toujours plus difficilement et donne l'impression de ne plus être totalement présent parmi ceux qui l'accompagnent avec déférence jusqu'à l'Airbus. Un peu comme s'il avait consacré ses dernières forces à ces Journées mondiales de la jeunesse dans notre capitale. La douleur que lui infligeait le simple fait de garder les pieds dans ses mocassins de cuir bordeaux était un signe révélateur chez un être qui n'a guère l'habitude d'écouter les souffrances de son corps. Cette fragilité que plus rien ne pouvait cacher a frappé les membres français de la sécurité rapprochée, aussi attentifs à épargner le moindre effort au Patriarche de l'Occident voûté qu'à surveiller les alentours au passage d'un chef d'État. Dans l'avion, quelques minutes seulement après le décollage, je serai le témoin privilégié de l'extraordinaire faculté de récupération de «l'Homme en blanc», qui n'en finit pas de repousser ses limites. Après avoir dîné d'un peu de foie gras, de fromage, de fruits frais et avoir bu un doigt de puligny-montrachet 1994 et de grandes tasses de tisane tilleul-citron sans sucre, il m'a fait appeler à ses côtés : il ne paraissait pas plus exténué que les policiers parisiens auxquels il a imposé un train d'enfer durant sa visite marathon. Une heure plus tôt, par un message codé destiné à déjouer les écoutes sauvages, on annonçait à Pierre Ottavi, directeur de la sécurité publique, que le Saint-Père quittait la Nonciature – l'ambassade du Saint-Siège –, rive droite, pour se rendre rive gauche aux Invalides avec trente minutes de retard sur l'horaire.

Ottavi, le patron corse des dix-sept mille hommes en tenue, qui, comme il le dit avec sérénité, n'a, en trente-cinq ans de carrière, jamais vu pareil rassemblement, peut être fier. Tout s'est bien passé même si, en dépit de son âge, le Pape a contraint sa suite à improviser sans cesse. En effet, ainsi que le révèle le cardinal béninois Bernardin Gantin, s'il fait les choses plus lentement, il les fait toutes ! S'adapter a donc été pour son entourage le maître mot de ces Journées, car, comme l'explique le chef du premier district, Pierre Raynaud, « s'agissant du Pape, les policiers en faction, désireux de le voir au moins une fois, refusent d'être relevés de cette mission d'honneur. Il faut aussi être en mesure, dans les cinq minutes et selon l'imprévisible inspiration du Saint-Père, de substituer la papamobile à la Safrane initialement affectée à certains trajets ». Dès son arrivée sur le sol français, consigne a été donnée par son secrétaire ukrainien Mieczyslaw Mekrzycki de ne pas utiliser de radiotéléphone ni de faire tourner les moteurs des voitures de police devant la Nonciature à l'heure du déjeuner et de 23 heures à 6 heures du matin, pour respecter son souverain repos. Ce qui a conduit à alléger le dispositif de sécurité nocturne mis en place avenue du Président-Wilson – baptisé « Roméo 30 » par les policiers. Ainsi Jean-Pierre Pochon, directeur des Renseignements généraux, a dû pour sa part, et en toute hâte, organiser à Saint-Étienne-du-Mont une zone rouge et un diplomatique contrôle des cartons d'invitation, le Pape ayant soudain décidé de remettre personnellement à chacun des jeunes présents dans l'église le texte souvenir de quatre pages qu'il avait signé à leur intention. Rien n'est simple avec Jean-Paul II. C'est ainsi que don Stanislao Dziwisz, son omniprésent secrétaire particulier, doit, dans la cathédrale d'Évry, dissimulant cela au regard des fidèles, l'aider à remettre la chaussure qu'il a retirée pour soulager son pied douloureux, ou lui faire rapidement servir, par le bar le plus proche, un café bien tassé dans la sacristie de Notre-Dame, alors qu'habituellement il ne boit que du thé. Épuisé par la cérémonie et la chaleur accablante du mois d'août, le Pape met cependant à profit cette brève pause pour plaisanter avec le cardinal Poupard, son ministre de la Culture. Jean-Paul II joue avec son imposante croix pectorale en or – signe révélateur chez lui d'une extrême bonne humeur – et conclut, diplomate : « Certes, j'aime tous les pays, mais il en est que j'aime plus que d'autres. » En effet, le Saint-Père souhaiterait, comme il l'a dit après s'être recueilli sur la tombe du Pr Lejeune, aller à Lyon prier sur celle d'André Frossard... Une occasion de revenir dans notre pays et de rendre visite au Primat des Gaules, Mgr Balland. À l'occasion des multiples concélébrations eucharistiques, Mgr Marini, le très distingué maître des cérémonies au physique d'acteur américain, a pour délicate mission de choisir pour le Pape les habits liturgiques les plus adaptés, dont il fait toujours don ensuite aux prêtres du diocèse, et de lui glisser de grands mouchoirs de lin blanc avec lesquels il s'éponge le front.

Déroutant comme toujours, Karol Wojtyla tient à ce qu'on limite le plus possible les aménagements spéciaux qui risquent de mettre en évidence la grande fatigue qu'il se refuse à admettre. À cette question, posée dans l'avion : « Vous sentez-vous jeune ? », n'a-t-il pas répondu : « Comme vous le voyez ! » ? Les marches de Notre-Dame, doublées par des contremarches en bois afin de lui éviter tout effort inutile, ont été recouvertes d'un épais tapis rouge, à la fois pour l'honorer et ne point le vexer. Si Jean-Paul II a toutes ses capacités intellectuelles, il est indéniable qu'il éprouve chaque jour plus de difficultés à se déplacer. D'ailleurs, un bâton de pèlerin au pommeau d'argent, opportunément tendu par Angelo Gugel, son valet de chambre, se substitue fréquemment à la crosse pastorale. Cela n'a guère échappé aux personnalités qui, attendant le Souverain Pontife dans le grand salon de l'Élysée, ont vu Jacques Chirac ralentir le pas avec bienveillance. Là comme partout, et malgré un carton très protocolairement libellé : « Le président de la République et Mme Jacques Chirac prient... de bien vouloir assister à l'échange d'allocutions du chef de l'État et de Sa Sainteté le Pape Jean-Paul II au palais de l'Élysée... », dans une atmosphère émouvante et solennelle, retentissent de chaleureux applaudissements. En quelques minutes, le Saint-Père a bouleversé une assemblée fort diverse, parmi laquelle se trouvaient Jean-Pierre Chevènement, ministre de l'Intérieur chargé des cultes, Hubert Védrine, ministre des Affaires étrangères, Marie-George Buffet, ministre communiste de la Jeunesse et des Sports, le père Delfieu, prieur général des Fraternités monastiques de Jérusalem, Maryvonne Pinault, M. Paul, le fidèle chauffeur de Bernadette Chirac, ainsi que Mme de Courcel, mère de la Première dame de France... Soudain, face à ce personnage au charisme exceptionnel, il n'y avait plus ni personnalités ni barrière sociale. Seul s'imposaient, dans un silence religieux, le magnétisme et le charisme du Pasteur de l'Église universelle.

L'infatigable missionnaire de Dieu a donc effectué quarante déplacements en quatre jours. De quoi tenir en haleine le Dr Buzzonetti ainsi que le Dr Grasset, de la brigade des sapeurs-pompiers de Paris, attentifs, entre autres, à ce que la glacière placée dans la première voiture officielle soit toujours approvisionnée en eau minérale ou que l'air conditionné de la papamobile fonctionne de longues minutes avant que Jean-Paul II n'y prenne place. Si le Saint-Père s'exprime désormais avec difficulté, c'est, au dire de son médecin, parce qu'il retient sa toux au lieu de tousser une bonne fois pour toutes. S'agissant de son 79e voyage papal, l'organisation est naturellement parfaitement rodée, mais c'est toujours une surprise de constater combien ceux qui accompagnent Jean-Paul II depuis dix-neuf ans le protègent avec la même respectueuse vénération sans jamais se lasser. Premier d'entre eux, le distingué Vénitien Camillo Cibin, chef de la sécurité vaticane, qui à 73 ans a parcouru deux jours de suite les 2,3 kilomètres de Longchamp à pied, à côté du véhicule panoramique. Dans son ombre, Alois Estermann, commandant de la Garde suisse détaché par les Helvètes, lequel, lors du tragique attentat du 13 mai 1981, avait fait instantanément bouclier de son corps en se jetant sur la voiture papale. Puis Mgr Piero Marini, maître des célébrations liturgiques, toujours placé à ses côtés lors des grandes cérémonies religieuses, Renato Boccardo, quadragénaire au physique de golden boy, aux battements de cils à la Delon et responsable de l'internationale des JMJ. Enfin, unanimement respecté, le père Roberto Tucci, au look d'acteur américain des années 1950, ce jésuite chaleureux mi-écossais mi-italien à l'humour très *british* né la même année que Karol Wojtyla, et qui parle comme lui nombre de langues, organise avec maestria ses voyages. Tous ces hommes sont conscients de servir un personnage exceptionnel. Ce Pape, ancien acteur de théâtre dans sa jeunesse, a un sens inné de la communication et sait que tout compte... Or, ce n'est sans doute pas un hasard si ses proches ont une belle allure !

Ce Pape toujours si médiatique est suivi par les télévisions du monde entier. En effet. À 77 ans, le Souverain Pontife, célébrant à la limite de ses forces, a réuni pour les spectaculaires veillées et la grand-messe de Longchamp une assistance vingt fois plus nombreuse que les fans des Rolling Stones lors de leur dernier concert sur cette même pelouse, et mobilisé, rien que pour France 2, une armée de quatre cents collaborateurs, dont dix-sept cameramen. Étaient présents dans la foule, à titre privé : Édouard Balladur, Charles Pasqua, Jean Tiberi, Nicolas Sarkozy, Maurice Schumann… Jamais, depuis les temps immémoriaux des croisades, l'Église de France, qui refuse énergiquement toute assimilation à un Woodstock chrétien, n'avait suscité un tel enthousiasme autour des clochers et surtout du Pape.

En septembre dernier, Jacques Chirac, qui recevait à Tours l'évêque de Rome, s'était d'abord inquiété de son état de santé pour s'émerveiller ensuite, au fil des déplacements, de son étonnante faculté de récupération, proportionnelle à l'enthousiasme grandissant des foules. Ce qui marque toujours un homme politique. Mais le vrai secret de la résistance de cet homme, c'est sa force intérieure. Tous y sont sensibles, même les as du Raid, vaillants policiers en tenue de combat noire qui clignaient des yeux lorsque la silhouette blanche de Jean-Paul II est apparue sur le parvis de la cathédrale d'Évry, ne sont pas parvenus à dissimuler leur émotion.

Benoît XVI, cet intellectuel allemand illuminé par la foi

Ma semaine auprès du Pape Benoît XVI

– Année 2007 –

La divine providence était enfin avec moi ! Dès le surlendemain de l'élection du 265e Successeur de saint Pierre, le 19 avril 2005, je m'étais naturellement juré que le Pape Benoît XVI occuperait une place importante dans notre magazine. Puisque Sa Sainteté Jean-Paul II s'était si souvent prêtée à nos reportages, dans ma logique implacable, je pensais qu'il serait facile de suivre l'ancien cardinal archevêque de Munich à l'intérieur du Vatican. J'avais juste sous-estimé combien les voies du Seigneur sont impénétrables et que le Saint-Siège reste le lieu le plus inaccessible et secret de la planète. Car, si petit soit-il, avec ses 44 hectares, l'État souverain est quasiment aussi fermé qu'une forteresse médiévale. Ce n'est pas que Benoît XVI boude notre corporation, simplement son dialogue permanent avec Dieu ne lui dicte pas de nous rencontrer. Un cardinal romain et habile diplomate m'avait donc conseillé : « Commencez par aller à Moscou pour suivre le Patriarche orthodoxe de toutes les Russies, vous reviendrez ensuite vers Rome. La route ne vous en sera que mieux tracée… » Sans essayer de comprendre son subtil raisonnement, j'ai suivi son conseil et, deux années et demie plus tard, l'imposante porte de bronze qui donne sur les bâtiments pontificaux s'est enfin ouverte. Une semaine durant, j'ai alors pu suivre de façon privilégiée le Saint-Père, avec notre photographe Jean-Claude Deutsch, fort habitué à ces lieux aussi mystérieux que saints depuis notre semaine auprès de son prédécesseur polonais. Sept jours particulièrement chargés et en parfaite contradiction avec le tempérament de Joseph Ratzinger. Intellectuel, ponctuel, méthodique, réservé et solitaire, et qui, depuis le décès de sa sœur Marie, en 1991, ne se confie pratiquement à personne. En cette dernière semaine de novembre, il devait recevoir 120 cardinaux du monde entier réunis à Rome pour en accueillir 23 nouveaux, dont celui de Paris, Mgr André Vingt-Trois, et leur remettre la barrette et l'anneau. Moments émouvants et flamboyants avec la messe du Consistoire le 24 novembre dans les fastes et les ors du décor grandiose et baroque de la basilique Saint-Pierre de Rome, symbolisant la gloire de Dieu au pied du monumental baldaquin de bronze du Bernin. Déjeuner dans l'atrium de la salle Paul-VI. Audiences au cardinal Marc Ouellet, archevêque de Québec, puis à une délégation de l'Irak et ensuite aux nouveaux cardinaux, accompagnés de leurs familles et amis. Audience générale hebdomadaire où il s'exprime en diverses langues devant des milliers de pèlerins venus de tous pays. Réception officielle de Janez Janša, Premier ministre de Slovénie, puis du cardinal Nicholas Cheong Jin-suk, archevêque de Séoul, accompagné de douze évêques coréens.

Un sacré emploi du temps pour l'évêque de Rome, âgé de 80 ans, dont les journées commencent tôt. Son réveil sonne à 6 heures, en même temps que ceux de ses deux secrétaires, qui vivent au-dessus de sa tête, sous les combles de l'appartement pontifical, Mgr Georg Gänswein, 51 ans, incontournable, allemand au physique d'acteur, lui aussi un intellectuel issu du clergé séculier, qui a étudié la théologie à Rome, et Mgr Alfred Xuereb, diplomate maltais polyglotte travaillant auparavant à la Préfecture de la maison pontificale. À 7 h 30, la petite communauté du troisième étage, qui comprend un salon en enfilade, une bibliothèque, un bureau, une salle à manger, une sacristie et la chapelle privée, se rend à la messe dans sa chapelle privée, toujours décorée de fleurs blanches. La « famille pontificale » de Benoît XVI se limite à ses deux secrétaires, à un majordome, Paolo Gabriele, dit « Paoletto », à ses quatre laïques consacrées italiennes du mouvement Memores Domini, Loredana, Carmela, Cristina et Manuela, qui vivent à ses côtés et le servent. Pas d'invités donc, seulement la communauté de l'étage noble. La messe est suivie d'un simple petit déjeuner, généralement pris avec ses deux secrétaires particuliers dans la salle à manger aux murs beiges, dont la porcelaine ivoire cerclée d'un filet d'or est frappée à ses armoiries pontificales. Thé, pains au lait, biscottes, beurre, confiture, miel… Après quoi le Saint-Père se retire dans son vaste bureau, où sur la large table il y a juste quelques objets très bien disposés : une horloge, des livres auxquels il tient particulièrement, un gros stylo Montblanc, un buvard, des crayons et des feutres, pour annoter ou retourner les documents qu'il aura signés à l'encre noire… Là, Benoît XVI parcourt les journaux et sa revue de presse, prépare les audiences, réfléchit et bâtit ses homélies tels des triptyques, pendant que ses secrétaires trient le courrier, préparent ses dossiers, cherchent des documents précis au milieu de la forêt de livres de sa chère bibliothèque et planifient d'abord l'emploi du temps de Sa Sainteté… et évoquent avec lui, notamment, les cérémonies liturgiques à venir. À 11 heures débutent les audiences. Officielles et privées, leur nombre a été limité à celles des chefs d'État, des Premiers ministres, des visites « *ad limina apostolorum* » des évêques pour leur rapport quinquennal et à celles des nonces partant dans un nouveau pays. À 1 h 30, le Pape déjeune. Il reçoit rarement des invités à sa table, même le week-end. De temps à autre, le cardinal allemand Karl Lehmann, ou quelque ami théologien de passage. Seul son frère, don Georg, est en permanence son hôte quand il n'est pas à Regensburg. Au menu, pas de roboratives saucisses, plutôt des plats simples, pâtes, poisson grillé, viande, légumes et fruits. Repas cuisinés sur des fourneaux de dernière génération offerts par une société allemande. Le Pape boit de l'eau et de l'orangeade, jamais de vin. Il fait particulièrement attention à sa santé, car il a eu en septembre 1991 une petite attaque cérébrale ne lui laissant miraculeusement aucune séquelle, mais qui depuis lui dicte une grande prudence. On murmure qu'il aurait aussi un pacemaker. Depuis son élection, l'appartement vétuste de Jean-Paul II, plein d'infiltrations et où l'électricité était encore jusqu'à son arrivée en 125 volts, a été rénové et repeint dans des couleurs claires et lumineuses. On y a installé une infirmerie, une unité médicalisée très moderne, ainsi qu'un cabinet dentaire sophistiqué. En effet, même en bonne santé, Joseph Ratzinger, élu le 19 avril 2005, a quand même 78 ans !

L'après-midi, il fait une sieste assez courte dans un large fauteuil avant d'endosser sa cape rouge et d'aller, pendant une petite heure, se dégourdir les jambes dans les jardins du Vatican. Au retour, à 4 heures, il reçoit ses principaux collaborateurs. Son ministre des Affaires étrangères, le Corse Mgr Dominique Mamberti, le substitut, le cardinal argentin Leonardo Sandri, et bien sûr son Premier ministre, le cardinal secrétaire d'État Tarcisio Bertone, qui avoue : « Avant de plonger Sa Sainteté dans les problèmes les plus graves et les plus sérieux de la vie de l'Église et du monde, je commence souvent par lui parler de foot, du Bayern de Munich, par exemple. » Le cardinal salésien Bertone est en effet un grand connaisseur, il commentait même des matchs à la télévision italienne – de fait, lorsque j'avais voulu l'interviewer quand il était archevêque de Gênes, son secrétaire particulier m'avait demandé si je souhaitais l'interroger sur le football ou l'Église. La question m'avait surprise d'autant que je ne fais quasi pas la différence entre un ballon de foot et de rugby. Le cardinal secrétaire d'État lui raconte volontiers les dernières plaisanteries qui circulent dans le périmètre du Vatican du style : « Il y a maintenant trois choses dont le Christ n'a pas la réponse. Il ne sait pas le nombre de communautés de religieuses sur terre, ce que pensent les jésuites et combien d'argent ont les salésiens » – ordre très prospère fondé par don Bosco, il y a cent cinquante ans, dont la vocation reste l'éducation de la jeunesse, mais qui gère aussi *L'Osservatore Romano* et possède des journaux, des maisons d'édition, des écoles... de par le monde et auquel appartient justement Tarcisio Bartone.

Autres rendez-vous non pas journaliers, mais réguliers, ceux avec son successeur à la Congrégation pour la doctrine de la foi, le cardinal américain William Joseph Levada, pour aborder les questions de morale et de doctrine religieuses. Vient l'heure du dîner, pas du tout romaine. À 7 h 30, Joseph Ratzinger prend un repas léger avant de regarder le journal télévisé. Zapping de Mgr Gänswein, qui passe de la première chaîne italienne à la télévision allemande. Il reste peu de temps avant que le Pape et « sa famille » se recueillent vers 9 heures, dans la chapelle privée, pour la dernière prière du soir. Avant cela, il joue parfois sur son piano droit noir, mais nul ne peut entendre ses mélodies monter vers le ciel en raison des doubles vitrages. Il écoute aussi du Mozart, ou se plonge dans une œuvre littéraire, un livre d'architecture...

Même si Benoît XVI a largement limité bains de foule, audiences, discours, béatifications et canonisations, grands-messes et visites officielles, pour cet intellectuel lumineux qui va fêter ses 81 ans le 16 avril 2008, les journées sont longues avant de pouvoir enfin donner du temps au silence. Le Souverain Pontife se retire ensuite dans sa chambre. Ainsi que j'ai pu le constater en me rendant alors deux soirs de suite place Saint-Pierre, la lumière de la deuxième fenêtre d'angle du troisième étage ne brille plus après 11 heures du soir...

Ce Pape, qui a la tête dans le ciel mais les pieds sur terre, et qui en réalité voit tout, a prudemment fait poser des antidérapants sous ses mocassins bordeaux pour ne pas risquer de glisser sur les sols de marbre de son appartement, poncés à la poudre de plomb. À son rythme, sans réformes spectaculaires mais en se recentrant sur les questions éthiques et sur l'unité de l'Église, Benoît XVI a, après le pontificat très politique de Jean-Paul II, en deux ans et demi, avancé sans beaucoup communiquer ni entreprendre de grands voyages. Sept visites hors d'Italie : à Cologne, tout d'abord, pour les Journées mondiales de la jeunesse en août 2005, où il remporta un réel succès, puis en Pologne en mai 2006 pour rendre hommage à son prédécesseur. En Espagne, en juillet 2006, afin de souligner à Valence l'importance des valeurs familiales et prier avec elles au Congrès mondial des familles catholiques, en Bavière en septembre 2006 au cœur de sa terre natale, mais où ses propos sur l'islam furent mal interprétés et suscitèrent l'indignation du monde islamique. Raison qui l'obligea ensuite, pour tenter de rattraper ses malencontreuses paroles, à aller prier dans la Grande Mosquée d'Istanbul en novembre 2006, avant de se rendre au Brésil en mai dernier rencontrer le monde chrétien. Au sanctuaire de Mariazell, en Autriche, en septembre 2007, et bientôt en France, en septembre 2008. Il a également publié deux encycliques, *Dieu est amour*, en janvier 2006, où il aborde ce thème dans ses différentes dimensions et, ce 30 novembre, *Sauvés par l'espérance*, une méditation sur l'espérance. C'est la 295e encyclique d'un Pape. Jean-Paul II, pour sa part, en avait produit quatorze ! Le Saint-Père a également écrit *Jésus de Nazareth* devenu un best-seller mondial et préfacé, une première dans l'histoire des Papes, un autre livre que le sien, celui coécrit avec son cardinal secrétaire d'État Tarcisio Bertone et le vaticaniste italien de Rai 1, Guiseppe De Carli, sur le dernier témoin de Fatima. Enfin, le Pape allemand a déjà célébré deux consistoires : l'un le 24 mars 2006, créant quinze nouveaux cardinaux parmi lesquels l'ancien secrétaire de son prédécesseur, Mgr Stanislaw Dziwisz, et l'autre le 24 novembre 2012. Comme l'explique Mgr Piero Marini, son cérémoniaire jusqu'en octobre après avoir été celui de Jean-Paul II dix-huit années durant, et auquel on doit les grands-messes spectacles de l'ancien Pape : « Karol Wojtyla voulait annoncer lui-même de par le monde l'Évangile, alors que ce Pape, si timide et intellectuel, plus replié sur lui-même, aime au fond célébrer la messe seul et revoir jusqu'à la dernière minute ses homélies pour tenter d'atteindre la perfection. » Un Pape qui a « réitalianisé » le Vatican en créant six cardinaux italiens et en s'entourant d'un Premier ministre piémontais et d'un directeur de la salle de presse, de Radio Vatican et de CTV Television du Vatican lui aussi piémontais et jésuite, Padre Federico Lombardi. Choix qui lui valent maintenant une relative indulgence des méfiants hauts prélats italiens qui espéraient cela après une longue « polonisation » !

Mais quels sont ses prochains enjeux ? Bâtir un pont avec les orthodoxes, colmater les brèches avec les protestants, tenter de freiner les puissants et influents mouvements néo-évangéliques et pentecôtistes, dont en premier ceux d'Amérique latine, relancer le dialogue avec les anciennes Églises chrétiennes d'Orient, sans oublier l'éternelle tentative de rapprochement avec la Chine. Raison pour laquelle le Saint-Père ne reçoit pas le Dalaï-lama au Saint-Siège, afin de ne point heurter les sentiments des autorités chinoises… Tout cela signifie accorder plus de place à la dimension diplomatique de sa fonction. Lui, le brillant théologien formé à la philosophie européenne qui n'aime guère «s'aventurer» vers les autres continents et a, jusqu'à ce jour, surtout centré ses interventions publiques devant les fidèles sur les questions spirituelles et éthiques.

Une semaine durant, j'ai pu observer le ballet des voitures officielles. D'abord, la Mercedes noire du Pape immatriculée en rouge sur fond blanc SCV1. J'ai admiré les armoiries même gravées sur les interrupteurs de ces majestueux appartements, remarqué le majordome stylé du Saint-Père remettre avec grâce aux autorités de passage les chapelets et médailles disposés sur un plateau en vermeil. J'ai été l'objet du regard sévère des huissiers à col dur et gants crème avec une lourde chaîne et un blason. J'ai aussi noté avec quels respect et solennité chacun s'adressait à la personne du Souverain Pontife. Je suis montée le cœur battant dans l'ascenseur à clé d'acajou sombre, orné lui aussi des armoiries pontificales et d'un grand saint Christophe en argent massif, le protégeant d'une éventuelle panne entre deux étages… Ainsi, après l'avoir suivi de façon privilégiée, ayant l'honneur d'être reçue par lui à la fin du reportage, alors que je lui avais fait porter auparavant mon dernier livre paru chez le même éditeur que lui, et qu'il évoquait avec moi de façon aussi cordiale que chaleureuse le sujet, j'osai lui avouer qu'il m'entraînait à faire un péché d'orgueil. «Mais non, me répondit-il de sa voix douce et posée me prenant les mains, cela prouve juste que vous êtes un écrivain sérieux.» Ce matin du 29 novembre, l'émotion était très forte. J'osai lui préciser dans la foulée que nous allions publier ce reportage dès notre retour. Il me regarda alors avec autant de calme que de bonté et me dit, serein : «Cela n'est pas urgent. Ici, le temps n'a pas pour nous la même signification, il y a deux mille ans que nous fonctionnons ainsi.»

En quittant ces lieux aussi imposants que silencieux, où seuls raisonnent les pas rythmés des dignes gardes suisses, j'avais soudain eu l'impression de commencer à mieux comprendre quelle était la clé du Successeur de saint Pierre.

«Je vous salue Paris»

Benoît XVI

– Année 2008 –

Comment oublier cette belle image de centaines de prêtres et séminaristes rayonnants alignés une demi-heure avant la messe solennelle sur le pont Alexandre-III avec, au loin, le dôme des Invalides baigné d'une lumière d'or ? Ou encore à Lourdes, la bouleversante procession d'innombrables pèlerins juste éclairés à la nuit tombée par leurs scintillantes bougies ? Merci, Très Saint-Père, cela m'a permis de trouver une «accroche», comme on dit dans notre jargon, tant ces quatre jours à vos côtés ont été émouvants et surprenants pour nous, la poignée de privilégiés qui avions la chance d'être derrière vous depuis le décollage, le 12 septembre à 9 heures précises, de l'aéroport de Rome Fiumicino jusqu'au retour sur le tarmac de Ciampino, cette fois, le 15 septembre à 15 h 15, toujours près de vous. Même si, depuis deux mille ans, votre approche du temps n'est pas la même que la nôtre, un Souverain Pontife n'est jamais en retard.

Descendant quelques instants auparavant de l'imposant hélicoptère immaculé blanc et bleu de l'Aéronavale italienne en provenance de Castel Gandolfo, Sa Sainteté monte à bord de l'Airbus « baptisé » *Piazza del Rinascimento*. Le vol spécial AZ 4000 d'Alitalia. C'est toujours sous ce numéro que vole l'évêque de Rome, dont le nom de code est appelé dans les tours de contrôle du monde entier « Shepherd One » – « premier berger ». Une certaine fébrilité règne soudain dans l'avion, car partager le voyage du successeur du prince des apôtres est évidemment un grand honneur, bien que Joseph Ratzinger soit moins flamboyant et médiatique que Karol Wojtyla. À l'avant de l'avion, deux sièges ont été supprimés pour installer confortablement le Pape dans un fauteuil de première, à l'appui-tête brodé de ses armoiries. Derrière l'espace papal sont assis son secrétaire particulier, Mgr Gänswein, son Premier ministre, le cardinal Bertone, et son majordome. Dans l'espace business se trouve sa suite, soit une bonne vingtaine de personnes, parmi lesquelles, bien sûr, pour un voyage en France, les cardinaux français résidant à Rome : Roger Etchegaray, Paul Poupard, Jean-Louis Tauran, qui, l'un après l'autre, se sont prosternés pour baiser son anneau ; selon l'immuable « liturgie des voyages ». Ces dignes hauts prélats se succèdent volontiers à l'arrière de l'appareil, au prétexte d'aller se laver les mains, pour converser quelques moments avec les journalistes. Il y a aussi le maître des cérémonies liturgiques, Mgr Guido Marini, le très délié jésuite Federico Lombardi, directeur de la salle de presse, quatre gendarmes et deux gardes suisses assurant la sécurité rapprochée du Saint-Père, ainsi que ses deux praticiens. Mais son entourage confie que, avec un médecin personnel de 87 ans, aussi fatigué qu'attaché à Sa Sainteté, c'est plutôt Benoît XVI qui veille sur le Dr Ronato Buzzonetti ! !

Vingt minutes après avoir quitté la Ville éternelle et envoyé un diplomatique et cordial message au président Giorgio Napolitano, le Pape fait son apparition pour une conférence de presse dans les cieux. Même encadré par son cardinal secrétaire d'État Bertone et par Padre Lombardi, avoir à moins de 5 mètres de soi le Pasteur de 1,2 milliard de catholiques est impressionnant. L'or de son imposante croix pastorale brille sous nos yeux et, surprise, sa soutane un peu courte laisse entrevoir ses mocassins, apparemment confortables, rouge vif et non pourpres. Dans un français admirable, le Pape répond à quatre questions seulement, dont la mienne, une chance, sur ses lectures d'auteurs français. Il est souriant, attentif à tout, sa voix est posée, son regard empreint de douceur. Puis, après nous avoir accordé vingt minutes, à notre grand regret le Saint-Père regagne son siège. Une gracieuse hôtesse et un steward lui servent alors une collation, salade de fruits, thé, pendant que le reste du personnel navigant s'occupe de sa suite, puis de nous. Deux heures dix de vol, c'est court, mais l'anxiété reste vive dans l'entourage immédiat du Pape, lequel va maintenant devoir affronter une France qui compte 65 % de catholiques, dont moins de 1 sur 10 va régulièrement à la messe, 3 % de musulmans, 2 % de protestants, 0,6 % de juifs, 2,4 % d'adeptes de religions diverses et 27 % de citoyens sans aucune religion. Un réel défi pour la dixième visite à l'étranger du Souverain Pontife, mais sa première chez nous, que de se faire entendre bien au-delà du monde catholique, des cercles d'intellectuels chrétiens et des théologiens. Après un diagnostic discrètement commandé, au printemps dernier, par le cardinal Vingt-Trois, qui indiquait une «carence d'image» de Joseph Ratzinger auprès des catholiques de France, «l'Homme en blanc», tel un médecin des âmes, s'est donc, quatre jours durant, adressé à cœur ouvert aux fidèles. Des paroles claires et puissantes qu'il prononcera avec sérénité lors de ses treize interventions publiques. Pour lui, «foi et raison ne s'opposent pas; Dieu a créé la raison en laissant l'homme libre d'accepter le don de la foi. Par ailleurs, la religion ne veut se substituer ni à l'État ni à la politique, mais participer, dans le respect des règles, à la construction du bien-être commun». Comme il l'a conclu au Collège des Bernardins devant un parterre de sept cents personnalités, «le monde a besoin de Dieu». Phrase essentielle de son austère discours doctrinal, qui n'empêchera pas certains hauts dignitaires de l'Église de discrètement pratiquer leur technique éprouvée de l'assoupissement pour se réveiller juste quelques instants avant la fin – ce qu'ils appellent dans leur jardon ecclésial «l'oraison de saint Pierre», puisqu'ils peuvent somnoler sans ronfler, tout en faisant semblant de pieusement méditer, vertu enviée par les milieux politiques.

Mais comment a travaillé l'ancien Pr Ratzinger, qui a ciselé cette allocution prononcée devant le monde de la culture? C'était son devoir de vacances, qu'il a écrit en allemand et dont il a méticuleusement lui-même surveillé la traduction par la secrétairerie d'État. S'il est aussi l'auteur de toutes ses homélies, il s'est fait, en revanche, assister pour la relecture des textes par Mgr Jean-Marie Speich, un diplomate alsacien à la tête de la section francophone du Vatican. En effet le Pape s'exprime avec une telle aisance en français dans ses discours, car ayant écrit en bonne partie lui-même ses discours, cela lui permet de les lire avec le ton juste, beaucoup de naturel, de surcroît dans une langue qu'il maîtrise parfaitement tout comme l'italien, l'anglais – il en comprend au moins quatre autres : le portugais, l'espagnol et, bien sûr, dans le texte le latin et le grec ancien. Au-delà de cette étonnante force tranquille, le succès de ces journées est aussi dû au travail de fond depuis de longs mois du cardinal Vingt-Trois. Plus pragmatique que chaleureux, habile gestionnaire, comme président de la Conférence épiscopale, il a donc mobilisé ses évêques, qui ont, à leur tour, énergiquement battu le rappel dans leurs diocèses. L'Église de Paris, très impliquée avec ses sept cents prêtres, ses écoles catholiques et ses scouts, a ainsi donné l'exemple. Un enjeu majeur pour André Vingt-Trois qui, tel le Pape, est bien trop souvent pour son goût comparé à son inoubliable prédécesseur, le cardinal Lustiger.

Même s'il y a peu de suspens dans son emploi du temps minuté, et auquel il déroge rarement, avant de monter dans sa papamobile Mercedes qui l'attendait pour le conduire vendredi soir à Notre-Dame de Paris, Benoît XVI a commis une brève entorse à son programme en allant à la rencontre de la foule massée face à la cathédrale. S'approchant hors caméra d'un homme qui l'avait imploré, il a embrassé son fils de 8 ans atteint d'une maladie orpheline. Le lendemain, le Pape a fait une pause imprévue avant d'entamer le long chemin du Jubilé, à Lourdes, où Mgr Perrier – organisateur quasi professionnel des pèlerinages – avait pris, il y a un an et demi, l'initiative de l'inviter pour le 150e anniversaire des Apparitions, sans imaginer une seconde qu'il accepterait avant d'entamer le long chemin du Jubilé. Alors que Jean-Paul II avait, en 2004, résidé à l'Accueil Notre-Dame-des-Malades, Benoît XVI a souhaité être hébergé à l'Auxilium, bâtiment situé à quelques kilomètres des sanctuaires et tenu par des auxiliaires de l'Apostolat, c'est-à-dire des laïques consacrés. À Paris, en revanche, le Saint-Père a passé la nuit à la Nonciature apostolique, la résidence de l'ambassadeur du Saint-Siège en France qui, par tradition même dans notre pays laïc, est le doyen du corps diplomatique et celui qui de ce fait présente chaque début janvier au nom des ambassadeurs les vœux au président de la République. Il y a reçu les évêques d'Île-de-France et sa suite pour un chaleureux et raffiné déjeuner arrosé de sauternes et de châteauneuf-du-pape. Avec au menu : terrine de légumes, filet mignon de veau, asperges, tomates provençales, plateau de fromages, tarte aux figues et abricots. Le Pape a, pour sa part, déjeuné plus frugalement et bu du jus d'orange. À la limite de l'ascétisme, il n'est guère préoccupé par ce genre de contingences matérielles et, concernant son quotidien, l'intendance doit suivre dans la simplicité. Les détails pratiques et l'organisation lui importent peu, d'ailleurs à peine s'est-il aperçu pendant son séjour que sa lourde Peugeot 607 à épaisses vitres fumées était blindée. À ses yeux, conduire l'Église universelle ne signifie pas, toutefois, en être le seul célébrant. Sa conception d'abord théologique de sa fonction entraîne ce Pape allemand avec un réflexe de collégialité à s'appuyer aussi sur les évêques. Lors de ses déplacements, c'est un laïc, Alberto Gasbarri, qui prépare et gère ses voyages, beaucoup plus espacés que ceux de Jean-Paul II. Gasparri en coordonne jusqu'aux plus infimes détails, y compris le choix du chapelet de perles – réservé aux personnalités, les autres sont en nacre – tel celui offert par Sa Sainteté à Carla Sarkozy. Le Saint-Père ne cache pas qu'il préfère regarder avec majesté les catholiques dans les yeux à Saint-Pierre de Rome plutôt qu'aux quatre coins de la planète. Selon sa conception du gouvernement de l'Église, il est le penseur et le prêcheur ; son Premier ministre, le cardinal Bertone, qu'on a beaucoup vu à ses côtés à Paris et à Lourdes, ayant quant à lui en charge toute la politique du Saint-Siège. Son secrétaire particulier, Mgr Gänswein, secondé par le prélat maltais polyglotte Mgr Xuereb, s'occupe de son agenda personnel. Réflexe germanique, prétend-on, Benoît XVI préfère ne pas leur donner trop de pouvoir…

Ce sont sans doute sa jeunesse bavaroise dans un milieu simple avec un père officier de gendarmerie et des grands-parents paysans, son sens de l'histoire et de la tradition papale qui lui ont donné le goût des lourds habits liturgiques riches et lumineux. Trône imposant, mitre romaine brodée de fil d'or, rehaussée de pierres précieuses et de perles fines, férule pontificale en or ciselé… Il a aussi réintroduit sur l'autel l'usage des sept chandeliers médiévaux. Contraste étonnant avec sa nature solitaire, celui qui est aussi l'évêque de Rome a vu s'incliner devant lui à Paris, outre le Tout-État et le Tout-Clergé, des personnalités aussi éclectiques que Bernard Arnault, Hubert d'Ornano, David de Rothschild – en costume un peu clair… –, Robert Badinter – qui s'était entretenu quelques semaines auparavant avec le Dalaï-lama – et Bernadette Chirac qui, après la messe de Paris, a couru à celle de Lourdes. Quand on s'appelle Bernadette, le Pape vaut bien deux messes !

Ce séjour en France a confirmé à Sa Sainteté ce qu'elle avait découvert à Sydney : la ferveur et l'enthousiasme de la jeunesse représentent sa plus grande joie depuis qu'il est Pape. Son prochain voyage, en 2009, devrait le conduire en Afrique. Or pour lui éviter de parcourir tout le continent noir, on a pensé au Sénégal, qui fêtera opportunément ses deux cents ans d'évangélisation. À 81 ans, le vieil homme a, en revanche, renoncé à un déplacement au Mexique, dont l'altitude inquiétait ses médecins.

Alors qu'à Lourdes, dimanche, les chants de la messe solennelle montaient vers le ciel, l'émotion a étreint tous les pèlerins, qui l'ont spontanément acclamé. Bouleversé par tant d'ovations, Benoît XVI, épris de silence, clignait des yeux, partagé entre la joie d'avoir tant fait vibrer le peuple de Dieu et donné de l'espoir à ceux qui souffrent et la crainte d'être, à l'avenir, traité en Pape star.

Après ces quatre jours marquants, Benoît XVI aspirait à retrouver le silence et la paix. Comme il l'a confié au Premier ministre François Fillon avant de monter dans l'avion du retour, c'est au cœur de ses jardins du Vatican, où il va régulièrement se promener à côté de la reproduction de la grotte de Massabielle, érigée par le Pape Léon XIII, que Joseph Ratzinger associera désormais Paris et Lourdes à ses prières.

Le Pape François

«Je crois que les gouvernements devraient agir le plus vite possible contre cette délinquance qu'est la production de la pédopornographie.»

– 17 octobre 2021 –

D'abord, Très Saint-Père, comment allez-vous ?

Je vais très bien, mène une vie normale et peux travailler au même rythme qu'avant.

Très Saint-Père, comment réagissez-vous après l'audit du récent rapport Sauvé ?

En ce qui concerne le résultat de l'enquête lancée par l'épiscopat français sur les abus, j'en ai parlé au lendemain de sa publication dans la partie française de l'audience générale du mercredi. Le mot clé est «honte» en pensant d'abord à la parole du Prophète : «À toi, Seigneur, la gloire, à moi la honte.» L'autre question de taille et grave à propos des abus (bien qu'elle ne soit pas du ressort de l'Église) concerne la «production» de la pédopornographie. Je crois que les gouvernements devraient agir contre cette délinquance le plus vite possible. Les groupes qui font cela sont comme des «mafias» qui se dissimulent et se défendent. Les victimes sont des enfants et des mineurs utilisés pour être filmés. Et tant de gens, tant de jeunes, même des mineurs, regardent ces choses-là.

Très Saint-Père, de quelle manière l'Église de Rome peut-elle continuer à engager les Églises chrétiennes dans la lutte contre le Covid-19 afin que cette bataille ne profite pas qu'aux riches ?

A été créée au sein du Dicastère pour le Service du développement humain intégral – dans votre langage, un ministère –, la « commission vaticane Covid-19 » dirigée par le cardinal ghanéen Peter Kodwo Appiah Turkson, préfet de cette entité, secondé par sœur Alessandra Smerelli, secrétaire par intérim, et le père Fabio Baggio. Ils se sont montrés aussi efficaces qu'actifs. Ainsi cette commission a-t-elle fait participer les Églises, les diverses institutions et tous les volontaires qui ont combattu sur le terrain cette pandémie avec courage et détermination. Cette mission bénévole s'est nourrie d'échanges, d'expériences multiples et a pu s'impliquer de façon positive, prendre des décisions après avoir recueilli les opinions de tous les responsables. Un type d'engagement de grande ampleur demeurant primordial par des actes concrets pour faire face à la crise mondiale, et demandant par ailleurs que nous soyons capables de regarder l'avenir en face.

Très Saint-Père, à cet égard les industries pharmaceutiques gagnant énormément d'argent ne devraient-elles pas justement se montrer généreuses et distribuer des vaccins contre le Covid-19 aux plus démunis ?

J'ai parlé directement de cette question dans un message vidéo – hier aux « Mouvements populaires »[1] et également en adressant un autre message vidéo – à la fondation argentine

1. L'expression « Mouvements populaires » désigne l'ensemble des organisations, associations, commissions, qui dans le monde entier s'inspirent de la Doctrine sociale de l'Église et regroupent des personnes militantes engagées dans des actions éducatives, syndicales ou politiques relevant au Saint-Siège de la Commission Justice et Paix.

IDEA à l'occasion de son tout récent colloque tenu à Buenos Aires sur le thème : «Réalisons une Argentine durable».

Très Saint-Père, l'Église universelle n'aurait-elle plus désormais son centre en Europe ?

Vous savez bien combien je suis attentif aux points de vue qui s'exposent quant à l'Église universelle. Lesquels consistent à se demander s'il faut qu'elle soit au centre ou à la périphérie ; l'Église universelle regardant en direction des périphéries et les périphéries se tournant vers le centre. J'aime la dialectique centre-périphérie. Mais cette question essentielle est néanmoins un sujet qui crée une certaine et inévitable tension parce qu'il définit la manière dont s'exerce la collégialité des évêques, et se reflète dans la synodalité. Thème sur lequel va se concentrer d'ailleurs le synode des évêques : proclamer que le centre de l'Église de Rome ne se trouve pas de nos jours en Europe signifierait expliquer qu'il y a un autre centre, alors qu'en réalité le centre et la périphérie allant l'un vers l'autre vont avancer ensemble et ainsi se compléter.

Très Saint-Père, pourquoi toute cette agitation autour de votre personne ?

Je ne vois pas vraiment d'agitation au Vatican, celle-ci a sans doute été créée à l'extérieur. Ici je ressens une forme de paix tout à fait normale.

Quels sont, Très Saint-Père, vos projets à venir ?

Il y a d'une part ce que l'on est en train de faire et d'autre part les nouveaux défis auxquels il faut se préparer. S'agissant du nouveau Dicastère pour le Service du développement humain intégral, un audit a récemment été lancé une année après sa fondation, soit une évaluation et une analyse de son activité. La synthèse de cette étude a fait apparaître qu'il reste encore de nombreux sujets à modifier, voire à réorganiser.

Il s'agit donc là d'un enjeu supplémentaire qui va obliger les « acteurs » de bonne volonté à restructurer l'ensemble des quatre organes de la Curie : la commission Justice et Paix, le Conseil pontifical pour la Pastorale des migrants et des personnes en déplacement, « Cor Unum » et des organes de la Pastorale pour les services de santé, c'est-à-dire de les rassembler en un seul dicastère. Or on n'est pas encore parvenu à les fusionner.

Très Saint-Père, quelles sont les décisions à vos yeux les plus importantes que vous ayez prises ?

Depuis mon élection au Siège de Pierre, je cherche à mettre en œuvre ce que les cardinaux ont demandé au cours des réunions du préconclave. De fait, tout n'a pas été pour l'heure réalisé. Ce qui est sorti de ces réunions, les thèmes mis en exergue sont de taille, reflètent combien l'on attend de ce Pontificat ! Sujets auxquels on tente de répondre depuis lors, telles l'importance de l'évangélisation, les catéchèses, la Pastorale. L'un des cardinaux avait rappelé que, dans l'Apocalypse, le Seigneur dit : « Je suis à la porte et je frappe. Si quelqu'un entend ma voix, qu'il m'ouvre sa porte. Je viendrai alors chez lui et nous dînerons ensemble. » Maintenant Jésus est à la porte et frappe pour sortir. Il veut aller à l'extérieur parce que parfois nous l'emprisonnons trop. Durant le préconclave, nombre d'entre nous réclamions une nouvelle dynamique de l'évangélisation. Il y a eu des requêtes concernant également d'autres domaines : le pouvoir judiciaire, le monde économique, les modalités de gestions des entités du Saint-Siège. Certaines des demandes sont toujours en cours d'examen. Ainsi que je l'ai écrit dans l'Exhortation apostolique *Evangelii Gaudium.* J'avais pour ma part été particulièrement exigeant, sans bien sûr pouvoir imaginer que ce serait ensuite à moi de mettre en route tout ce qui avait été défini.

Très Saint-Père, des lecteurs de ce livre se demandent sûrement ce que le Pape pense du transfert en France du champion de football international Leo Messi ?

Leo Messi, l'un de mes compatriotes, a en effet rejoint le club français du Paris-Saint-Germain. C'est un transfert courant me semble-t-il dans le milieu du sport. Je ne vois pas d'autres réelles motivations. Ce joueur argentin est non seulement très fort dans le football, sa discipline, mais de plus avec ses énormes gains dus à son talent d'attaquant, Leo Messi est extrêmement généreux et s'implique beaucoup dans la fondation qui porte son nom, favorisant l'accès à l'éducation et aux soins des enfants les plus vulnérables.

Très Saint-Père, envisagez-vous d'aller bientôt à l'étranger ?

J'irai probablement à Chypre, en Grèce et à Malte.

Enfin, Très Saint-Père, quelles sont aujourd'hui vos relations avec les Jésuites ?

Je me sens jésuite, je me sens frère des Jésuites, je suis allé le 26 septembre dernier déjeuner avec eux. J'insiste : nous sommes frères, partageons la même spiritualité et cela nous aide.

Le voyage du Pape François en Hongrie et en Slovaquie

– Année 2021 –

Il était 6 heures du matin précises dimanche quand nous nous sommes envolés avec le Souverain Pontife ce dimanche 12 septembre pour un programme chargé à Budapest et en Slovaquie où François était entouré de son cardinal secrétaire d'État Pietro Parolin, de son ministre des Affaires étrangères Monseigneur Richard Gallagher, de son archiatre – c'est le terme s'agissant du médecin personnel du Pape –, du reste de sa suite, et aussi, comme on nous l'a précisé, de deux infirmiers. Un marathon de quatre jours qui signe ce 34e voyage apostolique. Avec une visite express dans la capitale de la Hongrie, où, arrivé à 7 h 45, le Saint-Père a été reçu de façon protocolaire par le président de la République Jànos Àder et le Premier ministre Victor Orban. Le Pape est aussi chef d'État, ne l'oublions pas ! Moins de trente minutes seulement avec l'homme politique, non à cause d'une éventuelle fatigue, mais parce qu'ils ne partagent guère les mêmes idées, notamment en matière de flux migratoire, le Hongrois étant favorable à un contrôle strict des frontières… Puis il s'est entretenu avec les évêques locaux avant une rencontre œcuménique. Enfin, raison officielle de ce déplacement, l'évêque de Rome a présidé la messe de clôture du 52e Congrès eucharistique mondial sur la place des Héros, suivie de l'*Angélus*. Manifestation ayant réuni une centaine d'évêques et des cardinaux du monde entier. Ce jour-là, il a prononcé quatre allocutions. Direction ensuite la Slovaquie en avion à deux cents kilomètres de là. Après avoir été accueilli par les autorités locales, le Saint-Père a reçu à la Nonciature le Président du Conseil œcuménique des Églises, puis, selon son habitude depuis son élection, les Jésuites du pays. Le lundi a été consacré à Bratislava où il s'est d'abord entretenu avec la présidente de la République Zuzana Čaputová, suivi des discours aux autorités locales, rencontres avec les évêques, prêtres, religieux, séminaristes, catéchistes dans la cathédrale Saint-Martin. L'après-midi, il a fait une visite privée au centre Bethléem avant de passer un moment avec la communauté juive. Le Pape argentin s'est aussi rendu à Presov, puis à Kosice, pour réconforter les Roms, ces deux communautés ayant été persécutées sous les régimes totalitaires... Il a prié le lendemain au sanctuaire de Santin, célébré la messe à Notre-Dame des Douleurs. Ce périple épuisant avec douze prises de parole publiques entre discours, allocutions, homélies, remises de chapelets et médailles aux autorités, vingt-deux manifestations et cérémonies officielles où, réflexe instructif, son visage se crispe dès qu'il y a des marches militaires, démontre qu'à 85 ans le 17 décembre prochain le Pape a encore de la force. Quel parcours en effet ! Observé avec attention au-delà de l'aspect religieux par les chancelleries du monde entier, qui ont sans doute remarqué au passage que bien que Charles de Habsbourg, roi de Hongrie, ait été béatifié par Jean-Paul II en 2004, que son petit-fils Eduard de Habsbourg soit l'actuel ambassadeur près le Saint-Siège et que c'est par ailleurs à Bratislava que furent couronnés tous les rois de Hongrie, c'est un tout autre message et style que déploie le successeur de Karol Wojtyla… Ces quatre journées intenses veulent également démontrer que ses dix jours d'hospitalisation après son intervention du colon il y a deux mois ne sont plus qu'un mauvais souvenir. Lui qui le jour où il a quitté l'hôpital Gemelli est allé remercier à Sainte-Marie Majeure l'icône de la Vierge *Salus Populi Romani* pour le bon déroulement de son opération. C'est toujours à Elle qu'il confie ses voyages, et il a bien sûr prié pour les malades de l'hôpital. Enfin, pour prouver que sa convalescence était derrière lui, a-t-il lui-même révélé quelque temps auparavant lors d'une interview à la radio catholique espagnole Cope quels seront ses futurs voyages : l'Indonésie, le Timor oriental, la Papouasie, la Nouvelle-Guinée, et d'abord Chypre. Une annonce claire qui, comme me l'a expliqué un éminent jésuite, fait comprendre malgré les bruits fantaisistes ayant couru au fil de l'été que le Successeur de Pierre ne compte pas « renoncer », selon le terme consacré inventé par Benoît XVI. Tel qu'il l'a précisé : « Cela ne m'a pas traversé l'esprit », opposant de la sorte pendant l'interview un démenti aux récentes rumeurs sur le sujet véhiculées lors des vacances par les médias italiens. « Je ne sais pas où ils sont allés chercher l'idée que j'allais démissionner, ironise-t-il, je suis encore là. Un infirmier italien expérimenté m'a sauvé la vie, et m'a dit : “Il faut vous opérer.” Il y avait d'autres avis, tel l'usage d'antibiotiques. Je peux désormais manger de tout, ce qui n'était pas le cas avant, à cause des diverticules. Même si je prends encore des médicaments postopératoires car le cerveau doit enregistrer le fait que j'ai trente-trois centimètres d'intestin en moins », admet-il, ajoutant qu'il « mène une existence normale ». « D'autant qu'une fois annoncé cela s'il renonçait, ce serait un mensonge », souligne un haut prélat qui soupire. Un ange passe, et le message également… Comme l'explique le Pr Vlad Ratziu, spécialiste des maladies du foie et du tube digestif à l'hôpital de la Pitié-Salpêtrière à Paris : « Dans les populations occidentales, ces affections du colon augmentent avec l'âge, deviennent de plus en plus fréquentes avec le vieillissement de la population. Ce qui est rassurant, c'est qu'il s'agit de pathologie bénigne, non cancéreuse, dont le traitement médico-chirurgical assure un soulagement des symptômes et une guérison définitive dans la très grande majorité des cas. Des interventions chirurgicales aujourd'hui bien maîtrisées, dont les suites opératoires, même chez les sujets âgés s'ils sont en bonne santé, entraînent peu de complications. C'est particulièrement vrai des interventions programmées en dehors de l'urgence. Car cela permet une préparation optimale, qui minimise les risques opératoires et les besoins de réintervenir. Après dix jours de convalescence à l'hôpital, la programmation d'un déplacement de cette envergure deux mois après l'intervention est un signe encourageant de rétablissement du Saint-Père. Toutefois, quand ces interventions s'imposent en urgence, c'est souvent parce qu'il y a eu des complications locales mécaniques ou infectieuses qui menacent l'organisme, dans ce cas la chirurgie est plus délicate, les suites plus compliquées, le rétablissement plus long, entraînant souvent une seconde intervention. Ce qui n'a heureusement pas été ici le cas », conclut-il.

Quant aux ambassadeurs près le Saint-Siège, eux ne savent pas vraiment comment analyser ces faits. L'opération était-elle programmée de longue date ou décidée en urgence, car l'information a quand même été annoncée du jour au lendemain ? Bien qu'au Vatican l'on explique que c'est parce que Sa Sainteté aurait pendant l'été du temps pour se reposer. Chacun son approche de la communication entre un Pape venant du froid et de l'ancien bloc de l'Est et un Argentin plus emporté et sévère. À titre de comparaison, du temps de Jean-Paul II, après chacune de ses interventions, les bulletins de santé quasi quotidiens émanant du Saint-Siège étaient d'une étonnante précision. Ce qui pour ma part, nouvelle vaticaniste à l'époque, m'avait surprise quand le directeur de la salle de presse et médecin par ailleurs, le docteur Joaquín Navarro-Valls, avait même évoqué de façon clinique les intestins de Jean-Paul II. J'étais bouleversée, presque gênée d'une telle transparence.

Même si François va bien, cette question délicate reste désormais centrale *sotto voce* au sein de l'Église de Rome. Or nombre de cardinaux ambitieux rêvant du Siège de Pierre s'agitent afin de réussir notamment à publier avant le prochain conclave un livre afin d'y exposer leurs idées, leur programme… Pour un éminent cardinal, signer un ouvrage, se réunir avec d'autres collègues, à Budapest par exemple, est un moyen de déployer ses talents, de démontrer son aisance, son autorité naturelle, bref de se faire connaître, reconnaître au-delà de leur cercle et à leur manière de mener une campagne électorale… L'important est aussi de se faire publier en italien, car, dans leurs pays respectifs, les cardinaux sont des personnages importants trouvant facilement un éditeur. L'onction suprême est donc d'être «légitimé» en Italie; le Vatican reste une enclave à l'intérieur de ce beau pays, et peut-être aussi une pépinière d'écrivains pour ces Robes Rouges? Le cardinal guinéen Sarah, le Philippin Tagle, les Italiens Zuppi et Comastri ont récemment publié des ouvrages… pour ne citer qu'eux…

Mais revenons à la santé du Pape. Si le premier jour du voyage cela a semblé nous intéresser, devant sa résistance avec un programme aussi riche, cela nous a après moins captivés. De plus, la réalité est qu'au décès de son médecin personnel Fabrizio Soccorsi, 78 ans, en janvier dernier des suites du Covid, le Pape a choisi le Pr Roberto Bernabei, spécialiste de gériatrie et de médecine interne à la polyclinique universitaire Gemelli. Lequel lui a dès sa prise de fonction prescrit des examens poussés : coloscopie et autres ayant amené à cette intervention. D'après le vaticaniste Guido Vecchi du *Corriere della Sera*, le bulletin de santé après l'opération était sans ambiguïté. «Comment ne pas imaginer néanmoins qu'un homme de 84 ans et demi ne soit pas fatigué après une intervention lourde avec une anesthésie générale de trois heures? La santé des Souverains Pontifes demeure un éternel sujet. Ainsi a été annoncée récemment, poursuit-il, la fausse nouvelle du décès de Benoît XVI, tout simplement parce que François a pris une communication téléphonique pendant l'audience générale du mercredi. Et ceux qui ont assisté à cela en direct, impressionnés par ce geste insolite, ont pensé que c'était forcément très important car ce n'était jamais arrivé. Ici les faux bruits sont légendes.» De fait, le Saint-Siège oppose très rarement de démenti, ce qui laisse libre cours aux fantasmes...

Autre thème récurrent qui concerne cette fois la France, un éventuel déplacement du Saint-Père dans l'Hexagone. Si Sa Sainteté a récemment reçu au Palais apostolique nombre d'évêques français, fort prudents ces derniers ne se laissent aller à la moindre confidence sur la santé du Pape. Classique démarche ecclésiale qui n'avait pas eu lieu depuis 2012 pour toutes une série de circonstances, cela ne signifie pas néanmoins que le Successeur de Pierre se rendra prochainement dans notre pays. Calendrier pour lui providentiel, la règle est qu'il ne se déplace pas dans les six mois précédant une élection présidentielle. D'autre part, si le Souverain Pontife n'est pas allé en Allemagne alors qu'il partage les mêmes combats humanistes que la chancelière Angela Merkel, qu'il admire et ne s'en cache pas, il l'a rencontrée six fois depuis qu'il a été élu – elle détient le record des chefs de gouvernement reçus par François. Il y a peu de chances qu'il vienne en visite en France chez nous malgré les prévisions optimistes régulières, sur le fond assez peu réalistes, de notre clergé sur le sujet.

À son âge, François a des priorités, notamment aux périphéries... il le martèle continuellement. Mais la psychologie de l'évêque de Rome reste un casse-tête, souvent une énigme pour les diplomates qui ont du mal à écrire leurs télégrammes, car, sur nombre de thèmes, l'Argentin, ayant gardé de vieux réflexes de prudence, reste évasif, voire silencieux... Comme on dit au Vatican, « le silence est galant homme ». Pour preuve, devant l'ascenseur qui au Saint-Siège mène aux appartements pontificaux du deuxième étage, se trouve une Vierge du silence. « Je l'ai fait mettre là contre les bavardages », m'avait précisé en souriant le Pape lorsqu'il avait reçu *Paris Match* pour fêter nos 70 ans. De quoi méditer... Longuement.

Pape François

«Quand *Paris Match* a été fondé,
j'avais 12 ans et demi.»

– Année 2019 –

Le 1er mai, à 3 h 30, quand mon portable a sonné et que j'ai entendu un chaleureux «*Buongiorno, Carolina*», j'ai une fois de plus cru reconnaître la voix du Pape, mais cela semblait impensable. Alors je suis restée muette. Devant ce silence, mon interlocuteur a poursuivi : «C'est Papa Francesco. Tout d'abord, excusez-moi, c'est ma faute, je n'avais pas fait assez attention à votre lettre, mais j'imaginais bien que vous seriez chez vous aujourd'hui. J'avoue avoir été très occupé avec la semaine pascale et la visite dans les Balkans. Quelle est votre date butoir pour ce reportage ? Je regarde attentivement mon emploi du temps et je vous rappelle. En attendant, je ne vous dis pas "bon travail", puisque c'est la fête des Travailleurs. Enfin, essayez quand même de trouver un petit moment pour prier pour moi. On se voit bientôt.»

L'idée d'un sujet prestigieux avec l'évêque de Rome était née deux mois auparavant. Cinquante couvertures et d'innombrables articles ayant été consacrés aux Souverains Pontifes depuis Pie XII en 1949, il nous paraissait donc important, normal, même, d'une certaine façon, d'inviter le

Successeur de Pierre à participer à sa manière au 70e anniversaire du journal. C'est pourquoi j'avais osé lui glisser discrètement à l'oreille, dans l'Airbus nous conduisant au Maroc, le 30 mars dernier : « Très Saint-Père, ce serait un grand honneur si vous acceptiez de nous recevoir à l'occasion de cet événement. » Il avait souri : « Je vais réfléchir. Pourquoi pas ! » Je sais comment Jorge Mario Bergoglio fronce les sourcils dès qu'il n'est pas content, de ce fait j'étais optimiste, même si je suis consciente qu'il est le chef d'État le plus sollicité de la planète.

Le 21 mai, à 7 h 37 du matin, surprise ! Sur mon portable s'est affiché un e-mail intitulé « Del Papa Francesco ». « *Cara Carolina*, je vous attends le 25 à 16 heures à Santa Marta… » Trois jours plus tard, avec Guillaume Clavières, directeur de la photo, et Virginie Clavières, photographe, nous étions à Rome. Sa Sainteté allait nous accueillir sans protocole. Les providentiels rendez-vous du samedi après-midi, où le Pape mène un autre rythme, sont parmi ceux qui ne figurent pas sur l'agenda officiel. La semaine, comme le souligne Hernán Reyes Alcaide, confrère uruguayo-argentin qui le suit à Rome, avait été fort chargée. « Avec, notamment, la visite des membres de la Conférence épiscopale italienne, de la présidente de l'Assemblée nationale bulgare, la présentation des lettres de créance de neuf nouveaux ambassadeurs, la célébration d'une messe pour Caritas, l'accueil de cinq mille membres de la Fédération italienne de football… » et, bien sûr, l'audience générale du mercredi place Saint-Pierre, avec quelque vingt mille fidèles, dont beaucoup de prêtres et de religieuses, venus écouter sa catéchèse et assister à son grand tour en papamobile. C'est également le moment où lui sont présentées les personnalités, d'horizons très divers, ayant pris place au premier rang. Cette parenthèse hebdomadaire avec les pèlerins procure à l'ancien cardinal archevêque de Buenos

Aires des parenthèses de bonheur. Lui qui tient à garder un contact direct avec le monde extérieur retrouve alors ses vieux réflexes d'homme de terrain. Il bénit les jeunes mariés, réconforte les malades, embrasse les enfants, plaisante, pose pour des photos de groupe, employant le ton de la confidence comme s'il s'adressait à chacun en particulier.

Le samedi 25 mai, nous nous présentons, selon la règle, vêtus de sombre, devant la porta del Sant'Uffizio. Les grilles franchies, un garde suisse, dans son seyant uniforme jaune et bleu, vérifie nos identités, avant le barrage de la gendarmerie pontificale. Nous marchons jusqu'à Santa Marta, la résidence hôtelière du Saint-Siège, construite à l'époque de Karol Wojtyla. Loin de la solennité des palais officiels, c'est le lieu où le Pape argentin a choisi d'habiter au lendemain de son élection le 13 mars 2013. Il craignait de se sentir enfermé dans le décor grandiose des appartements pontificaux, et a encore récemment déclaré : « Le gouvernement du Vatican reste la dernière cour européenne de monarchie absolue, les autres étant désormais des monarchies constitutionnelles. C'est pourquoi cette structure doit disparaître. » Tout le monde a tremblé… Le Saint-Père occupe au deuxième étage une suite de trois pièces, dotée d'un mobilier fonctionnel, et prend la plupart de ses repas dans la salle à manger commune du rez-de-chaussée. Sa table se trouve à l'écart, sur la gauche, et il a parfois des invités. Bien qu'il soit servi, il lui arrive, afin de se plonger dans l'atmosphère ambiante, d'aller réchauffer ses pâtes au micro-ondes. C'est le moment où chacun l'imite pour tenter de l'aborder, de le saluer. Une singulière procession !

Nous voici enfin devant Santa Marta. Nous n'avons croisé personne, car seuls quelques *monsignori* travaillent le week-end. Un huissier nous fait entrer dans un petit salon. Et, soudain, à 16 heures précises, le Souverain Pontife ouvre la porte. Il n'est accompagné ni de son secrétaire particulier ni de membres de la sécurité, pas plus que de l'un de ses deux majordomes. Avec François, issu du Nouveau Monde, l'usage n'est plus de se prosterner et de baiser l'anneau papal, on fait juste un léger mouvement de tête en signe de respect. Il porte de grosses chaussures, confortablement usées, et sa soutane laisse entrevoir son pantalon noir de jésuite. Il se dirige vers nous. Je m'adresse à Sa Sainteté en italien, lui présente l'équipe de *Paris Match* et lui offre du champagne. «*Santità*, ce sera pour fêter notre anniversaire avec vos amis.» Ça l'amuse. Il nous rappelle que, d'après la légende, c'est un moine bénédictin qui aurait inventé le champagne, puis il pose la bouteille sur une table basse. Je me permets de lui demander : «Pourrait-on changer de pièce, celle-ci est triste et il n'y a pas trop de recul... — J'ai tout mon temps», répond-il, affable, pour nous rassurer. Il nous emmène dans une salle de réception, je lui présente alors le montage photographique avec les cinquante fameuses unes. «C'est beau, ça ; cinquante couvertures, ce n'est pas rien ! », s'exclame-t-il. Il les regarde attentivement sans chercher les trois où il figure. Je les lui indique, mais il est visiblement davantage intéressé par les autres, et surtout celles de Paul VI, «un grand ami de la France», insiste-t-il. Faisant le calcul, les yeux malicieux, il précise : «Quand votre journal a été fondé, j'avais 12 ans et demi ! » Puis il prend le document sous le bras, s'installe au bureau, me demande de choisir un feutre et ajoute : «Dois-je employer l'italien ou l'espagnol ? — C'est vous qui décidez, Très Saint-Père. — L'espagnol est ma langue maternelle.» Il commence à écrire. «Je m'aperçois que je suis spontanément passé de l'espagnol à l'italien ! » Résultat : «À *Paris Match*, pour son 70e anniversaire, mes meilleurs vœux, avec ma bénédiction. Fraternellement.» Il nous confie ensuite pourquoi il ne s'est pas rendu à Paris quand Notre-Dame a brûlé. «Même lorsqu'il y a des attentats perpétrés dans les églises par l'État islamique, je condamne vigoureusement les actes terroristes, prie pour les victimes, leurs familles et toute la communauté chrétienne, mais ne me déplace pas. Le Pape doit appliquer les mêmes règles partout. Je l'ai expliqué au Président Macron, qui l'a compris. » J'en profite pour lui demander s'il viendra un jour dans notre pays. « J'y pense… J'aimerais bien, mais, pour l'heure, d'autres ont davantage besoin de moi. Ah ! Teresina ! » Ses yeux brillent. Thérèse de Lisieux est une des saintes que le Pape vénère. J'enchaîne : « Très Saint-Père, pourquoi y a-t-il ici ce tableau de la Vierge, *Marie qui défait les nœuds* ? — Celui-ci est une reproduction de la peinture de Schmidtner. L'original se trouve dans une église bavaroise. Connaissez-vous son histoire ? — Mal. Pourriez-vous nous la raconter ? — Il y a plein de nœuds dans la vie : au quotidien, en famille, autour de soi… L'important, c'est d'arriver à les défaire, raison pour laquelle j'aime cette représentation de la Madone au grand ruban blanc qu'il faut réussir à dénouer avec grâce. — Et l'icône de la Vierge du silence qui se trouve entre les deux ascenseurs du palais apostolique ? — Je l'ai fait placer là, car c'est un symbole fort. Savoir se taire, éviter les bavardages ; quand on parle des autres, on est tenté d'en dire du mal, ce qui signifie souvent les détruire. Mieux vaut s'abstenir de faire des commentaires sur autrui. Restez ici, je vais remonter dans mon appartement pour vous rapporter le petit livre de la Vierge du silence. » C'est à ce moment-là que je lui offre un ouvrage sur sainte Thérèse de Lisieux.

Il prononce quelques phrases en français. « Je l'ai appris à l'Alliance française quand j'étais jeune, malheureusement, j'ai presque tout oublié. — Peut-être, mais vous avez un bon accent. » Il a l'air étonné. Je lui raconte que mon père était piémontais ; il s'exprime alors en dialecte piémontais : « C'est celui qu'employait ma grand-mère paternelle. » S'ensuit une conversation privée… Il observe la « boîte à lumière » de la photographe. Rien ne lui échappe. « C'est original, cette forme ronde ! — Très Saint-Père, Virginie avait peur que le rendez-vous ne tombe le jour où elle devenait grand-mère. — Vous êtes déjà grand-mère ! Je vais chercher un cadeau pour votre petit-fils, comment s'appelle-t-il ? » Le Pape sort d'un pas décidé chercher une médaille, un chapelet pour le bébé, le livre sur la Vierge du silence pour chacun de nous et, spécialement à mon intention, un recueil de ses poésies piémontaises préférées et ses textes sur l'Europe. Nous sommes comblés. Impressionnés par sa vitalité : à 82 ans, le Pasteur de l'Église universelle continue de tracer sa route.

Exquise courtoisie, le Souverain Pontife n'a jamais consulté sa montre, ne fût-ce que discrètement, au cours de ces trente-cinq minutes passées trop vite. Avec un timbre de voix apaisant, une façon sympathique de parler italien en y glissant souvent des tournures de phrase espagnoles, il transmet tant de joie qu'il nous ferait presque oublier que nous nous trouvons face au chef spirituel qui règne sur 1,313 milliard de catholiques.

Le Saint-Père ouvre lui-même la porte, prend soin d'éteindre la lumière. Nous traversons ensemble le vaste hall en marbre jusqu'à l'ascenseur. Il sourit et nous lance un chaleureux « *Adiós !* ». Une ancienne tradition prévoit que, sur le courrier envoyé à l'évêque de Rome, soit inscrit à droite de l'enveloppe « F.R. », « *Felicemente Regnante* » – « Régnant avec félicité ». En quittant Sa Sainteté, je me suis fait la réflexion que cette jolie formule protocolaire s'appliquait vraiment au Pape François.

Pape François : ainsi fait-il

En tête à tête avec Pape François,
un moment inoubliable

– Année 2015 –

Les cloches sonnent midi. Dans moins d'une demi-heure, le Pape François, qui se trouve au synode sur la famille dans un bâtiment voisin, doit rentrer à Santa Marta, l'hôtel des cardinaux et des hauts prélats, au cœur du Vatican, où il habite à l'ombre de Saint-Pierre. C'est là qu'est fixé notre rendez-vous, chez lui. Une résidence moderne, sans style, qu'il a choisi d'habiter dès son élection afin de ne pas se sentir enfermé dans le solennel et grandiose palais papal. Quatre pièces fonctionnelles, au décor sobre, où il ne risque pas de croiser des sœurs avec des « mines de piment au vinaigre », selon sa propre expression. Le sévère gendarme pontifical posté dans une guérite stratégique contrôle l'identité de l'équipe de *Paris Match* et passe un rapide appel téléphonique pour s'assurer que nous sommes inscrits à l'ordre du jour du Saint-Père, car on n'entre pas ici sans sésame. « *Tutto a posto* », c'est bon. Quelques éminences impatientes font les cent pas dans l'entrée de marbre, guettant fébrilement l'arrivée du Souverain Pontife, pendant que son ami le cardinal du Honduras, Óscar Andrés Maradiaga, s'éloigne à grands pas. Quant à moi, je n'ai pas dormi de la nuit, car depuis la veille la rumeur veut que le prix Nobel de la paix soit attribué au Pape, ce matin, à 11 heures. Ce serait une raison légitime pour renvoyer notre entretien à une date ultérieure. On ne va quand même pas nous voler ce moment «béni» tant espéré... Le caractère indomptable de Jorge Mario Bergoglio s'exprime notamment dans cette liberté de décider lui-même de son agenda privé, en marge des structures officielles. C'est ma chance ! Je fais dans ma tête un rapide compte à rebours. En sortant du synode en début de matinée, j'ai pu constater que le Saint-Père était déjà attendu par nombre de participants. Mais, surprise, à ce moment-là, je vois de loin s'avancer une silhouette blanche. Le Pape François est seul, sans gendarme, secrétaire particulier ni garde suisse, et, dès qu'il pénètre dans le hall silencieux de Santa Marta, tous les regards convergent vers lui. Néanmoins, le discret et stylé personnel vêtu de sombre se tient en retrait. Il tient un dossier sous le bras et se dirige vers moi en souriant. Je lui présente Marc Brincourt, notre rédacteur en chef photo, et Éric Vandeville, appareil numérique à la main. Nous sommes en noir, c'est la règle. Toutefois, avec François, qui a souhaité un protocole allégé, plus question de plonger pour baiser l'anneau papal. Nous nous inclinons en faisant un léger signe de la tête. Affable, le Saint-Père prononce quelques mots en français et nous invite à le suivre dans un petit salon donnant sur un jardin intérieur. Une pièce baignée d'une lumière douce, presque intime, avec quelques tableaux aux murs, des paysages et un portrait de Jean-Paul II, une Vierge en bois et une jolie table piémontaise du XVIIIe. Rien ne lui échappe, pas plus mes quatre magnétophones démodés à cassette, que je viens de poser sur la table, car j'ai trop peur de perdre un mot de cet échange extraordinaire, que les objectifs laissés sur le sol par le photographe. «*Santitá*, commence-t-on par l'interview, le cadeau ou les photos ?» Je vois qu'il regarde alors furtivement en direction du tableau de Thérèse de l'Enfant-Jésus, qu'il appelle «Teresina» et à laquelle il demande régulièrement des grâces. «*Santitá*, j'ai trouvé ce portrait en Normandie chez des religieuses qui déménageaient.» Il rit, me remercie chaleureusement, puis le dépose près de la porte. Je ne résiste pas ensuite à lui faire découvrir notre numéro avec six pages de reportage sur son voyage il y a trois semaines à Cuba, encore impressionnée par cette messe inoubliable, place de la Révolution à La Havane. J'ai un flot de questions. Bien sûr, je l'avais à plusieurs reprises rapidement interviewé, dans son avion en rentrant de Rio, de Tirana, de Strasbourg, de Sarajevo… mais sans avoir eu jusque-là le privilège inouï d'être seule face à lui.

On peut le constater en public, à Rome lors des audiences générales du mercredi et à l'occasion de ses déplacements, qui se transforment toujours en événements médiatiques : ce Pape est charismatique, son timbre de voix apaisant, rassurant, et sa façon de parler italien en glissant des tournures de phrase espagnoles rendent ces moments rares aussi spontanés que singuliers. Émus par tant de simplicité et de disponibilité, nous oublions presque que nous nous trouvons devant la personnalité la plus puissante au monde, comme viennent de le qualifier les journalistes américains après sa récente visite historique aux États-Unis. Nous avons passé avec le Pape un moment si exceptionnel que le temps ne semble plus avoir de prise sur nous. D'ailleurs, exquise délicatesse, le Pape non plus n'a pas regardé sa montre.

Ce vendredi 9 octobre, comme le 6 août dernier, restera une date gravée dans ma mémoire quand le Souverain Pontife m'a téléphoné sur mon portable. «*Hola, Carolina.*» Évidemment, j'avais cru reconnaître son accent, tout en me disant que je rêvais. Impensable en effet d'imaginer avoir Sa Sainteté en personne au bout du fil. C'est alors qu'il me promit une interview.

Je n'osais pas, bien sûr, lui demander quand. Il reste toujours une part de mystère au Vatican. On ne pose pas ce genre de question à l'homme le plus occupé de la Terre. Depuis ce matin-là, mon cœur battait très fort. Et, un jour, tout est allé très vite.

Très Saint-Père, comment allez-vous ?

Ça va bien, mais, vous savez, les visites sont quand même très fatigantes et, en ce moment, avec le synode des évêques, cela me laisse un minimum de temps.

Vous rentrez justement d'un long déplacement. Pourquoi ne vous étiez-vous jamais rendu aux États-Unis ?

Les voyages que j'ai faits ont été motivés par des réunions en lien avec mes précédentes charges de maître des novices, provincial, recteur des facultés de philosophie et de théologie, d'évêque. Aucune de ces réunions, congrès, synodes… n'a eu lieu aux États-Unis, c'est la raison pour laquelle je n'avais jamais eu l'occasion de visiter ce pays.

Pendant le synode sur la famille, vous canoniserez ensemble le père et la mère de sainte Thérèse de Lisieux. Pourquoi eux ?

Louis et Zélie Martin, les parents de sainte Thérèse de l'Enfant-Jésus, sont un couple d'évangélisateurs qui, leur vie durant, ont témoigné de la beauté de la foi en Jésus. À l'intérieur de leur maison et à l'extérieur. On sait bien que la famille Martin était accueillante et qu'elle ouvrait sa porte et son cœur. Alors que, à cette époque, une certaine éthique bourgeoise, prenant l'excuse du décorum, méprisait les pauvres, tous les deux, ainsi que leurs cinq filles, consacraient de l'énergie, du temps et de l'argent à aider les personnes dans le besoin. Ils sont certainement un modèle de vie de couple et de sainteté.

Pourquoi vous, argentin, nourrissez-vous une telle dévotion envers une sainte française ?

C'est l'une des saintes qui nous parlent le plus de la grâce de Dieu. Comment Dieu prend soin de nous, nous tient par la main et nous permet d'escalader facilement la montagne de la vie. À condition de nous abandonner entièrement à Lui, de nous laisser « transporter » par Lui. La petite Thérèse avait compris au fil de son existence que c'est l'amour, l'amour réconciliateur de Jésus, qui entraîne les membres de son Église. Voilà ce que Thérèse de Lisieux m'a appris. J'aime aussi ses propos contre « l'esprit de curiosité » et les ragots. Souvent je lui demande, à elle qui s'est laissé simplement soutenir et guider par la main du Seigneur, de prendre en main un problème auquel je suis confronté, une question dont je mesure mal l'issue, un voyage que je dois affronter. Alors je l'implore d'accepter de s'en charger et de m'envoyer comme signe une rose. D'ailleurs, m'est-il bien souvent arrivé d'en recevoir une...

Est-ce l'amour de saint François d'Assise pour la nature et la cause de l'écologie qui vous ont fait choisir votre nom ?

Je n'y avais jamais songé auparavant. Ce qui m'a à ce moment-là déterminé n'est pas tant le message de saint François sur la Création que sa façon de vivre dans la pauvreté évangélique. Pendant le conclave, lorsque le seuil des voix nécessaires à l'élection du Pape a été atteint, mon ami brésilien le cardinal Claudio Hummes, assis à côté de moi, m'a serré dans ses bras et m'a dit de ne pas oublier les pauvres. J'ai ensuite pensé au monde, meurtri par tant de guerres et de violences, car, par son témoignage, saint François d'Assise a été un homme de paix. Dans l'encyclique *Laudato si'*, commençant avec les paroles du *Cantique des créatures*, j'ai cherché à montrer quels liens profonds existent entre l'engagement pour l'éradication de la pauvreté et le soin de la Création. Il faut laisser à nos enfants et petits-enfants une Terre vivable, et s'engager à bâtir une paix véritable et juste dans le monde.

Vous êtes le Pape d'une époque confrontée à de vastes dérèglements climatiques. Quel sera votre message pour la Conférence internationale de Paris sur le climat ?

Le chrétien est enclin au réalisme, non au catastrophisme. Néanmoins, justement pour cela, nous ne pouvons nous cacher cette évidence : le système mondial actuel est insoutenable. J'espère vraiment que ce sommet pourra contribuer à des choix concrets, partagés et visant, pour le bien commun, le long terme. Y contribuent de nouvelles modalités de développement afin que tant de femmes, d'hommes et d'enfants souffrant de la faim, de l'exploitation, des guerres, du chômage puissent vivre et grandir dignement. Que de nouvelles modalités réussissent à mettre fin à l'exploitation de notre planète. Notre maison commune est polluée, elle ne cesse de se détériorer. On a besoin de l'engagement de tous. Nous devons protéger l'homme de sa propre destruction.

Mais comment faire ?

L'humanité doit renoncer à idolâtrer l'argent et replacer la dignité de l'être humain au centre pour le bien commun et les futures générations qui peupleront la Terre après nous. Sinon nos descendants seront contraints de vivre sur une accumulation de déchets et saletés. Il nous faut cultiver et protéger le don qui nous a été fait et non l'exploiter de façon irresponsable, prendre soin de ceux qui n'ont même pas le minimum nécessaire et commencer à entreprendre des réformes structurelles favorisant un monde plus juste. Cela implique de renoncer à l'égoïsme, à l'avidité, afin que tous puissent vivre un peu mieux.

La Nasa a annoncé récemment la découverte d'une planète de taille terrestre, Kepler-452b, qui ressemble à la Terre. Y aurait-il ailleurs d'autres êtres pensants ?

À vrai dire, je ne sais comment vous répondre : jusqu'à présent, les connaissances scientifiques ont toujours exclu qu'il y ait dans l'Univers des traces d'autres êtres pensants. Souvenons-nous néanmoins que, jusqu'à la découverte de l'Amérique, on n'imaginait pas qu'elle existait, et pourtant elle existait ! Je crois en tout cas qu'il faut s'en tenir à la parole des savants, en étant toujours conscients que le Créateur est infiniment plus grand que nos connaissances. Ce dont je suis certain est que l'Univers et le monde dans lesquels nous habitons ne sont point le fruit du hasard, du chaos, mais celui d'une intelligence divine, de l'amour d'un Dieu qui nous aime, nous a créés, nous a voulus et ne nous laisse jamais seuls. Ce dont je suis encore certain est que Jésus-Christ, le fils de Dieu, s'est incarné, est mort sur la croix pour nous sauver du péché, nous, les hommes, et qu'il est ressuscité en vainquant la mort.

Des pays comme la France, qui accueille nombre de chrétiens, pourront-ils un jour, selon vous, aider ces communautés d'Orient menacées par l'islamisme à rentrer chez elles ?

Il est en train de se passer sous nos yeux une tragédie humanitaire qui nous interpelle tous. Pour nous, chrétiens, les paroles de Jésus, qui nous a invités à le voir parmi les pauvres et les étrangers appelant à l'aide, restent un commandement. Il nous a enseigné que chaque geste de solidarité envers eux est un geste envers lui. Mais, dans votre question, vous abordez aussi un autre sujet très important : nous ne pouvons pas nous résigner à ce que ces communautés, aujourd'hui minoritaires au Moyen-Orient, soient contraintes d'abandonner leurs maisons, leurs terres, leurs tâches quotidiennes. Ces chrétiens sont des citoyens de plein droit de leur pays, présents sur leurs terres comme disciples de Jésus depuis deux mille ans, totalement insérés dans la culture et l'histoire de leur peuple. Face à l'urgence, nous avons le devoir humain et chrétien d'agir. Nous ne pouvons oublier les causes qui ont provoqué cela, faire comme si elles n'existaient pas. Demandons-nous pourquoi tant de gens fuient, pourquoi il y a tant de guerres et de violences. N'oublions jamais qui fomente la haine et la violence, mais également qui spécule sur les guerres et le rôle des trafiquants d'armes. Rappelons-nous l'hypocrisie de ces puissants de la Terre qui parlent de paix, mais qui, en sous-main, vendent des armes.

Au-delà de l'assistance immédiate, alors que faire pour les réfugiés ?

On ne peut tenter de résoudre ce drame qu'en regardant loin. En agissant pour favoriser la paix. En travaillant concrètement sur les causes structurelles de la pauvreté. En s'engageant pour construire des modèles de développement économique qui placent non pas l'argent au centre, mais l'être humain. En œuvrant afin que la dignité de chaque homme, chaque femme, chaque enfant, chaque personne âgée soit toujours respectée.

Capitalisme et profit sont-ils des mots diaboliques ?

Le capitalisme et le profit ne sont pas diaboliques, si on ne les transforme pas en idoles. Ils ne le sont pas s'ils restent des instruments. Si, en revanche, domine l'ambition déchaînée de l'argent, si le bien commun et la dignité des êtres humains passent au deuxième voire au troisième plan, si l'argent et le profit à tout prix deviennent des fétiches qu'on adore, si l'avidité est à la base de notre système social et économique, alors nos sociétés courent à la ruine. Les hommes et la Création tout entière ne doivent pas être au service de l'argent : les conséquences de ce qui est en train d'arriver sont clairement visibles d'où que vous vous placiez !

Comment vous en est venue l'idée du jubilé de la Miséricorde ?

L'Église a, depuis Paul VI, de plus en plus mis l'accent sur la référence à la miséricorde. Durant le pontificat de saint Jean-Paul II, cela s'est exprimé avec davantage de force encore : encyclique *Dives in Misericordia*, institution de la fête de la Divine Miséricorde le dimanche après Pâques, canonisation de sainte Faustine Kowalska, religieuse polonaise, 1905-1938. En prolongeant cette ligne, réfléchissant et priant, j'ai pensé que ce serait une très bonne idée de proclamer une année sainte extraordinaire, « le jubilé de la Miséricorde ».

Le formidable enthousiasme dont vous faites l'objet pourra-t-il aider à résoudre la crise mondiale ?

Sur ces questions délicates, l'action du Pape et du Saint-Siège reste indépendante du degré de sympathie ou d'enthousiasme que suscitent à un moment ou à un autre des personnalités. Nous essayons de trouver à travers le dialogue la solution des conflits et la construction de la paix, cherchant inlassablement par des voies pacifiques à résoudre les crises et les conflits. Le Saint-Siège n'a pas d'intérêts propres à défendre sur la scène internationale, mais il agit par le biais de tous les canaux possibles pour encourager les rencontres, les dialogues, les processus de paix, le respect des droits de l'homme. Par ma présence dans des pays tels que l'Albanie ou la Bosnie-Herzégovine, j'ai tenté de soutenir des exemples de coexistence et de collaboration entre des hommes et des femmes appartenant à différentes religions afin qu'ils surmontent les blessures toujours ouvertes qu'ont provoquées les tragédies récentes. Je ne fais pas de projet, je ne m'occupe pas de stratégie ni de politique internationale, conscient que, dans de multiples circonstances, la voix de l'Église est une *vox clamantis in deserto* – « la voix de celui qui crie dans le désert ». Je crois néanmoins que c'est justement cette foi dans l'Évangile qui exige que nous soyons des bâtisseurs de ponts et non de murs. Il ne faut pas exagérer le rôle du Pape et du Saint-Siège. Ce qui vient d'arriver entre les États-Unis et Cuba en est un exemple : nous avons seulement cherché à favoriser la volonté de dialogue des responsables des deux pays, nous avons surtout prié.

Comment faites-vous pour garder votre simplicité jésuite après avoir dit, à Manille, une messe devant 7 millions de fidèles et des centaines de millions de téléspectateurs ?

Lorsqu'un prêtre célèbre la messe, il est bien sûr devant les fidèles, mais d'abord face au Seigneur. Par ailleurs, plus on se tient devant des foules, plus il faut être conscient de notre petitesse et du fait que nous sommes des « serviteurs inutiles », comme Jésus nous le demande. J'implore chaque jour la grâce de pouvoir être celui qui renvoie à la présence de Jésus, d'être le témoin de sa miséricorde quand il nous serre dans ses bras. C'est pourquoi, chaque fois que j'entends « Vive le Pape ! », j'invite les fidèles à crier « Vive Jésus ! ». Quand il était cardinal, Albino Luciani – futur Jean-Paul Ier –, face aux applaudissements, soulignait avec finesse : « Croyez-vous que le petit âne sur lequel Jésus est entré dans Jérusalem ait pu penser que les "hosanna" de la foule lui étaient adressés ? » C'est ainsi que le Pape, les évêques, les prêtres tiendront la promesse de remplir leur mission s'ils savent être comme ce petit âne et aident à mettre en lumière le vrai protagoniste en gardant toujours à l'esprit qu'aux « hosanna » d'aujourd'hui peuvent succéder demain les « crucifie-le ».

Quel est l'héritage le plus précieux que vous ayez reçu de la Compagnie de Jésus ?

Le discernement cher à saint Ignace, la recherche quotidienne pour mieux connaître le Seigneur et Le suivre toujours de plus près. Essayer de faire chaque chose de la vie quotidienne, jusqu'aux plus petites, avec un cœur ouvert à Dieu et aux autres. Tenter de porter le même regard que Jésus sur la réalité et de mettre en œuvre jour après jour ses enseignements dans les rapports avec autrui.

Les Jésuites étaient, il y a plus de deux siècles, chassés de Chine. Ce pays a-t-il disparu de votre esprit ?

Jamais ! Non ! La Chine, elle est dans mon cœur. Elle est là. [le Pape frappe sa poitrine.] Toujours.

Imaginez-vous pouvoir un jour aller dans une pizzeria romaine ou prendre l'autobus vêtu en simple prêtre ?

Je n'ai pas complètement abandonné mon habit noir de clergyman sous la soutane blanche ! Certes, j'aimerais encore pouvoir me promener dans les rues de Rome, une très belle ville. J'ai toujours été un prêtre de la rue. Les rencontres les plus importantes de Jésus et sa prédication ont eu lieu dans la rue. Bien sûr, j'aimerais tellement aller manger une bonne pizza avec des amis, mais je sais que ce n'est pas si facile, presque impossible. Ce qui ne me manque jamais, c'est le contact avec les gens. Je rencontre énormément de monde, beaucoup plus qu'à Buenos Aires, et cela me donne tellement de joie ! Quand je tiens des fidèles dans mes bras, je sais que c'est Jésus qui me tient dans ses bras.

Vous connaissez sûrement la sentence de Béranger, auteur français du XIXe siècle, sur les Jésuites : « Hommes noirs, d'où sortez-vous ? Nous sortons de dessous terre. Moitié renards, moitié loups, notre règle est un mystère. Nous sommes fils de Loyola. »

C'est vraiment audacieux d'écrire cela ! Et peut-être même astucieux…

Pape François :
les JMJ au Brésil, la foi dans la joie

– Année 2013 –

Dans l'avion, cent huit personnes attendent le Pape François pour son premier voyage à l'étranger. Il est 8 h 45, le lundi 22 juillet 2013, à l'aéroport Leonardo da Vinci de Rome. Un Souverain Pontife n'est jamais en retard. L'hélicoptère de l'aéronavale italienne en provenance du Vatican vient de se poser. Dans quelques instants, Sa Sainteté montera avec son vieux cartable noir dans l'Airbus A330, le vol spécial AZ4000 d'Alitalia. C'est toujours sous ce chiffre que voyage l'évêque de Rome, qui n'a pas d'appareil privé. À bord de la « caravane » pontificale, pour ce trajet qui durera douze heures, sont installés sa suite – dont son cardinal secrétaire d'État Pietro Parolin, ses deux secrétaires particuliers, son médecin le docteur Renato Buzzonetti l'archiatre selon les termes consacré – et nous autres, journalistes. Il y a là les envoyés des principaux titres italiens, des quotidiens les plus importants de la planète, de plusieurs chaînes de télévision et stations de radio, de la presse catholique internationale. Mais un seul hebdomadaire, *Paris Match*.

C'est un si grand privilège de voler avec le Souverain Pontife que la règle interdit à quiconque de rejoindre ou de quitter le cortège aux escales. Remis aux autorités du Saint-Siège avant le décollage, nos passeports nous seront rendus à la fin de notre périple d'une semaine au Brésil, pour les 28e Journées mondiales de la jeunesse, à Rio de Janeiro. Afin de se familiariser avec ceux qui allaient le scruter et qu'il baptisait « des lions pas si féroces », le nouveau Pape, qui jusque-là avait peu fréquenté notre corporation, a tenu à ce que chacun de nous lui soit présenté personnellement à l'aller. Padre Lombardi, le directeur de la salle de presse, lui aussi membre de la Compagnie de Jésus, enthousiaste de l'élection de François, a donc décliné nos noms et fonctions à 12 000 mètres d'altitude. Le Saint-Père a écouté, les yeux pétillants, un sourire aux lèvres. Avec des mots simples, sans se départir d'un naturel déconcertant, n'hésitant pas, par exemple, à évoquer la sciatique qui l'a fait souffrir le premier mois de son pontificat, il nous a vite charmés. Le marathon a enfin pu commencer, sous la surveillance de sa sécurité rapprochée, dirigée par le commandant de gendarmerie Domenico Giani. Lequel frémit lorsque, le soir de la veillée avec les jeunes, il voit son saint patron, dont le parcours a été balisé depuis des mois, s'arrêter soudain pour boire du maté offert par un pèlerin… Quelle audace ! En vérité, comme il nous l'a confessé lui-même, François est fataliste. « J'ai eu tant de fois envie d'aller dans les rues de Rome ! Mais les gendarmes, qui sont si bons pour moi, m'ont vite fait comprendre que c'était impossible. » C'est pourquoi, au Brésil, le Pape a l'impression de respirer un air de liberté. Heureux, notamment, lorsqu'il rentre dormir à Sumaré, la résidence officielle de l'archevêché, au bord d'une petite forêt luxuriante qui domine la baie de Rio, de pouvoir enfin se reposer après le programme chargé de cette kermesse de la foi.

Dans la ville dont la star est un Pape, on a donné quatre jours et demi de vacances à la population afin qu'elle devienne JMJiste. Soir après soir, François vit des moments intenses dans cet éphémère sanctuaire brésilien. Sous les étoiles de la célèbre plage de Copacabana, les chants en son honneur montent vers le ciel. Ému, il tire nerveusement sur sa chaîne d'argent de sa croix sans doute. C'est sa façon, lui qui n'est ni hiératique ni distant, de ne pas montrer combien il est touché. Son visage devient alors grave, comme lorsque, le deuxième jour de sa visite, il vénère la Vierge, seul quelques instants dans la salle des Douze Apôtres, avant de célébrer la messe dans la basilique d'Aparecida. Il fait une entrée majestueuse dans cet immense édifice où, au milieu de milliers de pèlerins, la nouvelle génération des bonnes sœurs du Troisième Monde fait sensation. Debout sur leurs chaises, elles jouent aux équilibristes, voile au vent, une image du Pape et une fleur dans une main, l'iPad dans l'autre, portant toutes un chapelet en bracelet à faire bénir. L'ambition de ces infirmières de la foi n'est plus d'essayer d'agripper le Pape, comme cela se passait encore avec Jean-Paul II, se faisant littéralement arracher des morceaux de vêtements par des religieuses, mais de le photographier. Cela n'a pas échappé au Souverain Pontife argentin. D'autant que les congrégations féminines sont si répandues que même l'Esprit saint en ignore le nombre. D'ailleurs, son ami le cardinal du Honduras Óscar Andrés Rodríguez Maradiaga, coordinateur du groupe des huit cardinaux réfléchissant aux côtés du Pape à une réforme de la Curie, m'a dit, amusé : « C'est *Sister Act* ! » En fait, avec le Smartphone, le rapport respectueux au Pape a changé. Les pieux fétichistes catholiques qui voulaient autrefois attraper la main d'un successeur du prince des Apôtres, blanc comme une hostie, quasi sorti de la naphtaline, souhaitent désormais avant tout filmer ce Pape aussi moderne qu'imprévisible, et twitter sur lui.

Même ses cardinaux et évêques, encore intimidés du temps de Benoît XVI, ne s'en privent pas non plus.

Lors de la messe avec les hauts prélats, les prêtres, les religieux et les séminaristes, présidée par Sa Sainteté à la cathédrale Saint-Sébastien de Rio, ces derniers qui se préparaient à l'office dans la sacristie semblaient pour nombre d'entre eux davantage préoccupés par leur futur enregistrement de la messe papale sur leur téléphone portable que par la liturgie. Comment nier que les réseaux sociaux et la nouvelle technologie ont à jamais modifié l'attitude de chacun ? François est en effet, depuis son élection, devenu malgré lui le plus twitté des chefs d'État. Quand des centaines de croyants l'acclament au long de ses parcours, quand des fillettes sont nattées de rubans à son effigie, quand des chiens portent un manteau avec son portrait, et surtout quand 3 millions de fidèles se rendent à sa grand-messe, comme dimanche dernier sur les quatre kilomètres de la célèbre plage, le 265e Successeur de Pierre paraît toujours étonné de susciter pareil engouement. D'une réelle humilité, le jésuite qu'il est, regardant cela comme s'il s'agissait de quelqu'un d'autre, en tire une certaine fierté en tant qu'évêque de Rome, mais ne ressent aucune gloire d'assister à une telle ferveur du peuple de Dieu et de s'entendre applaudir aux cris de « *Viva il Papa !* » ; parfois, il paraît même un brin dérouté d'être autant acclamé.

« Le premier miracle, m'explique Carlos Augusto Montenegro, patron du grand institut de sondage brésilien Ibope, est que les Brésiliens vont, grâce à ce nouveau Pape, aimer les Argentins, alors que régnait jusque-là une rivalité séculaire entre eux. Cette visite, dont les jeunes avaient besoin, va renforcer ici la religion catholique, car si ces JMJ ne susciteront guère de conversions, il y aura maintenant une hémorragie beaucoup moins importante vers les évangéliques dans un pays où 65 % de la population sont catholiques, 13,2 % protestants évangéliques, 8,8 % autres protestants et 3,5 % adeptes de la macumba ou du spiritisme. Le reste étant sans religion officielle. »

« François n'est pas un Pape de la figuration, mais de la transfiguration, insiste le Père de Sinety, curé de Saint-Germain-des-Prés, prêtre ayant emmené le chiffre record de deux cent cinquante Français aux JMJ ! Comment expliquer le succès de Jorge Mario Bergoglio auprès de toutes les générations, et pas seulement des jeunes qu'il vient de galvaniser ? Sans doute parce que son verbe est clair, que ses paroles bouleversent les consciences, qu'il a le sens de la scène et du rythme. Passant en un instant d'une attitude pénétrée à un sourire ravageur. Habité par de fortes convictions, séquentiel, il traite les sujets les uns après les autres, sans se laisser influencer. Déterminé, méfiant, il veut se faire lui-même son opinion. Combien de fois l'ai-je observé pendant ce voyage apostolique froncer les sourcils, se mordre les lèvres, se concentrer avant de répondre... Ce qui m'a marquée est de le voir faire le signe de croix chaque fois qu'il prenait place à bord de la grosse libellule brésilienne des forces armées, avant de s'envoler ; visiblement, l'hélicoptère n'est pas son moyen de transport favori ! C'est rassurant de penser que, comme nous, dans les airs, le Pasteur de l'Église universelle remet son destin entre les mains du Tout-Puissant.

En descendant à Rome de la passerelle de l'avion, nostalgique, je me suis dit : « C'est déjà fini. » Étreinte par l'émotion, j'avais les larmes aux yeux. Il est parfois difficile d'être totalement objectif...

À la messe privée du Pape François

– Année 2013

La place Saint-Pierre est vide. Il fait nuit, le ciel tutoie le diable. Le secrétaire particulier du Pape François m'a informée que j'étais invitée ce 18 septembre à la messe privée de Sa Sainteté et qu'il faudra me présenter à 6 h 30 du matin à l'entrée du Vatican, devant les grilles encore fermées. Me voici donc au rendez-vous face à la porte du Perugino, à gauche de Saint-Pierre, consciente d'être une privilégiée, car le Saint-Siège reçoit des centaines de demandes quotidiennes depuis que l'archevêque de Buenos Aires a été choisi par ses pairs. Un gendarme pontifical contrôle mon identité et mon sac, un garde suisse consulte sa fiche. «*Benissimo*», «très bien». En marchant jusqu'à Santa Marta, l'hôtel des cardinaux, où le nouveau Pape a élu domicile, je croise un jeune prêtre à vélo. «*Vade retro Mercedes.*» Depuis qu'il prône la simplicité, les prélats ambitieux ont compris le message pour imiter un Pape qui se déplace dans une petite cylindrée de série non polluante. À cette heure matinale, quelques appartements de monseigneurs zélés sont déjà allumés. Quant au Souverain Pontife, il est debout depuis 4 h 30.

Dans les jardins majestueux, seul un camion poubelle vient rompre l'harmonie séculaire de ces lieux enchanteurs. J'arrive devant Santa Marta, le bâtiment moderne sans style où le Pape François vit et célèbre la messe chaque matin, dans ce qui est devenu sa chapelle privée. Il y a déjà l'un de ses anciens élèves argentins, Reinaldo, et sa femme, ayant fait le voyage de Santa Fe, un couple de Boliviens de Cochabamba qui a perdu un fils, un évêque, de nombreux prêtres et les membres du tribunal apostolique de la Rote, peu de laïcs en somme ! Bien que des compatriotes soient souvent conviés, le Pape n'« argentinisera » pas le Vatican, comme l'explique un prélat argentin qui travaille là depuis douze ans. Par ailleurs, le Pape ne souhaite pas que le secrétaire d'État, c'est-à-dire son Premier ministre, ait trop de poids et puisse tout verrouiller. Pour preuve, lorsqu'il a donné son interview simultanément publiée dans seize revues jésuites à travers le monde, aucun membre important de la secrétairerie d'État n'était même au courant, car le Saint-Père se méfie des photocopies. Autre nouveauté : trois secrétaires particuliers se relaient dans la journée. Personne, de la sorte, ne connaît avec précision tout son agenda. Nous attendons juste en face des quatre fenêtres du Pape, qui s'est installé au deuxième étage de Santa Marta. Soudain, une ombre bouge. C'est forcément sa silhouette derrière le voilage, car nul ne pénètre chez le Souverain Pontife à cette heure matinale. Peut-être est-il en train de nous compter… La lumière s'éteint. Cela correspond à ce que m'a dit l'un de ses amis : Jorge Mario Bergoglio, qui a horreur des dépenses inutiles, appuie sur l'interrupteur dès qu'il quitte une pièce.

Le timing est parfait. Un garde suisse, qui paraît moins distant qu'à l'époque de Benoît XVI, fait un nouveau contrôle puis nous invite à entrer. Nous marchons presque sur la pointe des pieds. Personne n'ose perturber la quiétude de l'endroit. Le grand hall de Santa Marta est désormais fleuri, plus élégant et accueillant qu'auparavant, avec des meubles XVIIIe, des tableaux allégoriques, un portrait de Jean-Paul II, un autre du Pape François. Le personnel, stylé et discret, est fier de servir le Pasteur de l'Église universelle. Nous rejoignons en silence la chapelle, au fond à gauche de l'entrée. Les prêtres, eux, vont concélébrer avec Sa Sainteté. Deux sœurs de Saint-Vincent-de-Paul vérifient que tout est en ordre. Nous nous installons sur cinq rangées de chaises où ont été déposés des missels rouges. Le décor du sol de marbre est géométrique, les parois de verre, à travers lesquelles on voit l'épais mur d'enceinte de la cité du Vatican, font office de vitraux. Tous les regards convergent vers la porte de la sacristie. L'atmosphère est à la fois recueillie et fébrile. Un doux air d'harmonium réchauffe la pièce. À 7 heures précises, le Successeur de Pierre se trouve face à nous. On l'a à peine vu entrer. Lui n'a d'yeux que pour la petite croix de bois posée, entre les deux cierges, au centre de l'autel. Ce matin, il n'est plus l'homme le plus populaire du monde, celui qui, aux JMJ de Rio, était entouré de 3,5 millions de pèlerins, mais simplement un mystique, s'abandonnant les yeux mi-clos dans la prière. Quelle émotion de voir à quelques mètres de soi le Pape François en dialogue avec Dieu. Sa voix est basse. Le ton sera plus affirmé lors de l'homélie, quand il critiquera « la culture du bien-être, les honneurs » et désignera « la route de Jésus pour la chrétienté, la capacité de porter avec joie et patience les humiliations [...] afin d'avancer dans la vie ». Lors de cette messe, Français a insisté sur la fracture sociale, son premier combat. Comment pourrait-on oublier en effet qu'il a, comme jésuite, fait vœu de pauvreté ! Cette doctrine est sans doute la clé de sa force intérieure. Il la vit, aujourd'hui, davantage en curé du monde qu'en Souverain Pontife. Il nous parle avec humilité, loin des foules immenses qu'il a galvanisées, avant-hier encore, lors de l'audience générale du mercredi, et qui l'ont acclamé devant la basilique Saint-Pierre. Au moment de l'eucharistie, tout le monde communie, même les membres de sa sécurité rapprochée, eux aussi en noir. Le calice et ses habits sacerdotaux sont sobres. À la fin de l'office, le Pape nous bénit, puis repart. Il va ôter ses parements liturgiques. Quelques instants après, il est là de nouveau, encore plus près de nous. Il s'assied sur un banc, tel un simple croyant. Quel contraste avec le Pape conquérant qui fascine la terre entière ! Il prie, seul, immobile et fixe l'autel. Après une dizaine de minutes, le Saint-Père sort de la chapelle pour rejoindre l'atrium. On ne se sent plus au Vatican, mais chez lui. Aucun huissier en gants blancs et lourde chaîne d'argent croisée à ses armoiries n'est là pour nous présenter. Le protocole a été à sa demande allégé ; le Pape sait qui sont ses invités. Son secrétaire particulier reste à l'écart, un prêtre de son entourage m'indique juste de rejoindre la file, et un majordome me débarrasse de mon sac afin que je n'en sois pas encombrée. De même, lorsqu'on offre un cadeau au Souverain Pontife, il est immédiatement mis de côté. En tant que chef d'État, cette fois, il doit toujours avoir les mains libres, c'est l'usage. Je suis si émue que j'ai peur de lâcher la bouteille de châteauneuf-du-pape que je lui ai apportée et jusque-là dissimulée dans mon grand sac de cuir sombre. Impressionnée, je regarde ses pieds. Il porte de confortables chaussures noires à lacets, usées au point que le bout semble remonter. C'est déjà mon tour... « Alors, comment allez-vous depuis que vous m'avez interrogé sur les Jésuites dans l'avion qui nous ramenait de Rio ? Et où en est votre livre ? », me demande le Pape, affable, avec un grand sourire. « Très Saint-Père, vous faites chaque jour tant de choses que je vous cours après dans mes pages... » Il lève les bras : « Je vous crois, mais il y a tellement de travail ! Vous savez, le père Madelin, avec lequel vous écrivez, était provincial comme moi et en même temps. J'imagine que vous consacrez beaucoup de temps à l'écriture, car les Jésuites sont rigoureux et exigeants... » J'ose préciser en regardant le Pape dans les yeux que le père Madelin est aussi sévère que chaleureux. Puis lui tend la bouteille de vin rouge de la vallée du Rhône. « Très Saint-Père, j'ai pensé que vous ne connaissiez pas ce cru français au nom prédestiné. Alors peut-être pourriez-vous le boire à notre santé ! » Il sourit et me remercie avec effusion. Lors de ces moments privés, il n'est pas prévu d'aborder des sujets de fond mais de répondre à Sa Sainteté avec diplomatie.

Dans le hall de réception en marbre clair, chaque fois que passe le Pape, c'est comme si la Terre s'arrêtait de tourner. Les dignes employés attachés à sa personne le voient tous les jours, mais, quand il traverse, cela reste toujours un honneur pour ceux qui le servent. Ce matin-là, ils ont aussi croisé le rabbin Skorka, ami argentin du Pape, coiffé de sa kippa, qu'il a invité pour le petit déjeuner. Skorka est son hôte à Rome, car il participe à une manifestation de la communauté de Sant'Egidio, impliquée dans le dialogue œcuménique. « Le Pape François, m'explique-t-il, est toujours attentif aux autres dans les moindres détails. Et comme il contrôle tout, c'est l'un de ses traits de caractère, il s'est assuré que mes aliments sont casher ! » Toutefois, quand je lui tends mon stylo pour qu'il me redonne son e-mail – nous nous sommes connus à Buenos Aires –, il commence à l'inscrire... puis le laisse tomber : en ce jour de fête religieuse, on ne peut écrire ! Le Pape arrive à cet instant précis et demande ce qui se passe. « C'est soukkot, Très Saint-Père, vient de m'annoncer votre ami le rabbin. » Il se tourne alors vers lui et lui dit en espagnol : « Tu ne crois pas que tu en fais un peu trop ! » Le rabbin me regarde alors en souriant. Puis il le précède dans la salle à manger. Le Pape François prend rarement ses repas seul... D'aucuns prétendent que, au regard de l'histoire des Papes, c'est sans doute plus prudent pour un Souverain Pontife ayant l'ambition de réformer en profondeur le Vatican. Qui sait si, à l'instar d'Alexandre VI, on lui proposait un vin empoisonné. Alors, pragmatique, le Pape jésuite continue de respirer l'air du temps et d'appliquer la règle des trois S si redoutée au Saint-Siège : simplifier, surprendre et s'imposer. « Quand les Jésuites détiennent le pouvoir, il faut s'adapter rapidement », m'avait prévenue, dès l'élection de Bergoglio, mon regretté ami le cardinal jésuite Roberto Tucci.

Après cette providentielle parenthèse, je dois maintenant quitter Santa Marta. Ce Pape latino-américain spontané met en effet si peu de distance apparente avec ses interlocuteurs qu'il ne faut pour autant oublier que l'on parle au Successeur de saint Pierre. C'est pourquoi, me souvenant que ma chère mère me répétait : « L'important dans la vie n'est pas d'être invitée mais d'être réinvitée », je sais que, comme en amour, il faut toujours susciter la rencontre suivante. C'est comme cela que j'ai osé suggérer à Sa Sainteté de lui apporter le premier exemplaire de notre livre *Ainsi fait-il* dès qu'il sera imprimé. Le Pape a souri. Il est d'accord. C'est bon, je tiens mon prochain rendez-vous ! Je quitte le Vatican en chantant…

Ils servent l'Église catholique-Interviews

Sacrés défis

Le Pape François a choisi un ancien médecin, Mgr Aupetit, pour être au chevet de l'Église de Paris

Mgr Michel Aupetit a été choisi par le Pape pour être le 141ᵉ archevêque de Paris. Après avoir soigné les corps, c'est aux âmes que se consacre désormais l'ancien médecin généraliste ordonné prêtre à 44 ans. Fils d'un cheminot athée, il change d'aiguillage, entrant sur le tard au séminaire. Simple prêtre, il devient vicaire, aumônier de lycée, curé, évêque auxiliaire de Paris, évêque de Nanterre. Son vaste diocèse compte alors des paroisses sociologiquement aussi différentes que Neuilly et Gennevilliers. Mgr Aupetit rassemble maintenant dans la capitale toutes les sensibilités, des plus conservateurs aux progressistes. Il m'avait confié lors d'une interview il y a plusieurs années son ambition de finir un jour curé de campagne. Un destin contrarié pour ce docteur au chevet de Paris.

– Année 2017 –

Le Pape vient de vous nommer archevêque de Paris, est-ce pour vous une surprise ?

Le jour où j'ai fait le serment d'Hippocrate, je suis devenu médecin, mais je ne savais guère où cela m'entraînerait. Quand j'ai accueilli l'appel de Dieu, ce dont j'étais certain, c'est que ma vie ne m'appartenait plus, car déjà c'était le Seigneur qui dirigeait ma barque.

Vous êtes désormais le premier archevêque de France !

J'ai d'une certaine façon une place particulière, car l'archevêque de Paris est de ceux que l'on observe le plus. Chaque évêque a des choses à dire, mais on est, il est vrai, moins entendu dans une petite ville de province qu'à Paris, véritable caisse de résonance qui fait que, lorsque l'archevêque de Paris se mouche, cela provoque une tempête. De surcroît, l'archevêque de Paris, aussi métropolite, est le référent de l'ensemble des évêques de la région. Celui qui veille à unir ceux d'Île-de-France afin qu'ils agissent ensemble et réfléchissent à des projets communs novateurs…

Êtes-vous salarié dans cette fonction prestigieuse ?

Ayant 65 ans depuis un an, je touche ma retraite de médecin, ce qui assure les trois quarts de mon revenu mensuel. Le dernier quart provient de la caisse de retraite des prêtres. J'ai donc au total près de 1400 euros par mois. Cela ne va pas changer, me semble-t-il. Je ne dois pas être une charge pour l'Église. Parfois, je dis en plaisantant que je suis quasiment bénévole dans l'Église, mais un bénévole logé.

Une Église parisienne lourde dans son fonctionnement ?

Avec 106 paroisses, 140 salariés au diocèse et plus de 800 dans les paroisses gérant leurs propres ressources, cela nécessite d'avoir des recettes suffisantes. Or celles-ci proviennent presque exclusivement de leurs ressources : soit la générosité des fidèles, les quêtes, les cierges, le denier de l'Église, les legs et donations.

Sur quel nombre de prêtres « régnez »-vous ?

Je suis au service de près de 600 prêtres séculiers, dont environ une centaine est à la retraite. Le diocèse compte aussi plus de 500 prêtres appartenant à des ordres religieux, environ 150 religieux non prêtres, 1200 religieuses, près d'une centaine de séminaristes dans les maisons du séminaire de Paris, dont presque 90 en formation pour le diocèse. Toutefois, l'important n'est point d'aligner des chiffres, mais qu'il y ait une fraternité sacerdotale, une estime entre des personnes de diverses générations, cultures, divers milieux, pouvant avoir d'autres sensibilités, et qu'elles soient heureuses dans les missions qu'on leur a confiées.

Quelle est leur formation ?

Contrairement aux futurs médecins, dont on vérifie juste qu'ils ont bien réussi leurs examens, au séminaire on regarde si les candidats ont une âme de prêtre, aiment les gens, ont vraiment envie de donner leur vie, et non uniquement d'avoir obtenu leur diplôme de théologie. Titulaires d'un doctorat en théologie ou pas, ils seront quand même prêtres quand ils ont la vocation. D'ailleurs, il y a quelques années, on a pu faire entrer au séminaire des personnes non diplômées, issues de la grande précarité, mais ayant un cœur de prêtre. L'essentiel, même si la formation dure maintenant sept années, n'est point de former un intellectuel, mais d'associer la tête et le cœur. Ce qui signifie d'abord apprendre à être disponible. Voilà pourquoi il y a au séminaire une première année de propédeutique. Parenthèse où l'on n'attend rien de vous, où vous avez le temps de vous poser, de réfléchir, de méditer sur cet appel, de faire une retraite en silence qui dure trente jours, d'aller pendant un mois à l'extérieur vous occuper des pauvres. J'étais, quant à moi, avec les Missionnaires de la Charité et je dormais auprès des SDF. D'autres vont aider des personnes handicapées, c'est particulièrement décapant, éclairant. À l'issue de cette expérience, on fait le point : à Nanterre, j'ai eu un séminariste qui, après cette période de discernement, a compris que ce n'était pas sa voie et qui, plus tard, m'a invité à son mariage.

Quelle est votre conception de la laïcité ?

J'insiste, pour ma part, sur la liberté de conscience non seulement dans le domaine religieux, mais encore dans tous les autres domaines d'opinion. La laïcité implique que l'État garantisse à chacun de pouvoir exprimer sa religion. D'ailleurs, il n'est guère interdit de manifester l'expression de sa foi dans la sphère publique, à condition que cela ne gêne pas l'ordre public. En effet, les processions des chemins de croix du vendredi saint et du 15 Août sont, par exemple, toujours organisées en concertation avec les autorités concernées.

Allez-vous agir pour les migrants ?

Cela fait déjà plusieurs années que le cardinal Vingt-Trois est sensible à cette question. Dans le diocèse, confortés par l'appel du Pape François, les catholiques de Paris ont lancé de nombreuses initiatives dans les paroisses, les mouvements, les associations. Je vais, la veille de la Journée mondiale du migrant et du réfugié, réunir à Saint-Denys de la Chapelle curés et conseils pastoraux des paroisses de Paris pour voir comment continuer d'agir et créer toujours plus de synergie.

Comment allez-vous exercer ces responsabilités ?

Au-delà de mes multiples fonctions diocésaines, j'irai chaque dimanche soir célébrer à Notre-Dame et le matin dans une paroisse de la capitale, mais sans doute aussi en semaine.

Participer à des réunions de prêtres est important pour les connaître, les écouter, mesurer leurs joies et leurs peines…

Comment s'inscrit pour vous le dialogue interreligieux ?

À l'époque, le cardinal Lustiger avait donné un fort élan au dialogue avec la communauté juive, que je veux évidemment poursuivre. À Nanterre, dans mes visites aux paroisses, je me rendais notamment chez l'imam à la mosquée, et lui venait quelquefois à la messe. Ces gestes traduisent un respect mutuel ; il faut néanmoins être capable de dépasser le stade des rencontres officielles, d'essayer de créer des ponts, des liens. Inciter les Parisiens à prendre des initiatives personnelles parfois simples, comme d'aller faire les courses de sa voisine, de l'aider… Cela me semble possible dans certains quartiers parisiens, tel qu'on a essayé de le mettre en place dans les cités, îlots et communautés de banlieue… Ce qui signifie, comme le font nombre de paroisses, de réussir à réunir des gens pour des conférences, des rencontres, des lieux d'apprentissage, des échanges de savoirs…

Archevêque et médecin également diplômé en bioéthique, vous passez dans ce domaine pour conservateur !

Peu m'importe l'étiquette, mon ambition est de faire comprendre qu'il y a un enjeu. Des désirs illimités de la société risquent à l'avenir d'épuiser la planète, de la faire mourir sur le plan écologique comme biologique. De nos jours, la fortune permet de tout se payer. Ainsi des paysans démunis d'Amérique du Sud vendent leurs organes à de riches Yankees juste pour réussir à nourrir leurs enfants, et des femmes des pays de l'Est louent leur ventre afin que les Occidentales puissent avoir un bébé dans des conditions prêtant en réalité à réfléchir quant à leur légitimité ! Or, la légalité, c'est d'abord le droit des enfants. N'est-il pas inscrit dans la convention de l'ONU sur le droit des enfants, ratifiée par la France en 1991, que « tout enfant a le droit de connaître ses parents et d'être élevé par eux », soit son père et sa mère ? L'essentiel, c'est de protéger un être faible, dans les pays pauvres où l'urgence absolue est d'abord de survivre : ils ne pensent ni à la PMA ni à la GPA.

Quelle place accorderez-vous à l'enseignement catholique ?

Paris compte 142 établissements, écoles, collèges et lycées catholiques, dont plus d'un tiers dépendent de congrégations religieuses, les autres étant directement diocésains. Ce qui signifie 78 500 élèves, 5 000 enseignants et quelque 1 000 bénévoles. Ces chiffres impliquent de vraiment travailler avec le directeur diocésain de l'enseignement catholique et les chefs d'établissement. En effet, ce sont eux les porteurs de la pastorale, du message évangélique, de l'éducation à la liberté, mais aussi à la découverte du sens de l'existence à transmettre à près de 17 000 enfants catéchisés en interne ou dans les paroisses. L'école catholique doit être ouverte à tous. À côté d'établissements d'excellence réputés, il en existe d'autres, bons également, accueillant les plus modestes parmi lesquels un établissement du 20e arrondissement tenu par les Pères salésiens.

La médecine vous a-t-elle fait voir la mort autrement ?

Depuis tout petit, je rêvais d'exercer ce métier, parce que je supportais mal de voir souffrir ceux que j'aimais. Mais la foi change tout, en effet ; pour un médecin qui n'a pas la foi, la mort a forcément le dernier mot, car, même s'il continue à vaincre la maladie, un jour il va perdre. Comme le chevalier du film de Bergman *Le Septième Sceau*, le médecin joue aux échecs avec la mort et sait qu'à la fin celle-ci l'emportera. Confronté à la mort, en tant que prêtre, à tous les coups je gagne. Accompagner nombre de patients en fin de vie m'a beaucoup appris. Maintenant, entre autres, grâce aux soins palliatifs, notamment à domicile, que j'ai plus particulièrement suivis, je sais qu'il est possible non seulement de soulager les malades, mais aussi de faire participer la famille. Ainsi elle n'est plus totalement impuissante face à la souffrance et peut alors poser un acte d'amour. C'est à cela qu'il faut se consacrer.

Aurez-vous autant de temps qu'avant pour la prière ?

Je ne sais pas, c'est mon ange gardien qui décidera. Je continuerai à me réveiller à 3 ou 4 heures du matin pour prier avant de me rendormir. La prière nourrit mon existence quotidienne. Et si je n'y arrive pas, je ne pourrai pas même en rêve rester archevêque de Paris. Car, s'il fallait faire le choix entre la prière et l'archevêché, j'opterais pour la prière.

L'archevêque de Paris a le privilège très ancien de pouvoir garer sa voiture dans la cour d'honneur lorsqu'il est reçu à l'Élysée…

[Il rit.] Ah bon… je ne le savais pas. Je possédais un vélo, on me l'a volé. Ensuite, j'ai eu une vieille Clio de plus de vingt ans. Je la trouvais superbe, mais j'ai été interdit de circuler avec. Alors je viendrai sans doute à pied !

Cardinal Lustiger

Fils d'émigrés juifs polonais, l'ashkénaze né à Paris qui se convertit à 14 ans au catholicisme deviendra cardinal archevêque de Paris. Ainsi Jean-Marie Lustiger confiait-il volontiers à ses proches : «Ce que j'ai fait dans l'Église catholique, n'importe qui aurait pu le faire, mais ce que j'ai fait comme cardinal et comme juif, j'étais seul à pouvoir le faire.» Toujours dans la gravité d'une existence à la fois douloureuse et éblouissante, il fascinait littéralement ceux qui l'approchaient, et d'abord le monde politique impressionné par son charisme et la richesse de ses idées. Même si à gauche on le trouvait trop à droite et à droite trop à gauche, tous admiraient le sens de l'action de ce courageux archevêque à la belle gueule et au regard conquérant qui, en moins de vingt ans, réussit à créer entre autres un séminaire, une faculté de théologie, une station de radio, une télévision et transformer l'ancien Collège des Bernardins devenu ensuite une caserne de pompiers en un centre de réflexion sociale et religieuse. Toujours dans la confrontation et la séduction, présent sur tous les fronts dont les médias, l'ancien aumônier des étudiants qui portait jour après jour sa croix et pas seulement le vendredi saint devant les pèlerins fut, sa vie durant, hanté par l'image tragique de sa mère disparue à Auschwitz. Par ailleurs, une certaine insolence et le goût des traditions lui dictaient lorsqu'il était invité à l'Élysée, de garer sa voiture dans la cour d'honneur, puis d'écouter assis le chef de l'État. Un vieux droit réservé aux princes de sang et aussi aux princes de l'Église, qu'il appliquait non pas par vanité mais pour préserver ce privilège républicain. Il refusa en revanche la Légion d'honneur que Jacques Chirac voulut tardivement lui remettre. «Pourquoi, disait-il, accepter ce ruban rouge après avoir été revêtu de rouge par Jean-Paul II ?» Ce n'était un secret pour personne, Son Éminence avait un sacré caractère, humble et fier en même temps. Homme de foi au destin inouï, il était l'illustration rare de ce dont une ambitieuse mère juive n'aurait jamais rêvé pour son fils : qu'il règne sur l'Église de Paris et devienne électeur du Pape !

Leçon de vie pour l'Éternité

– Année 2007 –

Souvent je parlais avec le cardinal Lustiger, ébloui par l'intelligence et la profondeur de ses Papes. J'étais bouleversée de savoir qu'il avait un cancer de la gorge, mais il évoquait cela comme une leçon de vie. Alors, un jour, je lui ai dit, la voix brisée par l'émotion : «Éminence, ce que vous m'expliquez a une telle force que j'aimerais le partager avec nos lecteurs.» Il a marqué un temps d'arrêt, et quelque temps avant de mourir m'a donné son testament moral afin que nous le publiions dans *Paris Match*.

«Le rapport à la mort, je le vis comme tout homme et, je pense, comme tout chrétien. Pour beaucoup, c'est une épreuve et une énigme ; chacun la perçoit de façon différente. Personne n'imagine comment on la vit dans les derniers moments. Je ne sais pas vraiment si j'ai peur de la mort. Pendant la guerre, je l'ai vue de près, j'ai craint d'y passer sous les bombardements, puis j'y ai fait face durant les persécutions nazies. Je savais juste ce que c'était, conscient qu'elle pouvait me viser n'importe quand, mais je n'étais pas dans l'angoisse. Je l'ai vécue tel un adolescent, en essayant d'y faire face, de donner un sens à mon quotidien, tout en sachant qu'il était périssable. Je me souviens d'avoir réfléchi très jeune, sans doute à cause des circonstances, à la mort en tant que dimension anthropologique. "Pourquoi les hommes meurent-ils ?" "Que signifie la vie humaine, si c'est un tel écroulement de générations et que tout se noie dans le sable ?" "À quoi bon se battre, si on sait qu'à la fin tout sera inévitablement frappé d'inanité ou de vacuité ?" Comme chrétien, je crois profondément qu'il faut construire. Tant de gens reviennent à des visions très anciennes qui touchent l'au-delà, sur lesquelles l'humanité n'a cessé de réfléchir, d'épiloguer, d'inventer des solutions, de la métempsycose à la survie, aux tables tournantes, à un autre monde… Cet étrange animal qu'est l'homme n'est pas seulement ce que nous connaissons des autres animaux : nous sommes un "animal divin", marqué par une dimension qui n'appartient qu'à Dieu, et notre vie ne s'achève guère avec la mort animale d'une existence humaine, puisque dès que nous nous comportons autrement que les animaux, nous commençons immédiatement à vivre "divinement".

» Quand l'être humain reçoit de son intelligence la capacité de choisir, de réfléchir, d'avoir même la notion morale du bien et du mal, lorsqu'il découvre le sens de la responsabilité, donc de sa liberté, là est déjà le divin qui s'inscrit dans la conscience humaine. Cela surpasse la limite impitoyable de la mort du corps et de sa déchéance et, comme chrétien, on peut tirer quelque chose de cette expérience de la mort, de la souffrance dont on doit se défendre.

» Quant à la maladie, c'est un mal qu'il faut combattre. Toutefois, les souffrances, humaines, morales, physiques, spirituelles, psychiques, dont aucune n'est assimilable aux autres, peuvent être assumées. Le vrai problème, ce sont les terribles cruautés qui traversent notre histoire. Le malheur dont sont sur Terre victimes tant d'hommes et de femmes et qui pose des questions de fond : "À quoi bon sert-il de se battre ? Et pourquoi l'Histoire est-elle en perpétuel mouvement ? Pourquoi n'arrête-t-on pas cette comédie humaine de l'humanité ?" Je pense qu'il existe une beauté beaucoup plus grande et plus forte que celle que j'évoquais à l'instant, et Dieu s'est fait présent sur Terre pour nous permettre de choisir de porter cette épreuve et d'aller au-delà. Mais ne me parlez jamais d'euthanasie. Je suis contre, parce que c'est une horreur de plus, et si l'on n'applique pas la règle absolue que tout être humain sans exception doit être respecté, et que chaque instant de vie est essentiel, on ne sait plus où est la limite.

» Pourquoi un handicapé mental, par exemple, n'aurait-il pas le droit de vivre et d'être traité comme un être normal ? Si on se permet de tuer, d'assassiner ou d'interrompre l'existence de qui peut encore en disposer, on ne sait pas jusqu'où iront les mensonges, les illusions et la cruauté humaine. C'est un garde-fou essentiel de dire : "On ne touche pas à la vie." Il faut la protéger jusqu'au bout. Les soins palliatifs, que j'ai beaucoup encouragés, consistent précisément à ne point faire subir de traitements inutiles ni à plonger dans le désespoir absolu ceux qui sont au bout du chemin, mais à supprimer la douleur pour leur rendre leur liberté, et leur donner le choix de vivre jusqu'à la fin ce moment de l'existence dans cette chair qui est la leur. »

Cardinal Lustiger : « Je ne suis ni chat ni souris. Je veux que les politiques aient en face d'eux un homme libre et sincère. »

– Année 2001 –

Il faisait encore nuit, nous étions en hiver, le cardinal ne voulait jamais perdre de temps, il m'avait donc fait venir à l'archevêché à 7 h 45 et il était plutôt de mauvaise humeur. Alors, pour détendre l'atmosphère, je lui ai demandé : « Pensez-vous qu'une mère juive ait imaginé dans ses rêves les plus fous avoir un jour un fils cardinal archevêque de Paris ? » Il a souri et m'a répondu : « C'est pas mal trouvé ! » Commençons maintenant. Une matinée inoubliable.

Éminence, comment voyez-vous l'avenir de l'Église catholique en France ?

Pas plus clairement que l'avenir politique, économique ou culturel de la France. Quand on est plongé dans une situation, on a du mal à voir la perspective. Pour savoir où nous irons au XXIe siècle, il faut d'abord comprendre d'où nous venons.

Que retenez-vous donc du passé récent ?

Nous avons vécu, dans les cinquante dernières années, un très rapide transfert de la population : il y a un demi-siècle,

80 % des Français habitaient à la campagne ; ils sont maintenant moins de 20 % ! L'Église, la vie chrétienne étaient liées à cet univers rural où se forgeaient la culture et l'idéal de notre pays. Où 90 % des petits Français allaient au catéchisme ; pour ne pas y aller, il fallait appartenir à une famille protestante, juive ou anticléricale… Ils ne sont plus de nos jours qu'environ 20 %. Il y a cinquante ans, la majorité des Français dormait à l'ombre d'un clocher. Les publicitaires qui ont imaginé l'affiche électorale du président Mitterrand devant le clocher de village avec comme slogan « La force tranquille » s'en sont souvenus. Depuis au moins un millénaire, les Français avaient adopté les traditions chrétiennes pour scander la vie sociale. La révolution de 1789, malgré la rupture qu'elle instaurait, n'avait pas réussi à briser ce lien. Le bouleversement est devenu visible vers 1960, avec la construction des grands ensembles d'habitation modernes sans église ni paroisse, école ou commerce. Symboles aujourd'hui de la violence urbaine et de la cassure des générations. C'est là que la jeunesse livrée à elle-même s'invente une identité sans passé et sans avenir.

Loin des yeux, loin du cœur, en quelque sorte ?

La nouvelle urbanisation a provoqué l'effondrement de l'ancien conformisme social. Les gens chrétiens sans le faire exprès ni même le savoir, ceux qui allaient à l'église pour faire comme tout le monde, ceux qui envoyaient leurs enfants au catéchisme parce que cela ne leur ferait pas de mal mais plutôt du bien, ceux qui se mariaient devant le curé pour avoir une belle cérémonie… tous, j'insiste là-dessus, ont abandonné les coutumes familiales. Parfois avec la nostalgie entretenue par les récits des générations passées… dont bon nombre entrevoient qu'ils ont perdu le trésor de l'existence.

Avec quel bilan ?

Certains observateurs qui jugent l'Église, comme une entreprise, à son nombre de « clients » et à son « chiffre d'affaires » pronostiquent la conquête du marché des religions par des start-up religieuses. Mais les religions ne forment pas un marché. Ou du moins, « l'Évangile du Christ n'est pas plus un produit en vente que commercialisable »…

Vos affaires vont mal, maintenant ?

Non, elles vont bien. Depuis que j'exerce mon ministère, je suis témoin de la force de l'Évangile, qui guérit et transfigure l'existence de tant d'hommes et de femmes. Par leur courage, leur foi, leur amour, les êtres humains apportent une réelle espérance dans une situation pour beaucoup de plus en plus dure, alors qu'elle devient pour d'autres toujours plus prospère… La foi au Christ et à son Église sort plus jeune, plus libre, plus inventive dans un univers décidément différent de celui du passé. L'Église reste en première ligne là où les questions de l'avenir se posent. Elle a le privilège et la mission de porter une parole de vie dans un monde qui, à la fois, lutte contre la mort et donne, hélas, la mort à ses enfants.

Vous pensez à la France ou au monde entier ?

Comment isoler la France du reste du monde ? Elle fait partie de la vieille Europe fatiguée qui a reçu l'Évangile au Ier millénaire, comme Jean-Paul II l'a souligné. Dans le IIe millénaire, l'Église a apporté l'Évangile à deux continents jusque-là inconnus de l'Europe : l'Afrique et les Amériques. Cela s'est fait avec violence et de grandes douleurs, mais également d'extraordinaires réussites. Or, de nos jours, le centre de la vitalité chrétienne se déplace vers ces deux continents, tel que nous l'ont rappelé les témoins que j'ai invités à Notre-Dame de Paris pendant les cinq dimanches de Carême. En Afrique comme dans les deux Amériques, l'Église manifeste le dynamisme de la jeunesse, en même temps que ses imprudences. Le IIIe millénaire nous a dit que le Pape devrait être celui de l'évangélisation de l'Asie, où habite aujourd'hui plus de la moitié de l'humanité. L'Église y est déjà présente par ses martyrs. À l'heure de la mondialisation, on ne peut pas penser le destin de l'humanité et la vie de l'Église en ne regardant que l'Hexagone.

Ce renouveau n'est-il pas en partie dû aux mouvements charismatiques ?

Ces mouvements, que beaucoup ne connaissent pas, ne sont compréhensibles que dans la vie de l'Église sur la longue durée. Après les crises de la fin du Moyen Âge et de la Réforme protestante, il y a eu en Europe une grande rénovation de la vie de l'Église. Le fer de lance en a été un clergé nouveau, dont la formation a demandé des institutions nouvelles ; des formes modernes de vie religieuse ont été créées en nombre important. Des ordres féminins mêlaient des religieuses à la vie des laïcs pour assurer des services par amour du prochain. Les prêtres étaient ainsi les inspirateurs des chrétiens, dont le quotidien et l'action ne cessaient de transformer les conditions d'existence sociale. Pensez aux hôpitaux, aux écoles, aux œuvres d'assistance aux vieillards, aux pauvres…

Mais comment expliquez-vous la crise des vocations ?

Jusqu'au milieu du XXe siècle, dans les familles chrétiennes en majorité d'origine rurale, la vocation se déterminait dès l'enfance, car la société transmettait ses convictions et pas seulement ses faiblesses. Chaque famille envoyait donc l'un ou l'autre de ses fils au petit séminaire, comme on le fait encore en Afrique. Certes, ils ne devenaient pas tous prêtres pour autant. De nos jours, les parents n'imaginent pas plus la future profession de leurs enfants que leur pratique religieuse. Les prêtres autour de 70 ans sont le plus souvent passés par le petit séminaire. Mais, après la Première Guerre mondiale, et plus encore à la fin de la Seconde, on a vu apparaître des vocations non conformes à ce modèle : des hommes ayant exercé un métier et bourlingué venaient parfois de milieux anticléricaux ; certains étaient des convertis, on appelait cela des « vocations tardives ». Un demi-siècle plus tard, les vocations dites « normales », issues du petit séminaire, ont disparu. En revanche, la plupart des vocations actuelles auraient été autrefois « baptisées » de « tardives ». L'histoire spirituelle de la France, l'expansion missionnaire de l'Église ont été pendant trois siècles portées par le clergé issu des petits séminaires. Ce clergé a donné à toute l'Église des apôtres, des martyrs, des saints. Nos successeurs, sans doute moins nombreux, écriront une autre page de cette histoire…

Qu'en est-il des ordres féminins ?

Depuis un demi-siècle en France, quelques fondations contemplatives ou monastiques se sont développées, car les jeunes qui se présentent recherchent Dieu avant tout. En effet, les services qui caractérisaient les religieuses actives, infirmières, enseignantes… ont été professionnalisés. Ce sont maintenant les laïcs qui exercent cela. Ce n'est donc plus une vocation religieuse, mais un métier qu'on peut aussi vivre religieusement… J'espère toujours le renouveau des vocations féminines, particulièrement celles missionnaires.

Moins de vocations vous conduit-il à faire appel aux laïcs ?

Ce n'est pas un rééquilibrage opportuniste. Pour preuve, depuis un siècle au moins, un vaste mouvement spirituel a commencé dans l'Église à l'initiative de laïcs, aussi bien hommes que femmes, célibataires volontaires ou mariés. Ils cherchent à mener une vie de sainteté, engagent toutes leurs forces pour l'Évangile, faisant une grande place à la prière et au service du prochain. On voit apparaître dans tous les pays d'Europe des mouvements originaux assez différents les uns des autres, mais avec des traits communs. C'est dans ces groupes divers que naissent de nouvelles vocations de prêtres ou de religieuses. Les mouvements charismatiques sont un des aspects de ce grand renouveau commencé dès le début du XXe siècle. Si l'on réfléchit à ce vaste mouvement, on comprend mieux ce qui se passe dans l'Église et ce que les Papes successifs ont voulu dire en reconnaissant l'œuvre de Dieu dans cet appel des laïcs à la sainteté que le Concile de Vatican II a clairement formulé.

Seriez-vous choqué que les prêtres se marient ?

Quels sont les motifs pour lesquels certains font campagne en faveur de l'ordination sacerdotale d'hommes mariés dans l'Église latine ? On répète souvent que le nombre des candidats serait plus élevé si l'Église faisait appel aux hommes mariés. La simple observation montre qu'il est aussi difficile de trouver des candidats mariés que des candidats célibataires ; parfois même plus difficile. Il suffit d'examiner l'expérience des Églises orientales, catholiques ou orthodoxes, celle de l'Église anglicane, ou des pasteurs luthériens des pays nordiques, en tenant compte aussi des conditions matérielles, salaire, carrière... pour conclure que ce n'est pas le mariage ou le célibat qui influe sur le nombre des candidats. Un deuxième argument concerne la sexualité : il serait impossible de choisir de demeurer célibataire et chaste sans dérives hypocrites ou perverses. Pour autant que des statistiques soient possibles en ce domaine, le pourcentage d'actes moralement répréhensibles de la part du clergé est certainement inférieur à celui de l'ensemble de la population, en raison de leur forte motivation religieuse et de leur sélection ; tous les prêtres ne sont pas pédophiles ou coureurs de jupons. Un troisième argument est celui de l'expérience de la vie. La question est de savoir ce que doit être le prêtre et quel est son rôle. Est-il un conseiller conjugal, un psychologue, un médecin, un avocat ? Ou bien peut-il être, doit-il être, le témoin courageux d'un amour capable d'affronter les épreuves ?

Dans les grandes villes, un mariage sur deux se rompt au bout de deux ans. Qu'y peuvent les prêtres ?

Par leur fidélité absolue à leurs engagements, les ministres du Christ donnent un témoignage de foi qui encourage les chrétiens à vivre leur amour conjugal dans l'espérance et pour qu'ils aient la force de surmonter les échecs inévitables. Ainsi, le prêtre est-il appelé à vivre de façon radicale les Béatitudes destinées à tous les chrétiens, qu'ils soient mariés ou célibataires, instruits ou ignorants, riches ou pauvres, puissants ou faibles, jeunes ou vieux. L'Église ordonne prêtres des hommes qui acceptent de tout quitter pour suivre le Christ. Elle n'impose le célibat à personne, car accéder au sacerdoce n'est pas un droit mais une grâce ; celui qui la reçoit sait qu'il ne la mérite pas et qu'il ne la méritera jamais. Ce choix de l'Église lui est commun, en ce qui regarde les évêques avec les Églises d'Orient, unies à Rome ou orthodoxes. Dans ces Églises qui ordonnent aussi prêtres des hommes mariés, seuls les moines qui ont fait vœu de célibat, de pauvreté, d'obéissance sont ordonnés prêtres et peuvent être consacrés évêques. L'appel par Dieu au don total de son existence coïncide-t-il avec l'ordination, idéal que l'Orient chrétien réserve aux évêques, alors que l'Occident a choisi de le proposer à tous les prêtres ?

L'inflexibilité de l'Église face à la contraception, l'IVG, la procréation médicalement assistée, le préservatif n'éloigne-t-elle pas les jeunes de la pratique religieuse ?

Ces questions liées entre elles sont sensibles pour l'opinion publique et ont un point commun : toutes concernent la sexualité, bien qu'elles soient de natures très différentes, tant du point de vue technique que de l'implication personnelle.

Notre société, érotisée à l'extrême, se construit par l'image et l'imaginaire, le désir en étant le moteur, même dans le domaine économique. Les conséquences de ce phénomène suscitent chez beaucoup de personnes un réflexe d'horreur tout en nourrissant la fascination médiatique de l'érotisme et du voyeurisme : violences sexuelles, pédophilie, sexualité précoce, sévices de toute nature, prostitution, pornographie... Ce vortex entraîne toute règle, tout interdit désormais péjorativement nommés « tabous ». Or la dignité de la sexualité humaine est précisément d'être assumée par la liberté et d'être maîtrisée par une affectivité harmonieuse et libre. Les espèces animales ont en général des périodes de rut très précises selon les cycles de fécondité. Ce qui signifie des relations sexuelles génétiquement déterminées et codifiées. Il n'en va pas de même dans l'espèce humaine. Ce n'est guère un hasard si Freud et les psychanalystes ont vu dans les pulsions sexuelles mal assumées la source des névroses.

Autre terrible miroir de notre société que ces procès de violeurs assassins !

Malheureusement, ces procès nous montrent une image horrible jusqu'à l'absurdité de l'état de notre société. L'Église, et non seulement le Pape, mais aussi les chrétiens qui ne font qu'obéir à l'enseignement de Jésus, transmet un appel à davantage d'humanité, de dignité, de respect de l'homme et de la femme. De la sorte, la grandeur et l'originalité de la sexualité humaine, parce qu'elle est humaine, sont mises en lumière. Si l'homme et la femme n'assument pas librement leur sexualité, eux ne peuvent pas compter sur l'autorégulation des espèces animales. Ma réponse est brutale parce que la question est violente, comme l'est l'opinion en ce domaine. Je suis profondément choqué et navré lorsque je pense aux jeunes générations ; sous couvert d'initiation sexuelle ou de prophylaxie contre le sida, la société pousse désormais l'ensemble d'une classe d'âge à des relations sexuelles très précoces. Allez enquêter dans les écoles primaires et les collèges ; les viols collectifs ou individuels ne sont pas tous dénoncés et sanctionnés par la justice. Ils semblent au contraire encouragés par le climat dans lequel vivent ces jeunes. Beaucoup passent des nuits entières sur Internet à la recherche de sites pornographiques, sans que les parents le sachent et puissent l'empêcher ! Combien d'adultes abusent de mineurs qui, eux-mêmes, se font provocants ! Les conséquences de tels désordres seront payées par les jeunes eux-mêmes, une génération entière, dont les dégâts sont probablement irréparables.

Comment réagissez-vous aux affaires de pédophilie ?

L'indignation contre la pédophilie est salubre, mais elle est peut-être un signe de désespoir. La génération des parents ne sait plus que faire sinon protester contre une corruption dont on ne voit guère les limites, car il y a en même temps la terrible contagion de la drogue. Je ne fais point une description d'apocalypse. Tous les jeunes n'en sont pas là ; mais si l'on veut bien voir ce qui se passe, on reste sans voix. Il suffirait d'ailleurs, dans nombre de cas, de prendre au sérieux ce que disent les enseignants. Et ne reprochez pas au Pape de parler de préservatifs, il n'a en réalité jamais employé ce mot.

Les cathédrales crient misère, et vous n'hésitez pas à créer à Paris une nouvelle faculté de théologie !

C'est vrai, mais les personnes ne sont-elles pas plus précieuses que les murs et ne coûtent-elles pas moins cher ? D'autant que c'est la seule richesse irremplaçable. Ainsi, l'École Cathédrale, le Studium Notre-Dame, reconnus comme facultés de théologie, regroupent des hommes et des femmes qui se forment et créent une fraternité spirituelle entre eux. Cette institution du diocèse de Paris ne fait concurrence ni ombre à personne. Elle rassemble un public nouveau qui se prépare à témoigner de l'Évangile, souvent bien au-delà du périphérique. À Paris, en vingt ans, les universités se sont multipliées. Pourquoi s'étonne-t-on qu'il en aille de même pour l'Église et l'enseignement de la foi ? L'inverse serait inquiétant ! D'ailleurs, à 74 ans, mes seuls projets sont de servir ceux nécessaires à l'Église. Je ne travaille pas pour achever « mes plans ». J'ai proposé également à tout le diocèse un effort de réflexion de deux ans. Nous venons de vivre plusieurs années extraordinaires. Dans Paris, les paroisses, les aumôneries, les différentes institutions catholiques ont fait preuve d'une vitalité et d'une inventivité admirables. J'ai invité les prêtres et les laïcs à se réunir, et à formuler leurs projets pour l'avenir, à court et moyen terme. En janvier dernier, une rencontre à Saint-Sulpice regroupait 1200 personnes, dont un peu plus de 100 curés ou prêtres chargés d'institutions. Nous avions organisé une « foire aux idées ». Ce n'était pas un concours Lépine du catholicisme, mais la mise en commun des réalisations nouvelles ou novatrices. Et Dieu sait que dans la capitale elles foisonnent dans tous les domaines : jeunesse, vie des quartiers parisiens, présence de l'Évangile dans l'espace urbain, partage et solidarité avec ceux dans le malheur, entraide par la prière et le soutien dans la foi. Nos citadins en ont d'ailleurs bien été les témoins un peu partout en des périodes sensibles, tels Noël ou le Carême.

Éminence, jouez-vous un rôle politique ?

J'ai un devoir à l'égard des hommes politiques auxquels j'ai toujours parlé mon propre langage, mais ne joue pas un rôle politique. Lors de ma nomination, ma première démarche a été d'aller les rencontrer, tous, comme un interlocuteur loyal et désintéressé. J'ai refusé d'entrer dans le « jeu politique ».

Lorsque je m'entretiens avec un chef de gouvernement, un ministre, un responsable de parti, un leader – quel qu'il soit –, j'évite tout commentaire ensuite afin d'échapper à la récupération politique puisque toute déclaration entrerait dans le «jeu médiatico-politique». Je refuse d'établir implicitement un rapport de force, car mon interlocuteur, au lieu de réfléchir en confiance à mon propos, se demanderait combien je pèse électoralement, économiquement et dans l'opinion, pour ainsi calquer sa réponse en fonction de ma supposée stratégie et de mon influence. Je ne suis ni chat ni souris. Je veux que les politiques aient en face d'eux un homme libre, sincère. Je n'hésite pas à leur dire à temps, et parfois à contretemps, des faits et des appréciations morales sur la vie du pays, qu'il serait impossible de transformer en déclarations publiques sans entrer dans les luttes politiques. Je n'ai recours à eux que de façon parcimonieuse et rare, car je ne fais pas la guerre contre les politiques, mais ne suis pour autant leur complice… C'est une position difficile à tenir, sachant que tout le monde veut jouer au Trivial Pursuit médiatique !

Comme prêtre, vous êtes pourtant amené à percevoir les choses autrement !

Certes, on a sur le terrain un regard plus aigu. C'est comme cela qu'il y a fort longtemps, bien avant que le phénomène s'amplifie, sans jamais m'imposer, j'étais allé prévenir les divers hauts responsables de l'État, dans la mesure où ils l'acceptaient, du coût de la violence et de la désorganisation ambiantes. Or, à ce moment-là, ils ne me croyaient pas, ne comprenaient pas, ne voyaient pas de quoi il s'agissait. Alors que moi, *via* le réseau des prêtres et grâce à mon expérience auprès des jeunes, je saisissais forcément… Quand j'étais aumônier des étudiants dans les années 1960, j'avais aussi averti sans le moindre succès les ministres de l'Intérieur et de l'Éducation nationale de ce qui se passait dans les universités. Il y avait des congrès de professeurs annonçant le craquement de l'enseignement supérieur, mais les politiques prenaient cela comme une revendication catégorielle. « C'est normal, expliquaient-ils, qu'un professeur réclame des subsides pour bâtir une université ou des postes. » Nous, prêtres, au travers des jeunes, savions ce qu'ils pensaient. Les 15-25 ans sont en effet très intéressants, car ils symbolisent l'avenir d'une société pour la raison suivante : ils ne sont pas plus malins que leurs aînés, penseront cinq ans après comme papa-maman et la majorité des gens, mais il y a un âge de la vie où l'on est sans qu'on en ait conscience le révélateur de ce qui est en train de se passer. Ces jeunes-là annoncent ce qui se trame en profondeur, et si l'on porte un regard bienveillant, lucide, sur une génération, on peut deviner, avec dix à quinze ans d'avance, quel va être le devenir d'une société.

Membre de l'Académie française, est-ce un bonheur, un jeu intellectuel… ?

Quand Jean Guitton est venu me voir après mon refus, il m'a déclaré avec véhémence que c'était pour moi « un devoir d'accepter » ! Quelqu'un m'a dit : « Cela vous occupera pendant votre retraite » ; un autre, que je devrais considérer les académiciens comme mes paroissiens. Alors, j'y vais de temps à autre, lors des votes, par devoir et par plaisir. Je trouve que c'est un club sympathique et libre, et l'humour y est roi.

Y a-t-il complicité ou concurrence entre les six princes français de l'Église ?

Nous sommes de vieux amis, nous nous conduisons en frères réunis par la même mission. Concurrents pour quoi ? Chacun de nous tient sa place pour le service de l'Église universelle. Pour ma part, j'aime bien mes collègues français, mais je ne leur ai pas demandé s'ils m'aimaient ; il peut y avoir des questions sans réponses !

Quel testament laisserez-vous aux fidèles de la capitale ?

Qu'ils prient pour moi !

Cardinal Calcagno

« Ma chienne, Diana, seul animal autorisé à vivre au Saint-Siège, est la mascotte du Vatican. »

Diana, la mascotte du Vatican, est aussi connue que son maître le cardinal Domenico Calcagno à la tête de l'Administration du patrimoine du Siège apostolique. Et quand on entre dans son bureau, il y a moins de portraits de saints que de photos de son vénéré chien, surtout depuis sa mort. Ce bel animal était en effet, souverain privilège, le seul autorisé à vivre au Saint-Siège. Dieu reconnaîtra les chiens…

– Année 2017 –

« Diana, la chienne de Son Éminence », tel aurait pu être le titre d'un conte de Noël s'il ne s'agissait pas d'une histoire vraie. Celle de Domenico Calcagno, seul cardinal résidant au Vatican avec son célèbre animal à quatre pattes. Diana demeure la mascotte du Saint-Siège. Une compagne dont il ne se séparait jamais, et que la providence fit naître le jour de la Fête-Dieu. Croisée labrador golden et chien-loup blanc, Diana tenait lieu d'exception en étant officiellement autorisée à résider derrière ces hauts murs, alors que les animaux domestiques sont interdits, même si, pour les chats, l'histoire est différente ; dès qu'il y a des cuisines, ils se faufilent… C'est ainsi que quelques félins, sans état d'âme, y ont par effraction élu domicile eux aussi, mais Diana était si gentille qu'elle ne les coursait pas.

Quand, en 2011, le haut prélat est devenu Président de l'Administration du patrimoine du siège apostolique, fonction très importante qui dicte à cet éminent personnage d'habiter sur place, le cardinal, n'imaginant pas un instant se séparer de Diana, alors âgée de 11 ans, va donc d'autorité donner sa photo avec celle de sa chienne aux gendarmes et à la Garde suisse contrôlant les entrées, et y ajouter son carnet de santé vétérinaire afin que Diana soit enregistrée. De fait, à l'ombre de Saint-Pierre, tout est codifié. L'animal, privilège supplémentaire, pouvait donc, comme lorsqu'ils vivaient sur la *via* Aurelia, se promener en absolue liberté alors que l'autre chien du Vatican, celui d'un fonctionnaire électricien, est seulement toléré et, bien sûr, toujours en laisse.

« Elle n'aboyait que quand je ne comprenais pas ce qu'elle voulait », confie, jovial, celui dont l'œil brille dès qu'il évoque sa « bien-aimée ». À sa table de travail trônent, au milieu de ses annuaires du Vatican, l'épais dictionnaire des chiens, des photos de sa regrettée Diana et celles du Pape. Quand même ! Installé dans ses bureaux, le chaleureux Piémontais que l'on surnomme « le cardinal paysan », fils de menuisier, fier de ses origines, n'est point avare de confidences dès qu'il s'agit de celle qui vivait à ses côtés. Une singularité dans ce lieu de prudence où, en théorie, l'on s'exprime fort peu. Profitant de sa spontanéité, j'osai lui demander : « Y a-t-il des renards, ici ?
— Presque plus ! Un monseigneur mal inspiré a fait chasser en 2013 ces jolies bêtes rousses et rusées. Néanmoins, quelques personnes en ont aperçu un, récemment, à proximité du supermarché. De toute manière, ici, il reste des renards d'un autre genre… et en nombre ! » Le cardinal regarde par la fenêtre.

«Parée de toutes les vertus, explique le cardinal, Diana s'était adaptée à mon rythme de travail. D'ailleurs, nous partagions souvent aussi le même repas : des légumes, des pâtes, peu de viande. Elle était stoïque au point de ne pas toucher, dans la cuisine, aux saucisses sèches pendues. Ça, c'est de l'héroïsme ! Mais je dois vous raconter un autre événement incroyable. Lorsque j'habitais encore sur l'Aurelia, une nuit, la foudre s'est abattue à proximité de ma maison, faisant sauter toute l'électricité. Le groupe électrogène prit alors le relais. Mais Diana, sortant précipitamment, n'avait cessé d'aboyer jusqu'à ce que je la rejoigne. Le fioul d'une cuve se répandait sur le sol à proximité des installations électriques, voisines des bâtiments de TV2000, la télévision appartenant à la Conférence épiscopale italienne. Si ce liquide inflammable s'était déversé jusqu'aux studios, cela eût été catastrophique et les archives de la chaîne, notamment, seraient parties en fumée. Grâce au flair de Diana, je pus alerter les secours. Un chien aussi exceptionnel signifiait une si belle présence que je continue, dans mes prières, à rendre grâce au Seigneur d'avoir eu une compagne tellement fidèle, sereine et affectueuse. Laquelle détectait immédiatement une personne sympathique et me poussait de la patte jusqu'à ce que je réagisse quand quelqu'un ne lui plaisait pas. Si elle me voyait préparer une valise ou me vêtir de rouge, elle devinait que nous n'allions pas sortir ensemble, mais, lorsque j'étais habillé en clergyman, alors elle se dirigeait vers l'ascenseur en remuant la queue. Nous étions fusionnels. Je l'emmenais presque partout à pied, en voiture, et naturellement chez Sa Sainteté Benoît XVI, que je trouvais souvent en train d'écouter religieusement Mozart ou Beethoven… Quel ne fut pas mon étonnement de découvrir que Diana était aussi mélomane, car, attentive, elle se couchait sur le marbre du monastère Mater Ecclesiae sans bouger une oreille. De plus, elle avait un tel instinct que, dans la nuit du séisme de L'Aquila, le 6 avril 2009, juste avant cela, elle s'était mise à trembler comme je ne l'avais jamais vue. Quand, des années après, elle est tombée malade, j'étais si désemparé qu'un soir, alors que je dînais avec le Pape François chez qui bien sûr elle m'accompagnait, je ne pus m'empêcher d'évoquer sa souffrance. C'est ainsi qu'en février dernier, avant le Carême, j'avais l'air tellement triste que Sa Sainteté, sur le point d'emmener les cardinaux à Ariccia pour suivre les Exercices spirituels, saisissant immédiatement combien j'étais malheureux, me dit : « Prie de ton côté. Reste chez toi, Diana a vraiment besoin de ta présence. » Des paroles indulgentes, généreuses, que je n'oublierai jamais. Quelques semaines plus tard, sentant sa fin proche, Diana est allée se cacher sur la terrasse. Je l'ai alors portée dans mes bras pour qu'elle s'endorme dans la pièce où elle aimait se tenir. C'était un chien extraordinaire, qui m'a donné tant de bonheur. J'étais très ému, je n'ai pas eu le courage d'aller dire aux gendarmes qu'il fallait désormais supprimer sa photo de leur ordinateur. C'est donc le vétérinaire qui les a prévenus. En revanche, c'est moi qui ai annoncé, la voix brisée, au Pape émérite : « Diana est morte. » Benoît XVI a alors murmuré d'un ton rassurant : « Il existe sûrement un paradis pour les animaux, les chiens, les chats... je ne sais pas très bien lequel. Une sorte de ciel nouveau, de terre nouvelle dans un monde nouveau. Chacun apporte son expérience. Les exemples liés à la figure du Bon Pasteur ne manquent pas ! » Des paroles apaisantes tout comme les textes du Pape François qui, rédigeant son encyclique *Laudato si'*, cite à vingt-quatre reprises la faune. « Dans la nature, écrit-il, il y a les plantes, les animaux, et là aussi nous reconnaissons la main du Créateur. »

Cardinal Tauran

À la tête de la Bibliothèque apostolique

Le cardinal Jean-Louis Tauran, pendant treize ans ministre des Affaires étrangères de Jean-Paul II, a ensuite dirigé la Bibliothèque vaticane, l'une des plus riches du monde avec 75 000 manuscrits, des milliers d'incunables comme la Bible de Gutenberg et le Codex B, la plus ancienne Bible complète qui date du VIe *siècle. La vénérable institution s'est adaptée au* XXIe *siècle en indexant 70 000 titres sur son site Internet. Mais ce sont d'abord, on le devine les archives secrètes qui enflamment l'imagination. Soigneusement classés, la correspondance des Papes et les échanges diplomatiques du Vatican, la Bulle papale excommuniant Martin Luther en 1521, la demande d'annulation du mariage du roi Henri VIII, jusqu'aux conversations entre Jean-Paul II et le président Gorbatchev… représentent des trésors très surveillés. Toutes les archives secrètes du Saint-Siège qui comprennent également l'excommunication de Napoléon Ier et le procès de Galilée sont pieusement conservées à la Bibliothèque apostolique par le cardinal archiviste et bibliothécaire. Un titre prestigieux et une fonction passionnante pour ce Bordelais.*

Cardinal Tauran : « Nos archives secrètes font démesurément fantasmer. »

– Année 2007 –

Un drôle de souvenir aussi cocasse que mémorable : nous avions rendez-vous tôt le matin, Jean-Claude Deutsch, le photographe, et moi, avec le cardinal bordelais, à 8 heures précisément. Dans un geste brusque d'énervement, ma jupe noire s'est déchirée en deux à cinq minutes de prendre notre taxi. Mon complice était nerveux, il voulait étudier les lieux avant de les photographier. Dans la précipitation, afin d'être à l'heure, j'ai proposé à une femme de chambre de l'hôtel, qui par chance avait la même taille que moi, de me vendre sa jupe. Elle a accepté quasi au prix d'un vêtement haute couture. De fait, être à l'heure dans une tenue respectable est la seule façon de franchir les hauts murs du Vatican, ce matin-là au prix de l'or, ou presque…

Cardinal archiviste et bibliothécaire de la Sainte Église romaine, en quoi consiste cette prestigieuse fonction ?

À la tête des archives secrètes et de la bibliothèque, je dois assurer leur bonne conservation et leur transmission, en veillant à ce qu'elles soient à la disposition des chercheurs. Le Pape Nicolas V avait créé la Bibliothèque apostolique en 1451 pour les hommes de science, soucieux qu'il y ait également des livres en latin et en grec, car la culture de l'époque devait être représentée dans tous les domaines. C'est dans l'aile datant du XVIe siècle que se trouvent la précieuse correspondance des Papes depuis le Moyen Âge en relations épistolaires avec les maisons souveraines, les nonciatures, et celles plus récentes avec les États contemporains et toujours avec les nonciatures au cœur de notre diplomatie. Nous disposons, par ailleurs, des témoignages de pratiquement tous les grands événements qui ont façonné l'Europe et l'histoire des peuples.

Éminence, parlez-nous de cette extraordinaire bibliothèque du Vatican ?

Il ne reste presque rien de la bibliothèque du Moyen Âge, dont seulement trois cent cinquante manuscrits ont été sauvés. Il y a eu ensuite Avignon ! Les Papes d'Avignon avaient l'une des plus grandes bibliothèques d'Europe, dispersée en Espagne et en France. Mais, aujourd'hui, la Bibliothèque apostolique se trouve être la plus prestigieuse à cause de ses manuscrits grecs, latins et orientaux, hébraïques, islamiques, persans… mais aussi ses 1 600 000 livres. Au XVIIIe siècle est apparu le cabinet des Médailles. Malheureusement, tout cela a été détourné par les troupes françaises et Napoléon, qui se sont généreusement servis… Une partie est revenue après le congrès de Vienne de 1815, mais beaucoup de documents n'ont jamais été restitués après la chute de l'Empereur. Il y a plusieurs sections au sein de cette bibliothèque : les livres, les manuscrits, les ateliers de restauration, de photographie… Chaque secteur a un responsable. La section la plus impressionnante reste la collection des manuscrits, la plus riche au monde, avec 8 300 incunables, 150 000 manuscrits. Elle détient aussi quelques trésors, tel un exemplaire de la Bible de Gutenberg rédigée en latin, premier ouvrage à caractère mobile du monde occidental, et le Codex B, la plus ancienne Bible complète calligraphiée en grec au IVe siècle, ainsi que des éditions de Virgile, d'Homère et de Cicéron, ouvrages les plus précieux de la bibliothèque. La Bibliothèque vaticane abrite également, depuis le XVIIIe siècle, un cabinet des

Monnaies et des Médailles, 300 000 pièces, dont certaines remontent à l'époque d'Alexandre le Grand, ainsi que 100 000 estampes. Des cadeaux, certes, mais également des achats. Les Papes ont toujours été de grands humanistes. Ce qui a changé est que si, autrefois, on leur donnait des livres anciens, à l'inverse, aujourd'hui, ce sont plutôt des cadeaux, ouvrages de théologie et de philosophie, manuscrits ou estampes anciens, souvent offerts lors d'une visite officielle par des chefs d'État étrangers qui sont ensuite envoyés ici par les Souverains Pontifes.

Cette belle fonction vous entraîne-t-elle à devoir aussi trouver de généreux donateurs ?

Certes, il faut essayer avec une réelle imagination d'attirer des sponsors, car d'autres grandes bibliothèques, comme celle du British Museum ou la Bibliothèque nationale de France ont les mêmes ambitions. Ce qui signifie mener à bien des transactions, même si, pour notre part, nous avons de modestes moyens et achetons rarement des ouvrages avec les deniers du Saint-Siège. Ainsi devons-nous « séduire », pardonnez-moi du terme, les membres du réseau des grands bibliophiles, mais rien n'est simple de nos jours, car il y a un réel engouement pour les livres anciens. Or des membres de la haute aristocratie italienne, propriétaires d'admirables bibliothèques, sachant qu'elles détiennent un trésor, ont toujours plus de mal à faire des legs, c'est pourquoi nous héritons de beaucoup moins de collections que naguère. Les dernières importantes sont entrées ici dans les années 1970. Autrefois, lorsqu'on était généreux avec le Vatican, on pouvait être récompensé et recevoir un titre nobiliaire… Maintenant, la motivation doit être la foi catholique. Ce qui a heureusement été le cas d'une famille américaine très pratiquante qui nous a récemment donné les moyens d'enrichir la bibliothèque personnelle du

Pape avec un papyrus de la célèbre collection suisse de la famille Bodmer. Document du IIIe siècle contenant d'amples fragments des Évangiles de Luc et de Jean. Comme je le disais, cela a été pour eux une réelle fierté de se dire qu'ils allaient faire un don permettant que ce document inestimable se trouve à l'avenir au cœur de cette prestigieuse Bibliothèque apostolique au service de l'Église.

Êtes-vous heureux à la tête de ce lieu fascinant ?

J'apprécie la fécondité qui découle de la rencontre de la foi et de la culture. Après avoir presque au quotidien côtoyé des hommes politiques, je suis heureux de rencontrer les intellectuels. Néanmoins, je ne comparerais pas mes deux tâches, dont chacune a sa beauté. Le bonheur ici est aussi de partager son temps avec des collaborateurs très spécialisés qui viennent travailler avec beaucoup de plaisir.

Vous détenez des dossiers qui font fantasmer !

Lorsque les chercheurs auront accès aux documents de l'époque contemporaine, imaginez l'intérêt que pourront revêtir les résumés des conversations de Jean-Paul II avec le Président Gorbatchev, ou du récent entretien entre Benoît XVI et le Président Bush. Pour revenir au passé, songez au procès de Galilée, à la correspondance de Michel-Ange avec les Papes pour lesquels il travaillait, ou encore à une lettre de Voltaire à Benoît XIV. La diplomatie pontificale fonctionne depuis le Moyen Âge, c'est donc une fabuleuse source pour les historiens. Après avoir obtenu une autorisation écrite, on est tenu de les étudier sur place dans la salle de consultation. D'ailleurs, elles ne « voyagent » même pas à l'intérieur du Vatican, tout au plus peut-on les bouger d'une pièce à l'autre. Quant aux archives privées, secrètes, celles qui vous font sans doute en effet fantasmer, elles sont conservées dans des boîtes, reliées, numérotées page par page et estampillées.

Heureusement, au cours des vingt dernières années, peu de choses ont été volées, car le système est maintenant très bien sécurisé.

À qui doit-on ces archives ?

C'est le Pape Paul V Borghèse qui a fondé, en 1612, les archives du Vatican, devenues depuis les archives centrales de l'Église. Parmi les documents extrêmement rares se trouvent le plus ancien parchemin, soit le *Liber diurnus*, datant de 799, puis le Privilège d'Otto Ier, parchemin écrit sur or datant de l'an 962. Nous détenons aussi la demande de divorce d'Henri VIII, l'excommunication de Napoléon Ier, tous les documents de la chancellerie papale. Depuis le mois de septembre 2006, on peut consulter les archives qui vont jusqu'à la fin du pontificat de Pie XI (1939). Nous commencerons bientôt la classification des archives du Pape Pie XII – 1939-1958 : ce qui signifie plus de 6 millions de feuillets à examiner ! Mais, pour revenir à la bibliothèque, je ne voudrais pas oublier la présence d'un papyrus du début du IIIe siècle contenant deux lettres de saint Pierre et d'un autre, de la même époque, d'acquisition récente, avec de larges fragments des Évangiles de Luc et de Jean. Ce sont les versions les plus anciennes parvenues jusqu'à nous !

N'êtes-vous pas tenté de parcourir les archives secrètes ?

Faudrait-il en avoir le loisir, pour ce qui est de la vie politique du Saint-Siège des dix dernières années, connaissant tous ses acteurs, je n'en ai pas ressenti le besoin. Mais il est vrai que je n'ai jamais eu non plus le temps d'aller voir le décret d'excommunication de Napoléon !

Comment expliquez-vous que vos diplomates soient mieux informés que la CIA, par exemple ?

Cela n'est pas exactement ainsi, mais la richesse et la force de la diplomate vaticane viennent du fait que les informations sont celles du «terrain», des prêtres, des religieux et des religieuses qui sont confrontés à la réalité quotidienne des choses. On peut sans doute, d'une manière générale, reconnaître qu'un évêque est mieux informé qu'un préfet ! Quand j'étais en poste à Beyrouth de 1979 à 1983, pendant la guerre, le nonce et moi-même avions des renseignements de première main dans l'heure qui suivait ces événements. Parce qu'un prêtre, ou une religieuse, venait nous raconter ce qui s'était passé. Ce qui n'existe guère dans une ambassade. De plus, bien que ce ne soit plus en latin, les nonces continuent de rédiger, au sens classique du terme, des dépêches extrêmement précises.

Règne-t-il au Vatican un esprit de méfiance ?

Je dirais plus précisément de discrétion, dans la mesure où la majorité des informations du Saint-Siège concerne la vie de l'Église et touche parfois aussi des questions de conscience, de morale, de personnes. Les chefs d'État, les grands leaders de la planète viennent non seulement parler avec le Pape de politique, mais souvent aussi évoquer leur situation personnelle. Toutefois, la meilleure protection est, je crois, d'agir en toute liberté, car on imagine toujours qu'il y a autour de nous un arsenal de mesures sophistiquées. La façon la plus discrète de sortir du Vatican n'est-elle pas, par exemple, de quitter les lieux avec une sombre voiture banalisée plutôt que dans une automobile avec une plaque d'immatriculation du Vatican, beaucoup plus repérable ? Cette part du secret, qui fait démesurément fantasmer, vient aussi du fait que le Saint-Siège est un sujet de droit international à caractère moral et religieux, où beaucoup de dossiers traitent de questions privées…

Cardinal Joseph Zen

Un fils du Ciel entre au Vatican. En créant Joseph Zen cardinal de Hong Kong, le Pape a envoyé un message à la Chine, laquelle représente un cinquième de l'humanité. De fait, ce Chinois membre de l'ordre des Salésiens (fondé par Don Bosco) est le meilleur informateur sur l'Église de son pays. Bien que sa promotion ait été accueillie avec réserve par les autorités de Pékin, il est à Rome la voix des douze millions de catholiques de l'Empire du Milieu. Sixième cardinal chinois de l'histoire, Zen Ze-Kiun, à la tête du plus grand diocèse de Chine, n'hésite pas à affronter le pouvoir de Pékin avec ses prises de position en faveur des droits de l'homme et des libertés religieuses. Et quand la Chine a introduit à Hong Kong une loi antisubversion, le vaillant haut prélat – que d'aucuns à Rome considèrent néanmoins « collabo » – est descendu dans la rue avec 500 000 autres manifestants. « Ceux qui disent qu'un prêtre doit s'en tenir à la prière n'ont rien compris à l'Église », martèle-t-il inlassablement. Né à Shanghai dans un milieu aisé, Joseph Zen a étudié en Italie, parle mandarin, cantonais, shanghaïen, anglais et italien. Ce qui fait de lui un pont entre la Chine et l'Occident. Qui dit mieux ?

Cardinal Joseph Zen : « Quand je serai Pape, je supprimerai la calotte, car je ne sais jamais comment la caler sur ma tête ! »

– Année 2007 –

Éminence, vous êtes depuis le 24 mars 2006 le sixième cardinal de l'histoire de la Chine. Qu'avez-vous ressenti ce jour-là ?

Ne pensant pas à moi, mais d'abord aux fidèles de Chine continentale qui ont continué à croire même à travers les souffrances, j'ai interprété cette création cardinaliste du Pape Benoît XVI tel un acte de bienveillance du Saint-Père envers tous les Chinois.

Vous êtes à la tête d'un diocèse de combien d'âmes ?

Personne n'a dans ce domaine de chiffres vraiment sûrs. Le gouvernement parle de 5 millions de fidèles. Nous pensons en réalité être au moins le double !

Vous avez un réel prestige à Rome…

N'exagérons rien. Ce qui est sûr, c'est que, en tant que cardinal chinois, j'intéresse le Pape, qui souhaite avoir des conseils, des informations, des suggestions concernant l'Église de Chine. Si je ne connais pas les détails des divers diocèses, j'ai quand même une vision générale de la situation de l'Église de mon pays et une certaine expérience. Ayant par ailleurs enseigné de 1989 à 1996 la philosophie et la théologie dans les séminaires de l'Église officielle, cela m'a donné l'occasion d'aller notamment à Xi'an, Wuhan, Pékin, de passer six mois par an dans la Chine profonde et d'y nouer beaucoup de relations. Une fois nommé évêque coadjuteur de Hong Kong, j'ai toujours gardé des liens dans le reste du pays avec les China Watchers, groupe d'experts observant ce qui s'y passe et m'en faisant bénéficier. Je pense ainsi pouvoir être une sorte de messager, de conseiller entre l'Église, le Saint-Siège et la Chine. Il y a chez nous deux Églises catholiques, celle officielle, contrôlée par l'État, et une Église officieuse parallèle, dans la clandestinité. Les prêtres de la première sont entrés dans un compromis en acceptant d'être ordonnés illégitimement et ont ensuite demandé au Saint-Père de régulariser leur nomination. Bon nombre de prêtres de l'Église clandestine, eux, n'ont pas d'église et célèbrent souvent la messe chez eux. Toutefois, le gouvernement ne peut ignorer cela, vu le nombre de fidèles qui se rendent à leurs offices. Il ne s'agit donc vraiment pas de clandestinité, néanmoins ils peuvent être arrêtés à tout moment puisqu'ils ne sont pas reconnus par le gouvernement.

Et votre nomination en décembre 1996 par Jean-Paul II comme évêque coadjuteur de Hong Kong ?

Le régime n'a pas eu à donner son avis, des Chinois du gouvernement sont même venus à la réception qui a suivi. Ce n'était pas une approbation, mais la volonté de maintenir des relations avec moi. Et dix ans plus tard, quand j'ai été créé cardinal, aucun ne s'est alors déplacé de Pékin. C'est un signe évident que cela ne leur faisait pas franchement plaisir.

Que répondez-vous à ceux qui vous accusent parfois de double jeu avec les deux Églises chinoises ?

Il ne faut pas analyser les choses comme ça. Il n'y a qu'une Église, même si le Vatican se doit de prendre très à cœur la relation entre l'Église officielle et la clandestine. Malgré certaines apparences, le système politique n'a guère changé. Un seul parti détient toujours le pouvoir et contrôle les libertés des citoyens. Il surveille très étroitement ce qui se passe au sein de l'Église officielle et balise même nos convictions, ce qui est tout à fait anormal. Mais rien ne peut empêcher que la foi se manifeste. Après tant d'années de difficultés, bon nombre de Chinois ont miraculeusement encore gardé l'espérance. Lorsque j'enseignais dans les séminaires, j'étais heureux de constater combien il y avait de vocations. Le bouddhisme et le taoïsme sont les plus populaires, mais le Saint-Siège est présent en Asie. Il a une représentation diplomatique au Japon, en Corée, en Thaïlande, au Vietnam. Un jour, il y en aura une en Chine. Cela fait partie des ambitions des Chinois à plus ou moins long terme, me semble-t-il, notamment pour isoler Taïwan. Mais, d'abord, nous espérons une normalisation de l'Église et des libertés religieuses. Le rôle du prêtre n'est pas seulement de célébrer la messe, mais également de propager la foi et la parole de Dieu. La foi doit influencer notre vie et, inspirés par l'Évangile, nous entraîner à défendre les droits de l'homme et la justice sociale en restant conscients de la puissance du gouvernement dans un pays d'une telle taille. Comment pourrait-on, par exemple, espérer que l'Église catholique puisse entraîner nos concitoyens à avoir plusieurs enfants ? De fait, à Hong Kong, où l'on ne pratique pas la politique d'un seul enfant, la natalité reste très basse. Entre l'égoïsme et le désir de profiter de l'existence, les résultats ne sont pas vraiment encourageants, même au sein d'une population économiquement favorisée. Nous avons beau prêcher que la religion guide nos vies et qu'avoir des enfants est une grâce de Dieu, c'est en vain…

Le cérémonial du Vatican frappe-t-il les Chinois ?

L'aspect traditionnel et le cérémonial flamboyant de Rome plaisent à un peuple en fait plutôt conservateur, et surtout aux gens d'origine modeste. Quant à moi, je les accepte sans enthousiasme particulier. Il faut un certain apparat, mais où se trouve la juste mesure ? Je ne saurais le dire ! Quand je serai

Pape, je supprimerai la calotte, car je ne sais jamais comment la caler sur ma tête ! [Rires.]

Parlez-nous de vous...

Je suis né en 1932 à Shanghai au sein d'une famille de dix enfants. Mon père venait du Zhejiang, la province voisine, et ma mère de Xuzhai. Nous étions issus de la bonne bourgeoisie catholique locale, jouissions d'une certaine aisance. J'avais une gouvernante. Nous vivions dans une vaste maison, mais, lors de l'occupation japonaise en 1937, nous avons tout perdu. Mon père est tombé gravement malade. Et nous nous sommes alors trouvés dans un dénuement absolu. Ce dernier, extrêmement pieux, souhaitant déjà quand j'étais tout jeune que je devienne prêtre, et m'emmenait chaque jour à l'église. Je suis entré dans une très bonne école salésienne gratuite. C'est là qu'est née ma vocation. En dépit des désastres de la guerre, les congrégations religieuses poursuivaient leur enseignement. Ainsi, en 1948, j'ai rejoint le séminaire des Pères salésiens de Hong Kong. Mais, après l'arrivée des communistes, je n'ai pas pu retourner en Chine populaire dans ma famille. Plus tard, j'ai poursuivi mes études et passé un doctorat de philosophie à Turin chez les salésiens piémontais, où j'ai été ordonné prêtre en 1961. Je ne suis revenu à Hong Kong qu'en 1964.

Pensez-vous qu'il y ait aujourd'hui, en Chine, un nouvel intérêt pour la religion ?

Plus qu'un retour à la religion sur lequel je n'ai guère d'indices précis, je crois qu'il y a surtout un réel intérêt culturel pour celle-ci. Même si nombre de Chinois, notamment dans les nouvelles mégalopoles, ont tendance à privilégier le matériel plutôt que les valeurs spirituelles, ils pensent que les progrès sont d'abord le fruit de la science et de la technique, sans trop s'attacher à la spiritualité. Malgré cela, la religion n'est pas totalement absente de leur vie.

Avez-vous les moyens de votre action ?

Celui qui vient à notre rencontre a l'impression que nous sommes riches. Il est vrai que nous avons beaucoup de dépenses, puisque nous sommes une Église tout à fait particulière. Seule, isolée, elle n'est membre d'aucune conférence épiscopale. Et doit donc tenir à la fois une commission de catéchèse, de liturgie et de multiples entités nécessitant un personnel important. Heureusement, bon nombre de nos fidèles sont généreux. Grâce à leurs offrandes, nous pouvons entretenir nos églises. Nous dépensons tout ce que nous recevons, remercions le Ciel qu'il en soit ainsi, c'est pourquoi, en fin d'année, nous ne sommes plus riches du tout ! Avant, le Vatican nous envoyait de l'argent. Les Allemands nous ont aussi aidés à bâtir plusieurs églises. Maintenant, nous sommes autonomes. Pour ma part, je n'ai pas de salaire, entretenu par le diocèse, j'ai juste une enveloppe pour acheter des vêtements et le strict nécessaire. J'ai renoncé à avoir une voiture et, quand je dois voyager, je m'appuie sur la générosité des fidèles. Laquelle m'a permis l'année dernière de venir six fois à Rome grâce aux dons des Hongkongais.

Quel est le statut de votre Église ?

L'Église de Hong Kong est juridiquement indépendante de celle de Chine. Quant à l'Église chinoise, elle organise une conférence épiscopale locale à laquelle, bien sûr, nous ne participons pas : le Saint-Siège ne la reconnaît pas comme une conférence nationale, car certains évêques de l'Église clandestine n'en font pas partie. C'est une conférence sur le papier, un titre uniquement ; en réalité, c'est l'Association patriotique qui commande. Quoique structurellement indépendants, les membres de l'Église clandestine et ceux de l'Église officielle sont sur le plan affectif frères, puisqu'ils ont le même Dieu. Ici, à Hong Kong, on compte 300 prêtres et 600 religieuses, lesquels sont d'une grande aide. La plupart des religieuses appartiennent à des congrégations internationales, mais il y a aussi une congrégation locale, les sœurs du Précieux Sang de Jésus, sans oublier des sœurs de la Chine continentale maintenant installées chez nous. Parmi les 300 prêtres, 50 sont diocésains, les autres missionnaires ou religieux, jésuites, dominicains, franciscains, salésiens…

Comment voyez-vous le Pape Benoît XVI ?

Aimable, doux, doté d'un esprit très clair. Il n'est pas aussi sévère qu'on le prétend. Défendre la doctrine catholique implique naturellement beaucoup de rigueur de sa part.

Étiez-vous le cardinal *in pectore* de Jean-Paul II ?

Je ne pense pas que j'étais le cardinal dont le Saint-Père gardait secrète la nomination. Cela n'aurait pas eu de sens, car ma création cardinale ne posait aucun problème. Je crois qu'il s'agissait en réalité du cardinal de Xi'an, Li Du' an, maintenant décédé. C'était un homme qui méritait vraiment d'être cardinal !

Cardinal Matteo Maria Zuppi

« L'individualisme et le numérique forment une combinaison extrêmement dangereusement faisant croître peur et haine. »

Matteo Maria Zuppi prend la parole pour défendre la croisade du Pape François contre les conflits d'intérêts au Vatican. À 66 ans, le cardinal de Bologne est l'un des hauts prélats les plus prometteurs et progressistes de sa génération. D'ailleurs, nombre d'Italiens voient en ce Romain un papabile même s'il paraît bien jeune selon certains critères actuels. « Celui qui, succédant à un Polonais, un Allemand, et un Argentin leur rendrait enfin le Saint-Siège », soulignent-ils. D'autant que les Italiens du Vatican n'hésitent pas à protester : « On nous a volé notre Pape », rappelant volontiers que, au fil des siècles, trois de ses prédécesseurs à la tête de l'importance diocèse de Bologne ont été élus sur le Siège de Pierre !

– Année 2021 –

Cardinal archevêque de Bologne, on murmure à Rome que vous pourriez, un jour, être élu Pape…

Je n'ai pas cette ambition. Qui rêverait, aujourd'hui, d'être Pape, avec toute la responsabilité que cela implique ? Un de mes prédécesseurs, le cardinal Biffi, prétendait non sans humour que «seuls les fous veulent devenir évêques». Imaginez Pape ! Pour l'heure, je gère l'archidiocèse de Bologne, qui comprend quatre cent douze paroisses. Après cinq années ici, tout le monde me connaît. Je suis donc, je l'avoue, une personnalité locale. De là à dire que je suis influent... Tout dépend de ce qu'on entend par ce terme. Dans l'imaginaire populaire italien, certes, un cardinal, dont la fonction symbolise l'autorité au sein de l'Église, demeure un homme de poids. Cela n'implique pour autant ni pouvoir ni stratégie. Dans ce qu'on qualifie de carrière, il y a une part d'irrationnel où la Providence joue son rôle... Rien n'est jamais acquis. Grégoire XIII, né à Bologne, a régné entre 1572 et 1585. Il appartient donc à un passé très lointain. Si celui qui est en place héritait du passé, ce serait trop simple !

Quelle doit être la première qualité d'une «Robe rouge» ?

La prudence, bien sûr ! Il ne s'agit pas d'être résigné, mais de tenter de mener une existence structurée et sereine.

Cela n'est-il pas un réflexe spontané lorsqu'on connaît comme vous les arcanes du Vatican ?

Je suis romain, né au sein d'une famille de six enfants – cinq garçons et une fille – de la moyenne bourgeoisie. À la maison, ma mère et ma sœur commandaient; nous ne manquions de rien. Mon père dirigeait *L'Osservatore della Domenica*, l'hebdomadaire du Pape. C'est pourquoi je l'accompagnais souvent au Vatican, le samedi, et faisais mes devoirs à ses côtés pendant qu'il s'occupait du journal. À travers une éducation chrétienne, nos parents nous ont enseigné le prix des sacrifices et la valeur des choses. Mon père avait une vision de la religion plus affective et poétique que celle de ma mère.

Dans une ville longtemps communiste, d'aucuns vous qualifient-ils de haut prélat gauche caviar ?

D'abord je suis un homme libre, ensuite je préfère la mortadelle au caviar. Pas parce que c'est une spécialité locale, mais parce que j'aime la charcuterie ! Abordons maintenant la politique. Un cardinal, fût-il ambitieux, ne devrait pas en faire en pensant à sa carrière. Il ne s'agit point de servir l'Église dans un but « électoral » ou de sondage... Nous devons nous appuyer sur l'Évangile en ne regardant ni à droite, ni à gauche, ni au centre !

Vos détracteurs prétendent aussi que vous seriez franc-maçon.

On a même osé écrire que le Pape Jean-Paul II aurait appartenu à une loge... Même si Bologne est une cité à forte connotation maçonnique, je n'y ai jamais fait de recensement et n'entretiens aucun lien particulier avec cette confrérie. Le goût du secret et la prudence excessive des ecclésiastiques entraînent volontiers ce genre de dires et de fantasmes.

Vous militez depuis longtemps pour la défense des migrants et des LGBT, original au sein de l'Église de Rome ?

Je suis depuis ma jeunesse proche de la communauté de Sant'Egidio, qui demande de vivre selon un esprit évangélique, en aimant son prochain, sans lui apposer d'étiquette ni juger son profil. Dès sa fondation, en 1968, Sant'Egidio s'est engagée auprès des plus démunis, œuvrant pour la paix et la lutte contre la pauvreté. Ces dernières années, ils ont notamment créé des couloirs humanitaires afin de sauver des migrants abandonnés à leur terrible sort en pleine mer. Il y a trop d'a priori et de méconnaissance, d'amalgames, d'approximations, de spéculations sur les migrants et les LGBT. D'où mon plaidoyer pour davantage de tolérance.

Comment endiguer la haine qui touche non seulement notre société, mais aussi l'Église catholique ?

L'individualisme et le développement du numérique forment une combinaison extrêmement dangereuse faisant croître peur et haine, dont le seul « vaccin » reste la capacité de dialoguer.

À travers la pandémie actuelle et le réchauffement climatique, le monde génère sa propre destruction. Pour le sauver, ne vaut-il pas mieux se fier à la science plutôt qu'à la foi ?

Foi et raison ne s'opposent pas. Rares sont, cependant, ceux qui adhèrent à cette philosophie empruntée à Benoît XVI ; le respect de l'écologie est l'attention indispensable que nous nous devons de porter à la Terre, ce bien commun qui nous est confié. L'ignorer empêche de vivre sereinement et vole les ressources de ceux qui nous succéderont. Ce n'est pas juste une belle pensée dans l'air du temps, mais du simple bon sens.

De quelle façon François a-t-il vécu ce confinement ?

Comment oublier cette scène impressionnante et émouvante lorsqu'il prie absolument seul le 27 mars 2020, place Saint-Pierre ? Image qui nous a fait réaliser que, quelles que soient les générations, nous sommes tous désarmés, soumis au même destin et confrontés à ce Covid quasi incontrôlable. Face à lui, le Saint-Père oppose la richesse spirituelle. Il a, comme chacun d'entre nous, profité de ce temps de repli pour faire son bilan, si je puis m'exprimer ainsi à son propos. Nous obligeant à nous recentrer sur l'essentiel et sur nous-mêmes, cette pandémie nous a permis de méditer sur la superficialité de certaines de nos actions quotidiennes. Cela incite à nous libérer du narcissisme, du fatalisme et de la victimisation, afin d'être en mesure d'affronter une nouvelle forme d'existence plus solidaire.

Imaginez-vous que Jorge Mario Bergoglio puisse un jour renoncer ?

Je ne sais pas vraiment. Lorsque son prédécesseur, Benoît XVI, aura quitté ce monde, si le Pape actuel a un jour l'impression qu'il n'a plus la force de mener à bien l'Église, il pourrait se retirer – pourquoi pas ? Mais, tant qu'il sera en pleine possession de ses moyens physiques et intellectuels, l'évêque de Rome poursuivra sa mission.

Antoine de Romanet

Si en France les aumôneries militaires datent du VIIIe siècle, c'est le Pape Jean-Paul II qui, avec de vieux réflexes politiques hérités de sa Pologne natale, a érigé les évêchés aux armées. Une autre façon pour les hommes d'Église d'occuper le terrain et d'évangéliser.

Le casque et la mitre pour monseigneur Antoine de Romanet.

– Année 2017 –

Si en France les aumôneries militaires datent du VIIIe siècle, c'est le Pape Jean-Paul II qui, en 1986, a érigé les évêchés aux armées. Ainsi, à 54 ans, cet ancien curé tout terrain, Antoine de Romanet, issu d'une famille de la bonne aristocratie du Perche où, fait rare à notre époque, trois enfants sur cinq se sont consacrés à la vie religieuse, est donc le cinquième Français à avoir été choisi à la fois c'est la règle par le Saint-Père et le chef de l'État. Un poste fort convoité et rémunéré par la République, dont la maison diocésaine se trouve à Paris dans le 6e arrondissement. Responsable de deux cent dix-neuf aumôniers catholiques, « le padre », comme l'appellent les soldats, entre en fonction après son ordination épiscopale à Notre-Dame. Il est placé auprès de l'état-major des armées aux côtés de quelque 136 aumôniers catholiques, 36 aumôniers musulmans, le même nombre de protestants et 18 israélites. Son diocèse sans frontières ni unité géographique, la cathédrale Saint-Louis-des-Invalides, est à la fois l'Église des soldats et la chapelle des pensionnaires des Invalides. Sa mission ? Une présence morale et pastorale constante auprès des membres des forces armées et de leurs proches, en garnison et sur les théâtres d'opération extérieurs. Les aumôniers militaires prient avec eux, baptisent, marient, enterrent... Éclairé de l'intérieur, doté du sens des réalités, d'une subtile discrétion, ce haut prélat reste un soutien auprès d'hommes et de femmes prêts à sacrifier leur vie pour la France. Une responsabilité rappelant celle de prestigieux aumôniers militaires d'antan, tels les résistants, gaullistes et Compagnons de la Libération : le marin prêtre amiral Georges Thierry d'Argenlieu, en religion Louis de La Trinité, supérieur provincial des Carmes de Paris, qui, après deux guerres mondiales, rejoignit en 1947 son ordre, et dont dix-sept années plus tard Charles de Gaulle, alors à l'Élysée, assistait aux obsèques. Et un ornithologue, le Père René de Naurois, qui débarqua en juin 1944 avec le commando Kieffer en Normandie. Aujourd'hui encore, l'histoire de leurs exploits parmi d'autres résonne dans cette cathédrale grandiose.

Leaders de religions monothéistes

À chacun son paradis

Alexis II, Patriarche de Moscou

Officiellement le cinquième personnage de l'État russe à la tête d'une Église de nos jours très riche, Alexis II est en réalité presque aussi important et influent que Vladimir Poutine. D'ailleurs, le très politique et habile président de la Fédération de Russie n'oublie jamais que le chef spirituel de l'Église orthodoxe russe à l'imposante stature, qui a été la seule figure nationale respectée et soutenue par les représentants politiques de tout bord après la chute du Mur de Berlin, règne sur quelque 150 millions de fidèles. Raison pour laquelle Poutine vient régulièrement lui rendre visite dans sa résidence moscovite et bénit publiquement chacun de ses gestes. Ainsi la Douma a-t-elle par exemple décidé en 2005 de déplacer le jour de la fête nationale du 4 novembre commémorant depuis 1918 la révolution d'Octobre, pour se caler sur le calendrier orthodoxe. La faisant coïncider avec celle de la Vierge de Kazan, célébrée dans la basilique de la place Rouge. Jour d'un grand office dans cette église détruite à l'époque stalinienne et reconstruite en 1993, dont l'iconostase brillant de mille feux voisine avec de flamboyantes icônes d'or et d'argent incrustées de perles et de pierre fines. Les fidèles de toutes conditions arrivent là dès l'aube. Ils prient et vénèrent Alexis II, qui revêt pour l'occasion l'habit de grande cérémonie. Si quatre générations ont vécu l'athéisme triomphant, l'âme russe s'est depuis réveillée, faisant du Pape des orthodoxes le personnage emblématique de la Russie. Alexeï Mikhaïlovith von Ridiger a vu le jour en 1927 à Tallinn, capitale de l'Estonie, devenue russe depuis 1944. Sa famille d'origine allemande descend de la noblesse germano-balte qui servait les tsars depuis des siècles et dont l'un des ancêtres s'était même illustré contre Napoléon Ier en 1812.

Alexis II : « Vladimir Vladimirovitch Poutine mesure parfaitement le poids de l'Église orthodoxe dans notre société. »

– Année 2006 –

Votre Sainteté, vous occupez la cinquième place officielle dans le pays, après le président Vladimir Poutine, le Premier ministre et les présidents des deux chambres.

C'est une marque solennelle d'estime, me semble-t-il, non envers moi, mais envers une Église millénaire, l'institution la plus ancienne de la société civile, et pour ce qu'elle entreprend. C'est la reconnaissance officielle de la religion orthodoxe, de nos frères et de nos sœurs.

Combien de milliers de croyants orthodoxes prient pour vous, en Russie et dans le monde ?

Il n'y a malheureusement pas de statistiques officielles, car, lors du dernier recensement, la question de l'appartenance religieuse n'était pas posée. Nous devons donc nous appuyer sur les estimations faites par les sociologues, selon lesquelles environ 60 à 70 % des 143 millions d'habitants de la Russie se considèrent orthodoxes. Nos propres calculs démontrent que 80 % de la population sont baptisés. Il y a des dizaines de millions d'orthodoxes en Ukraine, en Biélorussie, dans les autres pays de l'ancienne URSS et aussi parmi les Slaves de l'Asie centrale. En outre, la Moldavie est presque totalement orthodoxe.

Quel est l'héritage du communisme sur le plan religieux ?

Le pouvoir soviétique et l'État tout-puissant ont fortement lésé les droits de l'Église, laquelle a toujours eu comme vocation de prêcher le salut éternel. Au nom de l'athéisme triomphant, l'État persécutait souvent de nombreux évêques, prêtres et laïcs, qui surtout dans les années 1920-1930 mouraient parfois en martyrs. Ces événements ont eu une influence tragique sur la vie spirituelle : les fidèles ne pouvaient plus aller prier, beaucoup de monastères et d'églises ont été fermés, dynamités, même. Il n'y avait plus d'instruction religieuse. Concrètement, le pire dommage a été de « casser » moralement les Russes. Cette propagande athée a finalement contribué à détruire tout sentiment religieux, tout repère, toute référence spirituelle, ce qui a brisé l'âme du peuple.

Quelle a été pour vous l'expérience la plus difficile sous l'ère soviétique ?

À peine nommé évêque, je me suis trouvé confronté en 1961 à une décision qui venait d'être prise par les autorités officielles : fermer le monastère des moniales de l'Assomption de Pukhtitsa en Estonie, et les trente-six paroisses estoniennes, qualifiées de «non rentables». J'ai tenté en vain de leur expliquer qu'il m'était impossible d'exercer mes nouvelles responsabilités en commençant par diminuer le nombre des paroisses. On m'a froidement répondu qu'il ne s'agissait que d'appliquer une décision antérieure ! Jour après jour, il me fallait défendre les intérêts de l'Église et être le Bon Pasteur dans ma paroisse. Je côtoyais parfois, dans tous les organismes et au Conseil des affaires religieuses de Moscou, des sympathisants qui, de par leurs fonctions, ne pouvaient m'aider ouvertement, même s'ils me soutenaient subtilement.

Comment avez-vous vécu la chute du régime soviétique ?

À la fin des années 1980, lorsque j'étais le métropolite de Leningrad, aujourd'hui Saint-Pétersbourg, l'idée de rouvrir des églises passait très difficilement. Quelques années plus tard, évoquant la réouverture de la cathédrale de l'Archange-Saint-Michel à Lomonossov, on m'a expliqué avec une réelle mauvaise foi que c'était impossible et qu'on ne pouvait pas y célébrer d'offices religieux, car elle se situait symboliquement dans la rue des Jeunes-Pionniers... Ce n'est que fin 1990, juste avant la chute du régime, que j'ai pu enfin célébrer mon premier office, dans la cathédrale de l'Assomption du Kremlin, puis j'ai fait la procession du chemin de croix jusqu'à la cathédrale de l'Ascension. Ce fut la première procession à Moscou d'une Église enfin redevenue libre.

Comment, après soixante-quatorze années d'athéisme, réussissez-vous à délivrer un message religieux ?

Désormais libre, l'Église participe de nos jours à la société. Le but de notre message est d'abord de faire renaître une morale religieuse et là, grâce à Dieu, nous sommes suivis. Tâchant surtout d'influencer les fidèles au travers des sacrements de l'Église, de la foi et avec l'aide toute-puissante du Seigneur. À une époque de pluralisme d'opinions, la religion redevient pour une majorité de Russes le principal repère spirituel. En tant que Patriarche, témoin et acteur des changements qui se déroulent en Russie, je peux affirmer que l'orthodoxie retrouve sa place d'antan. L'Église s'efforce de guider les âmes, à la source du bien et du mal, mais il a presque fallu tout reprendre de zéro. Je pense notamment à une série d'activités sociales, tel le soin aux malades et aux pauvres, et rétablir les structures pastorales dont ils avaient été privés des décennies durant, ainsi que la présence ecclésiale auprès des militaires et des détenus. Quant à l'instruction religieuse orthodoxe à l'école, si dans plusieurs régions de Russie il est maintenant possible de l'enseigner, à Moscou des fonctionnaires de la mairie doutent encore de son bien-fondé. Notre Église essaie aussi d'instaurer une morale qui, au-delà de la sphère religieuse, s'applique au monde économique et politique, et pour cela nous organisons régulièrement des conférences autour des grandes questions actuelles.

Vue d'Europe, on a l'impression que, contrairement à Rome, votre Église ne subit pas la crise des vocations.

Je suis persuadé que notre principale force motrice est le « cœur reconnaissant » : l'amour du Christ Sauveur doit nous inciter à lui offrir notre vie. Dès leur baptême, les Russes prennent conscience de la beauté de leur religion, enracinée dans une tradition millénaire de christianisme orthodoxe. Rien n'a pu anéantir cette institution ni les fondements de sa culture et, à la fin du XXe siècle, quand s'est achevée l'ère terrible de l'athéisme, les uns ont ressenti la vocation, c'est-à-dire l'appel de Dieu ; les autres, la possibilité enfin d'exprimer par des mots ce qui était souvent enfoui au plus profond de leur âme depuis des décennies. Le premier témoignage de la renaissance de la religion sont les chiffres qui parlent d'eux-mêmes. De 6 800 églises orthodoxes sur le sol russe, il y en a maintenant 27 000 ; il ne restait plus que 18 monastères, ils sont aujourd'hui 680. Le clergé, avec les prêtres, les moines et les religieuses, a aussi progressé dans les mêmes proportions. Ne serait-ce par exemple qu'à Moscou, avec 1 700 prêtres et diacres.

Le XXIe siècle vous entraîne-t-il vers un renouveau religieux ?

Dans l'histoire de l'Église, les exemples des décisions prises hâtivement, menant aux querelles et aux schismes, ne manquent guère. Il faut savoir trouver, à travers chaque époque, le bon langage, les mots justes et le type de vocation à susciter, sans se laisser influencer par l'opinion publique. L'Église a une dimension éternelle. Si elle reste très attachée à ses traditions, elle peut aussi, par certains côtés, évoluer, mais sa tâche principale est de guider l'homme vers le salut.

Quels sont vos rapports avec le Président Poutine et les autorités officielles ?

Nous entretenons avec le Président Poutine de vraies relations de travail, des rencontres régulières pendant lesquelles nous abordons non seulement les affaires de l'Église, mais également tout ce qui concerne la Russie, le monde et l'existence de nos concitoyens. Nous avons certes parfois des différends avec les autorités officielles, par exemple sur la question de l'instruction religieuse, j'insiste là-dessus… Mais la normalisation des relations entre l'Église et l'État, en Russie et dans la majorité des pays de la CEI [la Communauté d'États Indépendants], est l'un des principaux acquis de ces quinze dernières années. L'éloignement qui prévalait autrefois a été surmonté, et l'Église et l'État coopèrent à tous les niveaux.

Le Président Vladimir Poutine est donc le premier Président ouvertement orthodoxe ?

La foi de chacun, fût-il Président, reste du domaine de la conscience personnelle. Je ne peux donc pas aborder ce sujet.

Je crois cependant que Vladimir Vladimirovitch Poutine mesure parfaitement le poids de l'Église orthodoxe sur notre société et prend ses décisions en en tenant compte. Pour ma part, je suis aussi heureux que le chef de l'État opte pour une attitude d'ouverture envers les autres leaders religieux : les recevoir, visiter des synagogues et des mosquées contribue à resserrer les liens de la nation.

Parlez-moi de vous...

Je suis né le 23 février 1929, à Tallinn, capitale de l'Estonie, alors indépendante. Mes parents étaient des orthodoxes extrêmement pieux et pratiquants. Dès ma plus tendre enfance, j'ai baigné dans un environnement très religieux à double titre. Tout jeune, ma vie a été liée à la paroisse Saint-Alexandre-Nevski, où, à 6 ans déjà, je participais aux offices. Mon père spirituel, qui m'avait baptisé, était le doyen d'une autre paroisse, celle des Saints-Anne-et-Siméon. Par ailleurs, avant de se marier avec ma mère, lui ayant avoué sa ferveur, mon père n'est devenu prêtre qu'en 1940, après avoir terminé ses études à l'école de théologie, ouverte deux années plus tôt. J'ai donc hérité de sa vocation, puis franchi les étapes une à une.

Comment s'organisent vos journées ?

Je commence au patriarcat vers 9 heures et consacre, en général, la plus grande partie de mon temps aux audiences. J'ai été pendant vingt-six ans l'un des Présidents de la Conférence des Églises européennes, ce qui m'a, à l'époque, amené à énormément voyager... J'appréciais ce travail de rencontres enrichissantes avec les autres chefs religieux. Par ailleurs, je célèbre de très nombreux services religieux dans l'année – cent quatre-vingts cérémonies en 2006 ! Le reste du temps, pendant les heures dont je dispose encore, je me consacre chez moi aux dossiers. Sans compter les appels téléphoniques dans ma résidence, à mon bureau, dans ma voiture… Cet instrument est en réalité devenu un tel outil de travail que je ne veux pas avoir de portable ici ! Mais j'en ai cependant un lorsque je suis à l'étranger.

Après un Pape de l'Est, un Pape allemand, comment voyez-vous l'avenir entre vous ?

Il est trop tôt pour parler de changements concrets dans nos relations. Nous saluons les déclarations du nouveau Pape sur la nécessité de poursuivre le dialogue en espérant qu'elles seront suivies d'actes. Mais malheureusement, pour l'instant, en Russie, en Ukraine, en Biélorussie et au Kazakhstan, l'Église catholique romaine poursuit son prosélytisme. Cherchant à convertir au catholicisme des gens baptisés dans l'orthodoxie ou qui, de par leurs racines, en sont historiquement issus. Or de nombreux missionnaires catholiques créent, par exemple, des orphelinats, hébergent des enfants orthodoxes et les élèvent dans la religion catholique. De plus, en Ukraine occidentale, l'Église gréco-catholique se montre particulièrement agressive et discriminatoire à l'égard de nos fidèles. À Lvov, dans l'ouest de l'Ukraine, le respect mutuel semble avoir été bafoué : les chefs de cette Église prétendent vouloir dialoguer avec nous, tout en nous accusant d'avoir joué un terrible rôle dans les répressions staliniennes qu'elle a subies. C'est absurde. Comment peuvent-ils imaginer nous faire avouer des actes que nous n'avons pas commis ? C'est oublier les douloureuses blessures infligées à notre Église à la fin des années 1980 et au début de 1990, quand les gréco-catholiques occupaient nos lieux de culte par la force. Nous continuerons d'attirer l'attention du Vatican et du monde entier sur cette question pénible tant qu'elle ne sera pas résolue. Malgré tout, je suis persuadé que les catholiques et les orthodoxes doivent se rapprocher. Nous avons des points de convergence porteurs d'espoir. Je me réjouis cependant du travail collectif que nous avons entrepris cette année, lors des rencontres de Vienne en mai dernier, sur les responsabilités conjointes des Églises pour donner une âme à l'Europe ; puis, en juillet dernier à Moscou, à l'occasion du Sommet mondial des chefs religieux, nous avons réussi à renforcer nos perspectives de coopération sur les valeurs morales, la protection de la famille, la bioéthique…

Certaines tendances ultralibérales du protestantisme aboutissant à la consécration de femmes évêques et au mariage des homosexuels, par réaction ; cela ne vous rapproche-t-il pas de Rome ?

Cette vision très large du protestantisme moderne est aussi la conséquence de l'état d'esprit permissif, particulièrement inquiétant, qui règne au sein de la société laïque occidentale avec un laxisme et un libéralisme s'appliquant partout en politique, dans la vie sociale et même religieuse. Bien sûr, nous condamnons l'ordination des femmes, des homosexuels et la bénédiction de mariages de personnes du même sexe.

Nos deux Églises, catholique et orthodoxe, doivent malgré toutes leurs différences organiser de façon constructive un front commun pour coopérer à la défense et à l'affirmation des valeurs chrétiennes traditionnelles.

Quelle est votre analyse des difficultés qui opposent chrétiens et musulmans ?

Je suis persuadé que les musulmans et les chrétiens peuvent vivre en paix. L'expérience séculaire de la Russie en est la preuve. Or, pour cela, nous devons entreprendre des efforts de compréhension des deux côtés avec un réel désir de rapprochement, afin de prévenir la diffusion des idées radicales, face à la menace de l'extrémisme et du terrorisme, soit renforcer l'éducation religieuse. Je pense que les musulmans et les représentants des autres confessions traditionnelles doivent eux aussi connaître la culture du pays où ils vivent. Nous n'avons rien contre l'enseignement et la culture de l'islam ou du bouddhisme dans les régions à forte densité musulmane ou bouddhiste. Cela se fait déjà au Tatarstan, république située sur le bassin de la Volga, ayant comme capitale Kazan, et dans le Bachkortostan, république de Bachkirie, entre les monts de l'Oural et de la Volga, avec pour capitale Oula – les deux appartenant à la Fédération de Russie. L'éloignement des relations et l'absence de contacts entraînent des idées fausses, tant sur le plan religieux que professionnel. Un simple dialogue peut parfois éviter un dangereux conflit.

De nouvelles menaces pèsent sur la chrétienté ?

L'égoïsme, l'isolement, la haine, l'attirance toujours plus grande pour les plaisirs et les biens de consommation. Quand nous réussirons à nous imprégner davantage de l'amour de Dieu, notre civilisation sera moins sujette aux multiples tentations. Nous relèverons la tête, comme nous l'avons fait dans le passé.

L'Église orthodoxe semble plus ouverte que sa sœur catholique, puisque vos prêtres se marient…

Toutes les Églises chrétiennes respectent le mariage. « Le mariage est honnête, et le lit nuptial chaste », dit l'apôtre saint Paul. Mais, au cours des siècles, les diverses Églises chrétiennes ont eu sur cette question une approche différente. Nous, nous nous appuyons sur l'expérience, l'ancienneté de l'Église et l'Ancien Testament. Nous croyons que les prêtres peuvent se marier afin d'échapper aux tentations et de donner à la paroisse, à travers la « petite église du Christ », l'exemple de l'unité familiale et conjugale.

En entrant dans la cathédrale du Christ-Sauveur à Moscou, on est impressionné par sa somptuosité !

La cathédrale du Christ-Sauveur, parmi d'autres splendeurs, appartient à la ville : on ne peut donc pas juger des richesses de notre Église en prenant l'exemple de cette imposante et majestueuse cathédrale. La plupart de nos prêtres et de nos paroissiens ne sont pas des gens nantis, j'insiste là-dessus. Notre richesse vient de la force spirituelle de la foi que nous transmettent nos saints et nos laïcs. Certes, grâce à nos généreux fidèles, nous recevons des dons conséquents, mais il faut savoir que nos croyants sont prêts à se priver des richesses terrestres pour atteindre la richesse spirituelle. Quant à nos prêtres, ils sont salariés, en partie avec l'argent provenant des quêtes paroissiales, et ils peuvent aussi avoir des activités rémunérées, tels l'enseignement, l'écriture de livres ou d'articles.

Dans un pays qui connaît un tel regain spirituel, pourquoi un couple sur deux divorce-t-il, le divorce étant accepté chez vous ?

C'est affligeant, mais bien des laïcs puisent les recettes du mariage dans les livres, les journaux, les émissions de télévision russes ou occidentales de mauvaise qualité, voire destructrices, lesquelles érigent le plaisir en principe matrimonial majeur… Et, lorsqu'ils se marient, ils découvrent soudain que ce nouveau statut social ne se résume pas uniquement à cette description trompeuse du mariage. Mais qu'il implique d'abord une existence commune où les deux doivent aussi, au quotidien, se supporter avec leurs défauts… Le fardeau leur paraît alors trop lourd ! Certes, notre religion orthodoxe pourrait, avant le mariage, tenter de leur inculquer quelques grands principes, comme l'amour et le sacrifice de soi, mais il serait plus sérieux, pour préserver l'institution du mariage et la société en général, de commencer par éduquer les jeunes dès l'école !

Vous êtes le Patriarche qui réunit le plus d'orthodoxes sur Terre. Quelles sont vos relations avec le Patriarche œcuménique de Constantinople ?

Nos croyants honorent traditionnellement le Patriarche de Constantinople comme l'Église qui leur a jadis donné la foi et nous reconnaissons, sur le plan historique, la primauté du Patriarche de Constantinople. Lorsque, avec peu de croyants, sans doute à peine plus de 1 million dans le monde, elle subit maintenant en Turquie l'oppression, l'Église russe est toujours prête à la défendre !

Sa Sainteté Bartholomée Ier

«Le premier siège de l'orthodoxie reste Constantinople avec ses droits historiques issus des siècles passés.»

Sa Sainteté Bartholomée Ier, emblématique figure historique de toute l'orthodoxie, est reçu à l'étranger comme un chef d'État, même s'il ne dispose que d'une primauté d'honneur. En effet, son titre est lié au temps de la grandeur passée lorsque le Patriarche de Constantinople présidait aux destinées des Églises de tout l'Orient, de la Russie, de l'Europe de l'Est jusqu'à la Grèce. Celui qui ne règne désormais plus que sur 300 millions de chrétiens orthodoxes répartis dans le monde est également «baptisé» le «Patriarche Vert», car l'écologie est depuis fort longtemps l'une de ses priorités. Pour lui «le non-respect de la nature menace l'homme et toute la Création de Dieu». D'ailleurs, il a martelé cela bien avant le Pape, l'Église de Rome s'étant largement inspirée de cette idée depuis.

– Année 2006 –

Dans la complexité historique et religieuse en Turquie, quel est votre rôle ?

Constantinople est le centre administratif de notre Église, dont les fidèles sont dispersés de par le monde. Nous avons des diocèses aux États-Unis, au Canada, en Argentine, en Australie, à Hong Kong, en Crète, en Europe occidentale, au mont Athos en Grèce, mais le cœur est depuis dix-sept siècles Constantinople. Nous vivons avec les musulmans. Grâce à cette cohabitation, nous avons l'expérience de la coexistence et du dialogue quotidien. Nos problèmes ne viennent pas du peuple turc musulman mais de la bureaucratie : quelques services de l'administration de l'État turc ne respectent pas tous les droits, surtout les droits de l'homme, pour ce qui est des libertés religieuses des minorités résidant en Turquie. En vérité, ici, les chrétiens ont la liberté de foi, mais pas exactement la liberté de religion. Quant à l'instruction religieuse, notre séminaire et notre faculté de théologie dans l'île de Hálki, près de Rhodes, ont été fermés par décision gouvernementale en 1971, alors que le traité de Lausanne, qui garantit les droits des minorités en Turquie, parle ouvertement, clairement, du droit à l'éducation religieuse des minorités. Ce n'est guère le cas pour nous aujourd'hui.

Quel a été votre parcours ?

J'ai étudié la théologie à Hálki. Diplômé à 21 ans, en 1961, j'ai poursuivi avec un doctorat en droit canon oriental à Rome et des études œcuméniques en Suisse… Je ne puis pas vraiment prétendre être un théologien, car je n'ai pas fait d'études extraordinaires. Ma vocation était de devenir prêtre et professeur de droit canon à Hálki. Mais, l'école ayant été fermée, le destin en a décidé autrement. Cependant, je suis heureux de m'occuper de l'administration de l'Église et, surtout et avant tout, je me sens archevêque de cette ville. C'est la première partie du titre du Patriarche : « archevêque de Constantinople », la nouvelle Rome, et Patriarche œcuménique. Ce qui m'intéresse d'abord, c'est la qualité, le rôle de pasteur de cet archevêché historique de Constantinople. Mes fonctions n'ont toutefois pas changé ma manière de vivre au quotidien. Je suis là pour recevoir des audiences et je travaille toute la soirée chez moi, ici, dans un appartement modeste. Je vais de temps à autre sur le Bosphore, où le patriarcat possède une petite maison. Cela me permet de me promener dans le parc, ou dans les forêts. Non seulement c'est bon pour ma santé, mais en plus la nature me plaît. Je suis né et j'ai grandi dans un village situé sur l'île d'Imbros, en mer Égée : il m'est difficile de me couper des beautés de la nature, et je cherche toutes les occasions de m'échapper pour aller les contempler. Quant à mes fonctions officielles, selon le protocole patriarcal, la liturgie ne compte pas beaucoup de grands offices religieux, dix ou quinze par an. Je préside cependant la prière dominicale : le grand prêtre, assis sur le trône, bénit le peuple, mais ne célèbre pas la liturgie. Avec la Cour patriarcale, mes diacres et mes prêtres, nous prions, chaque matin, chaque soir, et l'après-midi à 17 heures.

Citoyen turc, que pensez-vous de la possible adhésion de votre pays à l'Union européenne ?

Il ne faut pas oublier que la Turquie est bien évidemment en Europe. Istanbul a été successivement la capitale de l'Empire byzantin et de l'Empire ottoman. Nous sommes dans la continuité d'une longue tradition européenne. La Turquie se situe au croisement de l'Est et de l'Ouest, de l'islam et du christianisme, elle a donc vocation à être un pont entre ces religions, entre l'Asie et l'Europe. La perspective d'une intégration de notre pays dans l'Union européenne reste un espoir, qui irait dans le sens d'un plus grand respect des droits de l'homme et des libertés religieuses.

Plus de quarante années se sont écoulées depuis la rencontre historique du Patriarche Athénagoras et du Pape Paul VI ?

La rencontre des bienheureux primats de l'ancienne et de la nouvelle Rome, le Pape Paul VI et le Patriarche œcuménique Athénagoras, marqua en 1965 un tournant et l'avènement de nouvelles relations entre les deux Églises. Elle mit un terme à des siècles de silence et ouvrit la voie à la communion et au dialogue, avec à l'époque des résultats particulièrement encourageants, puisque les textes émanant des rencontres entre les représentants de l'Église orthodoxe et de l'Église catholique romaine peuvent depuis lors être considérés comme une base théologique solide, ouvrant de nouvelles perspectives à une action future. Malheureusement, en juillet 2000, le processus fut interrompu jusqu'en septembre 2006. Nous souhaitons qu'il porte bientôt de nouveau ses fruits.

Vous connaissez bien le Pape Benoît XVI ?

Nous nous connaissons depuis des années, lorsque Sa Sainteté Benoît XVI était Joseph Ratzinger, professeur au séminaire français de Rome. Nombreux sont nos théologiens qui, en Allemagne, furent aussi ses élèves et occupent de nos jours des hautes responsabilités dans les domaines ecclésiastique et universitaire. De l'aveu général, sa sagesse et son savoir scientifique sont incontestables.

Vous sentez-vous « en concurrence », si je puis m'exprimer ainsi, avec l'Église orthodoxe russe ?

On ne peut pas évoquer le terme « concurrence ». Chaque Église a son propre rôle, dans le contexte et le système de la famille orthodoxe. L'Église russe est une grande Église du point de vue des fidèles, mais elle est la cinquième dans la hiérarchie

Privilège inouï que de se trouver pour ce reportage inédit seule à 5 heures du matin au Vatican dans la chapelle Sixtine, lieu mythique où l'élection des Papes se déroule depuis 1513

1

2

3

1. Sala Nervi au Vatican avec Jean-Paul II

2. J'offre au Pape polonais un numéro de *Paris Match* dont il fait la couverture.

3. Grand honneur cette fois-ci de venir dans ses appartements privés présenter au Saint-Père les photos de notre reportage exclusif où nous l'avons suivi pendant dix jours durant

4. Karol Wojtyla bénit ma fille Cosima, 5 ans

5. J'emmène mon ami Jean-René Fourtou au Vatican se faire bénir par le Pape Jean-Paul II

4

5

6. À la messe privée de Jean-Paul II à 7 heures du matin où j'ai la joie d'être invitée en 1996 dans la chapelle de ses appartements au troisième étage du palais pontifical. Une trentaine de personnes y assistent dont ce jour-là des prêtres, des religieuses mexicaines, des magistrats du Saint-Siège…

7. Autre messe émouvante le 18 septembre 2013.
Le Pape François a aussi invité ce matin-là à 7 heures
des anciens élèves à lui, argentins, dans la chapelle moderne
de la résidence Santa Marta où il vit. À la fin de l'office,
il vient toujours se recueillir devant l'autel.
Des moments inoubliables

8. Après avoir suivi Benoît XVI pas à pas pendant neuf jours, le Saint-Père nous reçoit à la fin de ce sujet prestigieux

9. Chez lui, dans le salon de Santa Marta, le Pape François m'explique pourquoi Marie défait les nœuds, me montrant un tableau dont le thème lui est cher

11

10. Avec le jésuite piémontais Padre Lombardi sous un portrait de Benoît XVI, l'ancien directeur de la salle de presse du Saint-Siège préside la Fondation Joseph-Ratzinger

11. À Radio Vatican avec le cardinal Roberto Tucci un grand ami jésuite qui m'a enseigné la psychologie vaticane et comment résonner derrière ces hauts murs. Des données précieuses...

12. Suivre le Pape signifie voyager léger et être opérationnelle le plus souvent dès 5 heures du matin

13. Dans certains vols, le Pape est escorté par des appareils militaires. En observant attentivement on peut voir le portrait de François sur la dérive de l'avion de chasse

14. Le Pape François vient me raconter une histoire

15. Un moment qui demande une concentration et une attention particulières lorsque le Pape répond à notre question

16. L'un des secrets et meilleurs atouts des déplacements dans l'avion papal : réussir à faire rire Sa Sainteté

18

19

17. Première interview lors du retour des JMJ en juillet 2013 au Brésil. Je me suis lancée avec cette question : «Bonsoir Très Saint Père, je voudrais savoir si vous vous sentez encore jésuite depuis que vous êtes Pape ?»

18. Surprise, en route pour Nairobi on fête mon anniversaire dans le vol papal

19. Tout récemment en septembre 2021, lors du dernier voyage en Hongrie et Slovaquie, le Saint-Père vient me murmurer à l'oreille

20. En privé. Avec Jacques Chirac et la comédienne Sophie Desmarets

21. L'ancien garde des Sceaux Robert Badinter et David de Rothschild à la tête de la banque Rothschild de Londres et Paris dans mon petit musée privé Simca

22. À la Comédie-Française avec mon amie Élisabeth Badinter

23. François Hollande dans le petit musée Simca que j'ai constitué en mémoire de mon père Henri Théodore Pigozzi

24. Le jour de l'inauguration du musée Simca en juin 2000 avec mon patron Jean-Luc Lagardère pour lequel j'avais une profonde admiration, qui avait notamment produit la Matra Simca, Bernadette Chirac et son oncle Jean Panhard

25. Aux côtés du grand-duc et la grande-duchesse du Luxembourg venus dîner à la maison

26. Dans ma cuisine avec le Premier ministre Bernard Cazeneuve

27. Dernier dîner en ville de Valéry Giscard d'Estaing, assis entre Anne d'Ornano et Inès de la Fressange, le 14 janvier 2020

28

28. Les Chirac m'ont accueillie dans le métier avec gentillesse et bienveillance.
Je connaissais déjà Bernadette car son oncle Jean Panhard, président du Salon de l'auto, était un ami de mon père.
Le couple a guidé mes premiers pas où j'ai débuté comme journaliste politique.
Jacques Chirac chez moi avec mes deux bâtards baptisés « borders teckels », descendants de ma chienne teckel Dayla et de Johe le border terrier de Marina

31

32

31. Bernadette Chirac, venue me voir à l'hôpital Antoine-Beclère de Clamart le 2 avril 1990, trois jours après la naissance de Marina dans les bras de son père Gustavo Sarno qui lui donne le biberon

32. À l'Élysée, Marina et Cosima avec le Président Chirac à l'occasion de la remise des insignes de grand officier de la Légion d'honneur à l'ancien ministre du général de Gaulle Michel Maurice-Bokanowski, un ami proche de ma famille

29

29. Sur la plage de Saint-Tropez, dans une pizzeria avec le Président Jacques Chirac, son épouse et ma grande Minnie de Beauvau-Craon

30. Un été dans le Midi avec Jacques Chirac

30

33. Dans l'élevage et l'écurie de chevaux de course de la famille royale d'Arabie, me voici à demi rassurée quand on m'invite à partager en selle les émotions d'un pur-sang d'une telle lignée et très réactif. Mais que ne ferait-on pas pour *Paris Match* !

34. Dans un char AMX lors d'un reportage sur les militaires de l'Armée de terre

35. Protégée par les Casques bleus en novembre 2015 pendant le voyage du Pape François en Centrafrique

36. En vol vers l'Afghanistan portant un gilet pare-balles dans le Transall de l'armée française

37. Tapis rouge pour l'arrivée du Pape à Madagascar le 6 septembre 2019

38. Nuit sans sommeil ce 7 mai 2017 lors de l'élection présidentielle. Olivier Royant, directeur de *Match*, voulait que j'écrive sur le couple Macron que j'avais suivi depuis l'entrée en politique du futur président. Cela signifiait aussi être accompagnée de ma teckel ne supportant pas la solitude. Notre cher patron a déclaré, cette nuit-là, Dayla mascotte du journal. Tant d'années de travail avec rigueur, estime mutuelle, complicité, amitié me rattachent désormais à cette photo. Des souvenirs inoubliables

39. Au risque de choquer le lecteur, je le confesse, j'ai écrit sur la table de la cuisine au crayon et à la gomme. Clap de fin !

40. et 41. Brigitte Macron, que j'ai connue à travers d'autres circonstances que celles de l'univers politique, m'a fait l'amitié de venir partager ce joli moment le 7 octobre 2021 quand Anne d'Ornano, l'ancienne maire de Deauville longtemps présidente du Conseil général du Calvados, m'a remis les insignes d'officier de la Légion d'honneur. Une joie partagée avec tous mes amis parmi lesquels beaucoup de journalistes, mais aussi le Président François Hollande m'ayant réservé la surprise de nous rejoindre alors qu'il arrivait tout juste d'un pays lointain. Comment en recevant cette décoration ne penserais-je pas d'abord à mon père, commandeur de la Légion d'honneur à titre étranger, dont l'aventure industrielle s'est inscrite dans l'histoire de notre pays et particulièrement celle de Poissy dont le maire Karl Olive était également présent pour fêter cette distinction avec ma famille, mes amis de toujours, mes relations de milieux les plus éclectiques

40

41

orthodoxe. Le patriarcat de Constantinople, bien qu'ayant beaucoup moins de fidèles, occupe un rôle historique… Il y a dans l'orthodoxie un ordre canonique ecclésiastique que nous devons tous respecter. Et, en dernière analyse, l'Église de Constantinople, avec près de quatre-vingts évêques à travers le monde, est « l'Église mère » des Russes, de tous les Slaves. C'est Constantinople qui nous a donné la foi chrétienne et le baptême. Il faut donc respecter la mère, comme c'est le cas dans toute famille, reconnaître sa mission œcuménique de coordinateur indispensable, pour éviter toute dissolution. C'est le rôle que le patriarcat joue dans l'ensemble de l'orthodoxie. Un centre qui prenne des initiatives, préside, convoque les conciles panorthodoxes… Nous ne voulons pas nous mêler des affaires intérieures de l'Église russe, de l'Église bulgare ou roumaine : nous respectons leurs statuts. Mais le premier siège dans l'orthodoxie reste Constantinople, avec ses droits historiques issus des siècles passés.

L'écologie semble aussi importante à vos yeux…

C'est en effet une vraie préoccupation ; nous y travaillons depuis des années et organisons des séminaires, ici, à Istanbul. Le dernier symposium, qui a eu lieu en juillet, s'est particulièrement intéressé à la forêt d'Amazonie pour sensibiliser et expliquer aux gens qu'il faut respecter la Création comme nous respectons le Créateur, car il y a un grand danger aujourd'hui pour l'humanité et pour les générations à venir. Notre prochain symposium international sera sur le pôle arctique et interreligieux. Il est essentiel pour le présent et pour l'avenir de préserver notre planète et ne pas en abuser.

Êtes-vous prêt à reconnaître la primauté de l'Église de Rome ?

Certes, telle qu'elle était définie dans le Ier millénaire : c'est-à-dire que nous reconnaissons à l'évêque de Rome, donc au

Pape, la primauté de présider la chrétienté, comme c'est le cas du Patriarche de Constantinople pour l'orthodoxie. Mais l'orthodoxie ne peut pas accepter la primauté de juridiction du Pape sur l'Église chrétienne tout entière. Dans le Ier millénaire, où la communion existait encore entre l'Orient chrétien et l'Occident chrétien, il y avait dans l'Église une indispensable prédominance afin de coordonner les choses, mais ce n'était pas, selon notre interprétation, une primauté de juridiction. Après la réunion de ces deux Églises, de ces deux mondes, pour laquelle nous prions, nous serons prêts à accepter de nouveau cette place et reconnaître l'évêque de Rome comme notre frère aîné. Une fois réglée cette priorité, le reste sera secondaire. C'est pourquoi elle figure en premier dans l'agenda du dialogue théologique. Quand nous arriverons à résoudre cette question importante, nous aurons fait un pas essentiel vers la pleine communion et le rétablissement de l'unité.

Le Patriarche maronite d'Antioche Bechara Boutros Raï

« Nos prêtres peuvent se marier, ils en sont heureux, car tout ce qui est interdit est désir. »

Le Patriarche Bechara Boutros Raï, qui réside dans son palais patriarcal à Bkerké au nord de Beyrouth, est celui que les maronites vénèrent tels les catholiques le Souverain Pontife, car après tout il est leur Pape. Mais, pour beaucoup de chrétiens en danger, le Patriarche d'Antioche et de tout l'Orient demeure un rempart, une voix au cœur de cet Orient compliqué, dans lequel il a appris à vivre avec une idée simple : la tolérance. Elle seule peut permettre à toutes les communautés de cohabiter en tentant d'éloigner la violence. S'il y a un siècle on comptait près de 20 % de chrétiens dans les pays musulmans, ils sont désormais quatre fois moins.

– Année 2012 –

Fierté des maronites, à la tête d'une communauté de 5 millions de catholiques, le Patriarche d'Antioche et de tout l'Orient, Béchara Pierre Raï, est une personnalité charismatique et souriante. Dernier enfant d'une fratrie de six garçons et deux filles, ce montagnard très populaire dans son pays, le Liban, rayonne également au sein de cette Église fort ancienne, dont le territoire s'étend sur tout l'ex-Empire ottoman, de la Turquie aux Indes. Celui qui, avant de devenir évêque puis Patriarche, appartient d'abord à l'ordre mariamite maronite est un mélange d'humilité, de majesté, de mysticisme et de panache. Désormais incontournable, cet homme de culture et de foi bénéficie de la pleine confiance des autres autorités chrétiennes, orthodoxes ou protestantes, et son prestige ne s'étend pas qu'à cette partie sensible du monde, l'Égypte, la Syrie, l'Irak, la Jordanie, l'Arabie, la Terre sainte… La communauté internationale compte aussi beaucoup sur ce chef religieux influent, très engagé dans le dialogue islamo-chrétien, toujours protégé par l'armée, pour faire avancer le processus de paix au Moyen-Orient. Élève chez les jésuites de Jambour, étudiant ensuite à Rome, Béchara Pierre Raï, qui parle sept langues, a passé ses licences de philosophie et de théologie, et des doctorats de droit civil et canonique. Diplômes qui l'ont amené à diriger sur place la section arabe de Radio Vatican et à devenir vice-recteur du Collège des mariamites, avant d'exercer au Liban divers ministères sacerdotaux et d'être élu évêque de Byblos le 15 mars 2011, puis Patriarche maronite. Son rôle s'inscrit toujours dans l'actualité internationale et de celle de l'Église de Rome. Il est en effet également, depuis 2013, cardinal et a été nommé par le Pape François Père synodal lors du synode des évêques sur la famille en octobre 2014, tout en symbolisant un passé riche, car les chrétiens sont présents dans la région depuis Jésus-Christ.

J'ai suivi Sa Béatitude Béchara Pierre Raï pendant plusieurs jours à Bkerké, le Vatican des maronites, sur les contreforts du mont Liban, au nord de Beyrouth. Là où il vient de consacrer trois nouveaux évêques. C'est dans son palais patriarcal, au cœur du mont Liban, qu'il m'a accordé une interview exclusive et invitée à fêter avec lui son 72e anniversaire.

Votre Béatitude, vous êtes le Patriarche des maronites d'Antioche et de tout l'Orient, un titre impressionnant vu de France.

Je suis le 77e Patriarche maronite. Élu à l'unanimité, religieux de l'ordre maronite de la Bienheureuse Vierge Marie, je n'avais jamais imaginé occuper un jour cette fonction. Pour moi, se consacrer à Dieu est une vocation et non une affaire de droit personnel. Comme le traduit ma devise : « Communion et Amour ».

Avez-vous, au Moyen-Orient, plus d'influence que le Pape ?

C'est trop dire, mais, appartenant à ce monde oriental avec notre passé, nos amitiés, nos relations, le statut de notre Église et le fait que je sois très informé localement grâce à nos institutions, à notre clergé et aux multiples personnalités internationales que je reçois ici, ainsi que lors de mes visites à l'étranger, le Patriarche maronite a son influence et son importance… Cependant, le Pape reste le Pape, et personne ne peut se mesurer à lui.

Situé entre Israël et la Syrie, tremblez-vous ?

Bien sûr, victimes du conflit israélo-palestinien, nous avons chez nous un demi-million de Palestiniens. Ayant également souffert du différend israélo-arabe, nous sommes aujourd'hui très concernés par la situation syrienne qui, en plus, empêche nos produits agricoles et industriels, transitant par la Syrie, d'aller en Jordanie, en Irak et dans les pays du golfe Persique. La route entre le Liban et les pays arabes est coupée. Creuset du monde arabe, nous sommes une plate-forme fragile.

Vos responsabilités vous entraînent à bien connaître le régime syrien…

Pour comprendre la situation locale, il faut mesurer que le nom du Président Assad est difficilement séparable du Baas, son parti unique et très dur. C'est pourquoi, quelles que soient les idées personnelles de ce médecin de formation, il incarne un système où la liberté et les droits de l'homme sont limités, où la violence engendre la violence, où les concepts occidentaux font défaut. Dans le monde arabe, les Présidents sont réélus avec 99,99 % des suffrages. Avec cette mentalité, quelle peut être l'alternative entre Souverain et Président à vie ? La source de la législation en tous domaines est le Coran. Avec un parti unique et le pouvoir politique, judiciaire et militaire entre les mains des musulmans, qui s'appuient en tout point sur la charia. Démocratie et théocratie sont aussi contradictoires que la neige et le feu. À l'heure où Israël demande à être un État pour les juifs, quels sont, objectivement, la place et l'espace des droits d'un musulman et d'un chrétien israélien ?

Le Maroc a adopté une monarchie constitutionnelle...

Les Marocains affirment, comme les Syriens, que leur régime est démocratique. J'ai récemment entendu un responsable syrien dire que la démocratie est comme un habit. Un enfant porte un costume, un homme aussi, mais le vêtement a changé de taille. Pourtant, officiellement, c'est toujours un costume ; on peut habiller n'importe quel régime du costume démocratique.

Quelle serait la bonne solution au Moyen-Orient ?

La seule serait la laïcité, la séparation entre la religion et l'État. Mais, pour les musulmans, cette laïcité est une « hérésie ». D'ailleurs, aucun pays voisin ne s'est inspiré de la Constitution libanaise qui, conformément à l'article 9 rendant hommage à Dieu, respecte toutes les religions et prévoit qu'elles coexistent selon un pacte national de convivialité. Sans être un État religieux, le Liban respecte toutes les libertés publiques comme celles de religion et de conscience, avec l'autonomie législative, juridictionnelle, judiciaire et en matière religieuse et familiale, et l'État n'interfère pas tant que règne une discipline générale. Nous qualifions cela de «laïcité positive». Certes, pas avec le même sens qu'en Occident, où la religion n'a pas été seulement séparée de l'État, mais l'État a été séparé de Dieu. Les Parlements occidentaux légifèrent sans se préoccuper de la loi naturelle ou divine. Un tel système est haï par les musulmans.

Pourquoi y a-t-il une telle violence envers les chrétiens ?

Pour les musulmans, le judaïsme a été suivi et complété par le christianisme qui, à son tour, l'a été par l'islam. Ainsi, bon nombre de musulmans sont convaincus que nous ne sommes plus dans le sens de l'Histoire, puisqu'on ne s'est pas convertis à leur religion. Beaucoup nous traitent même d'infidèles, d'étrangers qui n'ont pas encore réussi à devenir musulmans. Selon eux, nous représentons des intrus dont il faut se méfier. Nous symbolisons pour certains le reste des croisés et du colonialisme occidental. La source de la législation étant le Coran, se référer à l'Évangile n'a guère de sens à leurs yeux. D'ailleurs, comment pourrait-on avoir confiance en un chrétien, voire lui donner un poste à responsabilité ? Il y a quelque temps, un chef religieux irakien m'a avoué que, si l'on s'attaquait aux chrétiens d'Irak, c'est aussi parce que ce sont les plus faibles.

Que pensez-vous des chrétiens vendant leurs terres à des musulmans ?

Je ne cesse de répéter qu'il ne faut jamais vendre sa propriété, pas même à des frères ou des voisins, parce qu'elle est la page où l'on écrit notre histoire. Elle est la source de notre propre identité et de nos traditions. Elle assure notre avenir. Celui qui cède sa terre commet une infidélité envers lui-même. Certes, c'est tentant quand les sommes sont énormes.

Mais je déplore qu'il y ait aussi une islamisation à travers l'argent.

Quels sont vos rapports avec le Vatican ?

Ils sont bons, je souhaite simplement que nos Églises patriarcales et nos saints synodes fassent l'objet de plus de considération. Cela serait positif pour les rapports avec les Églises orthodoxes et pour le bon cheminement œcuménique. Une certaine décentralisation au niveau de la Curie romaine est souhaitable, ainsi qu'une meilleure connaissance de nos Églises. Lorsque j'ai été élu Patriarche, par exemple, plusieurs cardinaux romains m'ont félicité pour ma « nomination ». Cela m'a surpris qu'ils soient si peu au fait de nos traditions et de notre fonctionnement. Le Vatican passe parfois des mois à enquêter sur nos nouveaux évêques. Cette méfiance n'est pas plaisante pour nous ! Enfin, concernant l'aliénation de terrains de l'Église, qu'il s'agisse de cinq ou de mille mètres carrés, voire d'un simple droit de passage, la procédure reste la même : nous devons toujours demander au Saint-Siège l'autorisation. Qu'on nous laisse plus d'autonomie quant à nos affaires internes !

On prétend que vous êtes riche…

C'est beaucoup dire ! Au Liban, les biens de toutes les Églises catholiques, orthodoxes et protestantes constituent entre plaines, montagnes et vallées 3 % des terres du pays. Notre richesse n'est pas financière, mais les maronites sont à la tête d'institutions d'ordre religieux, d'écoles, d'hôpitaux, de centres médicaux et sociaux. La plupart ont fait des études et occupent maintenant des postes clés dans l'industrie et le monde de la finance. Ils constituent une force, un réseau. Lorsque je voyage, je ne vais pas collecter des fonds, mais la communauté participe souvent à mes visites officielles. Elle est généreuse avec nos œuvres.

Vos prêtres vivent-ils autrement que les nôtres ?

En effet, parce qu'ils peuvent se marier, mais doivent alors se décider avant d'être ordonnés. Ils sont heureux la plupart du temps, car tout ce qui est interdit est désiré. Puisque dans l'Église latine il est défendu de fonder une famille, cela engendre des frustrations, alors que nos cinq cents prêtres, dont la moitié sont mariés, ont une existence plus sereine.

Son Altesse l'Aga Khan

«L'une des questions que pose l'islam n'est pas de savoir si un individu est riche, mais : "Si vous avez les moyens, qu'en faites-vous ?" »

Descendant en ligne directe du prophète Mahomet, le prince Karim Aga Khan est depuis 1957 le 49e chef spirituel des chiites ismaéliens. Une communauté de quinze millions de fidèles répartis dans une trentaine de pays de la Syrie à l'Afghanistan, du Pakistan au Tadjikistan, de l'Amérique du Nord à l'Europe et au sein de plusieurs nations de l'ex-Union soviétique dont il est l'imam suprême. Une longue odyssée religieuse, puisque l'Aga Khan est le gardien d'une religion ancestrale détenue et transmise par sa famille depuis plus de treize siècles.

– Année 2005 –

Monseigneur, quarante-neuvième imam descendant de Mahomet, chef spirituel des ismaéliens, mouvement chiite de quinze millions de musulmans, êtes-vous leur Pape ?

Mon rôle d'imam n'a rien à voir avec celui du Pape, car l'évêque de Rome est élu par un Collège de cardinaux, alors que la fonction d'imam des ismaéliens est héréditaire. Dans l'islam, contrairement à l'Église catholique, il n'y a pas de clergé avec des personnes ayant une vocation religieuse exclusive. Par contraste avec la tradition du christianisme, l'islam ne sépare pas le temporel du spirituel. J'ai donc le devoir, suivant l'exemple de mes prédécesseurs, de guider les ismaéliens non seulement dans le temps, mais encore dans l'application quotidienne de l'islam chiite. Concrètement, cela me conduit à analyser leur niveau d'existence en liaison avec leur cadre géographique. L'imam a toujours eu la responsabilité suprême de vivre avec son siècle, ce qui implique avant tout de s'adapter.

Comment vous définissez-vous, financier, philanthrope ?

Que vous répondre, dès lors que ma mission d'imam s'étend à la théologie, aux secteurs social, économique, culturel et même à l'environnement. La philanthropie n'est plus ce qu'elle était du temps de mon grand-père. Nous ne nous contentons plus de donner, nous apprenons aussi aux populations locales à subvenir à leurs besoins.

Trente-sept ans d'imamat, déjà.

C'est très long. Lorsque mon grand-père s'est éteint, en 1957, j'avais 20 ans et me suis trouvé brutalement non seulement héritier de l'imamat, mais encore des leaders de la communauté, dont la plupart étaient plus près de la génération de mon grand-père que de la mienne. Avec le temps, je les ai naturellement remplacés par des collaborateurs davantage en phase avec nos institutions en rapide expansion en Asie, Afrique et dans de nouvelles régions où la communauté s'installait, telles l'Europe et l'Amérique du Nord. Les institutions antérieurement mises en place étaient déjà fort bien structurées, sans doute parce qu'en dehors de sa vie politique mon grand-père ne se consacrait qu'à sa charge. Dédiant toutefois le peu de temps qui lui restait à son écurie de course. Après son décès et celui de mon père, trois années plus tard, j'ai repris l'écurie à laquelle ni mon frère Amyn ni ma sœur Yasmin ne s'intéressaient. C'est ma seule véritable occupation en marge de mes fonctions officielles, car mes affaires privées sont distinctes des institutions de la communauté et gérées par d'autres personnes que moi.

Un héritage toujours en ligne directe.

L'Aga Khan III était l'héritier d'une dynastie qui, jusqu'à la 46e génération, était encore iranienne… Bien que né à Karachi, dans les Indes unies, la patrie qui est aujourd'hui le Pakistan, « grand-pa » avait appris le farsi avant l'anglais, et sa première épouse était persane !

Abordons le sujet de la montée de l'intégrisme.

Si « intégrisme » signifie « déstabilisation d'une société », j'y suis opposé, bien sûr. On a fâcheusement pris l'habitude d'imputer chaque acte sporadique de terrorisme à l'ensemble des musulmans. C'est un douloureux amalgame, en effet ! Le monde musulman est riche de 1 milliard de croyants, de 30 à 40 drapeaux, de 500 langues et dialectes, de pays devenus musulmans, certains à l'époque du Prophète, d'autres trois cents ans plus tard, les uns parlant arabe, les autres non. Il n'y a pas d'entité islamique où un milliard de croyants interpréteraient leur foi de la même manière. La vérité est que vous, Occidentaux, percevez si mal le monde musulman que vous le jugez comme s'il s'agissait d'un même et unique bloc humain. Nous sommes beaucoup mieux renseignés sur vous, parce que vous nous avez colonisés, gouvernés pendant des siècles. L'activité déstabilisatrice est une réalité, mais infime comparaison avec la masse de croyants silencieux que nous sommes. C'est un peu comme si je décrétais : « L'IRA commet des attentats en Angleterre, tous les catholiques sont donc de dangereux terroristes. » On fait sciemment une confusion entre la foi des hommes et leur but politique. Tant l'IRA et l'ETA que beaucoup de « fondamentalistes » ont un objectif politique clair, précis, mais, bien moins souvent un objectif uniquement de prosélytisme. Dans certains cas, même, les Occidentaux sont allés jusqu'à piétiner leur propre idéologie et à manipuler des moudjahidine pour expulser les Soviétiques d'Afghanistan, à se servir d'extrémistes pour affronter les communistes agnostiques. Le monde libre occidental doit impérativement établir la distinction entre des luttes politiques et la foi de l'islam. Que les frustrations idéologiques d'Algériens, de Jordaniens ou de Libyens engendrent des mouvements extrémistes prêts à tout, nous ne pouvons le nier, mais cela ne saurait entacher la crédibilité de la totalité du monde musulman.

Vous avez été un précurseur de l'humanitaire…

J'ai en effet commencé à pratiquer des actions en faveur de la société civile il y a fort longtemps en y apportant de nouveaux outils, tels le microcrédit et l'*impact investment*. Quelque 80 000 personnes travaillent pour le Réseau Aga Khan de développement [AKDN], soit sur une centaine de projets dans plus de vingt-cinq pays, dont certains, tels le Mali, l'Afghanistan ou la Syrie…, connaissent aujourd'hui une situation politique difficile. Notre objectif est que les populations démunies aient accès à l'éducation, aux soins, que l'on trouve des solutions aux problèmes de la faim et de l'approvisionnement en eau. Sans oublier le Trust Aga Khan pour la culture, qui met en lumière le patrimoine du monde islamique avec notamment un prix d'architecture de 1 million de dollars.

Où puisez-vous les ressources nécessaires au financement des programmes de vos institutions pour le développement ?

Les sources d'approvisionnement sont multiples. Parmi les plus importantes, il y a les contributions des particuliers à l'aulne de l'imamat, le partenariat avec les grandes agences nationales et internationales de développement, les subventions locales et, naturellement, nos propres revenus découlant de nos entreprises et de nos fonds de placement. Répartis entre les divers types de programmes, ils font l'objet d'une gestion rigoureuse et transparente pour les donateurs.

Comment s'organisent vos activités ?

Je consacre à ma tâche institutionnelle 90 % de mon temps, et nos bureaux sont ouverts sept jours sur sept, car, chez nous, musulmans, le dimanche correspond au vendredi. Il me faut de ce fait être disponible le week-end pour recevoir les dirigeants institutionnels le passage. Mon existence est avant tout ponctuée par les représentations officielles, qui m'entraînent d'un bout de l'année à l'autre dans la vingtaine de pays où se trouvent les membres de la communauté. Cela représente quelque six cents heures de vol par an ! C'est pourquoi, afin de gagner du temps, je me fais toujours accompagner dans mon jet par certains collaborateurs.

Comment l'imam vénéré du tiers-monde redevient-il, en Europe, un personnage privé ?

La fonction publique héréditaire fait partie intégrante de mon existence. C'est une seconde nature. Certes, il ne s'agit plus là de cérémonies publiques, mais du rapport ismaéliens-imam, lequel reste intact. Ce qui peut surprendre est qu'en Occident la communauté a perpétué ses traditions et préservé le respect à son chef religieux, or il n'est pas évident de maintenir une fonction aussi complexe dans un monde en constante mutation. Mes responsabilités m'entraînent à passer presque deux mois par an auprès de ma communauté afin de contrôler ses diverses actions.

Vous donne-t-on encore votre poids en or, en platine ou en diamants ?

La question des pesées, comme bien d'autres choses, a pris des proportions mythiques. Pour ma part, je n'ai jamais été pesé contre de l'or ou des pierres précieuses. C'est pour célébrer ses 50e et 60e anniversaires d'imam que mon grand-père avait reçu son poids en or et en diamants, images désormais légendaires. Or, lors de son 70e anniversaire, étant déjà assez souffrant, les cérémonies marquant son jubilé de platine ne furent cette fois-là que symboliques. Les contributions financières qui en résultaient étaient en fait employées au sein des communautés locales. C'est ainsi que furent créés plus de soixante écoles au Pakistan, un grand hôpital à Nairobi et des institutions financières servant aux membres de la communauté en Asie et en Afrique.

Un mythe entretenu par les médias ?

La presse occidentale a faussé la signification de ces pesées, les attribuant souvent, injustement, uniquement aux ismaéliens, alors qu'elles existent également chez les sikhs, et leur donnant aussi un caractère religieux. Allant même jusqu'à prétendre que cette tradition se perpétue encore de nos jours, et de surcroît tous les ans. Lorsque le 25e anniversaire de mon propre imamat a été célébré, en 1982, il n'y a plus eu de pesée ; en revanche, la communauté a défini un certain nombre de nouveaux projets sociaux pour fêter l'événement.

La richesse va-t-elle de pair avec la générosité ?

Pas forcément, même si, dans la société musulmane, la morale dicte qu'on essaie par notre travail de contribuer au bien-être de notre entourage. C'est un réflexe dans les grandes familles fortunées, qui donnent forcément plus ; mais chacun agit selon sa mesure. Pour moi, c'est une tradition ancestrale. Ce que je fais me passionne et me rend très heureux.

Vous réserve-t-on dans le tiers-monde un accueil de chef d'État ?

Ce qui compte, c'est le respect porté à la communauté. Je ne suis que de passage dans ces pays, mais les institutions ismaéliennes y sont, elles, présentes trois cent soixante-cinq jours par an et travaillent en étroite liaison avec les gouvernements, l'Administration et les divers organismes publics et privés. Je sais néanmoins que je bénéficie du rayonnement de la communauté, des retombées de son action et de sa reconnaissance officielle par les autorités gouvernementales.

Êtes-vous autoritaire ?

Le terme exact serait plutôt « dirigiste », dans la mesure où j'ai une vision très précise de ce que je souhaite. Bien que je m'efforce d'être un homme de consensus, quand l'un de mes proches commet deux ou trois fois la même erreur, cela me contrarie beaucoup, je le reconnais.

Pourquoi cela vous déplaît-il de voir votre nom figurer parmi ceux des hommes les plus riches du monde ?

Cela suscite immédiatement dans l'esprit des gens la vision d'une inépuisable masse d'argent dilapidée n'importe comment, et le monde occidental a beaucoup de peine à chasser l'image quelque peu simpliste et sans originalité du prince des *Mille et Une Nuits*. J'ai la responsabilité de certaines activités institutionnelles de la communauté – en matière de développement social, culturel et économique –, ce qui, bien entendu, engage de multiples avoirs institutionnels. Je possède par ailleurs des investissements familiaux privés, et des médias ne peuvent s'empêcher de considérer comme un tout l'ensemble des biens que je gère, d'où des estimations atteignant des dimensions démesurées, fantaisistes, fausses du fait de cet amalgame !

Quelle fierté tirez-vous, Monseigneur, de votre œuvre ?

Je suis fier de deux choses : la première est la création, dans divers pays, d'institutions de la communauté dotées d'une réelle autonomie, ne dépendant ni de l'intervention, ni de la réflexion, ni du soutien de l'imam. La seconde concerne des contrées ayant subi de fortes turbulences et où il y a eu la réinsertion des ismaéliens du tiers-monde. Ce en accord avec les gouvernements. Au risque de paraître peu modeste, je dirai que c'est bien là la démonstration que la communauté ismaélienne, ses programmes et ses institutions sont respectés. Je n'ai d'autre ambition que d'être un prince d'un islam heureux. Mais nous n'en sommes pas encore là !

Observateur avisé de la politique internationale, voyez-vous une solution française aux problèmes du tiers-monde ?

De fait, la République française entretenait avec les premiers gouvernements d'indépendance des relations très étroites, car ces jeunes États se trouvaient, jadis, être dirigés par des amis proches de la France. La plupart étaient non seulement de la génération politique de vos responsables gouvernementaux de l'époque, mais avaient, de plus, généralement fait leurs études dans vos universités. Léopold Sédar Senghor et Félix Houphouët-Boigny, notamment, entretenaient des contacts permanents avec Paris, voire même un rapport humain dépassant largement le cadre institutionnel formel. Les temps ont changé, nous en sommes depuis à la troisième génération politique. Le tiers-monde – dont est issue une grande majorité des musulmans implantés en France – est en pleine mutation.

La gestion politique du tiers-monde doit se faire sur le plan national et mondial de façon totalement différente. L'Union soviétique a disparu, et avec elle le conflit des dogmes Est-Ouest. Une bonne partie des efforts intenses de ces jeunes États sont freinés par le coût de la libéralisation de leurs économies et de la récession.

Avec quels objectifs ?

De nouveaux défis doivent être relevés : limiter l'impact de l'explosion démographique, renforcer les identités nationales ou régionales pour les abriter de l'uniformisation des systèmes de communication mondiale, et par ailleurs atteindre un équilibre spirituel face à un matérialisme outrancier demeure autant de questions auxquelles le monde en voie de développement cherche les réponses. Une solution réside, me semble-t-il, dans la reconnaissance par l'Occident de cette réalité et de l'urgence de les aider à trouver des solutions à ces problèmes avant qu'ils ne prennent des proportions explosives.

Quel rôle la France peut-elle désormais jouer dans le monde arabe ?

La France a depuis des siècles des contacts, je dirai même des liens étroits, avec le monde arabe, non seulement dans le Maghreb, mais aussi au Moyen-Orient, c'est-à-dire en Syrie, au Liban, en Égypte et ailleurs... Tous ces pays sont à la recherche de soutiens pour améliorer la qualité d'existence de leurs citoyens. Cela passe en outre par la consolidation de leurs institutions politiques, économiques, culturelles ; en d'autres termes, par des investissements non seulement toujours plus coûteux et encore plus nécessaires pour ce qui est des ressources humaines. Condition essentielle de survie dans un univers sans cesse plus compétitif et « méritocratique ».

Le tiers-monde d'il y a vingt ans et celui du XXIe siècle n'ont plus rien de commun.

Absolument ! En outre, l'éclatement du communisme a déclenché une révolution ayant radicalement modifié les horizons et les engagements des organismes internationaux, contraints de faire face à une situation pour eux totalement inédite, avec de nouveaux États indépendants, souvent politiquement instables, et dont la libéralisation des économies risque de s'avérer particulièrement lente et coûteuse. Le chef religieux que je suis ainsi que les institutions que je dirige ont dû apprendre à réagir extrêmement rapidement pour venir en aide aux ismaéliens et autres populations du Tadjikistan de l'Est, le Gorno-Badakhshan, afin de leur éviter d'urgence la famine. Ainsi, nous avons donc acheminé dans cette zone à haut risque plus de vingt mille tonnes de vivres, vêtements et médicaments afin d'assurer la survie de ces populations. Le système d'économie centralisée a disparu en même temps que l'Union soviétique, et la Russie seule n'a pas les moyens financiers de soutenir toutes ses anciennes républiques.

Un monde musulman en perpétuelle évolution ?

Il faut partir d'une réalité : le monde musulman est bien plus vaste que le monde arabe. L'islam, s'il est certes né en Arabie, s'est depuis répandu dans une grande majorité de populations non arabes. Voilà pourquoi il convient sans doute aujourd'hui de regarder en premier lieu vers l'Asie, soit principalement vers l'Indonésie, la Malaisie, Brunei – où plus de 85 % des habitants sont musulmans. En raison de leur stabilité politique et de leur puissance économique grandissante, on est désormais certain que l'avenir du monde islamique sera autant marqué par ces nations que par le monde arabe. En Asie centrale, des pays tels que le Turkménistan, l'Ouzbékistan, le Kazakhstan recèlent également des richesses énormes, et leur poids se fera sentir au fur et à mesure qu'ils sauront trouver leur équilibre politique et développeront leurs ressources. D'autres au Moyen-Orient, comme la Jordanie, s'inspirant sans doute de l'exemple de Singapour, dont la puissance financière est sans commune mesure avec sa superficie, cherchent à se métamorphoser en centres de ressources humaines, technologiques, scientifiques et culturelles. Quant aux pays du Golfe, en dépit d'énormes ressources naturelles et d'une démographie équilibrée, ils sont toujours fragilisés par le fait que leur richesse dépend encore et surtout du pétrole. Conscients de cela, certains pays tels que les Émirats arabes unis tentent de diversifier avec méthode leur économie afin d'essayer de se mettre à l'abri des fluctuations pétrolières.

Parlez-moi des Indes d'antan.

Les Indes d'alors faisaient l'objet d'une imagerie extraordinaire. C'était l'époque mythique où les princes pouvaient garder leur fortune, leurs palais, leurs privilèges, leurs éléphants, leurs bijoux et se parer de pierres précieuses et de perles. Vivant dans un tout autre contexte, grand-père était le chef d'un imamat peu institutionnalisé, avec des moyens bien différents de ceux d'aujourd'hui. Président de la Société des nations [SDN] à une période extrêmement délicate, il avait connu la guerre froide, l'écart entre le monde colonial et le monde libre. De nombreuses communautés ismaéliennes s'étaient alors retrouvées derrière le rideau de fer. La situation variait beaucoup d'un pays à l'autre ; qu'y avait-il en effet de commun entre les colonies britanniques ou françaises et les pays sous le joug de l'Union soviétique ? Grand-père joua aussi un rôle politique de poids en Inde, en Afghanistan, au Pakistan pendant la période la plus dure des années 1950 au début de la décolonisation, lors de la préparation de l'indépendance de l'Inde et des pays africains. Mais revenons à la richesse, puisque c'est ce qui vous intéresse. La vraie question que l'islam pose n'est pas de savoir si un individu est riche, mais : « Si vous avez les moyens, qu'en faites-vous ? »

C'est justement ma nouvelle question.

La réponse n'est pas dans ce que l'on possède, mais, d'après l'éthique de l'islam, de définir de quelle manière on l'utilise. La bégum Om Habibeh Aga Khan, maintenant décédée, en a fourni une belle et digne illustration ; veuve de mon grand-père, cette Française d'origine, après avoir vécu de manière très mesurée tout au long de son existence, a, en mourant, légué la totalité de ses biens à la Fondation Aga-Khan. Dotant celle-ci de sommes considérables pour agir dans ses domaines prioritaires, tel le soutien aux populations les plus déshéritées. Il est clair qu'on a, en Europe, beaucoup de mal à comprendre la différence entre une institution religieuse musulmane et chrétienne, alors que chez nous, qu'ils soient sunnites ou chiites, les imams participent à la vie active. Nous agissons pour les populations qui s'adressent à nous. Nous devons tous avoir des revenus et les utiliser d'abord pour le bien de l'institution et de ceux qui lui font référence. En Occident, on a tendance à assimiler la pauvreté à l'idée religieuse. Cela n'existe pas dans l'islam, car nous n'avons pas le droit de séparer l'existence matérielle de l'existence spirituelle. De plus, les deux doivent être vécues ensemble.

Alors, comment dépensez-vous l'argent de la communauté ?

Toutes les religions ont leurs ressources. L'imamat ismaélien a les siennes et les affecte à des dépenses entrant dans le cadre strict des objectifs de l'institution. Celle-ci, fort heureusement, passe pour bien gérer ses ressources, même si les demandes d'intervention formulées auprès de l'imamat dépassent largement nos moyens. Nous soutenons le tiers-monde sans pour autant réserver le bénéfice de nos actions aux seuls ismaéliens. Sur le plan institutionnel, je m'occupe de deux domaines essentiels. Le premier, le religieux, exige énormément de réflexion, car bon nombre de pays musulmans en pleine évolution ont des ressortissants ismaéliens d'origine arabe, tadjike, pakistanaise, indienne, iranienne, afghane... Le second est constitué des institutions du Réseau Aga Khan de développement, qui regroupe des entités spécialisées ayant vocation à intervenir dans le cadre de la santé, l'éducation et la culture. Elles concourent aussi à favoriser l'expansion des zones rurales et à promouvoir toutes sortes d'initiatives dans de nombreux pays, telle, en Asie centrale, la construction d'une université... spécialisée dans l'éducation des populations de haute montagne, afin de maintenir sur place et de favoriser l'émergence d'une société civile locale stable. Il y a aussi d'autres projets de mise en valeur et de réhabilitation, comme le parc Al-Azhar au Caire, le tombeau de Timur Shah à Kaboul et la vieille ville de Mostar sous la direction du Trust Aga Khan pour la culture. Sans oublier la première université internationale privée du Pakistan, que nous avons créée en 1983, qui s'est imposée sur le plan international avec le lancement de ses programmes d'enseignement universitaire en Afrique, au Royaume-Uni, en Syrie et en Afghanistan, tout comme le Fonds Aga Khan pour le développement économique, que j'ai créé dans le but 'améliorer la situation économique des pays pauvres généralement privés d'investissements étrangers directs et supervisant les actions les plus diversifiées, allant des procédures de microfinances à la gestion de grandes institutions nationales. Ces démarches englobent divers organismes et programmes en Afghanistan, au Kirghizistan, à Madagascar, au Pakistan, en Syrie et au Tadjikistan, en Afrique de l'Est et de l'Ouest.

Votre fonction n'a donc plus grand-chose à voir avec celle de vos débuts ?

Mes responsabilités se sont considérablement élargies et comportent souvent, en liaison avec des institutions internationales, de nombreux programmes dans ces pays du tiers-monde. Depuis la chute de l'Union soviétique, nous nous sommes aussi largement engagés en Asie centrale. Nos multiples activités et interventions, naguère nationales, sont maintenant régionales, au sens de partie d'un continent, et internationales...

Vous avez été par ailleurs l'un des premiers à pratiquer le microcrédit ?

Je me suis très tôt intéressé à ces techniques bancaires quasi inconnues il y a vingt ans, devenues, en deux décennies, un formidable moyen pour lutter contre la détresse des populations marginalisées, incapables d'accéder au système bancaire classique, et où nous opérons, naturellement, sans but lucratif. Ces peuples, plongés dans la misère mais qui ont le sens de l'honneur – le rôle des femmes y est essentiel –, nous remboursent à 98 %. La culture est un autre moyen de pénétration particulièrement important et efficace. Dans une ville historique comme Le Caire, fondée par mes ancêtres fatimides, grâce au parc Al-Azhar dont nous avons terminé la construction, nous agissons directement sur la qualité de vie de deux cent mille personnes, car cette initiative va avec tout ce que cela implique de changer l'économie de cette zone de la capitale égyptienne... Il y a toujours davantage de demandes dans le tiers-monde, avec une aide absolument insuffisante des pays développés. Au travers de nos réseaux, nous devons être très mobiles et nous adapter sans cesse, car une situation de post-guerre civile n'a rien de commun avec celle d'une nation tentant, après des lustres, de libéraliser son économie. Nous sommes présents dans des États à l'aube du développement d'une vraie société civile, parfois à peine au stade de leur construction… Peut-être un jour agirons-nous même en Chine ! Il faut toutefois être très clair sur le fait que les moyens de l'institution qu'est l'imamat ismaélien ne doivent pas être assimilés aux ressources de ma famille, de la même manière que chez les catholiques il ne viendrait à l'esprit de personne de confondre les biens de l'Église et ceux appartenant en propre au Vatican.

Quelle est votre philosophie de l'existence ?

Le temps m'obsède, et je me répète chaque jour que les rares moments disponibles doivent être entièrement consacrés à préparer l'avenir. Pour le reste, l'existence est fragile, Dieu nous rappelle quand il le veut. Si je devais faire le bilan de ma vie, mon sentiment est d'avoir profondément structuré l'imamat ismaélien dont j'ai reçu la charge, il y aura bientôt cinquante ans, afin de le doter des moyens institutionnels pour agir en faveur des communautés ismaéliennes et des pays qui nous concernent. Pourtant, beaucoup reste encore à faire et, afin d'être aussi performant que réactif, je cherche, toujours, à assimiler les connaissances nouvelles dans les domaines les plus divers. La pression est grande, raison pour laquelle les moments dont je dispose par ailleurs sont toujours plus limités et précieux. D'ailleurs, me le reproche-t-on assez dans mon entourage ! Heureusement, trois sur quatre de mes enfants, Zahra, Rahim et Hussain, travaillent avec moi pour le Réseau Aga Khan de développement dans le secteur économique, social et culturel. Je pense que le futur imam qui me succédera héritera d'une institution qui aura beaucoup évolué. Elle deviendra encore plus internationale que celle que je connais, où les émigrés des communautés canadiennes, anglaises et américaines en sont déjà à la cinquième génération. L'imam est un être transitoire, puisqu'il lie le passé à l'avenir, raison pour laquelle la continuité de l'institution et sa capacité à jouer ce rôle représentent l'essentiel de mon existence !

Le Grand rabbin de France
Haïm Korsia

«Il faut éradiquer la haine des réseaux sociaux qui diffusent l'antisémitisme à l'abri d'un anonymat coupable.»

Dans notre pays existent aujourd'hui cinq cents lieux de culte juif. Le Grand rabbin de France y proclame son amour pour la République et rappelle volontiers le lien privilégié entre la France et les juifs. Cet homme de 57 ans plein d'esprit n'hésite pas, malgré la complexité de sa tâche, à raconter des blagues juives, telle celle-ci : «Moïse et le peuple juif se trouvent acculés face à la ùer Rouge sous la pression des troupes de Pharaon. Panique dans le peuple. Moïse tient un conseil restreint. Selon la personnalité des conseillers, toutes les options possibles sont envisagées contre l'offensive, redditions, négociations… Vient le tour de l'attaché de presse : "Ouvre la mer et tu auras un article dans la Bible !"» Avec Haïm Korsia, il faut suivre ! D'ailleurs, il a su avec des paroles fortes donner un visage identifié au judaïsme en l'expliquant avec clarté et conviction au monde politique, religieux, et au milieu culturel français.

– Année 2020 –

Combien y a-t-il de juifs en France ?

Quelque 600 000 personnes, dont 400 rabbins, soit un peu moins de 1 % de la population.

Où vous situez-vous ?

Au cœur de l'orthodoxie authentique, dans une lecture fidèle des règles. J'ai grandi au sein de cette culture : mon père était rabbin à Choisy-le-roi. Mon modèle est celui, assez unique, organisé, du judaïsme français. À l'inverse de ce qu'on peut voir dans d'autres pays, nos synagogues accueillent tout le monde. Il y a une nécessité de vivre des choses ensemble à l'intérieur de la communauté juive.

Pourtant, dans les synagogues, hommes et femmes sont séparés…

Cela ne correspond pas à une ségrégation, mais à une simple distinction, comme il y en avait dans des églises catholiques en France il y a encore cinquante ans.

On voit néanmoins apparaître des femmes rabbins !

Cela n'existe que dans la mouvance libérale, qui n'est pas la mienne. Nous avons cependant nombre d'enseignantes. D'ailleurs, c'est une femme qui a gagné le récent concours biblique.

Le consistoire doit beaucoup à Napoléon Ier ?

En effet. En 1791, les juifs ont obtenu le statut de citoyenneté. Jusque-là, ils étaient des citoyens de seconde zone, pour ne pas dire troisième. À Strasbourg notamment, tous les soirs, une cloche sonnait pour leur signaler : « Il est l'heure de sortir de la ville. » N'ayant pas le droit de « cité », ils regagnaient alors les villages où ils habitaient. Voyant cela, l'Empereur demanda aux communautés d'Alsace, de Paris, du Sud-Ouest, du Comtat Venaissin et de partout dans l'Hexagone de s'organiser, réunissant, en 1807, ce que l'on appelle « le Grand Sanhédrin ». Et il a structuré le culte israélite avec un Grand rabbin de France, des Grands rabbins régionaux et des rabbins locaux sous la devise du consistoire : « Religion et Patrie ». Une démarche semblable à ce qui est en train de se passer avec l'islam. À la différence que jamais le judaïsme n'a envisagé le séparatisme ou une forme d'insurrection.

Comment faire face au violent retour de l'antisémitisme actuel ?

C'est un phénomène incontestable et nauséabond, diffusé entre autres par les réseaux sociaux, protégé par un anonymat coupable. Je ne comprends pas que l'on ne puisse sanctionner davantage les sites qui les hébergent. On a beau faire le maximum, les faits augmentent ! Il faut contrer ce virus mutant qu'est l'antisémitisme par la fermeté, l'éducation, et probablement en mutant nous aussi. Fort heureusement, grâce aux lois françaises, on ne verra jamais dans notre pays un carnaval comme celui d'Alost, en Belgique, où récemment des personnes paradaient sur un char caricaturant des juifs représentés par des cafards. Ici, certainement, un député, un maire, des associations s'indigneraient. Pour les Belges, c'est une sorte d'acceptation, comme si c'était une évidence de pouvoir jouer avec les poncifs les plus éculés de l'antisémitisme.

Pour les protéger, faut-il envoyer les enfants dans des écoles juives ?

Il y a certes une question de choix religieux, spirituel. Et comment faire autrement, quand un proviseur de lycée vous dit : « Je ne peux garantir la sécurité de votre petit, donc scolarisez-le ailleurs. » On s'y plie, mais c'est une capitulation de la République.

Le conflit israélo-palestinien attise-t-il l'antisémitisme ?

Il est possible que ce soit un prétexte pour ceux qui ont la haine des juifs. La réalité est que personne n'a importé ce conflit ici, et qu'il en existe tant d'autres, ailleurs, faisant des millions de morts, se focaliser alors dessus me semble étrange. Je suis satisfait que l'Assemblée nationale ait, en décembre dernier, adopté une résolution assimilant l'antisionisme à de l'antisémitisme.

Cette violence incite-t-elle des juifs à s'installer en Israël ?

C'est ce que nous appelons l'« Alya », c'est-à-dire la montée en Terre sainte. Il arrive que des personnes reviennent en France, car elles ne réussissent pas à s'adapter ou même regrettent la qualité de vie de notre pays, doté entre autres d'une protection médicale exceptionnelle. Il faut mesurer la profondeur du mal-être pour vouloir ainsi tout quitter. Bien entendu, il y a des départs volontaires, spirituels ou idéologiques, en particulier chez les jeunes. Mais, pour les couples, les familles, les gens âgés, cela reste souvent une épreuve. Malheureusement, le judaïsme a déjà connu au cours de notre histoire ces problèmes d'enracinement, de déracinement et de réenracinement. Je crois que, finalement, c'est ce qui a donné cette capacité à être à la fois résident et nomade. Nomade par l'esprit, parce qu'on n'est pas enfermé dans une façon de vivre ou de penser. Cette liberté est aussi l'une des spécificités du judaïsme.

Avez-vous une structure européenne ?

La Conférence des rabbins européens, présidée par le Grand rabbin Goldschmidt de Moscou, et dont je suis le premier vice-président. Structure où nous menons de multiples combats. À une époque où la société se pose notamment des questions sur le « végan », nous nous interrogeons sur l'abattage rituel, afin d'apporter des réponses et de soulager les souffrances animales.

Êtes-vous influent dans l'orbite du chef de l'État ?

Ils écoutent tous les capteurs de la société, et j'en suis un parmi d'autres... Mais je n'ai pas de lien ontologique particulier avec eux.

Le dialogue interreligieux, réalité ou ambition ?

C'est un réel enjeu. N'oublions pas que la loi sur le port des signes religieux a été lancée en 2004 par le Président Chirac afin de faciliter ce dialogue, sans heurter les convictions des uns et des autres.

À cet égard, pourquoi avez-vous dans votre bibliothèque une photo de vous avec le Pape François ?

La vraie question est : le Pape a-t-il une photo de moi chez lui ? Trêve de plaisanterie, j'ai pour ce Pape, rencontré au Vatican en 2015, beaucoup de respect et de tendresse. J'admire son élévation de pensée et sa capacité à parler de façon un peu abrupte, sèche, ferme. Quand, dans son encyclique *Laudato si'*, il dit : « Moi aussi je te donne la terre pour la travailler et la conserver », il reprend l'interprétation rabbinique d'un verset de la Genèse en tournant le dos à toute la tradition chrétienne. De fait, lors de la COP21, en 2015, les hauts responsables présents se sont alignés sur cette idée, et de ce point de vue il est dans son rôle : porter un message pouvant transformer la société.

Pourrait-on tourner *Rabbi Jacob* aujourd'hui ?

C'est un film formidable, jamais quelqu'un n'a été aussi talentueux que Gérard Oury pour expliquer le judaïsme à nos soixante millions de concitoyens. D'ailleurs, beaucoup de non-juifs n'ont connu le judaïsme qu'à travers *Rabbi Jacob*, qui a fait rire des générations de Français. Ce film a véhiculé beaucoup de choses que, sans doute, on ne peut plus désormais exprimer de la même façon, car c'est perçu comme politiquement incorrect.

Coupez-vous votre téléphone pendant le shabbat ?

Évidemment, et c'est un grand bonheur. Vous n'avez pas idée à quel point ! Ces vingt-cinq heures de shabbat sont un temps où l'on retrouve un lien privilégié avec les autres, avec soi, avec Dieu. En tout cas, on n'est plus addict au portable et, chez moi, l'électricité s'éteint avec un chronorupteur.

À vos yeux, le cardinal Lustiger était-il juif ou catholique ?

Il était « lui » dans toute sa complexité. J'ai vécu à ses côtés des moments importants, notamment quand le Grand rabbin Sitruk lui a demandé d'allumer une des bougies symbolisant les 6 millions de morts de la Shoah. Jean-Marie Lustiger avait quelque chose de profondément juif dans son questionnement, mais son choix était catholique. Quand le Grand rabbin Sitruk, après son attaque cérébrale, est revenu à la synagogue de la Victoire, en septembre 2002, le cardinal est monté le voir et lui a murmuré en yiddish : « Bonne santé. » Quel souvenir émouvant !

10.

DAMES DE CŒUR

Elles ont fait parler de leur congrégation religieuse autrement

Sœur Jacques-Marie, muse d'Henri Matisse, a voué son existence à Dieu, mais avant de prendre le voile elle a été sa madone, son modèle. En 1942, le célèbre peintre de 73 ans est malade. Monique Bourgeois, jeune infirmière, vient le soigner chez lui, à Nice. Or entre l'artiste qui, d'un trait, sait évoquer sur la toile toute la sensualité du corps, et cette jeune fille de 21 ans pleine de grâce se tisse un lien de tendresse... Monique, qui va poser pour Matisse, lui inspirera quatre de ses grands tableaux, des dessins, des lithographies... Il dessina aussi les plans de la chapelle du Rosaire à Vence pour les Dominicains et consacra toute son énergie, quatre années durant, à achever la décoration de ce lieu de culte et d'amour. Monique Bourgeois, sa muse, sa confidente, son inspiratrice, décide un beau matin d'entrer dans les ordres. Assez vite, la jeune fille devient la supérieure du couvent de dominicaines du Sud-Ouest, où elle a trouvé sa voie. Comment n'aurais-je pas été attirée par ce sujet, venant d'entrer à *Paris Match*, où Roger Thérond, l'impressionnant patron, m'avait dit quelques jours auparavant, parcourant mon CV : « Vous, l'ancienne élève des religieuses, vous allez trouver à *Match* de quoi faire... » Message reçu. Une semaine après mon arrivée, la providence me sourit. Déjà. En effet, sœur Jacques-Marie était dominicaine, et moi ancienne élève de cette congrégation religieuse. Alors, grâce à des complicités internes, j'ai trouvé sa précieuse adresse non loin de Biarritz et, avec Benoît Gysembergh, nous avons sauté dans un avion. Arrivés à Bidart, sonnant à la porte du couvent, j'ai été obligée de faire un pieux mensonge à la sœur portière, lui disant : « Nous avons rendez-vous avec la Mère supérieure. » Elle fronça les sourcils, mais par miracle sœur Jacques-Marie passait justement dans le couloir. Voyant sa démarche décidée, j'ai pensé que c'était la Mère supérieure. Gysembergh s'est avancé vers elle, l'a immédiatement fait rire. Je me suis précipitée derrière, évoquant respectueusement avec la religieuse mes interminables études à Saint-Dominique au sein de leur tiers ordre enseignant. Elle nous a invités à la suivre dans sa chambre-bureau à peine plus grande qu'une cellule. Et là, sœur Jacques-Marie a sorti avec beaucoup de gentillesse, de son carton secret, ses merveilles. Benoît a commencé à photographier les dessins de Matisse pendant que je la confessais. Elle était un brin troublée mais heureuse, après tout, de nous montrer les œuvres que lui avait offertes le grand peintre.

Sœur Emmanuelle

Sœur Emmanuelle, c'était d'abord une voix chaleureuse, ferme, aiguë, s'exprimant dans un très joli français hérité de son éducation bourgeoise, tout comme ses manières exquises. Et de l'Égypte qu'elle aimait tant, en plus de la gaieté, elle avait rapporté le tutoiement. «En arabe, expliquait-elle de façon malicieuse, le vouvoiement n'existe pas, c'est pourquoi j'ai décidé une fois pour toutes de tutoyer tout le monde.» Une coquetterie de langage, qu'elle employait aussi bien avec Jacques Chirac qu'avec tout autre interlocuteur. Cela créait immédiatement une certaine complicité. Son intelligence de cœur s'était chargée du reste, veillant cependant à ne pas pratiquer le prosélytisme. Et lorsque à l'été 2008, au seuil de son existence, j'étais allée la voir dans son couvent du Haut-Var avec Marina, ma fille de 18 ans, qui a pris les dernières photos de la célèbre sœur, elle ne lui a jamais parlé religion, mais lui a lancé : «Si tu as un amoureux, occupe-toi bien de lui.» Et quand je lui ai demandé ce que devenait son grand ami, le Père Bouhla, que j'avais connu en même temps qu'elle en Égypte, elle m'avoua en riant qu'une fois à la retraite il s'était marié. «C'est mieux ainsi, que veux-tu ! Lui qui s'est tant consacré aux autres a trouvé sur ses vieux jours quelqu'un pour s'occuper de lui», s'exclama-t-elle en guise de jugement.

À Callian, dans sa modeste chambre décorée de photos d'enfants, elle égrenait sans nostalgie ses souvenirs de religieuse, nous racontant pourquoi, après avoir enseigné à Istanbul, Tunis et Alexandrie, elle avait décidé de vivre auprès des déshérités sur les montagnes d'ordures de leur bidonville du Caire. Tout était en équilibre sur sa table, les médicaments – qu'elle prenait sans conviction –, son chapelet un brin poisseux, car il voisinait avec des pots de miel, les polars empilés à côté des recueils de psaumes et *La Croix*, dont elle lisait les gros titres. Provocatrice, rien ne l'amusait tant que de rappeler sur son portable un admirateur anonyme ayant réussi à se procurer son numéro, plutôt qu'un homme politique important. Le côté peu conventionnel et la liberté de ton de ce petit bout de femme impatiente au charisme indéniable agaçaient les autres religieuses retraitées. Sans doute n'avaient-elles pas compris combien cette dernière avait, par sa spontanéité, sa sérénité et sa riche personnalité, attiré l'attention au sein d'une société française très laïque, de façon sympathique, sur les « bonnes sœurs ». De fait, depuis les films de Gérard Oury montrant des bonnes sœurs à cornette malicieuses et intrépides, rares étaient ceux, même dans le milieu religieux, ayant contribué à leur popularité. Quant à moi, j'eus la chance inouïe qu'elle m'offre sa dernière interview, un moment de vive émotion, quand elle me confia : « Toi, tu es venue passer il y a des années une petite semaine à mes côtés dans le camp de vacances que j'organisais à Ismaïlia, en Égypte, pour de jeunes Soudanais, alors que tes confrères venaient presque tous me voir à Paris dans notre couvent de Notre-Dame de Sion, rue Notre-Dame-des-Champs, lorsque j'étais de passage dans la capitale. » Ce furent des journées extraordinaires ; un cadeau que m'avait fait sœur Emmanuelle que je peux tant d'années après, encore émue, raconter aux lecteurs. Là était ma récompense comme journaliste de terrain.

Toujours visionnaire,
son cœur lui donnait des antennes

– Année 1995 –

Ma sœur, l'avenir est-il aux couvents, aux carmels ou aux communautés charismatiques ?

Il n'est plus vraiment, me semble-t-il, aux couvents ni aux carmels. Le IIIe millénaire sera celui des laïques. Vivre dans un ordre suppose faire « acte de pauvreté, de célibat et d'obéissance ». Cela n'est guère compatible avec la mentalité actuelle ! À mon époque, il n'y avait pas une immense différence avec le mode de vie d'une jeune fille de bonne famille et celui d'une communauté religieuse. Pour moi, il eut naguère été impensable d'avoir autre chose que des flirts. Comment aurais-je pu imaginer aussi de prendre un petit appartement de célibataire en ville et de gérer mon budget ? Je rencontre aujourd'hui un certain nombre de gens dont l'idéal est de se consacrer au Seigneur et aux autres, mais que la vie religieuse n'attire guère. On n'entre plus dans les ordres à 20 ans, comme jadis. Les rares croyants qui optent pour la vie religieuse le font généralement vers 35-40 ans. Après avoir constaté que l'univers quotidien ne leur apporte pas ce qu'ils en attendaient, ils préfèrent alors rompre avec cette forme d'existence. Beaucoup de couples et de célibataires cherchent en revanche à s'engager dans des mouvements charismatiques laïcs à but d'entraide sociale.

Auriez-vous aujourd'hui choisi de prendre le voile ?

Sûrement pas ; j'aurais opté pour une vie active. Peut-être de dévouement aux autres, mais je serais passée d'une expérience à l'autre, emportée dans un tourbillon incessant dû à mon tempérament. J'aurais pu aussi faire des tas de bêtises, la fureur de vivre m'entraînant je ne sais où. Je me connais, je suis fragile. Par soif de justice, j'aurais embrassé une cause révolutionnaire ou bien je serais même entrée dans un gang après avoir éventuellement joué la femme fatale. J'aurais pu aussi sombrer dans la drogue. Ce dont je suis sûre, en tout cas, c'est qu'en quête d'un introuvable absolu j'aurais été extrêmement malheureuse. Insatisfaite, désespérée, peut-être me serais-je même suicidée. Je ne peux que remercier Dieu d'être née en 1908, à une époque où les tentations dans un certain milieu n'étaient pas nombreuses. Je comprends tellement la jeunesse d'aujourd'hui, sans repères. De mon temps, il y avait tant de principes qu'au fond je réalise que je suis entrée ici pour baliser mon existence et pour me libérer de ma nature. Au couvent, je n'avais plus besoin de personne. D'ailleurs, ma mère, qui trouvait qu'une postulante avait quelque chose de ridicule, pensait que je sortirais bien vite.

Quelle est pour vous la priorité, dans ce vaste monde ?

L'enfant, naturellement. Si je devais demain m'aventurer et épouser une nouvelle cause, je combattrais avec violence la prostitution enfantine. Il faut impérativement déployer une immense énergie pour combattre ce fléau, même si l'on commet l'erreur de croire qu'il ne nous concerne que de très loin. Parmi ceux qui partent, principalement en Extrême-Orient, s'amuser avec des enfants livrés à la prostitution par des parents n'ayant rien à manger, il y a beaucoup d'Européens. C'est scandaleux ! J'ai beau ne pas être pour la peine de mort, si je le pouvais, je ferais pendre les pervers qui profitent honteusement de ces jeunes innocents et fragiles.

Quel est votre cri d'alarme en France ?

Halte à la violence, essayons de retourner à la terre ou au moins dans les petites villes. Une certaine forme de violence dans les grandes villes, les quartiers chauds et les banlieues provient de ce que nous sommes séparés de la nature. Je suis absolument convaincue que l'homme élevé près de la terre et de la nature réagit mieux que celui qui n'a jamais vu le ciel et les étoiles. La santé physique et morale est bien meilleure quand l'on vit près des forêts plutôt qu'au cœur du béton. Chez mes frères et sœurs chiffonniers, les enfants couraient au milieu des rats et des cochons avec un bout de bois accroché à une modeste ficelle, mais au moins ils se dépensaient. Confiner les gens est un drame absolu. L'exode rural se révélera être, à terme, une catastrophe nationale. Je connais de jeunes agriculteurs qui ne trouvent pas de femmes, car celles-ci préfèrent de loin la misérable existence du métro-boulot-dodo plutôt que celle austère, saine et vivifiante de la campagne. Les petits bourgs qui meurent, les champs à l'abandon, les villages remplis de vieillards, le sol qu'on laisse en friche, le tout puissamment encouragé par les décisions agricoles de Bruxelles, sont un drame dont on mesure encore mal la portée dans notre société de consommation. Même si, à l'heure actuelle, j'en conviens, seules les grosses exploitations agricoles sont encore rentables.

Les SDF, la violence, les attentats, les catastrophes naturelles, la drogue, la délinquance, tout cela, face au silence de Dieu, que répondez-vous ?

Cela m'a beaucoup troublée. Le désespoir, la souffrance sont en eux-mêmes des scandales inacceptables, également pour moi qui ai consacré ma vie au Seigneur. D'où viennent-ils ? Où vont-ils ? Cela fait des décennies que j'y pense sans cesse. J'ai eu des moments très difficiles. Cette question reste aussi lancinante qu'un glaive, même pour moi, religieuse en retraite, car on n'a pas la réponse sur Terre. Pourquoi Dieu impose-t-il et veut-il cela ? Le permet-il ? Lorsqu'on est jeune, les tourbillons du quotidien permettent de s'étourdir, mais, à l'approche de la mort, je n'ai toujours pas de réponse, ou bien elle est trop simpliste. Alors j'essaie de respirer la foi, de philosopher à ma manière, en me convainquant comme je le peux que les bébés morts du tétanos sont entrés dans la joie de Dieu afin d'échapper au pire ! Mais parfois aussi, j'essaie de me raccrocher à la prière en me répétant à moi-même qu'il ne faut jamais perdre l'espérance. Je comprends néanmoins parfaitement ceux qui ne croient plus en rien ; il y a trop de choses effroyables sur Terre. Si je parviens aujourd'hui à surmonter cela avec une certaine distance, c'est à cause de mon grand âge, un peu comme si la peau du serpent se détachait.

Sœur Emmanuelle m'a donné sa dernière interview, car elle privilégiait les journalistes qui étaient allés la voir il y a fort longtemps en Égypte chez les chiffonniers du quartier de Mokattam au Caire.

– Année 2008 –

Sœur Emmanuelle, vous allez avoir 100 ans.

Cela m'étonne un peu ! Je ne m'y attendais pas… C'est long, un siècle… Comment ai-je pu faire pour porter autant d'années sur mes épaules sans me sentir vieillir ? Dans ma tête, j'ai parfois 25 ans, avec l'envie de crier, de chanter, de danser, de rire… Je suis toujours jeune de caractère, même s'il faut m'habituer à l'idée de devenir centenaire.

Avez-vous des regrets ?

Non, car j'ai eu une existence passionnante, notamment chez les chiffonniers du Caire. J'y courrais encore si je pouvais marcher. J'ai la chance d'avoir un tempérament qui fait que rien ne me manque. Je prends la vie comme elle vient. Pour ce que j'ai ou que je n'ai pas, je dis « Merci, mon Dieu »…

Qui vous a le plus marqué en cent ans ?

Mère Elvira, une Française, ma première supérieure à Istanbul, déjà âgée. Elle m'a vraiment énormément apporté, m'a beaucoup aimée, supportée. Toute jeune et un peu bling-bling et olé olé, je n'étais pas facile. Elle m'a aussi appris à aimer Dieu et les autres.

Le Président Sarkozy va vous décorer.

Je vais, en théorie, le 16 novembre, jour de mes 100 ans, recevoir des mains du président de la République la grand-croix dans l'ordre national de la Légion d'honneur. Cela ne m'émeut guère, même si j'ai beaucoup de sympathie pour Nicolas Sarkozy, pour qui j'ai voté. Il était venu me voir ici à Callian, avec Cécilia, avant d'être élu. Puisque, au Caire, j'ai toujours travaillé en équipe, avec d'extraordinaires sœurs arabes à mes côtés, c'est sur toute l'équipe qui mériterait cette décoration. Maintenant, c'est moi qu'on sort du lot, il y a là quelque chose d'injuste et qui sonne faux. Bien que je sois flattée, pas mécontente, cela me gêne quelque peu. D'ailleurs, je vais bientôt mourir et, ce jour-là, Dieu ne me demandera pas si j'ai eu la Légion d'honneur, pas plus qu'il ne voudra savoir si je suis passée chez Drucker ou chez PPDA !

Pourquoi êtes-vous devenue l'une des personnes les plus populaires de France ?

Je ne me l'explique pas. Je crois juste que, comme on a besoin de modèles, on en crée. Peut-être les Français aiment-ils avant tout qu'on soit légère, qu'on ne se prenne pas trop au sérieux. Je suis ce que je suis. Critiquée ou encensée, pour moi, c'est pareil… Merci à ceux qui m'aiment et aux autres. Pourquoi une vieille femme de 100 ans intéresse-t-elle les Français ? À cause de sa spontanéité, de son naturel, peut-être ? J'ai voulu faire de ma vie un don d'amour et de joie en y mettant chaque jour beaucoup de bonheur, parce que je prends l'existence du bon côté. On prétend que je suis cabotine, c'est possible ! Je n'en sais rien moi-même, ce sont les autres qui me jugent ainsi. Sans doute est-ce un peu vrai.

À quoi pensez-vous le matin en vous réveillant ?

À la belle journée d'amour que je vais passer avec le Seigneur et avec les autres. J'ai eu une vie comblée sans grands problèmes : je respire l'amour, je l'aspire et je l'expire… Je dis calmement mon chapelet, car je n'ai plus la force de me concentrer, je suis trop fatiguée, or le chapelet ne me fatigue pas : je peux donc réciter dix *Je vous salue Marie* tout en laissant travailler mon imagination, et voir devant mes yeux l'Annonciation de Fra Angelico, dont je me représente la magnifique toile. Ainsi, je la chante dans mon cœur et quand, par exemple, je pense à « La Visitation », je vois la Vierge qui trotte jusqu'à Dieu…

Plus concrètement, suivez-vous l'actualité ?

Je parcours quotidiennement *La Croix*, mais je ne regarde la télévision qu'à de rares exceptions, parfois lors de matchs de foot. Quand la France gagne, je suis suspendue à mon poste ! Je lis aussi des livres religieux et je savoure les Évangiles, ça me suffit ! Je me plongeais autrefois dans Agatha Christie en anglais, pour m'endormir le soir comme on compte les moutons. Tout ce que je sais de cette langue, c'est grâce à elle… Maintenant, avant de me coucher, je bois une tisane belge : du coup, je n'ai plus besoin d'Agatha Christie !

Allez-vous chaque jour à la messe ?

J'y vais ici tous les matins, dans notre chapelle de Callian. Lors des grandes fêtes, comme Noël et Pâques, je me rends dans la bibliothèque pour voir le Pape à la télévision. Et le dimanche, après l'office de 10 heures, je ne rate jamais la très belle messe télévisée de 11 heures.

Le port de l'habit religieux est-il opportun ?

Moi, je garde mon habit, car je préfère qu'on sache, dès qu'on me voit, que je suis une religieuse. Mais beaucoup de sœurs veulent maintenant être en laïque, même si, d'une certaine manière, l'habit met tout le monde à un niveau égal, ce qui est très bien.

Dieu vous a donné la santé.

J'ai tout de même un petit appareil acoustique et plus aucun appétit. Je me force pour manger. J'aime bien le miel, le chocolat noir, ça me donne des forces ! Quant à mon héritage génétique, il me vient naturellement de mes parents, qui m'ont transmis une robuste santé. Ma sœur Marie-Louise, qui avait cinq enfants, est décédée à Bruxelles à 101 ans, et mon frère à 80 ans…

Avez-vous un message d'espérance ?

Certes, il faut d'abord prendre l'existence du bon côté et ne pas dramatiser davantage tout ce qui est mauvais. Le porter vaillamment et se battre en tentant de le minimiser, c'est déjà pas mal ! Sans oublier, aussi, de mettre en exergue ce qu'il y a de beau. L'existence devient alors passionnante… Avec ma longue expérience, j'ai toujours vu que celui qui s'acharne sans se décourager est généralement vainqueur. À tous mes amis, je répète : « Battez-vous ! *Yalla !* Et vous surmonterez l'obstacle grâce à vos ressources intérieures. Faites tout ce que vous pouvez… A-char-nez-vous et vous ré-u-ssi-rez. »

Qu'est-ce qui vous interpelle aujourd'hui ?

Je ne suis pas choquée, par exemple, que certains grands patrons gagnent de véritables fortunes. Ce qui est insupportable est qu'ils ne la partagent pas. Un jour, un généreux donateur m'a invitée à déjeuner et a signé dans la foulée un chèque de 50 000 euros en m'expliquant qu'il avait tellement d'argent qu'il pouvait me faire un tel chèque sans que cela fasse aucune différence sur son compte. J'étais outrée par son discours…

De nos jours, les religieuses ont-elles vécu avant d'entrer au couvent ?

Elles ne sont plus forcément vierges, mais, une fois dans les ordres, elles prononcent les vœux de chasteté, de pauvreté et d'obéissance. Il peut malheureusement arriver de flancher un soir. Un accident, ça existe… Après tout, ce sont des femmes, des êtres humains. Mais si vraiment elles devaient encore craquer, alors mieux vaudrait partir !

Avez-vous peur de la mort ?

Mourir ne m'effraie pas, mais ce qui précède, c'est-à-dire l'agonie, me fait peur. La mort, c'est le grand passage, comme nous expliquait le fondateur des sœurs de Sion, le Père Théodore Ratisbonne, un juif converti : « La mort, mes sœurs, c'est le plus beau jour de la vie parce que, enfin, nous allons voir Celui que nous avons tant aimé. Nous allons être face à face avec Lui… » C'est merveilleux ; ça, c'est la porte qui s'ouvre tout à coup. Seulement, avant, il y a cette terrible agonie qui me fait trembler. Mais, avec l'aide de la Sainte Vierge, je l'accepterai…

Quand vous comparaîtrez devant Dieu, qu'aimeriez-vous l'entendre vous dire ?

J'y pense souvent lorsque, la nuit, je m'éveille et que je vais à la chapelle prier devant le tabernacle. Je suis sûre qu'il me dira : « Est-ce que tu m'as aimé ? Est-ce que tu as aimé l'homme ? Ma pauvre Emmanuelle, tu en as fait des bêtises sur la Terre. Tu n'as pas réussi tout ce que tu as entrepris. Entre maintenant dans la joie de ton Seigneur. »

Un jour, vous aurez sûrement droit à un enterrement de star !

Oh, ça, je m'en fiche ! On fera ce qu'on voudra de mon corps. Moi, j'ai demandé à être enterrée ici, comme mes sœurs, auxquelles je suis très attachée, en toute simplicité. À Paris, si on célèbre une grand-messe, j'ai précisé qu'elle devrait avoir lieu rue du Bac, dans la chapelle de la Médaille-Miraculeuse, pour être près de la Sainte Vierge !

Le 16 novembre, on va vous souhaiter : « Bon anniversaire, sœur Emmanuelle », qu'allez-vous répondre ?

Je répondrai : « Merci, mon Dieu, de m'avoir offert un siècle de vie extraordinaire. » Et, au fond de moi, je penserai que j'ai eu aussi énormément de chance.

Sœur Jacques-Marie

« Après mon entrée au couvent, Matisse pensait m'avoir perdue ! »

– Année 1992 –

Vous étiez son modèle, sa confidente, son inspiratrice : Matisse était-il amoureux de vous ?

Je ne me suis vraiment pas aperçue qu'il était amoureux de moi. Il y avait une différence d'âge de cinquante ans. C'est sûr, il était très attaché à moi… Nous avions une sympathie l'un pour l'autre ; j'étais un peu sa petite-fille ou sa muse, mais il était correct, bien sûr. Il n'y avait rien entre Matisse et moi.

Sur les photos, vous êtes ravissante.

J'étais auburn, avec du caractère dans le visage, mais, à la maison, on me disait que j'étais laide, alors je n'ai pas vraiment compris qu'il me prenne comme modèle.

Comment l'avez-vous rencontré ?

Tout à fait par hasard. Mes parents, d'origine vendéenne, étaient venus s'installer à Vence, en raison du climat, pour que mon père y soigne ses blessures de guerre. Il est mort en 1942, je venais de finir mes études d'infirmière et il fallait que je gagne ma vie rapidement, car mon frère et ma sœur étaient encore mineurs. Je me suis adressée au bureau de placement des infirmières, qui m'a envoyée faire des pansements la nuit même à Cimiez chez un homme de 73 ans.

Qui était cet homme ?

Sa secrétaire me l'a présenté, c'était Matisse, il était couché et est resté distant avec moi. Dès ce jour de novembre 1942, j'ai commencé à le soigner. À l'époque, je n'étais pas encore religieuse. Au début très froid, il s'est ensuite ouvert, il prenait la nuit pour le jour… On a parlé de sa famille, de ses enfants et petits-enfants, de sa femme, souffrante elle aussi, partie vivre chez leur fille pour se soigner. Je lui faisais la lecture. En un mois à peine, comme il s'est rétabli, je suis partie. Quelques semaines plus tard, il m'a appelée et demandé de poser pour lui. J'étais tout à fait étonnée et ai commencé par refuser, mais il a tellement insisté…

Avez-vous longtemps été son modèle ?

J'ai posé pour quatre grands tableaux, qu'il a baptisés *Monique* – je m'appelle Monique Bourgeois –, *L'Idole*, *La Robe verte et les oranges* et ma toile préférée, *Tabac royal*. Ils sont tous à l'étranger, car en ce temps-là Matisse n'était pas encore vraiment apprécié en France. C'est pour cela que ses plus belles toiles sont parties pour l'Amérique et la Russie. J'ai aussi posé pour d'innombrables dessins et fusains.

Comment était-il au quotidien ?

C'était un incroyable travailleur, extrêmement méticuleux. La nuit, quand je le veillais, si jamais je frôlais son lit, il s'emportait. Il était particulièrement prenant, ne bougeait et ne mangeait pas beaucoup. En fait, cet homme très bon était frugal ; souvent nous goûtions ensemble, et lui buvait juste du thé. Nous abordions tous les sujets. Il me parlait de peinture, bien sûr, son sujet préféré, qu'il évoquait avec tant de sérénité ; il n'avait pas du tout dans sa démarche de peintre une âme de marchand, mais n'aimait pas pour autant qu'on le roule. Il adorait me raconter ses voyages, et à travers ses yeux j'ai fait le tour du monde, de Tahiti jusqu'à Moscou.

Quel est votre meilleur souvenir à ses côtés Matisse ?

Sans aucun doute lorsqu'il est venu me voir à la clinique des Augustines à Nice, juste après mon opération de l'appendice. Il marchait déjà fort mal, mais cela ne l'a pas empêché d'arriver les bras chargés de fleurs, de livres et de bonbons. J'étais devenue religieuse et, au fond, j'avais pris sans le vouloir beaucoup d'importance pour lui, et au couvent j'étais la plus jeune, la plus connue.

Comment a-t-il réagi lorsque vous êtes entrée chez les Dominicaines ?

C'était en 1944, j'avais 23 ans, sa secrétaire m'avait conseillé de ne pas le prévenir afin qu'il ne souffre pas trop. Je lui ai donc simplement annoncé que je quittais le foyer Lacordaire pour aller travailler dans l'Aveyron. Mais sa secrétaire n'a pu tenir sa langue plus de deux heures, alors il m'a immédiatement téléphoné à Vence, m'a promis de me faire travailler et m'a même proposé de l'argent. Or ma décision était prise.

L'avez-vous influencé spirituellement ?

Je ne peux pas dire cela, vraiment pas. Il avait été élevé dans la foi chrétienne, même s'il ne pratiquait pas, mais dès que je lui ai parlé religion il était tout à fait réceptif. D'ailleurs, comment voulez-vous qu'une religieuse n'en parle pas ! Bien que ce soit mon devoir, je ne lui ai cependant jamais imposé ma pensée et l'ai toujours laissé libre. Je crois qu'il était très proche de tout cela. Comment savoir ce qui se passe vraiment dans le cœur d'un homme ?

Êtes-vous fière d'être entrée de votre vivant dans l'histoire de l'art ?

Ce n'est pas primordial, je n'y suis pour rien. J'ai simplement eu la chance d'avoir un physique qui a plu à Matisse, et je n'ai aucun mérite, si ce n'est celui d'avoir duré. Je n'en tire aucune gloriole. Élevée dans une famille sévère. Matisse m'a fait énormément de bien, m'a aidée à me sortir de moi-même, et mon passage chez lui m'a, je l'avoue, terriblement marquée, mais la publicité ne me touche guère.

Pourquoi me parlez-vous aujourd'hui ?

Après l'édification de la chapelle du Rosaire à Vence pour le couvent des Dominicains, entièrement décoré par Matisse, ma mère supérieure m'avait poussée à écrire mes souvenirs. Je les avais consignés, bien sûr, et depuis cette époque j'ai entendu tellement d'inexactitudes que, pour sa mémoire, vous me donnez l'occasion de les rectifier.

Votre relation était-elle celle d'un amour contrarié ?

Je ne pense pas vraiment… Il croyait simplement m'avoir perdue. À jamais ; comme modèle, c'était certain, mais nous restions amis… C'est ainsi qu'a commencé une jolie correspondance, il avait énormément d'humour, nous avons beaucoup ri ensemble. Un jour, il m'a écrit : « Vous faites partie de la race des allongés » ! Mais, c'est, je crois, parce que j'avais la jambe cassée.

Vous ne vous êtes finalement jamais quittés ?

Après le noviciat, je suis revenue comme religieuse infirmière au foyer Lacordaire de Vence. Là, comme il habitait en face, j'allais le voir presque tous les jours. Lorsqu'en 1952 j'ai quitté Vence, on s'est beaucoup écrit… Et en 1954, un mois avant sa mort, descendant pour faire une retraite dans le Midi, j'en ai profité pour lui faire deux visites. Je l'ai trouvé tellement changé. Vous ne pouvez pas imaginer combien cela m'a fait souffrir…

À qui donnerez-vous ces trésors ?

Je ne sais pas encore si je laisserai mes souvenirs, lithographies, dessins, lettres et une céramique à la Congrégation. À quoi bon, s'ils restent tristement au fond d'un tiroir. Je les donnerai peut-être à la chapelle de Vence, mais rien n'est encore décidé…

11.

DES JÉSUITES : POUVOIR ET DISCERNEMENT

Pour les Jésuites, leur image passe désormais par l'action du Pape

Avec l'élection du Pape François le 13 mars 2013, les Jésuites sont revenus à la une de l'actualité, car le Souverain Pontife argentin et jésuite a attiré l'attention sur la Compagnie de Jésus. Cela a rafraîchi la mémoire de certains, tandis que d'autres ont soudain découvert cet ordre ayant comme devise «Pour la plus grande gloire de Dieu». Des religieux qui, selon leurs règles, doivent obéissance à leur supérieur, mais également au Pape, objet de leur quatrième vœu. C'est pourquoi on a coutume d'appeler le préposé général des Jésuites «le Pape noir». Une congrégation toujours puissante fondée en 1534 à Montmartre par un gentilhomme basque, Ignace de Loyola. La Compagnie de Jésus, comptant de nos jours quelque quinze mille religieux, a depuis le XVIe siècle engendré des mathématiciens, astronomes, explorateurs, philosophes, théologiens, écrivains, leaders politiques… issus de toute l'Europe, qui ont contribué à son rayonnement. Et au-delà, leurs missions en Inde, Amérique latine, Afrique, Chine et au Canada ont enrichi les connaissances sur l'Univers. De nos jours, leurs enseignants et confesseurs continuent de former des rois, des élites internationales, mais s'occupent aussi bien sûr des personnes fragiles, car ils sont également impliqués de par le monde dans l'accueil des réfugiés. Leur influence est, on le devine, toujours importante, avec un jésuite argentin, Jorge Mario Bergoglio, élu sur le siège de Pierre. Cela renforce leur pouvoir au sein des institutions mondiales et démontre, une fois de plus, qu'ils ont traversé les siècles en gardant beaucoup de poids. D'ailleurs, ne serait-ce qu'en France, où ils ont eu au XXe siècle des élèves au destin prestigieux, parmi lesquels, pour ne citer qu'eux, Charles de Gaulle et plus récemment Emmanuel Macron, le ministre de l'Économie Bruno Le Maire, la présidente du conseil régional d'Île-de-France et candidate à l'élection présidentielle Valérie Pécresse, le secrétaire général du Quai d'Orsay François Delattre… De fait, quand j'ai osé après mon interview exclusive au Saint-Père lui citer deux vers anciens sur les Jésuites, l'un de Balzac – « La police et les Jésuites ont la vertu de ne jamais abandonner ni leurs ennemis ni leurs amis » –, l'autre d'un chansonnier du XIXe siècle, Béranger – « Homme noirs[1], d'où sortez-vous, nous sortons de dessous terre, moitié renard, moitié loup, notre règle est un mystère, nous sommes fils de Loyola » –, le Pape a souri puis ajouté : « Ce n'est pas mal trouvé. » Il n'en dit pas plus. Je suis alors restée perplexe, espérant cependant avoir réussi à comprendre ses paroles plutôt ambiguës. Grâce à Dieu, je connais un peu le vocabulaire jésuite parce que je suis cernée par eux depuis l'enfance. En effet, mon frère était élève à Saint-Louis-de-Gonzague à Paris, j'avais un mari pensionnaire à La Providence à Amiens, une belle-sœur professeur d'anglais chez eux, et moi-même j'ai fait ma confirmation et ma communion solennelle à Paris dans la chapelle de Saint-Louis-de-Gonzague, car celle de notre institution catholique était trop petite. Et, plus tard, ce beau métier m'a conduite à me lier d'amitié avec un certain nombre de jésuites, dont le cardinal

1. Les Jésuites sont vêtus de noir col romain, alors que les Capucins sont en brun foncé, les Dominicains en blanc et noir, les Franciscains en gris.

Roberto Tucci, personnage lumineux, d'une profonde bonté, ancien directeur de Radio Vatican et responsable des voyages de Jean-Paul II, ayant dirigé la prestigieuse revue des jésuites italiens, *La Civiltà Cattolica*, et aussi Henri Madelin, provincial de la Compagnie de Jésus quand Jorge Mario Bergoglio était celui d'Argentine, avec qui nous avons écrit un livre sur le Pape François. Tout cela m'a sans doute amenée à comprendre l'inscription gravée il y a déjà longtemps dans le hall de Saint-Louis-de-Gonzague, « Armé pour la vie ». De quoi avoir un autre regard sur ces missionnaires, méditer et continuer d'écrire sur eux…

Père Euvé

«De De Gaulle à Macron,
les Jésuites ont formé de grands destins.»

*Docteur en théologie, agrégé de physique, écrivain, le jésuite François Euvé, rédacteur en chef d'*Études*, occupe à travers l'influent et prestigieux mensuel de la Compagnie de Jésus une position particulière dans le paysage chrétien, sociologique et intellectuel français.*

– Année 2021 –

Mon Père, comment expliquer que, sur huit présidents de la Ve République, deux soient d'anciens élèves des Jésuites, Charles de Gaulle et Emmanuel Macron ?

Les Jésuites ont, depuis les temps anciens et encore de nos jours, formé des personnes capables de prendre des décisions en toute liberté dans un environnement complexe. Rien n'est à jamais acquis, or le choix personnel reste essentiel. Cela requiert d'être cohérent avec ses engagements et guidé par le défi de progresser plus que par un idéal statique basé sur des principes généraux. Avec le 18 juin 1940, le Général a démarré la «France libre» dans un pays défait, en imaginant que suffisamment de citoyens rejoindraient un inconnu qui pourrait gagner la guerre. Quant à l'actuel Président, il a réussi à prendre le pouvoir sans parti, puis continué à souvent décider à l'encontre de son entourage.

Un savoir-faire politique hérité de la Compagnie de Jésus ?

Nous enseignons, il est vrai, comment amortir les chocs quand on n'atteint pas son but, résister aux critiques, développer l'affirmation de soi, l'autorité. Les Jésuites ont davantage conscience de l'importance du pouvoir qu'ils ne sont ambitieux et savent bien qu'avec de grands moyens intellectuels et relationnels peut naître la tentation de l'exercer… En marge de la vie officielle, l'ambition du général de Gaulle et d'Emmanuel Macron s'est confondue avec celle d'une France à la hauteur de son histoire. Les réflexes de notre éducation modifient le tempérament, entraînent à la capacité de travailler des dossiers en commun tout comme celle d'agir seul. Des méthodes qui responsabilisent et rappellent combien le temps est précieux.

Une Compagnie de Jésus un temps supprimée.

La Compagnie de Jésus a été supprimée en 1773 par le Pape Clément XIV essentiellement pour des raisons politiques; elle avait déjà été interdite au Portugal en 1758, en France en 1764 et en Espagne en 1769. Les gouvernements espagnol et portugais étaient mécontents de l'activité des Jésuites dans leurs possessions américaines, les fameuses « réductions » qui mettaient les Indiens à l'abri des exactions des colons, ce dont rend bien compte le film *Mission*. À la différence d'autres missionnaires et du clergé diocésain, davantage soumis aux pouvoirs politiques, les Jésuites, rattachés directement au Pape, bénéficiaient d'une certaine autonomie. Les rois d'Espagne et du Portugal firent donc pression sur le Pape pour supprimer l'ordre. Mais beaucoup pensaient que cette suppression ne serait que temporaire. C'est pourquoi les successeurs de

Clément XIV encouragèrent le maintien de communautés, en particulier dans l'Empire russe. Ainsi Catherine II a-t-elle protégé les Jésuites, d'abord pour conserver leurs collèges et universités. C'est finalement le Pape Pie VII qui prit la décision de la restaurer officiellement en 1814.

Ce retour au XIXe siècle lui redonne-t-il toute son influence ?

La Compagnie de Jésus étant l'ordre catholique le plus nombreux, on lui attribue volontiers une influence au sein de l'Église et des sociétés. Certes, son influence dans les pays de mission a été très importante, je pense là à la Chine. Sous l'Ancien Régime, les rois de France avaient des jésuites comme confesseurs. Par ailleurs, saint Ignace a souhaité une relation forte avec le Pape, car le Souverain Pontife symbolise l'Église universelle. C'est pourquoi on considère le supérieur général des Jésuites comme une sorte de « Pape *bis* ». De plus, habillé en noir, on parle alors de « Pape noir », ce qui, en outre, ajoute une touche de mystère, le noir symbolisant les ténèbres…

Son enseignement est-il, comme jadis, le fruit d'une pédagogie subtile ?

Parmi les quatorze établissements scolaires d'enseignement secondaire que compte encore l'Hexagone, le théâtre notamment tient, comme cela a toujours été le cas de par le passé, une place significative dans notre pédagogie. Ce qui implique d'avoir le talent de se mettre en scène, de savoir jouer un rôle. Jeunes déjà, Charles de Gaulle, élève au collège de l'Immaculée-Conception à Paris, et Emmanuel Macron, ancien élève de La Providence à Amiens, montaient sur les planches. Cet art est une école d'affirmation de soi ; oser prendre la parole en public, exercer sa mémoire, connaître les auteurs classiques est structurant et formateur. Le Général incarnait un personnage ; Emmanuel Macron, le soir de son élection, a mis en scène sa victoire à la pyramide du Louvre.

Cela signifie-t-il d'être capable d'encaisser aussi les échecs ?

Notre démarche incite en effet à examiner les choses en profondeur, à analyser une défaite et entraîne à se demander pourquoi tel projet ou tel autre n'a pu se réaliser. Était-il essentiel ? Fallait-il y renoncer ? D'où venait l'opposition ? Aurait-il suffi de procéder différemment ? Vivre des échecs peut être une très bonne école de discernement ! Cette vertu demeure importante au cœur de la spiritualité jésuite héritée de son fondateur basque espagnol, Ignace de Loyola, qui créa en 1540 notre ordre missionnaire, la Compagnie de Jésus.

Osons le dire, avoir des réflexes élitistes ?

Dès l'origine, saint Ignace a insisté sur la qualité de la formation, intellectuelle bien sûr, mais aussi physique, «*Mens sana in corpore sano*» – «Un esprit sain dans un corps sain» –, et spirituelle. Il n'est pas surprenant que, depuis Descartes, de nombreux anciens élèves aient joué un rôle significatif dans la société. Si l'on parle d'élitisme ou d'excellence, ce n'est pas seulement au sens mondain. Il s'agit de donner toute sa mesure, que ce soit dans les sciences, la politique ou l'action sociale. La mission va dans le même sens : il s'agit de partager ce que l'on a reçu.

Padre Federico Lombardi

L'homme qui murmure à l'oreille des Papes

Ce distingué jésuite piémontais est l'un des religieux les mieux informés de la planète. Durant un quart de siècle, Padre Lombardi, qui a dirigé Radio Vatican, a été à partir de 2006 pendant dix ans « la voix du Pape ». Diplômé en mathématiques, philosophie et théologie, parlant sept langues, ce religieux a géré avec maestria les tempêtes médiatiques sous Benoît XVI et les multiples imprévus avec François. Depuis, il a pris la direction de la Fondation Joseph-Ratzinger, qui promeut et récompense le travail d'éminents théologiens et scientifiques. Humble et à l'humour froid, Federico Lombardi perpétue la grande tradition intellectuelle des Jésuites.

– Année 2021 –

« Les premières années du Souverain Pontife sont, on le sait, toujours plus favorables puisqu'il y a l'attrait de la nouveauté. »

Quelle est en 2021 la situation de l'Église de Rome ?

Celle d'une Église qui chemine au cœur d'une époque de profondes transformations dans tous les domaines, sociologique, anthropologique, culturel, spirituel, et, malgré toutes les difficultés, avoir une foi absolue en Jésus-Christ reste un élément très important. Puissant, afin de servir l'humanité.

Combien de jésuites êtes-vous de nos jours ?

Au dernier recensement datant de 2020, nous étions 15 306, et les chiffres continuent à baisser.

Un Pape François aujourd'hui moins populaire après huit années de pontificat.

Les premières années du Souverain Pontife sont, on le sait, toujours plus favorables, puisqu'il y a l'attrait de la nouveauté, l'enthousiasme des débuts. De plus, maintenant, la pandémie a limité les initiatives et les voyages du Pape, cette année, à un seul déplacement, en Irak. Tout cela a freiné la dynamique de l'Église et celle du Pape François, obligé de limiter les contacts avec le monde extérieur. J'ai cependant l'impression que ses messages pendant la période de pandémie ont été accueillis avec reconnaissance, et l'initiative du dialogue avec les musulmans, le voyage en Irak et l'encyclique *Fratelli tutti* démontrent que cette démarche positive a entraîné un certain enthousiasme.

Cela signifie être inactif !

Celui qui est aussi l'évêque de Rome, ne l'oublions pas, a souligné pendant cette période, le poids de l'espérance et l'importance de la compassion, tout comme celle de davantage de solidarité. Un besoin encore plus grand dans la souffrance. C'est l'un des aspects vraiment importants et caractéristiques de ces moment-là du pontificat. Tout est ainsi fondé sur la foi, la prière, et en cela le Pape a été une référence spirituelle pour un monde en grande souffrance, dont le moment le plus fort a été le 27 mars 2020, lorsque le Saint-Père a prié seul sur le parvis désert de la place Saint-Pierre pour faire face à la tempête de la pandémie. Exhortant ce jour mémorable le monde apeuré et perdu, en cherchant à revoir ses priorités et à renouer avec la foi. Une messe suivie par d'innombrables millions de fidèles sur Terre.

– Année 2016 –

Padre Lombardi : « L'essentiel est de donner des explications précises lorsqu'on les connaît et courtes plutôt qu'évasives quand on ne peut tout révéler. »

Dix années à la tête de la salle de presse du Saint-Siège, vous êtes la seule personne à avoir parlé à l'oreille de deux Papes.

Ces fonctions que j'ai occupées au Vatican de juillet 2006 à juillet 2016 m'ont de fait amené à être proche de Benoît XVI et de François : sept ans auprès du Pape Ratzinger et trois, ensuite, aux côtés de « *Papa* » Bergoglio. Deux hommes fort différents dans leur style et leur façon de travailler. Je les voyais d'abord lors des audiences officielles avec les chefs d'État et les diverses personnalités, et pendant les voyages. Je m'entretenais ensuite régulièrement avec eux pour relater ces événements aux journalistes.

Deux styles différents ?

Ce qui a changé, avec le Pape François, est qu'il prenait souvent l'initiative de m'appeler pour m'informer, sans passer par son secrétaire particulier. Et, quand je téléphonais, je pouvais presque toujours m'entretenir avec lui, ce qui rendait les contacts plus simples.

Pourquoi avez-vous précisé dès le premier jour : « Je suis le directeur de la salle de presse et non le porte-parole du Pape » ?

La Constitution apostolique de la Curie romaine ne prévoit pas de porte-parole du Pape. Le « directeur de la salle de presse» est appelé communément «porte-parole» parce qu'il transmet, commente les paroles du Pape. Par ailleurs, il réunit, explique les publications des diverses institutions vaticanes, telles celles émanant de la Congrégation pour la doctrine de la foi, du Dialogue interreligieux… et de nombre d'autres entités de l'Église de Rome. Du haut de son magistère, le Souverain Pontife s'exprime lui-même. Son activité est, une bonne partie du temps, officielle et publique. Lors des audiences place Saint-Pierre, la parole de l'évêque de Rome résonne aux quatre coins de la Terre; il n'a donc pas besoin d'être décrypté par le directeur de la salle de presse. Tout au plus celui-ci peut-il donner quelques éclaircissements supplémentaires. Mais soyons réalistes : le protagoniste, c'est le Pape et lui seul. De nos jours, il s'exprime d'ailleurs à la première personne.

Vous succédez ainsi des décennies après à l'un de vos oncles jésuite, Padre Riccardo Lombardi.

Vous voulez dire celui qu'on avait «baptisé» «le microphone de Dieu», qui avait entre autres annoncé en 1959 la mort de Pie XII sur les ondes. C'était l'un des frères de mon père, mais surtout parmi les plus brillants prédicateurs d'Italie, dont la parole portait bien au-delà de notre pays.

Vous a-t-il marqué ?

Il n'a pas directement influencé ma vocation, car je vivais à Turin avec mes parents et mes trois sœurs aînées. Ayant cet oncle jésuite, j'ai tout naturellement été scolarisé chez les Jésuites. Et lorsque j'ai annoncé que je voulais entrer au noviciat de la Compagnie de Jésus, mes parents l'ont accepté sans difficulté.

Être jésuite avec un Pape jésuite crée-t-il des complicités ?

Je n'emploierais sûrement pas le terme de «complicité». Je dirais que nous nous comprenons, car nos racines en matière de spiritualité et de vie religieuse sont communes. Nous parlons un langage identique, avons partagé la même forme d'existence ; pour ma part, j'étais déjà élève des Jésuites. Tout cela rend les rapports plus aisés. Toutefois, la disponibilité d'accueil, l'extrême gentillesse de Benoît XVI créaient aussi une proximité et facilitaient les choses.

Jugez-vous le Pape actuel très jésuite ou de tempérament plutôt franciscain ?

La Compagnie de Jésus fait partie de son existence, de son identité, de la spiritualité guidant son quotidien. Cependant, le nom de François correspond à ses aspirations profondes, à ses défis : attention aux pauvres, simplicité, austérité. Des règles propres au fondateur de notre ordre, Ignace de Loyola, mais également à saint François d'Assise. Notre saint patron avait été marqué par saint François d'Assise, et notre mission nous entraîne à être des disciples du Christ et à imiter les saints.

Les Jésuites ont-ils le pouvoir dans le sang ?

Je réfute cette idée ! Nous avons, nuance, le sens du service dans les veines, celui de la foi, de la justice, de la charité. Notre mission est avant tout d'annoncer la parole de Dieu et de servir le Pape, l'objet de notre quatrième vœu.

Aviez-vous été informé du choix du renoncement de Benoît XVI ?

Je l'ai appris assez tôt afin de pouvoir le gérer sur le plan médiatique. Cela ne m'a pas vraiment surpris, le Saint-Père avait confié que le jour où il estimerait, devant Dieu et lui seul, qu'il n'aurait plus la force de mener à bien sa mission, il renoncerait. À 85 ans, parfaitement lucide mais mesurant qu'il n'était plus en condition physique pour gouverner l'Église, il s'est donc retiré sans avoir eu besoin de réunir les cardinaux, car cela n'est pas prévu par le droit canon quant au renoncement. Un geste historique qui fera date, bien sûr. Joseph

Ratzinger avait dans le passé eu une tâche difficile déjà comme cardinal archevêque de Munich, car, pour un homme qui pensait se consacrer à enseigner la théologie, avoir de lourdes responsabilités au sein de la gouvernance du très grand diocèse de Munich ne correspondait guère à ses aspirations. De plus, succéder à une personnalité aussi intangible que le cardinal Döpfner était délicat et encore plus difficile en ces années postconciliaires. Ensuite, il a été durant vingt ans préfet de la Congrégation pour la doctrine de la foi dans une période mouvementée.

C'était donc assez compliqué de communiquer là-dessus ?

L'essentiel est de donner des explications précises lorsqu'on les connaît, et courtes, plutôt qu'évasives, quand on ne peut tout révéler. Je crois avoir toujours joué avec vous la transparence !

Vous menez maintenant la Fondation Joseph-Ratzinger.

J'en préside le conseil d'administration. Il y a aussi un conseil scientifique avec quatre cardinaux. La fondation promeut la recherche et les études théologiques dans l'esprit de Joseph Ratzinger, organise des manifestations, octroie des bourses de doctorat à des candidats souhaitant approfondir la pensée théologique de Benoît XVI et décerne le prix Ratzinger. Elle a récompensé entre 2011 et aujourd'hui vingt-deux personnes, théologiens, biblistes, philosophes, artistes de seize pays, s'étant consacrées à l'étude de textes religieux et à la théologie. Des théologiens mais aussi donc d'éminents spécialistes d'autres sciences, complémentaires de la théologie.

Être polyglotte et philosophe vous permet-il d'analyser tous les écrits de ces personnages ?

Je parle italien, français, anglais, allemand, espagnol, portugais aussi, sans avoir toutefois étudié les textes de cette langue.

Et aussi auparavant correctement le latin durant mes études de philosophie, or maintenant on ne s'exprime plus en latin, si ce n'est en liturgie et lorsqu'on se plonge dans des écrits.

Vos souvenirs les plus marquants dans cet univers ?

Mes soixante voyages avec les Souverains Pontifes : de Jean-Paul II à François ! À l'époque directeur des programmes de Radio Vatican, je suivais un déplacement sur deux, les dernières années du pontificat de Karol Wojtyla. J'ai fait ensuite tous ceux de Joseph Ratzinger, et chaque voyage du Pape François jusqu'à juillet 2016 pour les Journées mondiales de la jeunesse à Cracovie. Avec nombre de souvenirs émouvants, dont ceux plus particulièrement en Terre sainte… Le plus bouleversant fut la concélébration, aux côtés de Benoît XVI, de la messe dans la basilique du Saint-Sépulcre, lieu de la mort et de la résurrection de Jésus. L'office dans la chapelle de Sainte-Marthe avec le Pape François reste un moment tout aussi inoubliable.

Quelle a été la période la plus difficile pour vous ?

Évidemment celle concernant les abus sexuels. Partager les fautes, les erreurs gravissimes, les crimes envers les mineurs et les autres, ayant causé un tel désarroi, signifie un moment extrêmement douloureux pour l'Église. Là il ne s'agit guère de stratégie de communication, mais d'une épreuve à accepter avec humilité, rigueur, sincérité. Une souffrance intérieure et d'abord un devoir à affronter, avec la responsabilité qui m'incombait ; celle d'expliquer, d'informer la presse et l'opinion publique, de répondre sans ambiguïté aux questions. Cette terrible et très lourde fatalité, je devais l'assumer avec le Pape. C'était notre chemin de purification et notre devoir de solidarité.

Pouvez-vous évoquer pour nous les trois derniers Papes ?

Le charisme de Jean-Paul II, sa capacité de parler à tous avec une immense autorité naturelle m'ont fasciné. Il représentait une sorte de maître des nations. Irradiait de sa foi et de sa vision de l'humanité une véritable force intérieure, qui passait par l'histoire et son approche du christianisme. J'ai été impressionné par la richesse culturelle et la profondeur de réflexion de Benoît XVI. Une synthèse entre théologie, pensée et spiritualité au plus haut niveau. Quant à François, ce qui frappe est sa manière directe, spontanée, à travers un langage concret, d'arriver à communiquer avec tout le monde. C'est d'observer combien il réussit ainsi à faire partager aux plus faibles ses idées, à s'approcher des gens avec un double message d'espoir, celui de l'amour et de la miséricorde. En employant un vocabulaire original, parfois singulier, souvent imagé, en italien, en espagnol, il fait vibrer le cœur des hommes. La mission du Pape est d'abord d'annoncer la parole de Dieu, mais chacun a ses mots, ses expressions, sa façon de dialoguer. Et, comme vous le savez, les thématiques de François reviennent toujours à l'attention des pauvres, à la solidarité, la priorité aux périphéries avec une forme de religiosité populaire. Jorge Mario Bergoglio est le fruit de son passé, de son expérience sur le terrain. La Mission pastorale de l'Église en Amérique latine est bien différente de celle de notre vieille Europe.

Un des défis de ce Pape est-il de se rapprocher de la Chine ?

Certes, depuis leur origine, les Jésuites se sont beaucoup intéressés à ce pays d'Asie. Dès 1601, le missionnaire Matteo Ricci, après être entré dans le palais impérial, avait réussi à instaurer de vrais rapports entre la Chine et la Compagnie de Jésus et à établir une forme de dialogue, notamment culturel, pour l'Église catholique. Le Pape actuel observant la Chine avec respect et une vive attention voudrait que là-bas l'Église catholique puisse vivre ouvertement son ministère. Il n'a pas fait mystère de l'importance d'entretenir les meilleures relations possibles avec la Chine, tel qu'il l'a souvent souligné.

Vu également sous cet angle, l'harmonie entre le Pape et la Compagnie de Jésus est réelle.

C'est un membre de l'Opus Dei qui vous a succédé, comment réagissez-vous ?

Il n'y a guère de raison idéologique. J'étais là quand le Pape François a été élu. Il a souhaité que je reste, car mon expérience comptait davantage, à ses yeux, que mon appartenance à la Compagnie de Jésus. Mon successeur, Greg Burke, qui a été journaliste vaticaniste avant de travailler à la secrétairerie d'État, avait le profil pour devenir directeur de la salle de presse. Être membre de l'Opus Dei reste, me semble-t-il, un détail au regard de ses compétences. Qui sait si un jour ce ne sera pas une femme qui accédera à ce poste, pourquoi pas ?

Vous avez élu votre préposé général, appelé le « Pape noir ». Avec 17 750 religieux, votre ordre reste le plus important et puissant sur Terre.

Le Père vénézuélien Arturo Sosa Abascal, 67 ans, expert en politique et sciences sociales, a longtemps dirigé dans son pays une influente revue jésuite et un centre d'études sociales réputé. Puis il est devenu provincial du Venezuela, recteur des années durant d'une université catholique, à la frontière de la Colombie. Ainsi a-t-il vécu l'Évangile dans des situations de tensions extrêmes et de pauvreté. Premier Latino-Américain élu supérieur général des Jésuites, le « Pape noir », comme on le surnomme, est en phase avec le Pape François. En somme, oserai-je souligner avec un brin d'humour, nous avons un Pape noir et un Pape blanc, tous deux jésuites et latino-américains ! Le Père Sosa Abascal était déjà proche de Padre Adolfo Nicolás, dont nous avons accepté la démission à 80 ans. Nos trois prédécesseurs, Pedro Arrupe, Peter-Hans Kolvenbach et Adolfo Nicolás, nés en Europe, avaient toutefois passé leur existence en mission en Asie. C'est désormais une évidence que, avec un nouvel élu issu d'Amérique latine, les Jésuites ne sont plus « eurocentrés ». Leurs aspirations sont celles d'un apostolat consacré à des missions religieuses, culturelles et sociales dans le monde entier. Ces deux dernières années, Padre Sosa Abascal habitait déjà Rome, où il était chargé de nos maisons et de nos œuvres interprovinciales, l'Université pontificale grégorienne, l'Institut biblique, l'Institut pontifical oriental… Cela l'avait habitué à l'univers du Vatican. Il mesurait ce que l'Église attend des Jésuites, notamment sur le plan culturel. D'autre part, il a le bon âge, une vaste expérience et la connaissance de notre ordre au niveau international. Notre nouveau préposé général a devant lui la perspective de gouverner longtemps, avec l'énergie et le dynamisme requis pour cette lourde tâche.

Father Leo O'Donovan

Un jésuite à la Maison Blanche

Le col romain de Leo O'Donovan se remarque à peine. Ce père jésuite est sans doute l'un des hommes qui connaissent le mieux Joe Biden. C'est donc à lui, l'ancien président de l'université jésuite de Georgetown, à Washington, maintenant à la tête du «Service jésuite des réfugiés», que le nouveau président des États-Unis a demandé d'écrire et de prononcer le 20 janvier 2021 la prière d'invocation qui accompagnait la cérémonie d'investiture. Après John Fitzgerald Kennedy, un catholique a fait pour la deuxième fois son entrée à la Maison Blanche. Descendant comme lui d'Irlandais, le Père O'Donovan raconte Joe Biden, son ami de trente ans.

Father O'Donovan : « Je suis en quelque sorte l'avocat des faibles auprès du Président Biden. »

– Année 2021 –

Père jésuite, vous avez été choisi pour assister le Président Joe Biden lors de la cérémonie d'investiture, le 20 janvier 2021. C'est ainsi qu'on vous a découvert en mondovision…

Le nouveau Président a voulu prêter serment sur la Bible de Douai, une bible anglaise du XVIe siècle. Avant, il m'a demandé de prononcer la prière d'invocation. J'ai puisé dans les textes saints et appelé les participants à prier pour que le nouvel élu s'inspire de la sagesse du roi Salomon, et qu'il gouverne d'un cœur sachant distinguer le bien du mal. J'ai aussi cité le Pape François et imploré que le « Saint mystère de l'amour » aide le Président à réconcilier la nation afin de lui apporter paix, justice, joie, et puisse restaurer ses rêves.

Père O'Donovan, comment êtes-vous devenu un proche du deuxième Président catholique de l'histoire américaine ?

Joe Biden et moi nous connaissons depuis trente ans. À l'époque, l'un de ses enfants, Hunter, étudiait à l'université jésuite de Georgetown, que je présidais. J'avais invité le sénateur à donner une conférence sur le rôle de la foi dans son engagement en politique. Une vraie amitié est alors née de cette rencontre, et le destin a fait que, le 6 juin 2015, Joe Biden, alors vice-président, m'a demandé de célébrer la messe d'enterrement de Beau, son fils aîné, emporté à 46 ans par un cancer du cerveau. Lors de l'homélie, j'ai rappelé les enseignements de l'Église : « Que ce soit dans la souffrance prolongée, comme Beau l'a vécue, ou dans les faiblesses dues à l'âge, nos vies sont des dons sacrés. Or, pour connaître la splendeur de l'éternité, il faut passer par les ténèbres de la mort. »

Comment décrivez-vous le nouveau Président américain ?

Ouvert, chaleureux, très humain, avec un sens réel de la compassion et un solide humour irlandais. Il est direct, franc, et s'exprime sans détour. « Prenez-moi comme je suis », lâche-t-il souvent. Il pense que, pour un homme politique, la pire chose demeure l'abus de pouvoir.

Votre rôle est-il comparable à celui qu'exerçaient jadis les confesseurs auprès des rois ?

La séparation entre la religion et l'État, principe assuré par la Constitution américaine, fait que notre relation n'est pas du même ordre. C'est, dans notre cas, un rapport personnel qui ne relève guère des affaires publiques. Après la Seconde Guerre mondiale, en effet, certains guides spirituels ont occupé une place importante. Le pasteur évangélique Billy Graham, quant à lui, a prodigué ses conseils dans ce domaine à tous les Présidents, de Harry Truman à Barack Obama, sauf à John Kennedy. Inutile de souligner qu'il n'était pas favorable à l'élection d'un catholique ! Il était en revanche proche de Dwight Eisenhower et de Lyndon Johnson.

Vous-même, fréquentez-vous la Maison Blanche depuis longtemps ?

Bill Clinton, ancien élève de l'université de Georgetown, m'y a invité régulièrement. J'y ai aussi souvent vu Joe Biden quand il était vice-président. Nous fêtions notamment ensemble la Saint-Patrick, la grande fête des Irlandais, dans sa résidence officielle.

Quel est votre souvenir préféré avec Joe Biden ?

Le 24 septembre 2015, quand, avec son épouse, Jill, et sa sœur, Valérie, nous sommes partis en limousine pour assister au discours du Pape François devant le Congrès. J'ai aussi un bon souvenir du jour de novembre 2017 où Joe Biden présentait son livre, *Promets-moi, papa*. J'étais assis dans le public à côté de Jill. Lorsque Joe Biden, sur l'estrade, a avoué qu'il avait dû lui demander sa main à cinq reprises avant qu'elle accepte de devenir sa femme, et qu'il la soupçonnait d'être sous le charme de ses deux garçons, Beau et Hunter, plutôt que sous le sien, elle s'est tournée vers moi et a rougi…

Connaissez-vous le Pape François ?

Nous nous sommes côtoyés pendant deux mois en 1983 à Rome, lors de la Congrégation générale des Jésuites, où le Père Peter-Hans Kolvenbach fut élu comme préposé général.

Le président Biden ira-t-il le voir au Vatican ?

[Après un long silence diplomatique, le jésuite reprend.] On verra… De toute manière, ils se sont déjà rencontrés lorsque le Pape François est venu à Philadelphie, en septembre 2015. Joe Biden était alors le vice-président de Barack Obama et au Vatican en avril 2016.

Vous êtes connu aux États-Unis pour la passion avec laquelle vous défendez les migrants.

Je dirige depuis cinq ans la mission pour le SJR, le Service jésuite des réfugiés. Les réfugiés et la politique migratoire américaine restent à mes yeux une priorité. En 2018, à travers mon livre coécrit avec Scott Rose, *Heureux soient les réfugiés, les béatitudes des enfants immigrés*, que le vice-président

Joe Biden avait préfacé, j'ai ouvertement critiqué la politique de l'époque sur le sujet. Notre nation a été bâtie par des migrants, qu'ils soient de langue espagnole ou anglaise. Comme les Kennedy ou les Biden, mes grands-parents venaient d'Irlande… Notre complicité a aussi grandi sur ces origines communes. Même si j'appartiens à la troisième génération née sur le sol américain et suis fier de notre monument funéraire dans le Queens, je me sens toujours proche des émigrés. D'ailleurs, les Jésuites ont une longue tradition d'accompagnement des migrants. Ainsi, dès novembre 2020, le nouveau Président a participé à la collecte organisée par notre service. Il a aussi annoncé qu'il avait pour objectif de faire passer le nombre des réfugiés autorisés aux États-Unis de 15 000 à 125 000 par an. Cela prouve combien il est concerné par ce sujet.

Docteur en théologie des universités de Georgetown et de Münster, vous avez publié de nombreux livres et enseigné dans les facultés les plus prestigieuses.

Georgetown, que j'ai présidée douze années durant, est la plus ancienne université catholique des États-Unis. Nous recevons les enfants de hautes personnalités… tels Abdallah de Jordanie, l'actuel roi Felipe d'Espagne – qui, le jour de l'investiture de Joe Biden, m'a appelé sur mon portable pour me demander de le saluer respectueusement –, Bill Clinton, Ron Klain, proche collaborateur du président Biden, Jon Ossoff, sénateur de Géorgie, et tant d'autres… Tout comme des étudiants modestes, ou issus des minorités. Je suis aussi passé par d'autres postes, étant onze années durant membre du conseil d'administration des Studios Disney… Michael Eisner, père d'un de mes élèves, m'avait demandé d'y siéger pour apporter mon point de vue de religieux et d'enseignant. Mes jetons de présence allaient, vous le devinez, à la province jésuite.

Connaissez-vous la France ?

J'aime votre pays, où j'ai déjà fait cinq retraites. Je suis fasciné par la cathédrale de Chartres et, chaque fois, un ami jésuite me prête ses jumelles pour que je puisse mieux admirer ses vitraux, ses sculptures et son architecture gothique. J'avais 23 ans la première fois que je suis venu en France. Grâce à une bourse, j'ai pu étudier à Lyon et apprécier entre autres la cuisine française. Un délice que ces cuisses de grenouilles et ces escargots savourés sur le zinc d'un bouchon lyonnais, tout près de la rue de la Charité – ça ne s'invente pas –, où je louais une chambre, chez Mme Angelier ! En ce temps-là, je voulais devenir médecin psychiatre. Enfin… j'hésitais. Puis, l'année suivante, de retour aux États-Unis, j'ai fait le choix le plus important de mon existence : entrer dans la Compagnie de Jésus.

Un Président catholique peut-il changer le monde ?

Les réfugiés, l'écologie sont pour Joe Biden des sujets incontournables. Si sa politique dans ce domaine est efficace, elle va obtenir l'adhésion du peuple américain, qui est extrêmement généreux. Selon le Haut-Commissariat des Nations unies pour les réfugiés, leur nombre est aujourd'hui de 79,5 millions, soit plus que la population de la France et de la Belgique réunies ! Quel gâchis, quel drame de laisser des enfants dans des camps, d'en faire des générations d'apatrides… Beaucoup d'acteurs importants de l'économie et des sciences sont fils d'immigrés ou de réfugiés. Regardez Steve Jobs, cofondateur d'Apple : Jandali, son père, était le benjamin d'une famille syrienne de neuf enfants. Et Jeff Bezos, fondateur d'Amazon : adopté par un immigré cubain ! Sans compter nombre de prix Nobel de médecine, de physique… des grands chercheurs.

Le fait d'être croyant et pratiquant influence-t-il le président Biden ?

Cela a forgé son caractère, l'a aidé à accepter son destin. S'aimer les uns les autres signifie s'occuper de tous, même des prisonniers ! L'un des autres problèmes de taille du XXIe siècle reste la question raciale. L'Église protège l'unité du peuple, mais les Blancs doivent se réveiller, arrêter de croire en une quelconque suprématie, admettre que les Noirs sont pleins de talent et de ressources. Être enfant de Dieu, en ayant à ses côtés, au quotidien, la présence du Seigneur, donne de la force au Président et le guide, je crois, jour après jour…

Et avoir un Père jésuite qui murmure à son oreille ?

Je joue humblement les lanceurs d'alerte… celui qui ose lui parler des êtres humains au destin cruel. Je suis en quelque sorte l'avocat des faibles.

Father Thomas Reese

« Donald Trump a tout oublié. »

La Compagnie de Jésus a formé des personnalités aussi diverses que la romancière Mary Higgins Clark, le magicien David Copperfield, le physicien Hubert Reeves… et Donald Trump… Peu savent, en effet, que l'ancien Président américain a passé ses deux premières années d'études supérieures à Fordham University, université catholique privée jésuite située à New York, dans le quartier du Bronx. Ses parents l'avaient auparavant déjà scolarisé dans une école militaire pour le guérir de son indiscipline… Le Père Thomas Reese, l'un des jésuites les plus connus d'Amérique, expert auprès de Barack Obama pour les questions de liberté religieuse, révèle ici un autre Donald Trump. Cet ancien élève des Jésuites qui ne leur a pas laissé un souvenir impérissable !

Father Reese : « Le rayonnement international de Donald Trump devrait lui servir non pas uniquement à s'entourer d'amis riches en oubliant les pauvres. »

– Année 2017 –

Donald Trump a passé deux années chez les Pères jésuites, entre 1964 et 1966.

À cette époque, le jeune Donald Trump était en effet dans nos murs, à New York, comme étudiant de 1re et 2e année à Fordham University sur le campus de Rose Hill. Cela peut toutefois vous paraître étonnant, car il semble ne rien lui rester de l'éducation jésuite et de cet héritage.

Mais pourquoi ce choix ?

Je crois que si Donald Trump est allé sur ce campus dans le Bronx aux bâtiments de style néogothique, doté d'une des plus importantes bibliothèques universitaires américaines, c'est surtout parce qu'il habitait New York et que ses parents avaient les moyens de lui offrir une université privée. Deux années où il s'est fait remarquer en ayant déjà sa voiture, ses clubs de golf avec lesquels il s'entraînait parfois, dit-on, sur l'impeccable gazon de l'université. Il remportait aussi des matchs de squash, un sport jadis importé d'Angleterre. Par ailleurs, bien qu'il ne soit pas facile d'être admis à Fordham, dont les examens sont rigoureux, c'est quand même plus simple que d'entrer à Harvard, Yale, Princeton ou Berkeley…

Cependant, Donald Trump n'est pas catholique ?

Il est chrétien évangélique. Seulement la moitié de nos élèves sont catholiques, et nous enseignons la religion catholique uniquement à ceux qui le souhaitent. Il y a aussi des cours d'autres religions, dont le bouddhisme, et également des aumôniers protestants, juifs, musulmans… Rien n'est imposé, pas plus que nous n'obligeons à aller à la messe. Nous proposons juste un cheminement spirituel, des retraites, et organisons des groupes de prière dans une atmosphère chrétienne et un esprit jésuite.

Revenons à Donald Trump, est-il pratiquant ?

Enfant, il se rendait chaque dimanche avec ses parents à la Marble Collegiate Church, paroisse du culte réformé presbytérien de Manhattan, où il suivait les sermons du pasteur Norman Vincent Peale, prêchant que « la confiance en soi peut tout résoudre ». Cet auteur, dont l'ouvrage *La Puissance de la pensée positive* s'est vendu à cinq millions d'exemplaires, mélangeait volontiers psychologie populaire et théologie du succès en annonçant un « Évangile de la prospérité ». Parmi ses dix commandements, il martelait que « pour assurer la réussite matérielle, il faut s'imprégner d'une vision de soi comme celle de quelqu'un qui a réussi, minimiser les obstacles et ne jamais s'imaginer en termes d'échec ». C'est du protestantisme racoleur, ayant fait depuis la fortune des télévangélistes. Cette philosophie de l'existence a visiblement marqué Trump, lequel s'est d'ailleurs marié deux fois dans cette église.

Votre influence est-elle importante sur le terrain ?

Nous prônons le bien commun, l'aide au prochain, le sens de l'effort, du sacrifice, la discipline et l'idée qu'arriver à être riche n'est pas une finalité, mais implique de se servir de ses moyens pour aider les autres, dont d'abord les démunis, les marginaux… Je ne perçois rien de la sorte chez Donald Trump. Cependant, si nous avons au fil des siècles transmis ces valeurs à des milliers de jeunes dans d'innombrables pays, il n'y a rien de magique. Nous ne les transformons point en saints ! Nous essayons surtout de leur donner une éducation chrétienne dans un environnement où elle peut, selon la réceptivité de chacun, s'épanouir. L'une des devises de nos collèges est : « Armé pour la vie ». Certes, vous pourriez me dire que les Jésuites ont appris à Fidel Castro, ayant pour sa part étudié au collège Belén à La Havane, à faire la révolution à Cuba. Notre enseignement l'a sans doute incité à vouloir sortir son pays de l'injustice sociale. Pour ce qui est du respect des droits de l'homme et de la démocratie, il n'a pas franchement retenu nos leçons !

Quelqu'un d'austère comme vous n'est-il pas malheureux d'avoir un Président multimilliardaire ?

Vous voulez insinuer qu'il pouvait s'offrir la présidence des États-Unis ! La question ne se pose guère en ces termes. Il ne s'agit pas à proprement parler de ses immenses moyens personnels, mais de la structure de ses biens, qui s'étendent à d'innombrables secteurs : immeubles, bureaux, hôtels, tourisme, golfs, aviation, vignobles, audiovisuel, licences de prêt-à-porter, parfums… Comment, lorsqu'on est à ce point diversifié et qu'on exerce la plus haute responsabilité du pays, ne pas avoir d'une certaine façon de l'influence sur le cours des événements, le commerce, l'économie et les marchés financiers, tel que cela a été le cas en Italie avec Silvio Berlusconi ? Rares sont les Présidents américains récents venant de milieux modestes, en dehors de Lyndon Johnson et Barack Obama, puisque Kennedy et Bush père et fils, notamment, étaient fortunés. Néanmoins, leur fortune n'a eu aucune incidence sur leur politique étrangère.

Vous n'évoquez pas Nelson Rockefeller ?

C'est un cas intéressant, car le richissime petit-fils du fondateur John D. Rockefeller, en 1870, de la compagnie de raffinage et de distribution de pétrole Standard Oil, gouverneur de New York de 1959 à 1974, brièvement vice-président des États-Unis et trois fois candidat à la primaire républicaine pour l'élection présidentielle, était pour sa part arrivé à séparer ses biens personnels, actions et obligations, de sa fonction, en les faisant gérer de manière indépendante.

Pourquoi les chrétiens ont-ils massivement voté pour Donald Trump ?

Avant la campagne, Donald Trump était notamment en faveur de l'avortement. Mais, quand il s'est présenté, il a soutenu les mesures anti-avortement afin de séduire les électeurs catholiques et évangéliques, dont ceux des États du Sud, qui n'aimaient pas Obama et ne supportaient plus l'élitisme des milieux universitaires des intellectuels, des médias et des cercles sophistiqués de Washington et de New York… bref, de l'establishment, soit une population loin des préoccupations des habitants des petites villes et du monde rural. Pour schématiser, les catholiques tout comme les évangéliques blancs étaient scindés à parts à peu près égales entre ceux d'origine hispanique et les autres, moitié démocrates, moitié républicains, et les catholiques blancs ayant en partie, comme les protestants, voté républicain.

Les Jésuites ont, depuis Voltaire, développé le goût du pouvoir et de la rhétorique !

C'est plus complexe. Ils savent combien le pouvoir et la santé sont essentiels, et qu'il faut s'en servir en théorie non pour satisfaire ses ambitions et sa gloire personnelle, mais afin d'aider les autres à rendre le monde meilleur. Soit soutenir les faibles, lutter pour la paix et, désormais, se préoccuper aussi de l'écologie, car l'environnement est devenu un enjeu majeur. Il arrive que nombre de nos anciens étudiants qui se lancent avec succès dans les affaires, ne trouvant après quelques années qu'un bonheur relatif face à cette forme d'existence matérialiste, reviennent chez nous comme professeurs, s'engagent dans des ONG ou aillent même militer pour la paix dans nos organismes de volontariat jésuite.

Donald Trump a, en réalité, trompé son électorat catholique ?

Ses réflexes concernant les migrants, dont beaucoup sont des catholiques d'Amérique latine et centrale, sont un drame pour le clergé catholique américain. Lequel a de tout temps aidé les migrants, leur donnant des cours d'anglais, les hébergeant, les soignant, les assistant pour obtenir leurs papiers et trouver des logements, et les incitant à s'intégrer à la société. Il y a eu tout au long de notre histoire de terribles campagnes contre les juifs, les Noirs, les catholiques, les étrangers en général, soit une forme de racisme qu'on a tendance à oublier. Une attitude hostile vis-à-vis des migrants, dont le nombre va avec l'actuel Président drastiquement baisser.

La religion est-elle importante dans votre pays ?

Moins qu'auparavant, néanmoins 20 % des Américains honorent chaque semaine leur culte. Catholiques, protestants, évangéliques, orthodoxes, juifs, musulmans vont à l'église, au temple, à la synagogue, à la mosquée, bien qu'il y ait un réel déclin chez les jeunes. Non qu'ils soient athées ou agnostiques, mais ils sont souvent fort peu intéressés par la religion, surtout parmi les catholiques et les évangéliques, trop sévères entre autres envers les homosexuels. C'est ainsi que les nouvelles générations ayant eu nombre d'amis homosexuels à l'école ou à l'université comprennent mal la position de leurs prêtres. Ce manque d'indulgence les pousse à s'éloigner de l'Église.

Vous avez quand même eu un Président catholique, John Kennedy, et un autre, Bill Clinton, ancien élève des Jésuites !

C'est vrai, Bill Clinton a gardé une excellente relation avec la Compagnie de Jésus, dont il a été un actif et chaleureux supporter après ses quatre années à Georgetown, l'université jésuite de Washington. C'était un étudiant modèle, qui a même conduit l'un de nos pères à un jour l'inviter à déjeuner pour lui demander si « quelqu'un d'aussi brillant, travailleur et subtil que [lui] n'avait jamais songé à devenir jésuite ». « Je suis évangélique », répondit Bill Clinton. Et l'histoire fit alors le tour de nos maisons. Cela ne l'empêcha pas de rester proche du père Fred Kammer, juriste jésuite fort réputé et toujours ami du couple Clinton depuis leurs études.

Nommé par le président Barack Obama à la Commission des États-Unis sur la liberté religieuse dans le monde, que diriez-vous aujourd'hui à Donald Trump ?

D'abord, qu'il est à la tête de la nation libre la plus puissante de la Terre et devrait alors utiliser cette force et ce rayonnement international afin de rendre le monde meilleur, et pas uniquement s'entourer d'amis riches, en oubliant les pauvres.

Jésuite fort influent aux États-Unis, vos paroles font autorité au-delà des milieux catholiques. Alors, ce Pape jésuite, combien de divisions aux États-Unis ?

Le Pape François a plus de 80 % d'Américains catholiques derrière lui. Aucun leader n'obtient de tels chiffres. Au Congrès, le Président n'a pour sa part que 40 % des voix. Même les jeunes catholiques loin de la religion l'aiment, car il rend l'Église plus attrayante. Le problème est que si son charisme et sa personnalité entraînent à retourner à l'église, nos prêtres, trop rigides, qui prêchent souvent d'ennuyeux sermons, détournent à jamais de Dieu les nouvelles générations qui finissent par dire : « Qu'ils aillent au diable, ces cathos ! » Quant aux 2250 jésuites américains – de nos jours 16400 dans le monde –, ils sont comme moi, je l'avoue sans détour, extrêmement fiers que ce Pape soit des nôtres et qu'il mette d'abord en lumière les pauvres, les réfugiés, les marginaux. La première vocation du Pape, j'oserais dire son « métier », c'est celui-là, et certains de ses prédécesseurs l'avaient parfois un peu oublié !

Confession du Père Philippe Robert, professeur d'Emmanuel Macron au lycée jésuite d'Amiens

«À La Providence, le jeune Macron, raconte son ancien professeur de physique-chimie à Amiens, avait déjà un caractère affirmé. Et à 15 ans, dans la plus pure tradition jésuite, suivait des cours de théâtre car, selon les sévères religieux, cet art incite les élèves à développer leur personnalité et parfois a toujours monter plus haut…

Père Philippe Robert : « Élève à La Providence, Emmanuel Macron parle d'égal à égal à ses professeurs. »

– Année 2017 –

Père Philippe Robert, vous avez été le professeur d'Emmanuel Macron.

L'année 1992-1993, j'ai eu en effet parmi mes trente élèves Emmanuel Macron. Adjoint au directeur du lycée de La Providence à Amiens, établissement jésuite, j'enseignais alors la physique et la chimie en seconde.

Vous connaissiez bien aussi la future épouse d'Emmanuel Macron ?

L'année précédente, soit en 1991, le chef d'établissement et monsieur Thuillier, directeur du lycée, avaient embauché Brigitte Auzière. Une femme stimulante, enthousiaste, dotée d'une grande pédagogie, d'un réel charme ! Elle correspondait exactement au style d'enseignante que nous espérions trouver pour réinsuffler du dynamisme et de l'attrait dans cette section.

Vous souvenez-vous de la rencontre entre Emmanuel et sa professeure ?

Mme Auzière a monté un club de théâtre pour des élèves de seconde et de première, et Emmanuel a tout de suite rejoint ses cours. Il s'agissait cette année-là de faire un spectacle à partir de textes de Jean Tardieu. Ça s'appelait *L'Épouvantail*, or c'est Macron qui jouait l'Épouvantail... Pour ma part, à cette époque, si l'adolescent était probablement troublé, je n'ai, dois-je l'admettre, rien vu ni entendu de leur relation romanesque, ni d'un côté ni de l'autre. Il n'y avait rien de déplacé entre le metteur en scène, Brigitte Auzière, et son acteur, Emmanuel Macron. Je n'ai découvert cette histoire d'amour qu'en 2012, lorsque mon ancien élève est devenu secrétaire général adjoint de l'Élysée. Je lui ai envoyé à ce moment-là un mot de félicitations, sans mettre mon adresse, afin qu'il ne se sente pas obligé de me répondre. Un matin, la présidence de la République m'a téléphoné pour vérifier où j'habitais. Quelques jours après, j'ai reçu un mot manuscrit de chaleureux remerciements du nouveau secrétaire général adjoint : « Vous avez peut-être su que j'ai épousé Brigitte Auzière, qui vous transmet ses amitiés. » À 15 ans, Emmanuel avait déjà une telle maturité humaine et intellectuelle qu'il ne pouvait sans doute être attiré, je m'en rends bien compte maintenant, que par une femme adulte.

Voyait-on déjà se dessiner un grand personnage ?

J'étais, en tout cas, persuadé qu'il deviendrait célèbre un jour. Serait-il écrivain, auteur dramatique, acteur, chercheur scientifique ? Tout me paraissait envisageable, parce qu'il était bon en tout, avait un côté surdoué, bien sûr, mais restait très sociable, chaleureux, simple. Ce qui frappait le plus, c'était son rapport aux adultes, parlant avec ses profs d'égal à égal, très enjoué, pas du tout flagorneur, et ça sonnait juste. Même si, par ailleurs, il entretenait des relations tout à fait naturelles avec ses camarades de classe. À ses yeux, briller dans chaque domaine semblait normal. Il avait déjà beaucoup d'étoffe. Malgré son jeune âge, on sentait qu'il analysait les situations et les gens avec perspicacité, d'une façon douce, plaisante, sans aucun mépris pour les autres. Côté scolaire, il excellait dans toutes les matières, avec une facilité déconcertante. Pas désinvolte : décontracté, et toujours curieux de tout. En physique-chimie, lors des contrôles écrits, j'étais obligé d'ajouter des exercices pour qu'il soit occupé jusqu'à la fin de l'épreuve. Sur son bulletin trimestriel, je devais souvent me contenter de lui souhaiter «bonnes vacances»... Dans les lettres, c'était pareil. Et en première, le jour de son bac blanc de français, nous étions, juste pour le plaisir, quatre enseignants au fond de la classe à être venus l'écouter raconter les salons littéraires du XVIIIe siècle. Un moment inoubliable, car il était éblouissant.

12.

LA PASSION D'ENTREPRENDRE

Leurs confidences n'ont pas de prix !

Ce qu'il y a de singulier lorsque l'on approche ces grands financiers et entrepreneurs presque inaccessibles est qu'ils ont de l'humour, de l'esprit et en général un réel recul sur les événements, et qu'ils ont gardé la passion d'entreprendre. C'est comme cela que, quand ils parlent de ce qu'ils font, leur timbre de voix change, le rythme de leurs mots diffère, leurs yeux brillent comme ceux d'un enfant qui découvrirait sa première tablette. Aucun de ces personnages n'est blasé. De plus, ils sont impliqués avec discrétion dans le secteur social, associatif et de façon plus visible dans le monde culturel. « Ils ont leurs œuvres », comme on disait naguère, où ils agissent avec efficacité et générosité souvent en silence pour des causes qui leur tiennent à cœur. Enfin, s'ils ont tous eu l'extrême courtoisie de ne pas regarder, même furtivement, leur montre pendant ces interviews, j'ai compris que, malgré la masse d'affaires qu'ils mènent de front, ces patrons d'une grande curiosité, liberté d'esprit et séquentiels traitent un sujet après l'autre de façon cloisonnée. Leur force ? C'est cette capacité de passer d'une problématique à une autre, d'anticiper, d'être accessibles à plusieurs générations, de ne pas laisser entrevoir une certaine méfiance au sein d'un univers attirant souvent les courtisans. En réalité, la première des richesses, la seule que l'on n'achète point, ne serait-elle pas le jugement ? Ainsi leurs souvenirs valent-ils de l'or.

Bernard Arnault

«Le samedi, je visite souvent mes magasins, mais aussi d'autres, pour analyser la concurrence.»

Quel incroyable frisson ou excitation, voire les deux, pour Bernard Arnault, 72 ans, qui à l'ouverture de la Bourse de New York le 24 mai 2021 a été classé l'espace de quelques heures par le mythique magazine économique américain Forbes *comme étant à la tête de la première fortune mondiale. Les produits de luxe* made in France *Louis Vuitton, Dior, Givenchy, Moët et Chandon, Dom Pérignon... de cet audacieux grand patron du CAC 40 qui très tôt a cru à la Chine et à la Russie sont maintenant vendus sur tous les continents.*

– Année 2021 –

Monsieur le président, vous, visionnaire, comment imaginez-vous l'évolution du monde dans vingt ans ?

On peut espérer qu'il évolue vers une diminution des tensions internationales fortes que l'on constate aujourd'hui. Il faut souhaiter que la raison finalement l'emporte et que l'on s'oriente vers un apaisement, une coopération multilatérale, plutôt que vers un affrontement qui nous ramènerait à une forme de guerre froide. Là est selon moi la plus grande problématique des deux prochaines décennies. Ce qui est d'autant plus inquiétant, alors qu'il y a nombre d'autres questions à régler de manière pacifique : l'un des problèmes majeurs est celui du nombre d'habitants de la planète à la fin du XXIe siècle – nous devrions compter dix milliards d'êtres humains en 2050 avec les conséquences que cela entraînera à tous les niveaux.

Quelles sont dans votre domaine vos projections ?

Pour les produits de grande qualité, je crois que la demande mondiale va continuer à progresser, car le niveau de vie moyen devrait s'améliorer aussi. Ainsi le désir de produits de grande qualité va-t-il également se développer dans la même direction.

Dans quelle partie du globe ?

En Asie, sur le continent américain, mais on pourrait également assister à un développement très fort de l'Afrique, qui deviendra le continent le plus peuplé. Or, même si l'Afrique est pour l'instant pauvre, quand on observe la progression de l'Asie depuis les années 1980, ce continent s'est à un tel point développé que la Chine va probablement devenir la première puissance économique mondiale d'ici la fin de la décennie. C'est pourquoi on peut imaginer que le continent africain, malgré tous les problèmes qu'il rencontre aujourd'hui, peut connaître, lui aussi, à un certain moment, une évolution économique plus positive.

L'intelligence artificielle est-elle importante pour vous ?

Elle est surtout un outil au service des clients, de la recherche, de la conception et du design des produits ou des bâtiments, car elle démultiplie l'intelligence humaine.

Cet instinct des affaires vous a aussi entraîné à investir, il y a plusieurs années, dans le domaine médical.

En effet, notamment dans le groupe Moderna, car Stéphane Bancel, que je connaissais, à la tête de ModeRNA Therapeutics, société américaine de biotechnologie, m'avait expliqué il y a quelques années, quand personne ne pensait à l'arrivée du Covid-19, qu'une technique tout à fait innovante (l'ARN messager) permettrait de lutter contre toute une série de maladies, en particulier le cancer ou certaines malades cardiaques… Et j'avais été convaincu, bien que je ne sois pas un scientifique spécialiste de ces enjeux médicaux. Et quand le Covid-19 s'est déclaré, il a réussi à utiliser cette technique, comme Pfizer, afin de lutter contre le Covid-19, et là, le groupe Moderna a démarré en flèche. J'ai investi dans ModeRNA Therapeutics dès 2016.

Vous parliez du SRAS en 2003, alors que peu de gens réfléchissaient à ses conséquences en cascade sur le plan humain. Le Covid-19 vous a-t-il beaucoup touché ?

Bien sûr, comme toutes les grandes entreprises, quand nos boutiques sont fermées tel que cela s'est produit pendant plusieurs mois en France et dans de multiples autres pays où nous avons subi en temps réel cette crise terrible. Toutefois, nous en sortons renforcés, d'abord parce que le groupe LVMH est présent sur l'ensemble de la planète et, quand une crise survient, en général elle est localisée puis se déplace. Celle-ci a commencé en Asie, s'est poursuivie aux États-Unis et en Europe ; or certaines régions du monde en sont sorties plus vite que d'autres, l'Asie, par exemple, ensuite les États-Unis. Nous avons donc pu grâce à cela étaler les conséquences de la crise. Nous n'avions par ailleurs jamais cessé d'investir dans les nouveaux produits et avons continué à fabriquer essentiellement en France. Tout cela nous a permis, quand l'économie a tout d'abord repris en Asie de repartir très vite et d'être approvisionnés pour nos boutiques avec nos équipes sur place. Puisque nous n'avions fait aucun licenciement, nous avons pu redémarrer immédiatement. Les crises, j'en ai en réalité connu beaucoup depuis que je dirige ce groupe et nous en sortons en général plus forts.

Vous aimez toujours vous lancer des défis ?

La Samaritaine inaugurée le 21 juin dernier en est un exemple, oui : seize années de travaux, cela signifie patience, argent et temps ! La première qualité dont on doit faire preuve dans ce genre d'entreprise, c'est la persévérance. Vertu nécessaire pour pouvoir atteindre son objectif. La deuxième, c'est de réfléchir à long terme. On peut le faire parce que nous sommes un groupe familial, c'est-à-dire non lié à des contraintes immédiates de cours de Bourse ainsi pour toutes nos marques, nous raisonnons à long terme.

Comment cerne-t-on l'avenir d'une marque à dix ans ?

Ce que je cherche à faire est que la désirabilité soit plus forte encore dans dix ans, et pour cela on ne s'attache pas trop à la rentabilité à court terme. De fait, si pour La Samaritaine on s'était inquiété du court terme, nous n'aurions jamais avancé !

Je vous ai croisé plusieurs fois le samedi au Bon Marché, vos visites ne sont donc pas une légende ?

Il faut être au contact de la réalité lorsqu'on dirige un groupe ayant de nombreuses boutiques dans le monde. C'est le meilleur moyen de rester les pieds sur terre, de rencontrer les vendeurs et les vendeuses, d'évoquer avec eux les produits et les concurrents, d'avoir en temps réel une idée de ce qui se passe. Alors, quand il y a beaucoup de clients dans une boutique que je visite, m'arrive-t-il de vendre moi-même des parfums ou d'autres produits, par exemple.

Avec désormais un nouveau parcours parisien à votre programme ?

À La Samaritaine, bien sûr, mais je visite déjà plusieurs grands magasins ce jour-là, notamment Le Bon Marché et parfois les Galeries Lafayette afin d'analyser la concurrence.

Croyant à la Chine très tôt, vous avez été un audacieux précurseur ?

Dans le groupe, nous avons une mentalité de pionniers et on essaie donc d'être toujours les premiers dans les pays où on s'implante. C'était le cas de la Chine et de la Russie.

Êtes-vous un addict des e-mails ?

Je préfère voir mes collaborateurs, les rencontrer, m'entretenir avec eux, je n'aime ni les e-mails ni beaucoup Zoom. Rien ne vaut le contact humain. Et je souffre en ce moment de ne pouvoir aller dans un certain nombre de pays pour voir mes équipes et mes boutiques, où je passais une semaine par mois lorsque l'on pouvait voyager normalement.

L'impatience est-elle un travers de gens riches ?

Je ne crois pas, c'est une faiblesse partagée par des sportifs, par exemple. J'ai toujours eu une nature assez impatiente et, parmi mes amis, d'aucuns sont de grands sportifs qui m'avouent qu'ils ont quelquefois perdu des matchs de tennis importants parce qu'ils n'avaient pas été suffisamment patients pour attendre que l'adversaire se fatigue vraiment.

L'impatience se guérit-elle ?

Disons que l'expérience rend plus patient…

Est-il plaisant d'avoir un entourage déférent ?

Ils ne le sont pas toujours. Ils emploient cette stratégie quand ils veulent demander quelque chose, ce qui se passe quand même fréquemment, mais heureusement beaucoup de collaborateurs sont plutôt spontanés. Je souhaite la contradiction, car si on est tous du même avis, cela mène à la ruine ! Et quand tout le monde dit : « Formidable ce que vous allez faire, ce que vous décidez », alors là, l'échec est garanti. Il faut au contraire susciter la contradiction. De même que j'ai le droit de les contredire, je n'ai pas besoin de béni-oui-oui.

Montez-vous toujours seul dans votre ascenseur ?

Cela peut m'arriver, mais je le prends souvent aussi avec des collaborateurs et ils ne se croient pas obligés de baisser les yeux quand nous partageons cet espace exigu ! Il m'est même arrivé de me retrouver coincé dans un ascenseur en panne avec une très haute personnalité...

La spontanéité n'a pas de prix ?

J'ai inauguré récemment La Samaritaine, les gens me parlaient, m'interpellaient, même, c'était particulièrement convivial.

Qu'aimez-vous que l'on vous offre ?

Toujours des livres, des livres historiques, de bonnes bouteilles.

Question pour moi quasi incontournable : aimez-vous les enfants, le chocolat, les animaux ?

La réponse est oui à ces trois questions, puisque j'ai cinq enfants : Delphine, Antoine, Alexandre, Frédéric et Jean. Quant aux animaux, enfant, j'ai eu des chats et maintenant on a des chiens. J'avais à la campagne un husky aux yeux bleus, Katia, c'est une race magnifique, mais il a mangé un canard en décomposition et il en est mort.

Vous, le polytechnicien, à l'heure où tant de gens font des études supérieures, croyez-vous que l'on puisse réussir sans cela ?

Ça dépend dans quel métier et comment on définit la réussite. Un grand patron sans études est possible, mais, parmi les principales entreprises du CAC 40, si on prend maintenant les statistiques, je ne sais pas s'il y a un seul de ces dirigeants qui n'ait pas fait d'études supérieures. D'ailleurs, sont-ils souvent polytechnicien, énarque, centralien, peut-être, mais pour reprendre un terme mathématique cela n'est pas une bijection. Ce n'est pas parce qu'on est polytechnicien qu'on devient grand patron, ce n'est pas une application biunivoque, c'est une application surjective et non bijective.

Vous êtes par ailleurs impliqué dans l'humanitaire.

Nous soutenons depuis 2019 de manière active La Fabrique nomade, une association qui permet de faire travailler certains réfugiés qui avaient chez eux un métier, par exemple dans la couture ou la joaillerie.

Le ministre de l'Économie Bruno Le Maire est confiant en la reprise économique. L'êtes-vous aussi ?

Il a raison d'être enthousiaste. Il faut d'abord mobiliser tous les intervenants de la vie économique, et je crois que la France est bien placée pour cela. Je lisais d'ailleurs une statistique expliquant que, depuis dix-huit mois, nous avons en France le taux le plus élevé de créations d'entreprises. L'esprit entrepreneurial reste en effet la clé pour faire repartir l'économie.

Revenons à des sujets plus personnels, vous, l'homme du Nord, retournez-vous sur les terres de votre enfance ?

Je m'y rends de temps à autre, j'ai récemment inauguré une école qui s'appelle « Live », on en a déjà fait dans deux autres lieux pour remettre dans la vie active des jeunes sortis du système scolaire pour de multiples raisons et ayant besoin de se former pendant une période courte. Six mois environ avant de pouvoir postuler et réussir à se réinsérer dans la vie professionnelle.

Êtes-vous mondain ?

Pas du tout.

Qui aimeriez-vous connaître ?

J'aurais rêvé me trouver en face d'Einstein ! Parmi ceux qui sont vivants, je pense à de grands artistes que je ne connais pas, comme Plácido Domingo ou Mark Bradford, par exemple. Dans le domaine politique, j'ai rencontré tous les Présidents français ou américains depuis que je suis dans l'univers des grandes entreprises. Et quelques souverains : la reine d'Angleterre, le prince Charles, que je connais bien, le roi d'Espagne… mais pas encore le Pape François ! J'aimerais beaucoup aller au Vatican.

Quel serait le plus grand bonheur pour vous ?

Probablement d'assister à un concert qui susciterait en moi une vive émotion… La première fois qu'Alexandre Kantorow a joué dans une grande salle en France, c'était à la Fondation Louis-Vuitton, je me souviens de m'être dit en sortant : « On est en face de quelqu'un de génial. » Au même moment, nous avions une exposition russe dans la Fondation, c'était là aussi un bonheur infini.

Quel est le bilan de votre Fondation ? Sept années après, de quoi êtes-vous le plus fier ?

De l'exposition Chtchoukine justement, intitulée « Icônes de l'art moderne », qui a réuni pour la première fois cette collection divisée après la révolution russe entre le musée Pouchkine et celui de l'Ermitage, et nous a permis de rassembler cette fameuse collection acquise par un industriel russe au début du siècle dernier. Elle a accueilli 1,2 million de visiteurs, ce qui veut dire l'exposition la plus fréquentée depuis « Toutânkhamon » en 1967, au Petit Palais.

Passons de la culture à la famille, que racontez-vous à vos petits-enfants ?

Je leur parle beaucoup, ils me posent plein de questions sur nos futurs voyages, mais aussi sur ce que l'on fait chez LVMH. Je leur décris la Fondation et souligne l'importance des études notamment, mais je ne suis pas du tout un grand-père sévère, d'ailleurs, ils m'appellent « Daddy ».

Des objectifs à long terme ?

Je m'amuse beaucoup chaque jour dans tout ce que j'entreprends et souhaite m'amuser tant que je serai à la tête de LVMH. Bien que nous soyons un groupe d'une certaine taille, j'ai l'impression d'être au commencement, presque encore à mes débuts.

Qu'est-ce qui fait encore courir Bernard Arnault ?

Mon amusement permanent.

Bernard Arnault : « Mes trois grands principes dans les affaires sont l'ambition, la persévérance et la franchise. »

– Année 2004 –

Visionnaire, vous avez très tôt pénétré les marchés russe et chinois ?

En effet, nous avons été des pionniers ; le premier magasin Dior sur la place Rouge a ouvert à la fin des années 1980, à l'époque où la Russie était encore derrière le rideau de fer. Quant à la Chine, nous y sommes arrivés dès 1992. Ces deux pays disposent d'énormes potentiels, où nous réalisons également une percée culturelle. Ainsi, nous participons depuis des années à diverses expositions, telle, à Pékin, une exposition qualifiée en Chine même d'historique, « Trésors impressionnistes des collections nationales françaises », qui sera inaugurée par les Présidents chinois et français à Pékin, puis voyagera à Shanghai et Hong Kong. Pensez que de tels chefs-d'œuvre et un ensemble de tableaux aussi important n'ont jamais été exposés en Chine ! Par ailleurs, avec la Russie, nous venons de permettre au musée Pouchkine, à Moscou, le prêt de *La Danse* de Matisse, détenu par le musée d'Art moderne de la Ville de Paris.

L'art et le mécénat ne sont-ils pas un incontournable sésame au sein de l'establishment international ?

Il me semble important pour nous de faire comprendre le lien entre nos produits artisanaux et la créativité artistique française. Toute entreprise qui réussit de manière exceptionnelle doit selon moi rendre à sa façon à la société ce qu'elle lui a apporté. Le mécénat représente une bonne voie pour développer la composante artistique de nos affaires. Après avoir beaucoup œuvré en France dans ce sens, nous désirons maintenant faire rayonner la créativité et le savoir-faire français de par le monde.

Vous exportez le rêve dans des pays pauvres, ce contraste entre le luxe et la précarité économique vous culpabilise-t-il parfois ?

Non, car je ne vois pas cela sous cet angle. Le débat sur la pauvreté dans le monde est un autre sujet ; mon analyse est différente. À l'heure où sans cesse on évoque les délocalisations, réussir à faire fabriquer tous ces produits dans l'Hexagone par des artisans français de grande qualité pour les vendre à des Chinois engendre chez moi un réflexe de fierté avant tout, puisque nous créons des emplois et en développons, alors que d'autres les délocalisent. De plus, dans bon nombre de ces pays, même si le pouvoir d'achat reste encore faible, il commence à croître, ce qui signifie qu'il y a quand même un marché.

Devenu le leader mondial du luxe, êtes-vous entré dans la spirale du toujours plus en vous diversifiant ?

Mon but n'est pas de posséder toujours plus d'entreprises ; mes trois grands principes dans les affaires sont l'ambition, la persévérance et la franchise. Ce qui me motive est le développement des marques LVMH et de ses produits, un métier très différent de celui du financier qui achète une entreprise avec l'idée d'immédiatement la revendre pour faire des bénéfices.

Moi, ce que j'aime avant tout, c'est mettre en valeur l'innovation de mon groupe à travers ses designers et ses artisans.

Êtes-vous un patron de droit divin ?

Je fais confiance aux hommes et aux femmes qui dirigent le groupe à mes côtés, un point particulièrement important. Mon objectif est d'attirer les meilleurs, que ce soit dans le domaine de la créativité comme celui du management. LVMH possède une organisation très décentralisée. Mes dirigeants, avec qui j'entretiens des relations étroites sont de véritables patrons, auxquels je fais totalement confiance et à qui je dis : « Considérez-vous comme les propriétaires de vos entreprises. » Nous sommes également en relation permanente, voyageons ensemble, nous appelons sans cesse et correspondons par e-mail, bien sûr...

Quelle est votre première qualité ? Votre plus grand défaut ?

Ma capacité de synthèse dans deux domaines assez antinomiques : d'un côté la créativité, qui nécessite beaucoup d'imagination et de réflexion un peu désorganisées et, de l'autre, paradoxalement, l'organisation. Cela m'a toujours passionné de faire la synthèse entre l'esthétique d'un produit et la manière de le vendre. Quant à mon plus grand défaut, c'est sûrement l'impatience !

Vos études à l'X vous ont-elles marqué ?

Forcément, on ne peut pas traverser une formation comme celle de ces années de préparation – pour ma part au lycée Faidherbe, à Lille –, puis à Polytechnique sans en être marqué. J'en ai conservé une rigueur non seulement dans mon fonctionnement intellectuel, mais également en tant que manager, et, bien entendu, j'ai toujours quelques amitiés datant de cette époque.

Le symbole du capitalisme français que vous incarnez sait-il encore écouter le chant des grillons dans le Midi ou parler avec l'homme de la rue ?

Ce n'est pas toujours évident lorsqu'on est surprotégé et donc fatalement éloigné du concret. Je m'efforce néanmoins d'éviter à tout prix ce travers. J'adore faire du sport. Je suis beaucoup monté à cheval, car je faisais partie de l'équipe d'équitation de Polytechnique, qui s'entraînait chaque semaine à Fontainebleau. Je joue quatre heures au tennis chaque week-end. Lorsque je suis à Paris, j'aime aussi déjeuner dans les bons restaurants ; je raffole du chocolat et des bons vins, aller dans les magasins et pas seulement ceux du groupe. Je le fais aussi à l'étranger, à Pékin, à Shanghai, à Moscou… Côté professionnel, j'essaie d'être vraiment accessible avec les collaborateurs du groupe et, le samedi, par exemple, j'aime aller discuter avec nos vendeuses, c'est très instructif.

Et dans le privé ?

Lorsque je ne travaille pas, je passe beaucoup de temps avec mes enfants. J'ai le privilège d'avoir une existence familiale heureuse, et rien ne me plaît tant que de jouer aux échecs avec mes jeunes fils ! Alors pourquoi toutes ces mondanités, me direz-vous ? J'assiste à des soirées lorsqu'elles correspondent à un événement du groupe. Pour le reste, je ne suis pas demandeur. Mon métier passionnant m'entraîne à être souvent plongé dans un univers où il y a de multiples échappatoires. Je peux rêver… passer d'excellentes soirées avec certains de nos créateurs… Et ma femme, Hélène, étant elle-même pianiste, nous consacrons beaucoup de temps à jouer et à écouter de la musique. J'aime, en fait, la vie active avec ma famille et des amis.

Et lorsque vous regardez en arrière ?

Je me dis d'abord que j'ai eu de la chance ; et pense qu'elle joue un rôle important dans toute activité humaine, les affaires comme ailleurs... Je suis heureux d'avoir construit un groupe devenu le leader mondial dans son domaine et, d'une certaine façon, à travers LVMH, d'être un peu l'héritier du savoir-faire français. Le nom de Dior n'est-il pas aujourd'hui, dans de nombreux pays, plus connu que celui de Napoléon ? Mais si je me sens à ma façon l'héritier de cette culture française, de cette qualité, c'est avec la nécessité de la transmettre dans le monde. Pour le reste, je ne suis pas un « héritier » au sens classique du terme, car ce groupe, je l'ai bâti moi-même.

Virtuose au piano, vous paraissez presque aussi à l'aise lorsqu'il s'agit de la mondialisation !

On ne peut pas évoquer le terme *mondialisation* sans parler de géopolitique car, depuis le 11 septembre 2001, nous avons changé d'époque. Nous vivons dans un monde à risques, la guerre en Irak, l'épidémie de SRAS en 2003..., au cœur d'un univers dont l'évolution est toujours plus rapide et de moins en moins sûre au niveau des grands équilibres. Ce qui entraîne chez moi de vraies inquiétudes et l'obligation de me réadapter en permanence, tant sur la stratégie que sur le plan de la créativité et de la qualité. L'aspect « argent facile » des années 1990 a disparu. Nous sommes, désormais, entrés dans une période plus spirituelle, où il faut parler davantage de l'« être » que de l'« avoir ». Nous possédons des marques uniques, présentes sur l'ensemble de la planète, et notre force provient non seulement de leur qualité, mais aussi du fait que nous sommes extrêmement diversifiés : champagnes, cognacs, vins, parfums, mode... Nous nous implantons dans les pays émergents, l'Inde par exemple, mais nous renforçons également aux États-Unis, où la croissance reste formidable.

Vous sentez-vous guetté par la mégalomanie ?

Non, car je mesure la fragilité de l'existence. D'ailleurs, l'un de mes livres préférés sur le sujet est les *Pensées*, de Pascal. En réalité je suis comblé par ce que je fais. Les patrons qui deviennent mégalomanes – heureusement, ils ne sont pas très nombreux – sont en général des insatisfaits. Je pense surtout qu'il est des plus risqués de se transformer en touche-à-tout. Pour être performant dans les affaires, il faut, j'en suis convaincu, être concentré, spécialisé, ce qui demande beaucoup d'efforts et une grande implication personnelle.

Jeune, étiez-vous marqué par les grandes familles du Nord ?

Pas du tout, ma famille jouissait d'une bonne situation et, lorsque j'habitais le Nord, où mon père passe encore une partie de son temps, la crise du textile commençait déjà ses ravages. Les dynasties industrielles dont vous parlez se trouvaient dans une phase descendante assez avancée. Les temps mythiques où Boussac recevait chez lui la reine d'Angleterre étaient déjà dépassés ! Ma motivation tient en quelques mots simples, celle de développer une entreprise. Virus inoculé par mon père et mon grand-père. Tout jeune en effet, dès l'âge de 5 ans, il m'emmenait avec lui sur les chantiers. C'était l'époque où Étienne Savinel construisait les logements de l'après-guerre et bâtissait aussi des usines pour des hommes comme Marcel Boussac. Ce grand-père m'impressionnait beaucoup, malheureusement il est mort lorsque je n'avais que 10 ans. Heureusement, je n'ai pas gardé, je crois que le souvenir de sa formidable passion d'entreprendre, mais aussi toute la collection des albums originaux de Tintin qu'il m'offrait, chacun dédicacé par lui, maintenant précieusement rangée dans ma bibliothèque parisienne.

Le rêve flamboyant que vous incarnez au quotidien écarte-t-il la peur de vieillir ?

Pas vraiment, et d'ailleurs un grand nombre de mes produits cosmétiques sont fabriqués pour minimiser les conséquences de l'âge ! Je teste sans complexes bon nombre de crèmes fabriquées par mon groupe et m'efforce surtout de rester en prise avec la jeunesse, ce qui, avec cinq enfants, est pour moi assez facile. Les artistes et les créateurs évoluent pour être en avance sur leur époque. Certains y ont réussi, comme Picasso, dont les multiples périodes créatives sont toutes extraordinaires et inventives, alors que d'autres, même parmi les plus grands, peuvent donner l'impression de s'arrêter à un moment de leur vie et de se répéter. Tel, par exemple, Chagall. Mais les artistes s'en sortent pas mal. Dans les affaires, il faut veiller à préserver un minimum de modestie, à se remettre en cause fréquemment. Voyez Boussac et sa triste fin industrielle ! C'est pourquoi il faut toujours aller de l'avant.

Qu'est-ce qui fait encore courir Bernard Arnault ?

Trouver toujours de nouvelles idées. De même qu'un musicien n'est jamais fatigué de son art, je suis toujours aussi motivé pour développer mes projets. Lors du lancement d'un nouveau magasin ou d'un nouveau produit, j'ai toujours autant le trac… !

Avez-vous, une nuit, rêvé de ne plus rien posséder ?

De temps à autre, je songe à me retirer sur une île déserte mais, franchement, cela ne dure pas longtemps ! En revanche, je pense souvent à ma grand-mère, à l'éducation chrétienne qu'elle m'a donnée et qui m'a beaucoup marqué.

Michel David-Weill

«Être riche, puissant et sophistiqué, tout un art.»

Michel David-Weill a dirigé pendant trente ans Lazard, la plus puissante banque d'affaires franco-américaine. Ainsi ce personnage singulier et posé est l'un des Français qui comptent sur le plan international. S'adonnant par ailleurs au mécénat avec passion et raffinement, si l'art occupe une bonne partie de son temps, il est aussi avec une discrétion absolue, très engagé dans le domaine des œuvres caritatives en étant par ailleurs éclectique dans le choix des causes qu'il soutient. Donateur de multiples musées, tels le Louvre, Cluny, la National Gallery à Londres, il finance de nombreuses institutions catholiques et juives, médicales, humanitaires, vient en aide à des particuliers… s'engage pour la protection des animaux. À ses yeux «la générosité relève de l'idée de justice et non pas de la charité. Les privilèges que procure l'argent entraînent des devoirs», explique-t-il sans détour.

Michel David-Weill : «Je n'ai jamais eu un grand respect pour les études. D'ailleurs, j'aurais été incapable de dire quelles études avaient fait les associés de la banque Lazard.»

– Année 2021 –

Le pouvoir, l'argent sont-ils des sources de bonheur pour un banquier ?

Le bonheur est d'abord dû à sa propre nature, à ses gènes, en second lieu à une attitude. J'ai décidé un jour dès l'âge de 10 ans que cela m'ennuyait d'être malheureux. J'ai choisi cela avec la volonté de ne pas cultiver tout élément qui amènerait à être malheureux, soit de fermer son esprit à ce type de problème. Ainsi, au moment où vous allez dormir, vous appliquez cette discipline vous permettant d'appréhender le bonheur. J'ai compris tôt également que le malheur attire la compassion et capte l'attention des autres.

Comment vit-on la notion d'héritier ?

Être vu comme un héritier est trop souvent perçu tel celle d'une personne incapable ou bien n'ayant aucun problème.

Quelle chose inaccessible l'argent ne peut-il offrir ?

Le grand défaut de l'argent est de supprimer la nécessité, ce qui rend la décision difficile. Par ailleurs, l'argent joue peu de rôle quand il s'agit d'affection ou de mort.

Pourquoi nombre de personnalités ont-elles cette phrase implacable : « Il faut que je me protège » ?

Je me suis pour ma part protégé d'une autre façon, en étant assez anonyme ; mon nom ne dit pas grand-chose à la population, peu de gens connaissent mon visage, enfin j'ai toujours refusé les services de sécurité extérieure. Je les crains terriblement, car ils font leur boulot et finissent par vous imposer un mode de vie qui n'est pas le vôtre. Or, pour vous protéger, ils vous tuent d'une certaine façon en vous immobilisant. Vous ne pouvez ni vous promener ni prendre d'initiative de ce genre, bref ne plus rien faire au quotidien. De plus, les mœurs des services de sécurité sont plutôt médiocres. Même quand j'ai eu des menaces, j'ai toujours davantage cru à la chance qu'à la fatalité. La réalité est qu'il faut d'abord se protéger de ceux qui veulent vous protéger !

Quelle est pour vous la volupté suprême ?

Les vrais plaisirs ne sont pas ceux qu'on achète, mais le temps qu'il fait, le paysage que l'on admire, les jolies choses qui vous entourent. Mon privilège a été, je l'avoue, de posséder pour un temps des œuvres d'art. Pour un temps, j'insiste, je n'ai pas l'impression que ce soit pour toujours. Cela correspond à ma génération. Mes enfants les vendront sans doute. J'admets néanmoins que c'est un réel bonheur qui dure de vivre parmi les œuvres d'art, grâce à l'argent et à un goût certain. Toutefois, il ne faut pas plus s'y attacher qu'aux maisons. Une maison n'est pas, doit-on s'en convaincre, essentielle à l'équilibre, ce qui suppose de ne pas en faire une maladie si le sort ou l'existence vous en sépare.

Vous semblez avoir une philosophie originale de l'existence ?

C'est ainsi. Je rends visite aux tableaux, aux objets qui sont, provisoirement, à moi ; ils ont eu une vie avant et auront une vie ensuite. D'ailleurs, je n'ai rien de tel à mon bureau, cela ne m'empêche pas d'apprécier les belles choses, de continuer à en acheter de temps à autre.

Est-il plaisant d'être courtisé ?

Je n'ai guère eu l'impression d'être courtisé. Ce n'est ni agréable ni désagréable. J'ai gardé en moi une forme de timidité et j'avoue que je ne crois pas être tout à fait comme tout le monde…

Admirez-vous beaucoup de gens ?

Ce n'est pas en raison de sa position que j'admire une personne, ni parce que c'est un grand artiste. Être séduit par l'œuvre de quelqu'un ne signifie pas pour autant admirer son créateur. Pourquoi aurais-je spontanément ce réflexe ? J'admirais mon grand-père David David-Weill, Georges Pompidou, qui m'a beaucoup frappé par son humanité, son bon sens, et également David Rockefeller, dont son réel souci du bien public, sa grande assurance et sa profonde modestie faisaient de lui un homme épatant.

On prétend que les rares moments où vous avez eu un voisin dans l'avion sont lorsque vous voyagiez à bord du Concorde ?

J'ai pris le Concorde cent fois. Je finissais par connaître pas mal de monde, car les clients du supersonique étaient des habitués, néanmoins je ne détiens pas le record. Franchement, c'était formidable. Je n'ai jamais acheté d'avion avant la fin de ses vols, ayant toujours pensé que tant qu'il existait ce n'était pas la peine d'avoir un avion privé. Maintenant, j'ai un Global Express – avion canadien d'affaires, à réaction, qui peut effectuer des vols de quatorze heures. Il a 20 ans, est basé aux États-Unis, et je loue un petit jet pour les déplacements courts.

Vous qui avez toujours eu d'excellents chefs, entreriez-vous dans un McDo ?

J'ai beaucoup aimé les sandwichs quand j'étais au lycée français de New York. Je déjeunais tous les jours dans un drugstore et mangeais un BLT – *bacon lettuce tomato* – ça me plaît encore beaucoup.

Abordons votre métier, les fortunes se font-elles encore à Wall Street ?

Lorsque vous lisez le classement de *Forbes Magazine*, vous êtes frappé du fait que presque toutes les fortunes sont nouvelles et que 80 % sont bâties par des personnes dont les parents n'avaient pas d'argent. Les trois quarts appartiennent à la « nouvelle économie » ; ces milliardaires américains comme Bill Gates, fondateur de Microsoft, Jeff Bezos, fondateur d'Amazon, Mark Zuckerberg, cofondateur de Facebook ne sont pas des réussites de Wall Street. Quant au dernier quart, il est composé de financiers gérant des fonds. On est à une époque pas si fréquente qui ressemble à la fin du XIXe siècle ou au début du XXe siècle, lorsque sont apparues l'électricité, l'automobile et par conséquent des fortunes nouvelles. Ce qui s'est passé avec l'informatique a créé une révolution de laquelle proviennent bon nombre des fortunes actuelles. Internet a bouleversé l'existence. Le temps que vous passez sur ce réseau informatique mondial, les renseignements que vous pouvez en obtenir, les applications scientifiques, médicales, industrielles… sont en train de changer les modèles économiques. Je regarde cela sans être, comme vous pouvez le deviner, addict.

Est-il possible en 2021 de devenir milliardaire dans votre sphère sans de solides diplômes ?

Bien sûr, et je n'ai jamais eu un grand respect pour les études. D'ailleurs, j'aurais été incapable de dire quelles études avaient fait les associés de la banque Lazard. Le succès vient de la personnalité, du caractère, de l'intelligence aussi. Le cursus universitaire m'est complètement égal. L'une des choses que je regrette dans l'époque moderne est que ce soit désormais devenu un critère essentiel. Si on veut se lancer dans l'électronique, par exemple, il faut en effet suivre une voie spécifique, or les nouvelles fortunes américaines issues de la Silicon Valley n'ont pas, pour nombre d'entre elles, fait des études extraordinaires.

Comment engagiez-vous des collaborateurs à la banque Lazard, puis maintenant chez Eurazeo ?

J'ai commencé par prendre des gens sans du tout regarder leurs diplômes. À travers les études, un préchoix est facile, mais ce n'est pas mieux pour autant ! À la banque, j'ai connu des époques diverses ; les uns venaient à ce métier parce qu'ils avaient envie d'être dans la banque, ensuite il y a eu ceux qui entraient chez nous parce qu'ils étaient les premiers de la classe. Cela est moins vrai aujourd'hui avec la concurrence des gestionnaires de fonds ; j'ai donc l'espoir que les jeunes reviennent vers ce métier plus traditionnel de banquier.

Les patrons du CAC 40 sont en majorité des technocrates surdiplômés. L'autorité suprême altère-t-elle les qualités humaines ?

Ils ne sont pas drôles… Ça n'a jamais été des gens amusants. De fait, cela demande un réel effort de diriger une entreprise et accapare presque tout votre temps. Les dirigeants français m'épatent plutôt, et leurs responsabilités laissent peu de champ à l'évasion. Le grand patron reste souvent isolé, il a tellement de sujets à traiter, que du coup moins il perd de temps, mieux il arrive à se consacrer à l'essentiel. Ainsi va-t-il même jusqu'à prendre l'ascenseur seul, croyant qu'il peut gagner là encore quelques secondes pour réfléchir. Résultat? Il est toujours isolé puisqu'il ne voit personne ; moi, je n'ai pas connu ça !

Quel a été selon vous le plus grand changement social de la dernière décennie ?

Comment ne pas constater une certaine perte de respect envers les gouvernements, qu'on a désormais tendance à considérer tel un corps étranger, que de surcroît on observe de loin, les ignorant toujours plus, surtout dans les démocraties. L'un des autres changements est qu'il y a moins de sociabilité. Au-delà de cette crise sanitaire, les relations se font davantage *via* Internet, même des mariages. D'ailleurs, j'en connais…

Il y a de nombreuses années à New York, vous m'aviez confié : « Je ne monte jamais seul avec une femme dans un ascenseur. » Prudent ou visionnaire ?

C'était déjà comme ça aux États-Unis il y a plus de vingt ans, c'est pourquoi j'ai toujours appliqué cette règle. Cependant, le féminisme actuel m'énerve, car c'est devenu de la discrimination. Même si j'ai toujours été féministe, sans doute sous l'influence de ma mère, qui était persuadée que les femmes sont au moins aussi intelligentes que les hommes et parfaitement capables d'exercer n'importe quel métier aussi bien qu'eux. Chez Lazard, nous avions déjà depuis longtemps cinq ou six associés femmes et, à mes yeux, la notion de sexe paraît tout à fait indifférente dans le monde des affaires. Cependant, de nos jours, les femmes doivent faire attention à ne pas adopter une attitude trop masculine afin de ne pas perdre leurs qualités propres, la féminité, l'intuition…

Avez-vous encore de vieux amis de Sciences Po ?

Pas vraiment. J'ai en revanche gardé des amis d'avant mes études supérieures, Jean-Jacques Perquel, connu à 12 ans au lycée à Cannes, avec lequel j'ai beaucoup voyagé et que je continue de voir régulièrement, et Hubert Heilbronn, dont l'amitié date de la même époque et qui est un cousin de cousins. Sans oublier des amis du service militaire, quand j'étais dans la cavalerie, c'est-à-dire les chars à Rambouillet, puis à Orléans et Poitiers.

Le dernier luxe est-il de dicter son courrier à une secrétaire ?

C'est très démodé, mais c'est mon cas. Comment en serait-il autrement pour quelqu'un né en 1932 ? Les jeunes vont plus vite, sont plus directs, écrivent sur leur ordinateur ou leur tablette, peuvent se relire sans avoir besoin de parler à quelqu'un. Le métier de secrétaire est malheureusement périmé. C'est quasi fini pour elles !

Que vos parents, sophistiqués et éclairés, vous ont-ils naguère appris ?

Ma mère m'a enseigné le respect de l'autre ; sévère et peu sévère à la fois, elle s'attendait toujours au meilleur de ses deux enfants, ma sœur, Éliane, et moi, ce qui était contraignant, car on risquait parfois de la décevoir. Mon père, quant à lui, m'a transmis la liberté de jugement, vertu essentielle dans les affaires. Ma principale qualité dans ce que j'entreprends est d'avoir une réaction quasi immédiate, ce qui me semble important, car beaucoup de banquiers sont prisonniers de leurs analyses. Moi, je crois à l'instinct, à l'intuition hérités de l'expérience. J'avoue que les affaires continuent de m'amuser.

Avez-vous encore la curiosité de découvrir des lieux nouveaux ?

J'avais envie de voir un autre archipel de Tahiti, les Gambier, mais le bateau que je devais prendre n'était plus disponible.

Et vous aimez, me semble-t-il, aussi les éléphants ?

Absolument, c'est une réalité. J'aime ces emblématiques pachydermes encore présents sur plusieurs continents, pour le sentiment de paix qu'ils m'inspirent.

Quel est votre rapport à la religion ?

La religion est une histoire bizarre. On ne pratique plus la religion juive depuis mon arrière-grand-père paternel. Mon grand-père s'est converti en 1945, ma grand-mère est devenue catholique après sa mort, car elle ne voulait pas le copier. Mon père, très croyant à la fin de sa vie, s'est donc converti tard au catholicisme ; et d'autre part un peu snob, son snobisme englobait les gens d'origine juive, puisqu'à ses yeux il n'y avait que l'aristocratie et les juifs. Ma mère, antireligieuse, était en revanche très laïque. Quant à moi, j'ai été baptisé à l'âge de 7 ans. Je ne connais malheureusement rien au Talmud : j'aurais été tenté d'apprendre, mais je suis nul. Toutefois, comment ne pas être reconnaissant envers ma famille d'être devenue catholique, parce que cela m'a servi pour épouser Hélène. En fait, je suis 100 % juif, mais catholique, et mes enfants sont eux plus ou moins catholiques.

Vous avez le sens de la famille, que racontez-vous notamment à la quatrième génération ?

Je vois beaucoup mes filles, Béatrice, Cécile, Natalie et Agathe, toujours attentives à mon endroit. Mes petits-enfants, uniquement quand ils le souhaitent ; ce qui arrive assez souvent. Cependant je ne leur ai rien enseigné, sauf lorsqu'ils me demandent des conseils. À mes filles, j'ai demandé une seule chose, d'être polies, et ne les ai guère poussées à faire des études, néanmoins elles sont actives. Je crois que la chose la plus importante est de rester soi-même, de ne point s'enfermer dans des schémas ni d'encombrer la tête de ses proches de questions inutiles.

Que dites-vous en regardant derrière vous ?

Je pense tout d'abord que c'est passé très vite, c'est effrayant, j'ai 88 ans ! Je ne fais ni gymnastique ni sport, mange français en diversifiant sans vraiment faire attention et partage mon existence entre la France et l'Amérique en étant très heureux dans les deux pays. Comme je vous l'ai bien expliqué, j'ai décidé il y a fort longtemps d'avoir une réelle aptitude au bonheur.

Michel David-Weill : « Mon père m'avait donné le choix entre trois carrières : l'armée, l'Église ou la banque. J'avoue que j'ai été très tenté par l'Église. »

– Année 2007 –

On vous a appelé « le dernier empereur de Wall Street ». Est-ce une histoire de famille ?

Du côté paternel, ma famille était présente en 1790 à Phalsbourg, en Lorraine. Des juifs lorrains avec un fort sentiment national et républicain propre à bon nombre de familles d'origine juive de l'est de la France. Mon arrière-grand-père, parti pour San Francisco juste après la ruée vers l'or, s'est d'abord établi dans le commerce de la laine, avant de devenir banquier. En 1880, il s'est installé à New York et s'est alors entendu dire : « Mais pourquoi venez-vous ? C'est trop tard, toutes les places sont déjà prises ! » Cette réflexion m'a vraiment marqué et, lorsqu'on m'explique que c'est trop tard, j'ai tendance à penser le contraire.

Vous êtes donc américain ?

Si mon grand-père est né à San Francisco, tous mes ancêtres et moi-même avons cependant choisi de rester français. Ainsi, je me considère français, catholique, juif par fidélité, ce que la guerre m'a rappelé fortement, car avant cela ma famille le savait à peine…

La banque Lazard est un mythe, vous aussi, d'ailleurs !

Oui, d'une certaine façon, mais ne croyez pas que ce soit forcément plus facile, à la quatrième génération, de continuer plutôt que d'innover. Il ne peut y avoir de réussite héritée, elle est toujours personnelle. Ce qui se transmet est l'héritage moral, l'honnêteté… Mon père m'avait donné le choix de faire carrière dans l'armée, l'Église ou la banque. [Il rit.] Très marqué par mon éducation religieuse, à une certaine époque, j'aurais été tenté par l'Église. Philippe Ader, avec lequel nous étions partis, ma sœur, Eliane, et moi, pour un voyage lointain en Orient, a eu la vocation. Son père, effaré que nous découvrions ensemble le monde, disait : « Avec ces habitudes de facilité, ce malheureux va être fichu pour la vie, c'est épouvantable. » Or, en rentrant, mon ami est devenu « Petit Frère de Foucauld ». Son père était sidéré. Quant à mon seul cousin israélien, lui aussi « Petit Frère de Foucauld », il était docker au port de Haïfa…

Le pouvoir exercé au sommet est-il une drogue ?

À partir de 1975, j'ai dirigé la banque à Paris pendant trente ans et vingt-huit ans à New York. Le pouvoir est comparable à une dose d'adrénaline qui vous aide à vivre, car la nécessité de prendre constamment des décisions importantes crée une réelle excitation psychologique. On peut donc le considérer comme une drogue. Néanmoins, la vraie drogue, à laquelle j'ai heureusement échappé, est celle qui consiste à se prendre pour son personnage ; l'essentiel est de faire les choses le mieux que l'on peut. Il est en réalité assez rare – et pas indispensable – d'avoir une vraie vocation ; j'aurais pu, avec un égal bonheur, être conservateur de musée ou ingénieur des travaux publics.

Préférez-vous gagner de l'argent ou le dépenser ?

La vérité, c'est que les deux m'amusent, or je me rends compte que le fait même de qualifier cela d'amusant peut choquer. Gagner de l'argent reflète d'une façon satisfaisante l'effort quotidien, et acquérir des parcelles de beauté, que ce soit une maison, un tableau ou un objet, procure un réel plaisir. J'ai toujours dans la tête de nouveaux achats : en ce moment, ce sont deux tableaux du XVIIIe siècle...

Quel était votre credo ?

En premier lieu, être extrêmement disponible, car, lorsqu'on est le patron, les collaborateurs doivent pouvoir discuter directement avec vous, contester, même ! Mais j'ai toujours eu à cœur d'être joignable à toute heure du jour ou de la nuit et, quand on me consulte par téléphone, je réponds sur-le-champ. À mes yeux, d'ailleurs, ne pas assumer est insupportable.

Dessinez-moi le profil de vos associés...

En France, ils appartenaient souvent à l'establishment ; aux États-Unis, ils pouvaient avoir une origine beaucoup plus modeste, tel un avocat noir ami de Clinton, dont la mère était cuisinière, ou un autre dont les parents coréens faisaient la plonge dans les restaurants, ou encore un fils de petit commerçant juif du ghetto noir de Philadelphie... Être bardé de diplômes pour devenir banquier est relativement nouveau. Dans le temps, on ne faisait pas forcément d'études, c'est en réalité une perversion abominable que de devoir aller à l'université ou passer les concours des grandes écoles, car, dans ce métier, l'ambition, la réactivité, la psychologie et l'instinct sont aussi importants que les diplômes. Il y a tant d'autres façons d'apprendre... Moi, à cause de la guerre, j'ai eu une scolarité chaotique avec, même, des années sans classe du tout. Cela m'a permis de lire énormément, certes, on ne rattrape peut-être pas totalement le retard, mais cela donne une ouverture d'esprit sans doute plus grande qu'un parcours classique. Et, par la suite, cela ne m'a pas empêché de faire Sciences Po.

Quels doivent être les talents d'un grand patron ?

La première qualité, c'est d'être courageux. En fait, au lieu de croire «Je n'ai pas peur parce que je suis le patron», il est plus juste de penser «Je suis le patron parce que je n'ai pas peur». Beaucoup de gens talentueux sont également frileux et peureux. La deuxième qualité est le charisme, pourquoi certains en ont, d'autres pas ? Comme au théâtre, la présence relève du mystère... Il faut aussi que le patron corresponde à l'entreprise ; l'une de mes difficultés lorsque j'ai cherché un successeur venait du fait que ceux sur lesquels je m'arrêtais n'étaient intéressés que par une partie de la maison, soit l'Europe, soit les États-Unis, par un métier et pas par tel autre. Il est extrêmement compliqué de créer un patron légitime au regard de l'entreprise s'il ne l'aime pas dans sa globalité ou, alors, il faut qu'il la change. Enfin, cela requiert énormément d'énergie mais aussi d'être visionnaire, car un banquier se concentre beaucoup plus sur l'avenir que sur le passé.

Vous demandiez toujours à vos nouveaux associés de signer une lettre de démission en blanc.

Bien sûr, car, légalement, on ne peut, dans une maison d'associés, exiger que l'un d'eux démissionne. Naguère, la loi française visait surtout les personnes qui, ensemble, créaient un magasin. De ce fait, aucun ne pouvait renvoyer l'autre ni l'obliger à partir, c'est pourquoi on prenait les devants avec ce type de lettre. J'ai simplement fait la même chose pour ne pas être éventuellement contraint, ensuite, à de difficiles négociations.

Vous n'entriez dans votre bureau que si...

... Si, en effet, je n'avais pas croisé une belle femme dans les environs, je ne prenais pas l'ascenseur. Mais je ne perdais pas beaucoup de temps, car il est rare de ne pas rencontrer une jolie femme au coin de la rue. Une fois aperçue, comme je suis timide, je ne lui parlais pas, mais j'étais content.

Elle n'avait, du reste, pas besoin d'être belle dans l'absolu. Un joli cou, une belle épaule me suffisaient pour être heureux, on m'éblouit plutôt facilement !

Que pensez-vous du traitement des grands patrons ?

Un grand patron vaut beaucoup d'argent, car il est essentiel pour l'entreprise, et l'on est prêt à faire de réels sacrifices pour le trouver. Et puisqu'ils ne courent pas les rues, cela revient très cher. Les meilleurs veulent tous être dans le premier tiers des rémunérations, et cette concurrence finit par coûter des petites fortunes. De plus, certains ont tendance à vous expliquer : « J'accepte, mais comme je ne suis pas sûr de réussir, pour être protégé, notamment si l'affaire est revendue, j'exige un parachute doré. » Quant aux stock-options, ce n'est pas un mauvais moyen d'intéresser le personnel dirigeant, puisque, grâce à cela, il devient lui aussi propriétaire. L'essentiel est que les patrons soient dans le même camp que les actionnaires, ce qui les motive forcément davantage.

Vos proches vous disent fataliste !

Il y a une différence absolue entre les choses où j'exerce une responsabilité, là je me fais du souci, et les autres. Le jour où, dans le Concorde, mon voisin m'avait signalé un grave problème technique, j'ai continué à lire puisque, n'étant pas le pilote, m'inquiéter n'aurait servi à rien. J'ai la chance de ne pas être peureux, question d'équilibre physique et sans doute de manque d'imagination. Dans ce domaine, j'ai même parfois de mauvais réflexes. Par exemple, quand une bombe a explosé au drugstore Saint-Germain, à l'instant même où je m'arrêtais devant pour que ma femme puisse faire une course, elle a immédiatement refermé la porte en me disant de démarrer. « Mais je ne peux pas, lui ai-je répondu, le feu est au rouge. » Si j'avais été dans les tours jumelles du World Trade Center, j'aurais sûrement pensé qu'il était plus dangereux de partir que de rester, car mon raisonnement m'amène généralement à attendre. Je suis d'un tempérament joyeux et j'ai la chance inouïe que le malheur m'ennuie. Quand je suis morose, au bout d'une heure, je me dis : « Mais ça m'assomme, cette histoire, ça m'ennuie », et je ne le suis plus ! Par ailleurs, après la politesse et la modestie, la grande qualité que j'ai essayé d'inculquer à mes quatre filles, Béatrice, Cécile, Natalie et Agathe, est d'avoir le goût du bonheur. C'est si important, me semble-t-il, que je voulais justement donner ce titre à mon livre, mais il était déjà pris ! Dommage, car c'est de loin la principale vertu dans l'existence.

Comment expliquez-vous le destin de votre gendre, Édouard Stern ?

Quand on laisse quelqu'un avec de grands moyens dans une ville où il n'y a rien à faire, il fait des bêtises… À Genève, on s'ennuie, c'est une évidence. S'il avait eu 70 ans, cela aurait peut-être été différent, et encore je ne suis pas sûr, mais à 50 ! Je ne vois pas cependant pourquoi on attaque ce malheureux garçon qui s'est fait tuer. N'oublions pas qu'il est la victime et non l'assassin.

Parlez-moi de votre famille.

Mes quatre filles ont de jolies manières et sont très cultivées, équilibrées, chaleureuses, mais ma femme et moi n'y sommes pas forcément pour grand-chose. Vis-à-vis de l'argent, elles ne sont ni idiotement fières ni timorées. Quant à Hélène, mon épouse, présidente du musée des Arts décoratifs, les gens passent leur temps à la saluer lorsque nous sortons, car elle connaît beaucoup plus de monde que moi, et j'en suis ravi. Ce n'est pas aisé d'être marié avec une personnalité éminente ! [Il rit.] J'étais difficile dans mon jeune âge, mais avec le temps je crois être devenu assez agréable à vivre. En évitant des défauts très machistes, et parce que je l'admire, j'entretiens une relation durable avec elle. Heureusement, Hélène est si différente de moi qu'elle m'amuse, et j'espère ne pas l'ennuyer. Pour préserver le mariage, il faut favoriser la fantaisie et supporter l'indépendance de l'autre : savoir conserver une légère distance et se garder d'imposer son point de vue, car la terreur intellectuelle, l'esprit de supériorité tuent. En cinquante et une années de mariage, j'ai connu plusieurs Hélène… Croire que les choses peuvent s'établir à jamais est une erreur. C'est tous les jours la nouveauté.

Vous jouez un rôle influent au sein des grands musées.

J'ai la joie de présider en France le Conseil des musées, qui délivre les autorisations d'acquisitions aux musées nationaux, dont le Louvre, Versailles, Guimet… et succède dans cette fonction à mon grand-père et à mon père. Également membre du comité d'acquisition du Metropolitan à New York, je suis le seul à siéger dans ces deux comités importants. Pour un « amateur » comme moi, c'est une vraie chance de pouvoir ainsi étendre mon champ de connaissance, car les objets sont présentés et commentés de façon savante par les conservateurs. En marge de cette activité, il n'y a pas de jour où je ne m'efforce de visiter un musée, une exposition ou de consulter un catalogue, un livre sur l'art.

Quel est votre plus grand privilège ?

De ne pas être victime de mon image sociale. J'ai toujours espéré qu'en ne tirant pas vanité de mes avantages, je n'aurais guère à m'en justifier. Si mon profil a été pendant de longues années celui d'un banquier avec de l'argent, je ne suis plus tout à fait le même, puisque mon existence professionnelle a changé ; or je ne pense pas que cela ait modifié mon caractère. J'admets vivre de façon particulièrement enviable, entouré de beaucoup de beauté et de raffinement, mais, si cela devait changer, sans doute ne serais-je pas très différent. D'ailleurs, pourquoi devrait-on être prisonnier de ce qu'on a ? C'est réducteur, bien qu'aux yeux des autres il est difficile d'échapper à une légende.

Qu'est-ce qui vous anime chaque jour ?

Entre autres choses, surtout la curiosité. J'adore voir le monde sous des angles nouveaux. Avec la mondialisation et les transports modernes, tout est devenu relativement petit. Du Brésil, on n'observe pas l'Europe, les États-Unis, l'héritage de la guerre du Vietnam comme on les analyse de Paris… Je continue à beaucoup voyager. Il y a trois mois encore, j'étais en Chine et, au retour, je me suis arrêté en Inde du Sud pour revoir des temples dont la profusion m'enchante. Je suis curieux, quel que soit le sujet : au coin de la rue, si un antiquaire veut me montrer un objet, je cours, et si vous me donnez un document financier, je vais le lire dès que vous aurez tourné le dos parce que j'ai envie de savoir ce qu'il y a dedans.

Qui vous a marqué au cours de votre vie ?

La personne qui m'a le plus épaté était mon grand-père paternel. Il avait un goût merveilleux dans de multiples domaines artistiques. Je cherche tout le temps des objets lui ayant appartenu et il y en a beaucoup… trop ! C'était un être profondément modeste et avec une extraordinaire autorité presque silencieuse. Il respirait la bonté !

En conclusion…

Le luxe ou l'argent ne donnent pas la liberté or, celle-ci permet d'abord d'être soi-même, quelles que soient les circonstances. Je dirai surtout que toute ma vie j'ai essayé d'être un bon père, de n'être point un trop mauvais mari, d'être un aussi bon patron que possible. J'ai essayé de développer mon goût artistique, d'être honnête, d'être gai. Le principal n'est-il pas d'essayer ?

David Rockefeller

« Mes six enfants ont ressenti une forme de culpabilité dans le fait de porter le nom. »

David Rockefeller, Patriarche de la dynastie américaine mythique dont le grand-père a fondé la Standard Oil of New Jersey en 1870, empire industriel dans le pétrole, est en 2006 toujours classé parmi les 300 plus importantes fortunes mondiales. Arrivé à la troisième génération, ce protestant austère est à sa façon un homme peu matérialiste, bien qu'il soit entouré de chefs-d'œuvres. Il continue à 90 ans d'aller chaque jour à son bureau au 56e étage du Rockefeller Center et à s'occuper personnellement de ses multiples fondations.

– Année 2006 –

D'où viennent les Rockefeller ?

Probablement d'Allemagne, des bords du Rhin. Ils se prénommaient alors Roggenfelders, ce qui signifie en français « champs de seigle ». Au XVIIe siècle, une branche est allée en Angleterre avant de mettre, vers 1721, le pied aux États-Unis et, parce qu'ils étaient protestants, ils se sont installés au nord du fleuve Hudson dans l'État de New York. Mon arrière-grand-père, homme d'affaires et spéculateur, s'était notamment spécialisé dans les brevets médicaux.

Ce nom mythique est-il compliqué à porter ?

Pas du tout et j'en suis très fier, mais ne croyez pas qu'il soit toujours synonyme de richesse. Extrêmement sévères, mes parents ne m'ont pas élevé dans le faste et l'argent, mais plutôt dans une atmosphère raffinée. Où l'art tenait une place importante et où les principes, plus que la position sociale et financière, signifiaient d'abord être capable de vivre et de respecter des gens de milieux très divers. Aux côtés de ma mère, une femme chaleureuse, et de mon père, très croyant, particulièrement austère, ayant reçu une éducation rigoureuse.

Laquelle ?

Chaque dimanche sans exception, nous nous rendions au temple, où je lisais la Bible pendant l'office. Nous allions ensuite marcher en silence avec nos parents, sans compter que ce même jour nous suivions aussi le catéchisme. Être pratiquants et croyants faisait partie de leurs règles de vie. Bien que mon père ait fait ériger Riverside Church, l'imposante église protestante à côté de l'université de Columbia, moi je vais plutôt à Tarrytown, à quelques jets de pierre de ma propriété, où mon père et mon grand-père, là encore, avaient fait bâtir une église beaucoup plus modeste, dont les vitraux de Matisse et de Chagall ont ensuite été offerts par mes frères et par moi. Certes, si la religion m'absorbe moins que mes parents à l'époque, croire reste important, et il ne se passe pas de mois sans que je me rende à l'église.

Parlons maintenant de votre métier de banquier.

Je suis entré à la fin de la guerre comme cadre à la Chase Manhattan Bank, dont mon père possédait 5 % des parts. Et j'y ai fait toute ma carrière, gravissant en trente-cinq années les multiples échelons, avant d'en devenir le président-directeur général. Un métier très intéressant, car, en internationalisant la Chase, cela m'a aussi amené à être une sorte d'« ambassadeur extraordinaire». Ainsi j'ai pu avoir des rapports privilégiés avec pratiquement tous les grands leaders de la planète. Khrouchtchev, Zhou Enlai, Gorbatchev, Fidel Castro, le roi Hussein de Jordanie, Anouar el-Sadate, Nelson Mandela…

Qui parmi eux vous a-t-il le plus marqué ?

Sans aucun doute Nelson Mandela. J'admire cet homme qui, après avoir passé autant d'années en prison, dans des conditions excessivement difficiles, a été capable de sortir de cet univers carcéral sans amertume ni ressentiment. Je l'admire pour avoir réussi à réunifier l'Afrique du Sud en abolissant l'apartheid sans faire la révolution. C'est une nature aussi bouleversante que remarquable. Je n'oublie pas non plus le président Sadate. Il a gouverné l'Égypte juste après Nasser, sous un régime terriblement hostile à Israël, et a eu le courage, pour le bien de son peuple et dans l'intérêt du Moyen-Orient, de reconnaître Israël et d'établir de bonnes relations avec Jérusalem, mettant fin, à l'époque, à plusieurs conflits au Moyen-Orient. J'ai eu la chance de passer deux heures en tête à tête avec le président Zhou Enlai, un communiste affable, très cultivé, fort différent du président Mao, dictateur parfaitement insensible aux richesses culturelles de son pays, et c'est d'ailleurs grâce à Zhou Enlai que la Cité interdite, l'un des palais les plus anciens et mieux conservés de Chine, n'a pas été détruite pendant la révolution culturelle, car il était viscéralement amoureux des extraordinaires sites de son pays.

Vous qui avez connu l'internationalisation, que pensez-vous aujourd'hui de la mondialisation ?

Il me paraît essentiel d'entretenir de bons rapports économiques avec le plus de nations possible. Quelle que soit leur position, il faut dépasser le clivage politique. Je ne vous aurais bien sûr jamais dit cela concernant l'Allemagne de Hitler, mais, comme première puissance mondiale, les États-Unis ne peuvent se permettre d'avoir des relations chaotiques avec le reste de la Terre, même s'ils ne partagent pas la même politique... De fait, pour être plus en phase avec les autres, il ne faut jamais perdre de vue le rôle des Nations unies et s'en inspirer...

Que pensez-vous de Bill Gates, le patron de Microsoft ?

Je ne le connais pas personnellement, mais j'ai une réelle admiration non seulement pour sa réussite financière, mais également pour la façon extrêmement positive dont lui et son épouse, Melinda, distribuent leurs richesses. Ils ont mis 29 milliards de dollars dans leur fondation pour lutter contre le sida et le paludisme. Bill Gates s'est largement inspiré dans ce domaine, a-t-il expliqué, de l'attitude de mon grand-père et de mon père.

Parlez-moi de votre grand-père, justement.

Mon grand-père John D. Rockefeller, le fondateur de la dynastie qui créa la Standard Oil Company et la fondation qui porte son nom, avait déjà 76 ans quand je suis né, en 1915. Si, aux yeux du monde, il avait fondé un empire pétrolier, pour moi c'était simplement un grand-père chaleureux et présent. Une personne bienveillante, indulgente et éloignée de l'image de requin décrite dans les biographies et les livres d'histoire. J'ai eu la chance de le connaître pendant vingt ans. Retiré depuis longtemps des affaires, il avait acquis la sérénité et paraissait heureux de pouvoir profiter de ses petits-enfants. L'hiver, il résidait en Floride, où je lui rendais régulièrement visite. Il adorait discuter de tout et de rien, et aussi chanter des hymnes !

Comment fonctionnent vos fondations et vos associations humanitaires ?

D'abord dans la transparence avec, pour la Fondation Rockefeller, un capital de 4 milliards de dollars qui génère

200 millions de dollars de revenus par an. Il y a aussi d'autres fondations familiales et celles également personnelles dotées de sommes très conséquentes. Mon grand-père, mon père, puis moi-même avons organisé toutes ces actions philanthropiques. Saviez-vous, par exemple, que Pierre et Marie Curie s'étaient largement appuyés sur des financements familiaux pour leurs découvertes ? Nous avons aussi restauré bon nombre d'œuvres d'art en France. Après la Première Guerre mondiale, mon père a participé à la reconstruction de la cathédrale de Reims et amplement contribué à la rénovation des châteaux de Fontainebleau, de Versailles et de la Cité universitaire. Quant à moi, j'ai notamment beaucoup aidé Versailles et paticipe à de multiples autres restaurations…

Vos six enfants semblent avoir des centres d'intérêt loin des vôtres ?

Ils sont plus créatifs et aucun d'eux n'a été attiré par les affaires. J'avoue que je ne les y ai pas poussés ! Ils devaient faire leurs propres expériences, selon leurs aspirations. Issus de la génération des années 1960-1970, à la croisée de la guerre du Vietnam et des questions de racisme, mes enfants ont ressenti à leur manière une forme de culpabilité dans le fait de porter notre nom. D'ailleurs, pendant quelque temps, l'une de mes filles a même préféré changer de patronyme. Sur le plan social, je crois que le monde étudiant de l'époque les a entraînés vers une forme de radicalisation et de rejet de leur milieu traditionnel. David, l'aîné, est écologiste ; comme sa sœur Abby, qui a monté une société de toilettes de plein air ; Neva est l'intellectuelle de la famille ; Peggy vit dans les bidonvilles de Rio et s'est investie dans les questions du tiers-monde ; Richard est docteur et membre du conseil d'administration de Médecins sans frontières ; enfin Eileen, la cadette, après être passée, elle aussi, par des phases de rébellion, est maintenant une spécialiste des médecines parallèles.

Comment avez-vous constitué votre extraordinaire collection d'art ?

Ma femme, Peggy, et moi-même l'avons faite en suivant notre goût, nos inspirations, et grâce aux conseils avisés d'Alfred Barr, premier directeur du musée d'Art moderne de New York. Lui et sa femme, Margot, possédaient une culture encyclopédique. Ils nous ont beaucoup aidés en nous présentant les conservateurs et les marchands qui comptaient. J'ai énormément appris avec ma mère, véritable collectionneuse, qui aimait l'impressionnisme et le postimpressionnisme. C'est également ma mère et Alfred Barr qui m'ont révélé combien il était important d'être réceptif à toute forme d'art et qu'il fallait savoir parfois prendre des risques lorsqu'on tombait amoureux d'un objet ! Bien que maintenant je n'achète presque plus, il m'arrive encore de me laisser tenter, et je me suis dernièrement offert un magnifique cheval de la dynastie Tang.

Pourquoi, vous qui semblez attaché aux traditions, avoir vendu le célébrissime Rockefeller Center ?

Ce n'est pas le fruit de mon choix, mais d'une décision familiale ! Bien qu'ayant d'abord été acquis par un groupe japonais et appartenant maintenant à la société d'un ami proche, mon cœur est toujours attaché à ce lieu, où j'ai d'ailleurs gardé mes bureaux et où sont encore gérées les autres affaires du clan. C'est du 56e étage, de la fenêtre de mon bureau, que j'ai assisté en direct au drame du 11-Septembre. Un choc et un spectacle d'horreur que je regardais sans pouvoir y croire !

La puissance, la fortune et porter un nom illustre, mythique, ont-ils fait de vous un homme heureux ?

Sûrement, mais pas pour les raisons que vous venez d'énumérer. J'ai d'abord eu la chance inouïe d'arriver jusqu'à 90 ans sans avoir pratiquement jamais été malade et d'avoir pu fêter cet anniversaire en juin dernier, en France, à Vézelay, entouré des miens. Avant qu'elle ne quitte notre Terre, en 1996, j'ai eu le bonheur de vivre cinquante-cinq années avec mon épouse, Peggy. C'était une femme très ouverte… J'ai par ailleurs eu la joie d'avoir six enfants, dont je suis maintenant très proche, dix petits-enfants et même une arrière-petite-fille. Puisque vous évoquez la fortune, elle m'a d'abord assuré la liberté et une existence très aisée. M'ayant aussi permis de réaliser de multiples actions humanitaires, sociales, aux États-Unis, par exemple, où la Sécurité sociale n'existe pas, mais également culturelles. N'imaginez pas que je possède un gros jet, ce serait ridicule et inutile, parcourir les États-Unis en Falcon 20 est bien suffisant. Enfin, même à mon grand âge, je crois que l'on peut encore apprendre tous les jours, cela m'emplit de joie ; ne me demandez pas cependant de savoir me servir d'un portable, c'est un privilège de pouvoir utiliser un vrai téléphone et de dicter son courrier à sa secrétaire.

Quelle est votre philosophie ?

Faire, au fil des jours, du mieux que je peux pour améliorer le monde qui m'entoure. Mes parents et mes grands-parents étaient, comme je vous l'ai déjà expliqué, des protestants très pieux. J'ai, grâce à eux, appris qu'être chrétien signifie aimer son prochain et être capable de vivre en harmonie avec soi-même et avec M. Tout-le-Monde. Grands, petits, puissants, banquiers, hommes d'affaires… mais aussi les humbles. Et si je devais, à 90 ans, léguer un testament moral, ce serait celui de dire combien il est essentiel d'accepter son prochain tel qu'il est.

David de Rothschild

«La classe sociale, c'est un vieux concept
qui n'a plus aucun intérêt.»

C'est le baron David qui, après être reparti de zéro suite à la nationalisation de 1981, a régné sur cette illustre banque. Comme tous ses ancêtres, il demeure un Européen convaincu et a su mener avec succès la branche française dont Georges Pompidou avait été le directeur général de 1956 à 1962. S'appeler Rothschild reste certes un privilège, néanmoins, face à la concurrence bancaire internationale, il faut continuer de démontrer que l'histoire et la tradition familiale se perpétuent au fil des siècles.

– Année 2021 –

Vous avez redémarré en 1983 avec votre assistante, Simone Huriot, un collaborateur et Buster, votre inséparable schnauzer !

C'était il y a trente-huit ans, or plus on avance en âge, plus le temps file vite ! Et, curieusement, je pense davantage aux années que j'ai encore à vivre avec mon entourage immédiat, mes amis, mes médecins, les gens que l'on voit par plaisir et des collègues de la banque, qui depuis des années sont devenus des amis avant d'être des collaborateurs. Quand on part de presque zéro, qu'on arrive là où je suis aujourd'hui, il faut faire une analyse objective sans abandonner par modestie les choses qu'on a réussies mais sans pour autant se laisser entraîner dans l'autoglorification agaçante et d'aucun intérêt pour les autres. Ce qui veut dire, faire la part entre le talent, la réussite et la chance.

Vous croyez donc à la chance ?

Certes, parce qu'il faut des circonstances favorables. Ainsi, également j'ai amené à un certain moment à diriger la banque en Angleterre, par voie de conséquence, activement contribué au rapprochement France-Angleterre. C'est ce que je considère comme de la chance, car mon cousin Evelyn, à la tête de l'Angleterre, avait des enfants dont aucun ne voulait prendre sa suite. S'il avait eu un fils ou une fille banquier, ils auraient mené leur destin, et ce rapprochement n'aurait jamais eu lieu ou de façon différente. Il fallait ensuite qu'il n'y ait pas de successeur pour Evelyn, qui aurait pu néanmoins choisir quelques très bons professionnels sur le plan managérial afin de garder le contrôle de son groupe, mais, pour des raisons personnelles, il a préféré vendre. Nous, la famille française, c'est-à-dire la branche d'Éric et la mienne, avons donc acheté le groupe anglais et patiemment réussi à fusionner cet ensemble pour ne faire, à partir de 2013-2014, qu'une seule firme.

Et de trois personnes au départ, vous êtes maintenant trois mille !

Quand nous nous sommes installés, nous n'avions pas de nom jusqu'à ce qu'on ait l'autorisation de reprendre notre nom, « Rothschild ». Ensuite, nous nous sommes appelés « Rothschild et compagnie », puis « Rothschild » tout seul. Après la négociation avec la famille de Benjamin de Rothschild, Ariane, sa femme, ne voulait pas que nous utilisions « Rothschild » seul :

nous avons opté pour «Banque Rothschild». Enfin, nous sommes désormais «Rothschild and Co», présents dans quarante pays. Puisque la langue internationale reste l'anglais, «Rothschild and Co» pour compagnie, c'est parfait !

Le Brexit a-t-il été pour vous un problème ?

Personnellement, je le vis comme quelque chose de triste, parce que, ayant passé des années entre l'Angleterre et la France, je me suis rendu compte que, si l'on prend les qualités et les talents des femmes et des hommes de chaque côté de la Manche, on arrive à une très belle aventure. Les Anglais et les continentaux peuvent parfaitement collaborer et apporter chacun quelque chose de constructif. On verra dans quelques années si l'Angleterre a eu raison ? Je ne fais aucun pronostic, mais nous aurions pour notre part beaucoup aimé continuer avec l'Angleterre dans l'Europe. Toutefois, il est un peu trop tôt pour dire si cela affecte nos affaires, car la sortie de l'Europe et la pandémie sont arrivées en même temps !

Votre métier a-t-il beaucoup changé ?

Nous sommes restés sur nos métiers, la gestion de portefeuille et le conseil aux personnes physiques ; quoi faire de leur argent, comment organiser les choses pour eux, comment travailler sur des transmissions ? Une fonction non seulement de gestion d'actifs, mais de conseil stratégique, métier ayant toujours existé qui s'est développé petit à petit et continuera. La clé, quand des gens vous confient de l'argent, c'est d'abord de bien le gérer, et il n'y a rien de plus difficile parce que les prévisions du monde sont toujours aussi compliquées qu'incertaines. Nous sommes entourés de très bonnes équipes, et les clients ont été satisfaits de leur portefeuille. Notre autre métier est ce que l'on appelle «la banque d'affaires», où nous conseillons les entreprises dans les fusions, acquisitions, ventes, négociations avec l'État, ce qui représente quelque trois mille personnes. Sans compter un troisième métier récent, grâce à l'initiative de mon fils Alexandre, et qui s'est très vite développé, le *private equity*, soit la gestion d'actifs dans des fonds de différentes natures, pour le compte de clients qui croient à la qualité de tels types de produits et co-investissent avec nous.

De brillantes études sont-elles le passeport pour entrer chez Rothschild and Co ?

Il faut certes un minimum de formation. Cependant, des gens surdoués intellectuellement avec un solide bagage, ayant occupé de très hautes responsabilités dans la sphère publique, ne réussissent parfois pas du tout, leurs diplômes s'accompagnant souvent d'arrogance. On ne peut pas exceller dans un métier comme le nôtre avec une telle attitude, parce que nous sommes au service et à l'écoute de nos clients. Lorsque nous les invitons à entrer dans des participations de fonds que nous gérons, cela implique de bannir le manque de modestie, l'individualisme et d'autres réflexes de ce style.

Employez-vous beaucoup de femmes ?

Nous avons augmenté leur nombre et constatons à quel point les femmes motivées œuvrent avec talent et combien elles apportent à notre maison. Dans la banque d'affaires, nous avons des femmes de tout premier niveau qui n'ont rien à craindre de la rivalité avec les hommes. Et, quand on constate qu'il y en a peu par rapport à d'autres sociétés, c'est parce que nos métiers sont très difficiles et prenants, y compris les week-ends. Même si elles sont brillantes et fort douées, elles n'ont pas toujours envie de faire carrière. En revanche, elles peuvent plus facilement faire de la gestion de fortune et du *private equity*, qui requièrent cependant des aptitudes certaines pour mener de front une famille, des enfants et des horaires compliqués. Nous ne les embauchons pas parce que c'est la mode, mais parce que nous avons besoin d'elles, pour leur intuition et leurs grandes capacités intellectuelles. De plus, la mixité améliore nettement la performance. Il y a maintenant plus d'un tiers de femmes à un haut niveau mais aussi dans notre conseil d'administration, ce qui de surcroît est la loi.

Le flair familial vous a conduit à « héberger » deux futurs Présidents de la République.

C'est un hasard de l'Histoire. Prenez les deux cas, il se trouve que deux personnes qui avaient le potentiel de devenir chef d'État sont, pour des raisons fort différentes, passées par la maison. Georges Pompidou, parce que quelqu'un qu'on connaissait bien et qui était proche de lui a rencontré mon père ; ils se sont bien entendus. Chacun avait envie de travailler avec l'autre et cela s'est fait naturellement. Emmanuel Macron, pour sa part, était le rapporteur d'une commission présidée par Jacques Attali, mise en place par Nicolas Sarkozy pour travailler sur l'amélioration de la productivité de l'État français. À cette occasion, de nombreuses personnes ayant siégé dans cette commission m'ont dit : « Il y a un type assez extraordinaire et formidable, le rapporteur de cette commission, qui a envie de faire un passage dans le secteur privé. Tu devrais le voir. » J'ai répondu : « Avec le plus grand plaisir. » Je l'ai vu, nous avons passé une heure et demie ensemble et, n'ayant jamais choisi ici quelqu'un sans consulter au moins sept à huit personnes, je leur ai donné mon avis : « Vous me direz ce que vous en pensez. Pour ma part, je crois que c'est un personnage très intéressant. » Pas un mot de plus. Comme il a suscité un enthousiasme unanime, nous lui avons fait une proposition qu'il a eu la gentillesse d'accepter.

Croyez-vous à la collégialité ?

Bien sûr, car à mes yeux il ne faut prendre sa décision seul que lorsqu'on est sûr de ce que l'on va faire. Même si éventuellement personne ne suit. En revanche, si on s'entiche de quelqu'un et que cinq ou six personnes capables, connaissant parfaitement le métier et la culture de la maison, m'avaient expliqué : « Franchement, je n'y crois pas du tout. » J'aurais probablement hésité, parce que c'est une forme d'arrogance d'imaginer qu'on est le seul qui ne se trompe jamais. En l'occurrence, tous ont souligné : « Il faut évidemment absolument faire une offre à Emmanuel Macron ! » Les choses se sont alors faites facilement.

Votre fils Alexandre travaille-t-il autant que vous à l'époque ?

Il faut travailler beaucoup. Quand j'ai démarré, nous étions peu nombreux. Il a fallu construire, embaucher, mais il y avait moins de travail parce que la firme était bien plus petite, ce qui signifiait aussi moins de pression et de choses à faire. En même temps, tout était à faire et à construire !

Quel est le secret de votre popularité chez vous ?

Les êtres humains ont chacun leur ADN, leurs émotions, leurs angoisses, leur fierté. Tout ce qu'on voudra… Moi, j'ai besoin de cohabiter avec des gens qui ne sont ni agressifs ni arrogants. Dans les métiers de service, où encore une fois on sert, les arrogants ne réussissent pas. Et les quelques spécimens de ce genre recrutés au fil de ces trente-cinq dernières années ne sont jamais restés longtemps, de leur fait ou du nôtre. Je suis fabriqué comme ça, c'est la première raison. La seconde est que souvent, dans les entreprises familiales, ou bien vous êtes un crack absolu et pouvez tout diriger avec des collaborateurs et réussir, ou, quand vous avez plusieurs métiers, de surcroît dans des sphères qui dans de multiples disciplines se complexifient toujours davantage, vous avez besoin de gens beaucoup plus capables que vous. Ainsi, pour réussir dans une entreprise familiale, rester longtemps, être crédibles et soutenus par l'ensemble des équipes, il est important d'avoir une bonne vision stratégique, une capacité à trancher des questions humaines plutôt mieux que les autres, et pour régler des problèmes techniques compliqués dans chacun des métiers, cela demande de s'appuyer sur les gens qui font beaucoup mieux que nous, que vous consultez et non auxquels vous expliquez quoi faire. Tel est sans doute le dispositif qui permet de réussir.

Quel est le pouvoir d'un grand patron ?

C'est quelqu'un qui ne se trompe pas sur le choix des hommes et des femmes, a une vision à long terme pour son entreprise et porte un intérêt aussi sincère que profond à l'ensemble des personnes avec lesquelles il travaille. En d'autres termes, le patron d'aujourd'hui, c'est celui que les gens ont envie de garder dans l'entreprise.

Peut-on le tutoyer… ?

On le peut si on en a envie. Moi, je n'ai quasiment jamais tutoyé. La plupart des salariés, ici, sont beaucoup plus jeunes que moi. Je ne les tutoie pas plus qu'ils ne me tutoient. Alexandre et les hommes de sa génération sont plus à l'aise avec le tutoiement. Mais quand il y a un problème à résoudre ou une décision finale à prendre, cette forme de politesse n'influe en rien sur les choix et les résolutions. L'important reste la crédibilité.

Ou que votre charme opère ?

Certes, on n'achète pas plus le talent, le charisme que l'autorité ou les relations humaines. Ou on a la chance d'avoir un ADN qui fonctionne et incite les gens à travailler à vos côtés, ou on ne l'a pas et cela devient difficile.

Comment vous appellent vos collaborateurs ?

« Monsieur David », car heureusement les choses ont changé et tout le monde s'appelle par son prénom. Du temps de mon père, on n'aurait jamais dit « Guy ». C'était une autre époque, des règles différentes. Certains m'appellent « monsieur » et c'est normal, j'ai 78 ans, ils en ont 30. Ça se passerait partout de la même manière !

Quelle est votre définition du snobisme ?

Le snobisme signifie surtout se pavaner sur toutes les grandes personnalités que vous connaissez dans le monde, que vous appelez par leur prénom. C'est une forme de relation sociale, mais enfin quand on vous parle à la troisième personne, en Angleterre celui qui s'adresse au duc s'exprime ainsi : « *Your grace Sir.* » C'est magnifique, il n'y a rien de plus amusant que d'être appelé « *Your grace* ». Cependant, dans la vie quotidienne, cela rappelle plutôt les réflexes du haut Moyen Âge !

Êtes-vous plus courtisé encore depuis l'élection d'Emmanuel Macron ?

Je ne crois vraiment pas, la planète évolue. Quand Alexandre, prenant officiellement ma suite à 37 ans, est devenu le patron, il était très apprécié dans la firme et tout avait été parfaitement préparé. Il n'y a pas eu de problème. Il en a aujourd'hui 40 et c'est sa quatrième année d'exercice. Je m'étais alors dit, au fond de moi-même : « Est-ce que les journaux vont écrire qu'il faut vraiment une affaire de famille pour pouvoir diriger l'établissement à son âge ? » Et il n'y a jamais eu un mot là-dessus dans la presse.

Pour quelle raison ?

Parce que les GAFA, ces immenses entreprises, ont été créées par des types géniaux de 30 ans gérant des empires avec des quantités de collaborateurs. De fait, jamais de mon temps un homme de cette génération n'était à la tête d'une banque, impensable ! Et cela a changé comme le snobisme social qu'on a connu il y a quarante ans, qui ne correspond plus à rien. Aller dîner chez la duchesse de, le prince de… quand on y réfléchit, c'est, j'insiste, le haut Moyen Âge, ça n'existe pas. C'est fini. Sauf chez des gens complètement démodés qui ne font rien et aiment être appelés avec un titre et ont encore un peu d'argent pour faire fonctionner leur château. La vie, ce n'est plus cela de nos jours.

Comment parlez-vous des Rothschild à vos enfants ?

Je ne commence pas par leur parler de leur nom parce que, quand ils sont très petits, ça n'a pas de sens et, une fois à l'école, ils entendent des : « Ah, tu es riche, tu es ceci, tu es cela… » Vieux souvenir à Janson-de-Sailly en quatrième, le professeur de mathématiques ne m'aimait pas et, plutôt agressif, me lançait : « Monsieur le baron, venez au tableau noir. » Et à 14 ou 15 ans, devant une classe qui se tord de rire, se fout de votre gueule et vous appelle « Monsieur le baron » pour imiter le professeur, on se sent vraiment mal à l'aise. C'est pourquoi, au fur et à mesure qu'ils grandissent, on explique à ses descendants que cette famille, qui avait très bien réussi au moment où elle a démarré, a gagné beaucoup d'argent, d'une certaine célébrité, occupant des fonctions dignes et importantes dans différents territoires et a été l'une des premières à créer un groupe international. Mais que ça ne donne aucun avantage ni droit. Il faut être bien élevé, on est comme tout le monde. Je dois reconnaître qu'Olimpia, leur mère, a été remarquable pour ça. La base sont les bonnes manières, se lever quand quelqu'un entre dans le salon et suivre un certain nombre d'autres règles de bienséance. Ce qu'on appelle le « savoir-vivre ».

Il n'y a donc plus de pression sociale et mondaine ?

Si l'on doit se préoccuper des sujets importants, ce n'est plus de nos jours des Rothschild, mais davantage de l'antisémitisme, qui semble être une maladie non guérissable pour laquelle personne n'a, en réalité, de vraie explication. Est-ce de la jalousie ?

Qui sait ? Le fait indéniable est qu'il existe incontestablement, encore et toujours, un mouvement antisémite.

Peut-on monter dans l'ascenseur avec vous ?

Évidemment, je prends l'ascenseur avec qui veut. Et quand quelqu'un dit « Pardon », je dis : « Non, il n'y a pas de pardon, montez. » Puis j'engage la conversation avec eux. Le hasard a fait que j'ai été pendant dix-huit ans maire de Pont-l'Évêque, dans le Calvados. Or ma nature est ce qu'elle est, avec ses faiblesses et ses forces. Quand vous êtes, trois mandats durant, à la tête d'une commune de quatre mille habitants, vous parlez à tout le monde, écoutez les problèmes des gens et n'existez que si les électeurs votent pour vous. Soit une formidable école, avec une meilleure compréhension de l'humanité, parce qu'on mène des choses tout à fait différentes. Et comme ça s'est passé à la même période que celle où je commençais, avec mon cousin Éric de Rothschild et d'autres, à rebâtir la maison Rothschild postnationalisation, j'ai vécu deux mondes à l'antipode, beaucoup appris sur chacun d'eux. Cela m'a, là encore, apporté la preuve que l'autorité n'est pas la force, ni la crainte : c'est être soi-même.

Le golf est-il un moyen d'évacuer le stress ?

J'aime beaucoup votre question : j'adore le golf, mais c'est un sport de masochisme. Pendant qu'on joue, on ne pense à rien, uniquement au jeu. Ainsi, si on a un souci en tête, il est sur le terrain de golf, repoussé au lendemain. Mais, à moins de jouer très bien – enfin, il y a des jours où on joue bien une partie du parcours –, alors c'est formidable. Le golf est quand même un sport très difficile. Et, quand on avance en âge, on joue moins bien. Cela veut dire accepter une forme d'autoflagellation masochiste. Ça vous mobilise complètement au point d'en oublier le travail et le reste pendant la partie, mais on n'en sort pas pour autant avec un sentiment de sérénité, juste de volupté quand ça a bien marché. Et un peu déprimé dans le cas inverse, comme ça arrive souvent quand on n'a plus 20 ans ! Mais, une fois rentré chez soi, on oublie la petite balle. On repart et on est philosophe !

Consolation, vous avez un très bon cuisinier ?

À la banque, en effet. Beaucoup d'entreprises cherchent aujourd'hui à avoir de très bons cuisiniers. À domicile, c'est de moins en moins vrai.

Cela vous arrive-t-il d'avaler un hamburger dans un McDo ?

Évidemment, je ne suis pas enchanté de manger des sandwichs mauvais pour la santé, néanmoins c'est le cas quand il faut faire vite. J'ai aussi connu, quel paradoxe, le monde « sophistiqué » avec mes parents, le château de Ferrières, des repas fort élégants, en smoking. J'avoue à quel point, depuis une dizaine d'années, je suis heureux d'être entré dans ce que j'appellerai le « nouveau monde » et combien je le préfère au passé.

L'un des derniers luxes n'est-il pas de se déplacer en jet privé ?

Je ne suis pas en train de renier le fait que c'est un privilège si l'on a hérité ou bien réussi professionnellement et qu'on peut se permettre certaines choses. Effectivement, il y a des vols privés appréciables dans des moments où il est plus compliqué ou difficile de prendre un avion de ligne. Mais l'univers simple dans lequel nous vivons, lorsque l'on va dans n'importe quel bistrot, parce qu'on en a envie, quelle libération ! La classe sociale, c'est un vieux concept qui n'a plus aucun intérêt.

Un changement de siècle ayant balayé un passé figé ?

Je pense que c'est sain, alors, bien sûr, il y a les privilégiés et ceux qui le sont moins. Si vous regardez le problème du Covid-19, c'est une évidence que la situation pousse à réfléchir. Il y a des secteurs qui ont été très touchés, des gens ayant perdu leurs emplois. Beaucoup sont d'ailleurs largement aidés par l'État français, mais nous savons aussi combien il y a de souffrance post-Covid, psychologiques, professionnelles et financières. Ce sont des détresses cumulées, alors que certaines entreprises n'en ont pas été victimes et se sont même développées. Cette crise sanitaire majeure a créé de grandes distorsions entre les privilégiés et ceux qui souffrent. Il faut en être conscient, réfléchir à ce que l'on dit et à ce que l'on fait, parce que dans le monde actuel cela est douloureux.

Quel est l'essentiel que vous ayez enseigné à vos descendants ?

Mes petits-enfants sont, je crois, très bien éduqués par leurs parents. Je profite du bonheur d'être avec eux sans être celui qui donne des leçons ni explique ce qu'il faudrait faire, sauf si j'étais un jour témoin de quelque chose d'important et qu'il serait utile de faire une remarque. Je ne joue pas du tout ce rôle-là, mais mesure, en revanche, combien la notion de famille reste bonne et précieuse. Et si je peux, avec de la chance et du tact, réunir frères, sœurs, maris, femmes et enfants, qui sont tous cousins germains, c'est enrichissant pour chacune des générations.

L'harmonie familiale, en somme !

Pendant ces moments de confinement, nous avons eu justement enfants, petits-enfants, époux, épouses de longues semaines durant, dans une ambiance de rires et d'affection. Ce socle précieux représente des souvenirs heureux pour l'avenir des petits-enfants, qui prennent ainsi l'habitude de se rendre les uns chez les autres. Rien n'est plus structurant pour les jeunes générations que de vivre dans un cadre familial serein.

David de Rothschild : « S'appeler Rothschild, c'était hier un privilège. Aujourd'hui, c'est encore une chance. Je veux espérer que, demain, ce ne sera pas un handicap. »

– Année 2003 –

Comment organisez-vous votre présidence entre Paris et Londres ?

J'essaie de partager raisonnablement mon temps entre les relations avec nos clients et le dialogue avec notre vingtaine d'associés. La confrontation des opinions et des points de vue permet de parvenir à une meilleure décision que celle que le chef d'entreprise estime devoir trop souvent prendre seul, surtout dans les métiers de conseil aux entreprises et aux particuliers. Avoir la sagesse d'admettre qu'on est généralement plus subtil à cinq qu'à un, car les savoir-faire sont complémentaires. Notre édifice est d'ailleurs construit sur la fusion de personnalités de poids et sur la qualité des relations entre elles. Cela signifie aussi d'être, entre toutes celles-ci, un « passeur », un catalyseur plus qu'un chef. La réussite ne se mesure guère à la taille, notre objectif n'est pas la croissance quantitative à tout prix. Notre succès repose sur l'obsession quotidienne de devenir meilleurs, non pas en soi, mais au service de nos clients, sans lesquels nous n'existons pas. J'ai également toujours une liste d'une demi-douzaine de sujets à traiter, et faire progresser. Rien ne doit être figé, les priorités sont évolutives, ce qui implique la flexibilité et un agenda à géométrie variable !

Vous êtes parfaitement bilingue et aussi biculturel ?

Je ne crois pas que l'on puisse être vraiment biculturel, la citoyenneté est une et indivisible. Je suis donc français d'abord, européen ensuite, ce qui signifie, aussi, naturellement anglais.

Suivez-vous tous les jours les cours de la Bourse ?

Bien sûr, mais ça n'est pas le réflexe d'Harpagon : « Ciel, que devient ma cassette ? » C'est une nécessité, car les évolutions de la Bourse conditionnent les initiatives, voire l'humeur fluctuante, du monde de la finance.

L'axe Paris-Londres, certes, mais y a-t-il pour vous un avenir face à la mondialisation ?

Pour un groupe de notre taille, nous sommes déjà géographiquement très diversifiés, étant implantés dans plus de vingt pays, en Europe, Amérique du Nord, Amérique du Sud, Asie, Australie et Afrique. Nous croyons à la mondialisation, pensons que nous devons être à même de servir nos clients où qu'ils se trouvent sur la planète. Mais la mondialisation pour nous n'est pas une stratégie de dimension ; nos effectifs ne sont que de deux mille cinq cents personnes. Or, et ce qui compte à nos yeux est la qualité de nos prestations, le respect de l'éthique, le souci permanent de probité, la confiance. Je pense que la mondialisation offre un espace aux acteurs très professionnels spécialisés.

Au milieu de tout ceci, vous ne citez pas Israël ?

Nous avons avec Israël des attaches affectives, mais n'y sommes pas présents en tant que banquiers.

Vous n'évoquez pas Château-Lafite ?

J'adore le vin de manière générale et a fortiori le nôtre – Château-Lafite –, qui n'est pas cependant du ressort de ma compétence. Produire du vin est beaucoup plus difficile et concurrentiel qu'on l'imagine. Le succès et l'étendue de nos activités dans ce domaine, au cours des vingt dernières années, sont à mettre au crédit de mon cousin Éric qui, tout en étant banquier, se consacre à Château-Lafite et aux autres crus du groupe.

Comment voyez-vous les années à venir ?

Pour ce qui est de notre métier de banquier, les seuls actifs, en dehors des hommes et des femmes qui composent nos entreprises, sont les bureaux, ordinateurs, papier, stylos, crayons et gommes... Je veux dire par là que nous n'avons pas d'usine. Nos « actifs » prennent l'ascenseur tous les soirs, mon angoisse quotidienne est qu'ils ne le reprennent pas le lendemain matin, qu'ils reviennent heureux de travailler dans ce groupe. Pour ma part, je suis optimiste et pessimiste à la fois, cela dépend des heures.

Quelles sont vos prochaines ambitions ?

Au moment où j'accède à de nouvelles fonctions, je souhaite, avec l'aide des équipes, entraîner notre groupe vers d'autres horizons et relever les prochains défis qui se présenteront à nous. L'existence ne peut toutefois se réduire qu'à l'activité professionnelle, quel qu'en soit l'intérêt. La dimension citoyenne est aujourd'hui importante. J'ai apporté ma petite pierre à l'édifice de la société durant mes dix-huit années comme maire de Pont-l'Évêque, et j'occupe aussi des responsabilités au sein de la communauté juive de France. C'est une tradition, pour ne pas dire une obligation de famille. Dans l'avenir, plus encore qu'aujourd'hui, il sera essentiel pour les communautés chrétienne, musulmane et juive de cohabiter harmonieusement entre elles au sein de notre nation. Tous ceux qui peuvent, même modestement, contribuer à cet équilibre fragile doivent y consacrer le temps nécessaire. Les juifs, quel que soit leur attachement à Israël, sont avant tout des citoyens français.

Est-il facile à notre époque de porter ce nom ?

Il n'est jamais facile de porter un nom mythique qui s'est illustré au fil des générations précédentes. Un patronyme de légende doit vous rendre bien plus attentif à vivre comme tout le monde et crée davantage de devoirs. S'appeler Rothschild, c'était hier un immense privilège. C'est encore aujourd'hui une chance. Je veux espérer que demain, pour nos enfants, ce ne sera pas un handicap. Le secret de la sérénité consiste, en tout cas, à ne pas être nombriliste, ni à s'interroger sur son histoire et celle de ses ancêtres. Mon métier est aussi stimulant qu'enthousiasmant, toutefois, on s'épanouit davantage lorsqu'on s'occupe aussi des autres. Il ne s'agit pas de vouloir donner de soi une image vertueuse, là n'est pas mon propos, mais de réellement m'investir personnellement. Pour moi, la plénitude d'une existence courte et longue à la fois passe également par la joie de dédier un peu de mon temps à des causes qui me sont chères… Cela aussi apporte au quotidien une certaine dimension. Par ailleurs, ma femme, mes enfants, mes proches me confortent et m'apportent une profonde sérénité intérieure. Comme tout le monde, j'ai des loisirs, le golf, les DVD… et je me libère de mon stress en zappant continuellement lorsque je regarde la télévision… Enfin, le sens de l'humour tient fort heureusement une grande place dans notre existence, évite de se prendre trop au sérieux et permet de situer les choses dans leur juste contexte.

Quelle place accordez-vous à l'héritage ?

J'ai commencé à travailler dans la banque de mon père et de mes oncles, mais les héritages et les destins ne sont jamais ce que l'on croit puisque, avec la nationalisation en 1982 de l'ancienne banque Rothschild, il a fallu repartir et construire une nouvelle entreprise. À l'âge de 60 ans, j'ai la chance d'avoir un père de 94 ans dont la lucidité et l'intelligence sont exceptionnelles, ce qui m'a permis de bénéficier formidablement de tout ce qu'il m'a transmis. L'héritage est selon moi l'exemple donné, l'éducation reçue, les valeurs morales qui nous ont été inculquées. Au travers de mon expérience, je me suis forgé la conviction que mes enfants devaient choisir librement leur destin professionnel et que le poids de l'héritage ou de la tradition ne devrait pas les empêcher de s'épanouir. De toute manière, de nos jours, avant d'entrer dans une affaire de famille, quel que soit le métier, il faut me semble-t-il passer une bonne dizaine d'années dans d'autres entreprises afin d'être confronté au monde extérieur. Il y a vingt ans, je vous aurais sans doute parlé différemment, mais, avec le temps, devenu plus philosophe, j'ai compris que les aléas de la vie venaient souvent contrecarrer les plans un peu dogmatiques fabriqués à l'avance.

On ne voit plus vos chevaux sur les champs de courses, sous les couleurs jaune et bleu des Rothschild ?

C'est désormais la sphère de compétence et d'intérêt de mon père et de mon frère, Édouard. Je ne pourrai jamais faire aussi bien qu'eux dans ce domaine, alors je me contente de savourer leurs succès.

En quoi l'expérience du passé vous a-t-elle servi ?

Les Rothschild ont survécu familialement au meilleur, au pire, et au premier chef à la persécution nazie. Il m'en est resté un sentiment viscéral de la fragilité des choses.

Auriez-vous été tenté par un autre métier ?

C'est facile de le dire aujourd'hui puisque j'ai choisi la carrière familiale, mais, adolescent, j'étais très attiré par la médecine.

Cette manière si humaine de se consacrer aux autres m'a toujours impressionné et plu. Aurais-je été un bon médecin ? On ne connaîtra jamais la réponse. Paradoxalement, dans mon métier, on s'occupe aussi des autres, mais bien sûr d'une manière très différente.

De quoi êtes-vous aujourd'hui le plus fier ?

La fierté n'est pas, ceux qui me connaissent le savent, ma « tasse de thé », comme diraient les Anglais. Je pense cependant que la reconstruction de la banque à Paris après 1982 et la réunion de celle-ci avec le groupe bancaire britannique de nos cousins sont pour moi et tous ceux qui ont participé à ces aventures deux sujets de réelle satisfaction. Dans ce contexte, je parlerai volontiers de l'héritage Rothschild que j'ai, avec mes associés, contribué à perpétuer en l'inscrivant dans la modernité.

Adhérez-vous à la déclaration de l'un de vos cousins : « Un Rothschild qui n'est pas riche, pas juif, pas philanthrope, pas banquier, pas travailleur et qui ne mène pas un certain train de vie n'est pas un Rothschild » ?

Juif, c'est une évidence ; travailleur, une obligation ; banquier, un choix ; philanthrope, un devoir ; mais riche et avec un train de vie, cela correspond à une autre époque… !

Jean Todt

«Je suis un intégriste du détail.»

Dans quelques jours, ce personnage mythique qui a dirigé la Scuderia Ferrari avec cent six victoires et quatorze titres mondiaux en F1 va quitter la présidence de la Fédération internationale de l'automobile qu'il a exercée pendant trois mandats. Il garde toutefois la flamme de l'action et va épouser un nouveau combat : faire baisser notamment dans les pays en voie de développement les accidents de la route qui font des milliers de victimes chaque jour de par le monde. Todt a toujours un moteur dans le cœur.

– Année 2021 –

Lorsqu'on prononce votre nom, on pense à Ferrari, bien sûr, quel est votre parcours ?

J'ai débuté comme copilote de rallye en 1966, mais ma passion pour l'automobile date de mon enfance. Gamin, j'ai découvert le sport automobile à travers mon héros, Jim Clark : recordman du monde de victoires en formule 1 avec vingt-neuf Grands Prix remportés au moment de sa mort, à 32 ans, sur le circuit d'Hockenheim. Quel palmarès exceptionnel !

Après quinze ans en rallye, de 1966 à 1981, je suis devenu patron de la compétition chez Peugeot. Cela englobait les rallyes, les rallyes-raid, l'Endurance. Ensuite, ayant remporté quatre titres au championnat du monde des rallyes, cinq Paris-Dakar et deux victoires consécutives aux 24 Heures du Mans, le 1er juillet 1993 me voici nommé par Gianni Agnelli et Luca di Montezemolo à la tête de la « Gestione Sportiva » de Ferrari.

Une réelle fierté ?

Je suis d'abord heureux que mon père ait eu le temps de voir mes débuts chez Ferrari, avant de nous quitter l'année de ses 83 ans, car petit déjà je répétais que je serais un grand pilote ! Médecin généraliste en banlieue parisienne, mon père était mon modèle absolu tant sur le plan humain que pour sa générosité. Sa dévotion envers ses patients était admirable.

L'une de vos forces est, dit-on, de toujours douter un peu ?

D'un côté, c'est physiquement douloureux, car je continue à me ronger les ongles et à me tirer les peaux ; de l'autre, ce scepticisme me protège, car il me permet de garder les pieds sur terre, de réaliser que rien n'est jamais totalement acquis. Un ami m'avait un jour écrit sur une nappe de restaurant : « Seuls les médiocres ont atteint leur maximum », je trouve que c'est juste. Toujours selon lui, « le comble de l'orgueil se caractérise par l'humilité ». J'adhère à ces deux dictons. J'avoue que je suis un peu orgueilleux et perfectionniste. D'ailleurs, un proche m'a même baptisé « l'intégriste du détail ».

Quelle aventure grisante que de diriger Ferrari !

C'était pour moi la période professionnelle la plus difficile, la plus intense et la plus importante de mon existence. Et puis ça se passait en Italie, où j'adore l'engagement des gens, leur simplicité. Je dois reconnaître que les Italiens me le rendent bien, même si au début la presse locale s'inquiétait de savoir si j'allais rester longtemps. Quant à mon contact avec la langue, au début, j'ajoutais simplement un *o*, un *a* ou un *i* à la fin des mots français, ensuite, j'ai pris une ou deux leçons par semaine pendant trois mois et, depuis, je parle correctement. J'ai une relation fusionnelle avec l'Italie, et ma ville préférée est Milan.

Vous habitiez néanmoins à Maranello ?

Je vivais sur mon lieu de travail dans une jolie villa qui restait un logement professionnel. J'appréciais la gentillesse des Italiens, j'ai gardé des amis de cette période dont j'éprouve parfois une certaine nostalgie.

Vous sentez-vous italien d'adoption ?

Je suis citoyen du monde, fier d'être français, et italien de cœur.

Aimez-vous leur cuisine ?

La cuisine italienne me plaît beaucoup. Mes plats préférés sont le jambon de Parme, les *tagliolini*, les escalopes milanaises, le parmesan… Mais malheureusement je ne sais presque rien faire, tout juste préparer un steak tartare et les sauces de salade.

Revenons à « votre » marque, les Ferrari doivent-elles toujours être rouges ?

Les Ferrari alignées en compétition sont rouges, comme à l'origine toutes les voitures de course italiennes. Dans les années 1950 et même auparavant, les voitures de course arboraient un code couleur précis afin de distinguer les bolides de chaque pays : le bleu pour les françaises, le vert pour les anglaises, le gris argenté pour les allemandes, et le rouge pour les italiennes. Enzo Ferrari a conservé cette couleur pour la plupart de ses voitures.

Il y a aussi des Ferrari jaunes ?

Le jaune est l'une des couleurs de la ville de Modène, dont Enzo Ferrari était originaire.

Un piège à filles ?

Ça l'a sûrement été. Il me semble que c'est beaucoup moins vrai de nos jours. Quand j'étais jeune, je rêvais d'une belle voiture en étant par ailleurs convaincu que cela pouvait faciliter les rencontres… Maintenant, je suis plus nuancé sur cette question, même si je crois qu'un signe extérieur de richesse ne nuit pas ! Toutefois, je tiens à vous préciser que ce n'est pas comme cela que j'ai séduit Michelle…

Quel est le record de prix de vente pour une Ferrari actuelle ?

La Ferrari actuelle, SP – Sergio Pininfarina –, vaut 3 millions d'euros, et la Ferrari vintage 250 GTO de 1963 a été vendue 70 millions d'euros en 2018.

Vous ne parlez jamais de Maserati, est-ce une marque « enterrée » ?

Au contraire, nous avons fait revivre la marque Maserati. J'étais à l'origine de la MC12, construite sur la base de la Ferrari Enzo ayant été, à plusieurs reprises, championne du monde des voitures de tourisme.

Quels pilotes mythiques ont sillonné votre histoire ?

Dans ma carrière professionnelle, principalement Jim Clark, Dan Gurney, puis Michael Schumacher.

Justement, pouvez-vous évoquer Michael Schumacher ?

Lui et sa femme sont devenus des amis proches. Ce qui nous a soudés, plus encore que les victoires, sont les moments difficiles qui ont jalonné notre histoire chez Ferrari. Nous avons su rester unis. Le 29 décembre 2013, il a été victime d'un accident de ski, qui a malheureusement bouleversé sa vie et celle de ses proches, mais par pudeur je ne souhaite pas en dire plus.

La richesse entraîne-t-elle la générosité ?

Elle devrait susciter l'attention aux autres. La richesse est en effet relative ; quand on possède plus que la moyenne, le bon réflexe serait d'être capable de regarder autour de soi et de partager, car le monde est à deux vitesses. Il y a d'un côté les nantis, de l'autre ceux vivant dans la misère, n'ayant parfois accès ni à l'eau potable ni à la vaccination… Alors comment ne pas se sentir concerné ? Il faut être attentif et participer. Souvent je me dis que j'aurais dû faire plus pour les autres…

Quel est votre moteur, si je puis m'exprimer ainsi ?

La passion de l'automobile a toujours guidé mon quotidien. Sensible à sa beauté, je n'en suis jamais blasé et cela m'a permis de garder une certaine fraîcheur d'esprit. Lorsque j'aperçois une belle voiture, je m'approche d'elle pour l'admirer. Et à l'époque où j'étais patron de Ferrari, même si je vivais dans cet environnement et participais au dessin et à la technologie des voitures, lorsque je quittais l'Italie pour un week-end et qu'arrivant à Paris je voyais une Ferrari, j'allais la contempler avec un regard neuf et faisais de même pour les autres voitures de course. Et, à 75 ans, ma capacité d'émerveillement reste intacte.

Comment s'organisaient vos journées chez Ferrari ?

Je passais mes matinées à la gestion sportive de la *Scuderia* et les après-midi à la gestion industrielle. Il faut savoir que la *Scuderia* produit près de dix mille voitures par an, ce qui correspond au volume d'une journée pour les grands constructeurs !

Pouvez-vous résumer votre travail en quelques mots ?

J'étais d'abord patron de la *Scuderia* Ferrari, puis responsable des activités du groupe Ferrari-Maserati, avant d'en devenir administrateur délégué. Nous avons gagné cent six Grands Prix de 1993 à 2008. Je passais beaucoup de temps au bureau à Maranello, sauf lorsque je me trouvais en déplacement professionnel pratiquement sur l'ensemble des Grands Prix de la saison de mars à novembre. Quand j'avais un week-end de libre, j'allais à Paris, et je prenais juste quelques jours de vacances entre Noël et le jour de l'an.

À votre époque, Gianni Agnelli régnait en quelque sorte sur l'Italie et sur Ferrari ?

Je suis reconnaissant qu'il ait été de ceux qui m'ont choisi. Cela a marqué un véritable changement dans ma vie. Et puis c'était un seigneur, un vrai aristocrate. Il avait l'élégance, la classe, le leadership, la beauté… tout, en somme !

Qui lui ressemblerait aujourd'hui ?

Il y a des évolutions, mais prenez John Elkann, son petit-fils, grand patron de 45 ans, c'est un garçon intéressant avec un *network* incroyable. Il connaît la planète entière. Souvent, je lui en fais la remarque. Si son nom l'a évidemment aidé au départ, il a néanmoins été capable de développer et de diversifier le groupe pour en faire l'un des plus importants au monde, devenu aujourd'hui Stellantis.

Y a-t-il encore à vos yeux des êtres mythiques ?

Bien sûr, certains personnages qui paraissent inaccessibles, même si maintenant j'ai d'eux une perception différente, ayant souvent eu le privilège d'échanger avec de grandes personnalités. Je suis très impressionné par le Pape François, bien que je ne sois pas croyant.

La reconnaissance de l'establishment, est-ce important ?

L'image l'est, elle joue son rôle, et je rappelle souvent à mon fils, Nicolas, que le plus grand patrimoine demeure l'intégrité. Quelqu'un qui a une bonne image détient le plus enviable des patrimoines. Je suis pour ma part fidèle, loyal, pragmatique, sentimental, affectif, mais je peux me montrer rancunier.

Quels sont les pires défauts à vos yeux ?

La trahison, le mensonge, la malhonnêteté, le mauvais opportunisme. J'insiste là-dessus : il y a le bon et le mauvais opportunisme.

La religion occupe-t-elle une place secrète lorsqu'on est arrivé au sommet ?

Croire est un privilège, car cela vous permet d'imaginer qu'un jour vous irez retrouver les personnes chères disparues et qu'il y a quelque chose après. Pour ma part, n'étant malheureusement pas croyant, je pense que, quand c'est terminé, c'est terminé. Mes parents étaient d'origine juive. Mon père, né en Pologne, a perdu sa mère et son frère en déportation, ma mère a vu le jour à Oran, en Algérie. Et moi, je suis né tout de suite après la guerre. Aussi, pendant toute mon enfance, on m'a murmuré : « Il ne faut surtout pas dire que tu es juif. » J'ai donc été élevé dans l'athéisme et vers l'âge de 16 ans j'ai pensé : « Mais pourquoi devrais-je cacher mes origines puisque je les assume complètement ? » Malgré cela, c'est à 62 ans que je suis entré pour la première fois dans une synagogue. Je me trouvais en Israël, invité comme président de la Fédération internationale de l'automobile. À Tel-Aviv, on m'a fait visiter en mémoire des victimes les édifices liés à la guerre… puis on m'a emmené avec ma femme, Michelle Yeoh, à la synagogue. Un moment de vive émotion.

Loin de tout cela, quel est le métier de votre fils unique ?

Nicolas repère les jeunes pilotes sur les pistes de karting et les amène en formule 1. C'est lui qui a trouvé Charles Leclerc, l'un des deux pilotes Ferrari actuels, ainsi que le regretté Jules Bianchi, et a développé la carrière de Felipe Massa, notamment.

Retournons à l'automobile, pensez-vous qu'à cause de la pollution elle n'ait plus d'avenir ?

Non, car c'est une mobilité récente qui a à peine cent ans, et qu'elle évolue justement vers un meilleur respect de l'environnement.

Soit, mais on ne comprend plus rien aux normes.

Le fonctionnement de l'automobile est en train d'être bouleversé, mais on va continuer à l'utiliser. Les villes s'adaptent avec des programmes baptisés «*smart cities*», dont les normes prévoient de vrais couloirs pour les vélos, tout comme d'être beaucoup plus rigoureux pour les trottinettes, afin de protéger les piétons… Mais l'automobile restera, évoluera avec de l'essence zéro émission carbone, de l'hydrogène, de l'électrique.

Quelle est votre motivation suprême ?

De garder mon enthousiasme intact, ma curiosité, de connaître la valeur des choses, de respecter mon prochain. Et d'être en bonne santé. Au départ, mon idée était de créer un institut orthopédique avec le Pr Gérard Saillant, chirurgien orthopédiste. Je lui en ai parlé et, quinze jours plus tard, il m'a confié : «J'ai réfléchi. L'orthopédie, on connaît, c'est le châssis; en revanche, ce que l'on ne connaît pas, c'est l'électronique.» J'ai adhéré à son raisonnement, et c'est comme cela qu'avec Gérard, d'autres médecins, Yves Agid, Olivier Lyon-Caen, et des personnalités comme Jean-Pierre Martel, Serge Weinberg, Lindsay Owen-Jones, Maurice Lévy, Jean Glavany, David de Rothschild ou Michael Schumacher, nous avons créé l'ICM, l'Institut du cerveau et de la moelle épinière. La durée de vie ne cesse d'augmenter, mais, tant qu'on n'a pas trouvé de remèdes aux maladies de Parkinson, d'Alzheimer ou à la sclérose en plaques, cela ne représente pas un progrès satisfaisant; il faut donc accélérer pour la recherche dans ces domaines.

Qu'est-ce qui change les hommes ?

Le pouvoir, l'argent, la notoriété et les armes. Je le souligne. Un pistolet confié, même à un policier, qui ne saurait pas s'en servir, cela devient un danger. Il faut être capable de résister et de garder les pieds sur terre. Ça me paraît essentiel de ne pas tomber dans ce triste travers le jour où l'on devient riche. C'est comme la vitesse, si on ne la maîtrise pas, elle peut être fatale. Que l'on soit à la tête d'une fortune, que l'on détienne le pouvoir ou que l'on ait acquis une notoriété… il faut être à même de les gérer. Ne point être arrogant, connaître les limites… c'est ce que font les champions. Ils trouvent le juste équilibre. Sans quoi, tout devient dangereux : on sort de la route, au sens propre comme au figuré, et on peut se blesser, se tuer, même. Regardez le nombre de stars qui ne supportent plus le monde qui les entoure, s'isolent, se droguent, se suicident, parfois… parce qu'elles ont du mal à vivre avec ça. L'équilibre est une donnée fragile.

Trois fois président de la Fédération internationale de l'automobile depuis 2009, vous allez quitter vos fonctions le 31 décembre de cette année.

Douze ans, c'est le temps juste. Ce travail était passionnant, mais comment mesurer les résultats ? Ce n'est pas une course automobile… Je crois néanmoins qu'on a fait du bon travail, structuré et bien organisé. Or, vous l'aurez compris, avec mon caractère, je pense que l'on peut toujours mieux faire.

Quelle est votre nouvelle ambition ?

Savez-vous que 3 700 personnes meurent chaque jour sur les routes en France et 1,4 million par an dans le monde à cause des accidents de la route ? Il est urgent d'agir, et avant tout dans les pays en voie de développement, qui concentrent 93 % des victimes. Il y a cinquante ans, la compétition automobile était extrêmement dangereuse, il n'y avait pas une année sans mort sur les circuits. Je me suis dit : la compétition automobile doit devenir un laboratoire afin d'être capable de progresser, pour qu'il n'y ait pratiquement plus d'accident grave en course, en travaillant sur les circuits, les voitures, les équipements. Et nous y sommes arrivés, même si le sport automobile reste dangereux. Il faudrait aujourd'hui réussir à transposer ce travail pour la sécurité sur les routes, partout dans le monde. Je suis depuis six ans l'envoyé spécial du secrétaire général des Nations unies pour la sécurité routière, en coordination avec les gouvernements. Mon nouveau défi est un engagement total, ce qui me donne l'impression d'être toujours utile. Mais ne me demandez pas si c'est mon dernier combat…

13.

EN DIRECT

Les yeux dans les yeux

Si, dans un hebdomadaire, on a la voluptueuse sensation d'avoir du temps devant soi pour écrire, lorsqu'il s'agit d'événements à relater en direct, la journaliste devient en quelque sorte une urgentiste qui obéit à d'autres règles. Ayant soudain le tracassin et l'angoissante impression de jouer le contre-la-montre du chroniqueur sportif. Et là, le temps n'est plus souverain ni galant avec celle qui doit boucler son papier sur-le-champ. Mais la clé de notre métier n'est-elle pas justement la flexibilité, l'adaptation ? À vous de juger !

Petits secrets des grands voyages officiels avec Jacques Chirac

– Année 1997 –

Dix-sept décollages et atterrissages, soit 29 118 kilomètres parcourus en huit jours, telle est la performance de Chirac « le Conquérant », qui a entamé dans les pas du général de Gaulle une tournée en Amérique latine avec des objectifs économiques *via* le Brésil, l'Argentine, la Bolivie, le Paraguay et l'Uruguay. Exploit logistique absolu, car le mot d'ordre du Président, « faire simple », est en réalité très compliqué. Comme me l'explique un conseiller de l'Élysée, « ce genre de voyage est plus lourd que la caravane du Tour de France » ! Mener à bien une telle opération exige un repérage minutieux et du savoir-faire. Ces déplacements signifient une organisation sans faille avec 160 passagers, dont 45 officiels, répartis sur deux Airbus de l'armée de l'air, escortés par un Falcon 900 de secours. La délégation, composée de plusieurs ministres et parlementaires, de conseillers techniques, de chefs d'entreprise, allant de Jean-Luc Lagardère à Michel Platini, requiert des trésors de diplomatie. Sans oublier les 70 journalistes et techniciens eux payant, moins gâtés, habitués à s'adapter ou improviser en toutes circonstances. Parmi la trentaine de membres des divers services de sécurité, les deux gardes du corps du chef de l'État ainsi que son fidèle maître d'hôtel sont, entre autres, chargés de veiller sur ses trois grosses valises Vuitton et d'épingler chaque jour sur le revers de sa veste sa décoration de la nation visitée. Cette fois-ci, trois voyages préparatoires auront été nécessaires. Le GSPR (Groupe de sécurité de la présidence de la République), le SPHP (Service de protection des hautes personnalités), le Dr Kalfon, médecin militaire du palais, le service du protocole et, côté médias, la très efficace responsable des journalistes Évelyne Richard, ainsi que Michel Baloche, ombre de Claude Chirac, organisateur des conférences de presse, sont tous partis en éclaireurs. Ils n'ont négligé aucun détail, de la formation des cortèges à la remise des décorations, à l'ordonnancement des réceptions. Laissant juste à la cellule diplomatique la tâche de disséquer, avec le Président, ses futurs discours, et au protocole le soin de choisir les multiples cadeaux à offrir. Après des journées harassantes, Jacques Chirac a préféré résider à l'hôtel plutôt que dans les ambassades et autres palais nationaux. Mais n'a pour autant opté pour de somptueux palaces. À Brasília, il a habité une petite suite moderne et, en Uruguay, les responsables ont dû prudemment installer le Président, le personnel de l'Élysée et les parlementaires dans un charmant hôtel situé hors de Montevideo, car le Victoria Plaza, où étaient logés les journalistes et les officieux, appartient à la puissante secte Moon ! Le protocole doit aussi veiller sur les rencontres du Président : en Uruguay, cela signifiait, par exemple, de vérifier que Jacques Médecin, l'ancien maire RPR de Nice de 1966 à 1990, président du conseil général des Alpes-Maritimes de 1973 à 1990 et secrétaire d'État au Tourisme dans les gouvernements Chirac et Barre, réfugié à Punta del Este afin de se soustraire à la justice française, ne tiendrait pas une conférence de presse simultanément à celle de Chirac. En voyage avec ce Président si dynamique, il n'y a ni phénomène de Cour ni atmosphère pesante. Il semble, en revanche, mal maîtriser une chose : ses émotions. Ainsi suffisait-il pour le comprendre de le voir cligner nerveusement des yeux lorsque les enfants d'une école de Montevideo ont chanté *La Marseillaise*. Déjà, à l'automne 1964, le général de Gaulle s'était rendu pendant trois semaines en Amérique latine, visitant alors dix pays, transitant de l'un à l'autre en Caravelle ou à bord du croiseur *Colbert* – sa suite officielle comprenait trente-sept personnes. Autre temps, autre style !

Dans les bagages du G8 avec Jacques Chirac au Japon

– Année 2000 –

« Le saké vient de la circonscription du Premier ministre. C'est moins fort que la vodka », lance Jacques Chirac, le premier soir à Okinawa, levant spontanément son verre, à table, en direction de Yoshirō Mori, après avoir marqué un temps d'arrêt pour étudier le menu du dîner de travail du G8. Même s'il n'est pas le plus ancien parmi les huit « grands », puisque c'est Bill Clinton, Jacques Chirac est sûrement le plus à l'aise. D'ailleurs peut-il presque rivaliser avec le Premier ministre japonais dans sa façon de tenir ses baguettes, y compris avec Vladimir Poutine, qui, venant de passer une semaine en Chine et en Corée du Nord, prenait ce soir-là un évident plaisir à saisir un à un ses grains de riz ! Chirac est si enthousiaste pour la moindre chose concernant ce pays – il en est à sa 45e visite – qu'il a réussi à glisser dans la poche extérieure de sa grosse serviette Hermès noire déformée par les dossiers l'ingrat éventail publicitaire qui lui a été offert au Rizzan Sea Park Hotel. Une fois pour toutes, à l'étranger, notre Président a opté pour les hôtels. Il s'y sent plus libre que dans les résidences officielles, peut s'y faire monter une bière Corona ou un club-sandwich dans sa suite. Pourquoi pas aller spontanément faire des courses dans les boutiques, comme l'autre soir à Okinawa, sans que cela devienne une affaire d'État.

À Tokyo, donc, la deuxième nuit de son séjour, le Président français occupait la même suite que d'habitude à l'hôtel Okura. La direction de l'établissement a depuis longtemps équipé de vitres pare-balles un salon et une chambre au huitième étage pour ce fidèle et illustre client dont elle connaît les moindres goûts. Arrivé le matin même, il s'est rendu au sommet Union européenne-Japon, puis il a pris le Shinkansen – le train japonais à grande vitesse – pour rejoindre Nagoya, à 350 kilomètres au sud de la capitale. Là, en compagnie de Bernadette, épuisée par le voyage, en tailleur-pantalon noir et blanc Chanel, une première, il a assisté dans la tribune d'honneur au grand tournoi de sumo. Et c'est en aficionado qu'il a vu, voluptueuse parenthèse du voyage, évoluer avec grâce le lutteur Akebono, 2,03 mètres pour 234 kilos, un demi-dieu ayant à ses pieds les plus belles créatures du pays. Ovation ce soir-là de cinq mille spectateurs pour le monstre sacré, bien sûr, mais aussi pour le Français le plus connu au Japon après Alain Delon et Jean Reno. Les Nippons n'en revenaient pas et nous non plus, les quelques heureux journalistes qui l'accompagnions, en observant Jacques Chirac, agitant son éventail en papier mâché, partager leur passion et, entre deux combats, consulter l'épais programme. Ici, ce n'est pas comme au concert où, dès la première note, il lutte pour ne pas littéralement s'endormir. Il faut d'ailleurs voir avec quel enthousiasme ce grand connaisseur a remis la coupe créée par le peintre Soulages au président de la fédération de ce sport martial. Puis il est allé dîner avec les sumos et son épouse chez Kawabun, le grand restaurant local. Comme l'explique l'un de ses proches : « Le Président, qui a une vraie complicité avec les sportifs, est très admiratif du sens de l'effort et de la rigueur qu'exige cette discipline ancestrale.» Lorsque, à l'automne 1995, les sumos avaient été invités à Bercy par le nouveau président de la République, leurs proportions avaient alors obligé la Japan Airlines à fabriquer des toilettes spéciales pour le vol…

De retour à Tokyo, dès le lendemain, pendant que Jacques Chirac recevait à déjeuner, dans un restaurant de la capitale, l'ancien Premier ministre japonais Hashimoto, son épouse réservait le premier de ses déjeuners à la grande créatrice de mode Hanae Mori. Repas de Japonaises avec l'ancien ministre des Sciences et de la Technologie, Mme Kakuei Tanaké, Mme Kenzō Tange, l'épouse du célèbre architecte, et quelques autres… Au menu : salade de homard, bœuf de Kobe, gâteau au chocolat servi dans la petite salle à manger privée vert bouteille, décorée de tableaux modernes représentant des sumos. Dans le quartier d'Omotesandō, où Hanae Mori, l'une des femmes les plus connues du Japon, a construit son petit centre commercial et sa maison de couture. Elle reçoit à déjeuner les princesses impériales, car c'est elle qui a dessiné toutes les tenues noires pour l'enterrement de la veuve d'Hirohito. Puis, pendant que Bernadette découvre à Tokyo le nouveau quartier d'Odaiba et se promène à Shibuya, son mari gagne Okinawa pour le sommet des huit pays les plus industrialisés du monde. Mais pourquoi donc avoir choisi la 49e préfecture du Japon pour accueillir ce 25e rendez-vous ?

Si cette île, qui fut, pendant la Seconde Guerre mondiale, le théâtre des plus durs combats du Pacifique, n'a été rendue par les Américains qu'en 1972, leurs bases militaires en occupent encore 20 %. Or les Japonais veulent profiter des feux médiatiques de ce sommet pour attirer l'attention avant les dernières négociations. Vingt-deux mille policiers ont investi l'île pendant ce long week-end, où huit «guest-stars» se sont posées sur le tarmac de l'aéroport de Naha. Là où l'Airbus A310 de Jacques Chirac et l'Iliouchine 62 de Vladimir Poutine semblaient bien modestes au regard des deux imposants Boeing 747, *Air Force One* et *Air Force Two*, impressionnants appareils du Président Bill Clinton avec chambre à coucher, dressing-room, salle de conférences, salle de bains, deux cuisines équipées, deux bureaux présidentiels, unité médicalisée, bureau de secrétaires, six toilettes et surtout quatre-vingt-quatre téléphones. Une véritable Maison Blanche volante comparée au modeste salon d'accueil de première classe avec le lit étroit de l'avion présidentiel français, dont la «business class» et la classe «éco» sont respectivement occupées par la délégation officielle et par l'escorte policière et technique. Sans compter que, si Chirac emmène 22 membres de la sécurité, 12 du Service de protection des hautes personnalités et 10 du Groupe de sécurité de la présidence de la République, aucun d'entre eux, en dehors du garde du corps personnel de Jacques Chirac, n'a eu droit au port d'armes. La réglementation japonaise demeure très stricte en la matière. Sauf pour les Américains, dont les membres des «Secret Service», faisant toujours l'objet d'une dérogation spéciale, sont tous armés. D'autant qu'à Okinawa le Président américain bénéficiait en plus de l'appui logistique de la base américaine de Kanedo. Bill Clinton est soumis à de telles mesures de sécurité qu'il voyage même avec sa propre eau minérale. Dispositions créant forcément un fossé inévitable entre le Président des États-Unis et les autres hôtes. Et cela ne s'arrête pas là, car, après l'arrivée, il y a eu le ballet des limousines présidentielles. Mercedes à six portes, grosses Nissan noires ou Toyota Century, lourde Zil noire pour Vladimir Poutine et Cadillac bleu nuit hollywoodienne à double fanion pour Bill Clinton. Blindées bien sûr et venues des États-Unis par avion-cargo pour Clinton et de Russie pour Poutine, alors que tous les autres véhicules officiels étaient fournis par le Japon. Avec des normes aussi pesantes, c'est surtout le côté direct et chaleureux de Jacques Chirac qui donne un peu de liant à ce grand show économique mondial. Notre Président en prend un par l'épaule, plaisante avec un second entre les séances de travail, tandis que certains protagonistes tentent d'inventer des gadgets. Le Premier ministre japonais plante un arbre commémorant le sommet, d'autres annoncent qu'ils vont s'envoyer des e-mails… Et au milieu de tout cela, il faut mener le bal ! Chirac n'est jamais meilleur que dans ce genre d'exercice, lorsqu'il est naturel et sans notes. Chacun s'observe néanmoins avec une certaine raideur. C'est pourquoi le choix du sherpa, conseiller à la base du travail préparatoire des négociations et rédacteur du communiqué final, a son importance. Ainsi le Président français a-t-il opté pour un grand commis de l'État dans la plus pure tradition du Quai d'Orsay, Jean-Marc de La Sablière. Cet ancien ambassadeur au Caire, de vive allure dans ses costumes impeccables de Savile Row en fil-à-fil sombre avec ses chemises bleues assorties à la couleur de ses yeux, a l'air aussi frais au bout de dix-sept heures de négociation qu'après un week-end dans son Pays basque familial. Frais mais discret. Comme tout diplomate subtil, prudent, il préfère abriter son regard derrière de grosses lunettes d'écaille qui lui cachent la moitié du visage. Plus expansif, son patron est visiblement heureux dans ce genre de rendez-vous mondial de haut vol où l'on n'a pas une minute à soi. Avec douze manifestations en deux jours et demi, sans compter les deux conférences de presse et la rencontre informelle au bar de l'hôtel avec nous autres, journalistes français. Le Président est serein, sauf quand « le régisseur » des voyages présidentiels lui commande d'office un Coca : « Qu'est-ce que c'est ! dit-il en faisant la grimace. Pourquoi n'ai-je pas droit à une bière pression ? », questionne-t-il en pointant son regard vers un journaliste qui, lui, a un demi à la main. Ce dernier lui donnera un petit verre de bière et moi j'hériterai du Coca. Puis Chirac nous expliquera, avec une clarté et des mots simples, certains aspects du sommet. Ainsi, une heure durant, dans une atmosphère détendue, nous avons la fugace impression d'appartenir au prestigieux club des Huit. À ce détail près qu'eux sont munis d'un sobre pin's or et corail pour les Présidents et d'argent pour les sherpas. La «médaille d'argent», comme souligne La Sablière. Alors que nous portons de disgracieux badges plastifiés. Les choses compliquées ont l'air si simples quand elles sont expliquées sans tension par l'un de ses principaux acteurs. C'est pourquoi, afin d'avoir une vision différente du monde, je décide le lendemain de me rendre à une manifestation plus formelle, la conférence de presse de Vladimir Poutine. Curieusement, il n'y a pratiquement pas d'étrangers en dehors des journalistes de la Fédération de Russie. L'homme, aux traits réguliers, est sec, nerveux, ne sourit jamais. Il n'a rien du Russe jovial et au timbre sonore. Le spectacle de ses mains fermement agrippées à son pupitre a de quoi déconcerter quiconque est habitué à voir Jacques Chirac joindre bien souvent le geste à la parole. «Que pensez-vous de notre Président ?», ai-je demandé au Président russe. Avec un regard glacé, il m'a répondu sans bouger un cil : «M. Chirac est l'un des leaders les plus respectés de la communauté internationale et un Président très expérimenté sur de nombreux sujets. Franchement, il m'a grandement impressionné par l'étendue de ses connaissances, spécialement dans le domaine des arts martiaux – Poutine est ceinture noire de judo – Il m'a donné un livre sur les forêts amazoniennes. Je lui en ai offert un sur le Kremlin. La France ne doit pas oublier où est le Kremlin», lance-t-il en guise de conclusion le sourire légèrement moqueur…

Interviewant Vladimir Poutine, celui-ci m'a aussi dit avoir «beaucoup discuté avec M. Chirac de l'influence de la culture russe sur la culture française et, réciproquement, de la culture française sur la culture russe». L'homme issu du KGB est sévère comme son staff. Au hit-parade des sourires, Tony Blair, puis Bill Clinton et Gerhard Schröder. Les Italiens Giuliano Amato et Romano Prodi ont l'air plus spontanés. Le Canadien Jean Chrétien, que j'ai sans succès essayé de faire parler dans l'ascenseur, exprime pour sa part une discrète réserve aux accents *british*. Quant au Premier ministre japonais, réputé dans les hautes sphères d'Okinawa pour être particulièrement gaffeur, on raconte que, avant sa tournée dans les sept autres pays du G8, il avait étudié par cœur quelques mots d'anglais, dont l'incontournable question «*How are you?*» («Comment allez-vous?»), à laquelle on lui avait appris à répondre «*Very well, and you?*» («Très bien, et vous?»), et la réplique afférente : «*Me too*» («Moi aussi»). Il s'était alors trompé et avait dit à Clinton : «*Who are you?*» («Qui êtes-vous?») Prenant la phrase pour une plaisanterie, le Président américain avait alors répliqué : «*I am Hillary's husband*» («Je suis le mari de Hillary»). Et ce dernier de répondre : «*Me too.*» («Moi aussi»)... Chacun retint ses rires dans cet univers hautement protocolaire... Quant à moi, pour suivre tout ce dîner en direct, j'avais demandé à l'équipe technique de la chaîne japonaise NHK de passer ce moment du fameux repas dans leur camion de régie. Eux filmeront pour la postérité avec interdiction de diffuser en direct. J'ai donc en quelque sorte participé au dîner comme si j'étais dans la place. Ce qui m'a permis ensuite d'enrichir mon papier, car la concurrence était rude au milieu de tous ces confrères internationaux, ce qui oblige à une certaine malice.

Mais revenons à Jacques Chirac. Sans doute aime-t-il si profondément les Nippons que la simple vision de jeunes femmes en kimono dans le hall de l'hôtel suffit à le mettre de bonne humeur. Et pour satisfaire une fois de plus ses aspirations avant de rentrer pour le Conseil des ministres, il est allé ensuite passer deux jours en séjour privé avec Bernadette, cette fois près d'Atami, à cent kilomètres au sud de Tokyo, dans un *ryokan*, auberge traditionnelle japonaise où l'on dort sur un tatami.

Mais pourquoi donc cet amour viscéral pour l'empire du Soleil-Levant ? L'un de ses proches raconte que, dans sa jeunesse, son professeur de russe, après l'avoir naturellement entraîné à étudier cette langue, l'avait dirigé vers la culture indienne. Chirac ne s'y était pas attardé, préférant se plonger dans la Chine pour, enfin, se laisser happer par le Japon. D'où cette récompense après un sommet nerveusement épuisant. La vraie perle de son séjour !

Le président Sarkozy est reçu au Vatican par le pape Benoît XVI

– Année 2007 –

Lors de sa visite d'État au Saint-Siège, le 27 juin 1959, Charles de Gaulle, en jaquette sombre, s'était agenouillé devant Jean XXIII et lui avait demandé sa bénédiction. Autre siècle, autre protocole, le 20 décembre 2007, Nicolas Sarkozy, après s'être officiellement entretenu au Vatican avec le Pape Benoît XVI, s'est-il rendu à Saint-Jean-de-Latran, escorté, entre autres, par Marisa Bruni Tedeschi, la mère de la femme qui désormais fait battre son cœur. Le Pape ne commenta pas à chaud l'événement. Toutefois, le 265e Successeur de Pierre, intellectuel rigoureux, aurait certainement préféré recevoir un Président en tenue classique et chemise couleur hostie plutôt que bleu ciel et costume de ville. De fait, à l'ombre de Saint-Pierre, le protocole en vigueur reste encore de nos jours éloigné de la simplicité citoyenne, d'autant que le moindre écart à la tradition crée un précédent qui s'inscrit dans l'histoire de l'Église de Rome. C'est pour cela aussi qu'il paraît difficile d'ajouter à la dernière minute un invité surprise à une délégation officielle composée en principe de la famille proche, des collaborateurs institutionnels et d'invités restreints, sans risquer un incident diplomatique dans cet État souverain. Si, sur la forme, le Président semble s'être singularisé, il se serait rattrapé en fait sur le fond et aurait, murmure-t-on dans l'entourage de Sa Sainteté, séduit Joseph Ratzinger à travers vingt-cinq minutes d'un dialogue soutenu. Où Nicolas Sarkozy a, insistant sur les racines chrétiennes de la France, a fait l'éloge du catholicisme et des religions, « qui donnent un sens à l'existence de l'homme, réussissant à sa façon à conquérir le Saint-Père ». En réalité, depuis le Général, aucun chef d'État français ne s'était montré aussi enthousiaste envers l'Église catholique. Un Président plutôt raide en entrant dans le palais pontifical, ayant paru impressionné par la solennité des lieux, mais surtout par la sérénité du Pape et sa parfaite maîtrise du français, qu'il parle presque sans accent. Ému, le président de la République a, selon un rituel remontant au XVIIe siècle, été intronisé chanoine d'honneur de Saint-Jean-de-Latran par le cardinal Ruini, vicaire pour le diocèse de Rome dans la majestueuse basilique. Un privilège qui s'ajoute à une autre distinction, plus confidentielle, celle-là, de chanoine honoraire de la cathédrale de Saint-Jean-de-Maurienne en Savoie. Titre dont peut aussi se prévaloir celui qui est le chanoine de Saint-Jean-de-Latran. À l'issue de ces riches heures, le Président avouait avoir été heureux de se plonger dans les questions spirituelles avec ces hommes de foi et rappelait également avoir toujours aimé l'Italie… et ses beautés.

Deuxième visite au Vatican pour Nicolas Sarkozy, le premier Français

– Année 2010 –

L'un des atouts de Nicolas Sarkozy aux yeux de Benoît XVI : être à la tête d'un État où il n'y a pas encore de mariages homosexuels ni d'adoptions d'enfants par ces couples. Vue du Saint-Siège, la France reste, sur ce point de droit, un exemplaire îlot de résistance au cœur d'une Europe où sept pays, dont l'Espagne et le Portugal, ont déjà légalisé cette union. Puisqu'il n'est pas d'usage de faire de déclaration publique après une audience privée, le Président a offert un déjeuner Villa Bonaparte, dont le Tout-Rome s'est fait l'écho. En l'honneur de Tarcisio Bertone, le puissant cardinal secrétaire d'État, en présence des éminences françaises Etchegaray, Poupard, Tauran, des autres hauts prélats… et de sa délégation officielle. Dix membres dont Jacques Barrot, Jean-Claude Gaudin, mais pas Carla, car, à l'ombre de Saint-Pierre, un divorcé est tenu de venir seul. Au menu : langoustines, lotte truffée au basilic, mille-feuille aux fraises, arrosés d'un chablis 2007, d'un saint-émilion 2001 et de dom-ruinart. Le plat de résistance ? « Faire en sorte que l'Église, dotée des moyens spirituels qui lui sont propres, et la République avec les siens, servant de multiples causes communes, œuvrent ensemble pour la justice, la paix et la fraternité... », a souligné Nicolas Sarkozy. Bel exploit que d'avoir réussi à rencontrer si vite le Pape, là où, quand on demande à être reçu, on vous répond avec solennité : « À la grâce de Dieu. » Son secret ? Avoir osé court-circuiter le canal diplomatique en étant son meilleur ambassadeur auprès de l'influente secrétairerie d'État.

Quand François Hollande prend l'ascenseur du Pape François

– Année 2014 –

« C'est cette simplicité rayonnante du Pape François », comme l'a qualifiée François Hollande, qui attire tous les chefs d'État à Rome, dont lui, bien sûr ! Ainsi le Président français a-t-il été reçu récemment pendant trente-cinq minutes par Jorge Mario Bergoglio dans la traditionnelle bibliothèque du deuxième étage du palais apostolique. Soit un temps normal, mais qui en réalité représente un échange court quand on sait qu'avec un interprète cela diminue d'un tiers la durée de la conversation. Cet entretien solennel est précédé d'une arrivée officielle en grande pompe, encadrée par la garde noble – en habit et décoration – et accompagnée de la Garde suisse. L'entrevue n'a néanmoins permis que de survoler les grandes questions internationales, lesquelles ont ensuite été abordées entre le chef de l'État et le cardinal secrétaire d'État Pietro Parolin, Premier ministre du Pape. Heureusement, un usage providentiel veut qu'on ne révèle pas le contenu des échanges privés avec le représentant de Dieu sur Terre. Toutefois, lors d'une visite d'État, donc à caractère laïc, sans bénédiction, le face-à-face ne porte pas sur la situation personnelle ou la religion, on le devine. De fait, Vladimir Poutine, divorcé, a été récemment invité au Saint-Siège. Le Vatican n'est pas là, en effet, pour distribuer indulgences ou certificats de bonne conduite. Puisque, dans cette enclave céleste, il n'y a qu'une star qui brille dans le Ciel, le Pape. Ainsi les sujets secondaires à ses yeux ne doivent-ils pas, en théorie, venir brouiller l'image de « l'Homme en blanc ». Cependant, presque tous les quotidiens italiens ont titré, lors de la visite, sur les démêlés privés de notre Président, qui ont eu lieu dans la même semaine. Alors arrivé plutôt nerveux devant un Souverain Pontife au premier abord peu souriant et fronçant les sourcils. François Hollande était par ailleurs surpris que l'ascenseur du Pape, en acajou, soit décoré d'un médaillon en argent du protecteur saint Christophe ; cela plonge déjà l'hôte dans une atmosphère religieuse, et puis on ne sait jamais, si l'ascenseur tombait en panne entre deux étages ! Ce qui est arrivé un jour a un Pape, qui a dû être sorti de l'exigu vieil ascenseur par les pompiers. Le Vatican vaut bien ce détour. De fait, Barack Obama, à la tête d'une nation comptant 23 % de catholiques, avait été reçu deux mois plus tôt. Geste diplomatique quasi incontournable pour tout chef d'État quand on sait que cent quatre-vingts pays sont représentés au Saint-Siège. L'audience suivante était réservée aux prélats et aux auditeurs de la Rote romaine, ce qui ne permettait aucun débordement d'horaire. Privilège pourtant convoité que d'être le dernier hôte de la matinée car, pour ce Pape très politique, les sujets de fond passent bien avant les nourritures terrestres !

Le Pape François et Emmanuel Macron partagent le même tempérament fort, mais surtout le jeune Président est un ancien élève des Jésuites

– Année 2018 –

« Mardi prochain, je reçois le président Macron », m'a prévenue le Pape avec son sourire chaleureux. Je lui ai alors glissé à l'oreille : « C'est un ancien élève des Jésuites. » Le Saint-Père a souri, ajoutant : « Sûrement un bon élève... » C'était le jeudi 21 juin, à ses côtés nous allions à Genève et je n'osais pas dire au Souverain Pontife que le Président Macron m'avait demandé de l'accompagner au Vatican cinq jours plus tard.

Le déplacement d'Emmanuel Macron, sans être qualifié de visite d'État, reste néanmoins un acte très solennel et protocolaire. En dépit d'une actualité extrêmement chargée, Sa Sainteté a tenu à réserver le temps nécessaire à l'accueil du tout jeune Président français. Riche semaine, en effet, pour François qui, la semaine suivante, doit tenir un consistoire, cérémonie au cours de laquelle il va créer quatorze nouveaux cardinaux. Le lendemain, le Pape présidera la messe de saint Pierre et saint Paul, au cours de laquelle sont bénis les palliums, ces ornements liturgiques que reçoivent les nouveaux archevêques métropolitains. Auparavant, il aura abordé avec le Président français quelques sujets qui lui tiennent à cœur.

En effet, deux mois et demi avant, le 9 avril 2018, au collège des Bernardins, devant le tout-État catholique et les dignitaires des autres confessions, Emmanuel Macron avait expliqué souhaiter « réparer » le lien « abîmé » entre l'Église et l'État, et appelé « les catholiques à s'engager politiquement » en leur tendant la main. Cet exercice novateur fut suivi avec attention par le Vatican. De fait, Emmanuel Macron ne ressemble à aucun des chefs d'État qu'a rencontrés le Pape jésuite. Celui-ci peut comprendre mieux qu'un autre son langage, parce qu'ils partagent le même caractère fort, un tempérament de réformiste, mais surtout parce que le jeune Président et ancien élève des Jésuites a, en effet, reçu cette éducation rigoureuse qui relève de la plus grande tradition humaniste.

Le père Benoît Vermander, professeur de sciences religieuses à l'université de Shanghai, participant souvent à des colloques à Sciences Po, l'un des jésuites les plus brillants de sa génération, m'explique : « Il y a sans doute chez Emmanuel Macron un certain art du discernement qui l'amène à soupeser à la fois les facteurs éthique, historique et pratique, avant de prendre une décision. Et d'aller, selon sa propre expression, droit au but. Je vois aussi une caractéristique de notre éducation dans la façon dont son discours mobilise la mémoire et l'imagination. C'est ce qu'enseigne, entre autres, la pratique du théâtre, laquelle fut un trait de la pédagogie jésuite dès le XVIIe siècle. Tout cela, ajouté à l'ambition qu'il a pour l'Europe et au respect qu'il manifeste envers les convictions spirituelles, appréciées comme une contribution au débat public, est susceptible de rencontrer un écho chez François. À condition que l'art du discernement ne soit pas un simple art du verbe. Qu'une attention concrète soit portée à la situation des plus pauvres, des déclassés, et que le Président s'engage avec responsabilité et humanité dans l'adoption du pacte mondial sur les réfugiés, que le Vatican défend avec ardeur sur la scène internationale. »

Saura-t-on jamais ce qu'ils se sont dit pendant leur long entretien privé, dans le célèbre bureau papal du palais pontifical, en présence seulement de l'interprète français, le père Landousies, un ami d'enfance du ministre des Affaires étrangères Jean-Yves Le Drian ? On peut l'imaginer sans peine : accueil urgent des migrants, défense de l'environnement, construction européenne, situation des plus défavorisés des chrétiens d'Orient et révision des lois de bioéthique, le sujet le plus délicat.

Si nombre d'analystes politiques veulent d'abord voir dans cet événement une arme de séduction envers le monde catholique, il faut rappeler que chaque président de la Ve République, à l'exception de Georges Pompidou, a été reçu en audience privée par le Souverain Pontife. Les visites d'État sont plus rares : de Gaulle en juin 1959 sous le pontificat de Jean XXIII, puis Jacques Chirac en janvier 1996 sous celui de Jean-Paul II. De Gaulle se rendra de nouveau dans le Vatican de Paul VI, en mai 1967. Valéry Giscard d'Estaing est, lui, reçu par Paul VI en décembre 1975, « année sainte », puis en octobre 1978 par Jean-Paul II, que le président Mitterrand rencontre à son tour, en visite privée, en février 1982, quelques mois à peine après son élection. Nicolas Sarkozy ira deux fois au Saint-Siège, en 2007 et 2010, sous Benoît XVI. Enfin, François Hollande fait une visite privée au Pape François en janvier 2014. Il retournera s'entretenir avec le Saint-Père en août 2016, après les attentats de Nice et de Saint-Étienne-du-Rouvray, puis en mars 2017 à la veille de l'anniversaire des traités de Rome.

C'est généralement dans le courant de la première année de leur mandat que nos élus rencontrent l'évêque de Rome. Ce n'est évidemment pas une remise en question de la laïcité. Le Pape est un chef d'État, d'un pays de quarante-quatre hectares, certes, mais dont le rayonnement est mondial. Son influence déborde largement les murs de la cité du Vatican. Ainsi,

Giovanni Maria Vian, directeur de *L'Osservatore Romano*, le quotidien du Saint-Siège, a récemment rappelé le poids de Paul VI à l'ONU : « C'est lui qui, le 4 octobre 1965, lors de son appel pour la paix à l'Assemblée générale des Nations unies, plaida pour que l'ONU accepte des pays jusque-là exclus, telles la Chine communiste et l'Indonésie, mais aussi ceux divisés, l'Allemagne, la Corée et le Vietnam. »

Ces visites officielles ne sont guère l'occasion de sonder l'âme de nos élus. Elles relèvent d'abord d'une tradition séculaire : la France est « la Fille aînée de l'Église ». Depuis Clovis, baptisé au Ve siècle, notre pays s'est construit et unifié autour de la défense de la religion catholique. De cet héritage, il reste un témoignage un peu désuet : le titre de « premier et unique chanoine d'honneur de la basilique Saint-Jean-de-Latran », la cathédrale de Rome. Cet honneur a été conféré à Henri IV et à ses successeurs en reconnaissance de la générosité du « bon roi », qui avait affecté les revenus d'une riche abbaye française à la célèbre basilique. À l'instar du général de Gaulle, de Valéry Giscard d'Estaing, de Jacques Chirac, de Nicolas Sarkozy et maintenant d'Emmanuel Macron, les chefs d'État français reçoivent généralement cette distinction à l'issue de leur première visite. Comme le confie Son Éminence Paul Poupard, doyen des cardinaux français à Rome, « malgré les apparences, le Saint-Siège n'a jamais eu d'alliée plus fidèle que la France. Cette belle continuité est dans l'ordre des choses ».

Vingt-quatre heures qui vont marquer le mandat d'Emmanuel Macron, ce jeune Président si sensible à l'Histoire. Quant à la Première dame, quelqu'un lui aura sans doute fait remarquer que, à proximité du palais Farnèse où, exceptionnellement, le couple présidentiel a séjourné, se trouve un couvent de religieuses suédoises, les brigittines, dont le fronton est orné de la devise *In Honorem Sanctae Brigittae* (« En l'honneur de sainte Brigitte »). Ça ne s'invente pas !

Quand la souveraine britannique rencontre un Souverain Pontife

– Année 2014 –

« Désolée, Très Saint-Père, de vous avoir fait attendre, nous avons eu un déjeuner sympathique avec le président Napolitano », a expliqué la reine Élisabeth, souriante et imperturbable, en arrivant au Vatican avec vingt bonnes minutes de retard. Il est 15 h 23, ce 3 avril 2014, la souveraine s'avance vers Sa Sainteté qui, de son accent chantant, prononce un chaleureux « *Welcome !* ». Uniques paroles en anglais avant qu'un interprète de la secrétairerie d'État l'assiste. Pour cette audience privée avec un protocole allégé, il avait été prévu d'inviter Sa Majesté à Santa Marta, où habite le Pape. Mais, afin de lui éviter des marches glissantes, elle a finalement retrouvé le Successeur de Pierre non loin de là, dans l'enceinte du bâtiment Paul-VI, côté cour. Cette visite est un acte de courtoisie, m'indique le cardinal français Jean-Louis Tauran, à la tête du Conseil pontifical pour le dialogue interreligieux, « l'usage voulant que tout chef d'État en visite à Rome se rende auprès du Pape ». C'est la cinquième fois qu'Élisabeth II rencontre un Souverain Pontife. D'abord Pie XII, alors qu'elle n'était que princesse, puis Jean XXIII, en 1961. Jean-Paul II l'accueillit en 1980 et en 2000. Enfin, en 2010, c'est Sa Majesté qui invita le Pape Benoît XVI en Grande-Bretagne.

Une audience entre le Souverain Pontife et la souveraine britannique, même lorsqu'elle ne vient pas en tant que Gouverneur suprême de l'Église anglicane, n'est jamais banale. À bientôt 88 ans, la reine en impose toujours à son entourage par son panache. D'ailleurs, en privé, Jean-Paul II racontait volontiers que seule la reine d'Angleterre l'impressionnait, parce qu'elle était un chef religieux, comme lui, et de surcroît une femme ! La fille aînée du roi George V, dont l'Église est séparée des catholiques depuis le divorce d'Henri VIII, au XVIe siècle, et sans doute l'unique personnalité sur Terre à n'être éblouie de rien.

Mais de quoi ont pu donc parler ces deux icônes pendant leur petite demi-heure d'entretien, où elles étaient assises dans les profonds fauteuils de velours bordeaux du vaste salon moderne, devant une table basse garnie d'un bouquet de lis blancs ? L'élégante dame n'avait retiré ni son seyant manteau ni son chapeau fleuri, mais, après tout, le Pape n'ôte pas sa calotte ! Leur art consommé de la diplomatie et de la bienséance a incité les protagonistes à ne point évoquer les problèmes internes à l'Église d'Angleterre. Les souverains auraient en revanche disserté sur le nouvel archevêque catholique de Westminster, Son Éminence Vincent Nichols, que le Pape venait de créer cardinal lors du Consistoire du 22 février dernier. Appréciant beaucoup les Beatles, Jorge Mario Bergoglio aurait aussi parlé des chanteurs.

Mais comment s'habille une reine en visite chez le Pape ? Le protocole exige qu'une personnalité royale non catholique soit vêtue d'une robe noire au-dessous du genou, les épaules couvertes, sans décolleté, et n'arbore pas de bijoux, au mieux un collier de perles. Seules les reines catholiques portent traditionnellement du blanc cassé. Un honneur donc uniquement aux dignes souveraines réservé à Sofía d'Espagne, Mathilde et Paola de Belgique. En revanche, les vaticanistes gardent en mémoire la visite de 1989 où l'épouse du président Mikhaïl Gorbatchev, Raïssa, fit sensation en se présentant avec un tailleur rouge vif devant Jean-Paul II... Cependant, comme chef de son Église, la reine d'Angleterre n'obéit de ce fait à aucune règle et peut réinventer sa propre étiquette. C'est pourquoi elle a choisi des tons pastel et a, comme d'habitude, agrémenté son manteau d'une somptueuse broche en saphirs et diamants et d'un collier de perles sur lequel le Pape des pauvres, qui n'avait sûrement jamais vu de tels joyaux, lançait des discrets regards. Le courant est tout de suite passé entre elle et le Successeur de Pierre, car la reine Élisabeth émeut tous ceux qui l'approchent par sa façon à la fois touchante et subtile de ne jamais être dans le rapport de force ; de plus, tous deux partagent une simplicité rayonnante. Ainsi la souveraine n'a-t-elle pas hésité à lancer ce charmant message lors des échanges de cadeaux : « Très Saint-Père, j'ai sélectionné ceci expressément pour vous », afin que le Pape des pauvres ne soit pas tenté de les redistribuer... Son ambassadeur près le Saint-Siège et ancien secrétaire particulier du prince Charles s'était renseigné, et bien que ce soit le carême, Élisabeth II est arrivée avec une très grande malle d'osier remplie d'exquis et appétissants produits biologiques de ses propriétés royales. Du whisky écossais de Balmoral, du miel des ruches de Buckingham Palace, du jus de pomme, du cidre, de la marmelade d'orange et de la moutarde de Sandringham, des œufs et du cerf fumé de Windsor. Une exception toutefois : le thé venait de la célèbre maison de Oxford Street, Fortnum & Mason. Le duc d'Édimbourg a été, cet après-midi-là, fort disert sur les très chics produits maison avant que la reine, le regard aiguisé, confie : « J'ai ajouté nos incontournables portraits signés dans des cadres en argent. Je crains que vous ne puissiez échapper à ces conventionnels cadeaux ! » François qui, lui aussi, vit en autarcie grâce aux produits de sa ferme de Castel Gandolfo, a les yeux qui brillent car, même Pape, il reste gourmand. Et a pour sa part opté pour des présents plus symboliques : une croix d'argent sur une base sphérique en lapis-lazuli à l'intention de son arrière-petit-fils, le prince George de Cambridge. « C'est pour le petit ! », a-t-il glissé en espagnol, remettant le cadeau à ses prestigieux hôtes. « Il s'y intéressera quand il sera plus grand ! », a répondu la reine. Autres souvenirs : un fac-similé d'un décret d'Innocent XI, datant de 1679, et des médailles et médaillons pour le duc d'Édimbourg. Raffinement exquis, Sa Gracieuse Majesté qui, par son charme discret et son attitude spontanée, a conquis le moins royaliste des Papes et rendu, ô miracle, presque féministes les membres de la Curie, portait un manteau couleur parme, exactement du même ton que la glycine courant en cette saison sur les murs de la résidence pontificale. Un raffinement suprême qui a été commenté ensuite *sotto voce*.

Le cardinal Lustiger retrouve au cirque son âme d'enfant

– Année 2005 –

Ce n'est pas un conte pour enfants sages, mais l'histoire vraie d'un archevêque de Paris, Jean-Marie Lustiger, qui, avec sur la tête une calotte rouge aussi vive que la houppelande du Père Noël, est venu une nuit du 24 décembre célébrer la messe de minuit sous le chapiteau d'un cirque aux lumières rouges et bleues. Celui d'Alexis Gruss où, ce soir-là, comme dans la Bible, alors que nous sommes au bois de Boulogne, l'arche de Noé précède la Nativité avec sa cavalerie : alezans, portugais, turkménistans, camarguais, éléphant d'Asie…

Trois décennies de souvenirs, d'émotions avec Gipsy, l'épouse d'Alexis, Stéphan, Firmin et Maud, Nathalie et Laure, Charles et Alexandre, les jumeaux de 13 ans, ses petits-enfants et Louis, 6 ans, le benjamin de la troupe… Ils sont dix Gruss, jongleurs, danseurs, musiciens, trapézistes, acrobates, écuyers à se produire sous les filets du Très Haut, avant de faire place à l'autel et à son tapis pourpre. Pour Alexis, même si ce n'est pas tendance, Dieu est toujours là, qui le protège. Lors de chaque numéro périlleux, lui et ses enfants se signent avant d'entrer en piste. « La foi, confesse-t-il, n'est vraiment pas une chose compliquée. Comme l'existence, elle se construit au fil des épreuves. Et même lors de la mort de mon deuxième fils, Armand, où ce jour-là j'ai hurlé, Dieu ne nous a pas abandonnés. » Raison sans doute pour laquelle le célèbre écuyer et dresseur de chevaux rêvait-il, hommage suprême à sa corporation, que Son Éminence vienne présider la messe de minuit. Alors Jean-Pascal Duloisy, dynamique curé de Notre-Dame-de-l'Assomption, paroisse dont dépend le cirque installé dans le 16e arrondissement, a demandé dès l'été dernier à l'archevêque s'il accepterait, pour fêter le trentième anniversaire du cirque Gruss, de concélébrer cette messe de Noël au cœur de la piste de sciure de treize mètres de diamètre, avec d'autres prêtres, des enfants de chœur, deux diacres et avec les deux cents choristes venus de toute la région parisienne. Immédiatement, Jean-Marie Lustiger, qui n'est pas retourné au cirque depuis son enfance, s'enthousiasme pour cette idée. « Je me suis dit que [c'était] un moment et un public merveilleux. Si j'arrivais à réunir les familles et les enfants, mais aussi les personnes seules dont les gens de la rue, les chômeurs, pour prier et entonner les cantiques, ce serait formidable. » Lustiger a toujours aimé les défis ! C'est ainsi qu'est monté cet office de Noël sous une chapelle de toile. Sacristie de fortune dans la caravane qui sert d'habitude de classe aux petits Gruss, repassage des chasubles et des étoles, stockage du vin de messe « moelleux », des cierges, du calice, des ciboires et des deux mille huit cents hosties confectionnées par les sœurs visitandines, sans oublier la plus imposante, grande comme une pizza, afin qu'elle puisse être vue du gradin le plus haut. La future messe est lancée, seront distribués quelques milliers de calendriers cartes de vœux comprenant une invitation à la célébration de Noël pour motiver les paroissiens de Passy, soit une organisation exemplaire menée avec une bienveillante autorité par ce curé du 16e, l'œil pétillant aux faux airs de Louis de Funès. Le prêtre a réussi le grand jour à tout maîtriser, si ce n'est la tension qui régnait avant l'office, car les concélébrants étaient intimidés par le cardinal, dont le rayonnement et la sévérité ont toujours impressionné le clergé parisien. Et étaient fascinés par la sérénité et le calme d'Alexis Gruss, le Patriarche circassien issu de l'une des plus anciennes et fameuses tribus du cirque français, ayant un siècle et demi d'Histoire et de traditions derrière lui. Un homme au regard perçant, n'élevant jamais le ton, pour qui chaque soir le cirque est avec passion, sans frime, la preuve que la poésie existe encore. Alliance sensible de l'art équestre, de la rigueur, du savoir-faire et de la foi ; croyant au dénuement de Dieu, qui lui a donné le courage d'avoir un jour tout recommencé. C'était en décembre 1999, juste après la messe de minuit, quand la tempête a détruit toutes ses installations et qu'Alexis Gruss, homme de caractère, est reparti. Lustiger quant à lui, personnalité austère, brillante et dominatrice, marqué à jamais par la déportation de ses parents, est aussi de la race de ceux qui luttent, ne renoncent jamais. Leurs maîtres mots : innover, conquérir, transmettre, risquer, travailler, partager. C'est pourquoi leurs chemins étaient tracés pour se rencontrer, car, Alexis Gruss le souligne : « Rien n'est acquis, tout se mérite chaque jour. » On l'écouterait exprimer des heures durant ses convictions religieuses. « Le fil du funambule, cette plateforme de départ et d'arrivée, c'est un peu la naissance, la vie et la mort. Et la foi est une question de confiance. » La sienne a été façonnée par une mère pieuse. La présence chrétienne est réelle dans cet univers, et l'aumônier du cirque, le père Dominique Auduc, prêtre et clown qui sillonne la France pour prêcher la bonne parole, a fort à faire.

Ce soir-là, l'église éphémère accueillait une mosaïque sociale composée des gens les plus vulnérables aux plus prestigieux,

Son Altesse Impériale la princesse Alix Napoléon, les déshérités de la vie, les bourgeois nantis, les gardiens d'immeuble, les amoureux du cirque et les autres… boulangers, SDF, P-DG… Tous ont partagé cette veillée d'espérance. Tous ont prié face à l'autel installé à l'entrée de la piste et admiré en silence les enfants de la balle jongler avec le feu des torches. Dans une odeur d'étable rappelant l'allégorie de l'Enfant Jésus, prêtre majestueux de 79 ans, Jean-Marie Lustiger, au magnétisme ravageur, a ce 24 décembre 2005 réussi à marier la messe de Noël et le cirque. Domptant par la force de sa prière et son contagieux mysticisme les trois mille personnes présentes avec la même grâce qu'Alexis Gruss fait danser ses chevaux sur la piste. Créant une extraordinaire alchimie entre les croyants, la tribu Gruss et les artistes. Deux heures inoubliables d'une parenthèse céleste qui a provisoirement effacé toutes les barrières sociales. Lorsque, à l'issue du *Magnificat*, l'archevêque de Paris, dopé par la ferveur des fidèles et l'amour qui règne au sein de la grande famille du cirque, retrouvant miraculeusement des cordes vocales plus sûres, a exprimé sa joie et remercié « l'église vivante, les animaux et l'éléphante qui a associé sa voix à la prière », les croyants, en communion avec lui, mais également la troupe l'ont acclamé un long moment. Jean-Marie Lustiger paraissait aussi ému que ses ouailles, lui que les gens du cirque venaient de reconnaître comme un *rachaï*, ce qui signifie « envoyé de Dieu ». Et le cardinal irradiait soudain. Homme de Dieu qui, en plus de cinquante ans d'apostolat, a célébré des messes dans bon nombre de paroisses de Lutèce, à la prison de la Santé, en Terre sainte et aux côtés de deux Papes, Jean-Paul II et, plus récemment, Benoît XVI, retrouvait son âme d'enfant. Le public continuait de battre des mains. On se serait cru en Italie, à Rome, l'un des derniers lieux où l'on applaudit encore dans les églises.

Pourtant, nous étions aux côtés d'un Alexis Gruss qui, depuis trente ans, murmure à l'oreille de ses chevaux, et d'un cardinal qui, l'espace d'une nuit, a transformé un chapiteau en cathédrale.

Cette nuit-là, le président de la République et l'archevêque de Paris sont étreints par la même émotion

– Année 2019 –

«*Diabolus hoc fecit*» («C'est le diable qui l'a fait»), soupire-t-on au Vatican lorsqu'on n'a plus d'explication rationnelle. Il faut reconnaître qu'en l'espace de trois ans Notre-Dame de Paris vient de vivre deux terribles drames. Avant l'épreuve du feu, il y eut celle de l'eau, jusque-là tenue secrète quand, en juin 2016, les grandes crues de la Seine ont inondé la crypte de la cathédrale. Et que les cercueils des archevêques de Paris inhumés dans cet édifice depuis le XVe siècle flottaient ce matin-là; sous la pression de l'eau, plusieurs s'étaient même ouverts. Macabre spectacle de tristesse et de désolation.

Et voilà que le 15 avril 2019, lendemain du dimanche des Rameaux, un terrible incendie ravage peu avant 7 heures du soir Notre-Dame de Paris. Désastre sur le plan architectural, artistique et d'abord religieux, mais n'ayant fait, grâce à Dieu, ce lundi noir providentiellement aucun mort, comme l'a souligné Mgr Chauvet, recteur-archiprêtre de la cathédrale. Et miracle grâce aux pompiers et à lui, la sainte couronne d'épines du Christ, relique achetée par Saint Louis à des banquiers vénitiens il y a près de huit siècles, a été sauvée. Ce début de semaine sainte est marqué par une tragédie, en premier lieu pour l'archevêque de Paris, Mgr Michel Aupetit, dont c'est le siège épiscopal et qui préside aux grandes célébrations et messes solennelles. De quoi en effet invoquer Satan ! Une catastrophe qui a immédiatement entraîné le président Macron à reporter son allocution télévisée, et à s'engouffrer avec son épouse dans sa voiture officielle pour se rendre sur place et partager la tristesse de Mgr Aupetit.

« Nous sommes unis dans ce grand malheur qui nous touche », a lancé le haut prélat, la voix grave, aux côtés d'Emmanuel Macron, visage défait, tous deux abrités dans les locaux de la préfecture de police, juste en face du brasier de Notre-Dame, où ils ont passé plusieurs heures entourés notamment du Premier ministre et du ministre de la Culture. Faut-il rappeler que, malgré la loi de 1905 marquant la séparation des Églises et de l'État, les cathédrales appartiennent à l'État ; et, ce soir-là, chaque Parisien et chaque Français, quelle que soit sa religion ou la région qu'il habite, avait l'impression que c'était sa cathédrale qui partait en fumée. D'ailleurs, il était émouvant de constater cette triste nuit la proximité entre la République et l'Église, c'est-à-dire Emmanuel Macron et Michel Aupetit, impuissants devant les flammes. L'un semblait oublié du Ciel et le chef des armées était, quant à lui, désarmé devant cette fatalité.

Très vite arriveront de multiples élans de solidarité nationale et internationale, avec des messages venus de chaque coin de l'Hexagone et de l'étranger. Joint le soir même, l'un des vicaires généraux, Benoist de Sinety, le souffle coupé tant il était impressionné, soulignait : « Même si ce bâtiment religieux se trouve au cœur de la capitale, il appartient au monde entier. »

Au-delà de sa beauté, Notre-Dame de Paris est en quelque sorte une PME menée par son recteur assisté des 10 prêtres, 20 clercs étudiants, 5 organistes et 160 chanteurs de la Maîtrise.

Ce qui représente 67 salariés et 40 bénévoles. Une respectable assemblée, encadrée par 5 vicaires généraux et 3 évêques auxiliaires partageant souvent leurs repas, circule à vélo ou à moto et vit dans des studios rue des Ursins, sur l'île de la Cité, ou à l'ombre de la cathédrale. Alors qu'ils se sentent désormais « orphelins » et sont anéantis, ces « travailleurs de Dieu » savent que, un peu partout sur Terre, on « communie » avec eux dans la peine. Après tout, ce majestueux bâtiment religieux jusque-là flamboyant n'est pas seulement celui des Parisiens. Qu'ils appartiennent au « club des grands », tel Donald Trump, ayant immédiatement fait part de sa tristesse, ou qu'ils soient des croyants, voire de simples touristes, tous sont sous le choc. La preuve ? Les plus importantes chaînes de télévision américaines et bon nombre d'autres pays ont interrompu leurs programmes pour diffuser en direct, pendant une heure et demie, les impressionnantes images du drame. C'est en effet sous ces voûtes célestes que Charles de Gaulle vint écouter, le 26 août 1944, le *Magnificat* après la Libération de Paris. C'est là que furent célébrées des messes de requiem pour le Général, les présidents Georges Pompidou et François Mitterrand, et qu'il y eut en 2015 une messe à l'intention des victimes d'attentats terroristes. Des événements s'inscrivant dans le marbre de Notre-Dame, cathédrale dédiée à la Vierge Marie, dont les débuts de la construction commencèrent en 1163. Témoignage permanent de notre histoire, continuité et fierté aussi quand Brigitte Macron, par exemple, y guide Melania Trump. Et que d'autres hautes personnalités tels le roi et la reine de Suède, le commandant suprême des forces alliées en Europe, le chef de la Ligue islamique mondiale… s'y arrêtaient – après l'efficace discrète inspection non pas de saint-bernard, mais de chiens renifleurs d'explosifs de la police – et venaient admirer ses richesses : les trois rosaces, les gargouilles, les escaliers en spirale… jadis décrits avec verve et précision par Victor Hugo dans son roman éponyme. Une cathédrale également dans l'air du temps écologique, puisqu'elle abrite même trois ruches d'abeilles, produisant sans être suppléées l'hiver en glucose quelque cent kilos de miel par an.

Gloire nationale en somme que ce monument ayant reçu également trois Papes : Pie en décembre 1804 VII, lors du couronnement de Napoléon Ier; Jean-Paul II en août 1997, à l'occasion des Journées mondiales de la jeunesse; et Benoît XVI, en septembre 2008. Quel prestigieux passé historique pour l'une des seules églises de Paris à n'être pas une paroisse, et qui accueillait plus de trente mille visiteurs par jour. Ainsi, au-delà des préoccupations religieuses classiques de ses prêtres, cela signifiait s'occuper de l'accueil, du chauffage, de la petite boutique d'objets pieux, de la sécurité. On comprend mieux pourquoi le Seigneur a son syndicat ! Avec ce quotidien parti en fumée, il faut donc maintenant décider du lieu des célébrations des prochaines fêtes pascales. Or on murmurait, déjà en fin de soirée, que la messe chrismale pourrait être dite, comme celle de Pâques, à Saint-Sulpice, seule église assez vaste pour contenir autant de fidèles. Malgré le soutien du président de la République, l'archevêque de Paris avait l'air assommé par ce spectacle de désolation. En effet, pour celui qui détient ce prestigieux siège épiscopal, voir brûler son église est un peu comme si le lion roi des animaux se retrouvait sans crinière ! D'ailleurs, Michel Aupetit ne savait plus vraiment le lendemain à quel saint se vouer. Consolation néanmoins, les bâtiments périphériques, dont les bureaux de la maison diocésaine, rue du Cloître-Notre-Dame, c'est-à-dire à quelques mètres à peine de la cathédrale, n'ont pas été atteints.

Enfin, aurait-on voulu ce soir-là avertir le Pape François de cette si triste actualité que cela aurait été impossible : après 20 heures, le standard ne répond plus. Le Vatican dort déjà.

Munie des deux mots-clés *halal* et *haram*, je peux affronter la terre du Prophète

– Année 2011 –

« Que Dieu vous bénisse ! » C'est par les paroles du Prophète, inscrites en arabe et en anglais à l'avant de la carlingue de l'Airbus A320 de Saudi Arabian Airlines, que commence mon reportage en Arabie Saoudite. Le ton est donné. L'aventure avait cependant débuté avant roissy. Cet indispensable visa sur mon passeport vierge de tout tampon israélien, je l'espérais depuis quatre mois. À Paris, à l'ambassade d'Arabie Saoudite, au fil des rendez-vous, où l'homme qui me recevait me tournait le dos pour ne jamais voir mon visage, on me promettait ce fameux sésame me permettant, un jour, en théorie proche, de me rendre dans ce royaume sans touristes qui ne délivre que des visas professionnels aux étrangers.

Alors, le samedi précédant le départ pour Riyad, l'ambassade m'ayant enfin annoncé que je pourrais partir la semaine suivante, j'ai filé à Belleville. Guidée par mon amie musulmane Keira, j'ai acheté deux *abayas*, amples tuniques noires couvrant le corps, et des voiles dans les mêmes tissus afin de ne laisser deviner aucune forme ni attirer le regard des hommes. Respectueuse des règles du pays, il me faut au moins deux uniformes islamiques. De toute façon au Vatican, déjà, pour ne pas me faire remarquer, je m'habille tout en noir façon bonne sœur avec, comme elles, des chaussures de gendarme. Mais, cette fois-ci, je maîtrise encore mal la technique qu'ont les musulmanes de cacher leurs cheveux sous le voile et d'accentuer leur regard de braise par un maquillage parfait. Ainsi, à peine montée dans l'avion, je file dans les toilettes pour me changer et adopter la tenue de rigueur. De fait, comme je suis brune, les yeux cernés, je me fonds dans le décor. Les règles du wahhabisme, interprétation stricte de l'islam, s'appliquent déjà en vol. Ce régime fondé sur un équilibre subtil entre la famille royale et l'establishment religieux interdit aux femmes de voyager sans le feuillet jaune de sortie et leur tuteur, le *mahram*. C'est-à-dire leur chaperon qui, lorsqu'elles ne sont pas mariées, peut être leur père, leur frère, voire un oncle. Impossible de donner rendez-vous à un homme dans un café ou, pis encore, chez elles. Certes, elles peuvent envoyer des SMS à la dérobée et se connecter à des réseaux sociaux grâce au portable, mais l'impitoyable brigade des mœurs, appelée «Mutawa», la police religieuse, n'est jamais loin… Impensable aussi de conduire une voiture, d'aller à vélo. Que ce soit au restaurant, dans les administrations ou les lieux publics, il y a toujours deux espaces distincts : l'un pour les hommes et l'autre destiné aux femmes et aux familles. Ces informations précieuses me plongent vite dans l'ambiance et me rappellent que le roi Abdallah, 88 ans, sur le trône depuis 2005, est le gardien des lieux saints, la Grande Mosquée de La Mecque et celle du Prophète à Médine. Ainsi règne-t-il sur le pays le plus conservateur du monde musulman, fondé en 1744 par la dynastie des Al Saoud, qui ne reconnaît pas l'égalité des sexes, et dont les contours actuels, dessinés par le roi Abdul Aziz, ne datent que de 1932. Munie de ces données essentielles et de deux mots-clés arabes, *halal* («permis») et *haram* («interdit»), je peux affronter la terre du Prophète, avec ses 25,5 millions d'habitants, dont 83 % ont moins de 30 ans.

Après six heures de vol, je récupère ma valise et, avec Isabelle Eshraghi, la photographe, nous évitons l'espace consacré à la prière et rejoignons celui réservé aux familles pour attendre la voiture envoyée par l'hôtel. Une demi-heure de route et nous voici dans le centre-ville de Riyad, au Novotel Al Anoud, dans King Fahd Road. Je n'ai aucun repère en dehors de la fameuse Al Mamlaka Tower, au sommet à la forme singulière de décapsuleur. Illuminée la nuit, elle fait encore plus d'effet. On se croirait en permanence sur une autoroute, car la ville, qui s'étend sur quatre-vingts kilomètres, est desservie par six impressionnantes voies dans chaque sens. Tout est immense : j'ai l'impression d'être un grain de semoule dans un plat de taboulé ! À peine arrivée, je file dans ma chambre au mobilier fonctionnel, où je compulse la liste de mes contacts.

Première bonne nouvelle, je suis invitée le lendemain à dîner chez MAA, féministe, psychologue et photographe, qui refuse de révéler publiquement son identité et chez qui j'ai failli ne jamais arriver. Comme les femmes ne conduisent pas, leurs indications sont souvent approximatives, les rues ne comportant ni nom ni numéro, il est donc difficile de s'orienter le soir. Les enseignes fluo défilent : Rolex, Patek Philippe, Burger King, Pepsi-Cola, Red Bull… mais j'y suis. Mon hôtesse reçoit dans sa charmante maison dix féministes impliquées dans l'éducation, les associations, l'informatique, l'enseignement… Leur *dress code* ? Pour la majorité, pantalon sombre, veste longue et lourds bijoux en argent. Un verre de jus de fruit à la main, ces quinquas s'expriment l'une après l'autre en anglais. « Notre société est cadenassée, les mariages encore arrangés. Nous refusons la dictature de l'époux et n'acceptons pas d'être cantonnées bien que bardées de diplômes aux secteurs de la santé, de la mode, de la communication, du social… » Revendications claires avant qu'on annonce l'arrivée imminente du conseiller culturel français, Daniel Ollivier. Dès cet instant, les bouillonnantes contestatrices revêtent toutes voile et *abaya* !

Le lendemain matin, après avoir parcouru l'*Arab News*, quotidien publié en anglais, où il n'y a presque jamais de photos de femmes, même voilées, je cours au Al Faisaliah Hotel. Un palace de marbre, où les femmes d'influence donnent leurs petits déjeuners et repas d'affaires. J'ai rendez-vous avec Authug Al Shehail, avocate – malgré sa profession, elle ne va pas au tribunal –, Sallam Al Rayyas, responsable dans l'enseignement primaire, Muna Abusulayman, à la tête d'une fondation humanitaire, Kholood Al Dukheil, banquière, et Heidi Al Askari, directrice du Centre Salman pour les recherches du handicap. La quarantaine, sophistiquées et chics, dans leurs *abayas* de grands stylistes locaux, elles portent quelques bijoux de bon goût. Issues de la classe dirigeante et des meilleures universités anglo-saxonnes, ces polyglottes sont à la fois humbles et sûres d'elles. « Nous sommes conscientes d'être un exemple pour la libération des femmes, me confient-elles. Mais, ici, *évolution* ne signifie pas *révolution*. » Nouvel étonnement, car, malgré leur autorité, leur entregent et leur discours progressiste, aucune n'a ce jour-là – non plus – quitté sa tenue traditionnelle. Grâce à mes nouvelles connaissances, qui s'étendent au fil des rencontres, bien que pour les musulmans le week-end commence le vendredi, jour de la grande prière à la mosquée, je vais rencontrer des artistes. D'abord Wafa Yousef Bahai, divorcée, jeune archéologue et peintre. Elle a reçu de nombreuses distinctions dont, en 2002, le Premier Prix de la femme artiste saoudienne. Après qu'elle m'a montré ses tableaux très colorés, nous déjeunons avec l'une de ses amies. Puis allons boire un café avec Haïfaa Al Mansour, réalisatrice du film *Femmes sans ombre*, présenté dans plus de quinze pays. La réalisatrice travaille à Bahreïn, car en Arabie Saoudite le septième art n'existe pas ! Je vais ensuite dîner chez Zaher Al Munajjed, homme d'affaires cosmopolite, et son épouse, Rana. Ils appartiennent à la grande bourgeoisie intellectuelle. Nous passons d'un salon à l'autre. Dans la salle à manger est dressé un exquis buffet. Brochettes de mouton, poulet et viandes diverses, caviar d'aubergine, salades, irrésistibles pâtisseries au miel et boissons acidulées. On marche sur de magnifiques tapis orientaux anciens, l'ambiance est feutrée, sympathique. Là encore, Rana n'a pas ôté son voile ! Les femmes portent des robes brodées de grands couturiers européens, mais uniquement entre elles. Elles mènent souvent une existence fastueuse, raffinée, partagée entre plusieurs propriétés, mais toujours à l'abri des regards. Le luxe ne transpire pas non plus des bâtiments officiels et des gratte-ciel, qui sont construits pourtant dans des matériaux nobles et fonctionnels. Quant aux imposants palais de style arabe ou néoclassique bâtis dans de la belle pierre claire, on les devine derrière les murs d'enceinte, protégés des regards par un épais écran d'arbres et de verdure dans cette ville pratiquement sans trottoirs, hormis ceux de Tahlia Street, les Champs-Élysées saoudiens. On se trouve dans un perpétuel tourbillon de sable et de poussière, au milieu d'ombres noires trottinantes et d'hommes en *thobe* – longue chemise blanche – ou en jean, avec en fond sonore les bruits des moteurs des grosses cylindrées japonaises Toyota et Mitsubishi. À l'horizon, des panneaux de signalisation verts en arabe et en anglais et des galeries commerciales, mais pas de puits de pétrole comme dans *Tintin au pays de l'or noir*, juste les minarets des mosquées et des dunes.

Changement de décor pour une journée avec mon cher bestiaire, en théorie moins compliqué à photographier…

D'abord les dromadaires. Après une demi-heure de route, nous arrivons au Camel Souk. Les enclos s'étendent à perte de vue avec de magnifiques bêtes brun foncé ou crème pour les plus pures et les plus recherchées, qui ne ressemblent guère à ces misérables et tristes presque décolorés dromadaires que l'on voit dans nos cirques et parcs animaliers. Ces camélidés ont une démarche chaloupée, de longs cils, les yeux en amande et des pommettes hautes. Les chameliers leur parlent avec douceur et ils répondent par un blatèrement sonore ! Ces hommes montrent-ils la même tendresse à leur(s) épouse(s)... ? Avec égard, ils m'expliquent dans un anglais approximatif que ces mammifères jadis transporteurs de sel, baptisés « vaisseaux du désert », sont devenus de très chers et décoratifs animaux de compagnie, et coûtent de 3 000 à 500 000 euros à des propriétaires gâtés qui les élèvent pour le plaisir et les exposent dans leur jardin en guise de décor chic, telles des Ferrari.

Notre ambassadeur, Bertrand Besancenot, m'a invitée au Prix des ambassadeurs sur l'hippodrome royal, aussi vert que Longchamp... Un véritable exploit ! En dehors des diplomates et de leurs proches, il n'y a ici que des Saoudiens, mais aucun turfiste puisque l'islam interdit les jeux d'argent. Une consolation, néanmoins : une tombola permet de gagner des voitures. Les courses gratuites sont un hommage du souverain à son peuple, pour la noblesse des pur-sang, essence même de la culture arabe. Je suis reçue ensuite à Dirab, dans le haras du roi Abdul Aziz, où sont élevés 170 chevaux arabes exceptionnels, dont 64 extraordinaires spécimens de la plus pure lignée du désert saoudien. Ce centre pilote pour les chevaux arabes fait autorité sur tous les haras du Moyen-Orient. On me propose même de monter un pur-sang. Je n'ose dire non, sans être très rassurée, mais que ne ferait-on pas pour préserver la réputation de *Paris Match*. Je suis testée, en somme ! Autre rencontre exceptionnelle : sultan Al Mandeel et ses faucons, qu'il dresse d'abord pour la joie de les voir voler très haut dans le ciel bleu et de les nourrir. Quand il part à la chasse, il les emmène dans le désert à bord d'un somptueux 4×4 spécialement aménagé et «si, par malheur, l'un d'eux s'égare» sultan n'en dort plus et s'inquiète autant que pour ses enfants, avoue-t-il. Lorsqu'il a posé Azam, son rapace préféré au plumage grivelé, sur ma main droite, protégée par un épais gant de cuir, j'étais partagée entre la crainte et la fascination. Un oiseau de proie et de prix : quelque 40 000 euros ! Une petite somme, comparée au coût des sibériens, qui peuvent valoir jusqu'à 200 000 euros !

Le lendemain, direction Djedda. Une heure de vol pour atteindre la deuxième métropole du pays, 3,5 millions d'habitants, dont l'aéroport accueille les pieux musulmans en route vers La Mecque. Vision insolite dans l'appareil que cette vingtaine de pèlerins de tous âges se rendant à la Kaaba vêtus du traditionnel *ihram*, une toge blanche couvrant le torse, une autre la taille jusqu'aux genoux sans rien en dessous. Dès l'atterrissage, eux aussi esclaves du Net, ils se sont précipités sur leurs portables ! Cette ville sur les rives de la mer Rouge est la préférée des jeunes, qui s'y rencontrent plus facilement, où même un étranger ressent moins de pression que dans la capitale. L'air marin et les palmiers dattiers vous font ici presque oublier que vous êtes dans le désert. Je suis reçue chez Sara Ben Laden, photographe à ses heures, souriante et distinguée, membre du richissime clan du même nom. D'origine yéménite, ces empereurs du BTP ont, depuis 2001, pris leurs distances avec le chef d'Al-Qaïda, leur cousin, mort le 2 mai 2011. Néanmoins, je suis un brin nerveuse.

Beaucoup de tribus yéménites, syriennes, irakiennes, égyptiennes, palestiniennes, libanaises... dépossédées par les diverses révolutions nationalistes successives ont également émigré en Arabie Saoudite. Aujourd'hui, Sara Ben Laden a invité quelques amies dans sa belle demeure du quartier résidentiel, avec des meubles anglais XIXe et d'autres plus contemporains. Elles sont toutes à la tête d'une famille nombreuse, de trois à six enfants – elle-même en a quatre. Leur métier ? Styliste, joaillière, éditrice, psychologue clinicienne… Ces jolies Saoudiennes entre 30 et 40 ans, robes près du corps ou jeans chics et chemisiers de soie, qui portent de fins bijoux ornés de pierres précieuses, représentent la nouvelle génération ayant réussi à s'affirmer au sein de ce système encore féodal en créant son «business» : «Puisque nous n'avons ni cinéma, ni théâtre, ni aucune autre activité culturelle ou sportive, que tout reste à faire, nous inventons notre propre culture. Cela signifie trouver des niches et nous ouvrir à la société. Comme nous sommes bien secondées à la maison, nous pouvons nous impliquer pleinement.» Sveltes malgré leurs maternités répétées, elles n'ont plus le profil de l'odalisque aux formes généreuses alanguie sur un sofa moelleux ou dans un hammam. Image désormais surannée symbolisant la culture et les artistes orientalistes des «riches heures d'Istanbul». Sara souligne que seulement 13 % des femmes travaillent et dénonce un de leurs principaux handicaps : l'interdiction de conduire, diktat impensable vu de chez nous ! Certes, elles reconnaissent que les mieux nées, éduquées, soit l'élite, peuvent s'offrir un chauffeur, ainsi que celles de la classe moyenne choisissant d'y sacrifier une partie de leur salaire puisqu'il n'y a pas de transports en commun. Quant aux plus modestes, elles ont obligatoirement recours aux hommes de la famille, sauf les salariées qui bénéficient d'allers-retours à la charge de leur employeur.

Les femmes abordent sans détour les questions d'héritage : «Les frères sont presque toujours avantagés.» Le divorce ? «Il est généralement favorable aux maris.» La polygamie ? «Être bigame, c'est banal ! On dit alors "mon épouse favorite" pour désigner la principale. Il paraît qu'en France, cela se fait aussi, ajoute l'une d'elles. Cependant, quand la seconde joue un rôle plus important que la légitime, elle garde, me dit-on, l'éternel statut de "maîtresse"... » Je les interromps : « Peut-on avoir quatre épouses à la fois ? — C'est moins fréquent qu'autrefois et toujours compliqué, car le Livre sacré prévoit que chacune soit traitée de la même manière ! Chez nous, où, il n'y a encore pas si longtemps, les voyages duraient des mois, les hommes avaient souvent une femme dans chaque caravansérail. Nous sommes néanmoins d'une certaine façon autonomes, puisque nous disposons de notre propre argent. En revanche, contrairement à vous, nous ne changeons pas de patronyme, et notre univers tourne d'abord autour de la famille et des enfants. À la maison, c'est la mère qui commande. Elle est le ciment entre les uns et les autres, les enfants des diverses unions... Cela lui donne une réelle aura. Il règne un esprit de clan renforcé par le Code de la famille et la religion, hérité d'une époque où la péninsule était celle des tribus nomades. » Parmi elles, l'une ose porter un voile de couleur fuchsia, alors que les autres l'ont ôté, ainsi que l'*abaya*, quand, au milieu du repas, une des invitées regarde sa montre en or et se dirige vers l'un des salons, où après avoir remis son voile, sort son petit tapis pour prier dix minutes. Je suis médusée : sacrifie-t-elle à ce rite cinq fois par jour comme le lui dicte la religion ?

Le lendemain, me voici au sous-sol de l'hôpital universitaire King Abdulaziz de Djedda. Un complexe moderne, non loin des palais princiers et du centre historique, avec ses maisons traditionnelles ocre et blanches, ses balcons et fenêtres de bois brun ou vert et son souk, où les marchands vendent tissus, parfums, pistaches, fruits secs, épices... Je suis avec le Pr Soad Khalil Al Jouani. Blouse et voile blancs, elle est entourée de son équipe composée également d'hommes – médecins, laborantins –, une exception...

Chercheuse, oncologue, hématologue, elle exerce dans le seul milieu où la mixité est tolérée. Issue de la première promotion des vingt-quatre Saoudiennes qui ont reçu en 1981 le titre de docteur en médecine, madame la professeure insiste sur les problèmes de santé publique. « Nous souffrons d'innombrables cas de leucémie, de cancer, en particulier du sein et du foie, et sommes victimes d'une inquiétante pollution et de beaucoup d'irradiations en raison des innombrables portiques de sécurité. Sans compter les diabètes à cause d'une alimentation trop sucrée et du manque d'exercice physique, même si Lina Al Maeena, que j'ai rencontrée, a monté une équipe féminine de basket et une école pour les fillettes de 6 à 12 ans. On déplore également beaucoup de cas de bêta-thalassémie, cette maladie du sang répandue sur les bords de la Méditerranée, et beaucoup d'enfants handicapés en partie à cause des mariages consanguins… Des chiffres ? Comment vous donner des statistiques précises ? J'essaie de ne pas être trop pessimiste, car je crois aux campagnes de prévention pour soigner certaines formes de cancer. J'ai mis au point le BM 701 – qui doit encore recevoir deux autorisations internationales avant sa mise sur le marché. En attendant, je prescris du lait de chamelle… C'est bon pour presque tout ! »

Une réalité passée sous silence à laquelle est pourtant aussi confrontée Maha Al Juffali, à la tête du plus important centre privé pour enfants handicapés de Djedda. Ce bâtiment, qu'elle a conçu il y a vingt-cinq ans grâce à la générosité de son père, héritier d'une des plus puissantes familles locales, reçoit quelque trois cent cinquante enfants de 3 à 18 ans. En Arabie Saoudite, les gens extrêmement fortunés pratiquent tel un devoir, à l'instar de la famille royale, la philanthropie. Ainsi, quelque cinq mille membres se partagent selon leur rang les colossaux revenus des pétrodollars et redistribuent une petite partie de leur fortune à des œuvres… J'ai eu l'honneur de pouvoir rencontrer à l'université féminine Effat, qu'elle préside, Son Altesse Royale la princesse Loulowa Al Fayçal, fille du roi Fayçal. Après m'avoir expliqué que ce lieu fondé par sa mère accueille neuf cents étudiantes, cette grande dame a abordé sans détour l'épineux sujet de l'égalité des femmes. «Si, en 2011, elles sont aussi préparées et compétentes que les hommes, ces derniers ne sont toujours pas prêts à les faire travailler. C'est leur manière de les protéger, prétendent-ils. Ne point trouver de débouchés professionnels les frustre, bien sûr. Il ne faut cependant pas oublier notre passé; nous descendons de tribus, sommes un peuple de Bédouins et de commerçants, ce qui nous a permis de survivre. Un passé qui conduit des compagnies parfois présidées par des femmes et encore familiales à ne pas être cotées en Bourse, car les gens ici veulent gagner de l'argent très vite...»

«Pourriez-vous me parler de Sa Majesté le roi, votre père ? — C'était un personnage qui se consacrait pleinement à son pays. Le soir, nous l'attendions pour réciter les prières à ses côtés. Il préférait prendre ses repas avec ses dix-huit enfants plutôt qu'avec ses ministres... Nous étions vingt-quatre à table et une centaine de personnes nous servaient et s'occupaient de l'intendance. Élevés en autarcie dans de très vastes propriétés, sans protocole et avec beaucoup plus de simplicité qu'à la cour d'Angleterre, nous avions des chiens, des chats, des lapins, des paons, des vaches, des chevaux et des faucons pour la chasse... J'ai étudié à la maison car, à l'époque, il n'y avait pas d'école pour les filles, puis au collège, en Suisse. — Êtes-vous attachée aux traditions ? — À Paris, où j'ai un appartement, et à l'étranger, j'enlève l'*abaya*, mais je couvre ma tête et je mesure combien il est encore difficile de maintenir les coutumes. Grâce au roi Fayçal, chacun, autrefois, connaissait son rôle dans la tribu, et le souverain veillait à ce qu'on transmette nos valeurs, nos traditions d'hospitalité, de générosité, de politesse, de droiture, de respect de notre religion… » La princesse en impose par son calme, son allure et sa sérénité.

Être à Djedda signifie également un détour dans un centre commercial où, là encore, j'ai vu des salles de prière séparées. Après un thé au Starbucks, j'ai rejoint les étages, réservés aux femmes, et flâné dans les allées marchandes pour admirer les boutiques de luxe… Véritables écrins qui ferment tard le soir et rivalisent de somptuosité. Marbre de Carrare, porphyre, lapis-lazuli, malachite, dorures, boiseries, spectaculaires lustres de cristal brillant de mille feux. Les patientes vendeuses guident une clientèle aussi gâtée qu'exigeante qui, parfois, va ensuite « s'égarer » chez Carrefour, accompagnée cette fois de ses domestiques philippines. Les rayons sont ordonnés comme en France et proposent notamment du jus de pomme et de raisin pétillant dans des bouteilles de champagne ou de bière, que les Saoudiens transforment souvent en vin en y ajoutant de la levure. Cette escapade m'a permis de constater que, malgré un cliché répandu, la célèbre poupée Barbie aux cheveux longs, certes, vendue sans son compagnon Ken, ne porte ni voile ni *abaya*. Une audace qui n'existe pourtant que dans un monde virtuel ! Comme me l'a rappelé l'une de mes interlocutrices qui a souhaité garder l'anonymat : « N'oubliez jamais que l'Arabie Saoudite est à nos yeux la mère des cités arabes, qu'elle a donc une identité très forte, conquise grâce au Coran et à l'épée. Voilà pourquoi nous avons un tel respect de la religion et que vous ne verrez que des mosquées… »

J'ai le cœur serré, je viens de barrer le dernier nom de ma liste d'interlocutrices qui, peu à peu, s'était allongée, car, comme je l'avais espéré, chaque personne m'en a présenté une autre, sinon impossible de rencontrer les gens qui comptent et d'établir avec eux des relations de confiance. Cet inoubliable reportage, où le voile ne s'est jamais déchiré, a été un bain d'émotions, un choc des cultures, m'amenant à conclure que leurs heures ne sont pas les nôtres ! Si le temps ne s'est pas arrêté, il semble d'abord fait d'espérance, de patience, de fatalité, de résignation, de rêves débridés peut-être aussi, voire secrètement d'un univers subliminal ? Comment, par ailleurs, interpréter l'*abaya* et le foulard ? Au risque d'en choquer certains, je confesse que sur place on s'y habitue et, toute autre considération mise à part, c'est plutôt commode les jours où on n'a pas envie de s'habiller et où on est mal coiffée. De toute façon, pourquoi devoir faire des parallèles entre nos deux civilisations, opposées et si complexes…

Lorsque, peu avant mon retour, une suffragette éclairée s'est défendue : « Comment pouvez-vous êtes outrées que nous n'ayons pas encore le droit de vote, alors que vous ne votez que depuis 1945 ? Vous ne pouvez travailler sans l'autorisation de vos maris que depuis 1965 et n'avez dépénalisé l'homosexualité qu'en 1981, dans un pays vieux de deux mille ans… comparé au nôtre, dont l'unification ne s'est faite qu'en 1932 ? Nous avons déjà parcouru beaucoup de chemin ! » Embarrassée, je n'ai su répondre… la route est encore longue… En fin politique, le vieux et prudent roi de droit divin Abdallah l'a pressenti depuis longtemps puisqu'il a entamé une série de changements… à son rythme. Réformes accélérées depuis les mouvements de révolte, d'exaltation de liberté qui, en Tunisie, en Égypte, en Libye, en Syrie, au Bahreïn, au Yémen… secouent le monde arabe. Annonçant exceptionnellement à la télévision une série de mesures depuis son bureau : la création de 4 millions d'emplois, la construction de 500 000 logements, le salaire minimum mensuel relevé à 800 dollars, l'assistance aux chômeurs, la distribution de cadeaux en espèces, soit 70 milliards de dollars d'aides, et la promesse d'autres avancées sociales. Souffle de modernité, germes semés du changement, ce royaume conservateur s'orienterait-il bientôt vers le multipartisme et une monarchie constitutionnelle ? Comment répondre ? Après tout, chacun son passé, ses racines, son histoire ! Alors, comme dans la chanson de Gabin, je me suis dit : « Maintenant je sais, je sais qu'on ne sait jamais [...]. Le bruit ni la couleur des choses [...]. C'est tout ce que je sais. Mais ça, je le sais. »

À la gloire de la République

– Année 2021 –

Comment oublier cette vision magique de la Garde républicaine et l'inimitable bruit de leurs sabots sur le pavé parisien au petit matin du 14-Juillet, une impression quasi sensuelle quand, ce jour-là, j'ai vu passer au trot sur les quais de la rive gauche quelque deux cents cavaliers en grande tenue d'apparat : tunique noire et culotte blanche, sabre, casque flamboyant à houppette et plumet rouges, bottes noires, gants blancs. Enchantée par cette scène, je me suis alors garée n'importe où, quitte à attraper une contravention, afin de suivre à perte de vue ces chevaux bai, alezan et bai brun avec des damiers sur la croupe. Ainsi est née l'idée de ce reportage. Je voulais en savoir plus sur ce corps militaire d'élite qu'est la Garde républicaine à cheval. Partager le temps d'un reportage l'extraordinaire et singulière complicité qui existe entre eux et leur monture. Cela impliquait de les suivre pendant leurs activités en province, et d'abord à Paris, au « quartier » Carnot, dans le 12e arrondissement, à proximité du bois de Vincennes, et sur leurs quatre hectares des Célestins, boulevard Henri-IV. Siège de leur régiment le plus connu, celui de cavalerie avec 470 chevaux et 550 hommes et femmes commandés par un général de division et qui comprend deux régiments d'infanterie, un de cavalerie, un état-major, des formations musicales avec un orchestre et un chœur de l'armée française.

Un monde à part, doté de règles strictes, où l'on vit d'une certaine manière en autarcie en ayant un sens aigu de la hiérarchie et du service de l'État. Ils habitent pour nombre d'entre eux au sein des casernes parisiennes ou de la petite couronne à proximité de leur monture, des selles français, mais aussi à côté des ateliers d'armurerie, de confection des coiffes et uniformes, de sellerie. Les cavaliers balaient devant leur box, préparent leurs chevaux, les nourrissent, les pansent, les sellent, les dessellent et les amènent toutes les six semaines chez le maréchal-ferrant, lui-même cavalier de la Garde, afin de clouer de nouvelles ferrures amortissantes et antidérapantes, car la corne des pieds pousse et s'abîme vite en ville ! Généralement peu bavards, comme tout militaire qui se respecte, sauf quand il s'agit de leur passion, dont ils parlent avec amour, tel Mastroianni évoquant sur le ton langoureux de la confidence celles qu'il avait séduites. « Une vocation comme d'être médecin ou curé de campagne, marin-pêcheur…, reconnaît le maréchal des logis-chef Patrick B. D'ailleurs, explique-t-il, on exerce parfois cette profession de génération en génération, et les femmes, dont les premières sont entrées il y a vingt ans, représentent désormais un tiers de nos effectifs. Il n'est pas rare, en effet, de voir des familles à cheval comme les sœurs bretonnes Maeva la blonde et Sophie la brune, toutes deux unies à des collègues, dont l'une à Antoine le timbalier sur son imposant percheron gris à la tête de l'escorte. »

Soyons un brin chauvins, après tout ! Les Italiens, les Suisses, les Marocains, les Américains, les Australiens, les Chinois… et les Anglais, bien sûr – les premiers au XVIIIe siècle –, avec leurs fameux Horse Guards, ont une garde d'honneur ou une police montée. « Aucun pays cependant ne possède un régiment aussi complet que le nôtre, c'est-à-dire affecté à la fois aux services officiels, à la surveillance du territoire et à la sécurité publique », souligne l'ancienne ministre de l'Intérieur Michèle Alliot-Marie. « Un régiment de premier ordre, envié à l'étranger, qui en impose par son savoir-faire et son panache », conclut-elle. Ce sont aussi les derniers militaires de l'armée française à porter un casque de tradition. Une si belle image que, lors d'une mission de surveillance à Chambord, des touristes n'ont pas hésité à aborder ces sympathiques gendarmes et à leur demander pourquoi leurs chevaux avaient sur les oreilles un petit bonnet tricoté au crochet : « Pour les protéger des insectes, bien sûr ! », répondit spontanément Adeline. Déjà enthousiasmés de voir un vol d'hirondelles au-dessus de leur tête, les visiteurs des lieux les ont priés de se laisser photographier aux côtés de ces cavaliers de belle allure. Le noble équidé, toujours plus tendance et dans l'air du temps à l'heure de l'écologie, suscite un contact étroit avec la population. Laquelle est heureuse de pouvoir rencontrer ceux qu'ils ont pu voir à la télévision lors des majestueuses manifestations officielles. Des escortes présidentielles composées de 200 chevaux de même taille et de 28 motards de l'escadron motocycliste de la Garde, qui entourent le command-car décapotable du Président, descendant pour la dernière fois du quinquennat les Champs-Élysées. Et pour les troupes montées, présenter les armes parfaitement alignées et immobiles au son de la musique militaire reste un défi. Quelle volupté de s'approcher de la garde d'honneur, très applaudie, en ouvrant le défilé du 14-Juillet. Cet exercice exemplaire de rigueur avec ses chevaux, dont chaque pas millimétré est digne de la grande tradition équestre française, se prépare même toute l'année, car réussir à parcourir de façon absolument parfaite ce fameux kilomètre qui mène de l'Arc de triomphe à la Concorde en étant de part et d'autre du véhicule d'Emmanuel Macron ne s'improvise pas. Sans compter les répétitions de la fanfare au rythme des tambours et des cuivres. « L'une des particularités de la cavalerie est que chacun de nous forme et s'occupe au quotidien de son cheval, rappelle un garde. Ceux qui défilent pour la fête nationale ont au minimum 5 ans. « Les jours précédant le 14-Juillet sont consacrés aux répétitions, qui se font en nocturne ou au petit matin. On procède par étape pour bien repérer le parcours. »

Un peu d'histoire républicaine : créée en 1802 par Bonaparte Premier consul, la garde municipale de Paris sera baptisée Garde républicaine en 1849 et rattachée à la gendarmerie. Depuis le 1er janvier 2009 sous la tutelle du ministre de l'Intérieur, elle comprend quelque deux mille neuf cents militaires. Le régiment de cavalerie de la Garde républicaine s'est produit chaque année, sauf rares exceptions, pendant les périodes de guerre et les conflits. Contrairement à ce que l'on pourrait croire, le défilé n'a pas toujours été fidèle aux Champs-Élysées et, de surcroît, en 1982, celui-ci eut lieu à la nuit tombée. La météo joue son rôle, car les fortes pluies sont particulièrement redoutées, la chaussée et les pavés mouillés rendant alors ce singulier ballet risqué, tel qu'on l'a vu cette année où deux chevaux sont tombés en glissant, entraînant leur cavalier au sol. Notre glorieuse parade militaire initiée en 1880 reste, pour la Garde républicaine notamment, une épreuve de force représentant huit heures en selle. Un défi pour lequel les cavaliers se préparent tout au long de l'année dans leurs vastes manèges et carrières au cœur de la capitale avec une extrême rigueur. La réputation du 2e régiment d'infanterie intéressant Sa Gracieuse Majesté la reine Élisabeth, cavalière émérite et experte en la matière, elle avait souhaité se rendre en 2004 au manège des Célestins à l'occasion de l'une de ses nombreuses visites d'État en France.

Loin des cérémonies officielles et protocolaires, la Garde patrouille par ailleurs dans le parc domanial de Chambord et à Marseille, où, comme sur tout le littoral, le régiment de cavalerie apporte son concours aux unités de gendarmerie départementale. Ces missions saisonnières de sécurité publique s'étendent autant à la Champagne lors des vendanges qu'en hiver à proximité des parcs ostréicoles côtiers.

Alors comment devient-on cavalier de la Garde ? Il faut d'abord monter très bien à cheval – niveau galop 7 – et être issu de l'une des cinq écoles de sous-officier de la gendarmerie nationale situées à Chaumont, Châteaulin, Tulle, Montluçon ou Dijon. Après avoir suivi une année d'enseignement et passé l'examen, moins de 5 % des candidats intégreront ce régiment fort convoité. Un réel bonheur ensuite de voir ces hommes de l'art s'entraîner jour après jour dans les trois manèges ou les carrières parisiennes. Il est 8 heures, déjà de nombreux cavaliers à l'intérieur comme à l'extérieur travaillent à la longe, marchent au pas pour la détente, effectuent des figures au trot… Appliqués, précis, exigeants avec eux-mêmes, chaque geste est codifié. La patience semble leur maître mot. N'a-t-on pas un peu l'impression d'entrer en religion dans cet univers silencieux où le temps est galant ? Une aventure de quelque trente-cinq années pour le cavalier qui monte des hongres et des juments achetés à des éleveurs de l'Hexagone, lesquels commencent à servir dès l'âge de 3 ans jusqu'à l'aube de leur dix-huitième année. Après cela, ils sont confiés à leur maître ou « adoptés » par le public, à condition que ces derniers les accueillent uniquement pour un repos paisible et mérité et qu'ils garantissent à l'État que le noble animal ne fera pas de compétition ou ne sera point revendu. D'autres finissent leur existence dans l'association Lyne-Gueroult du domaine de Coty-Briard en Normandie. Quant au militaire, il prend sa retraite à l'âge légal autour de la soixantaine.

C'est Charles de Gaulle qui remi à l'honneur la Garde républicaine à cheval, car sous la IVe République cette unité de gendarmerie servait surtout à pied lors des manifestations publiques. Son sens inné du rayonnement et de la souveraineté de la France, son goût prononcé du décorum ont donc redonné leur éclat à ces troupes montées. Comme me le confie l'amiral Philippe de Gaulle : « Mon père a fait augmenter les effectifs de la Garde républicaine à cheval. À ses yeux, sa bonne présentation et sa prestance justifiaient ce geste. Elle symbolisait d'une certaine façon l'image de la Garde impériale à Waterloo, considérée la plus belle, la plus prestigieuse garde à cheval des grands pays. » Le Général avait sûrement raison ?

14.

SURPRISES

Vacances romaines

Une surprise doit rester une surprise, car si on la raconte, ce n'est plus une surprise ! Allons la chercher à Rome ! D'abord dans les pas de celui qui a été de longues années durant le talentueux directeur de *L'Osservatore Romano*, le journal du Saint-Siège, Gian Maria Vian. J'ai côtoyé ce lumineux universitaire d'abord dans l'avion du Pape, avant d'écrire avec lui un livre et d'autres textes. Il va nous faire découvrir la Ville éternelle.

Le *clavigero* de la chapelle Sixtine – le maître des clés – Gianni Crea va ensuite prendre le relais pour nous mener dans les dédales des musées du Vatican jusqu'au plus célèbre chef-d'œuvre de Michel-Ange.

Enfin, je n'ai pas résisté pour ma part, à inviter les lecteurs à se promener le temps d'un week-end au cœur de la Rome éternelle.

Revenons après cette excursion dans l'Histoire qui nous aura aussi permis de goûter la savoureuse cuisine italienne et pousser le jeu du jumelage qui unit Rome et Paris, en faisant dialoguer des deux cuisines en étant d'abord passé par une promenade séduisante à l'épicerie du Bon Marché. Donnons le mot de la « faim » à Guy Savoy, dont l'établissement quai de Conti a été désigné cinq années de suite meilleur restaurant au monde, lequel pour conclure, après son interview, propose quatre menus – un par saison – avec leurs recettes, au même prix que le livre.

Giovanni Maria Vian

Vacances romaines pendant une petite semaine

« Une vie entière ne suffit pas pour visiter Rome. »

À la simple évocation de vacances romaines revoit-on, la mythique Audrey Hepburn, gracieuse et insouciante, parcourant la Ville éternelle à l'arrière de la Vespa du séduisant reporter joué par Gregory Peck dans le film *Vacances romaines*, ou Marcello incarné par Mastroianni dans *La Dolce Vita* sillonnant Rome à la recherche de scoops. Inspiré par ces deux films culte, fallait-il, question de symbole, trouver un journaliste pour nous faire visiter la plus belle capitale au monde ? C'est chose faite grâce au Pr Vian, historien, écrivain et directeur pendant onze ans de *L'Osservatore Romano*, le quotidien du Saint-Siège, qui vient de publier l'ouvrage enchanteur *Andare per la Roma dei papi*[1] – « Se promener dans la Rome des Papes ». Il a accepté d'être mon guide touristique éclairé, invitant le lecteur à partager sa science et ses émotions. Quel bonheur, en effet, d'avoir un Romain de souche pour nous mener hors des sentiers battus avec sa vision à la fois historique, pratique et culturelle de la plus belle ville du monde.

1. Il Mulino, « Ritrovare l'Italia », 2020.

Un projet ambitieux, cher professeur, qu'une petite semaine pour découvrir votre ville ?

Rome est tel un livre d'histoire, ou plutôt un dictionnaire illustré qu'on peut parcourir à sa guise l'esprit curieux. Ainsi il suffit juste d'observer, de lever la tête pour être émerveillé par l'environnement ! Et, avec stupeur, continuer…

Quels sont vos conseils ?

En premier d'avoir de bonnes chaussures, car les pavés romains usés fragilisent la marche. Or notre ville, comme dans *Vacances romaines*, se visite à scooter ou à pied. N'oubliez pas de vous munir d'un plan avant de vous promener au hasard des rues ! Mais l'instinct y joue aussi sa part. De toute manière, dans le centre historique, c'est quasiment impossible de circuler en voiture et plus encore de se garer.

Comment faire ?

Cela implique d'abord d'aller en marchant à la découverte de l'Antiquité à travers ses vestiges permettant aux visiteurs d'atteindre les racines de notre civilisation. Tout semble avoir été imaginé par des Romains conquérants, audacieux, ayant un sens de la grandeur et de la beauté sans égal. Ne m'en veuillez pas si je suis un brin chauvin !

Un réel défi, donc, que d'arriver à tout voir ?

Certes, Rome ne s'est pas faite en un jour, c'est pourquoi je conseillerai de consacrer au moins six jours à cette ville, voire plus. Il paraît quasi impossible de réussir à s'imprégner de sa magnificence en moins de temps. Pour en avoir une première idée. Après, on y retournera…

Qu'avez-vous sélectionné ?

D'aller visiter les ruines du Colisée avec ses tribunes, ses arènes, ses souterrains, puis le Forum sur la colline du Palatin, jadis berceau et centre de l'Empire romain ; les thermes de

Caracalla, c'est-à-dire les ruines des immenses bains publics qui portent le nom de l'empereur ennemi du « gladiateur », si bien illustré dans le film de Ridley Scott sorti en 2000. De marcher ensuite sur les pierres de la Via Appia, celles mêmes parcourues au Ier siècle par saint Paul pour entrer dans Rome. Le plus plaisant serait de s'y promener au coucher du soleil, lorsque les monuments paraissent teintés d'or et que, sur les mausolées ombragés, se dessinent de mystérieux visages humains. Faire un tour par la Villa Borghese, verdoyant parc naguère propriété privée du puissant cardinal Borghese. Ce domaine désormais public est le seul réel bain de chlorophylle au cœur de la capitale. Avec un agrément supplémentaire, son musée rempli de chefs-d'œuvre du Bernin, l'un des artistes qui ont donné à Rome son style grandiose.

Et vos places magnifiques ?

Allez Piazza del Popolo voir l'obélisque égyptien, avant de monter jusqu'à la colline du Pincio ; ne manquez pas la Piazza Navona, remarquable par ses proportions. Il faut aussi admirer son extravagante fontaine, ses somptueux palais baroques, son obélisque. Et grimpez les marches hautes et glissantes de la Piazza di Spagna. Vous serez alors récompensé par une vue imprenable sur Rome avec deux édifices détenus par la France. Celui de la Trinité-des-Monts, aux deux clochers symétriques. Et la Villa Médicis, domaine de sept hectares acheté par Napoléon Bonaparte aux descendants des Médicis afin d'y installer l'Académie de France à Rome, où a notamment été tournée la série télévisée de Sorrentino *The Young Pope*. Incontournable, la Fontana di Trevi, datant du XVIIIe, avec son imposant dieu de la mer en pierre, si apprécié des amoureux et des metteurs en scène. Le Panthéon et sa coupole éblouissante, la forteresse de Castel Sant'Angelo. Cela singifie de garder assez d'énergie pour visiter Trastevere, quartier populaire typiquement italien aux ruelles étroites et vieilles maisons, et d'entrer dans l'église de Santa Maria in Trastevere, où resplendissent de merveilleuses mosaïques d'or médiévales.

Tant de belles églises !

On en compte un petit millier et depuis 1870, date à laquelle les Romains votèrent leur rattachement au royaume d'Italie, il n'y a pas seulement des églises catholiques, mais celles protestantes, orthodoxes... tel que je l'explique dans mon petit livre. Sans compter les synagogues. À ce propos, il faut savoir que la communauté juive de Rome est la plus ancienne au sein de la diaspora, puisqu'elle s'est établie à Rome deux siècles avant la naissance de Jésus-Christ ! Autre moment de bonheur que la visite des quatre basiliques majeures, églises papales par excellence. Sainte-Marie-Majeure, consacrée à la Vierge, décorée d'un plafond à caissons de bois doré à l'or fin, premier or importé d'Amérique. Saint-Jean-de-Latran, la cathédrale de l'évêque de Rome et dont, singularité, le Président français est selon la tradition chanoine d'honneur. Le premier fut Henri IV, qui, après avoir abjuré sa religion protestante, se réconcilia avec le Pape. En témoignage de son allégeance au Souverain Pontife, il reçut alors en hommage ce titre honorifique transmis depuis lors à tous ses royaux successeurs et maintenant aux Présidents de la République française. Arrêtons-nous à Saint-Paul-hors-les-Murs. Détruite en 1823 par un incendie, la basilique, rebâtie d'après les plans d'origine, présente une collection de portraits en mosaïques de tous les Papes jusqu'à François et dans laquelle, fait cocasse, on y trouve trois tableaux de Souverains Pontifes n'ayant jamais existé ! Comment en effet arriver à percer ces mystères du passé... ? Il reste encore assez de place pour vingt-six futurs Papes. Enfin vient le moment le plus émouvant, celui de la visite de la basilique Saint-Pierre. Cœur spirituel de l'Église catholique, cet extraordinaire édifice mérite que l'on descende dans les «*grotte*», où se trouvent plusieurs tombeaux de Papes, et que l'on explore encore plus bas l'immense nécropole sur laquelle l'empereur Constantin bâtit sa basilique, cimetière datant des trois premiers siècles de notre ère. Mais il faut réserver parce que l'on doit être accompagné d'un guide, comme dans les catacombes décrites par Alexandre Dumas dans *Le comte de Monte-Cristo*. Sans oublier ensuite de monter sur la coupole pour admirer Rome vue presque du ciel. Puis redescendre et contempler les chefs-d'œuvre du Bernin, la *Pietà* de Michel-Ange, le monument funéraire des derniers Stuarts sculpté par Canova. Et naturellement la chapelle de la sainte Pétronille, fille légendaire de saint Pierre, vénérée par la France, puisque votre pays a reçu le titre de «Fille aînée de l'Église».

Une richesse inouïe !

Un ensemble situé au cœur même du Vatican regroupe tous les musées. Ils regorgent de chefs-d'œuvre, parmi lesquels les Chambres de Raphaël, la galerie d'art moderne et contemporain avec des tableaux de Chagall, Matisse, Picasso, Dalí, Bacon, la Pinacothèque, les collections égyptiennes, étrusques, les sculptures antiques... Se rendre, bien sûr, en parcourant ces musées, à la chapelle Sixtine, sans oublier, tout près d'elle, deux autres chapelles plus petites mais aussi éblouissantes, la Niccolina, peinte par Beato Angelico, et la Paolina, ornée de fresques de Michel-Ange vieux. Tout cela demande une bonne journée, je le souligne. On peut néanmoins se reposer un moment dans les jardins attenants au musée du Vatican, parenthèse de quiétude que l'on parcourt alors en minibus en passant silencieusement devant le monastère Mater Ecclesiae sur la colline où vit le Pape émérite Benoît XVI.

Important pour les Français, révélez-nous votre parcours gourmand ?

Plutôt déjeuner et dîner dans les quartiers populaires San Giovanni et à Testaccio, ou aller Al Biondo Tevere près de Saint-Paul-hors-les-Murs, restaurant que fréquentait Pasolini, que de succomber aux adresses trop touristiques. Soit jusqu'à Via Appia, en sortant de Porta San Sebastiano, où se trouve une trattoria face à la petite église du Quo Vadis. Non loin de là où eut lieu, selon une légende, la rencontre de Jésus avec saint Pierre cherchant à échapper à la persécution, mais qui, repenti, retourna ensuite dans la ville et y fut martyrisé. Dal Bolognese à Piazza del Popolo ; chez Velando, petit restaurant raffiné à proximité du Vatican ; Dal Toscano, à côté des musées, qui sert une bonne viande ; Di Matteo, pour une pizza vraiment napolitaine près de Piazza Cavour. Et si vous aimez les desserts, faites un tour chez Antonini et chez Vanni, à quelques centaines de mètres de Piazza Mazzini pour leurs incomparables gâteaux et irrésistibles glaces avant de finir avec un café chez Sant'Eustachio, à proximité de Saint-Louis-des-Français, le meilleur de Rome, prétend-on. Dans tous ces lieux, vous êtes accueilli par un personnel efficace et chaleureux, ce qui frappe les étrangers.

En conclusion ?

Comment ne pas être fier de vivre ici ! Faut-il préciser toutefois que chacun peut se sentir chez lui à Rome ; car personne n'est vraiment étranger à cette capitale du monde, où on a la chance d'écouter avec bonheur le ruissellement de l'eau des fontaines, d'admirer les lumières de la ville, ses couleurs qui changent au fil de la journée. De marcher avec volupté dans le silence de la nuit, comme l'écrivaient enthousiastes les voyageurs du XIXe siècle, de s'imprégner de cette atmosphère unique, enivrante et d'une certaine façon difficile à traduire.

Donner du temps à la beauté, en somme ! La Ville éternelle a quelque chose de sensuel, d'enchanteur. Cela ne se raconte pas, il faut le vivre en direct et penser que, même pour ses habitants, elle cache encore des recoins secrets. C'est bien mieux qu'en Technicolor d'être un touriste émerveillé dans la plus belle ville de la Terre. J'adhère à ce dicton : « Une vie entière ne suffit pas pour visiter Rome », *Roma non basta una vita* !

Cet inoubliable décor à l'ombre des clochers rythmé par le carillon des églises, le klaxon des audacieux conducteurs… nous donne l'impression rassurante d'être protégé. D'entretenir une relation personnelle avec les Romains, comme s'ils nous avaient déjà adoptés. D'autant, que grâce au septième art, on semble évoluer dans la Rome qui nous est depuis toujours familière.

Gianni Crea

Le maître des clefs de la Chapelle Sixtine

« Cela fait huit ans maintenant que je suis toujours aussi fasciné. »

– Année 2019 –

Costume bleu marine, chemise blanche, cravate sombre, un homme élégant attend à la porte des musées du Vatican. Il est 5 heures du matin. Presque tous les Romains dorment encore, en dehors du Pape François, de quelques prélats zélés, eux aussi levés à l'aube, et de « notre » Italien chaleureux, le *clavigero capo* Gianni Crea : le « maître des clés » des musées de l'État de la Cité du Vatican. Depuis 2011, il a sous sa responsabilité 2 797 clés, dont la plus ancienne date de 1770 ! Mais, dans son trousseau, il y en a une, plus précieuse que toutes les autres, qu'il montre avec autant de parcimonie que de fierté, car il n'en existe qu'un unique exemplaire : celle de la chapelle Sixtine, en fer, la seule sans numéro. Tous les soirs, elle est rangée dans une enveloppe scellée, car la chapelle, où les cent vingt cardinaux élisent le Pape, est certes un lieu sacré, mais qui ne fait pas partie des musées.

Nous voilà partis ! Je suis à grandes enjambées mon « mentor » pour l'observer jongler avec ses innombrables trousseaux de clés, de musée en musée : 300 portes à ouvrir, sur 1 447. Soit un itinéraire quotidien de 7,5 kilomètres. Cette expédition a quelque chose de magique et de surréaliste à la fois. Marchant à pas feutrés mais cadencés, un talkie-walkie à la ceinture façon film policier américain, mon guide se dirige d'abord vers une pièce sombre qu'il a baptisée «le bunker». Située dans le cortile della Pigna, cet endroit, exigu, où ont été installés l'air conditionné et des déshumidificateurs pour éviter la rouille, abrite le fameux trésor «cliquetant».

Préserver ces sésames – un vrai patrimoine – est en effet toute une science ! Pour l'aider dans sa digne tâche, Gianni Crea a dix collaborateurs, cinq le matin et le même nombre le soir. Tous enviés, dit-on, par les sept cents autres employés des musées. Or cette fonction, inventée pour la circonstance, est un titre qui se mérite. D'ailleurs, ce Calabrais célibataire de belle allure, entièrement dévoué à son métier, la considère davantage comme une mission, puisque ce périmètre «béni» abrite quelque deux cent mille œuvres d'une valeur inestimable. Des statues gréco-romaines aux peintures du Caravage, de Raphaël, Van Gogh, Matisse, Chagall, Bacon, sans oublier les sarcophages égyptiens, mosaïques, émaux, étoffes, manuscrits rares, objets des cultures extra-européennes de l'Amérique du Nord à l'Australie, de l'Afrique noire à la Chine… En réalité les plus beaux chefs-d'œuvre de la Ville éternelle, sont des pièces qu'il côtoie chaque petit matin que Dieu fait, avec un émerveillement sans cesse renouvelé, juste avant qu'y aient accès quelque vingt-cinq mille visiteurs quotidiens. «Cela fait huit ans maintenant, et je suis toujours aussi fasciné», avoue Gianni Crea.

«Pourrait-on imaginer traverser ces salles à trottinette pour gagner un peu de temps ?», osai-je lui demander avec respect, bien sûr. «Comment répondre ?» Il fronce les sourcils. L'homme est discret, un brin secret, même si, à la fin de notre entretien, la voix encore voilée par ce douloureux souvenir, il m'a raconté que le Pape François avait béni sa mère lors d'une audience générale, peu de temps avant qu'elle décède. Quand il évoque son travail, il a quasi les mêmes inimitables intonations qu'un Federico Fellini ou un Vittorio De Sica.

Mais comment Gianni Crea est-il arrivé là ? Y a-t-il un diplôme ès clés précieuses ? Il sourit et m'explique : « Mon père était fonctionnaire à la Banque d'Italie. Moi, j'étudiais le droit, quand le curé de l'église où j'allais chaque dimanche à la messe, "la paroisse de Tous-les-Saints" sur la Via Appia, m'a suggéré, pour financer mes études, de devenir gardien auxiliaire de la basilique Saint-Pierre. Cinq années de fac, un passage comme carabinier italien, gage d'honorabilité et de sérieux, puis le concours interne aux musées du Vatican où l'on sélectionnait, étalés sur trois ans, 70 candidats sur 350. Je suis entré en 1998. Un an après, j'ai été nommé responsable de clés et, en 2011, quand l'ancien directeur a pris sa retraite, le patron des musées m'a confié cette charge. Je connais par cœur le numéro de chaque clé, c'est essentiel de savoir à quoi elles correspondent. »

Pour lui, cette fonction est « un grand honneur », expression qu'il emploie toutefois avec une certaine humilité. Les clés les plus importantes à ses yeux ? « Il y en a plusieurs, confie-t-il. Mais la plus précieuse est celle de la chapelle Sixtine, bien sûr. Historique, elle était naguère entre les mains du maréchal du Conclave, titre détenu par un aristocrate romain de la Cour pontificale, dont le dernier fut le prince Chigi, responsable de cela pendant le pontificat de Paul VI. Celui-ci avait la charge prestigieuse de sceller les portes de la chapelle Sixtine lorsque les cardinaux se réunissaient pour élire un nouveau Souverain Pontife. L'usage a été aboli à la fin du concile Vatican II par Paul VI. C'est ainsi que le *clavigero capo* a hérité de la noble clé. Il y a aussi la numéro 1, qui pèse 450 grammes et ouvre l'immense porte verte qui mène à l'entrée des musées, et la clé numéro 401 du musée Pio-Clementino rassemblant la collection d'antiquités classiques. »

A-t-il déjà eu à gérer des imprévus ? « Même si j'essaie de penser à tout, il peut parfois y avoir des impondérables. Comme le jour où un téméraire pigeon, passant par une fenêtre entrebâillée, s'est introduit à l'intérieur d'une salle, déclenchant les systèmes d'alarme un peu partout. J'ai encore une autre inquiétude : qu'un amateur distrait ou amoureux de ces merveilles ne reste enfermé une nuit entière pour les contempler. »

Après avoir ouvert plusieurs portes de fer bruni au terme d'une longue et épuisante marche, nous arrivons enfin, moment tant attendu, devant l'imposante et majestueuse porte de bois de la chapelle Sixtine. Quel suspense quand, dans un silence religieux, Gianni Crea tourne la clé dans la serrure. Cela a quelque chose de sensuel et mystérieux à la fois. On entend un léger crissement. La gestuelle est toujours la même, appliquée, doublée de surprise, d'une vive émotion, d'une certaine tension quand il déverrouille la porte la plus célèbre du monde. Une joie unique que d'être le témoin de ces instants uniques ! Je retiens mon souffle. Lui ne soupire pas ; cela devrait pourtant être un réflexe naturel car, en ce mois d'été, il fait chaud. Très chaud.

Une heure et quart sera encore nécessaire pour ouvrir les autres salles. Il tient 3 kilos de métal entre les mains sur les 37 qui constituent l'ensemble des trousseaux. Un réel bonheur d'avoir pu vivre à ses côtés, sans personne, ces minutes rares, inoubliables… De se trouver seule sous le *Jugement dernier*, d'admirer en privé avec calme chacune des fresques de Michel-Ange dans une ambiance si particulière où l'on est saisi par la beauté et l'harmonie extraordinaires. Pas même en rêve, j'aurais pensé pénétrer un jour sans personne dans toutes ces salles, dont l'éblouissante galerie de cent vingt mètres de longueur, aux murs décorés de cartes de géographie représentant l'Italie antique, la Sicile, la vue panoramique de Venise, une carte de la Corse à l'envers vue d'Italie… sur le parcours qui conduit à la chapelle Sixtine. Au cœur de cette enclave céleste d'un des plus grands palais privés entre le ciel et la terre. Voisin de la basilique Saint-Pierre qui symbolise depuis des siècles le pouvoir temporel.

Mais, avec Gianni Crea, tout est question de rythme, ce qui signifie s'adapter à sa cadence. Il est déjà 5 h 55. À l'entrée, une quinzaine d'amateurs éclairés vont bientôt visiter en petits groupes ces salles admirables. J'hésite à m'adresser à eux pour leur raconter mon expérience, puis je renonce tant il est difficile de décrire les clés du paradis qui voisinent avec celles de saint Pierre… Nos bonnes sœurs dominicaines de la Via Cassia avaient raison, je peux le confirmer : la vie appartient à ceux qui se lèvent tôt !

Mon escapade romaine
le temps d'un week-end

Qui n'a jamais rêvé d'une escapade d'un week-end à Rome ? Quand on dispose d'à peine quarante-huit heures, il est impératif de loger dans le centre de la ville, *il centro storico*, ou à proximité immédiate de celui-ci, et d'oublier l'automobile. De toute façon, on ne peut se garer nulle part, mais surtout il est si agréable de flâner dans Rome muni du premier des conseils : pour vous exprimer, la voix chantante, ajoutez un *a*, un *i* ou un *o* aux mots français, vous vous en sortirez toujours ! Vos valises à peine posées, la journée pourrait commencer par un cappuccino au Caffè Sant'Eustachio, entre la Piazza Navona et le Panthéon, puis de faire quelques centaines de mètres vers cet imposant monument à une heure où il n'est pas encore envahi par les touristes. En sortant du Pantheon et en cheminant vers la Via del Corso avec plein de boutiques de mode, vous traverserez la plus inattendue des *piazzette* romaines, la petite place Saint-Ignace, conçue comme un décor de théâtre du XVIIIe siècle. Vous êtes alors à deux pas du palais Doria Pamphili qui est, avec le palais Colonna, l'un des plus fabuleux palais au monde encore en mains privées de familles de la haute aristocratie romains. Deux demeures majestueuses où très bien entretenues, les éblouissantes collections de chefs-d'œuvre sont conservées et sont ouvertes à la visite. Une découverte quasiment incontournable ! Traversez le Corso, passez devant le palais Colonna – et visitez-le : sa galerie d'apparat est plus longue que la galerie des Glaces de Versailles ! –, et montez jusqu'à la place du Quirinale pour profiter d'une vue panoramique sur la vieille Rome. Redescendez dans le centre de la ville et dirigez-vous alors vers la Piazza di Spagna : vous trouverez dans ce quartier des cafés et restaurants où l'on peut grignoter sans faire un vrai repas. Après cela, pourquoi ne pas passer l'après-midi de ce samedi à regarder les vitrines des antiquaires de la Via del Babuino ou admirer les boutiques de la Via Condotti. Et terminer en prenant un verre au Caffè Greco dans la Via Condotti, l'un des plus anciens et des plus beaux cafés d'Europe. En fin de journée, vous pourriez retourner vers le *centro storico* et choisir pour dîner de vous attabler à l'un des innombrables et sympathiques restaurants du Campo dei Fiori. Puis, à la nuit tombée, vous ferez avec émotion quelques pas sur la Piazza Farnese, en contemplant la grandiose façade du palais Farnèse, dessinée par Michel-Ange, aujourd'hui siège de l'ambassade de France en Italie. Une réelle fierté pour nous, Français. S'il vous reste un peu d'énergie, allez vous promener sur la toute proche Piazza Navona et dégustez un *granità di caffè* aux Tre Scalini. La matinée du dimanche, qui n'autorise pas la visite des églises – les messes dominicales y sont célébrées –, ce temps pourrait être consacré à des promenades dans l'un ou l'autre des lieux emblématiques de la Rome éternelle. Vous pourriez monter sur la place du Capitole et contempler son ordonnancement rigoureux, héritage là encore de Michel-Ange, admirer la fameuse statue équestre de l'empereur Hadrien, puis, tout en restant sur cette colline sacrée de l'histoire de Rome et en contournant le bâtiment principal, découvrir la vue de « carte postale » sur les *forum* antiques, le Colisée et les palais impériaux du Palatin. Le dimanche, les fidèles catholiques mais également les touristes, qui savent que Rome est la ville des Papes, auront la joie de se trouver à midi pile sur la place Saint-Pierre pour apercevoir Sa Sainteté à la fenêtre des anciens appartements pontificaux, d'écouter son message et de l'accompagner en récitant l'*Angélus*. Profitez alors de votre passage sur le territoire de l'État de la Cité du Vatican pour poster vos cartes postales avec les timbres de la poste vaticane. Avec ce joli geste, vous ferez sans doute plaisir à vos correspondants ! Et après cela, pourquoi ne pas vous diriger en taxi à la périphérie de la ville et aller déjeuner sur la Via Appia, selon les recommandations de Giovanni Maria Vian qui lui a promené plus longuement le lecteur dans Rome, puis faire quelques pas sur cette route historique et romantique ? Le temps de reprendre le chemin de l'aéroport viendra trop vite en vous étant auparavant arrêté dans le sympathique et vieux quartier populaire de Trastevere, mais les souvenirs de cette fin de semaine vous accompagneront de longues années encore…

Le soir et le week-end sont les meilleurs créneaux pour rencontrer l'âme sœur au Bon Marché

Grand reporter dans notre respectable hebdomadaire signifie être éclectique et capable de passer d'une interview du Pape aux conseils avisés au lecteur pour qu'il puisse trouver l'âme sœur, non pas sur les réseaux sociaux mais en direct sur le terrain. L'aventure est peut-être au coin de la rue ; on ne sait jamais…

Le Bon Marché est le temple des marques réputées et du luxe. Sa Grande Épicerie, une cathédrale de la gastronomie. Donnant rue de Sèvres en bordure du 7e arrondissement de Paris le grand magasin fondé par Aristide Boucicaut en 1852 accueille presque deux siècles plus tard une clientèle variée souvent internationale. Touristes, jeunes célibataires, mannequins, *executive women*, hommes d'affaires pressés, distingués, seniors aux tempes argentées et autres cadres émerveillés par tant de produits alléchants joliment alignés. Dans cette ambiance plaisante surtout en fin de journée et le week-end, demander conseil à une personne ayant l'air perdue parmi les rayons avec un panier plutôt qu'un chariot familial, paraît la meilleure technique pour engager la conversation, voire plus si affinités… en évitant toutefois le client coiffé d'écouteurs sur les oreilles ou celui incognito à lunettes sombres. Question anodine : « À ma place que choisiriez-vous entre l'huile d'olive à la bergamote, celle à la menthe ou l'italienne première pression ? » Réponse ciblée : « La Sicilienne avec un Pinocchio sur l'étiquette a une bouteille plus originale. C'est d'ailleurs avec celle-ci que j'assaisonne mes salades. » Le dialogue semble bien parti, je n'en dirai pas davantage… les odeurs enivrantes notamment au rayon frais flattent les sens. Et l'anonymat incite à disserter sans risque sur ces denrées exquises. À la pâtisserie un trentenaire style intello sportif fronce les sourcils : il ne peut se décider entre les macarons au chocolat ou à la pistache lorsqu'une souriante muse espagnole lui conseille ceux au chocolat. Ce dernier en profite pour lui lancer : « J'ai deux casques, heureux hasard, feriez-vous un tour de moto avec moi ? » Ils partiront ensemble sous le regard d'une austère bonne sœur des Filles de la Charité médusée venue en voisine. Autre ficelle, l'espace fruits et légumes où l'on peut faire mine de ne pas savoir les peser et opportunément une âme complaisante qui s'en chargera pour vous. C'est là que j'avais vu il y a des années le très élégant prix Nobel et Compagnon de la Libération François Jacob se débattre avec une balance digitale. On ruse aussi au stand où de charmantes démonstratrices font découvrir des produits nouveaux. Les goûts soulèvent d'infinis commentaires tout comme le bio, d'autant que chaque espace a son jargon. J'ai rencontré un jour dans ce très chic supermarché Lionel Jospin avec un panier mi-plein, des dames de quartier, des Japonais, des Américains, des Russes et même une fois l'amiral de Gaulle, visiblement content d'être plongé dans cette ambiance sympathique et chaleureuse où on peut engager la conversation sans complexe avec n'importe qui. Enfin, à la caisse, j'attendais derrière un cadre mélancolique avec dans son chariot juste quelques chips et des yaourts, je lui ai alors suggéré de traverser la Seine pour aller au célèbre espace bricolage du BHV où là encore on peut facilement lier connaissance, parce que nous les femmes avons presque toujours besoin d'assistance. En lui précisant toutefois qu'il se trouvait au sous-sol, notion géographique importante, puisque ici il n'existe pas, il a été poétiquement rebaptisé rez-de-chaussée bas. De nos jours tout semble codifié, sauf l'imprévu bien sûr !

Guy Savoy

La passion sinon rien

– Année 2021 –

Vous avez été nommé meilleur restaurant du monde de 2017 à 2021 pour la cinquième année consécutive, selon « La Liste », algorithme centralisant tous les classements des guides, réseaux sociaux et de la presse internationale ?

Malgré cela, je vis dans le doute, ce n'est pas un métier mécanique ni virtuel. Confronté au quotidien à l'hyperconcret, au direct et à rejouer sans cesse le match. Pour le déjeuner, à 1 heure de l'après-midi, et le soir à 20 heures. Cela contraint à des horaires, une discipline, une disponibilité physique absolue avec dans la tête un stress positif, car au fond ne sachant jamais exactement ce qui va se passer. Je suis toujours ébloui par la magie de la transformation, quand par exemple une volaille une fois cuite devient une merveille.

Quelle est la recette du succès en cuisine ?

Amour, effort et passion sont les maîtres mots en cuisine. La passion crée l'enthousiasme, la joie. En effet, si l'on n'est pas joyeux, on ne fait pas la cuisine ; le marché est à la cuisine ce que les préliminaires sont à l'amour… Dans mon cas, c'est le marché, ce qui signifie d'abord de bons produits, mais revenons à la passion : avec elle tout s'éclaircit, car le cheminement d'un plat passe par l'envie, laquelle déclenche l'idée puis le plat. Le premier ennemi reste la monotonie. Tout cela demande efforts et imagination !

La cuisine n'est-elle pas d'abord le sens du partage ?

Ça commence par un échange égoïste, puisque le premier qui se fait plaisir est le cuisinier. C'est en effet valorisant car la cuisine est l'art de transformer instantanément en joie des produits chargés d'histoire. Les convives qui vont déguster vos préparations, les « ingérer », doivent se régaler dans tous les sens du mot « partage ». Cela signifie ne pas regarder sa montre ni compter son temps.

Vous êtes le chef d'orchestre de combien de métiers ?

De quarante-huit personnes en cuisine et en salle pour accueillir quai de Conti, au quotidien mes convives : cuisiniers, pâtissiers, plongeurs, hôtesses d'accueil, directeur de salle, maîtres d'hôtel, chefs de rang, sommeliers, voiturier, comptable… Soit une lourde structure qui peut monter jusqu'à soixante-cinq salariés avec les apprentis et les stagiaires.

La première qualité des équipes masculines et féminines ?

La passion et aussi une forme d'abnégation, deux fois par jour à chaque table pour chaque convive.

La première qualité spécifique aux femmes en cuisine ?

Les mêmes que celles des hommes, et peut-être la capacité de faire se surpasser les hommes.

Pourquoi y a-t-il peu de femmes grands chefs ?

Demandez-leur directement. S'il y a une candidate féminine, je prends.

Ce métier a-t-il beaucoup changé ?

Comme tant d'autres, il a évolué. Pour tenir un restaurant, mieux vaut être d'abord cuisinier qu'homme d'affaires, néanmoins fort rigoureux en sachant faire les comptes. Il ne faut pas oublier non plus les nappes, la porcelaine, la verrerie, bref le décor. La cuisine et le service, tout cela a un coût ! Même si je n'aime guère cette expression, le rapport qualité-prix reste une question récurrente. Or je souligne que ce n'est pas la cuisine qui coûte le plus cher ; les salaires et les charges sont le premier poste au bilan. La qualité du produit n'est pas forcément reliée au prix. Il y a plus de noblesse dans un chou fraîchement coupé qu'il y en aurait dans un homard surgelé.

Racontez-moi une de vos journées types.

Elle commence par un petit déjeuner souvent avec un morceau de tarte aux pommes de la veille. C'est la parenthèse nostalgie de la journée me faisant penser à mon père, qui, quand j'étais petit, glissait une pomme dans mon cartable pour la récré. Et, réflexe quasi incontournable, en rentrant de l'école, j'allais directement dans la cuisine et soulevais le couvercle. Là je respirais des effluves, c'était de l'ordre de la pulsion, avant de prendre mon goûter. Parfois des biscuits venant de la traditionnelle boîte en fer qui se trouve dans toutes les familles, sinon j'avalais une tartine beurrée avec des copeaux de chocolat râpé. Ma journée professionnelle débute donc à 8 h 30 par un rapide passage en cuisine pour faire connaissance des produits. Je passe ensuite une heure avec Carine Polito, mon bras droit depuis vingt et un ans. Et Sandrine Balland, responsable de la comptabilité des restaurants. Retour en cuisine à 10 heures pour faire le tour des réservations. À 11 heures, c'est le repas des équipes. À 11 h 40, le briefing dans un des salons du restaurant avec Christophe Leboursier, le directeur de salle, les maîtres d'hôtel, les chefs de rang, les chefs de cuisine, le chef pâtissier. Tout ce monde se met en place pour l'heure du service. L'après-midi, nouveau point avec mes collaboratrices.

Puis relâche ?

J'essaie ensuite de rentrer à la maison, j'habite à proximité des quais et reviens vers 18 h 30 pour le service du soir. Quinze minutes de briefing à 18 h 40 avant l'heure du match à 20 heures. Le dîner commence. Le rythme s'apaisera un peu avant minuit, mais la nuit ici peut parfois se prolonger jusqu'à 1 ou 2 heures du matin. Ce n'est pas moi qui fais la fermeture, je n'ai aucune clé ni code d'accès. Telle est la vie de cette « ruche » du mardi au samedi soir, puisque nous sommes fermés les dimanches et lundis.

Qui sont vos clients célèbres ?

Le président Macron, l'ancien président de la nation argentine Mauricio Macri… Fabrice Luchini, Christian Clavier, Christophe Lambert depuis l'époque de *Greystoke*, Eddy Mitchell, Véronique Sanson, Gauthier et Renaud Capuçon, Melody Gardot, Michel Leeb, Jean Reno, Line Renaud, Mathilde Seigner, Laurent Gerra, Véronique Jannot…

Un grand chef peut-il devenir riche ?

S'il gagne à l'EuroMillions sûrment ou exerce son métier aux États-Unis en ayant une belle notoriété. Là-bas, ils ont moins de charges et de pression fiscale, moins de protection sociale aussi. Vivre en France a un prix à payer notamment avec les lourdes charges administratives.

La cuisine s'est-elle à vos yeux mondialisée ?

Il y a désormais sur toute la planète une recherche gastronomique. Un foisonnement d'idées et de créations culinaires circule. Et avant ces deux années de Covid-19, il y a eu une explosion d'ouvertures de restaurants. Nombre de jeunes séduits par le métier de cuisinier ont envie de l'apprendre. C'est un véritable tournant dans notre histoire professionnelle, mouvement même.

Soit un savoir-faire culinaire international ?

Grâce à la multiplication des échanges à travers les continents, toujours plus d'hommes et de femmes découvrent notre gastronomie. Cet art auquel ils ont été sensibles dans l'Hexagone a joué un rôle de déclencheur pour leur cuisine, et les a entraînés à « importer » chez eux des idées nouvelles. Je ne veux pas être chauvin, mais si chaque pays, chaque culture possédait jusque-là sa cuisine propre, ses saveurs, ses produits, sa manière de cuire et d'assaisonner, aucun ne détenait la totalité de ses métiers. D'ailleurs, où peut-on en dehors de la France trouver dans chaque ville des charcutiers, bouchers, tripiers, volaillers, rôtisseurs, boulangers, pâtissiers, confiseurs, primeurs, traiteurs, chocolatiers, cavistes… avec de surcroît autant de spécialités régionales ? Tels par exemple la brioche de Bourgoin-Jallieu, la cervelle de canut à Lyon, l'andouillette de Vire, l'ail fumé d'Arleux, la pomme terre ratte du Touquet, les calissons d'Aix… Je pourrais continuer à égrener d'autres spécificités, sans oublier les fromages qui rappellent la célèbre phrase du général de Gaulle : « Comment voulez-vous gouverner un pays où il existe deux cent cinquante-huit variétés de fromages. » Une richesse et une diversité qui ont fait baptiser notre cuisine de gastronomique et lui ont donné un rayonnement international.

Pouvez-vous me faire un cours de géographie gastronomique ?

Ce modèle gastronomique a conduit de jeunes cuisiniers d'innombrables pays à venir faire leur apprentissage dans les grands restaurants français. Au-delà de la technique, ils perçoivent l'âme, je dirai même l'atmosphère, l'esprit de la culture française. Comprennent au passage que si le poulet de Bresse a une saveur particulière, c'est parce que depuis des dizaines d'années les agriculteurs élèvent les poulets selon des règles bien précises, que des vins produits avec les raisins d'un même cépage, plantés sur deux parcelles côte à côte, ont des goûts différents alors qu'un simple chemin les sépare.

C'est la mondialisation de la cuisine, en somme !

L'inspiration de notre cuisine, c'est d'abord ses produits. Son audace, son raffinement, sa sophistication la rendent toujours plus attractive, et désormais notre cuisine se développe dans les deux sens, import-export. Il y a une planète cuisine avec celle chinoise, les sushis japonais, les taboulés libanais, les tajines marocains… Chaque pays et chaque région du globe a la mienne, mais la gastronomie reste française par ses savoir-faire et sa diversité. Les goûts et les choix sont en perpétuel mouvement, puisque c'est un art vivant.

Évolutif aussi, semble-t-il ?

Oserais-je sans paraître cocardier affirmer qu'elle est la meilleure au monde, et de surcroît unique. J'insiste là-dessus ; sa variété, sa multiplicité, sa qualité permettent en effet de remplacer les termes « grande cuisine » par « unique ».

Le bio paraît maintenant incontournable ?

Bien sûr, il faut défendre les produits bio. Une volaille de ferme non nourrie à la farine de poisson, un bon pain au levain et des pommes qui ne soient pas des goldens insipides issues de la surproduction impliquent d'aller au marché et de cuisiner. C'est en réalité moins cher que les produits préparés, cela permet de surcroît de baisser le budget nourriture et d'augmenter l'espérance de vie.

Cela veut dire tourner le dos aux fast-foods, bien sûr ?

N'exagérons rien, il m'arrive de me faire un McDo aves mes petits-enfants.

À l'époque de vos débuts, le bio était confidentiel. À propos, expliquez-moi votre parcours.

Mes parents s'installent dans l'Isère à Bourgoin-Jallieu, près de Lyon. Mon père est jardinier municipal, ma mère tient une modeste buvette qu'elle transforme en restaurant très simple, puis en un vrai restaurant qu'elle baptise L'Esplanade. La débute l'aventure familiale, car l'établissement de ma mère va connaître une certaine renommée. Et moi, à 15 ans, je déclare : «Je serai cuisinier ou rien !» C'est par la précieuse voie de l'apprentissage que je découvre les richesses et les devoirs de mon futur métier. Tout d'abord chez Louis Marchand, le chocolatier de Bourgoin-Jallieu, puis chez les frères Troisgros à Roanne, qui m'ont, je l'avoue, fasciné par l'élégance avec laquelle ils exerçaient leur métier, ensuite chez Lasserre à Paris, au Lion d'Or à Genève et à L'Oasis à La Napoule. Enfin, je suis remarqué par Claude Vergé, lequel me confie La Barrière de Clichy. À 27 ans, j'ouvre mon premier restaurant dans la capitale rue Duret et obtient rapidement la reconnaissance du monde de la gastronomie. Les années ont passé, je suis maintenant installé depuis le 18 mai 2015 quai de Conti. La suite, vous la connaissez.

Quels sont vos plats emblématiques aux titres évocateurs ?

Huîtres en nage glacée ; Soupe d'artichaut à la truffe noire, brioche feuilletée aux champignons et truffes ; Rouget barbet «en situation», la mer en garniture ; Mille-feuilles ouvertes à la vanille de Tahiti. Mais laissez-moi vous raconter la symbolique de la soupe d'artichaut, c'est important. Les artichauts correspondent à mes origines modestes, la truffe, c'est ma quête d'excellence, la brioche mon âme d'enfant. Je ne dirai pas que c'est un jeu d'enfant, mais bien évidemment il faut avoir l'âme d'un enfant et la rigueur d'un adulte pour aimer cet art qu'est la cuisine.

Avec un tel menu, il n'y a pas de péché de gourmandise, sinon vous seriez sûrement pardonné, alors de ce fait quel repas offririez-vous au Pape François ?

Des huîtres en sabayon jaune ; une soupe d'artichaut à la truffe noire, brioche feuilletée aux champignons et truffes ; un paleron de cinq semaines et basse côte persillée de wagyu ; le saladier (salade de bœuf vinaigrette au jus de viande) ; « La pêche-la patate ».

Pouvez-vous traduire ?

Il s'agit d'une patate taillée fine, cuite dans un beurre clarifié au miel d'acacia ; tranches de pêche glacées servies avec un sorbet pêche et un granité pêche. Contraste entre le froid de la pêche, le glacé du sorbet et du granité et la tiédeur de la pomme de terre.

Peut-être pourriez-vous ajouter un gâteau avec des hosties, non consacrées bien sûr, puisque c'est juste de l'eau et de la farine ?

Je ne suis pas hostile à un dessert d'hosties au sarrasin. Et pourquoi pas un baba au cognac.

Et à Sa Majesté la reine d'Angleterre ?

Pour la reine Élisabeth II, je servirais un foie gras de canard traditionnel ; une soupe d'artichaut à la truffe noire, brioche feuilletée aux champignons et truffes ; une bouchée à la reine, et le « Paris-Londres ».

C'est comme le paris-brest ?

Non, c'est une mousse de tatin de pommes au thé darjeeling, crème chantilly à la vanille et pâte sucrée.

Quel est le prix du menu dans votre temple de la gastronomie de l'hôtel de la Monnaie du quai de Conti ?

Vu la qualité des produits et le nombre de collaborateurs, le prix est en conséquence. Au déjeuner, à partir de 250 euros sans le vin.

Vous avez par ailleurs deux autres restaurants dans la capitale plus abordables.

Dans ces deux établissements, j'ai des collaborateurs associés qui jouent leur rôle de «taulier». Le Chiberta, dans le 8e arrondissement, une étoile Michelin. C'est un restaurant aux allures de club avec une cuisine contemporaine, dont les plats vedettes sont Carpaccio de langoustines, chou-fleur, bisque caviar; Sole meunière, chlorophylle de persil; Chaud-froid de bœuf, parmentier et carpaccio. Et L'Atelier Maître Albert, dans le 5e, presque en face de Notre-Dame dans une bâtisse datant du XVe siècle, avec une superbe cheminée monumentale. Avec un côté provincial conjugué à la sobriété du décor moderne gris anthracite de Jean-Michel Wilmotte. Là on mange des plats à la broche, difficiles à faire chez soi évidemment. C'est appétissant de voir tourner des carrés d'agneau, de la volaille ou une pièce du boucher. Même les fruits sont à la broche, tel l'ananas accompagné d'un sorbet citron vert.

Comment se fait-il que maintenant les grands chefs soient minces ?

Ils font un peu de sport, et il y a une prise de conscience générale que la santé est importante. Peut-être aussi que l'image des réseaux sociaux y joue son rôle.

Quelle est votre plus grande réussite ?

D'avoir des équipes qui adhèrent à mon discours, soudées, ce qui permet de viser l'excellence. Une fois imprégnés de l'état d'esprit maison, les maîtres d'hôtel et chefs de rang, l'équipe en cuisine dispose d'une liberté dans le travail, agissant avec leur personnalité, leur ressenti, leur spontanéité. Le maître mot, je le répète, c'est la passion. Pour les uns dans leur tête, c'est deux fois par jour, soit enchaîner chaque geste appris pour d'autres, c'est une montée d'adrénaline, de stress positif aussi, qui leur permet de choyer les convives, de s'entretenir en salle avec eux de façon naturelle, d'évoquer la mythologie du repas et d'abord des saveurs. Un véritable concert orchestré par quinze nationalités différentes dans le restaurant, autant que chez les convives, dont les plus anciens, Laurent Solivérès est chez nous depuis vingt-huit ans. Quant à Josselin Vroust, l'officier qui fait les cafés, il est à mes côtés depuis trente-quatre ans... Le voiturier, Serge Trochu, me suit depuis trente-cinq ans, un record !

Les plats dont vous êtes le plus fier ?

Tous ! Trop précieux, trop variés, trop de diversité, trop de possibilités pour se limiter à un seul choix à l'encontre de la gastronomie française.

Un jeune rêvant de ce métier peut être stagiaire chez vous ?

Au cours d'un entretien avec l'apprenti, on décèle immédiatement s'il a la passion et l'enthousiasme. Nos apprentis stagiaires ont entre 18 et 20 ans et font plus vite carrière que ceux qui vont en fac ! De surcroît, ils sont sûrs de trouver du boulot. Ensuite, les futurs cuisiniers qui optent pour nos métiers ne doivent guère oublier que, si on peut faire parler sa sensibilité, sa personnalité, l'effort de la formation reste primordial et peut durer plusieurs années. Mais contrairement au futur plombier qui n'a pas vraiment de guide ni trop de commentaire sur son métier, le nôtre peut être balisé. L'avantage de commencer tôt, à 16-17 ans, c'est qu'on a des contemporains dans d'autres secteurs professionnels qui eux attendent la petite trentaine pour enfin se lancer dans la vie active, alors que chez nous, dès 23 ans, on peut sortir du lot.

La cuisine est-elle toujours un jeu d'enfant, comme l'écrivait naguère Michel Oliver ?

Ce n'est pas en tout cas une affaire, mais quelque chose d'artisanal pour arriver à continuer. Un équilibre intelligent entre l'artisanat et le contrôle de gestion. Pensez au menuisier, s'il vend une planche pas assez cher, il fait faillite, et moi c'est pareil, avec un bilan négatif, je ne peux pas continuer. La singularité de l'artisan est de cumuler plusieurs fonctions, son métier propre, mais aussi celui de directeur des relations humaines de son univers, de responsable de communication, des rapports avec la clientèle…

La télévision a-t-elle modifié votre profession ?

Elle l'a influencé et fait rêver des adolescents qui n'auraient pas osé avouer qu'ils voulaient être cuisiniers. Si nous n'êtes pas né dans cet univers, c'est difficile de prendre conscience que c'est un milieu très concret et animé par la passion. Il faut y aller à l'instinct. Le matin arrivent les produits, cela implique de les transformer chez nous, et signifie un subtil dosage entre le lieu, l'action, l'unité de temps pour enfin arriver au plaisir.

Comment vous définissez-vous ?

Je crois que je suis un aubergiste, pas un restaurateur, celui qui réconforte le voyageur ; dans mon univers, le restaurateur fait attention à votre mieux-être, à bien vous installer, à vous faire entrer dans *son* monde. Vous y êtes dorloté pendant trois heures, vous échangez avec vos voisins, ne vous préoccupez de rien. Je tiens à cette ambiance conviviale. On a dans notre pays souvent neutralisé l'art de vivre à la française. Arrêtons de nourrir seulement l'âme.

Vous êtes un artiste qui fait rêver ?

Je suis un artisan, mais je reconnais que ceux qui rêvent sont capables de donner du rêve aux autres.

On se sent chez vous comme dans une maison privée.

Grâce à François Pinault, notamment, qui me prête des œuvres d'art, tel un tableau de Takashi Murakami accroché dans le salon Vert Galant, lequel voisine dans le salon Bibliothèque avec la collection des guides Michelin depuis la première édition, en 1900, et une toile fixée au plafond de Fabrice Hyber. Il y a aussi deux autoportraits à la cigarette des artistes Pierre et Gilles dans le salon Bouquinistes, et une tête de bouddha de David Mach datant de 2007 dans l'entrée de la cuisine. J'aime les œuvres contemporaines, cela crée une ambiance de maison privée. On déjeune et dîne ici avec une vue sur la Seine, en bonne compagnie généralement, et avec des ouvrages superbes ; il y a alors une sorte d'osmose qui vous plonge dans un autre monde. Chaque maison est singulière, identifiée, collée au taulier qui la tient, à la personnalité de son patron.

Peut-on concilier famille et cuisine ?

[Il soupire et sourit.] J'ai deux enfants, je suis divorcé et vis avec votre consœur Sonia Mabrouk. Ma fille, Caroline, tient un restaurant rue de la Michodière et travaille dans une start-up pour les restaurants. Mon fils, Franck, habite à Santa Monica en Californie, où il gère deux restaurants d'hôtel. J'ai aussi la joie d'avoir sept petits-enfants.

Quel est pour vous le comble de la volupté ?

Un dîner ici, dans le cœur historique de Paris, avec Sonia, l'amoureuse de ma vie, la femme d'une vie.

Quel bel hommage !

Menus de Guy Savoy
pour 4 personnes au prix du livre

Ces menus reviennent pour quatre personnes à 24 euros en tout soit le même prix que ce livre

HIVER
Pot-au-feu de foie gras
Soupe d'endives braisées au jambon
Soupe de pommes au four, chantilly vanillée

PRINTEMPS
Soupe de petits pois à l'aneth glacé, œufs de saumon et petits pois en salade
Lait d'asperges blanches au haddock, copeaux de haddock et d'asperges blanches croquantes
Soupe de fraises Mara des bois, des fraises au basilic en salade

ÉTÉ
Velouté d'avocat au lait de coco, carpaccio de daurade au gingembre
Consommé de travers de porc grillés, salade d'herbes
Granité pastèque, une tomate confite

AUTOMNE
Châtaignes au lait
Soupe de butternut et de moules
Soupe de coing esprit tatin

Recettes des menus de Guy Savoy

Ces menus reviennent pour 4 personnes à 24 euros

HIVER

Pot-au-feu de foie gras
Il était un foie

Niveau très facile. Temps de préparation : 1 h 30.

Ingrédients :
- 1 petit lobe de foie gras
- 1 carotte
- 1 navet
- 1 rutabaga
- 1 oignon blanc
- 2 clous de girofle
- 1 poireau
- 1 topinambour
- Un bouquet garni
- 1,5 litre de bouillon de légumes
- Sel et poivre

Matériel utilisé : grande casserole, poêle

Recette

Éplucher l'oignon blanc et le piquer de deux clous de girofle.

Éplucher et tailler en quatre la carotte, le navet, le rutabaga et le topinambour.

Tailler le poireau en tronçons de 1 centimètre.

Déposer tous les légumes et le bouquet garni dans une grande casserole, et mouiller avec le bouillon de légumes. Assaisonner le tout.

Laisser cuire à feu doux jusqu'à ce que les légumes soient très fondants.

Pendant ce temps, assaisonner le lobe de foie gras en sel et poivre, et le rôtir à la poêle de chaque côté.

Une fois rôti, le tailler en quatre tranches et mettre celles-ci à cuire dans le pot-au-feu, à feu doux, pendant 5 minutes.

Déposer une tranche de foie gras dans une assiette creuse avec un quartier de chaque légume, puis verser le pot-au-feu bouillant dessus.

Soupe d'endives braisées au jambon
Ah ! Les endives au jambon

Niveau facile. Temps de préparation : 1 h 15.

Ingrédients :
- 6 endives
- 0,5 litre de bouillon de volaille
- 20 grammes de sucre
- 4 tranches de jambon blanc
- 100 grammes de beurre
- 50 grammes de farine type 45
- 1 litre de lait
- Sel et poivre

Matériel utilisé : deux grandes casseroles, sautoir, fouet, passoire fine

RECETTE

Émincer le jambon en fines lamelles.

Faire infuser les lamelles de jambon dans le lait, à feu doux, pendant 20 minutes.

Plonger les endives dans une grande casserole d'eau froide salée, porter le tout à ébullition et les égoutter dès la première ébullition (cette étape enlèvera l'amertume des endives).

Tailler en deux les endives et les rôtir à feu moyen dans un sautoir avec 50 grammes de beurre après les avoir assaisonnées en sucre, sel et poivre.

Une fois colorées, verser le bouillon de volaille et laisser mijoter afin qu'elles deviennent très fondantes.

Filtrer le lait de jambon en veillant à bien réserver le jambon.

Faire fondre les 50 grammes de beurre restants dans une grande casserole.

Ajouter la farine et cuire le roux quelques minutes, puis verser le lait de jambon petit à petit en fouettant en permanence pour éviter que la béchamel ne fasse de grumeaux.

Mélanger les endives à l'excédent de jus de cuisson.

Mixer le tout afin d'obtenir une texture onctueuse. Ajouter les lamelles de jambon cuites dans la soupe.

Verser simplement la soupe dans un bol et laisser les souvenirs d'enfance réapparaître.

Soupe de pommes au four, chantilly vanillée
Au four et à la casserole

Niveau très facile. Temps de préparation : 1 heure.

Ingrédients :
- 25 centilitres de crème liquide
- 1 gousse de vanille
- 4 pommes golden
- 75 centilitres de jus de pomme bio
- 100 grammes de sucre
- 100 grammes de beurre

Matériel utilisé : mixeur, grande casserole, saladier, fouet

Recette

Éplucher et tailler les pommes en quartiers.

Retirer le cœur de chaque pomme ainsi que les pépins.

Les déposer sur un plat allant au four, les saupoudrer de sucre et ajouter le beurre en morceaux dessus. Laisser cuire 30 minutes à 200 °C.

Pendant ce temps, mettre la crème dans un saladier et la fouetter en chantilly.

Fendre la gousse de vanille en deux et ajouter les grains de vanille à la crème chantilly. (Garder la gousse fendue dans un pot hermétique avec du sucre pour parfumer celui-ci ; on obtient ainsi un sucre parfumé à la vanille, qui pourra servir dans de nombreuses recettes sucrées.)

Une fois la cuisson des pommes terminée, mettre celles-ci à cuire à feu doux dans une casserole avec le jus de pomme.

Mixer ensuite le tout.

Verser la soupe dans des assiettes creuses et déposer dessus une quenelle généreuse de chantilly vanillée au dernier moment.

PRINTEMPS

Soupe de petits pois à l'aneth glacé, œufs de saumon et petits pois en salade
La terre et la mer en petits calibres

Niveau très facile. Temps de préparation : 1 h 30.

Ingrédients :
- 2 kilos de petits pois frais
- 1 pot de 100 grammes d'œufs de saumon
- 1 botte d'aneth
- 1 citron jaune
- Sel et poivre

Matériel utilisé : grande casserole, passoire, mixeur, râpe

RECETTE

Écosser les petits pois, en réserver 100 grammes crus pour la salade.

Cuire dans une grande casserole d'eau bouillante salée les petits pois restants pendant 7 minutes, les égoutter et réserver l'eau de cuisson.

Mixer les petits pois cuits avec 1 litre d'eau de cuisson.

Hacher l'aneth et le mélanger à la soupe de petits pois. Réserver au frais.

Dans un bol, mélanger les 100 grammes de petits pois crus avec les œufs de saumon, puis ajouter des zestes et le jus d'un citron jaune.

Rectifier l'assaisonnement à votre goût.

Dans le fond de l'assiette, déposer la salade de petits pois crus et œufs de saumon, puis verser dessus la soupe de petits pois à l'aneth.

Lait d'asperges blanches au haddock, copeaux de haddock et d'asperges blanches croquantes

Mille milliards de mille sabords !

Niveau facile. Temps de préparation : 1 h 30.

Ingrédients :
- 2 bottes d'asperges blanches
- 4 filets de haddock
- 1 litre de lait
- 1 citron jaune
- 1 oignon blanc
- Sel et poivre

Matériel utilisé : deux grandes casseroles, passoire fine, mixeur, mandoline

RECETTE

Tailler en fines tranches un des filets de haddock pour la salade.

Mettre à infuser à feu doux pendant 20 minutes les trois autres filets de haddock et l'oignon émincé dans le lait et 1 demi-litre d'eau.

Filtrer à la passoire fine et réserver le lait infusé.

Éplucher soigneusement les asperges de manière à ne pas laisser de fibres.

Garder quatre asperges épluchées pour les copeaux ; les passer à la mandoline fine, puis les plonger dans l'eau froide pour raffermir les chairs.

Tailler le reste des asperges grossièrement et les mettre à cuire dans une casserole avec le lait de haddock préalablement réalisé.

Laisser cuire à feu moyen pendant 20 minutes. Mixer le tout.

Dans un bol, mélanger les copeaux d'asperges égouttés et de haddock avec le jus d'un citron jaune.

Rectifier l'assaisonnement à votre goût. Attention toutefois à l'ajout de sel dans cette préparation, le haddock étant déjà assez iodé.

Déposer ce condiment dans le fond de l'assiette et verser autour le lait d'asperges au haddock.

Soupe de fraises Mara des bois, fraises au basilic en salade
Ramène ta fraise !

Niveau très facile. Temps de préparation : 1 h 15.

Ingrédients :
- 1 kilo de fraises Mara des bois
- 1 botte de basilic
- 1 citron vert

Matériel utilisé : grande casserole, mixeur, passoire fine

RECETTE

Cuire à feu doux 500 grammes de fraises avec leurs tiges dans 1 demi-litre d'eau pendant 30 minutes.

Hors du feu, infuser pendant 30 minutes à couvert avec deux branches de basilic.

Mixer le tout, puis filtrer la soupe à la passoire fine. Réserver au réfrigérateur.

Disposer les fraises restantes taillées en deux dans un bol et les assaisonner d'un jus de citron vert et de quelques feuilles de basilic finement ciselées.

Verser la soupe de fraises refroidie sur la salade de fraises fraîches.

ÉTÉ

Velouté d'avocat au lait de coco, carpaccio de daurade au gingembre
Daurade en l'île

Niveau très facile. Temps de préparation : 1 heure.

Ingrédients :
- 2 filets de daurade
- 4 centilitres d'huile d'olive
- 20 grammes de gingembre frais
- 2 citrons verts
- Fleur de sel
- 1 avocat
- 1 litre de lait de coco
- Sel et poivre

Matériel utilisé : mixeur, râpe

RECETTE
Enlever la peau et les arêtes des filets de daurade, et les tailler en très fines tranches. Les assaisonner de fleur de sel, de poivre, de quelques zestes de citron vert et d'huile d'olive, puis laisser mariner le tout au frais pendant 30 minutes.

Pendant ce temps, éplucher et dénoyauter l'avocat, puis le mixer avec le lait de coco.

Éplucher et râper le gingembre, puis presser les citrons verts.

Ajouter le gingembre râpé et le jus de citron au mélange avocat-lait de coco. Assaisonner et réserver au frais.

Disposer des morceaux de daurade dans le fond d'une assiette creuse, puis, au moment du service, verser dessus le velouté.

Consommé de travers de porc grillés, salade d'herbes À travers potager

Niveau facile. Temps de préparation : 1 h 30.

Ingrédients :
- 1 kilo de travers de porc
- 1 litre de bouillon de volaille
- 1 botte de persil
- 1 botte de ciboulette
- 100 grammes de pousses d'épinard
- Quelques pluches de cerfeuil
- 2 oignons nouveaux
- 1 citron vert
- 1 oignon
- 1 bouquet garni
- Sel et poivre

Matériel utilisé : barbecue, grande casserole, passoire fine

RECETTE

Couper en deux l'oignon. Assaisonner de sel et de poivre le travers de porc.

Griller au barbecue le travers de porc 3 minutes de chaque côté, ainsi que l'oignon côté chair.

Dans une grande casserole, cuire à feu doux pendant 30 minutes le travers de porc et l'oignon grillés avec le bouquet garni et le bouillon de volaille.

Filtrer à la passoire fine le bouillon et le réserver. Effilocher le travers de porc.

Hacher finement les deux oignons nouveaux.

Tailler finement le persil et le cerfeuil effeuillés, la ciboulette et les pousses d'épinard. Mélanger le tout et assaisonner avec le jus de citron vert, du sel et du poivre.

Déposer l'effiloché de porc dans des assiettes creuses et le recouvrir de la salade d'herbes. Verser dessus le bouillon au dernier moment.

Granité pastèque, une tomate confite
Cassons la croûte

Niveau facile. Temps de préparation : 45 minutes (+ 1 nuit de repos).

Ingrédients :
- 4 tomates vertes
- 1/2 pastèque
- 1 kilo de sucre gros grain (sucre à chouquettes)
- Huile d'olive
- 1 blanc d'œuf
- 2 citrons jaunes

Matériel utilisé : mixeur, passoire fine, boîte hermétique, plat allant au four

Recette

La veille, récupérer la pulpe de la pastèque et la mixer.

Filtrer le jus à la passoire fine pour retirer les pépins. Ajouter le jus d'un citron. Mettre le tout dans une boîte hermétique au congélateur pendant une nuit.

Le lendemain, mélanger le sucre avec le blanc d'œuf et les zestes d'un citron jaune afin de réaliser la croûte de sucre.

Répartir un peu de cette pâte de sucre sur 1 centimètre d'épaisseur dans le fond d'un plat allant au four.

Déposer les tomates entières sur la pâte de sucre en veillant à les éloigner légèrement les unes des autres.

Recouvrir chaque tomate de pâte à sucre, puis enfourner à 200 °C pendant 30 minutes.

Casser le sucre, retirer les tomates du plat et les réserver au frais.

Sortir le mélange pastèque-citron du congélateur et le gratter à la fourchette pour obtenir le granité de pastèque.

Au moment du service, déposer le granité de pastèque dans des assiettes creuses, puis les tomates confites au sucre dessus. Verser un filet d'huile d'olive sur les tomates.

AUTOMNE

Châtaignes au lait
Souvenirs, souvenirs…

Niveau facile. Temps de préparation : 1 h 30.

Ingrédients :

– 500 grammes de châtaignes
– 1 litre de lait
– 1 céleri-branche

– 4 pommes de terre de taille moyenne
– Sel et poivre
Matériel utilisé : grande casserole

Recette
Peler les châtaignes.
Éplucher le céleri-branche et le tailler en cubes. Éplucher les pommes de terre.
Cuire les châtaignes dans le lait avec le céleri et les pommes de terre entières dans une grande casserole, à feu doux, pendant 45 minutes. Assaisonner le tout.
Récupérer les châtaignes à l'écumoire pour les éplucher une par une pour retirer la seconde peau.
Les remettre dans le lait.
Verser la soupe dans un bol en veillant à une bonne répartition de chaque ingrédient par convive.

Soupe de butternut et de moules
Toujours la terre et la mer

Niveau très facile. Temps de préparation : 1 heure.

Ingrédients :
– 1 butternut
– 1 oignon blanc
– 500 grammes de moules
– 50 grammes de beurre
– 4 tranches de pain de campagne
– 1 gousse d'ail
– Sel et poivre

Matériel utilisé : deux grandes casseroles avec couvercle, mixeur, passoire fine

Recette

Éplucher, vider et tailler en cubes le butternut.

Éplucher et émincer l'oignon blanc.

Faire chauffer à feu vif les moules dans une grande casserole et mouiller avec 1 demi-litre d'eau ; cuire le tout à couvert jusqu'à ce qu'elles s'ouvrent.

Filtrer en veillant à bien réserver l'eau de cuisson. Décortiquer les moules et les réserver.

Faire suer à feu moyen les cubes de butternut et l'oignon émincé dans le beurre dans une grande casserole pendant 5 minutes, puis mouiller avec 1 demi-litre d'eau et l'eau de cuisson des moules. Cuire le tout pendant 30 minutes à couvert.

Mixer, filtrer la soupe à la passoire fine et rectifier l'assaisonnement en faisant attention à l'ajout de sel, l'eau de cuisson des moules étant déjà iodée.

Toaster les tranches de pain et les frotter à l'ail au dernier moment.

Déposer les moules dans une assiette creuse, y verser la soupe et y tremper le pain grillé aillé pour plus de gourmandise.

Soupe de coing esprit tatin
Une tatin dans le coing

Niveau facile. Temps de préparation : 1 heure.

Ingrédients :
- 3 coings
- 1 pâte feuilletée
- 4 boules de glace à la vanille
- 30 grammes de sucre glace
- 100 grammes de sucre

– 100 grammes de beurre
– 1 litre de lait

Matériel utilisé : grande casserole, mixeur, plaque allant au four, passette

RECETTE

Éplucher, vider et tailler les coings en quartiers.

Réaliser un caramel en mettant à cuire le beurre et le sucre dans une grande casserole.

Y déposer ensuite les quartiers de coings et les faire caraméliser, puis déglacer avec le lait. Laisser cuire à feu doux pendant 20 minutes.

Mixer le tout.

Étaler la pâte feuilletée et la détailler en bandes à l'aide d'un couteau.

Déposer les bandes sur une plaque recouverte de papier sulfurisé et les enfourner à 200 °C pendant 5 minutes.

Les sortir du four pour les saupoudrer de sucre glace avec une passette, puis les enfourner de nouveau à 200 °C, jusqu'à ce que les bandes soient cuites et bien caramélisées.

Verser la soupe de coings caramélisés dans une assiette creuse et déposer dessus une boule de glace vanille.

Répartir dessus les bandes de pâte feuilletée ; celles-ci serviront de mouillettes lors de la dégustation.

Remerciements

À eux

Cet ouvrage est le fruit de mes longues années à *Paris Match*. Ma reconnaissance va à tous les protagonistes de ce livre, qui ont accepté d'être interviewés avec patience et gentillesse, dont en premier le **Pape François**. Mes remerciements vont ensuite à mon ami d'enfance **Vincent Bolloré** à la tête d'Editis, puis chez **Plon** à mes éditeurs **Céline Thoulouze** et **Grégory Berthier-Saudrais**, ainsi qu'à **Marie-Laure Nolet**, et à *Paris Match* à **Gwenaëlle de Kerros**, associée à ce projet éditorial, **Hervé Gattegno** alors directeur général de la rédaction qui m'a permis de donner du temps au temps, à **Guillaume Clavières**, **Danièle Georget**, **Éric Hadj**, **Jérôme Huffer**, **Isabelle Chantepie**, **Guillaume Chevalier**, **Gauthier de Cournuaud**, **François Perrin-Houdon**, **Catherine Tabouis**.

Que soit aussi remerciée **Élisabeth Kastler-Le Scour** pour la coordination des textes, sa relecture attentive, ses conseils, sa patience angélique. Et également **Keira Alabouch**, **Élisabeth Badinter**, **Bruno Bartoloni**, **Carla Bartoloni**, **Marc Brincourt**, **Patrice Dambrosio**, **Sibylle de Montlaur**, **Malcy Ozannat**, **Sophie Pigozzi**, **Évelyne Richard**, **Gian Maria Vian.**

Et mes trois anges gardiens **Bertrand Dubois**, **Philippe Goulliaud**, **Frédéric du Laurens.**

Une mention particulière à mes filles, **Marina et Cosima**, pour leur stimulante joie de vivre.

Sans oublier mes quatre chiens : à Paris, **Dayla**, teckel qui reste à mes côtés pendant mes nuits d'écriture sans sommeil ; à Antibes, **Pizza**, **Plume et Simca**, mes affectueux multiraces, et **Shere Khan**, mon très vieux chat tigré. Ménagerie m'ayant tenu compagnie pendant les longues journées de la rédaction de ce livre.

MIXTE
Papier issu de
sources responsables
FSC® C003309

L'éditeur de cet ouvrage s'engage
pour la préservation de l'environnement
et utilise du papier issu de forêts gérées
de manière responsable.

Achevé d'imprimer en octobre 2021
par Normandie Roto Impression s.a.s.
61250 Lonrai
N° d'impression : 2105599
Imprimé en France